Digitalstrategie im Krankenhaus

Viola Henke · Gregor Hülsken
Pierre-Michael Meier · Andreas Beß
Hrsg.

Digitalstrategie im Krankenhaus

Einführung und Umsetzung von
Datenkompetenz und Compliance

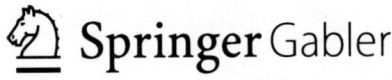

Hrsg.
Viola Henke
DMI GmbH & Co. KG
Münster, Deutschland

Gregor Hülsken
FOM Hochschule für Oekonomie &
Management
Essen, Deutschland

Pierre-Michael Meier
AHIME – Academy of Health Information
Management Executives
Grevenbroich, Deutschland

Andreas Beß
promedtheus AG
Mönchengladbach, Deutschland

ISBN 978-3-658-36225-6   ISBN 978-3-658-36226-3 (eBook)
https://doi.org/10.1007/978-3-658-36226-3

Die Deutsche Nationalbibliothek verzeichnet diese Publikation in der Deutschen Nationalbibliografie; detaillierte bibliografische Daten sind im Internet über http://dnb.d-nb.de abrufbar.

Lektorat/Planung: Margit Schlomski
Springer Gabler ist ein Imprint der eingetragenen Gesellschaft Springer Fachmedien Wiesbaden GmbH und ist ein Teil von Springer Nature.
Die Anschrift der Gesellschaft ist: Abraham-Lincoln-Str. 46, 65189 Wiesbaden, Germany

Vorwort

Das Gesundheitswesen durchlebt eine Transformation. Gesetzgeber, Kostenträger und Kräfte im Markt sind die Treiber für ein Mehr an Wirtschaftlichkeit, Qualität medizinischer Leistungen, Patientenorientierung und Vernetzung. Die Digitalisierung schafft die Voraussetzungen dafür, dass Krankenhäuser diese neuen Anforderungen meistern. Hierbei sind Datenkompetenz und Compliance zentrale Säulen; während sich in den USA diese Erkenntnis längst im Markt durchgesetzt hat, liegt Deutschland noch zurück.

Herausgeber und Autoren zeigen in diesem Werk, wie mit Datenkompetenz und Compliance als Fundament Digitalstrategien zu gestalten und organisatorisch sowie technisch in den Regelbetrieb umzusetzen sind. Dieses Buch zeichnet sich durch die vielen Beiträge mit Bezug zur Praxis aus und versteht sich als unterstützender Leitfaden für Krankenhäuser auf dem Weg zur digitalen Transformation.

Münster, Deutschland

Essen, Deutschland

Grevenbroich, Deutschland

Mönchengladbach, Deutschland

Viola Henke

Gregor Hülsken

Pierre-Michael Meier

Andreas Beß

Danksagung

Unser Dank als Herausgeber geht an die Autoren – Vertreter herausragender Branchenorganisationen, anerkannte Branchenexperten, Entscheider und Anwender von Leistungserbringern aller Versorgungskategorien und Trägerschaften sowie renommierte Berater – für ihre engagierte Mitarbeit.

Inhaltsverzeichnis

Über die Herausgeber

Dr. Viola Henke Nach ihren Studien mit Abschlüssen in Business Economics (BA (Hons)) und als Diplom-Volkswirtin promovierte Dr. Viola Henke berufsbegleitend an der Westfälischen Wilhelms-Universität Münster (Lehrstuhl für Krankenhausmanagement) und erweiterte ihre Expertise im Bereich Public Health durch ein Studium (University of Manchester/Harvard School of Public Health) mit dem Abschluss zum Master of Public Health (M.P.H.).

Ihre beruflichen Stationen umfassen u. a. Tätigkeiten als Projektmanagerin und Beraterin (Schwerpunkte: Krankenhausmanagement, Prozessmanagement und Gesundheitsökonomie) am Centrum für Krankenhausmanagement, Referentin im Bundesministerium für Gesundheit in der Geschäftsstelle des Sachverständigenrates zur Begutachtung der Entwicklung im Gesundheitswesen und Tätigkeiten bei der Pan American Health Organization (PAHO) und World Health Organization (WHO).

Seit 2014 begleitet sie bei DMI die strategische Entwicklung auf Geschäfts-, Produkt- und Kundenebene. In diese bringt sie ihre Expertise aus den Bereichen Krankenhausmanagement, Prozessanalyse und Prozessreorganisation sowie der elektronischen Archivierung medizinischer Dokumentation ein. Seit 2020 ist sie Mitglied der Geschäftsleitung in der DMI Unternehmensgruppe. Dr. Viola Henke engagiert sich ehrenamtlich bei IHE Deutschland e.V. und ist Caretakerin für die Domäne Quality, Research & Public Health.

Prof. Dr. Gregor Hülsken ist Dozent für Wirtschafts- und Medizininformatik an der FOM Hochschule für Oekonomie & Management in Essen und Senior Partner der terraconnect GmbH und Co. KG in Nottuln und leitet dort das Beratungsfeld IT-Management des Unternehmens.

Der gebürtige Dorstener ist seit 2001 Mitglied der Deutschen Gesellschaft für Medizinische Informatik (GMDS). Er qualifizierte sich weiter in der Medizinischen Informatik und erwarb dort Zertifikate und Zusatzqualifikationen im Bereich der Krankenhaus-IT. Nach Studium und Promotion war er bis zum Wechsel an die FOM fast zwanzig Jahre am Universitätsklinikum Münster zunächst als Arzt, später im IT-Management als Leiter der Klinischen IT-Systeme tätig.

Seine beruflichen Schwerpunkte liegen in der strategischen Unternehmensberatung in der Gesundheitswirtschaft. Seine wissenschaftlichen Schwerpunkte liegen im Bereich E-Health, Klinische Informationstechnologien, IT-Management und Digitalisierung im Gesundheitswesen. Als Berater betreut er Einrichtungen des Gesundheitswesens auf dem Weg der Digitalisierung und begleitet deren Projekte. In der Academy of Health Information Management Executives (AHIME) GmbH ist er federführender Dozent und leitet das CHCIO-Programm.

Gregor Hülsken engagiert sich ehrenamtlich für die Digitalisierung im deutschen Gesundheitswesen. Er ist Vorsitzender des CCESigG e.V., stellv. Leiter der AG KIS der GMDS und Mitglied im Akademiebeirat der DMEA.

Dr. Pierre-Michael Meier – der in Public Health promovierte Diplomkaufmann ist als TIMES (Technology, Information, Media, Electronic and Software)-Experte stellv. Sprecher der fördernden Verbände des Eco Systems ENTSCHEIDERFABRIK und hauptamtlicher Geschäftsführer des wirtschaftlichen Geschäftsbetriebs und Generalbevollmächtigter der Hospitalgemeinschaft Hosp.Do.IT. Das Eco System setzt seit 2006 mit den Krankenhaus-Entscheidern die Chancen der digitalen Transformation um. Im IuiG-Initiativ-Rat der fördernden Verbände sind z. Z. 36 Verbände organisiert.

Ferner ist er Lehrbeauftragter am Alfried Krupp von Bohlen und Halbach Stiftungslehrstuhl für Medizinmanagement von Prof. Dr. J. Wasem an der Universität Duisburg-Essen. Er ist Inhaber der Zertifikate Medizinische Informatik (GI e.V. & GMDS e.V.), SH-I-ME (AHIME Academy) und CHCIO (CHiME & AHIME Academy).

Dr. Andreas Beß berät seit vielen Jahren Einrichtungen des Gesundheitswesens zur strategischen Ausprägung der Digitalisierung und Informationsverarbeitung. Nach seinem Studium der Medizinischen Informatik an der Universität Heidelberg und der Promotion an der UMIT wirkt er in verschiedenen Funktionen an der Entwicklung der deutschen Healthcare-IT mit. In ehrenamtlicher Tätigkeit wirkt er als Präsident des Berufsverbandes Medizinischer Informatiker (BVMI) e.V. und als stellvertretender Vorsitzender des Competence Center für die Elektronische Signatur im Gesundheitswesen (CCESigG) e.V. auch bei der fachlichen Weiterentwicklung der Gesundheits-IT intensiv mit.

Über die Autoren

Alexander Bartschke hat Medizinisches Informationsmanagement mit Schwerpunkt Dokumentation medizinischer Versorgungsprozesse für Qualitätsmanagement und Controlling sowie Management klinischer Studien und Statistik im Bachelor an der Hochschule Hannover studiert. Im Anschluss folgte ein Masterstudium ebenfalls im Medizinischen Informationsmanagement mit Schwerpunkt im Klinischen Daten- und Qualitätsmanagement in der Klinischen Forschung und Arzneimittelsicherheit. Seine Masterarbeit hat er an der Clinical Research Unit des Berlin Institute of Health, wo er auch als klinischer Datenmanager gearbeitet hat, geschrieben. Gegenwärtig arbeitet er als wissenschaftlicher Mitarbeiter in der Core Facility Digital Medicine and Interoperability am Berlin Institute of Health at Charité – Universitätsmedizin Berlin.

Katrin Berger war seit Juli 2017 als IT-Projektleiterin in der AMEOS Gruppe tätig. Hier lag ihr Schwerpunkt auf Projekten in der Telematikinfrastruktur und Digitalisierung und dabei wiederum im Aufbau der IHE Plattform. Davor war sie mehrere Jahre in der strategischen IT-Entwicklung der Limbach Gruppe SE, der größten inhabergeführten Laborgruppe in Deutschland tätig. Ihr fachliches Wissen dafür erwarb sie sich neben ihrer privat geführten Tätigkeit im eigenen Beratungsbüro für IT im Gesundheitswesen im Masterstudium an der Donauuniversität in Krems und dem Johner Institut in Konstanz im Zeitraum 2010–2012 durch die Führung und Mitarbeit in der Arbeitsgruppe LDT 3.0 des QMS sowie in der Arbeitsgruppe 1LV. Weitere Teilnahmen an diversen Veranstaltungen und Treffen u. a. im Interoperabilitätsforum, bei IHE Deutschland sowie in einer früheren Tätigkeit im Kompetenzcenter Health Care der damaligen Versatel, heute 1&1, vervollständigen ihr Profil. Seit Februar 2022 ist sie als Project Engineer & Solution Architect bei the i-engineers tätig.

Dr. Andreas Beß berät seit vielen Jahren Einrichtungen des Gesundheitswesens zur strategischen Ausprägung der Digitalisierung und Informationsverarbeitung. Nach seinem Studium der Medizinischen Informatik an der Universität Heidelberg und der Promotion an der UMIT wirkt er in verschiedenen Funktionen an der Entwicklung der deutschen Healthcare IT mit. In ehrenamtlicher Tätigkeit wirkt er als Präsident des Berufsverbandes Medizinischer Informatiker (BVMI) e.V. und als stellvertretender Vorsitzender des Competence Center für die Elektronische Signatur im Gesundheitswesen (CCESigG) e.V. auch bei der fachlichen Weiterentwicklung der Gesundheits-IT intensiv mit.

Benjamin Böhland studierte Rechtswissenschaft mit gesellschaftsrechtlichem Schwerpunkt an der Universität in Leipzig. Während des Studiums war er in der medizinischen Forschung und in einer Kanzlei auf dem Gebiet des Arzthaftungsrechts tätig. Nach dem zweiten Staatsexamen nahm er eine Tätigkeit als Rechtsanwalt (Syndikusrechtsanwalt) bei der Krankenhausgesellschaft Sachsen e.V. auf. Seit 2020 ist er zudem anwaltlich in eigener Kanzlei im Bereich des Gesundheitsrechts tätig.

Freddy Bergmann, 61 Jahre alt, ist verheiratet und hat drei Kinder. Nach seinem Abschluss als Diplom-Volkswirt war er die ersten sieben Jahre seiner beruflichen Laufbahn bei KPMG. Hier gehörten neben den nationalen Abschlüssen auch internationale Abschlüsse sowie Unternehmenstransaktionen wie auch SAP-Einführungen zu seinem Aufgabengebiet. Die sich anschließenden vier Jahre bei Beratungs- und sonstigen Unternehmen (Origin, PWC etc.) waren mit diversen Auslandsaufenthalten verbunden. 2001 übernahm er die Leitung der Internen Revision am Universitätsklinikum Frankfurt, ab 2002 auch die Geschäftsführung der Klinik-Service Frankfurt am Main GmbH. Im Jahr 2003 wechselte er in die Asklepios Kliniken Verwaltungsgesellschaft und übernahm bis 2010 unterschiedliche Positionen, u. a. die Leitung des Konzernbereichs Finanzen, Controlling und Risikomanagement sowie in Personalunion die Leitung Finanzen und Unternehmensentwicklung Asklepios Hamburg. Auch fielen in diese Zeit die ersten Aufsichtsratsmandate. In den nächsten Jahren führten ihn seine Wege über die Diakonie in Südwestfalen (u. a. Kaufmännischer Geschäftsführer), das Städtische Klinikum München (Kaufmännischer Geschäftsführer sowie interimistischer Arbeitsdirektor) im Jahr 2015 an das Universitätsklinikum Mannheim. Zunächst als Geschäftsbereichsleiter Finanzen und Unternehmensentwicklung sowie Geschäftsführer von Tochtergesellschaften, übernahm er im Jahr 2018 die kaufmännische Geschäftsführung. Seit 2013 ist er Lehrbeauftragter für Medizinische Informatik – Krankenhausmanagement an der Universität Siegen.

Jürgen Bosk Mit dem Start als IT-Leiter bei der KV Niedersachsen in Braunschweig im Jahr 1995 ist Jürgen Bosk nun seit 26 Jahren in verantwortlichen Positionen im Gesundheitswesen tätig. 2001 übernahm er die Geschäftsführung des Competence Center für die elektronische Signatur (CCS-sigG) e. V. parallel zur Besetzung der Stabsstelle für Vertrags- und Projektmanagement am Städtischen Klinikum Braunschweig gGmbH. Seit 2016 ist er zuständig für die Geschäftsentwicklung der DMI GmbH & Co KG. Durch seine fundierten technischen Kenntnisse, ergänzt durch langjährige praktische und organisatorische Erfahrungen, ist er anerkannter Spezialist für die Projektierung, praktikable Gestaltung und Einführung medienbruchfreier elektronischer Dokumentationsprozesse, Compliance-gerechter Archivierung sowie intra- und intersektoraler Kommunikation im Gesundheitswesen. Er ist Mitglied im BVMI und hat 2019 das Zertifikat Certified Healthcare CIO erworben.

Dipl.-Ing. Wilhelm Brinkmann ist seit dem Studium der Nachrichtentechnik in Bereichen der Informationstechnologie in Industrie und Gesundheitswesen tätig. Derzeitige Arbeitsschwerpunkte: Anwendungen im Gesundheitswesen/Applikationsmanagement/Krankenhausinformationssysteme/Medizininformatik/Digitale Dokumentation und Archivierung/Prozessoptimierung. Einer seiner weiteren Schwerpunkte, Dipl.-Ing. Wilhelm Brinkmann ist zertifizierter PRINCE2®-Practitioner, sind im Rahmen des Projektmanagements praxisorientierte Projekte im St. Vincenz-Krankenhaus Paderborn.

Dipl.-Betriebswirt Uwe Buddrus verfügt über langjährige Erfahrung als Gesellschafter, Geschäftsführer und leitender Berater in verschiedenen internationalen Marktforschungs- und Beratungsunternehmen – stets mit Fokus auf dem Gesundheitswesen – und hier speziell dem Einsatz von IT. Von 2010 bis 2015 war Uwe Buddrus Geschäftsführer und Hauptberater der HIMSS Analytics Europe. In dieser Zeit lag sein Fokus auf der europaweiten Etablierung des EMR Adoption Model (EMRAM) und auf der Entwicklung des Continuity of Care Maturity Models der HIMSS. Seit Juni 2015 widmet er sich freiberuflich der Beratung von Unternehmen und Organisationen im Bereich IT im Gesundheitswesen, wobei sein Tätigkeitsschwerpunkt auf der Evaluation der IT-Nutzung und -Nutzenstiftung in Gesundheitseinrichtungen liegt. Im Rahmen einer Kooperation des deutschen Branchenverbandes bvitg und der Gewerkschaft angestellter Ärzte (Marburger Bund) hat Uwe Buddrus das Online Analyse-Tool CHECK IT entwickelt.

Stephan Buttgereit, Jahrgang 1980, studierte nach seinem Abitur Oecotrophologie an der Hochschule Niederrhein. Geboren in Krefeld, lebt er heute mit seiner Frau und seinen zwei Kindern in Viersen. Nach Stationen als IT-Koordinator bei der PVS rhein ruhr GmbH und der PVS infotec GmbH ist er als Produktmanager bei der PVS holding GmbH tätig. Sein beruflicher Schwerpunkt liegt in der Initiierung und Umsetzung medizinischer Interoperabilitätslösungen.

Dr. Manfred Criegee-Rieck Jahrgang 1962, lebt mit Ehefrau und Kindern im badischen Walldorf. Seine Ausbildung erfolgte in den Fächern Mathematik und Informatik an der Universität Erlangen. Fundierte Erfahrungen in der Gesundheitsversorgung machte er zunächst als wiss. Mitarbeiter und dann Leiter eines Forschungsteams während seiner Promotion am UK Erlangen im Kontext der computergestützten klinischen Arzneimitteltherapiesicherheit. Anschließend war er in Produktentwicklung und Management bei zwei internationalen Anbietern von Software im Gesundheitsmarkt aktiv, bevor er bei einem kirchlichen Gesundheits- und Sozialkonzern und ab 2017 im Konzern Klinikum Nürnberg die Leitung im IT-Management übernahm.

Thomas Dehne studierte an der Fachhochschule Stralsund Technische Informatik mit der Vertiefungsrichtung Medizinische Informatik. Nach dem Abschluss im Jahr 2000 war er zuerst als Softwareentwickler, später in leitenden Funktionen in zahlreichen Projekten im Gesundheitswesen tätig, u. a. bei der Dräger KI GmbH, der COSS Systemtechnik AG, der in4matics GmbH als geschäftsführender Gesellschafter sowie ab 2004 bei der Lohmann & Birkner Health Care Consulting GmbH als Leiter der IT. Im April 2015 wechselte er an die Universitätsmedizin Rostock und führt seither den heutigen Geschäftsbereich IT inkl. der MVZ-IT. Im März 2021 wurde er als User-Cochair in den Vorstand von IHE Deutschland e.V. gewählt.

Jochen Diener hat praktische Informatik studiert, ist IT-Leiter am Klinikum Saarbrücken und arbeitet seit 30 Jahren in der IT. Beruflich hat er Schwerpunkte im Bereich Netzwerke und IT-Sicherheit sowie fast 20-jähriges Branchen-Know-how im Gesundheitswesen. Er bringt praktische Erfahrungen aus den Themenfeldern Administration, Projektleitung, IT-Organisation und IT-Strategie mit ein.

Meik Eusterholz ist Prokurist und Geschäftsfeldleiter mit dem Beratungsschwerpunkt Gesundheitswirtschaft bei UNITY. Seit 2005 hat er in über 100 Projekten insbesondere Prozesse im und um das Krankenhaus herum gestaltet, Neu- oder Umbauten simuliert und dabei Konzepte des „Smart Hospitals" berücksichtigt. Mehrere seiner Projekte sind mit nationalen Preisen ausgezeichnet worden. Vor seiner Zeit bei UNITY hat Meik Eusterholz im Bereich Automotive sowie Maschinen- und Anlagenbau Prozesse nach Lean Management konzipiert und eingeführt.

Mario Engel arbeitet beim Bundesamt für Sicherheit in der Informationstechnik. Er studierte Physik in Bonn und arbeitet in den Bereichen Datensicherheit, Beweiswerterhaltung und Software-Engineering. Mario Engel ist (Co-)Autor zahlreicher Fachartikel und in der Standardisierung beteiligt.

Prof. Dr. Michael Frie ist Dozent für Wirtschaftsinformatik an der FOM Hochschule für Oekonomie & Management in Essen. Darüber hinaus ist er Partner und Geschäftsführer der terraconnect GmbH und Co. KG in Nottuln und leitet das Beratungsfeld Softwareentwicklung und unterstützt das Beratungsfeld IT-Management des Unternehmens.

Der gebürtige Nottulner ist Mitglied der Deutschen Gesellschaft für Medizinische Informatik (GMDS). Nach Studium und Promotion war er bis zum Wechsel an die FOM fast fünfzehn Jahre am Universitätsklinikum Münster zunächst in der Herzchirurgie als Informatiker, später im Geschäftsbereich Medizinmanagement als Leiter des dort angesiedelten IT-Teams beschäftigt.

Seine beruflichen Schwerpunkte liegen in der operativen Leitung der Entwicklung von Anwendungen und im Management von Digitalisierungsprojekten der strategischen Unternehmensberatung in der Gesundheitswirtschaft. Seine wissenschaftlichen Schwerpunkte liegen im Bereich E-Health, Klinische Informationstechnologien, Datenbankmanagement, IT-Management und Digitalisierung im Gesundheitswesen.

Als Berater betreut er Einrichtungen des Gesundheitswesens auf dem Weg der Digitalisierung und begleitet deren Projekte.

Prof. Dr. Frie berät insbesondere medizinische Fachgruppen bei komplexen wissenschaftlichen Fragestellungen im Kontext des Datenmanagements und Analysen in der klinischen Forschung.

Christian Friedhoff begann seine berufliche Laufbahn als EDV-Organisator am St. Anna Hospital in Herne. Danach war er 1998 bis 2012 Leiter der EDV/IT im Elisabeth-Hospital in Herten und übernahm von 2012 bis 2017 die Bereichsleitung IT bei den Valeo-Kliniken in Hamm. Im Jahr 2017 wechselte er zu pro homine in Wesel und leitete den Bereich Digitalisierung & Technologie. Parallel dazu gründete er im Jahr 2018 die Healthcare Datalogistics, in der er bis heute tätig ist. Seit Oktober 2020 verantwortet er in der Augusta-Kranken-Anstalt Bochum den Bereich Digitalisierung & Technologie.

Dr. Gerald Gaß (58) Diplom-Volkswirt und Diplom-Soziologe leitete in der Zeit von 2008 bis zum 31.03.2021 als Geschäftsführer das Landeskrankenhaus (AöR) mit Sitz in Andernach, das mit insgesamt 17 Standorten und 4000 Beschäftigten über rund 2200 Betten verfügt. Zuvor war er Abteilungsleiter im Bereich „Gesundheit" des rheinlandpfälzischen Sozialministeriums.

Von 2018 bis Ende 2020 war Dr. Gerald Gaß Präsident der Deutschen Krankenhausgesellschaft (DKG) in Berlin.

Seit dem 1. April 2021 ist Dr. Gerald Gaß Vorstandsvorsitzender der Deutschen Krankenhausgesellschaft (DKG).

Dennis Graf, Jahrgang 1963 hat nach seiner Ausbildung und Soldat auf Zeit den Aufbau und die Leitung einer Alarm-Einsatzzentrale einer großen deutschen Bank verantwortet. Als Abteilungsleiter IT-Service Head Office verließ er das Unternehmen in Richtung einer niederländischen Bank, um dort als Head of Information Risk die Region Nordeuropa zu steuern.

Bei einem Versicherungsunternehmen waren seine Aufgaben die Einführung eines ISMS, Leiter des Krisenmanagement Stabs und Konzerndatenschutzbeauftragter. Danach hat er bei einem christlichen Gesundheitsunternehmen die An-

forderungen an Kritische Infrastrukturen erfolgreich nach
B3S Standard umgesetzt. Seit Beginn 2020 ist er in der Funktion des Informationssicherheitsbeauftragten bei der Marienhaus Gruppe und Prüfer nach § 8a BSI-Gesetz.

Felix Grüneisen, 36 Jahre alt, lebt mit seiner Familie in
Mannheim. Nach dem Studium (Pflegemanagement, B.Sc.
und Management im Sozial- und Gesundheitswesen, M.A.,
Masterarbeit am Universitätsklinikum Würzburg) hat er 2014
im Klinikum der Stadt Ludwigshafen ein Traineeprogramm
absolviert. Nach dem Wechsel in das Universitätsklinikum
Mannheim 2015 übernahm er im Qualitätsmanagement erste
Projekte und war nebenbei als Dozent im Ausbildungszen-
trum tätig. Seit seinem Wechsel ins zentrale Projektmanagement im Jahr 2018 ist er für klinikumsweite Projekte verantwortlich.

Dr. Jan Haberkorn ist Facharzt für Innere Medizin und
ärztlicher Qualitätsmanager. Als Leiter der Medizinischen
Dokumentation am St. Elisabeth-Krankenhaus in Köln beschäftigt er sich seit 2001 mit dem IT-Einsatz und der Digitalisierung von Prozessen im Krankenhaus sowie deren Auswirkungen auf den klinischen Alltag. Daneben ist er Mitglied
der Qualitätskommission der Krankenhausgesellschaft Nordrhein-Westfalen und Referent für Themen in der Schnitt-
menge von Medizin und Administration, u. a. am Deutschen
Krankenhausinstitut.

Dr. med. Silke Haferkamp leitet seit 2020 den Geschäftsbereich IT im Universitätsklinikum Aachen AöR (UKA). Die
Medizinerin erwarb 2000 die Zusatzbezeichnung Medizinische Informatik, studierte Informatik und tauschte 2001 ihre
Tätigkeit in Anästhesie, Notfall- und Intensivmedizin gegen
die Projektleitung zur Neueinführung des Krankenhausinformationssystems im UKA. In den Folgejahren verantwortete sie
u. a. den Aufbau des gesamten klinischen Systemverbundes
des UKA inklusive des Kommunikationsnetzes auf Basis der
Elektronischen FallAkte (EFA), im Jahr 2015 das Projekt zur
Erlangung der Zertifizierung nach ISO27001 sowie 2018–2019
den Aufbau des Aachener Datenintegrationszentrums im Rahmen der Medizininformatik-Initiative (MII) des BMBF.

Als Mitglied verschiedener Fachgremien arbeitete sie u. a. mit an der Entwicklung der EFA-Spezifikation, an der Entwicklung des Kerndatensatzes für die MII und an den Handlungsempfehlungen zur IT-Sicherheit des Verbands der Universitätsklinika Deutschlands e. V. (VUD) an seine Mitglieder.

Dr. Markus Hamann ist Leiter des Bereichs Projekt- und Servicemanagement bei der MD-IT GmbH und Projektleiter für die Einführung der neuen Branchensoftware MDconnect für die Medizinischen Dienste. Seit seiner Promotion in Physik an der Universität Hamburg ist er im Versicherungs- und Gesundheitssektor tätig. Zu seinen Schwerpunkten zählt die Leitung von großen IT-Projekten im Gesundheitswesen. Der Wunsch, die Digitalisierung voranzutreiben und damit einen Beitrag zu einer guten Gesundheitsversorgung zu leisten, war sein Hauptmotiv, im August 2018 die Projektleitung für die Einführung von MDconnect zu übernehmen.

Simone Heckmann ist seit 2014 in der HL7 FHIR-Community aktiv. Als Mitglied des FHIR Core Teams und Leiterin des Technischen Komitees für FHIR bei HL7 Deutschland ist sie an der Entwicklung des Standards beteiligt. Als FHIR Expertin und -Trainerin unterrichtet sie seit 2016 im In- und Ausland und berät zahlreiche Organisationen und Firmen bei der Umsetzung FHIR-basierter Projekte. 2022 wurde sie in den „Interop-Council for digital health in Germany" berufen.

Dr. Viola Henke Nach ihren Studien mit Abschlüssen in Business Economics (BA (Hons)) und als Diplom-Volkswirtin promovierte Dr. Viola Henke berufsbegleitend an der Westfälischen Wilhelms-Universität Münster (Lehrstuhl für Krankenhausmanagement) und erweiterte ihre Expertise im Bereich Public Health durch ein Studium (University of Manchester/Harvard School of Public Health) mit dem Abschluss zum Master of Public Health (M.P.H.).

Ihre beruflichen Stationen umfassen u. a. Tätigkeiten als Projektmanagerin und Beraterin (Schwerpunkte: Krankenhausmanagement, Prozessmanagement und Gesundheitsökonomie) am Centrum für Krankenhausmanagement, Referentin im Bundesministerium für Gesundheit in der

Geschäftsstelle des Sachverständigenrates zur Begutachtung der Entwicklung im Gesundheitswesen und Tätigkeiten bei der Pan American Health Organization (PAHO) und World Health Organization (WHO).

Seit 2014 begleitet sie bei DMI die strategische Entwicklung auf Geschäfts-, Produkt- und Kundenebene. In diese bringt sie ihre Expertise aus den Bereichen Krankenhausmanagement, Prozessanalyse und Prozessreorganisation sowie der elektronischen Archivierung medizinischer Dokumentation ein. Seit 2020 ist sie Mitglied der Geschäftsleitung in der DMI Unternehmensgruppe. Dr. Viola Henke engagiert sich ehrenamtlich bei IHE Deutschland e.V. und ist Caretakerin für die Domäne Quality, Research & Public Health.

Andreas Henkel studierte an der Universität Göttingen Betriebswirtschaftslehre/Wirtschaftsinformatik.

Sein Interesse an der Krankenhausinformatik wurde schon während der Studienzeit durch Mitarbeit in der IT- und Organisationsabteilung im Ev. Krankenhaus Göttingen Weende gGmbH geweckt.

Mit Studienabschluss 2001 wechselte Andreas Henkel zur Universitätsmedizin Göttingen und durfte über mehrere Stationen (IT-Leiter Herzzentrum, Stellvertretender Sachgebietsleiter IT-Service und Stabsstelle Projektmanagement) viele IT-Anforderungen einer Universitätsklinik in unterschiedlicher Verantwortung kennenlernen.

In den weiteren Stationen seiner beruflichen Entwicklung war er als Abteilungsleiter IT im Schwarzwald-Baar Klinikum Villingen-Schwenningen und als Leiter operative IT in der SRH Gruppe und Geschäftsbereichsleiter IT an der Universitätsklinik Jena tätig. Seit dem 01.01.2019 ist Andreas Henkel Leiter Informationstechnologie/CIO des (Universitäts-)Klinikum rechts der Isar der TU München und setzt sich in der Verbandsarbeit u. a. heute als Beauftragter der IHE Deutschland e.V. für die Interoperabilität der medizinischen IT-Verfahren, nach 4 ½ Jahren der Vorstandstätigkeit, im Verein ein.

Dirk Holthaus Seit 1994 ist Dirk Holthaus bereits in der IT tätig, davon 20 Jahre in der Healthcare-IT. Nach 22 erfolgreichen Jahren bei IT-Dienstleistern wechselte er in den Bereich Healthcare-IT-Beratung zur promedtheus AG. Seine Schwerpunkte liegen in der strategischen IT-Planung und -Beratung, IHE und intersektorale Kommunikation, IT-Infrastruktur, Projektmanagement sowie Ausschreibungsbegleitung. Seine Kunden bauen auf seine tiefen funktionalen inhaltlichen Kenntnisse zu klinischen und administrativen Prozessen sowie seine Erfahrungen in der Umsetzung von IT- und IHE-Infrastruktur, Archivierungs- und PACS-Projekten. Neben seiner Berufung zum Caretaker „Laboratory Medicine" für IHE-Deutschland engagiert er sich seit vielen Jahren als empfohlener Berater in einer Vielzahl von Projekten in der Entscheiderfabrik und ist Mitglied von BVMI, GMDS und HL7.

Ralf Hörstgen wurde 1970 in Mülheim an der Ruhr geboren. Der Gesundheitsökonom blickt auf langjährige Erfahrung in Führungspositionen im Gesundheitswesen zurück: Sei es bei einem großen Hersteller für Klinikinformationssysteme oder bei einem namhaften Beratungsunternehmen für Kostenträger. Seit 2012 ist Ralf Hörstgen bei der Johanniter HealthCare-IT Solutions GmbH (vormals Johanniter Competence Center) mit Hauptsitz in Berlin beschäftigt. 2015 übernahm er deren Geschäftsführung. In dieser Funktion ist er gleichsam der CIO des stationären Johanniter-Verbundes, der mit über 120 Einrichtungen zu den großen diakonischen Anbietern stationärer Leistungen in Deutschland gehört.

Folkert Hoim arbeitete nach seiner Ausbildung zum Fachangestellten für Medien- und Informationsdienste, Schwerpunkt Medizinische Dokumentation, am Universitätsklinikum Marburg mehrere Jahre im Bereich Medizincontrolling und IT-Koordination am Universitätsklinikum Marburg, Abteilung Patientenmanagement und Leistungsabrechnung, wo er dann 2007 als Leiter Stationäre Leistungsabrechnung am Universitätsklinikum Gießen und Marburg GmbH (Standort Marburg) tätig war. Im Folgejahr übernahm er die Leitung des Service Desk in der Zentralen Informationsverarbeitung am Universitätsklinikum Gießen und Marburg GmbH. Von 2011 bis 2013 war Folkert Hoim Stv. IT-Leiter bzw. Stv. Dezernatsleiter. Seit 2013 ist er als IT-Leiter Lahn-Dill-Kliniken GmbH tätig.

Prof. Dr. Ursula Hübner ist Professorin für Medizinische und Gesundheitsinformatik und Quantitative Methoden an der Hochschule Osnabrück und Studiendekanin für Nachwuchsförderung und Digitalisierung. Ursula Hübner leitet die Forschungsgruppe Informatik im Gesundheitswesen, eine Gruppe aus wissenschaftlichen Mitarbeiter*innen in der Promotions- und Postdoc Phase. Inhaltliche Schwerpunkte bilden dabei die IT-Adoptions- und Diffusionsforschung inklusive Messverfahren für IT Qualität, Reife, Innovationskultur und Informationsmanagement, digitale Versorgungskontinuität inklusive Entwicklung von IT-Standards, Methoden der Künstlichen Intelligenz in der Versorgung von Menschen mit chronischen Wunden und Kompetenzentwicklung für eine interprofessionelle Aus- und Weiterbildung in Medizinischer und Gesundheitsinformatik. Ursula Hübner promovierte an der Mathematisch-Naturwissenschaftlichen Fakultät der Heinrich-Heine-Universität Düsseldorf und ist Fellow der International Academy for Health Sciences Informatics.

Prof. Dr. Gregor Hülsken ist Dozent für Wirtschafts- und Medizininformatik an der FOM Hochschule für Oekonomie & Management in Essen und Senior Partner der terraconnect GmbH und Co. KG in Nottuln und leitet dort das Beratungsfeld IT-Management des Unternehmens.

Der gebürtige Dorstener ist seit 2001 Mitglied der Deutschen Gesellschaft für Medizinische Informatik (GMDS). Er qualifizierte sich weiter in der Medizinischen Informatik und erwarb dort Zertifikate und Zusatzqualifikationen im Bereich der Krankenhaus-IT. Nach Studium und Promotion war er bis zum Wechsel an die FOM fast zwanzig Jahre am Universitätsklinikum Münster zunächst als Arzt, später im IT-Management als Leiter der Klinischen IT-Systeme tätig.

Seine beruflichen Schwerpunkte liegen in der strategischen Unternehmensberatung in der Gesundheitswirtschaft. Seine wissenschaftlichen Schwerpunkte liegen im Bereich E-Health, Klinische Informationstechnologien, IT-Management und Digitalisierung in Gesundheitswesen. Als Berater betreut er Einrichtungen des Gesundheitswesens auf dem Weg der Digitalisierung und begleitet deren Projekte. In der Academy of Health Information Management Executives (AHIME) GmbH ist er federführender Dozent und leitet das CHCIO-Programm.

Gregor Hülsken engagiert sich ehrenamtlich für die Digitalisierung im deutschen Gesundheitswesen. Er ist Vorsitzender der CCeSigG e.V., stellv. Leiter der AG KIS der GMDS und Mitglied im Akademiebeirat der DMEA.

Frederik Humpert-Vrielink ist Geschäftsführer der CETUS Health IT Leadership GmbH. Seine Schwerpunkte sind Digitale Transformation im Krankenhaus, Cyber Sicherheit, kritische Infrastrukturen und strategisches Management von Gesundheitseinrichtungen. Er ist seit über 15 Jahren im Gesundheitswesen tätig und Referent auf nationalen und internationalen Kongressen. Vor seinem Einstieg ins Gesundheitswesen arbeitete Frederik Humpert-Vrielink als selbständiger Unternehmensberater für Behörden und Industrieunternehmen. Zu den Kunden zählen Krankenhäuser aller Größenklassen.

Vera Hundeler M.A. studierte an der Hochschule Osnabrück Betriebswirtschaft im Gesundheitswesen (B.A.) sowie Management in der Gesundheitsversorgung (M.A.). Zeitgleich war sie nebenberuflich als Tutorin für das Modul „Gesundheitswissenschaften und Pharmaökonomie" an der Hochschule Osnabrück sowie als studentische Mitarbeiterin im Evangelischen Krankenhaus in Münster tätig. Vera Hundeler ist nun Controllerin in der Stiftung Mathias-Spital in Rheine.

Franziska Jahn arbeitet als wissenschaftliche Mitarbeiterin am Institut für Medizinische Informatik, Statistik und Epidemiologie unter der Leitung von Prof. Dr. Alfred Winter. In ihrer Forschung beschäftigt sie sich unter anderem mit der Modellierung, der Qualität und der Bewertung von Informationssystemen im Gesundheitswesen sowie der Entwicklung von Ontologien für die Medizinische Informatik. Seit 2015 gehört sie zum Leitungsgremium der Arbeitsgruppe „Methoden und Werkzeuge für das Management von Krankenhausinformationssystemen (mwmKIS)" innerhalb der Deutschen Gesellschaft für Medizinische Informatik, Biometrie und Epidemiologie e.V. (GMDS). Franziska Jahn unterrichtet zu Themen des Informationsmanagements im Gesundheitswesen im Masterstudiengang Medizininformatik und im Studiengang der Humanmedizin an der Universität Leipzig sowie im postgradualen Studiengang „Medical Data Science" an der RWTH International Academy.

Dr. Florian Kaiser ist Berater bei der Oberender AG. Seine Schwerpunkte liegen in der Strategie- und Transaktionsberatung sowie der wertbasierten und digitalen Gesundheitsversorgung. Er studierte Gesundheitsökonomie an der Universität Bayreuth und Datenanalytik im Gesundheitswesen an der Universität Cambridge. Die Promotion erfolgte zum Thema Managementqualifikationen im Krankenhaus.

Martina Kienzler ist Geschäftsführerin der MD-IT GmbH, verantwortet die Unternehmensleitung und vertritt die Gesellschaft nach innen und außen. Nach dem Studium der Mathematik mit Nebenfach Informatik an der Freien Universität Berlin begann sie ihre berufliche Karriere als Freelancerin mit den Schwerpunkten Beratung, Entwicklung und Training für Standardsoftware. Im Jahr 2001 wechselte sie zum Medizinischen Dienst Berlin-Brandenburg. Dort war sie in verschiedenen Leitungspositionen für den Bereich IT-Entwicklung und -Nutzerservice tätig und hat umfangreiche Kenntnisse im Umfeld der IT-Systementwicklung für die sozialmedizinische Begutachtung und Beratung gewonnen. Die Herausforderung, ein großes Projekt mit einer kleinen Gesellschaft zum Erfolg zu führen, veranlasste sie im Jahr 2018, die Geschäftsführung der MD-IT zu übernehmen.

Michael Kilian, geboren 1962 in Wattenscheid. Nach Abitur und Wehrdienst folgte das Studium der Humanmedizin an den Universitäten in Münster und Essen.

Nach der Appobation ab 1992 Facharzt-Ausbildung für Allgemein-Chirurgie an den Ev. Kliniken Gelsenkirchen. Im Jahr 1998 Übernahme der Stabsstelle für Medizinisches Informations- und Qualitätsmanagement (MIQM) an gleicher Stelle. Seit 2004 beschäftigt im Klinikum Dortmund. Hier zunächst als Stabsstelle Strategisches Controlling. Seit 2008 Leiter des Geschäftsbereichs Medizin am Klinikum Dortmund mit den Verantwortungsbereichen Medizin-Controlling, Medizinischer Schreibdienst und Medizinische Archive.

Martin Knüttel ist Head of Digital Transformation bei OptiMedis, seine Schwerpunkte sind Projektmanagement, Prozessmodellierung und MVZ- bzw. Praxismanagement. Er
arbeitet u. a. als Projektleiter in dem Innovationsfondsprojekt
*M@dita – Mutterschaftsvorsorge@digital im Team von An-
fang an*. Nach seiner Ausbildung und Tätigkeit als Physiothe-
rapeut hat Martin Knüttel Gesundheitswissenschaften (B.Sc.)
und Medizinmanagement (M. A.) studiert. Mehrere Jahre hat
er bei der amedes Medizinische Dienstleistungen GmbH in
der Abteilung Program Office als zertifizierter Prince2-
Projektmanager gearbeitet. Außerdem unterrichtete er als
Dozent an der privaten Hochschule Medical School Hamburg
Projektmanagement im Studiengang Arbeits- und Organisati-
onspsychologie. Martin Knüttel ist im Alumni-Netzwerk der
B. Braun-Stiftung aktiv und Mitglied der Deutschen Gesellschaft für Gesundheitsökonomie (DGGÖ).

Dr. Ulrike Korte arbeitet seit 2004 beim Bundesamt für Sicherheit in der Informationstechnik. Sie promovierte im Jahr
1981 im Fach Mathematik an der Universität Münster und
arbeitet seitdem in den Bereichen Software-Engineering und
Datensicherheit. Ulrike Korte ist (Co-)Autor von einem Buch
und von mehr als 50 Artikeln für Zeitschriften und Konferen-
zen und war und ist Mitglied von nationalen und internationalen Standardisierungsgruppen, so z. B. aktuell u. a. von
„ISO/TC 154 Long term signature profiles" und European
Telecommunications Standards Institute (ETSI) sowie Pro-
jektleiterin der BSI Technischen Richtlinie TR-ESOR.

Susanne Köttker Die diplomierte Wirtschaftsinformatikerin Susanne Köttker ist zunächst, nach ihrem Universitätsab-
schluss 2005, für die Automobilindustrie im technischen Vertrieb und Projektgeschäft tätig. Seit 2009 ist Susanne Köttker
bei der DMI GmbH & Co. KG in Münster beschäftigt. Ihre
Aufgabenschwerpunkte für die DMI GmbH & Co.KG konzentrieren sich seit 2009 auf das technische Projektmanagement sowie aktuell den Ausbau und die Weiterentwicklung
des Prozessmanagements und des IT-Projektmanagements
inkl. Mitentwicklung der IT-Strategie.

Tomasz Kusber arbeitet seit 2017 als wissenschaftlicher Mitarbeiter beim Fraunhofer Institut für offene Kommunikationssysteme (FOKUS). Er schloss sein Studium der Informatik mit einem Diplom an der Technischen Universität Berlin ab und arbeitete als wissenschaftlicher Mitarbeiter, Software Developer, Leiter einer Entwicklungsgruppe sowie Unternehmensberater in den Bereichen offene Kommunikationssysteme, Software-Engineering, und Datensicherheit. Tomasz Kusber ist ein (Co-)Autor der Technischen Richtlinie 03125 (TR-ESOR) des BSI sowie mehrerer Publikationen zu diesem Thema.

Dr. Andreas Landgraf ist bei der Philips GmbH als Business Leader Data Management & Interoperability Solutions verantwortlich für den Vertrieb und die Umsetzung von Lösungen zum sicheren und standardbasierten Datenaustausch im Gesundheitswesen. Bei Philips hatte er vor seiner aktuellen Tätigkeit verschiedene Strategie und Business Development Rollen inne und dadurch vielfältige Perspektiven des Gesundheitssystems kennen gelernt. Vor seiner Zeit bei Philips hat Dr. Landgraf zum Thema Entrepreneurship promoviert und war mehrere Jahre bei einer führenden Unternehmensberatung tätig.

Andreas Lange ist Mitglied der Unternehmensleitung der Kliniken Südostbayern und verantwortet seit inzwischen 11 Jahren den Geschäftsbereich Infrastruktur, u. a. mit den Schwerpunkten Digitalisierung, IT, Medizintechnik, Apotheke, AEMP. Zudem ist er Geschäftsführer der angegliederten Servicegesellschaften. Andreas Lange ist Diplom-Betriebswirt und hat einen juristischen Master-Abschluss. Er ist von der CHIME zertifizierter Healthcare CIO und seit über 25 Jahren in verschiedenen Managementfunktionen im Gesundheitswesen tätig. Sein Leitbild ist: „Digitalisierung und optimierte Prozesse machen Menschen schneller, sicher und besser gesund."

Prof. Dr. Jan-David Liebe ist Professor für Digital Health Management an der Medical School Hamburg und Verwalter einer Professur für Wirtschaftsinformatik an der Hochschule Osnabrück. In Forschung und Lehre befasst sich Professor Liebe mit der Erfassung, Beschreibung und Erklärung von IT-Qualität und Innovationskultur in Gesundheitseinrichtungen. Seine Schwerpunktthemen sind u. a. das Informationsmanagement von Gesundheitseinrichtungen, digitale Versorgungskontinuität, Kompetenzentwicklung für eine interprofessionelle Aus- und Weiterbildung in der Gesundheitsinformatik und digitale Geschäftsmodelle im Gesundheitswesen. Jan-David Liebe ist seit 2010 Mitglied der Forschungsgruppe Informatik im Gesundheitswesen an der Hochschule Osnabrück unter der Leitung von Prof. Dr. Ursula Hübner. Seit 2015 ist Jan-David Liebe Mitglied des Leitungsgremiums der Arbeitsgruppe „Methoden und Werkzeuge für das Management von Krankenhausinformationssystemen" (mwmKIS) innerhalb der Deutschen Gesellschaft für Medizinische Informatik, Biometrie und Epidemiologie e. V. (GMDS). Jan-David Liebe promovierte an der Fakultät für Informationsmanagement und Wirtschaftsinformatik der Universität Osnabrück und ist assoziierter Wissenschaftler am Institut für Medizinische Informatik der UMIT in Hall, Österreich.

Andreas Lockau, 54, hat nach dem Universitätsstudium der Informatik zuerst als Projektleiter in der IT-Industrie bei einem Systemanbieter gearbeitet. Im Jahre 2001 übernahm er die neu auszurichtende IT-Abteilung des St. Marien-Hospitals in Hamm und von 2016 bis 2021 zusätzlich die Zentralbereichsleitung IT in der Kath. St. Johannes-Gesellschaft Dortmund.

Im Bundesverband der Krankenhaus-IT-Leiterinnen/-Leiter e. V. ist Andreas Lockau seit 2005 Mitglied und 2011 in den Vorstand gewählt worden. Ebenfalls aktiv ist er in der MIT Kommission der KGNW und 2018 zusätzlich als persönliches Mitglied in den Fachausschuss Daten-Information und Kommunikation der DKG berufen worden.

Ingo Matzerath Seit 2010 arbeitet Dr. Ingo Matzerath bei AMEOS. Zuerst als Team- und Projektleiter. Ab 2016 hat er als Bereichsleiter IT-Projekte & Entwicklung das IT-Projektmanagement und die Steuerung der IT-Projekte aufgebaut. Er ist dann 2018 in den Bereich Kundenbedarfe, strategische Planung und Kommunikation mit dem Demandmanagement gewechselt, den er aufgebaut und um die Teams Service Desk und Fieldservice zum Bereich CRM erweitert hat.

Dr. Pierre-Michael Meier – der in Public Health promovierte Diplomkaufmann ist als TIMES (Technology, Information, Media, Electronic and Software)-Experte stv. Sprecher der fördernden Verbände des Eco Systems ENTSCHEIDERFABRIK und hauptamtlicher Geschäftsführer des wirtschaftlichen Geschäftsbetriebs und Generalbevollmächtigter der Hospitalgemeinschaft Hosp.Do.IT. Das Eco System setzt seit 2006 mit den Krankenhaus-Entscheidern die Chancen der digitalen Transformation um. Im IuiG-Initiativ-Rat der fördernden Verbände sind z. Z. 36 Verbände organisiert. Ferner ist er Lehrbeauftragter am Alfried Krupp von Bohlen und Halbach Stiftungslehrstuhl für Medizinmanagement von Prof. Dr. J. Wasem an der Universität Duisburg-Essen. Er ist Inhaber der Zertifikate Medizinische Informatik (GI e.V. & GMDS e.V.), SH-I-ME (AHIME Academy) und CHCIO (CHiME & AHIME Academy).

Bernd Christoph Meisheit war von 1992 bis 2000 IT-Leiter und stellv. Leiter Unternehmensrechnung der Flughafen Köln/Bonn GmbH. In den Jahren 2000 bis 2009 war er als CIO der Deutsche Malteser GmbH und Geschäftsführer der SoCura GmbH tätig. Seit 2009 bekleidet er die Position als Geschäftsführer der Sana IT Services GmbH und ist seit 2015 stellv. Vorsitzender der Bundesfachkommission Digital Health des Deutschen Wirtschaftsrates.

Annett Müller ist seit mehr als 20 Jahren als Medizinische Dokumentarin und Fachwirtin im Sozial- und Gesundheitswesen tätig. Der berufliche Einstieg umfasste bereits 1998 Aufgaben rund um die elektronische Patientenakte und deren Archivierung. Der Schwerpunkt lag auf dem Support, des Consultings sowie der Konfiguration der elektronischen Patientenakte eines DMS-Herstellers. Operative Tätigkeiten im Krankenhaus folgten von 2003 bis 2013 in den Bereichen Medizincontrolling, Qualitätsmanagement, Tumordokumentation, Softwareentwicklung sowie Aus- und Weiterbildung. Seit 2013 liegt der berufliche Schwerpunkt wieder in der elektronischen Archivierung medizinischer Dokumentation und der strategischen Entwicklung innovativer Produkte. Ehrenamtlich im Vorstand des Fachverbandes für Dokumentation und Informationsmanagement in der Medizin (DVMD e.V.) seit 2014 aktiv.

Marie-Luise Müller ist Krankenschwester, war 44 Jahre an verschiedenen großen Kliniken als Pflegedirektorin und Qualitätsmanagerin tätig. Ihre Innovationskraft setzte sie vor allem für die Weiterentwicklung des Pflegewesens engagiert ein. Der Gedanke, Pflegedokumentation zwar noch handschriftlich dokumentenbasiert aber bereits ärztlich-pflegerisch als eine Patientendokumentation aufzubauen, führte in den frühen 90er Jahren zu einem transparenten Leistungserfassungssystem. Sie war an der Entwicklung der PPR 1.0. maßgeblich beteiligt. In den 90er Jahren trug sie mit ihrem innovativen Engagement dazu bei, dass es zum Aufbau von Pflegemanagementstudiengängen kam. In „Pflege braucht Eliten", ein Herausgeberwerk der Robert-Bosch-Stiftung war sie als Mitautorin beteiligt. 1998 gründete sie mit weiteren Pflegeexperten den Deutschen Pflegerat. Sie begleitete als Präsidentin bis 2009 auf der Bundesebene die pflegepolitischen Aktivitäten. 2010 erhielt sie die Ehrenpräsidentschaft des DPR. Pflege als gleichberechtigten Selbstverwaltungspartner zu etablieren war ihr bis zu ihrem Ausscheiden ein großes Anliegen. Ihre Qualitätsexpertise setzte sie seit 1998 intensiv bei dem KTQ-Zertifizierungsverfahren für das Gesundheitswesen ein. Bis heute ist sie dort im Beirat der KTQ-International. Seit 2016 ist sie Vorsitzende der Deutsch-Chinesischen Gesellschaft Pflege e.V. Berlin. Von 2000 bis 2013 hatte sie die wissenschaftliche Leitung des Pflegekongresses im Rahmen des Hauptstadtkongresses.

Stefan Müller-Mielitz: Seit 2011 bis heute tätig als Geschäftsführer der „Institut für Effizienz Kommunikation Forschung" IEKF GmbH, Ibbenbüren. Im März 2010 erhielt er das Zertifikat „Medizinische Informatik" von GMDS e.V. und GI e.V. Er ist Mitgründer des dggö-Ausschusses „Gesundheitswirtschaft und E-Health", Herausgeber von E-Health-Ökonomie im Springer-Verlag und weiteren Büchern zu IHE, Dokumentation, Archivierung und Medizin-Informatik im Eigenverlag. Schwerpunkt seiner Arbeit als IT-Architekt ist die Telematikinfrastruktur. Bisher war er tätig für die Medizinische Informatik Universitätsmedizin Göttingen, das „Deutsches Mikrofilm-Institut Münster", die gematik Berlin, die Bundeswehr in Koblenz und deutschlandweit für Krankenkassen im Kontext der elektronischen Patientenakte. Derzeit tätig als Telematik-Architekt für die Firma RISE, Wien.

Gisbert Multhaupt war 20 Jahre als Leiter IT der Firma Bette in Delbrück beschäftigt, bevor er im September 2020 zum Medizinischen Zentrum für Gesundheit Bad Lippspringe wechselte. Dort verantwortet er die IT-Abteilung, ist zuständig für die Entwicklung einer Digitalstrategie und die Umsetzung der digitalen Transformation im Unternehmen und betreut mit seinem IT-Team die rund 1400 Mitarbeiter des Konzerns.

Dr. Frank Nüßler studierte Biophysik an der Humboldt-Universität Berlin und promovierte 1997 zur Hämagglutinin-induzierten Membranfusion. Bis 2007 arbeitete er bei debis und T-Systems als Berater für Klinische Systeme und wechselte dann in die Vereinigten Gesundheitseinrichtungen Mittelsachsen. Seit 1.11.2013 ist er IT-Leiter und CIO beim Maximalversorger Klinikum Chemnitz gGmbH. Dr. Nüßler ist verheiratet, hat 2 Kinder und 5 Enkelsöhne.

Dr. Thomas Petzold studierte Gesundheitsmanagement und Gesundheitswissenschaften. Er promovierte im Fach Sozialmedizin und Versorgungsforschung an der Medizinischen Fakultät der TU Dresden. Seit September 2016 ist er als Referent beim Medizinischen Dienst Sachsen tätig.

Liliia Pohl, M.A., Ausbildung als Medizinische Fachangestellte; Bachelorstudium Betriebswirtschaft im Gesundheitswesen (B.A.); Masterstudium Management in der Gesundheitsversorgung an der Hochschule Osnabrück (M.A.) mit dem Schwerpunkt Controlling und Data Warehouse sowie Leadership und Business Transformation; Projektmanagerin in der Stabsstelle Psychosoziale Medizin am Universitätsklinikum Münster mit den Aufgabenschwerpunkten Prozessoptimierung und -digitalisierung; Projektmanagerin in der Abteilung Arbeitszeitmanagement am Universitätsklinikum Münster mit der Kernaufgabe Einführung einer neuen Personaleinsatzplanung-Software.

Dr. Jens Rauch verwaltet eine Professur für Medizinische Informatik, Gesundheitsinformatik und Quantitative Methoden an der Hochschule Osnabrück und ist dort zugleich Post-Doc an der Forschungsgruppe Informatik im Gesundheitswesen. Er lehrt und forscht zu Digitalisierungsthemen in der Gesundheitsversorgung.

Michael Reiter studierte an der Ludwig-Maximilians-Universität in München und an der University of Pittsburgh Sprachwissenschaft, Literaturwissenschaft und Kulturgeschichte. An der Deutschen Akademie für Public Relations absolvierte er eine Ausbildung zum Kommunikationsberater. Programmieren lernte er bei Siemens in München.

Für Langenscheidt und Houghton Mifflin/Infosoft in Boston entwickelte er die erste elektronische Wortschatzdatenbank fürs Deutsche sowie elektronische Wörterbücher für DOS/Windows und Mac – mit internationalen Entwicklungspartnern – und lektorierte Sachbücher. Für Diesterweg in der Verlagsgruppe Holtzbrinck verantwortete er Multimedia-Veröffentlichungen unter anderem in Zusammenarbeit mit einem polnischen Softwarehaus. Mehrere Jahre managte er in einer Finanzkommunikationsagentur die Erstellung von Börsenemissionsprospekten für den Frankfurter Neuen Markt.

Ab 2001 spezialisierte er sich auf die internationale Kommunikation von Innovationen im Gesundheitswesen. Er startete mit dem IT-Ressort von Management & Krankenhaus und wurde dann Chefredakteur für diese Zeitung sowie für Hospital Post Europe bei GIT, bevor er die Verantwortung für den Bereich der Medien im Gesundheitsmarkt des Verlagskonzerns Wiley VCH übernahm (Doppelspitze). Es folgten Positionen beim Krankenhaus IT-Journal, bei European Hospital und für Corporate Communications beim IT- und Archivierungsspezialisten DMI.

Heute arbeitet Michael Reiter international im Gesundheitsbereich als Kommunikationsexperte für Organisationen, als freier Journalist für eine Reihe von Medien und als Verleger (www.healthcare-startups.de).

Markus Rothkopf verantwortet seit 2011 den IT-Betrieb der Arberlandkliniken. Zu den Tätigkeiten des Diplom Wirtschaftsinformatikers (FH) zählt neben dem IT-Betrieb auch das IT-Projektmanagement sowie die Bereiche IT- und Informationssicherheit.

Seine Schwerpunkte setzt Markus Rothkopf im Bereich der Standardisierung innerhalb der gesamten IT sowie in der Vernetzung der klinischen Einzellösungen zu einem funktionalen Gesamtsystem.

In IT-Projekten ergänzt Markus Rothkopf den Projektleiter Armin Weinberger als Stellvertretung oder übernimmt selbst die Projektleitung

Dr. André Sander studierte an der TU Ilmenau Medizininformatik und promovierte an der Charité im Bereich Medizinwissenschaften. Er beschäftigt sich seit vielen Jahren mit medizinischen Terminologien und Ontologien. Bei der ID ist er als CTO verantwortlich für moderne Softwarearchitekturen und leitet die Softwareentwicklung.

Julian Saß kam als Zivildienstleistender ins Gesundheitswesen und absolvierte eine Ausbildung zur Pflegefachkraft mit anschließender mehrjähriger Berufserfahrung in der Praxis. Es folgte ein Studium in Health Care Management an der Hochschule Niederrhein in Krefeld. Dort war er nach dem Bachelorabschluss als wissenschaftlicher Mitarbeiter am Competence Center eHealth tätig. Im Anschluss wechselte er für den Masterstudiengang Digital Health an das Hasso-Plattner-Institut in Potsdam. Zurzeit arbeitet er als wissenschaftlicher Mitarbeiter der Core Facility Digital Medicine and Interoperability am Berlin Institute of Health at Charité – Universitätsmedizin Berlin.

Walid Sbaih, 50 Jahre alt, ist verheiratet und hat vier Kinder. Beruflich ist er seit über 20 Jahren in der Krankenhaus-IT tätig. Bis März 2019 hatte er die Gesamtverantwortung für die IT im Robert-Bosch-Krankenhaus und seinen Standorten in Stuttgart. Seit April 2019 ist er operativer Leiter der zwei IT-Gesellschaften (Innovation und Technologie Rhein Necker MA GmbH und Innovation und Technologie Rhein Necker LU GmbH) und verantwortet in der Universitätsmedizin Mannheim gleichzeitig den Geschäftsbereich Technologiemanagement. Nebenbei lehrte er über 10 Jahre an der Dualen Hochschule Baden-Württemberg Heidenheim „Informationsmanagement – Medizinische Bildverarbeitung".

Professor Dr. Paul Schmücker studierte Informatik mit Nebenfach Betriebswirtschaftslehre an der Universität Kiel. Nach einer Tätigkeit in der Forschungsgruppe Membranbiophysik des Physiologischen Instituts der Universität Kiel arbeitete er als Medizinischer Informatiker in leitender Funktion in den Universitätsklinika Gießen und Heidelberg.

Zum 01. Mai 2002 wurde er von der Hochschule Mannheim als Professor für das Lehrgebiet Medizinische Informatik berufen. Dort hat er das Institut für Medizinische Informatik aufgebaut und geleitet. Weiterhin war er Dekan der Fakultät für Informatik und Leiter der Studiengänge für Medizinische Informatik. Seit seinem Ruhestand im September 2017 ist er an der Hochschule Mannheim als Projektleiter des Verbundprojekts MIRACUM der Medizininformatik-Initiative des Bundesministeriums für Bildung und Forschung (BMBF) tätig. Ferner baut er momentan einen berufsbegleitenden online-basierten Masterstudiengang „Biomedizinische Informatik und Data Science" auf.

Von Oktober 2011 bis September 2017 hat er die Ämter des Präsidenten bzw. Vizepräsidenten der Deutschen Gesellschaft für Medizinische Informatik, Biometrie und Epidemiologie e.V. (GMDS) ausgeübt. Seit 2011 ist er stellvertretender Aufsichtsratsvorsitzender der Firmengruppe März Internetwork Services AG sowie seit 2016 Beisitzer im Vorstand des Berufsverbandes Medizinischer Informatiker e.V. (BVMI).

Prof. Dr. Björn Schreiweis studierte Medizinische Informatik an der Universität Heidelberg und Hochschule Heilbronn. Er promovierte 2016 an der Universität Heidelberg und war von 2011 bis 2018 am Universitätsklinikum Heidelberg tätig. Seit 2018 ist er am Institut für Medizinische Informatik und Statistik der Christian-Albrechts-Universität zu Kiel und dem Universitätsklinikum Schleswig-Holstein und leitet das dortige Medizinische Datenintegrationszentrum im Rahmen des HiGHmed Konsortiums. Außerdem hat er seit 2021 eine Professur für Medizininformatik inne. Er ist Teil der AG Interoperabilität der Medizininformatik-Initiative und stlv. Leiter der GMDS AG Consumer Health Informatics.

©Jürgen Haacks, Christian-Albrechts-Universität zu Kiel.

Thorsten Schütz ist Arzt mit Zusatzbezeichnung „Medizinische Informatik" sowie Certified Healthcare CIO nach AHIME. Er leitet im Klinikum Itzehoe den Bereich IT und Betriebsorganisation. Seine Schwerpunktthemen sind Digitalisierungsstrategien, IT-Sicherheit, Vernetzung von IT und Medizintechnik und der Ausbau mobiler Technologien. Er ist stellvertretender Vorsitzender des Bundesverbandes der Krankenhaus-IT-Leiterinnen/Leiter KH-IT e.V., stellvertretender Sprecher des Branchenarbeitskreises (BAK) „Medizinische Versorgung" im UPKRITIS, Mitglied im DMEA Kongressbeirat, Vorsitzender im IHK Prüfungsausschuss und Gastmitglied im VDE Normungsgremium.

Dr. Falko C. Schulte, MaHM, ist als regionaler IT-Projektleiter für Digitalisierungs- und Transformationsprojekte in einer großen Klinikkette tätig. In dieser Funktion ist er mitverantwortlich für die projektbezogene Umsetzung der Digitalstrategie, wobei der Schwerpunkt auf der Anpassung der umgebenden medizinischen Struktur- und Prozesslandschaft liegt. Freiberuflich ist Dr. Schulte zudem als Lehrbeauftragter in Studiengängen für Health Care- und Informationsmanagement aktiv. Nach seinem Medizinstudium an der Universität Hamburg promovierte er in einem Graduiertenkolleg der Deutschen Forschungsgemeinschaft und begann seine klinische Laufbahn am Kieler Campus des Universitätsklinikums Schleswig-Holstein. Hier erwarb er seinen internistischen Facharzttitel sowie die Zusatzqualifikationen zum Notfallmediziner und Ärztlichen Qualitätsmanager. Für ein tieferes Verständnis der Rahmenbedingungen des stationären Gesundheitssektors begann er 2016 ein berufsbegleitendes Studium an der Christian-Albrechts-Universität zu Kiel und schloss es mit dem Master of Hospital Management ab. Dr. Schulte ist Mitglied der Deutschen Gesellschaft für Innere Medizin, der Deutschen Gesellschaft für Medizinische Informatik, Biometrie und Epidemiologie und im Alumninetzwerk der B. Braun-Stiftung aktiv.

Dr. Nikolai von Schroeders ist Arzt und Gesundheitsökonom. Seit Einführung des DRG-Systems in Deutschland ist er als Medizincontroller aktiv und hat neben vielen Klinikprojekten in Deutschland die internationale DRG-Einführung z. B. in der Schweiz, auf Zypern und in Slowenien begleitet. Sein Fokus liegt auf der Gestaltung optimaler Prozesse zwischen Medizin und Ökonomie. Ehrenamtlich ist er als Vorstandsvorsitzender der Deutschen Gesellschaft für Medizincontrolling aktiv. Er lehrt zu Themen des Medizincontrollings an der Universität Bielefeld und berät Politiker des Deutschen Bundestages zur Vergütungsfragen im Gesundheitswesen.

Steffen Schwalm berät seit mehr als 15 Jahren Unternehmen in hochregulierten Industrien und Aufsichtsbehörden in der Beweissicherheit digitaler Aufzeichnungen sowie Aufbau und Etablierung vertrauenswürdiger digitaler Ökosysteme. Er ist Experte in den Themen eIDAS, Elektronische Vertrauensdienste, Bewahrung und Archivierung, Beweiswerterhaltung, PKI, ssowie ichere digitale Identitäten und Blockchain/DLT

Neben seiner Beratungstätigkeit leitet Steffen Schwalm verschiedene Arbeitsgruppen und Ausschüsse nationaler wie internationaler Standardisierungsgremien und beteiligt sich als Experte in der Normung und Standardisierung u. a. in ISO, ETSI, CEN und DIN. Steffen Schwalm ist ein (Co-) Autor u. a. der Technischen Richtlinie 03125 (TR-ESOR) des BSI sowie zahlreicher Publikationen zu diesem Thema.

Thomas Stangl ist seit 2019 im Team der Informationstechnologie der Arberlandkliniken. Der studierte Medizininformatiker absolvierte ein Praxissemester mit anschließender Werkstudententätigkeit in beiden Häusern, wo er sich in seiner Abschlussarbeit kritisch mit der Implementation der Telematik-Infrastruktur (TI) im klinischen Umfeld befasste. Deren Systemadministration hat er bis heute inne. Des Weiteren umfasst seine Tätigkeit das Projektmanagement rund um die Bedarfsanmeldung, Beteiligung an Ausschreibungen und Einführung neuer IT-Systeme, gefördert aus dem Krankenhauszukunftsfonds.

Caroline Stellmach hat International Business Management im Bachelor in Berlin studiert. Ein Fulbright Stipendium ermöglichte es ihr, zwei Auslandssemester an der Rutgers Business School in New Jersey (USA) zu verbringen. Nach erfolgreichem Studienabschluss war sie fünf Jahre lang in Pharmaunternehmen in Deutschland und den USA im Finanzbereich tätig, bevor sie ein Zweitstudium der Biochemie in Berlin mit dem Bachelor absolvierte und 2020 den Master in Mikro- und Zellbiologie erhielt. Momentan arbeitet Caroline Stellmach als wissenschaftliche Mitarbeiterin in der Core Facility Digital Medicine and Interoperability am Berlin Institute of Health at Charité – Universitätsmedizin Berlin.

Dipl.-Ing. Sven Stephan ist als Partner, Senior Berater, ISB, TI-Sicherheitsgutachter, Lead Auditor ISO/IEC 27001, Lead-Auditor ISO/IEC 27001 EnWG gemäß IT-Sicherheitskatalog in der HBSN-Unternehmensgruppe seit über 10 Jahren in diesen Bereichen tätig. In seiner Funktion als Senior Berater berät er darüber hinaus in den Themenbereichen Informations- und IT-Sicherheit, Datenschutz und sonstigen IT-Projekten bei einer Vielzahl von unterschiedlichen Kunden und deren Dienstleister im Gesundheitssektor.

Als Lead Auditor ISO/IEC 27001, Lead-Auditor ISO/IEC 27001 EnWG gemäß IT-Sicherheitskatalog ist er auch in weitern Branchen sowie als Sicherheitsgutachter im Telematik Umfeld aktiv.

Prof. Dr. Sylvia Thun Die approbierte Ärztin und Dipl.-Ingenieurin Sylvia Thun ist Universitätsprofessorin (W3) für Digitale Medizin und Interoperabilität am BIH@ Charité. Von 2011-2021 war sie Professorin für Informations- und Kommunikationstechnologie an der HSNR.

2020 erlangte sie die Zusatzbezeichnung ‚Medizinische Informatik' der Ärztekammer Nordrhein 2022 wurde Ihr das Bundesverdienstkreuz am Bande des Verdienstordens der Bundesrepublik Deutschland verliehen.

2014 erhielt sie die Auszeichnung des BMBF und der Gesellschaft für Informatik zum „Digitalen Kopf".

Prof. Thun beschleunigt die Einführung internationaler Standards in leitender Position in Großprojekten des BMBF, BMG und der EU (z.B. NFDI4Health, Medizininformatik-Initiative, NUM). Sie leitet sowohl das Projekt DigitalRadar Krankenhaus, als auch das InteropCouncil für Digital Health des BMG.

Avni Troni ist als Produktmanager für das Leistungserbringer-Portal bei der MD-IT GmbH verantwortlich. Er steuert den gesamten Produktlebenszyklus und die Weiterentwicklung sowie die Beratung der Stakeholder. Mit dieser Datenaustauschplattform werden alle 15 Medizinischen Dienste und ca. 2000 Krankenhäuser/Kliniken digital vernetzt.

Zudem unterstützt Avni Troni die Geschäftsleitung bei der systematischen Erarbeitung, Abstimmung und Konzipierung von neuen innovativen Themenbereichen wie z. B. die Videobegutachtung, damit durchgängige digitale Prozesse sichergestellt werden, die für die 15 Medizinischen Dienste von langfristiger Bedeutung sind.

Nach dem Studium als Diplom-Wirtschaftsingenieur an der Beuth-Hochschule in Berlin im Jahre 2008 sammelte er umfangreiche Erfahrungen im IT-Produktmanagement und im Aufbau von neuen Geschäftsbereichen in diversen Branchen, die im Zuge der Digitalisierung für die Gesundheitsbranche enorm hilfreich sind.

Prof. Dr. Julian Varghese, M.Sc. ist Arzt und Informatiker. Er lehrt und forscht an der Universität Münster im Bereich Digital Health und Medizinische Informatik. Forschungsschwerpunkte sind Künstliche Intelligenz und Semantische Standards in der Medizin. Der Schwerpunkt seiner Lehre liegt in der Vermittlung von digitalen Kompetenzen im Fach Humanmedizin.

Nina Vrielink ist Geschäftsführerin der CETUS Health IT Leadership GmbH. Nach ihrem Bachelor in International Business Management begann Sie Ihre berufliche Karriere in der Industrie. Ihre Schwerpunkte sind die digitale Transformation im Krankenhaus, strategisches Managementvon Gesundheitseinrichtungen und Digitale Gesundheitsanwendungen im intersektoralen Bereich. Sie ist seit über 15 Jahren im Gesundheitswesen tätig und Referentin auf nationalen und internationalen Kongressen. Zu den Kunden zählen Krankenhäuser aller Größenklassen.

Prof. Dr. Jürgen Wasem hat VWL, Politikwissenschaft und Sozialpolitik an der Pennsylvania State University, der University of Sussex und der Universität zu Köln studiert, in Köln in Ökonomie promoviert und in Bielefeld in Public Health habilitiert. Nach beruflichen Stationen im Bundesministerium für Arbeit und Sozialordnung, der Fachhochschule Köln und dem Max-Planck-Institut für Gesellschaftsforschung folgten Professuren an der LMU München und der Universität Greifswald. Seit 2003 ist er Inhaber des Lehrstuhls für Medizinmanagement der Universität Duisburg-Essen. Prof. Wasem ist u. a. Vorsitzender der Schiedsstelle für Preise digitaler Gesundheitsanwendungen und des Erweiterten Bewertungsausschusses.

PD Dr. Michael A. Weber: Studium der Humanmedizin in Bonn und Freiburg. Weiterbildung zum Facharzt für Innere Medizin und Kardiologie am Deutschen Herzzentrum München und der Ludwig-Maximilian-Universität München, Klinikum Innenstadt, 1986 Habilitation, Chefarzt Kardiologie Pneumologie und ärztlicher Direktor am Klinikum Dachau von 1988 bis 2013, Mitglied zahlreicher Ausschüsse zu Fragen der stationären Versorgung und Qualitätssicherung der Deutschen Gesellschaft für Kardiologie (DGK), der Bundesärztekammer (BÄK), der Deutschen Krankenhausgesellschaft (DKG), Vorsitzender des Fachausschuss Medizin der DKG, Sekretär der Arbeitsgemeinschaft Leitende Kardiologische Krankenhausärzte (ALKK) bis 6/2018, Präsident des Verbands der Leitenden Krankenhausärzte Deutschlands e.V. (VLK) seit 01/2019.

Armin Weinberger ist bereits seit dem Jahr 2000 für die Arberlandkliniken Zwiesel und Viechtach als Kaufmännischer Leiter und Stellvertretender Vorstand tätig.

Dem Diplom-Betriebswirt (FH) und Fachwirt im Sozial- und Gesundheitswesen ist in dieser Position, neben den üblichen anderen kaufmännischen Bereichen, auch die IT-Abteilung der Arberlandkliniken unterstellt.

Seit Beginn seiner Tätigkeit bei den Arberlandkliniken wird die IT-Strategie von ihm maßgeblich mitgeprägt. Ebenso wurden und werden IT-Projekte, wie z. B. die Einführung eines digitalen Patientenarchivsystems, von ihm persönlich als Projektleitung geführt.

Katrin Weinhold Seit 2016 verantwortet die diplomierte Wirtschaftsinformatikerin Katrin Weinhold als Direktorin IT die IT bei AMEOS. Sie verfügt über langjährige Erfahrungen im Gesundheitswesen und hat in verschiedenen Krankenhäusern in öffentlicher und privater Trägerschaft gearbeitet. Unter anderem war sie fünf Jahre lang IT-Direktorin der Median-Kliniken GmbH. Sie ist maßgeblich an der Entwicklung und Umsetzung der Digitalstrategie der AMEOS beteiligt und treibt die Harmonisierung der IT-Strukturen sowie der Applikationslandschaft voran.

Stephanie Wewelkamp, Dipl. Kffr., Sozialversicherungsfachangestellte; Studium Betriebswirtschaft im Gesundheitswesen (BIG) an der Hochschule Osnabrück; seit 2003 am Universitätsklinikum Münster, zunächst als Verwaltungsreferentin für die Kinder- und Jugendpsychiatrie, in der Stabsstelle Geschäftsfeldentwicklung und Projektmanagement; seit 2010 als Zentrumsmanagerin bzw. Leiterin der Stabsstelle Psychosoziale Medizin tätig.

Falco Winschel studierte in Würzburg Betriebswirtschaftslehre. Er ist seit über 20 Jahren in IT-Projekten tätig, einen Großteil davon in den Unternehmen der Prof. Thome Gruppe. Seine Tätigkeitsschwerpunkte bei SYSTHEMIS in den vergangenen Jahren waren Projekte im Business Process Management sowie die Leitung von Softwareeinführungs- und -weiterentwicklungsprojekten. Er ist überzeugt, dass eine auch fachlich eingebundene Projektleitung zum Projekterfolg beiträgt und zu schnelleren und besseren Entscheidungen führt. Daher übernimmt er parallel Rollen im Anforderungs- oder Testmanagement.

Winfried Zapp, Prof. Dr. rer. pol., Dipl.-Ökonom absolvierte ein Studium der Wirtschaftswissenschaften. Er war unter anderem als wissenschaftlicher Mitarbeiter, als Assistent des Verwaltungsleiters in einem Evangelischen Krankenhaus sowie als Krankenhausbetriebsleiter und in Personalunion als Finanzleiter in einer Komplexeinrichtung tätig. Prof. Dr. Winfried Zapp lehrte bis 2019 Allgemeine Betriebswirtschaftslehre, Rechnungswesen und Controlling in Gesundheitseinrichtungen an der Hochschule Osnabrück mit den Forschungsschwerpunkten Prozessgestaltung, Kosten-, Leistungs-, Erlös-, Ergebnisrechnung (KLEE) und Controlling-Konzeptionen. Seine Schwerpunkte liegen jetzt auf Controllingkonzeptionen und Ethik.

Teil I

Die digitale Transformation der Gesundheitswirtschaft

Zentrale Rolle von Patientenakten und Patientendaten

Die Position der Deutschen Krankenhausgesellschaft

Gerald Gaß

Inhaltsverzeichnis

Zusammenfassung

Bei der Verbesserung klinischer und administrativer Prozesse sowie der Gewährleistung von Wirtschaftlichkeit spielen Patientendaten eine herausragende Rolle. Sie unterstützen den Behandlungserfolg im jeweiligen Fall und können zum Fortschritt der Medizin insgesamt einen wichtigen Beitrag leisten. Für die Digitalisierung, mit der sich unsere Gesundheitsversorgung zukunftsfest aufstellen lässt, stellen sie ein Kernelement dar. Getragen und vermittelt werden muss der digitale Wandel vom Management; die Politik kann insbesondere durch praktisch handhabbare Rahmenbedingungen und eine nachhaltige Finanzierung zum Erfolg beitragen.

G. Gaß (✉)
Deutsche Krankenhausgesellschaft (DKG) e. V., Berlin, Deutschland
E-Mail: dkgmail@dkgev.de

© Der/die Autor(en), exklusiv lizenziert durch Springer Fachmedien Wiesbaden
GmbH, ein Teil von Springer Nature 2022
V. Henke et al. (Hrsg.), *Digitalstrategie im Krankenhaus*,
https://doi.org/10.1007/978-3-658-36226-3_1

1   Einleitung

Patientenakten und Patientendaten kommen in Krankenhäusern ein hoher Stellenwert zu.
Sie stellen den zentralen Schlüssel im Bestreben dar, Behandlungsprozesse und Behandlungsqualität zu verbessern sowie Wirtschaftlichkeit herzustellen und zu gewährleisten. Zu betrachten sind Patientendaten auf zwei Ebenen:

Eine Ebene ist jene der individuellen Patientin, des individuellen Patienten. Werden
deren Daten digital, insbesondere über die Behandlungskette am jeweiligen Behandlungs-
ort, umfassend verfügbar gemacht, so unterstützen diese den spezifischen Zuschnitt und
Erfolg der Behandlung.

Eine zweite Ebene betrifft die Nutzung von Daten einer Vielzahl an Patienten über den
individuellen Fall hinaus, für die Weiterentwicklung der gesamten medizinischen und
pflegerischen Versorgung. Perspektivisch können Diagnosen präziser gestellt, Therapien
noch zielgenauer und erfolgversprechender ausgerichtet und somit Outcomes optimiert
werden. Ein großes Volumen an Behandlungsdaten darüber, welche Therapien sich bewährt haben, schafft die Grundlage für Behandlungsempfehlungen auf Basis künstlicher
Intelligenz.

2   Compliance

Patienten dürfen erwarten, dass ihre Daten in den Krankenhäusern – auch sektorenübergreifend – sicher sind. So ist zu gewährleisten, dass nur Befugte auf Patientendaten zugreifen können. Für Forschungszwecke müssen diese anonymisiert oder pseudonymisiert
werden – was Zusammenhänge ggfs. weniger erkennbar werden lässt und somit Einschränkungen mit sich bringen kann, Nutzungsziele zu erreichen. Technische Lösungen
allein stellen keinen umfassenden Schutz sicher; hier geht es auch um eine Frage der
Haltung. Mitarbeitende dürfen ihre Möglichkeiten des Zugriffs auf Daten nur insoweit
nutzen, wie dies zulässig ist und ihren Aufgaben entspricht. Je mehr man versucht, den
Datenschutz über technische Limitierungen zu erreichen, desto stärker erschwert man
ebenfalls die Verwendung für legitime Zwecke und schmälert den potenziellen Mehrwert.
Es zählt zu den Herausforderungen für das Krankenhausmanagement, die Mitarbeitenden
nicht nur zu schulen, sondern auch eine entsprechende innere Haltung aufzubauen.

3   Nutzen in den Mittelpunkt stellen

Deutsche Krankenhäuser sind prinzipiell daran interessiert, dass Patientendaten digital für
die Nutzung verfügbar gemacht werden. Hier bietet der Blick auf andere europäische Länder, in denen der Schutz von Daten ebenfalls auf der DSGVO beruht, gute Beispiele für
einen ausgewogenen Weg. Vertrauen ist dabei ein wichtiges Stichwort – die Misstrauens-

kultur führt in Deutschland dazu, dass man meint, sämtliche Eventualitäten hinsichtlich illegitimer Datennutzung technisch ausräumen zu müssen – was sich jedoch kontraproduktiv auswirkt. Auch die praktische Verwendung von Patientendaten bei sektorenübergreifenden Versorgungsprozessen sogar innerhalb einer Einrichtung (MVZ/Krankenhaus) werden datenschutzrechtlich fast unmöglich gemacht.

Anstelle der Minimierung sämtlicher theoretischer Risiken sollten in der Debatte die Vorteile in den Vordergrund rücken und tatsächlicher Missbrauch im konkreten Einzelfall scharf sanktioniert werden. Dies wird besonders klar am Beispiel der Diskussion mit Landesdatenschützern über die Frage, ob in Notfällen Mediziner stationsübergreifend auf die Daten zum betreffenden Patienten zugreifen dürfen – was im Zweifelsfall Menschenleben retten kann.

4 Sicherheit mit KRITIS-Verordnung und B3S Sicherheitsstandard

IT-Sicherheit ist auch Patientensicherheit. Die Vorgaben, welche die Krankenhäuser mit dem Bundesamt für Sicherheit in der Informationstechnik (BSI) ausgearbeitet haben, sind sinnvoll und können insbesondere von KRITIS-Krankenhäusern mit 30.000 stationären Fällen und mehr zur Erfüllung ihrer gesetzlichen Anforderungen genutzt werden. Aber auch Krankenhäuser mit weniger Behandlungsfällen müssen seit Jahresbeginn Maßnahmen für IT-Sicherheit umsetzen. Der B3S Sicherheitsstandard wird als Ziel für alle Krankenhäuser empfohlen. Die Kosten für diese Absicherung lassen sich mit DRG – die nur den Betrieb finanzieren – durch das nicht funktionierende duale Finanzierungssystem nicht abdecken; hier ist also eine Förderung und Unterstützung nötig. Das Krankenhauszukunftsgesetz (KHZG) – als Reaktion des Bundes auf die mangelnde Realisierung der dualen Finanzierung – ist allgemein eine begrüßenswerte Initiative. Grundsätzlich ist die Botschaft des KHZG, 15 Prozent der Fördermittel für Sicherheit zu investieren – richtig; sie erscheint aber für jene Krankenhäuser nicht sinnvoll, die hier bereits gut ausgestattet sind. Eine individuelle Beurteilung ist hier zielführender. Business Continuity, die Gewährleistung der Aufrechterhaltung des Betriebs, ist aufgrund der zentralen Bedeutung von Patientendaten neben dem Datenschutz eine weitere herausragende Aufgabe in diesem Kontext.

5 Wo die Krankenhäuser bei der Digitalisierung stehen

Alle Krankenhäuser in Deutschland verfügen über ein Krankenhausinformationssystem (KIS). Das schafft die Voraussetzung dafür, dass sie intelligente Datenbanken auch mit strukturierten Daten aufbauen können, als Grundlage etwa für Anwendungen der künstlichen Intelligenz oder zur automatisierten Ausleitung relevanter Versorgungsdaten. Allerdings sind Krankenhäuser noch weit davon entfernt, flächendeckend papierlos zu doku-

mentieren und automationsgestützt Daten etwa aus dem Diagnoseprozess ins KIS zu
überführen. Volldigitales Medikamentenmanagement und Closed-Loop-Systeme sind
noch selten vertreten.

Weit fortgeschritten sind bei der Digitalisierung oftmals jene Krankenhäuser, die in
größere Trägerstrukturen eingebunden sind, weil dort eine zentrale IT für mehrere
Standorte existiert und sich so wirtschaftliche Vorteile durch Synergien besser abbilden
lassen. Der Erfahrungsaustausch ist auf einem hohen Niveau möglich. Trägerunabhängig
lautet die zentrale Frage „Wie gut lässt sich IT zentral und möglicherweise auch träger-
übergreifend bereitstellen?".

6   Informationssicherheit, Prozessoptimierung, Kommunikationsfähigkeit, Wissensgenerierung

Einen hohen Stellenwert genießt in den Digitalstrategien der Krankenhäuser derzeit die
Prozessoptimierung. Ziel ist es, Behandlungsprozesse im Krankenhaus digital abzubilden und Daten an den verschiedenen Prozesspunkten verfügbar zu machen, um damit
die Behandlung sicherer und wirtschaftlicher zu gestalten. Neben der erhöhten Sicherheit
z. B. durch sofort verfügbare Daten für alle Behandler und den Abgleich mit Datenbanken spielt auch der effiziente Einsatz von Personal eine wichtige Rolle: ein Beispiel
ist die Medikamentenbereitstellung über die digitale Visite ins KIS, mit digitalem Check
von Wechselwirkungen in der Apotheke und Verblisterung bis zur anschließenden Lieferung auf die Stationen, die wichtige Personalressourcen spart und so eine optimale
Arzneimitteltherapiesicherheit ermöglicht. Ein weiteres Beispiel sind Aufgaben im Kontext der Zusammenarbeit mit dem Medizinischen Dienst im Zusammenhang mit der
elektronischen-Vorgangsübermittlungs-Vereinbarung (eVV) und dem Leistungserbringer-
Portal für den Upload. Hier wurde bereits früh auf die Berücksichtigung von internationalen und nationalen Standards gesetzt, um Synergien mit Patientenakten bestmöglich zu nutzen.

Ein weiterer Aspekt ist die Anbindung Externer. Im Pre-Onboarding können Patienten
bereits vor der Aufnahme ihre Daten zur Verfügung stellen und so den Aufnahmeprozess
beschleunigen. Der Datenaustausch mit Externen wie Einweisern und Nachbehandlern ist
dabei ebenfalls von hoher Relevanz für Patienten wie für Behandelnde.

Die Wissensgenerierung nimmt zu. So kann im Kontext des Medikationsprozesses die
Wechselwirkungskontrolle digital unterstützt unter Einbindung Verfahren künstlicher Intelligenz stattfinden, was einen deutlichen Gewinn für die Patientensicherheit darstellt.
Datengenerierung und Analysen lassen sich für ein Haus, für mehrere Standorte oder – mit
dem größten Effekt – über Verbünde hinweg realisieren. Die Vorteile der Informationstechnik (IT) sind neben dem Mangel an Fachkräften ein großer Treiber dafür, dass sich
immer mehr singuläre Krankenhäuser größeren Verbünden anschließen. Kapazitäten und
Kompetenzen lassen sich auch über Träger hinweg in Personen-Netzwerken aufbauen
und nutzen.

7 Digitalisieren – ein Führungsthema

Ein Umdenken ist nötig, um Führungs- und Entscheidungsstrukturen auf das Meistern der Herausforderungen im Kontext der Digitalisierung auszurichten. Der Generationenwandel auf dieser Ebene wird hier unterstützend wirken. Generell müssen die Veränderungen „top-down" getragen werden. Auch aufgrund des KHZG steckt in diesem Thema nun enorme Dynamik, was zu großer Nachfrage nach IT-Kompetenz führt. Den Nutzen der IT zu vermitteln, schafft Verständnis bei den Anwendern. Organisatorische und prozessuale Kompetenz aus den Abteilungen mit der IT zusammenzubringen ermöglicht es, Prozesse neu aufzustellen und sie dann digital zu unterstützen. Eine Herausforderung steckt auch in der Priorisierung der konkreten Aufgaben und Projekte – damit der größte Nutzen in kürzester Zeit generiert und Voraussetzungen für weitere Schritte geschaffen werden können.

Die Pandemie zeigt, wie schnell schwerpunktmäßig Involvierte den Austausch mithilfe noch überschaubar vorhandener IT-Möglichkeiten gesucht haben. Ansätze wie das Virtuelle Krankenhaus NRW bieten die große Chance, auch ländliche Räume zu versorgen. Kleinere Krankenhäuser erhalten die Chance, dank Vernetzung mit Kompetenzzentren komplexere Behandlungen anzubieten.

8 Blick auf das Gesamtbild

Es ist Aufgabe des Krankenhausmanagements, das Thema Digitalisierung auf oberster Ebene zu entwickeln, einen guten Dialog zwischen allen am Behandlungsprozess Beteiligten und IT-Spezialisten voranzubringen und ein Verständnis für die Herausforderungen der unterschiedlichen Akteure zu schaffen.

Die Aufgabe der Politik ist es, die erwarteten Fortschritte der Krankenhäuser insbesondere mit praktikablen Umsetzungsbedingungen und der notwendigen Finanzierung zu ermöglichen. Einsparungen ergeben sich eher mittelfristig und werden für das Gesamtsystem der Gesundheitsversorgung wirksam – nicht für das einzelne Krankenhaus mit seiner Investitionslast. Hohe Behandlungsqualität, Sicherheit bei der Wahl der passenden Behandlung, die Vermeidung von Folgebehandlungen und medizinischer Fortschritt – das sind somit die Perspektiven für unsere Gesundheitsversorgung.

Werthaltigkeit und Umsetzung einer Digitalstrategie im Krankenhaus aus Sicht des CIO

Thorsten Schütz

Inhaltsverzeichnis

Zusammenfassung

Krankenhäuser in Deutschland stehen vor der Herausforderung, trotz vielerorts stagnierender Fallzahlen und bestehendem Fachkräftemangel ihre Erlöse regelmäßig zu erhöhen, um auf diese Weise dem hohen Wettbewerbs- und Kostendruck erfolgreich standzuhalten. Eine wichtige Voraussetzung für das Gelingen ist die Steigerung von Qualität und Effizienz der Krankenhausbehandlungen. Ein erhebliches Potenzial zur Erschließung dieser Effizienzsteigerung liegt wiederum in der Digitalisierung von Prozessen. Eine erfolgreiche Unternehmensstrategie wird dem Thema Digitalisierung deshalb einen hohen Stellenwert beimessen. Die Umsetzung der digitalen Transformation im klinischen Umfeld betrachtet in diesem Kontext nicht allein einzelne Prozesse,

T. Schütz (✉)
Bundesverband der Krankenhaus-IT-Leiterinnen/Leiter KH-IT e. V.,
Baden-Baden, Deutschland
E-Mail: schuetz@kh-it.de

© Der/die Autor(en), exklusiv lizenziert durch Springer Fachmedien Wiesbaden
GmbH, ein Teil von Springer Nature 2022
V. Henke et al. (Hrsg.), *Digitalstrategie im Krankenhaus*,
https://doi.org/10.1007/978-3-658-36226-3_2

9

vielmehr berührt sie zahlreiche damit in Verbindung stehende Themenfelder und fordert eine grundlegende breit aufgestellte Digitalstrategie. Eine solche Digitalstrategie berücksichtigt die Verteilung und Weiternutzung von Informationen, bezieht die Mitarbeiter als wertvolle Ressource umfänglich mit ein und beachtet die zahlreichen Complianceanforderungen aus Gesetzgebung, Datenschutz und IT-Sicherheit. In Rahmen der Entwicklung einer solchen Strategie finden sich unterschiedliche Rollen, dem CIO kommt dabei eine besondere Verantwortung zu. Bei der Schwerpunktsetzung auf die strategische Steuerung der operativen IT, bieten sich in diesem Segment zahlreiche Optionen zur unterschiedlichen Ausgestaltung. So finden sich im Rahmen einer Applikationsstrategie beispielsweise kontroverse monolithische und best-of-breed Ansätze und die Sourcing-Strategie wartet gleich mit einem ganzen Potpourri unterschiedlicher Gestaltungsvarianten auf. In der Fortschreibung der Strategie besteht die Herausforderung darin, ausgewählte technische Innovationen und digitale Trends frühzeitig zu erkennen, ihren möglichen Wert für das Krankenhausunternehmen sachgerecht zu bewerten und diese Optionen erfolgreich in eine zukunftsgerichtete Digitalstrategie zu integrieren.

1   Die Erwartungen sind hoch

Die Rahmenbedingungen im Gesundheitswesen werden seit vielen Jahren von verschiedenen Größen beeinflusst. Steigende Behandlungskosten und Fallschweregrade, eine Verschiebung von stationären zu ambulanten Behandlungsangeboten und die regelmäßige Suche nach Einsparpotenzialen setzen alle Krankenhäuser einem erheblichen Druck aus (Roland Berger, 2019). Dazu kommen beständig steigende Anforderungen an Qualität und Dokumentation von Behandlungen als Voraussetzungen für die Abrechenbarkeit leistungsgerechter Erlöse (Wallenfels, 2015).

In diesem Zusammenhang kommt dem digitalen Wandel im Gesundheitswesen ein ganz besonderes Gewicht zu. Es gilt durch zielgerichtete Digitalisierung die Effektivität von Prozessen und damit die Wirtschaftlichkeit des gesamten Behandlungsablaufes sicherzustellen bei gleichzeitiger kontinuierlicher Steigerung der Behandlungsqualität. Auch das funktionierende Zusammenspiel zwischen unterschiedlichen Einrichtungen wie zum Beispiel Klinik und ambulantem Medizinischen Versorgungszentrum (MVZ) baut zunehmend auf eine reibungslose digitale Kommunikation.

In vielen Ländern konnte bereits eindrücklich gezeigt werden, wie sich durch eine solche geregelte digitale Kommunikation zwischen verschiedenen Einrichtungen, die an der Behandlung eines Patienten beteiligt sind, die Verfügbarkeit von Befunden, die Behandlungsqualität und die Patientenzufriedenheit erheblich verbessern lassen. Vorbilder in dieser Hinsicht finden sich bei unseren unmittelbaren Nachbarn. In Österreich gelang es, durch eine zentral gesteuerte IHE- /XDS-basierte elektronische Gesundheitsakte unter dem Akronym ELGA im ersten Schritt die Krankenhäuser und in der Folge weitere Beteiligte des Gesundheitswesens erfolgreich miteinander zu vernetzen (ELGA, 2021). Ein ähnliches Erfolgsmodell gelang Dänemark mit dem zentralen Gesundheitsportal sundhed.dk als Drehscheibe für Krankenhäuser, Arztpraxen und Patienten (Kostera & Briseño, 2018).

Deutschland konnte in dieser Hinsicht bislang keine nachhaltigen Erfolge verzeichnen und befand sich 2018 im weitgehend europäisch ausgerichteten Ländervergleich nach der Studie der Bertelsmann Stiftung und dem dort verwendeten Digital-Health-Index lediglich auf dem vorletzten Platz (Thiel et al., 2018).

Die Ansprüche der Führungsverantwortlichen aus Krankenhaus und Politik sind also hoch, dem erwarteten Wertbeitrag der Digitalisierung im Krankenhaus wird berechtigterweise eine erhebliche Bedeutung zugemessen. Ansatzpunkte im Krankenhaus einer solchen Erwartung gerecht zu werden finden sich in strategischen, organisatorischen, finanziellen und technischen Aspekten. So wird es im Zusammenspiel der zahlreichen Prozesse in einem Krankenhaus immer entscheidender, die richtige Information zur rechten Zeit am benötigten Ort bereitzustellen und die beteiligten Berufsgruppen effizient miteinander zu vernetzen. Arzt, Pflegekraft, Funktionsbereich, Notaufnahme, OP, Medizincontrolling und Abrechnung, sie und viele weitere tragen ihren jeweiligen Anteil zu einer bedarfsgerechten, qualitätsgesicherten und kosteneffektiven Behandlung bei. Die dahinterstehende digitale Agenda der Kliniken ist zudem regelmäßig über die Grenzen des einzelnen Krankenhauses hinaus ausgerichtet. Die Vernetzung mit kooperierenden Behandlungseinrichtungen, ambulanter Versorgung, Nachsorgeeinrichtungen, Rettungsdiensten, Krankenkassen und vielen weiteren Playern erfordert eine zielgerichtete und nachhaltige Strategie.

2   Digitalstrategie als Wettbewerbsfaktor

Die *Digitalstrategie* bildet heute den wesentlichen Faktor zur Effizienzsteigerung der Prozesse im Krankenhaus und fördert damit in besonderer Weise die Ziele des Unternehmens. Eine innovative Digitalstrategie entwickelt sich damit zu einem wichtigeren Wettbewerbsfaktor der Krankenhäuser im hart umkämpften Gesundheitsmarkt. Aus diesem Grunde leitet sich die Digitalstrategie in den meisten Fällen unmittelbar aus der strategischen Zielsetzung und der Unternehmensstrategie eines Krankenhauses ab. So lautete zumindest das bisher gängige Credo dazu. Doch das streng sequenzielle Vorgehen, zuerst die Unternehmensstrategie zu formulieren und daraus die Digitalstrategie abzuleiten, wird der heutigen Realität allein oftmals nicht mehr gerecht. Zum einen kann das Vorliegen einer Unternehmensstrategie keineswegs überall als gesichert vorausgesetzt werden. So zeigte eine Untersuchung von 100 deutschen Unternehmen unterschiedlicher Branchen, dass sich zwar mit über 90 % die meisten Manager eine Unternehmensstrategie als das zentrale Element einer Unternehmensführung wünschten, eine solche Strategie jedoch nur in 8 % der Unternehmen tatsächlich als eindeutige Strategie vorlag (Huber, 2006). Zum anderen kommt auch der umgekehrte Weg zuweilen vor: Eine neue Technologie kann über die IT bereitgestellt werden und beeinflusst damit die

Unternehmensstrategie. Man denke nur an die Bereitstellung von KI-Verfahren, die es erlauben, komplexe Aufgaben wie zum Beispiel die Routinebefundung von Röntgenbildern an einen intelligenten Algorithmus zu übertragen und damit ganze Aufgabenbereiche auszulagern (Sabel, 2021).

Im Idealfall wird sich die Digitalstrategie jedoch an einer vorhandenen Unternehmensstrategie ausrichten, mindestens aber an den formulierten Unternehmenszielen oder dazu konkludenten Vorstellungen. Nach einer repräsentativen Umfrage der bitkom unter 603 Unternehmen aus dem Jahr 2020 besaßen inzwischen immerhin 75 % der Unternehmen eine solche zentrale Digitalstrategie oder zumindest eine Strategie für Teilbereiche ihres Unternehmens, wobei große Unternehmen prinzipiell besser als kleine aufgestellt waren (Bitkom e.V., 2020). Speziell bezogen auf die Krankenhauswelt kommt die „Krankenhausstudie 2017" in einer Befragung der Vorstände und Geschäftsführer der 500 größten deutschen Krankenhäuser zu einer vergleichbaren Zahl. Danach verfügten sogar 89 % der Klinikgeschäftsführer über eine Digitalstrategie (Roland Berger, 2017).

3   Der Weg zur digitalen Transformation

Anforderungen an eine nachhaltige Digitalstrategie ergeben sich nicht aus der Unternehmensstrategie allein, viele Interessengruppen mit unterschiedlichen Erwartungen haben Einfluss auf den digitalen Wandel im Krankenhaus und die damit verknüpfte Strategie. Während niedergelassene Ärzte digitalen Möglichkeiten wie einer Fernkonsultation per Videosprechstunde oft noch skeptisch gegenüberstehen (Scholz, 2017), bewertet das Klinikpersonal in einer Umfrage der Unternehmensberatung Deloitte in sieben europäischen Ländern die Vorteile der digitalen Krankenakte und die Unterstützung durch spezifische Apps überwiegend positiv und knapp zwei Drittel versprechen sich vom Einsatz der Telemedizin Vorteile für die zukünftige Patientenversorgung (Deloitte Deutschland, 2020).

Unter den Patienten steigt ebenfalls das Interesse an der Nutzung digitaler Dienste. Nach einer Umfrage der bitkom aus Mai 2021 möchten 66 % der Versicherten künftig die elektronische Patientenakte (ePA) nutzen und mehr als jeder Fünfte (22 %) der 50- bis 64-Jährigen hat bereits einen digitalen Arztbesuch in Anspruch genommen (Meyer, 2021).

Die Umsetzung der Digitalisierung im Rahmen einer Digitalstrategie mag dabei auf den ersten Blick trivial erscheinen und zunächst darin zu bestehen, papiergestützte Abläufe durch den Einsatz digitaler Medien abzulösen. Ein simples Beispiel zeigt, dass dieser Schritt in der Praxis regelmäßig nur einen kleinen Teilaspekt darstellt. So genügt in der papierbasierten Welt auf der Station das manuelle Ausfüllen einer Untersuchungsanforderung und das Verschicken über die Hauspost, um im Funktionsbereich beispielsweise eine Ultraschalluntersuchung anzufordern. Die Abbildung dieses Prozesses in der digitalen Krankenhauswelt erfordert darüber hinaus das Treffen weiterer Entscheidungen und die Festlegung zusätzlicher Optionen.

Müssen Abläufe umgestaltet werden? Sind Teilschritte eines Prozesses verzichtbar? Ist die Art der Nachrichtenübermittlung angemessen? Diese und ähnliche Fragen gilt es zu prüfen. Auch können Unterstützungsprozesse, Warnhinweise oder mobile Eingabemöglichkeiten neu in einen abzubildenden Prozess integriert werden. Auf diese Weise wird der gesamte Prozess neu betrachtet und gegebenenfalls neu definiert. Diese Art der Betrachtung geht über das Digitalisieren von Daten und die Digitalisierung eines einzelnen Prozesses fühlbar hinaus und wird deshalb weiterführend oft als Digitale Transformation bezeichnet. Eine Grafik (Abb. 1) veranschaulicht die Unterschiede bezogen auf das vorgenannte Beispiel.

Zudem wird oft nicht nur eine einzelne beteiligte Applikation in einem solchen Zusammenhang betrachtet, vielmehr geht es um das sachgerechte komplexe Zusammenspiel einer Vielzahl von Anwendungsprogrammen, die über mehrere Prozesse hinweg miteinander verzahnt sind. Da hier schnell eine hohe Komplexität erreicht werden kann, wird vielfach auch von der Orchestrierung von Anwendungen gesprochen (Luber & Karlstetter, 2020). Lange Zeit galt in diesem Rahmen das von dem führenden Managementexperten John C. Maxwell einst definierte Prinzip des „Fail early, fail often, but always fail forward." In einer Welt wo nur wenige Programmanwendungen für definierte Aufgaben zur Verfügung standen, konnte das durchaus funktionieren. Anwendungen, die sich in der Praxis nicht bewährten, wurden durch passendere Programme abgelöst. In der heutigen Welt eines weitreichenden Datenaustausches und hoher Interoperabilität von Systemen ist das wesentlich komplexer. Datenaustausch und Interoperabilität enden zudem nicht an den Krankenhausgrenzen, sektorübergreifend führen die Datenströme zu Krankenkassen, niedergelassenen Ärzten, Pflegeeinrichtungen, Patienten und vielen weiteren Beteiligten.

Spätestens jetzt bedarf es einer klaren Vorstellung wohin die Reise gehen soll, um nachträglich aufwendige Änderungen und Schnittstellenanpassungen zu vermeiden.

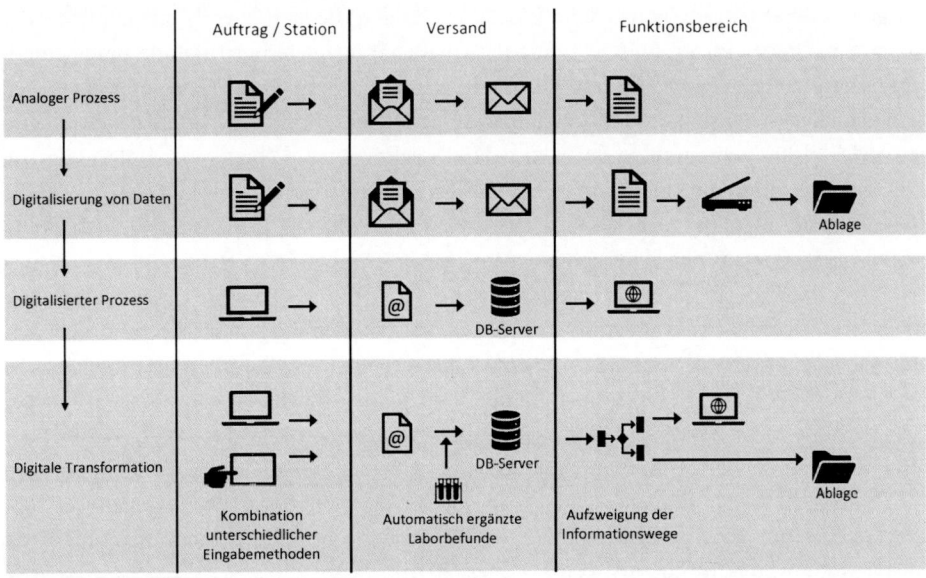

Abb. 1 Vom analogen Prozess zur digitalen Transformation

An dieser Stelle bietet eine verlässliche Digitalstrategie entscheidende Unterstützung. Die Digitalstrategie definiert die strategischen Ziele und Zwischenziele, benennt Interessengruppen und Einflussgrößen und markiert die notwendigen Meilensteine auf dem Weg zur Erreichung des Gesamtzieles. Alle Krankenhäuser, die im heutigen Umfeld der komplexen Anforderungen langfristig wirtschaftlich bestehen wollen, profitieren von einer individuell zugeschnittenen Digitalstrategie.

4   Strategieentwicklung und Rollenverteilung

Die Entwicklung einer Digitalstrategie erfordert das Einbeziehen und Zusammenführen von Fachwissen aus unterschiedlichen Bereichen, die jeweils ihre Anforderungen für die kommenden Jahre definieren. Neben Veränderungen in der medizinischen oder pflegerischen Ausrichtung spielen auch bauliche und organisatorische Planungen hier eine wichtige Rolle. Sollen Unternehmensteile wie beispielsweise der Reinigungsdienst oder die Apothekenversorgung ausgelagert werden? Sind Übernahme oder Verkäufe von Unternehmensbereichen geplant? Auch die Berücksichtigung der Patientenzufriedenheit spielt eine wichtige Rolle, denn das Kundenerlebnis bzw. die Customer Experience spielt als Wettbewerbsfaktor für Unternehmen regelmäßig eine entscheidende Rolle (Webering, 2021). Nicht zuletzt prägen die verfügbaren investiven Mittel sowie die bereitstehenden personellen Ressourcen die Ausformung einer Digitalstrategie. An welcher Stelle nun laufen diese Informationen zusammen und werden zu einer passenden Digitalstrategie verdichtet?

Hinsichtlich des Entwurfes einer IT-Strategie haben sich in den industriellen Branchen typische Anlaufpunkte bewährt, der IT-Leiter bzw. CIO, dessen übergeordnete Führungsebene, der IT-Strategieexperte und der externe Berater, die sich jeweils hinsichtlich ihrer Kenntnisse, Perspektiven und persönlichen Unabhängigkeit in der Eignung unterschiedlich dafür qualifizieren (Johanning, 2019). Bezogen auf die Digitalstrategie in deutschen Krankenhäusern hat sich das Vertrauen in die eigene IT-Leitung hinsichtlich des Strategieentwurfes bisher noch nicht in der Breite durchsetzen können. Nach einer Befragung von 226 Allgemeinkrankenhäusern ab einer Größe von 100 Betten im Jahr 2016 war die IT-Leitung nur in knapp mehr als der Hälfte der Krankenhäuser (55,7 %) an der Ableitung einer IT-Strategie aus der Unternehmensstrategie beteiligt (BDO, 2016).

Dieses mag vor allem dem Umstand geschuldet sein, dass häufig externe Berater mit einer Strategieentwicklung betraut werden. Diese genießen aufgrund ihrer neutralen Beobachterrolle oft einen Vertrauensvorschuss und erlauben es, die Verantwortung für die Strategie in Teilen zu delegieren. Letztlich sind jedoch die beratenden Firmen bei der Ausarbeitung einer Strategie wiederum auf das Fachwissen und das Prozesswissen der Mitarbeiter sowie der IT-Abteilungen des Krankenhauses angewiesen. Ohnehin hat sich die Rolle der IT-Abteilungen vielerorts in den letzten Jahren weg vom reinen Service-Dienstleister hin zum Berater und Treiber für strategische Innovationen in Form eines Business Innovators weiterentwickelt (Pütter, 2016).

Ob also nun als externer Berater, IT-Leiter, Chief Information Officer (CIO), Chief Digital Officer (CDO) oder mit besonderer Expertise für den Gesundheitsbereich als Certified Healthcare CIO (CHCIO) spielt für die praktische Erarbeitung der Digitalstrategie nicht die entscheidende Rolle. Wichtig bei der Entwicklung der Digitalstrategie ist neben der Fachexpertise die gute Kommunikation mit den einzubindenden Stakeholdern optimalerweise im Rahmen einer dazu beauftragten Projektgruppe und die zielstrebige und innovationsbereite Umsetzung des Ergebnisses durch Geschäftsleitung und die Führungsverantwortlichen des Hauses.

Rechtzeitig ist an dieser Stelle zu bedenken, dass die Erstellung einer Digitalstrategie kein einmaliger Vorgang ist, sondern diese einer regelmäßigen Überprüfung und Anpassung bedarf. Während regulatorische Anforderungen und technische Innovationen direkte Auswirkungen auf die Digitalstrategie und die zugrundeliegende Unternehmensstrategie haben, wirken umgekehrt die Anforderungen aus den jeweiligen Strategien innovationstreibend auf die technischen Möglichkeiten. Abb. 2 veranschaulicht die Abhängigkeiten und die Notwendigkeit einer zyklischen Anpassung. Dieser Umstand spricht dafür, mindestens mittelfristig das Wissen für die Entwicklung und Fortschreibung einer Digitalstrategie im eigenen Haus aufzubauen und vorzuhalten.

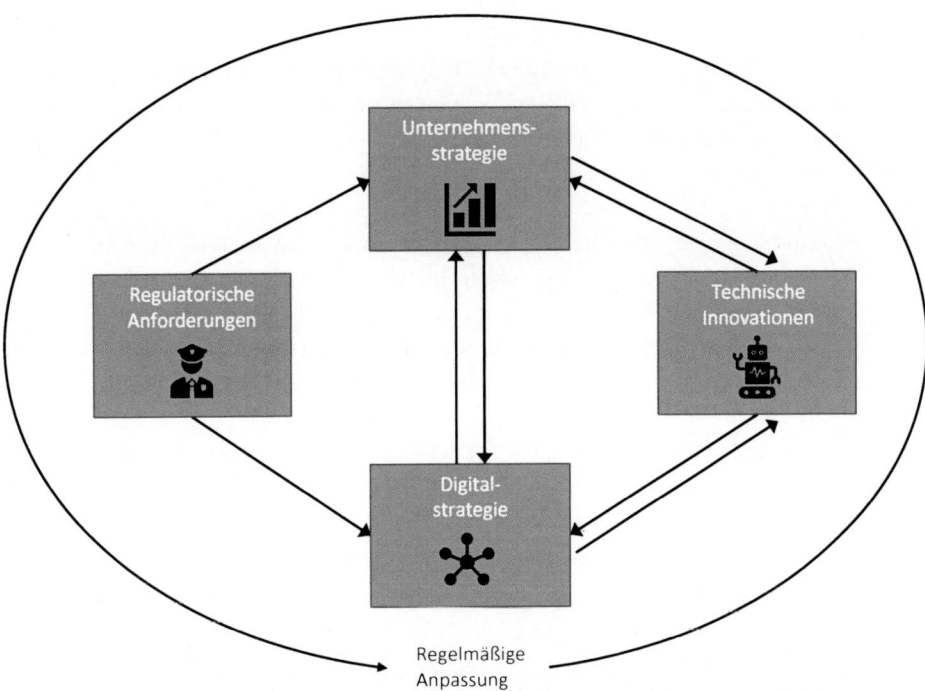

Abb. 2 Digitalstrategie als Prozess einer regelmäßigen Anpassung

5   Praxisfragen im Fokus

Jede Strategie wird von einer Vision geleitet. Diese Vision findet sich oftmals bereits in den formulierten Unternehmenszielen bzw. der Unternehmensstrategie. Die Vision und ihre verbundenen Ziele lassen sich auf die Digitalstrategie ableiten.

Ein erster wichtiger Punkt bei der Entwicklung einer Digitalstrategie ist die Festlegung des Geltungsbereiches bzw. Scopes. Der Einfachheit halber läge es nahe, die Digitalstrategie für unterschiedliche Bereiche jeweils getrennt zu betrachten und beispielsweise die klassischen Bereiche Verwaltung, Medizin und Pflege jeweils einzeln zu beleuchten. Doch zu eng sind heute die Prozesse zwischen den einzelnen Berufsgruppen und Fachdisziplinen verflochten, vielfach teilen sich unterschiedliche Fachdisziplinen dieselben Anwendungen und Daten. Auch die zentrale Infrastruktur in Zeiten von Virtualisierung, WLAN und anderen übergreifend bereitgestellten IT-Ressourcen erlaubt keine reale Abgrenzung. So ist bei der Entwicklung der Digitalstrategie zweckmäßigerweise stets das gesamte Krankenhaus in den Fokus zu nehmen.

In der engeren Betrachtung kann zwischen einer Digitalstrategie und einer IT-Strategie unterschieden werden. In der Differenzierung bewegt sich die Digitalstrategie mehr auf abstrakterer Ebene und betrachtet vornehmlich Prozesse, Daten und die daraus ableitbare Wissensgenerierung. Auch Organisation, Interoperabilität sowie die Einhaltung von Compliance und Informationssicherheit sind überwiegend Themen der Digitalstrategie. Die IT-Strategie dagegen fokussiert sich primär auf die Umsetzung operativer Erfordernisse wie Infrastruktur, Applikationen, Schnittstellen und den daraus abgeleiteten Anforderungen an die IT-Sicherheit. Da auf die Entwicklung einer Digitalstrategie an anderer Stelle ausführlich eingegangen wird, werden im Folgenden ausgewählte inhaltliche Aspekte speziell der IT-Strategie ausführlicher beleuchtet.

Ein Schaubild (Abb. 3) zeigt die Zusammenhänge zwischen den unterschiedlichen Strategien.

Für die Zeitplanung hinsichtlich der IT-Strategie haben sich die typischen Amortisationszeiträume von 3–5 Jahren bewährt, wobei Spielräume für alternative Ausgestaltungen kurzfristig sich ändernder Rahmenbedingungen mit vorzusehen sind. Passende Beispiele für kurzfristig einwirkende Umstände liefern die jüngsten Gesetzesvorgaben wie das Krankenhauszukunftsgesetz (KHZG) oder die in mehreren Phasen vorgesehene Einführung der Telematikinfrastruktur und darauf beruhender Dienste.

Im weiteren Entwicklungsprozess der Strategieentwicklung sind dann jeweilige Teilstrategien voneinander abzugrenzen und detaillierter zu betrachten.

Als typische Teilstrategien der IT-Strategie gelten

- die Applikationsstrategie
- die Sourcingstrategie
- die Infrastrukturstrategie
- die Vernetzungsstrategie hausintern

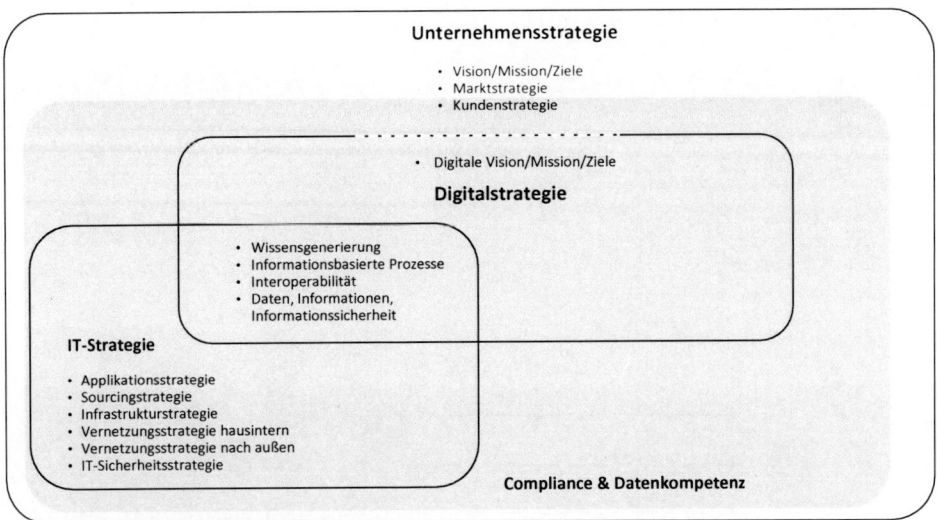

Abb. 3 Zusammenhang unterschiedlicher Planungsstrategien

- die Vernetzungsstrategie nach außen
- die IT-Sicherheitsstrategie

Im Weiteren soll auf einzelne Aspekte ausgewählter Teilstrategien eingegangen werden, die aus aktuellen Erwägungen besondere Beachtung verdienen.

Die Applikationsstrategie unterliegt seit jeher einem länger währenden Diskurs, wobei sich regelhaft zwei gegensätzliche Richtungen gegenüberstehen. Der monolithische Ansatz propagiert eine möglichst allumfassende zentrale Lösung ohne Schnittstellen und die Abbildung unterschiedlicher Funktionalitäten aus der Hand eines einzigen Anbieters. Die andere Alternative unter dem Begriff „best-of-breed" sieht dagegen vor, jeweils viele für ihren Einsatzzweck optimierte Einzelprogramme unterschiedlicher Hersteller miteinander zu kombinieren. Wegen der zunehmenden Fülle von Einzelapplikationen und der damit verbundenen immer schwieriger zu beherrschenden Komplexität, fand der zwischenzeitlich eher kritisch beurteilte monolithische Ansatz zunehmend wieder mehr Befürworter, am Ende haben sich Mischformen etabliert. Belebt wird diese Diskussion aktuell durch den Einsatz neuerer vereinfachter Techniken eines standardisierten und strukturierten Datenaustausches über FHIR und IHE und dem Aufbau einer Cross-Enterprise Document Sharing (XDS) – Umgebung bzw. auch XDS Affinity Domain genannt, wo eine zentrale Document Registry antritt, das KIS als Mittelpunkt abzulösen (HL7 Deutschland, 2019).

Auch bei der Sourcingstrategie deutet sich ein Wandel in der Ausrichtung an. Bislang betreiben fast alle Krankenhäuser ihre IT überwiegend innerhalb der eigenen Mauern, nur wenige versuchen, die gesamte IT-Infrastruktur im Rahmen eines Outsourcingplanes einem der typischen großen Rechenzentrumsanbieter zu überantworten. Zu groß erscheint den meisten das Risiko, in einem Markt begrenzter Fachkräfte diesen Schritt bei

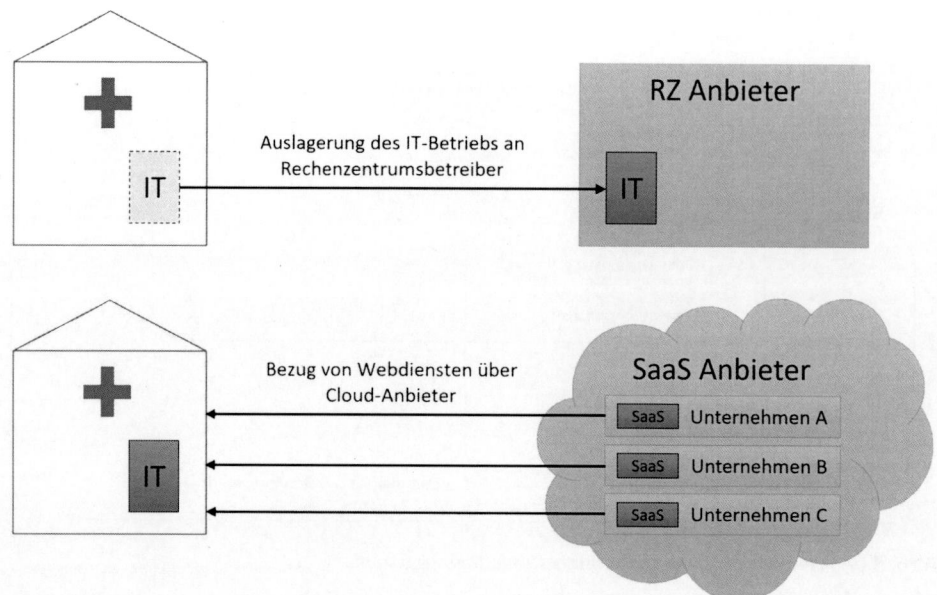

Abb. 4 Sourcingstrategie im Wandel

Unzufriedenheit und steigenden Kosten später wegen verloren gegangenen Prozesswissens und fehlender Personalressourcen nicht wieder rückgängig machen zu können. Dank moderner Browser- und Webtechnologien wird es jedoch zunehmend einfacher, lediglich einzelne Fachanwendungen bzw. Services auszulagern bzw. diese direkt über das Internet zu beziehen (Abb. 4). So könnte die Zukunft der Sourcingstrategie in einer Kombination aus inhouse betriebenen Anwendungen, auch als On Premise bezeichnet, kombiniert mit Anwendungen aus Cloudrechenzentren im Sinne von Software as a Service (SaaS) liegen (Jonas, 2020).

Die Personalstrategie als wichtiger Teilaspekt sowohl der Digitalstrategie als auch der IT-Strategie weist allgemein im Kontext des Krankenhauses und speziell hinsichtlich der IT-Organisation sehr unterschiedliche Facetten auf. Eine moderne IT-Infrastruktur ist heute ein wichtiges Wettbewerbsargument für den hartumworbenen Bereich der Gewinnung von Nachwuchskräften. Das gilt sowohl für die IT-Fachkräfte selbst, als auch für den ärztlichen, pflegerischen oder verwaltungsnahen Bereich. Digitale Applikationen am Arbeitsplatz oder im mobilen Einsatz unterstützen zum Beispiel den angehenden Assistenzarzt mit kontextspezifischen Informationsangeboten, sparen den Pflegekräften unnötige Wege durch die Dokumentation direkt am Patientenbett und verschlanken die Logistik in der Klinik durch Online-Erfassung und Kommissionierung oder elektronisch unterstützte Bettenaufbereitung. Auch die Bereitstellung der zunehmend nachgefragten Möglichkeit nach Home-Office Arbeitsplätzen funktioniert nur, sofern die zugrunde liegenden Prozesse zuvor ausreichend digital abgebildet wurden. Insofern werden im Rahmen der Personalstrategie auf der einen Seite höhere Anforderungen an die digitale Kompetenz der

Mitarbeiter zu stellen sein, auf der anderen Seite gewinnt die Attraktivität des Arbeitsgebers Krankenhaus durch die Umsetzung einer erfolgreichen Digitalstrategie deutlich an Wert.

Die IT-Sicherheit als wichtige Complianceanforderung genießt seit wenigen Jahren eine besonders hohe Aufmerksamkeit. Trigger dafür waren zahlreiche Cyberangriffe auf deutsche Kliniken mit teilweise tagelangen Ausfällen der IT-Infrastruktur in der Folge. Hinzu kamen neue regulatorische Anforderungen zunächst aus dem IT-Sicherheitsgesetz von 2015 und nachfolgend aus seiner Überarbeitung in Form des IT-Sicherheitsgesetzes 2.0 von 2021 betreffend diejenigen Krankenhäuser, die zur sogenannten Kritischen Infrastruktur (KRITIS) zählen. Mit dem Patientendaten-Schutz-Gesetz (PDSG) aus 2020 und dem darüber neu eingeführten § 75c SGB V unterliegen nun auch alle übrigen Krankenhäuser ab 2022 der gesetzlichen Verpflichtung, angemessene organisatorische und technische Vorkehrungen zur Vermeidung von Störungen ihrer informationstechnischen Systeme zu treffen. Diese obligatorisch vorgeschriebenen Sicherheitsmaßnahmen werden zukünftig weitere Relevanz erlangen, durch die im Rahmen des KHZG vorgeschriebene Einführung von Patientenportalen und der damit verpflichtenden Öffnung patientenführender Systeme nach außen (Bundesgesundheitsministerium, 2020).

6   Digital in die Zukunft

Aufgrund des rasanten technologischen Fortschritts im Gesundheitswesen unter anderem auch als Folge der aus Corona abgeleiteten Maßnahmen und Einschränkungen wird es in den kommenden Jahren einen Wandel in der Themenfokussierung der Digitalstrategie geben. Videosprechstunden und Gesundheits-Apps werden Teil einer neuen Normalität, besonders jüngere Ärzte sehen in diesen Entwicklungen großes Potenzial (Bitkom e.V., 2021).

Auch das Arbeiten selbst wird sich in den kommenden Jahren wandeln. Der Einsatz von virtuellen Meetings, Online-Konsilen und vermehrt mobiles Arbeiten definieren die Art des Zusammenarbeitens neu und verleihen den von der Generation Z zunehmend nachgefragten Themen New Work und Work-Life-Balance neue Farbe (Papasabbas & Pfuderer, 2021). Messenger-Apps, im privaten Alltag längst eine Selbstverständlichkeit, werden in datenschutzgerechter Ausprägung die schnelle Kommunikation zwischen Ärzten unterstützen (Bauer, 2021). Auch diese Aspekte muss eine zukünftige Digitalstrategie berücksichtigen und in ihren unterschiedlichen Aspekten wie Infrastruktur, Sourcingstrategie, Personalstrategie oder IT-Sicherheit rechtzeitig in ausreichender Tiefe berücksichtigen.

Bezogen auf die Patientenversorgung wird die Ausweitung mobiler Erfassungsmöglichkeiten und zunehmender Sensorik im Homebereich in Kombination mit den gesicherten Übertragungswegen im Rahmen der Telematikinfrastruktur dem Thema Telemedizin unerwarteten Auftrieb verleihen und neue Versorgungsmodelle ermöglichen. Eine große Herausforderung dabei wird es sein, die weniger digitalaffinen Bevölkerungsgruppen, wie

z. B. einen Teil der älteren Generation, auf diesem Wege ausreichend mitzunehmen (Hommel, 2020).

Daneben werden Techniken, wie sie bislang eher Universitätskliniken und Großkrankenhäusern vorbehalten waren, zukünftig auch das Angebotsspektrum kleinerer und mittlerer Kliniken erweitern. Das betrifft zum Beispiel den Einsatz von Entscheidungsunterstützungssystemen, die als medizinische Assistenzsysteme im Interesse der Patientensicherheit therapeutische Maßnahmen begleiten und kontrollieren. Auch die Bereitstellung sogenannter Digitaler Zwillinge zur Vorab-Simulation von Behandlungen könnte als integraler Bestandteil in zukünftige Standards eine Digitalstrategie einfließen.

Weiterhin wird auch das Thema der Finanzierung einer Digitalstrategie ein regelmäßiger und wichtiger Diskussionspunkt bleiben. Mit dem Krankenhauszukunftsgesetz (KHZG) wurden wesentliche Weichen gestellt, ein nachhaltiges Konzept wird von vielen Seiten, stellvertretend genannt seien die Krankenhausdirektoren, noch vermisst (Mau, 2021).

7   Fazit

Modern und zeitgemäß aufgestellte Krankenhäuser verfügen über eine Digitalstrategie, die sich aus den Zielen des Unternehmens und seiner Unternehmensstrategie ableiten lässt. Aufgrund der vielfältigen Verzahnung der Prozesse und Berufsgruppen miteinander ist die umfassend ganzheitliche Sicht einer solchen Strategie unabdingbar. Bei der Erstellung einer passenden Strategie sind verschiedene Wege möglich, dem CIO kommt an dieser Stelle in allen Fällen als Verfasser oder Mitgestalter der Digitalstrategie sowie als Zulieferer der erforderlichen Fachexpertise eine hohe Verantwortung zu. Die Digitalstrategie unterliegt vielerlei sich schnell ändernden Rahmenbedingungen und bedarf einer regelmäßigen Überprüfung und Anpassung. Im Vordergrund stehen marktbedingte, regulatorische und technologische Einflüsse die allesamt eine hohe Flexibilität der beteiligten Player im Krankenhaus erfordern, um in dem sehr dynamischen Umfeld des deutschen Gesundheitsmarktes zukunftsorientiert und langfristig wettbewerbsfähig zu bestehen.

Literatur

Bauer, M. (2021). Sichere Kommunikation in der Medizin via Messenger-App. Statt Fax: Patientendatenaustausch digital. *Health&Care Manament, 12. Jahrgang* (01/2021), 38–39. https://www.hcm-magazin.de/files/smfiledata/2/8/0/5/5/8/4/HCM_01_2021_HighRes.pdf. Zugegriffen am 29.08.2021.

BDO (BDO AG Wirtschaftsprüfungsgesellschaft, Hrsg.). (2016). *Krankenhaus-Strategie 2020*. https://www.dki.de/sites/default/files/2019-05/studie_krankenhausstrategie_2020.pdf. Zugegriffen am 09.08.2021.

Bitkom e. V. (Hrsg.). (2020). *Deutsche Unternehmen geben sich eine Drei im Fach Digitales.* https://www.bitkom.org/Presse/Presseinformation/Deutsche-Unternehmen-geben-sich-eine-Drei-im-Fach-Digitales. Zugegriffen am 09.08.2021.

Bitkom e. V. (Hrsg.). (2021). *Corona beschleunigt die Digitalisierung der Medizin – mit unterschiedlichem Tempo.* https://www.bitkom.org/Presse/Presseinformation/Corona-beschleunigt-die-Digitalisierung-der-Medizin-mit-unterschiedlichem-Tempo. Zugegriffen am 03.08.2021.

Bundesgesundheitsministerium. (2020). *Krankenhauszukunftsgesetz (KHZG).* https://www.bundesgesundheitsministerium.de/krankenhauszukunftsgesetz.html. Zugegriffen am 18.08.2021.

Deloitte Deutschland. (2020). *Wie digital ist das deutsche Gesundheitswesen?* https://www2.deloitte.com/de/de/pages/life-sciences-and-healthcare/articles/digitalisierung-des-gesundheitswesens.html. Zugegriffen am 03.08.2021.

ELGA. *Wissenswertes zu ELGA* (17. August 2021). https://www.elga.gv.at/faq/wissenswertes-zu-elga/. Zugegriffen am 17.08.2021.

HL7 Deutschland. (Hrsg.). (2019). *XDS – Hl7wiki.* https://wiki.hl7.de/index.php?title=ihecb:XDS. Zugegriffen am 18.08.2021.

Hommel, T. (12. August 2020). Altenbericht – Giffey sieht „digitale Spaltung in der Gesellschaft". Giffey sieht „digitale Spaltung in der Gesellschaft". Springer Medizin Verlag GmbH, Ärzte Zeitung. Zugegriffen am 30.07.2021.

Huber, A. (2006). Strategische Planung in deutschen Unternehmen: empirische Untersuchung von über 100 Unternehmen. Strategische Planung in deutschen Unternehmen: empirische Untersuchung von über 100 Unternehmen; die Grundlage jeder Basis ist das Fundament; strategische Planung in der Klemme. PHIUS.

Johanning, V. (2019). *IT-Strategie. Die IT für die digitale Transformation in der Industrie fit machen.* Springer Fachmedien Wiesbaden GmbH.

Jonas, B. (2020). *SaaS Modelle für das Gesundheitswesen – erstes Feedback.* https://whatsnext.nuance.com/de-de/gesundheitswesen/saas/. Zugegriffen am 18.08.2021.

Kostera, T., & Briseño, C. (2018). *Von Dänemark lernen: Vertrauenswürdigkeit, Standards und eine Strategie für ein nationales Gesundheitsportal. Dänemark – das nationale Gesundheitsportal sundhed.dk.* https://blog.der-digitale-patient.de/smarthealthsystems-daenemark-nationales-gesundheitsportal/. Zugegriffen am 17.08.2021.

Luber, S., & Karlstetter, F. (28. Januar 2020). Was bedeutet Orchestrierung im IT-Umfeld? *CloudComputing-Insider.* https://www.cloudcomputing-insider.de/was-bedeutet-orchestrierung-im-it-umfeld-a-897259/. Zugegriffen am 17.08.2021.

Mau, M. (2021). *Verband der Krankenhausdirektoren – VKD fordert Neujustierung in zentralen Bereichen.* https://www.bibliomedmanager.de/news/vkd-fordert-neujustierung-in-zentralen-bereichen. Zugegriffen am 29.07.2021.

Meyer, M. (Bitkom Research, Hrsg.). (2021). *Digitale Gesundheitsangebote werden den Deutschen während Corona sehr viel wichtiger.* https://www.bitkom-research.de/de/pressemitteilung/digitale-gesundheitsangebote-werden-den-deutschen-waehrend-corona-sehr-viel. Zugegriffen am 03.08.2021.

Papasabbas, L., & Pfuderer, N. (Peek & Cloppenburg, Hrsg.). (2021). *New Work. Die Generation Z in der Arbeitswelt von morgen,* Zukunftsinstitut GmbH, Internationale Gesellschaft für Zukunfts- und Trendberatung. https://karriere.peek-cloppenburg.de/sites/default/files/newwork.pdf. Zugegriffen am 18.08.2021.

Pütter, C. (CIO, Hrsg.). (2016). *29 Rollen braucht die IT.* https://www.cio.de/a/29-rollen-braucht-die-it,3253614. Zugegriffen am 09.08.2021.

Roland Berger GmbH. (Hrsg.). (2017). *Krankenhausstudie 2017.* https://www.rolandberger.com/publications/publication_pdf/roland_berger_krankenhausstudie_2017.pdf. Zugegriffen am 21.08.21.

Roland Berger GmbH. (Hrsg.). (2019). *Krankenhausstudie 2019. Das Ende des Wachstums. Deutschlands Krankenhäuser zwischen Kostendruck und steigendem Wettbewerb.* https://www. rolandberger.com/publications/publication_pdf/roland_berger_krankenhausstudie_2019.pdf. Zugegriffen am 20.08.21.

Sabel, B. (2021). Anwendung von Künstlicher Intelligenz und Strukturierter Befundung in der Radiologischen Diagnostik. https://d-nb.info/123650237X/34. Zugegriffen am 29.08.2021.

Scholz, J. (durchblick-gesundheit Juli-August 2017, Hrsg.). (2017). *Das denken die niedergelassenen Ärzte wirklich.* https://www.diqm.de/article/179217. Zugegriffen am 18.08.2021.

Thiel, R., Deimel, L., Schmidtmann, D., Piesche, K., Hüsing, T., Rennoch, J. et al. (Bertelsmann Stiftung, Hrsg.). (2018). *#SmartHealthSystems – Digitalisierungsstrategien im internationalen Vergleich.* https://www.bertelsmann-stiftung.de/fileadmin/files/Projekte/Der_digitale_Patient/ VV_SHS-Gesamtstudie_dt.pdf. Zugegriffen am 05.08.2021.

Wallenfels, M. (2. April 2015). *Zeitfresser Dokumentation.* Springer Medizin Verlag GmbH, Ärzte Zeitung. https://www.aerztezeitung.de/Wirtschaft/Zeitfresser-Dokumentation-249186.html. Zugegriffen am 17.08.2021.

Webering, J. (2021). *So meistern Unternehmen ihre digitale Transformation.* https://morethandigital.info/so-meistern-unternehmen-ihre-digitale-transformation/. Zugegriffen am 17.08.2021.

Die digitale Transformation im Krankenhausalltag

Michael Weber und Florian Kaiser

Inhaltsverzeichnis

Zusammenfassung

Mit der digitalen Transformation im Krankenhaus kann eine erhebliche Verbesserung der Qualität und Effizienz der Leistungserbringung einhergehen. Damit dies gelingt, ist die Unterstützung der Mediziner von zentraler Bedeutung, da erst durch die umfängliche Nutzung der digitalen Lösungen deren Potenziale gehoben werden können. Derzeit ist die Akzeptanz innerhalb der Ärzteschaft jedoch eingeschränkt, da die Anwendungen nur bedingt an die Bedarfe des Routinebetriebs angepasst sind und damit durch die Digitalisierungsvorhaben häufig ein erheblicher Mehraufwand entsteht. Es muss deshalb das Ziel sein, Digitalstrategien so auszugestalten, dass sie sich optimal in den klinischen Alltag einfügen.

M. Weber (✉)
Verband der Leitenden Krankenhausärzte Deutschlands e.V., Düsseldorf, Deutschland
E-Mail: weber@vlk-online.de

F. Kaiser
Oberender AG, Bayreuth, Deutschland
E-Mail: florian.kaiser@oberender.com

© Der/die Autor(en), exklusiv lizenziert durch Springer Fachmedien Wiesbaden
GmbH, ein Teil von Springer Nature 2022
V. Henke et al. (Hrsg.), *Digitalstrategie im Krankenhaus*,
https://doi.org/10.1007/978-3-658-36226-3_3

1   Bedeutung und Relevanz von Medizinern für die Digitalstrategie von Kliniken

Die Digitalisierung bietet großes Potenzial, die Versorgungsqualität und finanzielle Leistungsfähigkeit von Krankenhäusern zu verbessern. So zeigt eine stetig wachsende Zahl von Studien vielversprechende Ergebnisse (Lin et al., 2018). Im Klinikalltag sind allerdings sowohl spürbare als auch messbare Verbesserungen noch immer deutlich seltener zu finden. Viel Potenzial gilt es erst noch zu realisieren, der dadurch verursachte Zusatzaufwand ist aber erheblich. Die Ursachen hierfür sind vielfältig. Ein Grund für einen überschaubaren Mehrwert durch die digitalen Anwendungen kann sein, dass sie mehr den Ansprüchen der Anbieter genügen, ohne auf die Bedarfe des Routinebetriebs einzugehen und folglich von den Medizinern nicht vollumfänglich verwendet werden.

Für die digitale Transformation im Krankenhausalltag ist jedoch die Unterstützung der Ärzteschaft entscheidend, da sich der Nutzen erst über die Anwendung entfalten kann. So können KI-basierte Algorithmen nur dann sinnhafte Ergebnisse hervorbringen, wenn die zugrunde liegende Datenerfassung durch das klinische Personal gewährleistet ist. Zudem sind Mediziner häufig der zentrale Ansprechpartner für Patienten bei der Digitalisierung. Untersuchungen zeigen, dass deren Zustimmung zur Datennutzung und die Verwendung von Apps deutlich höher ist, wenn Ärzte als Fürsprecher agieren (Müller et al., 2016). Neben einer digitalen Vision bedarf es also auch einer strategischen Roadmap für den Transformationsprozess.

Ziel dieses Beitrages ist es, zentrale Herausforderungen und Hemmnisse bei der digitalen Transformation aus ärztlicher Sicht herauszuarbeiten. Hierauf aufbauend werden Erfolgsfaktoren für die Umsetzung von Digitalstrategien in Kliniken abgeleitet, die dazu beitragen, eine höhere Akzeptanz und Nutzung digitaler Lösungen innerhalb der Ärzteschaft zu erreichen.

2   Herausforderungen bei der digitalen Transformation aus ärztlicher Sicht

Im Kern jeder Digitalisierungsstrategie steht in der Regel die Einführung einer elektronischen Patientenakte (ePA). Im Idealfall dient die ePA als zentrales digitales Repositorium für alle patientenbezogenen Daten. Damit ein Mehrwert durch die Auswertung dieser Datensätze entstehen kann, müssen diese möglichst vollständig und korrekt erfasst werden. Gerade in diesem Bereich haben die Hersteller in der Vergangenheit vielfach versprochen, den Zeitaufwand für die Datenerfassung durch die digitale Dokumentation zu reduzieren und so mehr Zeit für die Behandlung von Patienten zu schaffen. In der Praxis lässt sich jedoch nach der Einführung einer ePA häufig das Gegenteil beobachten.

Eine Untersuchung der American Medical Association kam zu dem Ergebnis, dass Mediziner für jede Stunde der Patientenbehandlung fast zwei Stunden für administrative Aufgaben aufwenden (Sinsky et al., 2016). Aber auch die Unterbrechung der Arbeitsabläufe und Verlagerung der Aufmerksamkeit weg vom Patienten sind Herausforderungen. Im Schnitt verbringen Klinikärzte mehr als ein Drittel ihrer Zeit damit, Daten in der ePA zu erfassen (Read-Brown et al., 2017). Die Befürchtung, die Digitalisierung könne sich negativ auf die Arzt-Patienten-Beziehung auswirken, ist somit leider nicht immer unbegründet.

Häufig stellt sich keine Zeitersparnis ein, weil die Dokumentation nicht vollständig digitalisiert wurde, was Doppelerfassungen zur Folge hat. Bekannt dürfte die Situation sein, in der die klinische Dokumentation in der Papierkurve erfolgt und im Nachgang in die ePA übertragen wird. Auch eingescannte Arztbriefe in kaum oder nicht lesbarer Qualität sind weiterhin eher die Regel als Ausnahme in deutschen Kliniken. Dies führt dazu, dass nicht nur zusätzlicher Zeitaufwand für Ärzte und Pflegekräfte entsteht, sondern auch die Generierung aussagekräftiger Einsichten eingeschränkt wird, da die hierzu notwendigen Daten entweder unvollständig, unstrukturiert oder gar nicht digital vorhanden sind. Fehlen diesen Anwendungen standardisierte Schnittstellen und Datenformate, verschärfen sich die Probleme durch die so entstehenden Datensilos weiter.

Darüber hinaus wird dem klinischen Personal die Nutzung der Informationssysteme durch deren Gestaltung erschwert. Häufig führen Insellösungen mit diversen Einzelanwendungen dazu, dass verschiedene Nutzeroberflächen und Vorgehensweisen verinnerlicht werden müssen. Treten Fragen oder Fehler auf, nimmt der Austausch mit dem technischen Support weitere wertvolle Zeit in Anspruch, die für die Behandlung der Patienten fehlt.

Im Ergebnis können die digitalen Lösungen ihr Potenzial oft nicht ausschöpfen und nur überschaubare Verbesserungen im Bereich der Qualität und Effizienz der Versorgung erzielen. Nachvollziehbarerweise führt diese Dichotomie zwischen steigendem Aufwand und geringem Mehrwert zu Akzeptanzproblemen innerhalb der Ärzteschaft. Die aktuelle Studienlage verdeutlicht allerdings, dass sich eine Ergebnisverbesserung nur dann einstellt, wenn die digitalen Anwendungen auch vollumfänglich genutzt werden. Krankenhäuser, die nur aus regulatorischem Zwang „digitalisiert" werden, erzielen kaum Verbesserungen (Kaiser & Seitz, 2020; Apathy et al., 2021).

Es ist deshalb von zentraler Bedeutung, eine möglichst hohe Zustimmung seitens der Mediziner zu erreichen. Die Situation gleicht dem Henne-Ei-Problem: Erst wenn ein Mehrwert erkennbar ist, werden Mediziner die digitalen Lösungen nutzen, gleichzeitig wird sich ohne ihre Nutzung kein Mehrwert einstellen. Da Sanktionierungen und Zwänge offenbar wenig zielführend sind, müssen folglich Faktoren identifiziert werden, welche die Nutzung digitaler Anwendungen begünstigen.

3 Erfolgsfaktoren bei der Umsetzung einer Digitalstrategie

Um die Benutzerfreundlichkeit und Arbeitsabläufe zu verbessern, müssen die Hersteller digitaler Lösungen nutzerzentrierte Entwicklungsmethoden einbeziehen und die Eingabeverfahren zwischen allen klinischen Anwendungen standardisieren und harmonisieren. Dieser Prozess sollte in enger Zusammenarbeit mit dem klinischen Personal erfolgen. Auf diesem Weg kann eine möglichst exakte Anpassung an die individuellen Anforderungen der Einrichtung erfolgen und frühzeitig Vertrauen gegenüber den digitalen Anwendungen aufgebaut werden. Insbesondere im Bereich der klinischen Entscheidungsunterstützungssysteme deutet die Literatur darauf hin, dass ein hoher Nutzungsgrad seitens der Mediziner kaum zu erreichen ist, wenn sie den Systemen und den zugrunde liegenden Algorithmen und Datensätzen nicht vertrauen. Folglich sind zielgruppenspezifische Schulungsprogramme zu etablieren, die neben dem Umgang mit den Anwendungen auch deren Funktionsweise erläutern. Hierbei ist auch auf Sicherheits- und Datenschutzbedenken einzugehen. Da sich die Funktionalitäten regelmäßig verändern und die Fluktuation im stationären Sektor vergleichsweise hoch ist, sollten Schulungen nicht nur bei der Produkteinführung, sondern kontinuierlich erfolgen (Martin & Sinsky, 2016).

Von zentraler Bedeutung ist es ebenso, das Versprechen einzulösen, die Digitalisierung werde den administrativen Aufwand der Ärzte reduzieren. Damit das erreicht werden kann, ist eine wirkliche Transformation der eigenen Prozesse und Strukturen notwendig. Wer einen schlechten Prozess digitalisiert, wird einen schlechten digitalen Prozess behalten (Steinhubl & Topol, 2015). Demzufolge gilt es, nicht die gleichen Abläufe wie bisher in digitaler Form zu reproduzieren, sondern sie zu hinterfragen und so zu verändern, dass das volle Potenzial der digitalen Technologien genutzt werden kann. Da derartige Transformationsprozesse aufwändig und ressourcenintensiv sind, ist vorab in Zusammenarbeit mit den jeweiligen Prozessbeteiligten zu bestimmen, in welchen Bereichen ein angemessenes Verhältnis aus Aufwand und Nutzen zu erwarten ist (Adler-Milstein, 2021).

Aber auch im Bereich der Automatisierung liegt erhebliches Potenzial zur Ergebnisverbesserung. Hierzu gehören etwa digitale Lösungen, die Vitalparameter von Patienten erfassen und überwachen oder mittels text-to-speech den klinischen Dokumentationsaufwand reduzieren. Idealerweise gekoppelt an eine Auswertung der Daten mit künstlicher Intelligenz, die etwa Gefahrenquellen identifizieren und die Eintrittswahrscheinlichkeit bestimmter adverser Ereignisse abschätzen kann. Die hiermit einhergehende Verbesserung der Behandlungsqualität und der Erhalt der Zeit des Arztes für die Behandlung von Patienten kann einen Beitrag leisten, die Zustimmung zur Integration von KI-Anwendungen in den medizinischen Alltag zu steigern (Krittanawong et al., 2017).

Gleichwohl die bislang aufgeführten Faktoren dazu beitragen, die Akzeptanz der Digitalisierung zu erhöhen, ist Widerstand gegen die oftmals tief greifenden Veränderungen in der ärztlichen Tätigkeit zu erwarten. So scheitern etwa 30 bis 70 Prozent der Veränderungsprojekte, obwohl sie auf operativer und strategischer Ebene angemessen ausgestaltet sind. Folglich ist Change-Management von zentraler Bedeutung für den Erfolg jeder digitalen Transformation. Hierzu gehört, realistische Ziele zu definieren und ausreichend finanzielle und personelle Ressourcen bereitzustellen. Idealerweise sollten bereits in der Planungsphase Quick-Wins definiert werden, die im Zeitraum von drei bis sechs Monaten erste konkrete Verbesserungen aufzeigen (Eichhorst, 2021). Dies verdeutlicht auch, dass das Erkenntnisobjekt nicht die Digitalisierung selbst sein sollte, sondern der sich hieraus ergebende spür- und messbare Zusatznutzen. Weiterhin ist sicherzustellen, dass möglichst viele Nutzer von Beginn an in den Transformationsprozess einbezogen sind und umfassend informiert werden. Dabei muss einerseits das Top-Management seine Unterstützung für das Projekt kommunizieren und dessen Relevanz deutlich machen und müssen die Ärzte auf der anderen Seite in den gesamten Prozess (Beschaffung, Implementierung, Anpassung, etc.) eingebunden werden.

4 Fazit

Mit der digitalen Transformation soll die Leistungserbringung im Krankenhaus qualitativ hochwertiger und effizienter werden. Damit dies gelingen kann, ist die Unterstützung der Mediziner von zentraler Bedeutung, da ein Mehrwert erst durch die umfängliche Nutzung der digitalen Anwendungen entstehen kann. Derzeit ist die Akzeptanz innerhalb der Ärzteschaft jedoch eingeschränkt, da mit den Digitalisierungsvorhaben vor allem ein erheblicher Mehraufwand, etwa bei der Eingabe von Patientendaten, einhergeht. Zukünftige Digitalstrategien sollten die Nutzer frühzeitig in den Beschaffungs- und Entwicklungsprozess einbeziehen, um deren individuelle Anforderungen besser abbilden zu können. Begleitend sind zielgruppenspezifische und fortlaufende Schulungsprogramme zu etablieren. Darüber hinaus gilt es, bestehende Strukturen und Prozesse zu hinterfragen und so zu verändern, dass sich die digitalen Technologien natürlich in den Behandlungsalltag einfügen und die Mediziner beispielsweise durch eine automatisierte Datenerfassung spürbar entlasten. Dabei muss ein guter Umsetzungsansatz die Basis bilden, der realistische Ziele setzt, Erfolge transparent macht und ausreichend Ressourcen bereitstellt.

Literatur

Adler-Milstein, J. (2021). From digitization to digital transformation: Policy priorities for closing the gap. *Journal of the American Medical Informatics Association, 325*(8), 717–718.

Apathy, N. C., Holmgren, A. J., & Adler-Milstein, J. (2021). A decade post-HITECH: Critical access hospitals have electronic health records but struggle to keep up with other advanced functions. *Journal of the American Medical Informatics Association.* https://doi.org/10.1093/jamia/ocab102.

Eichhorst, S. (2021). Krankenhäuser erfolgreich digital transformieren. *KU konkret, 6*(1), 3–11.

Kaiser, F., & Seitz, D. (2020). Assessing the outcomes of the HITECH Act – A service-dominant logic perspective. In A. Schmid & B. Fried (Hrsg.), *Crossing borders – Digital transformation and the U.S. health care system* (S. 255–269). P.C.O.-Verlag.

Krittanawong, C., Zhang, H., Wang, Z., Aydar, M., & Kitai, T. (2017). Artificial intelligence in precision cardiovascular medicine. *Journal of the American College of Cardiology, 69*(21), 2657–2664.

Lin, S. C., Jha, A. K., & Adler-Milstein, J. (2018). Electronic health records associated with lower hospital mortality after systems have time to mature. *Health Affairs, 37*(7), 1128–1135.

Martin, S. A., & Sinsky, C. A. (2016). The map is not the territory: Medical records and 21st century practice. *The Lancet, 388*(10055), 2053–2056.

Müller, B. S., Leiferman, M., Wilke, D., Gerlach, F. M., & Erler, A. (2016). Innovative Versorgungsmodelle in Deutschland – Erfolgsfaktoren, Barrieren und Übertragbarkeit. *Zeitschrift für Evidenz, Fortbildung und Qualität im Gesundheitswesen, 115–116*, 49–55.

Read-Brown, S., Hribar, M. R., Reznick, L. G., Lombardi, L. H., Parikh, M., Chamberlain, W. D., Bailey, S. T., Wallace, J. B., Yackel, T. R., & Chiang, M. F. (2017). Time requirements for electronic health record use in an academic ophthalmology center. *JAMA Ophthalmology, 135*(11), 1250–1257.

Sinsky, C., Colligan, L., Li, L., Prgomet, M., Reynolds, S., Goeders, L., Westbrook, J., Tutty, M., & Blike, G. (2016). Allocation of physician time in ambulatory practice: A time and motion study in 4 specialties. *Annals of Internal Medicine, 165*(11), 753–760.

Steinhubl, S. R., & Topol, E. J. (2015). Moving from digitalization to digitization in cardiovascular care: Why is it important, and what could it mean for patients and providers? *Journal of the American College of Cardiology, 66*(13), 1489–1496.

Compliance und Datenkompetenz im Pflegealltag

Marie-Luise Müller

Inhaltsverzeichnis

Zusammenfassung

Die digitale Transformation führt nicht nur auf der strategischen, sondern insbesondere auf der operativen Ebene zu weitgehenden Herausforderungen. Dabei gilt es nicht nur, digitale Technologien einzuführen und Prozesse digital basiert neu zu organisieren, sondern auch die Akzeptanz für die Nutzung von IT im Krankenhaus – und damit Pflegealltag – zu erhöhen. Ohne diese Akzeptanz wird kein Digitalprojekt erfolgreich umgesetzt werden können. Eine weitere Herausforderung neben der Akzeptanz ist die Entwicklung von neuen Kompetenzen, die vor dem Hintergrund der neuen generalistischen Pflegeausbildung ein wichtiger Bestandteil zur Sicherung der Zukunftsfähigkeit eines digital aufgestellten Krankenhauses sind.

M.-L. Müller (✉)
Ehrenpräsidentin des Deutschen Pflegerates, Berlin/München, Deutschland
E-Mail: m.mueller@deutscher-pflegerat.de

© Der/die Autor(en), exklusiv lizenziert durch Springer Fachmedien Wiesbaden GmbH, ein Teil von Springer Nature 2022
V. Henke et al. (Hrsg.), *Digitalstrategie im Krankenhaus*,
https://doi.org/10.1007/978-3-658-36226-3_4

1   Einleitung

Digitale Transformation wird – unabhängig vom Versorgungsbereich, ob Akut-Ambulant-Langzeit oder Häuslichkeit – für die Zukunft der beruflichen Pflege eine enorme Herausforderung sein.

Die Knappheit der personellen Pflegeressource, egal in welchem Versorgungsbereich, die Zunahme schwerstkranker, älterer, multimorbider Patienten und Pflegebedürftigen zwingt geradezu, nach robusten, stabilen Lösungen zu suchen, deren Effektivität und Effizienz durch Wirksamkeit und Nachhaltigkeit bei den Leistungsempfängern und Leistungserbringern ankommen. Es bedarf nicht nur durchdachter digitaler Konzepte, es braucht die unabdingbare Mitwirkung und Mitgestaltung der Profession Pflege auf allen Klinik-Ebenen und in allen Einsatzbereichen. Es muss allerdings allen Akteuren einschließlich der Politik klar sein, dass Digitalisierung im Pflegebereich den weiter stetig steigenden Pflegepersonalnotstand nicht lösen wird.

Damit digitale Transformation sich erfolgreich entfalten kann, bedarf es neben umfassenden unternehmerischen Rahmenbedingungen, Qualifikationsmaßnahmen, interprofessionelle Zusammenarbeit, gegenseitigen Respekts, Zuversicht. Führungskräfte sind durch Motivation und Leidenschaft beste Vorbilder für die Pflegefachpersonen.

2   Pflege und Digitalisierung

Digitale Transformation wird für die Zukunft des Pflege- und Sozialsystems, insbesondere für berufliche Pflegende, unabhängig in welchen Versorgungsbereichen (Akut-Ambulant-Langzeit oder Häuslichkeit) sie tätig sind, eine enorme Herausforderung mit sich bringen.

Noch fehlt es an einer spürbaren Dynamik, Informations- und Kommunikationstechnologien oder auch die Robotik im Gesundheitswesen allgemein und in der Pflege im Besonderen, kraftvoll anzunehmen. Es gehört aber auch zur Wahrheit, dass in den letzten 10 Jahren der Einsatz von mehr integrativer Software, mobilen Endgeräten, Sensortechnik und Robotik-Technologien die Arbeit der Beschäftigten in Pflege- und Therapieberufen erreicht hat.

Zur wirksamen zeitlichen und qualitätssichernden Entlastung zählen für die Pflegepersonen z. B. im Stationsbetrieb medizinisch-technische Geräte zur Vitalzeichen-Überwachung. Diese sind allerdings so anzuschaffen, dass ihre Anwendung am Patienten und die erzielten Ergebnisse direkt in die Patientendokumentation übertragen werden. Dazu gehören Sicherheits-Alarmsignale, um eine absolute Patientensicherheit zu gewähren. Solche unterstützenden Anschaffungen, die der Pflege im alltäglichen Routinebetrieb enorme Zeitersparnis bringen, dürfen nicht dem ökonomischen Einspardiktat geopfert werden.

Unstrittig ist, dass eine digitale Pflege-Prozessdokumentation für alle am Pflegeprozess Beteiligten das Freisetzen von zeitlichen Ressourcen bedeutet. Die derzeit der Pflege zur

Verfügung stehenden IT-gestützten Dokumentationssysteme sind mit hohen Doppel-dokumentationen belastet. Von einer zeitlichen Entlastung kann nicht die Rede sein. Daneben gibt es vielfältige Entwicklungen und Anwendungserprobungen im Bereich der Robotik, die in den kommenden Jahren die Pflegearbeit verändern können.

> „Erst langsam entwickeln sich die IT-Programme im Krankenhaus von einem dokumenten-basierten zu einer datenbasierten Umsetzung" (Wieteck, 2021, S. 4).

Nur mit einer glaubwürdigen, klaren, innovativen und vertrauensvollen Unternehmens-strategie, wie das papierlose Krankenhaus aussehen wird, kann das Großprojekt „Digitales Krankenhaus der Zukunft" angegangen werden. Demzufolge wird das Change-Manage-ment eine herausragende Funktion erhalten. Ziele, Strukturveränderung, Aufgabenver-änderung, Ressourcen, zeitliche Meilensteine etc. finden sich in einem umfassenden inter-professionellen Projektmanagement wieder. Für die Pflegeprozessorganisation wird dies eine Herausforderung werden. Eine vernetzte Information und Kommunikation muss sich auch in der Pflegeprozessdokumentation widerspiegeln. Im Zuge der Standardneuent-wicklung sind die bislang tief verankerten Arbeitsprozesse unabdingbar zu hinterfragen. Bei der Neuverteilung von Aufgaben und Verantwortlichkeiten werden die zusammen-arbeitenden Professionen sich auf neue Regelungen einstellen müssen. Der langfristige Erfolg wird sich nur einstellen können, wenn allen Akteuren klar ist, dass nur mit ihrem ernsthaften Willen zur Veränderung, dies erreicht werden kann. Pflegeprozess-dokumentation ist neben der direkten Pflege am Bett das IT-Kernstück, an welchem er-kennbar sein wird, zu welcher vernetzungsfähigen Informations- und Kommunikations-struktur man sich entscheidet. Will man Pflege modern, zukunftsfähig, mit innovativen Anreizen attraktiv gestalten, kann man hier Weichen stellen.

Pflegefachpersonen – unabhängig ob Gesundheits-, Kranken-, Kinder- oder Alten-pflege – verstehen ihre Berufsausübung als personenbezogene Dienstleistung mit mensch-lich ausgeprägter Beziehungsarbeit. Pflege-Berufsethos und menschliche Haltung for-dern bei der digitalen Transformation enorme Aufmerksamkeit, Achtsamkeit und Sorgfalt. Für die Neugestaltung der Versorgungs- und Behandlungsprozesse sind daher neue Qualifikationen und Kompetenzen auszubilden, die die Pflegefachpersonen bei der Gestaltung und Entwicklung der Standards unterstützen. An verschiedenen Stellen wird von einem Pflege-Digital-Begleiter gesprochen. So kommt z. B. dem Prozess eines stan-dardisiert gesteuerten Aufnahme- und Entlassmanagements sektorenübergreifend große Bedeutung zu. Die vernetzen Strukturen zwischen Akutversorgern, stationären Langzeit-einrichtungen, Hausarzt, ambulanten Diensten, Reha, Apotheken, Sanitätshäusern und pfle-genden Angehörigen in der Häuslichkeit profitieren von frühzeitigen Informationen, dem Datenaustausch wie Medikamentenpläne, Patientenverfügung, Arzt- und Pflegeberichte, Hilfsmittelbestellung etc. Das frühzeitige Bereitstellen der individuellen Bedarfe schafft Sicherheit, Flexibilität, Verfügbarkeit, Vertrauen und reduziert eine Vielzahl an Feh-lern, z. B. Medikamentengabe, Stürze, Dekubitus. Die Sensibilität und Sicherheit im Um-gang mit patientenbezogenen Daten bedürfen Aufmerksamkeit und Verantwortung. Dies muss allen am Prozess Beteiligen bewusst sein.

3   Herausforderungen aus Sicht der Pflegefachpersonen

Entscheidend wird sein, dass die Unternehmensführung „Pflege" als systemrelevant und damit als gleichberechtigten Partner bei der Umgestaltung aller Strukturen und Prozesse akzeptiert und beteiligt. Diese Verantwortung ist von Seiten des Pflegemanagements mit innovativen Konzepten, pflegefachlichem Input und einer Führungskraft als Möglich-macher sicherzustellen (Ott et al., 2021, S. 227).

Es bedarf einer neuen Führungs-Kultur, deren Stärke darin liegt, den Weg in eine digitale Arbeitswelt gerade und insbesondere für Pflege als Innovation begreiflich zu machen. Dafür gilt es, Talente zu entdecken und Ideen und Gestaltungskonzepte mit den Mitarbeiterinnen und Mitarbeitern zu entwerfen, die das Berufsbild der Pflege im 21. Jahrhundert interessanter, anspruchsvoller, attraktiver und flexibler gestalten. Im Rahmen der generalistischen Pflegeausbildung ist digitales Basiswissen zu vermitteln. Um hier flexibler reagieren zu können, müssen die vorliegenden Ausbildungs-Curricula und Fortbildungen mit digitalen Themenfeldern ausgestaltet werden. Junge Menschen, die sich heute für die Ausbildung zur Gesundheits- und Krankenpflegeperson entscheiden, schauen genau hin, welche Modernisierung und Attraktivität das Berufs-, Bildungs- und Arbeitsfeld bietet. Pflege ist geprägt von Teamarbeit. Auf der Umsetzungsebene sind die Teams als Gestalter (Ott et al., 2021, S. 227) zu befähigen. Damit kann u. a. dem noch sehr verhafteten Phänomen in der Pflege, dass man gegenüber Neuem noch zurückhaltend, skeptisch oder gar abgeneigt wäre, positiv begegnet werden.

4   Fazit

Professionelle Pflege hat ein großes Interesse, dass mit ihrer Expertise die tradierte Arbeitsorganisation zukunftsfähiger umgestaltet wird und ihr patientenorientiertes Engagement durch zeitlichen Zugewinn sicherer und attraktiver wird. Ebenso, dass die Dokumentationsprozesse digitaler, vernetzter die interdisziplinäre Zusammenarbeit und Kommunikation in Verbindung mit den externen Leistungserbringern abbilden und die belastenden Schnittstellen Schritt für Schritt ablösen. Damit werden Patienten und alle am Behandlungs- und Betreuungsprozess beteiligte Akteure einen individuell bewerteten Mehrwert erhalten.

Politisch sind hier zwar schon erste Weichenstellungen durch verschiedene Gesetzesregelungen erfolgt (Hille, 2021, S. 129). Im internationalen Vergleich des Digitalisierungsgrades deutscher Krankenhäuser, basierend auf der EMRAM-Logik (Elektronic Medical Record Model), wird der Abstand zu anderen Ländern jedoch sehr deutlich (Wieteck, 2021, S. 4).

Es ist nun zu hoffen, dass die vielversprechenden politischen Ankündigungen in den Wahlprogrammen zur Digitalisierung auch für das Gesundheitswesen greifen.

Von Partnern aus dem Gesundheits-Pflege-Sozialwesen „Bündnis Digitalisierung in der Pflege" (bvitg e.V. et al., 2021) liegt der Politik ein sehr umfassendes Positionspapier mit sehr wertvollen Themenbausteinen vor. Pflege braucht für ihre Anschlussfähigkeit an moderne Arbeitsbedingungen dringend weitere politische Unterstützung. Hier könnten die ersten Empfehlungen aus dem Eckpunktepapier einer nationalen Digital-Strategie ein guter Leitfaden sein.

Literatur

bvitg e.V., DEVAP e.V., DPR e.V., FINSOZ e.V., vediso e.V., VdDD e.V., & VKAD e.V. (2021). *Gemeinsames Positionspapier Digitalisierung in der Pflege.* http://deutscher-pflegerat. de/2021/05/27/positionspapier-verbaendebuendnis/.

Hille, H. (2021). Digitales Patientenportal. In U. Bettig, M. Frommelt, H. Maucher & R. Schmidt (Hrsg.), *Digitalisierung in der Pflege* (1. Aufl., S. 127–142). medhochzwei.

Ott, I., Widler, J., Knecht, M., & Meier, L. L. (2021). Always on – Grenzen ziehen zwischen Arbeits- und Privatleben in der digitalisierten Arbeitswelt. In B. Badura, A. Ducki, H. Schröder & M. Meyer (Hrsg.), *Fehlzeiten-Report 2021 – Betriebliche Prävention stärken – Lehren aus der Pandemie|Bernhard Badura|Springer* (S. 217–232). Springer.

Wieteck, P. (2021). Schluss mit dem Blindflug. *CNE Pflegemanagement Thieme, 03*(2021), 4–7.

Teil II

Strategieentwicklung im Krankenhausumfeld: Besonderheiten und Umsetzungsrahmen

Digitalstrategie und Strategieentwicklung im Krankenhaus

Viola Henke, Gregor Hülsken, Andreas Beß und Andreas Henkel

Inhaltsverzeichnis

V. Henke (✉)
DMI GmbH & Co. KG, Münster, Deutschland
E-Mail: viola.henke@dmi.de

G. Hülsken
FOM Hochschule für Oekonomie & Management, Essen, Deutschland
E-Mail: gregor.huelsken@fom.de

A. Beß
Promedtheus, Mönchengladbach, Deutschland
E-Mail: a.bess@promedtheus.de

A. Henkel
MRI Klinikum rechts der Isar Technische Universität München, München, Deutschland
E-Mail: andreas.henkel@mri.tum.de

© Der/die Autor(en), exklusiv lizenziert durch Springer Fachmedien Wiesbaden
GmbH, ein Teil von Springer Nature 2022
V. Henke et al. (Hrsg.), *Digitalstrategie im Krankenhaus*,
https://doi.org/10.1007/978-3-658-36226-3_5

Zusammenfassung

Die Entwicklung und Etablierung einer Digitalstrategie ist für Krankenhäuser essenziell, um den digitalen Wandel erfolgreich zu vollziehen. Eine gut aufgestellte Digitalstrategie bietet die Grundlage, um derzeitige Geschäftsfelder zum Wohle des Patienten optimal aufzustellen und um zukünftig relevante Bereiche frühzeitig zu identifizieren und nachhaltig umzusetzen.

Die Gestaltung einer Digitalstrategie umfasst dabei nicht nur die Analyse derzeitiger und zukünftiger Ziele. Sie bezieht auch die Leistungsfähigkeit der IT-Infrastruktur eines Krankenhauses, die derzeitigen (fachlichen) Kapazitäten und Ressourcen sowie die mitarbeiter- und patientenbezogenen Bedarfe mit ein. Fachliche Kompetenzen müssen entwickelt und aufgebaut werden. Die derzeitige Prozesslandschaft sowohl in den primären Prozessen (Diagnose- und Behandlungsprozesse rund um den Patienten), aber auch sekundären und tertiären Prozessen (Verwaltung und Versorgung) sollte erhoben und Digitalisierungspotenziale identifiziert werden. Stetig wachsende Anforderungen vonseiten des Patienten, neue Erkenntnisse aus Forschung und Entwicklung (Medizintechnik, Pharmazie, u. a.) sowie gesetzliche Vorgaben und Verordnungen treiben und beeinflussen eine Strategieentwicklung in erheblichem Umfang. Diese Einflüsse sollten systematisch identifiziert und kontinuierlich gesteuert werden, um frühzeitig auf Veränderungen zu reagieren und Anpassungen durchzuführen.

1   Digitalstrategie und Strategieentwicklung im Krankenhaus

Während das Thema Digitalstrategie über die letzten Jahre einer von vielen Agendapunkten auf der strategischen To-Do-Liste der Entscheider in einem Krankenhaus war, ist es nun mit Hilfe des Krankenhauszukunftsgesetzes (KHZG) bei vielen Geschäftsführenden und IT-Verantwortlichen in den Vordergrund aufgerückt. Allein die Möglichkeit, für strategisch relevante aber noch zu digitalisierende Geschäftsfelder eine finanzielle Unterstützung zu bekommen, führte zu einem enormen Antragsvolumen seitens der Krankenhäuser. Die Industrieseite reagierte mit entsprechend förderfähigen Produkt- und Dienstleistungspaketen. Die antragsstellenden Krankenhäusern sind abhängig von der Ausgangssituation gezwungen, die in dem KHZG-Richtliniendokument (s. Bundesamt für Soziale Sicherung, 2021) für die mit Sanktionen belegten Kriterien, aus den Fördertatbeständen (FTB) 2 bis 5, bis 2025 mit eigener Finanzierung weiter zu untersetzen.

Die Tatsache, dass die Umsetzung einiger Fördertatbestände, unabhängig von der Inanspruchnahme von Fördermitteln, bis 2025 gesetzlich vorgeschrieben wurde, sorgte in der Folge dafür, dass diese Punkte in aller Regel priorisiert wurden. Es entstand ein Umsetzungszwang. Folglich mussten die Digitalstrategien, sofern vorhanden, mit den neuen Anforderungen harmonisiert werden.

1.1 Die Bedeutung von Compliance und Datenkompetenz im Kontext der Digitalstrategie

Die Bedeutung der digitalen Transformation ist im Krankenhaus angekommen (Hülsken et al., 2021, S. 302). Es kann erwartet werden, dass die Effekte, die digitale Technologien auf die Kommunikationsfähigkeit, auf Prozesse und auf die Generierung von neuem Wissen haben werden, aufgrund des Einsatzes von Reifegradmodellen zunehmend transparenter werden (s. Beitrag Liebe et al. „Digitalstrategie und Digitalisierungsaktivitäten: Ansätze zur Erfolgsmessung"). Eine langfristige Überlebenschance am Markt ist für ein Krankenhaus nur möglich, wenn es sich der digitalen Transformation systematisch stellt. Ohne Digitalisierung wird bereits heute kein Krankenhaus gesetzliche Vorgaben, Richtlinien und Verordnungen, unter anderen im Bereich des Informationsaustausches vollumfänglich erfüllen können.

Eine Digitalstrategie liefert die strategische Blaupause und umfasst die notwendigen Schritte und Maßnahmen, um sich den Herausforderungen der digitalen Transformation zu stellen (Matt et al., 2015, S. 340). Dabei sollte eine Digitalstrategie nicht ausschließlich den zukünftigen digitalen Handlungsrahmen definieren, sondern aktiv auch Möglichkeiten und Grenzen des Einsatzes von Technologien, Daten und Informationen erfassen und bewerten. Eng damit verknüpft und damit Grundlage einer jeden Digitalstrategie sind die Bereiche Compliance und Datenkompetenz. Nur wenn das „Dürfen" und „Können" im Umgang mit Daten und Informationen geklärt wurde, können Strategien entwickelt, Infrastrukturen auf- und ausgebaut, Prozesse (re-)organisiert und Wissen generiert werden -zum Wohle des Patienten.

Compliance beschreibt die Einhaltung von Regeln in Form von Recht und Gesetz („Rechtstreue", „Regelkonformität") unter Einbeziehung von betrieblichen Regelungen (Mayer, 2019, S. 282). Auch ethische Aspekte sind einzubeziehen. Betrachtet man das Substrat der Daten und Informationen im Krankenhaus, nämlich die Patientendaten in den verschiedenen Archiven, Systemen, unterschiedlichen Entstehungs- und Aufbewahrungsformen wird schnell deutlich, dass hier ein äußerst sensibler Umgang notwendig ist. Gesundheitsdaten von Patienten genießen eine sehr hohe Schutzbedürftigkeit. Diese Daten dürfen niemals und unter keinen Umständen in falsche Hände geraten. Alle Aspekte des Datenschutzes und der Informationssicherheit mit Ihren Schutzzielen sind stets zu berücksichtigen. Daher ist es unerlässlich, alle gebotenen Regeln in Form von Recht und Gesetz einzuhalten. Der Compliance-Rahmen steht für die Einhaltung der gesetzlichen Vorgaben wie die Integrität und Authentizität (Verkehrsfähigkeit), Verfügbarkeit und Vertraulichkeit von Informationen und der IT-Sicherheit (s. Patientendatenschutzgesetz, IT-Sicherheitsgesetz und Beitrag von Sven Stephan „Compliance, Informationssicherheit & Co.") und der Erfüllung weiterer Anforderungen beispielsweise im Rahmen von vertrauenswürdigen digitalen Transaktionen (s. eIDAS-Durchführungsgesetz, 2014) und der beweissicheren Langzeitspeicherung (s. BSI TR-03125 (o. J.) und Beitrag von Kusber et al. „Langfristige Beweissicherheit und Vertrauenswürdigkeit digitaler Unterlagen durch qualifizierte Bewahrungsdienste nach eIDAS, ETSI und TR-ESOR")

Neben der Compliance spielt auch die **Datenkompetenz** eine entscheidende Rolle. Die Durchdringung bzw. der steigende Nutzungsgrad digitaler Technologien bei Patienten und Mitarbeitern eröffnet einem Krankenhaus Chancen, sich im Wettbewerbsumfeld mit Hilfe dieser Technologien zu positionieren und die eigene Leistungsfähigkeit zukunftsfähig aufzustellen. Gleichzeitig bedeutet der zunehmende Einsatz digitaler Technologien auch eine Zunahme an Daten und Informationen aus einer Vielzahl an unterschiedlichen Datenquellen. Um entstandene Daten für wirtschaftliche und medizinische Zwecke effektiv und effizient einsetzen zu können, ist Datenkompetenz notwendig. Datenkompetenz beschreibt die Fähigkeit, Daten auf sinnhafte und nutzenbringende (kritische) Art und Weise zu sammeln, zu managen, zu bewerten und anzuwenden (Kuek & Hakkennes, 2020, S. 593). Auch die damit zusammenhängenden, notwendigen infrastrukturellen Rahmenbedingungen und möglichen Effekte, die Daten auf die Bereiche Kommunikationsfähigkeit, Prozesseffizienz und Wissensgenerierung haben können sowie deren Compliancegerechte Anwendung zu erfassen, gehört zur Datenkompetenz. Voraussetzung dafür ist das notwendige Wissen um die Entstehungsprozesse und Nutzungsmöglichkeiten von im Krankenhaus entstandenen Daten und Informationen, sowohl auf Führungsebene als auch Umsetzungsebene (Legner et al., 2017).

Compliance und Datenkompetenz bilden damit die zentralen Handlungsfelder für die Umsetzung einer Digitalstrategie.

1.2   Konkretisierung des Handlungsrahmens einer Digitalstrategie

Eine Digitalstrategie, in der Literatur auch synonym „Digitalisierungsstrategie", „digitale Unternehmensstrategie" oder „digitale Transformationsstrategie" (Schallmo & Lohse, 2020, S. 5) genannt, bildet den Rahmen, um Prozesse und Aktivitäten mithilfe von digitalen Innovationen, Technologien, Daten und Informationen zu transformieren. Diese Transformation soll dabei unterstützen (digital getriebene) Bedarfe von internen und externen Stakeholdern wie beispielsweise Patienten, Mitarbeiter, Kostenträger, Partnern, (..) bestmöglich zu erfüllen und positive Effekte auf die Zukunftsfähigkeit und Positionierung des Krankenhausunternehmens am Markt zu generieren. Die Digitalstrategie gibt dabei ein digitales Zielbild und relevante digitalstrategische Handlungsfelder vor. Die systematische Analyse und Bearbeitung dieser Handlungsfelder ermöglicht es, Potenziale, Veränderungsbedarfe und notwendige Unterziele zu identifizieren (Wolan, 2020, S. 77). Damit unterstützt eine Digitalstrategie das Krankenhaus dabei, sich durch Kombination von (datenbasiertem) Wissen, den Einsatz von Technologien, unter Beachtung ethischer Normen, Werte und des Compliance-Rahmens an verändernde, digitalgetriebene Anforderungen von Patienten, Mitarbeitern und anderen Stakeholdern im Markt anzupassen.

Aufgrund der Vollumfänglichkeit dieses Transformationsprozesses kann eine Digitalstrategie folglich nicht unabhängig von einer Unternehmensstrategie, einer IT-Strategie, einer Datenstrategie, den Bereichen Datenkompetenz und Compliance und deren digitalstrategischen Handlungsfeldern betrachtet werden. Die Wechselwirkungen und Be-

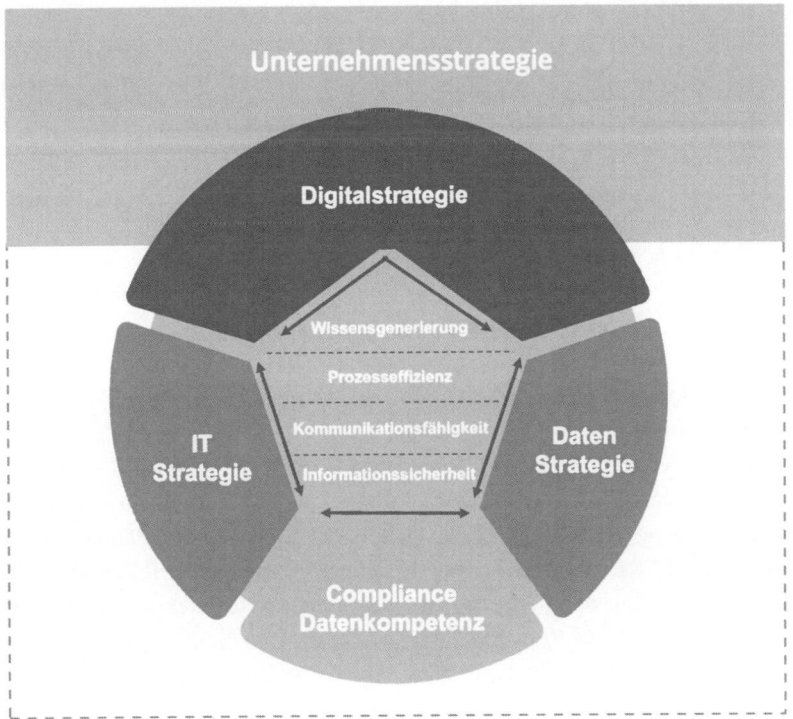

Abb. 1 Handlungsrahmen Digitalstrategie

ziehungen der Bereiche und deren Zu-und Einordnung, wie sie im Autorenteam vertreten werden, sind in Abb. 1 dargestellt.

Eine Unternehmensstrategie mit Unternehmensvision, -mission und leitbild bildet den gesamtstrategischen Rahmen für die Entwicklung des Krankenhauses, gibt das langfristige Ziel und den Weg zur Zielerreichung vor. Dieser Rahmen bildet die Grundlage für die Entwicklung einer Digitalvision, Digitalmission und Digitalstrategie. Eine Digitalvision beschreibt ein zukünftiges Bild des Unternehmens, dessen Leistungsspektrum und zukünftige Mehrwerte unter Einsatz digitaler Technologien, die digitale Mission beschreibt den Grund für die digitale Transformation und die heutigen Schritte (Lipsmeier et al., 2020, S. 176). Die Skizzierung der digitalen Vision und Mission sollte unter Berücksichtigung der Anforderungen relevanter Stakeholder erfolgen. Eine Digitalstrategie bildet den Rahmen, um IT getriebene Transformationsmaßnahmen umzusetzen (Matt et al., 2015).

Je nachdem, welche Bedeutung die Krankenhausführung der digitalen Transformation einräumt, kann sich die Digitalstrategie mit der Unternehmensstrategie überschneiden oder sogar gleichgesetzt werden (Bharadwaj et al., 2013). So wird beispielsweise die Digitalvision eines Krankenhauses mit dem Statement „digital getriebene, exzellente Behandlung" einen höheren Deckungsgrad mit der Unternehmensstrategie aufweisen als ein Haus, das einzelne digitale Pilotprojekte betreibt ohne unternehmensübergreifende Zielsetzung.

Neben der Verbindung zur Unternehmensstrategie ist auch der Einflussbereich einer Digitalstrategie zu definieren. Eine Digitalstrategie kann den jeweiligen einzelnen Bereichen (z. B. Medizin, Pflege, Verwaltung) untergeordnet werden. Jeder Bereich hätte in diesem Fall eine eigene Digitalstrategie. Aufgrund der zunehmenden Verzahnung digitaler Prozesse über Fachabteilungsgrenzen hinweg wird diese Einordnung nicht empfohlen. Als zielführender wird entweder die Einordnung einer Digitalstrategie als eine Teilstrategie neben weiteren Teilstrategien (z. B. Medizinstrategie, Investitionsstrategie, Personalstrategie, …) gesehen oder noch besser, die direkte Unterordnung zur Unternehmensstrategie mit übergeordnetem Wirkungsgrad auf alle Teilstrategien und der Perspektive, die Digitalstrategie mit der Unternehmensstrategie zu verzahnen. Aufgrund der Bedeutung und der Auswirkungen, den digitale Technologien auch auf weitere Teilstrategien haben, sollte stets das Gesamtunternehmen im Mittelpunkt digitalstrategischer Entscheidungen und Handlungen stehen.

Die Umsetzung der digitalen Transformation auf der operativen Ebene ist ohne eine strategieunterstützende IT-Infrastruktur nicht möglich. Damit unterstützt diese einerseits die operative Zielerreichung der digitalen Zielvision, andererseits gestaltet sie diese auch aktiv mit (Krcmar, 2015, S. 396). Eine IT-Strategie sollte sich folglich an der Digitalstrategie orientieren, um den IT-Betrieb zielorientiert aufzustellen und gleichzeitig Entwicklungsimpulse zu geben. Während die Digitalstrategie sich interaktiv den Stakeholder-Anforderungen stellt und einen Umfeld-bezogenen Ansatz verfolgt, ist der Fokus der IT-Strategie tendenziell reaktiv und leitet sich aus der Digitalstrategie ab (Gadatsch, 2020, S. 33). Inhalte einer Digitalstrategie sind beispielsweise die Applikations- und IT-Infrastrukturstrategie (s. Beitrag von T. Schütz „Werthaltigkeit und Umsetzung einer Digitalstrategie im Krankenhaus aus Sicht des CIO").

Die Datenstrategie ist die weitere Säule, auf die eine Digitalstrategie aufbaut. Fokus der Datenstrategie ist die Entwicklung einer systematischen Vorgehensweise, um vorhandene Daten und Informationen zu erfassen, ggf. zu digitalisieren und zu qualifizieren, um daraus Mehrwerte und Wissen beispielsweise für Patientennutzendstiftende Zwecke zu generieren. Aufgrund der hohen Schutzbedürftigkeit der im Krankenhaus entstandenen Daten und Informationen spielen sowohl die Data Governance als auch die IT Governance eine wesentliche Rolle. Data Governance definiert unter anderem den Rahmen für die Rollen, Verantwortlichkeiten und Einsatzbereiche für Daten und deren Management im Unternehmen (s. DAMA International, 2009, S. 37; s. Otto, 2011, S. 241). IT Governance adressiert den Ordnungsrahmen für den Einsatz der IT-Infrastruktur (Johanning, 2019, S. 213). Beide Zuständigkeitsbereiche sind eng verknüpft mit der dritten Säule der Digitalstrategie: den Bereichen Compliance und Datenkompetenz und den digitalstrategischen Handlungsfeldern Informationssicherheit, interoperable Kommunikation, informationsbasierte Prozesse und Wissensgenerierung.

1.3 Herleitung und Erläuterung der generischen, digitalstrategischen Handlungsfelder

Die Frage nach einer erfolgreichen Strategie zur optimalen Positionierung eines Unternehmens am Markt ist nicht neu. Seit Jahrzehnten beschäftigen sich Praxis und Wissenschaft mit der Beantwortung und versuchen, allgemein gültige Ansätze abzuleiten. Ein bekannter Ansatz wurde vom Ökonomen Michael E. Porter entwickelt. Auf Grundlage des Branchenwettbewerbs mit den fünf Wettbewerbskräften Rivalität, Markteintrittsbarrieren, Macht der Lieferanten, Macht der Kunden und Produktsubstitution werden die Normstrategien Kostenführerschaft, Differenzierung und Nischenstrategie abgeleitet, woraus sich standardisierbare, strategische Implikationen für ein Unternehmen ergeben (s. Porter, 1986a, b). Ein weiterer normstrategischer Ansatz findet sich beispielsweise in der Produkt-Markt-Matrix von Ansoff. In dieser werden anhand der Dimensionen bestehende bzw. neue Märkte und bestehende bzw. neue Produkte die Normstrategien Marktdurchdringung, Produktentwicklung, Marktentwicklung und Diversifikation abgeleitet (s. Ansoff, 1966, 1971).

Diese Ansätze haben für die Strategieentwicklung auch im Krankenhaus ihre Daseinsberechtigung und können einen Leitfaden bieten. Bei der Entwicklung von digitalstrategischen Maßnahmen sind jedoch stets auch Rahmenbedingungen zu beachten, die aus Sicht der Autoren einen grundlegenden, generischen Charakter haben, um eine digitale Transformation zu ermöglichen. Diese digitalstrategischen Handlungsfelder umfassen neben den Bereichen Compliance und Datenkompetenz die Handlungsfelder Daten, Informationen und Informationssicherheit, die Kommunikationsfähigkeit bzw. interoperable Kommunikation, informationsbasierte Prozesse und die Wissensgenerierung und Mehrwertbildung (siehe Abb. 2).

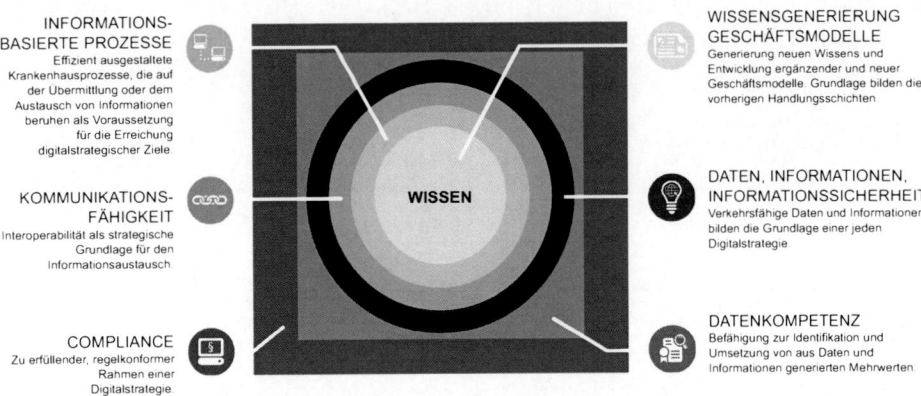

INFORMATIONS-
BASIERTE PROZESSE
Effizient ausgestaltete
Krankenhausprozesse, die auf
der Übermittlung oder dem
Austausch von Informationen
beruhen als Voraussetzung
für die Erreichung
digitalstrategischer Ziele.

WISSENSGENERIERUNG
GESCHÄFTSMODELLE
Generierung neuen Wissens und
Entwicklung ergänzender und neuer
Geschäftsmodelle. Grundlage bilden die
vorherigen Handlungsschichten.

KOMMUNIKATIONS-
FÄHIGKEIT
Interoperabilität als strategische
Grundlage für den
Informationsaustausch.

WISSEN

DATEN, INFORMATIONEN,
INFORMATIONSSICHERHEIT
Verkehrsfähige Daten und Informationen
bilden die Grundlage einer jeden
Digitalstrategie.

COMPLIANCE
Zu erfüllender, regelkonformer
Rahmen einer
Digitalstrategie.

DATENKOMPETENZ
Befähigung zur Identifikation und
Umsetzung von aus Daten und
Informationen generierten Mehrwerten.

Abb. 2 Generische digitalstrategische Handlungsfelder

1.3.1 Daten, Informationen, Informationssicherheit

Grundlage für die Umsetzung aller digitalstrategischen Ziele bilden verkehrsfähige Daten und Informationen. In der Regel handelt es sich im Krankenhaus um Patientendaten und Dokumente in Patientenakten, verschiedenen Datentöpfen und Archiven. Nur wenn diese in vollständiger und authentischer Form vorliegen, können fundierte Entscheidungen getroffen werden. Idealerweise stammen diese Informationen aus finalisierten, qualifizierten und verkehrsfähigen Dokumenten (s. Beitrag Hülsken und Frie „Die konsolidierte digitale Patientenakte als zentraler Datenpool im Umfeld unterschiedlicher Systemlandschafften im Krankenhaus"). Dabei ist die besonders hohe Schutzbedürftigkeit und ein äußerst sensibler Umfang mit diesen Daten essenziell und muss in einem entsprechend ausgestalteten Informationssicherheits-Rahmen sichergestellt werden. Aufgrund der sehr hohen Schutzbedürftigkeit dieser Daten ist auch das Wissen bzgl. des gesetzlichen Rahmens notwendig, um alle Aspekte des Datenschutzes und der Informationssicherheit zu erfüllen.

1.3.2 Kommunikationsfähigkeit

Die Kommunikationsfähigkeit bildet das weitere digitalstrategische Handlungsfeld, dem sich Krankenhäuser bei der Erarbeitung einer Digitalstrategie widmen sollten. Die Generierung von Mehrwerten hängt stark von der Qualität und der Austauschmöglichkeit von Daten und Informationen mit internen und externen Stakeholdern ab. Je nach Ausprägung der Datenquelle ist hier eine Qualifizierung der Daten um weitere, beschreibende Merkmale zur Verbesserung der Kommunikationsfähigkeit notwendig Der Einsatz von Standards zur Gewährleistung der technischen, syntaktischen und semantischen Interoperabilität von Daten und Informationen bildet dabei die Grundlage, unterstützt durch eine (schnittstellenoffene) Ausgestaltung der IT-Infrastruktur (Lehne et al., 2019, S. 1–4 und s. Beitrag A. Müller „Die Klinische Dokumentenklassen-Liste (KDL) als Werkzeug für die semantische Interoperabilität" und s. Beitrag S. Heckmann „HL7® FHIR® als Grundlage für moderne Digitalstrategien").

Kommunikationsfähigkeit und IHE

Integrating the Healthcare Enterprise (IHE) liefert über die Festlegungen in der IT-Infrastrukturdomäne bzw. deren Frameworks viele Grundlagen für die Einhaltung der Vorgaben zum einheitlichen Umgang mit Dokumenten und Daten. Dabei nutzt die IHE bestehende syntaktische Standards wie HL7 V2.x, DICOM, HL7 FHIR um diese in Umsetzungsvorschriften zu standardisieren.

Viele IHE Profile befinden sich in einem Umbruch, da die Profilumsetzung des Cross-Enterprise Document Sharing (XDS) mit deren Spezifikationen primär auf Basis von HL7 V2.x durch den HL7 FHIR aktuell zu technologischen Neuausrichtungen führt. Aktuell noch im Abstimmungsprozess ist daher das Mobile Health Document Sharing (MHDS) Profil, welches festlegt, wie eine Sammlung von IHE-Profilen zusammenwirken müssen, um XDS/XCA Prozesse mit dem HL7

FHIR-Standard abzubilden. Die einbezogenen IHE-Profile unterstützen unter anderem die Patientenidentifikation, das Auffinden und Abrufen von Gesundheitsdokumenten, Anbieterverzeichnisse sowie den Schutz der Privatsphäre und der Sicherheit. MHDS zeigt, wie mehrere IHE-Profile zusammenarbeiten, um einen standardbasierten, interoperablen Ansatz für den gemeinschaftlichen Austausch von Gesundheitsinformationen zu bieten. Hierbei werden nahezu alle bekannten „Akteure" und deren Ausprägungsvorgaben im Sinne der Metadatenbeschreibung integriert. Damit werden die Grundlagen gelegt, dass der Umgang mit Dokumenten und Einzeldaten nach gleichen Grundsätzen, über die Anwendung von jungen syntaktischen Ansätzen hinweg, nachhaltig zur Anwendung kommen. Die über die gematik geführten Abstimmungsprozesse um den Standard zum interoperablen Datenaustauschs durch Informationssysteme im Krankenhaus (ISiK) gemäß § 373 SGB V beziehen diese Vorgaben mit ein und sorgen hierüber für die Verstetigung der Prinzipien. Durch die Vorgabe für die Systemhersteller die Unterstützung des ISiK-Standards über einen Vorgang zur Zertifizierung nachweisen zu müssen besteht für alle Parteien (Gesundheitsdienstleister und Systemhersteller) eine zusätzliche hohe Sicherheit des nachhaltigen Investitionsschutzes.

1.3.3   Informationsbasierte Prozesse

Basierend auf vorhergehenden Informations- und Infrastruktur-getriebenen Handlungsfeldern gilt es, informationsbasierte Prozessbereiche zu erfassen, deren strategisches Zukunftspotenzial zu identifizieren und in die digitalstrategische Planung zu integrieren. Im Kontext dieses Buches umfassen informationsbasierte Prozesse diejenigen Prozesse im Prozessportfolio eines Krankenhauses, die auf die Übermittlung oder den Austausch von Informationen von und zu Dritten beruhen.

Informationsbasierte Prozesse hinterlassen auch digitale Spuren: Metadaten. Diese lassen sich nutzen, um eine Aussage zum Prozess selbst oder darüber hinausgehende Aussagen zu machen. Prozessanalysen bieten oftmals wertvolle Ansatzpunkte für Effizienzsteigerungen. Da es auch im Krankenhaus eine Vielzahl an Prozessen mit Schwachstellen geben dürfte, ist die Prozessanalyse eine kontinuierliche Aufgabe (s. Beitrag Bergmann et al. „Kommunikationsfähigkeit und Prozesseffizienz aus Sicht eines Universitätsklinikums"). Die Komplexität eines Krankenhauses ist aber oftmals zu hoch, als dass einzelne Organisationsbereiche sämtliche Prozesse im Blick haben dürften. Die strategische Nutzung der Daten, Informationen und deren Metadaten sowie Datenspuren aus der IT-Infrastruktur bieten das Potenzial, informationsbasierte Prozesse automatisiert zu erfassen und zu überwachen (s. Beitrag Henke et al. „Nutzung von Metadaten zur Erfassung des prozessualen Dokumentations-Reifegrads"). Prozesskompetenz und die Fähigkeit des Teams und Verantwortlichen vor Ort Verständnis über eigene Prozessabläufe zu entwickeln sind eine wichtige Grundlage, damit die Erkenntnisse aus den Daten wieder zur

Verbesserung IT-Systemgestützter Prozesse zur Anwendung kommen können. Dabei sind Fähigkeiten zur Abstraktion von Prozesszusammenhängen in Verbindung zur explorativen Datenanalyse zu bringen, um aus den hieraus zu entwickelnden Hypothesen passende Anwendungsunterstützungen zu liefern. Der Umgang mit der Anwendung und den Daten sind so zu antizipieren, dass diese die Bedürfnisse der Systemnutzer mitberücksichtigt.

1.3.4   Wissensgenerierung

Die in den generischen Handlungsfeldern „Information", „Kommunikation" und „Prozess" entstehenden Daten und Informationen bilden die Grundlage für das vierte generische digitale Handlungsfeld „Wissensgenerierung", also der systematischen Verwertung von verkehrsfähigen, interoperablen Daten und Metadaten, die in den vorherigen digitalen Handlungsfeldern generiert wurden. Diese systematische Aus- und Verwertung liefert die Grundlage für die Verbesserung der Patientenversorgung (s. Beitrag von Müller und Sander „Semantische Analyse: Möglichkeiten, Auswertungsbeispiele und Perspektiven") und Entwicklung von Mehrwerten und neuen Geschäftsmodellen zur Zukunftssicherung des Krankenhausunternehmens (s. Beitrag Beß et al. „Health Data Management, Wissensgenerierung und Datenkompetenzpotenziale").

Die dargestellten Handlungsfelder (siehe Abb. 2) können als grundlegend bezeichnet werden, da sie unabhängig von der Größe des Krankenhauses und unabhängig von den möglichen strategischen Zukunftsszenarien regelhaft gültig sind: Ohne verkehrsfähige Daten und Informationen ist kein Austausch möglich, können keine Prozesse optimiert und keine Wissens-Mehrwerte generiert werden. Diese Felder bilden damit einen generischen Zielrahmen für die Ausgestaltung einer Digitalstrategie.

Abschließend sei noch bemerkt, dass auch die Organisation und die Unternehmenskultur den Umsetzungserfolg einer Digitalstrategie maßgeblich fördern oder behindern können. Die von Peter Drucker geprägte Aussage „Culture eats strategy for breakfast" (Drucker, P.F. 2003, zit.n. Burchardt & Maisch, 2019, S. 113) fasst den Einfluss prägnant zusammen: Die Digitalstrategie kann noch so ausgefeilt und zukunftsorientiert sein -wenn diese nicht auf eine innovationsoffene und digitalaffine Kultur stößt, die von Führungskräften durch ein innovations- und wertegetriebenes Handeln im Arbeitsalltag vorgelebt wird, ist die Wahrscheinlichkeit groß, dass täglich gegen die geplanten digitalstrategischen Maßnahmen gearbeitet wird und so die gesetzten Ziele nicht erreicht werden.

2   Digitalstrategie: Umsetzungsrahmen

In der Literatur und in der Praxis existieren unterschiedliche Vorgehensweisen bei der Erstellung einer Digitalstrategie (Schallmo & Lohse, 2020, S. 79–81). Vielen gemeinsam ist die Konzentration auf folgende Bereiche:

1. IST-Analyse: Diese umfasst die Analyse der heutigen Positionierung am Markt mit der bestehenden Unternehmensvision, -mission, bestehenden Stärken und Schwächen, sowie vorhandene Ressourcen (z. B. IT-Infrastruktur, Wissen, …).

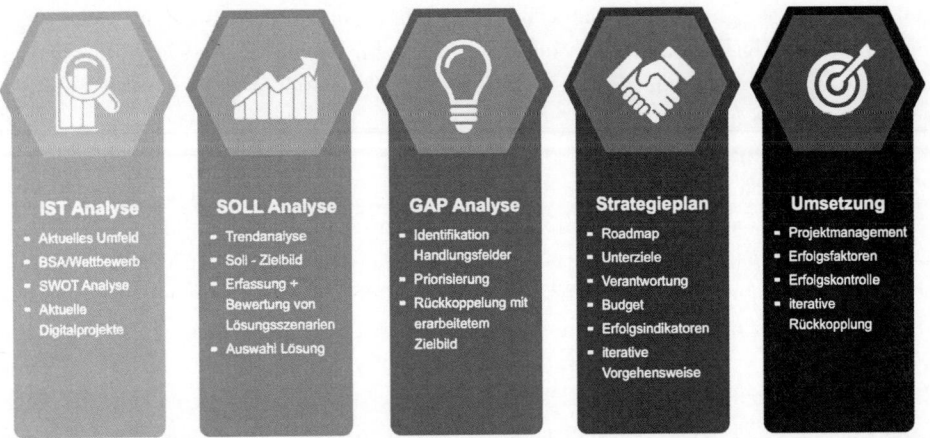

Abb. 3 Umsetzungsrahmen einer Digitalstrategie

2. SOLL-Analyse/Erfassung des Zielzustands: Dieser Analyseschritt beinhaltet die Entwicklung einer Zielvision und den dazu gehörigen, zukünftigen Handlungsrahmen unter Einbezug der Innovationspotenziale digitaler Technologien.
3. Gap-Analyse oder Delta-Analyse: Anhand des Abgleichs zwischen Zielzustand und Soll-Zustand werden Handlungsempfehlungen abgeleitet und Maßnahmen festgelegt.
   Diese bieten die Grundlage für die Erstellung eines Umsetzungsplans und einer Umsetzungskontrolle.
4. Entwicklung eines Strategieplans
5. Umsetzung der verabschiedeten Bereiche.

Die Ergebnisse aus den fünf Analysebereichen mit daraus abgeleiteten Handlungsempfehlungen und Maßnahmen bilden in der Summe die wesentlichen Elemente einer Digitalstrategie. Im Folgenden werden die Inhalte dieser Analysebereiche im Detail aufgezeigt und ein strategischer Entscheidungsrahmen zur Ausgestaltung vorgestellt. Eine Übersicht über den Umsetzungsrahmen einer Digitalstrategie zeigt Abb. 3.

2.1 Erfassung des derzeitigen Handlungsrahmens: IST-Analyse

Ziel dieses Analyseschritts ist es, den internen Rahmen und damit heutige digitale Projekte, Aktivitäten und IT-infrastrukturelle Grundlagen zu erfassen und zu bewerten. Dabei sind das aktuelle Umfeld und externe Einflussfaktoren wie gesetzliche Rahmenbedingen und IT-relevante Entwicklungen (Telematikinfrastruktur, Vorgaben durch gematik, KHZG,..) einzubeziehen.

Eine bestehende Unternehmensstrategie mit Vision, Mission, Wertebild und strategischen Zielen liefert eine gute Grundlage für die Entwicklung einer digitalen Vision, Mission und Gesamtstrategie. Wie bei einer Unternehmensstrategie sollte der Zeithorizont einer Digitalstrategie mehrere Jahre umfassen, da digitalen Technologien in der Regel einen mittelfristigen Zeithorizont benötigen, um stabil zu laufen, die Einführungskosten zu erwirtschaften (Johanning, 2019, S. 7) und Effekte zu entfalten. Auch damit zusammen-hängende organisatorisch bedingte prozessuale Umstellungen und ein möglicher kulturel-ler Wandel benötigen Zeit.

Neben der Unternehmensstrategie sind auch weitere Teilstrategien und deren SMART (spezifisch, messbar, akzeptiert, realistisch und terminiert) formulierte Ziele, zum Beispiel aus dem medizinischen und pflegerischen Bereich, zu beachten und als Ausgangspunkt in die Bewertung miteinzubeziehen. Im Haus bereits abgeschlossene, laufende und geplante digitale Projekte und Maßnahmen sollten anhand der generischen digitalstrategischen Handlungsfelder systematisch erfasst und zugeordnet werden. Zusätzlich sollte eine kurze Bewertung dieser Projekte bzgl. Zielsetzung, Status, Zeitraum, beteiligte Bereiche, Ziel-erreichung erfolgen. Ggf. sind hier neben den Projektbeteiligten auch die Nutzer zu be-fragen, um ein umfassendes Bild über die bisherige Zielerreichung der digitalen Aktivitäten zu erhalten. Zusätzlich zur Erfassung der digitalen und meistens fachbereichsübergreifenden Projekte können auch grundlegende IT-Bereiche und Aktivitäten im Datenmanagement do-kumentiert werden, die klassischerweise entweder in den Bereich einer IT-Strategie oder Datenstrategie fallen. Dieses Vorgehen ermöglicht es, in einem darauf aufbauenden Arbeits-schritt den Konkretisierungsgrad IT- und Datenstrategischer Maßnahmen und damit die Qualität des Umsetzungsgrads zu erhöhen.

Aufgrund der Enabling- und Querschnitts-Funktion für unternehmensübergreifende Projekte ist zudem nicht immer eine klare Abgrenzung zwischen unternehmens-strategischen, digitalstrategischen-, IT- und datenstrategischen Projekten und Maßnahmen möglich.

Interne Reifegradbewertung

Bestehende digitalstrategische Aktivitäten sollten -wenn möglich- nicht nur dem digital-strategischen Handlungsraster zugeordnet, sondern auch bewertet werden. Die Bewertung des digitalen Reifegrades stellt viele KH Unternehmen vor eine Herausforderung. Oftmals wurden Digitalprojekte pilothaft initiiert und eingeführt, ohne vorher eine strukturierte Erhebung des IST-Zustands zu machen. Ein Vorher-Nachher Vergleich oder eine fundierte Effektmessung der positiven oder negativen Auswirkungen von Digitaltechnologien ist daher schwierig. Im Zuge der IST-Analyse sollte dennoch versucht werden, einen struktu-rierten Status Quo zu erheben, um eine Planungsgrundlage für zukünftige Aktivitäten zu bekommen (s. Beitrag Vrieling et al. „Anwendung von Reifegradmodellen zur Messung des Umsetzungserfolgs").

Compliance

Dieser Aspekt bildet den Rahmen für alle digitalen Aktivitäten. Hier gilt es, aktuelle Aktivi-täten und Projekte zur Erhöhung der Compliance zu erfassen und zu dokumentieren und deren Schwerpunkte den jeweiligen strategischen Handlungsfeldern zuzuordnen. Der Nach-weis der Erfüllung gesetzlicher Vorgaben, Richtlinien und Verordnungen sowie „State-of-the-Art"-Anwendungen kann durch das Krankenhaus selbst oder bei outgesourcten Bereichen und Aktivitäten unterstützend durch den strategischen Partner erfolgen. Dabei ist zu beachten, dass die Umsetzung und Dokumentation von Compliance-orientierte Maßnahmen kein einmaliger Vorgang ist, sondern als kontinuierlicher Prozess gesehen werden sollte.

Datenkompetenz

Für die Umsetzung einer Digitalstrategie sind nicht nur Mitarbeiter, sondern auch (neue) Kompetenzen erforderlich. Beide Bereiche sollten daher im Rahmen der IST-Analyse erfasst werden. Bei der Erhebung der Mitarbeiterstruktur sollte neben quantitativen Informationen (z. B. Anzahl der Stellen und deren Besetzung, Stellenbeschreibung) insbesondere auch qualitative Faktoren wie die Performance bzw. Leistungsbereitschaft, Passgenauigkeit auf die Stellenanforderung und das vorhandene Wissen erhoben werden. Neben Informatik-Grundlagen und dem sachgerechten Umgang mit Daten und großen Datenmengen, Datenmodellen, Auswertungsmöglichkeiten mit Hilfe von Data Science, ist auch ein grundlegendes Verständnis notwendig, aus welchen Prozessen Daten abgeleitet und welche Prozesse von einer verbesserten Datenverfügbarkeit profitieren (Stichwort: strategisches Business-IT-Alignment).

Die gesammelten Informationen bilden die Grundlage für die Entwicklung einer digitalen Mission. Diese beschreibt die Kernaufgabe bzw. den heutigen (Existenz-)Zweck des KH Unternehmens in Verbindung mit dem Einsatz digitaler Technologien (z. B. „Wir erkennen die Chancen digitaler Technologien und nutzen diese für eine Verbesserung unserer stationären Leistungserbringung").

Des Weiteren sind die gewonnenen Ergebnisse der IST-Erhebung nach digital-strategischen Handlungsfeldern einzeln aufzuführen und zu bewerten. Die Bewertung sollte dabei auch die heutige Einschätzung bzgl. der Stärken und Schwächen zur Erreichung von Zielen umfassen. Unterstützend kann die Bewertung in Form einer Ordinalskala (z. B. mit Noten von eins bis sechs) erfolgen. Der Einsatz einer SWOT-Analyse kann das Vorgehen strukturieren (Leigh, 2006). Weitere Ansätze zur Erkenntnisgewinnung bilden beispielsweise die Pestel-Analyse (Schomaker & Sitter, 2020) und die Branchenstrukturanalyse (Porter, 1986).

Die Ergebnisse der IST-Analyse sollten übersichtlich, beispielsweise in Form eines Stärken-Schwächen Profils oder eines Netzdiagramms (siehe Abb. 4) zusammengefasst werden.

▶ **Ergebnis IST-Analyse** Als Ergebnis der IST-Analyse liegt ein transparentes Bild bezüglich der bisher geplanten gesamtstrategischen Ausrichtung des Unternehmens inkl. möglicher Teilstrategien vor. Dazu gehört auch Skizzierung der digitalen Mission. Den generischen digitalstrategischen Handlungsfeldern wurden aktuell laufenden und bereits geplante Projekte zugeordnet und deren Status erfasst. Ergänzend wurden relevante unterstützende Handlungsfelder aus den Bereichen IT- und Datenstrategie erfasst und bewertet.

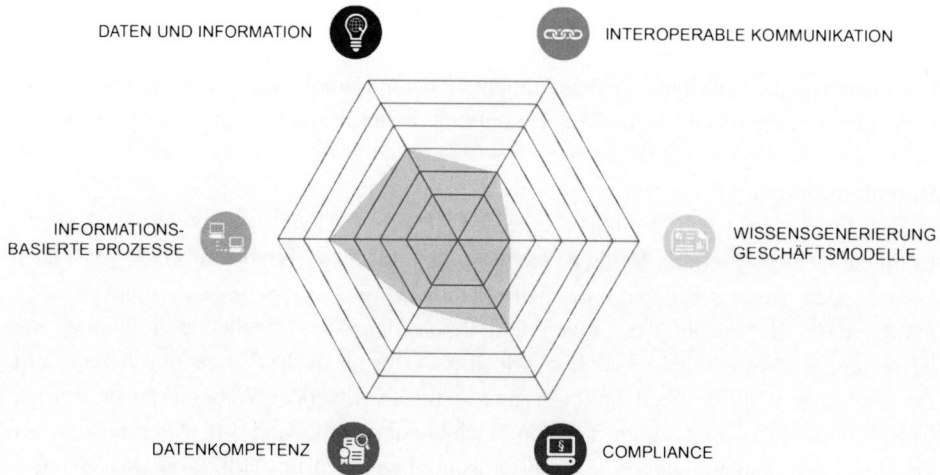

Abb. 4 Beispielhafte Ergebnisdarstellung des IST-Zustands nach erfolgter Analyse

2.2 Erfassung des zukünftigen Handlungsrahmens: SOLL-Analyse

Im Zuge dieses Analyseschritts gilt es, die externen Rahmenbedingungen und (zukünftige) Anforderungen der Stakeholder zu erfassen und deren Relevanz für das eigene Krankenhausunternehmen zu bewerten. Der externe Rahmen umfasst neben (digitalen) Trends, Innovationen und Entwicklungen vor allem auch die Beachtung der gesetzlichen Vorgaben und deren mögliche Auswirkung auf die zukünftige Krankenhausleistung. Die Stakeholder umfassen interne und externe Anspruchsgruppen wie Mitarbeiter, Patienten, Kostenträger, Leistungserbringer und strategische Partner aus Forschung und Industrie. Insbesondere die zukünftig zu erwarteten Bedarfe des Patienten bilden einen besonderen Stellenwert.

Die Unternehmensvision bildet dabei die Grundlage für die zu beantwortende Frage, welche digitalen Technologien zukünftig das Erreichen des Unternehmensziels unterstützen werden oder sogar dahingehend verändern, dass das Kerngeschäft (=Patientenbehandlung) maßgeblich beeinflusst wird. Zur Beantwortung dieser Frage sollten heute bereits bekannte digitalen Trends und Entwicklungen erfasst und bezüglich ihrer unternehmensspezifischen Relevanz bewertet werden.

Review von zukünftigen Digitaltrends und Entwicklungen
Die Erfassung von Trends und Entwicklungen, die für das zukünftige Krankenhausgeschäft relevant sind, kann mithilfe externen Beratungsinputs erfolgen oder durch den Einsatz interner Ressourcen. Vorteil beim Einsatz externer Berater ist, dass diese bestenfalls einen Einblick in unterschiedliche Krankenhäuser und oftmals auch Unternehmen außerhalb der Gesundheitswirtschaft haben und damit technologische Innovationen nicht nur kennen, sondern auch in ihrer strategischen Relevanz für das Krankenhaus einschätzen

können. Darüber hinaus sind, in Abhängigkeit vom vorhandenen Erfahrungsschatz externer Berater, Best Practices-Vergleiche und Benchmarks möglich.

Die interne Durchführung eines Trends- und Branchenreviews kann herausfordernd sein. Eine mögliche erste Orientierung bieten Megatrends, d. h. langfristige, lebensbereichsübergreifende Entwicklungen in einem Zeitrahmen von mehreren Jahrzehnten. Auch Branchen- bzw. Trendstudien, die von Marktforschungsunternehmen oder Verbänden innerhalb und außerhalb der Gesundheitswirtschaft angeboten werden, bilden eine gute Informationsgrundlage. Damit einhergehend sollten auch veränderte Anforderungen der Zielgruppen (Patienten, Mitarbeiter und weitere Stakeholder) strukturiert erfasst und deren Auswirkungen auf die zukünftige Leistungserbringung bewertet werden.

Ziel dieser Trend- und Innovationsbewertung ist die Erfassung, welcheund wiezukünftigen Technologien, Prozesse und Kerngeschäftsbereiche beeinflussen und verändern werden und welche strategischen Implikationen sich daraus ableiten lassen. Dabei sollte die Sicht des Patienten als möglicher prozessualer Innovationstreiber nicht vernachlässigt werden (Mangiapane & Bender, 2020, S. 41–42).

Bei der Bewertung der Relevanz von Digitaltrends und Innovationen sind stets das Unternehmensziel, die Unternehmensvision und die generischen digitalstrategischen Handlungsfelder im Blick zu behalten. Der Input, den digitale Technologien auf die Erbringung des Kerngeschäfts haben können, ist in dieser Phase insbesondere auf zukünftige Leistungserbringungsprozesse und Zielgruppen zu bewerten. Empfehlenswert ist die Ableitung von mehreren Zukunftsszenarien, die beispielsweise anhand der Eintrittswahrscheinlichkeit, Übereinstimmung mit bestehenden strategischen Zielen, Wertvorstellungen, Zielgruppennutzen, Wirtschaftlichkeitspotenzial und Innovationsgrad, Positionierung bewertet und priorisiert werden. Basierend auf diesen Zukunfts-Szenarien können bereits erste Entwürfe einer Digitalvision entwickelt werden. Diese beschreibt prägnant und möglichst inspirierend den zukünftigen digitalen Zielzustand des Krankenhausunternehmens (z. B. „Integration digitaler Technologien für die bestmögliche Behandlung") in Form eines „Big Pictures" und ist damit ein Element der Digitalstrategie. Der Visionsentwurf sollte im Erarbeitungsprozess sukzessiv diskutiert und iterativ bearbeitet werden.

▶ **Ergebnis Teil 1/2 SOLL-Analyse** Als Ergebnis dieses Analyseschritts liegen zukunftsorientierte Zielbilder/Szenarien vor, die hinsichtlich ihrer Zukunfts- und Zielgruppenrelevanz für das Krankenhaus priorisiert wurden. Ideen, wie die zukünftige Leistungserbringung unter Beachtung der zukünftigen Bedarfe der Stakeholder und unter Beachtung des Krankenhaus-spezifischen Umfelds erbracht werden könnte und wie sich das Krankenhaus zukünftig positionieren möchte, liegen vor. Die Frage „Wo wollen wir hin?" kann bereits in groben Zügen beantwortet werden. Bestenfalls kann bereits eine zukünftige digitale Vision abgeleitet werden.

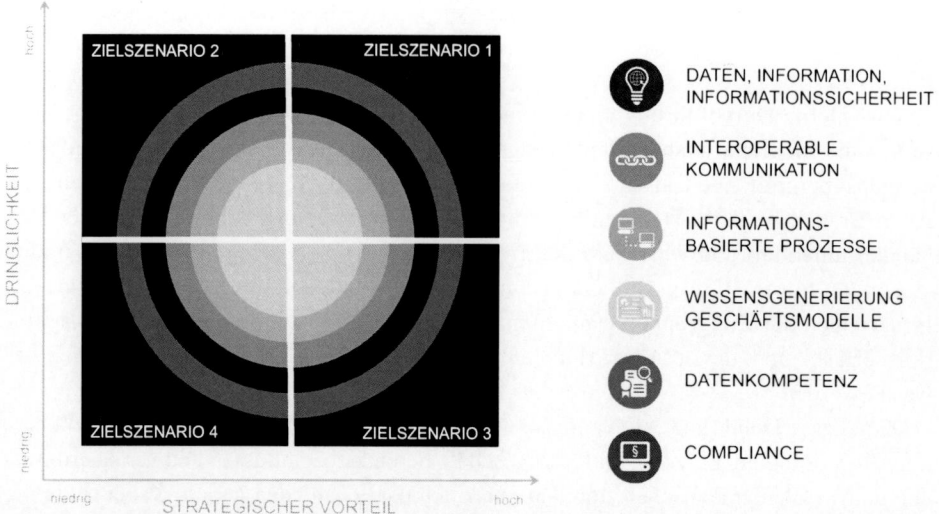

Abb. 5 Beispielhafte Ergebnisdarstellung der SOLL-Analyse

Im Folgenden ist das jeweilige digitalstrategische Handlungsfeld mit den jeweiligen Zielszenarien in Bezug zu setzen. Darauf aufbauend ist für jede der digitalstrategischen Ebenen mindestens ein Unterziel zur Erreichung der Zielszenarien zu definieren. Auch sollten Aspekte wie Nutzenpotenzial zur Erreichung des Zielszenarios, Wirtschaftlichkeitspotenzial und Innovationsgrad, bei den jeweiligen Unterzielen bewertet werden. Zusätzlich ist die Definition von möglichen Kriterien zur Erfolgsmessung in diesem Schritt möglich. Diese Szenarien können anhand der Dimensionen „Strategischer Vorteil" und „Dringlichkeit" in ein Koordinatensystem eingeordnet werden, um die gewählte zeitliche und inhaltliche Priorisierung zu verdeutlichen (siehe Abb. 5). Abschließend sollte die vorformulierte Digitalvision kritisch reflektiert und ggf. angepasst werden.

▶   **Ergebnis Teil 2/2 SOLL-Analyse**   Als Ergebnis dieses Analyseschritts wurden für jedes Zielszenario die grundlegenden strategischen Handlungsfelder erfasst und bewertet. Das für das Krankenhaus bevorzugte Zielszenario ist nun bekannt und auch die dafür notwendigerweise zu erfüllenden digitalstrategischen Handlungsfelder mit den jeweiligen Unterzielen/Soll-Zielen. Die Digitalvision wurde ausformuliert.

2.3   Gegenüberstellung: GAP-Analyse

In diesem Schritt werden die wesentlichen Erkenntnisse aus der Soll- und der IST-Analyse gegenübergestellt, relevante Handlungsfelder priorisiert und ggf. in Richtung Digitalvision und Digitalmission zurückgekoppelt und angeglichen.

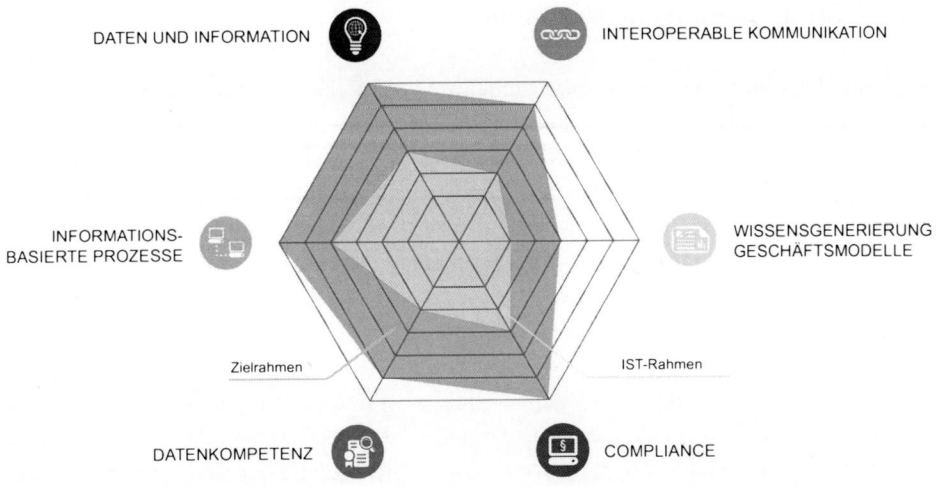

Abb. 6 Beispielhafte Gegenüberstellung der SOLL-IST-Analyseergebnisse

Als Grundlage für die Identifikation von Unterschieden zwischen der Zukunftsvision und der heutigen Mission kann das digitalstrategische Raster mit den Handlungsfeldern genutzt werden. Die zukünftig zu besetzenden Handlungsfelder mit ihren Projekten und die heute bereits besetzten Handlungsfelder werden am besten grafisch gegenübergestellt. Dieses kann beispielsweise in tabellarischer Form oder in Form eines Netzdiagramms dargestellt werden. Letzteres hat den Vorteil, dass die Lücken bzw. GAPs zwischen dem Sollzustand und dem Istzustand so auch grafisch eindeutig zu sehen sind (siehe Abb. 6).

Basierend auf der erstellten Netzdiagramm-Übersicht sollten in einem nächsten Schritt die Bereiche, die Lücken aufweisen, untersucht werden. Die Bereiche mit den größten Lücken müssen nicht unbedingt den größten Handlungsbedarf aufzeigen. Bei der Priorisierung der Projekte sollte auch auf die „Bedeutung" der Projekte eingegangen und darauf geachtet werden, dass ein Bereich den anderen Bereich bedingen kann (z. B. Daten- und Informationsbasis vor Wissensbasis). Empfehlenswert ist es, die Zielsetzungen und den heutigen und zukünftig gewünschten Status noch mal gesondert zu dokumentieren. Darauf aufbauend gilt es nun, Maßnahmen zu formulieren, die notwendig sind, um die definierten Ziele zu erreichen. Mögliche Überschneidungen zu anderen strategischen Handlungsfeldern sind dabei zu beachten und in die Planung miteinzubeziehen. Als Ergebnis dieses Schrittes sollten alle identifizierten GAPs bewertet und mit entsprechenden Maßnahmen und Handlungsempfehlungen zur Zielerreichung versehen worden sein. Bei Bedarf ist hier auch eine priorisierte Bearbeitung möglich.

Gleichzeitig gilt es zu überlegen, welche IT- und datenstrategischen Grundlagen bei der Realisierung der Maßnahmen notwendig sind. Auch diese Maßnahmenpakete sind zu dokumentieren.

2.4   Strategieplan und Umsetzung

Auf Grundlage der transparent dargestellten und priorisierten strategischen Handlungsfelder (abgeleitet aus den GAPs), können Projekte und Maßnahmen definiert und der zeitliche Umsetzungsrahmen (digitale Roadmap) festgelegt werden. Abhängig von der Entscheidung, was wann umgesetzt werden kann sind die vorhandenen Ressourcen zu planen
und zu beantragen. Parallel oder im Vorfeld der Erstellung der digitalstrategischen Roadmap ist daher auch zu überlegen, ob eine beschleunigte Umsetzung durch das Outsourcing
bestimmter Bereiche an externe Partner möglich ist (siehe Beitrag Matzerath et al. „Umsetzung der Digitalstrategie im Krankenhaus: make or buy?"). Zusätzlich zu der zeitlichen
Priorisierung sollten auch die zu erwartenden Kosten erfasst und kalkuliert werden, um
einen Überblick über das notwendige Umsetzungsbudget zu erhalten. Die digitalstrategische Roadmap bildet dabei die Grundlage für die Budgetierung der geplanten
digitalstrategischen Maßnahmen. Neben den zu erwartenden Kosten sind auch die Einspar-
potenziale durch die Umsetzung zu dokumentieren. Hier ist es sinnvoll, auch die Ziel-
bezüge zur Gesamtstrategie des Krankenhausunternehmens zu beachten und bereichs-
übergreifende Effekte zu erfassen. Zusätzlich sollte auch Umsetzungsrisiken erfasst und
mögliche Gegenmaßnahmen entwickelt werden. Bei der Umsetzung selbst sind weitere
Erfolgsfaktoren zu beachten die beispielsweise das Projektmanagement, die Kommunikation und den Teamaufbau betreffen (siehe Beitrag Schulte und Knüttel „Digitalstrategische
Maßnahmen im Krankenhausalltag umsetzen: Empfehlungen aus der Praxis").

Abschließend gilt es, die Messgrößen zur Erfassung des Umsetzungserfolgs festzulegen. Auch hier bilden die Ergebnisse der GAP-Analyse eine gute Grundlage. Aber auch
ergänzende Instrumente wie beispielsweise die Balanced Scorecard bieten einen
Informationsmehrwert. Neben der maßnahmen-bezogenen Perspektive kann durch den
Einsatz dieses Instruments eine übergreifende Perspektive eingenommen werden, durch
die auch die Bereiche Auswirkungen auf den Kunden, eigene Position im Markt, interne
Prozesse in ihren Auswirkungen erfasst und bewertet werden.

> **Exkurs: Unterstützende Werkzeuge zur Stärkung der Methodenkompetenz bei der
> Umsetzung**
> Auf die Krankenhäuser kommt mit der Vielzahl an parallel umzusetzenden
> Digitalisierungsvorhaben eine neue Komplexität zu. Die Standard KIS/KAS-
> Systeme lassen sich kaum mit den bisherigen Methoden der einfachen Erweiterung
> („Patchwork") auf die neuen Herausforderungen nachhaltig anpassen. Hinzu
> kommt, dass die Krankenhäuser auf lange Umsetzungszyklen der Hersteller warten
> können. Daher setzen sich zunehmend Plattformansätze durch, welche die Kranken-
> häuser zwingen IT-Architekturmanagementaufgaben selbständiger zu übernehmen,
> ggf. unterstützt durch strategische Partner, Verfahren und Werkzeuge.

Ein Erfolgsfaktor für die Umsetzung von digitalstrategischen Maßnahmen im Krankenhausalltag ist daher die Methodenkompetenz. Diese umfasst die Fähigkeit, für die Aufgabenlösung notwendiges Wissen zu identifizieren, zu beschaffen, mit vorhandenem Wissen zu verknüpfen und dieses systematisch und analytisch auf die entsprechende Problem- bzw. Aufgabenstellung anzuwenden um Lösungen zu identifizieren, zu strukturieren und teamorientiert umzusetzen (für detailliertere Ausführungen siehe Becker & Pastoors, 2019, S. 42–47).

Entwicklungsvorhaben sollten sich aus der Digital-, IT- und Datenstrategie bzw. den digitalstrategischen Handlungsfeldern ableiten und kombinieren auf der Umsetzungsebene die Architekturverantwortung im Krankenhaus mit den Industrieangeboten. Hierzu bedarf es neuer Methoden und Verfahren, die den Umsetzungserfolg unterstützen können. Verstärkt setzen sich hier in der Anwendung Verfahren zum *Enterprise Architecture Management (EAM)* durch, welche das Zusammenwirken von IT- und Geschäftsprozessen Werkzeug-gestützt visualisieren. Hierunter wird ein ganzheitlicher Ansatz der Abbildung von Geschäftsfähigkeiten, -aktivitäten, -prozessen, die Services, Applikationen, Infrastrukturdienste, Plattformen und Datenbanken usw. in Verbindung mit den Interoperabilitätsanforderungen in Architekturmodellen zusammengefasst.

Enterprise Architecture Informationen sind stark ineinander verflochten; damit sind diese schwer darzustellen und zu modellieren. Klassische Ablagestrukturen für die Modellierung werden zunehmend durch Softwarelösungen in dem Bereich ersetzt, die BPMN-2 und UML-Methoden in einer Suite bereitstellen. Neben der reinen Diagrammdarstellung (z. B. Microsoft Visio) setzen sich für die Darstellung der Enterprise Architecture Informationen datengetriebene Ansätze (z. B. LeanIX) durch, die es ermöglichen, zunächst alle Gegebenheiten in beschreibende Einzeldaten zu Objekten zu zerlegen und diese dann über Standardreports (z. B. Heatmaps, Relations-Circlemaps, etc.) oder darauf aufbauenden Diagrammen zusammenzuführen. Dieser datengetriebene Ansatz ermöglicht es die Aktualität der Daten durch die Integration von Datenerfassungen, die aus Standardprozessen erhoben werden, wie z. B. Beschaffungsprozesse, Monitoring-Systeme, Configuration Management Database (CMDB) etc., zu integrieren.

Die Vorgaben, die sich aus den Interoperabilitätsanforderungen für die Krankenhaus-IT ergeben, sollten dazu führen, dass die Spezifikationen leicht übernommen und diese bei der Systementwicklung einbezogen werden können. Die Kombination des Modellierungsmethodenansatzes mit (Struktur-)datengetriebenen Ansätzen, sollte helfen die zunehmende Komplexität der Anforderungen verwertbarer zu machen.

3   Fazit

Die Ausführung hat die wesentlichen Schritte und Inhalte aufgezeigt, die für die Entwicklung einer Digitalstrategie von Bedeutung sind. Es wurde dabei deutlich, dass folgende digitalstrategische Handlungsfelder zu beachten sind, die aufgrund ihrer Generik, den Erfolg einer Digitalstrategie maßgeblich mitbestimmen. Diese lauten:

1. Compliance und Datenkompetenz
2. Daten, Informationen, Informationssicherheit
3. Kommunikationsfähigkeit
4. Informationsbasierte Prozesse
5. Wissen bzw. Wissensgenerierung

In dieser Ausführung wurde bewusst eine übergreifende Darstellungsebene gewählt, um die wesentlichen Entwicklungsschritte möglichst transparent darzustellen und um eine einfache Anwendung zu ermöglichen. Die Darstellung, wie die aufgezeigten digitalstrategischen Handlungsfelder in der Praxis umgesetzt werden können, ist Thema der Folgebeiträge in diesem Buch.

Literatur

Ansoff, H. I. (1966). *Management-Strategie (Corporate strategy)*. Verlag Moderne Industrie.
Ansoff, H. I. (1971). *Business strategy* (Reprint). Penguin Books.
Becker, J. H., & Pastoors, S. (2019). Führungskompetenz. In S. Pastoors, J. Becker, H. Ebert & M. Auge (Hrsg.), *Praxishandbuch werteorientierte Führung: Kompetenzen erfolgreicher Führungskräfte im 21. Jahrhundert* (S. 31–50). Springer. https://doi.org/10.1007/978-3-662-59034-8.
Bharadwaj, A., El Sawy, O. A., Pavlou, P. A., & Venkatraman, N. (2013). Digital business strategy: Toward a next generation of insights. *MIS Quarterly, 37*(2), 471–482.
BSI TR-03125. (o. J.). Bundesamt für Sicherheit in der Informationstechnik. https://www.bsi.bund. de/DE/Themen/Oeffentliche-Verwaltung/Moderner-Staat/Beweiserhaltende-Langzeitspeicherung-TR-ESOR/beweiserhaltende-langzeitspeicherung-tr-esor.html;jsessionid=4 2CFCB16B38D308B93658B2533E2EC68.internet471?nn=460812. Zugegriffen am 27.09.2021.
Bundesamt für Soziale Sicherung. (2021). *Richtlinie zur Förderung von Vorhaben zur Digitalisierung der Prozesse und Strukturen im Verlauf eines Krankenhausaufenthaltes von Patientinnen und Patienten nach § 21 Absatz 2 KHSFV*. https://www.bundesamtsozialesicherung.de/fileadmin/redaktion/Krankenhauszukunftsfonds/20210503Foerderrichtlinie_V03.pdf. Zugegriffen am 27.09.2021.
Burchardt, C., & Maisch, B. (2019). Digitalization needs a cultural change – Examples of applying agility and open innovation to drive the digital transformation. *Procedia CIRP, 84*, 112–117. https://doi.org/10.1016/j.procir.2019.05.009.
DAMA International. (2009). *The DAMA guide to the data management body of knowledge*. Technics Publications, LLC.
EIDAS-Durchführungsgesetz. (2014). https://www.bmwi.de/Redaktion/DE/Downloads/Gesetz/eidas-durchfuehrungsgesetz-bgbl.pdf?__blob=publicationFile&v=4. Zugegriffen am 27.09.2021.

Gadatsch, A. (2020). *IT-Controlling*. SpringerGabler. https://www.springerprofessional.de/it-controlling/4463070.

Hülsken, G., Hörstgen, R., & Henke, V. (2021). Digitale Transformation im Krankenhaus angekommen. *Das Krankenhaus, 113* (4), 302–305.

Johanning, V. (2019). *IT-Strategie: Die IT für die digitale Transformation in der Industrie fit machen* (2. Aufl.). Springer.

Krcmar, H. (2015). *Informationsmanagement* (6. Aufl.). Gabler. https://doi.org/10.1007/978-3-662-45863-1.

Kuek, A., & Hakkennes, S. (2020). Healthcare staff digital literacy levels and their attitudes towards information systems. *Health Informatics Journal, 26*(1), 592–612. https://doi.org/10.1177/1460458219839613.

Legner, C., Eymann, T., Hess, T., Matt, C., Böhmann, T., Drews, P., Maedche, A., Urbach, N., & Ahlemann, F. (2017). Digitalization: opportunity and challenge for the business and information systems engineering community. *Business & Information Systems Engineering, 59*, 301–308. https://doi.org/10.1007/s12599-017-0484-2.

Lehne, M., Sass, J., Essenwanger, A., Schepers, J., & Thun, S. (2019). Why digital medicine depends on interoperability. *Npj Digital Medicine, 2*(1), 1–5. https://doi.org/10.1038/s41746-019-0158-1.

Leigh, D. (2006). SWOT analysis. In J. A. Pershing (Hrsg.), *Performance technology,* (3. Aufl., S. 1089–1108). Pfeiffer.

Lipsmeier, A., Kühn, A., Joppen, R., & Dumitrescu, R. (2020). Process for the development of a digital strategy. *Procedia CIRP, 88*, 173–178. https://doi.org/10.1016/j.procir.2020.05.031.

Mangiapane, M., & Bender, M. (2020). *Patientenorientierte Digitalisierung im Krankenhaus: IT-Architekturmanagement am Behandlungspfad*. Springer Fachmedien Wiesbaden. https://doi.org/10.1007/978-3-658-26787-2.

Matt, C., Hess, T., & Benlian, A. (2015). Digital transformation strategies. *Business & Information Systems Engineering, 57*, 339–343. https://doi.org/10.1007/s12599-015-0401-5.

Mayer, P. (2019). Institutionenökonomische Überlegungen zur Compliance in Krankenhäusern. In J. Oswald & U. Bettig (Hrsg.), *Controlling in Gesundheitseinrichtungen als handlungsorientierter Ansatz* (S. 280–288). Kohlhammer.

Otto, B. (2011). Data governance. *Business & Information Systems Engineering, 3*(4), 241–244. https://doi.org/10.1007/s12599-011-0162-8.

Porter, M. E. (1986a). *Wettbewerbsvorteile (Competitive Advantage)*. Campus.

Porter, M. E. (1986b). *Wettbewerbsstrategie* (3. Aufl.). Campus.

Schallmo, D., & Lohse, J. (2020). *Digitalstrategien erfolgreich entwickeln*. SpringerGabler.

Schomaker, R., & Sitter, A. (2020). Die PESTEL-Analyse – Status quo und innovative Anpassungen. *Der Betriebswirt, 61*, 3–21. https://doi.org/10.3790/dbw.61.1.3.

Wolan, M. (2020). *Next Generation Digital Transformation: 50 Prinzipien für erfolgreichen Unternehmenswandel im Zeitalter der Künstlichen Intelligenz*. Gabler. https://doi.org/10.1007/978-3-658-24935-9.

Datenkompetenz: Dimension, Messung, Handlungsempfehlungen

Jens Rauch

Inhaltsverzeichnis

Zusammenfassung

Digitale Technologien lassen Daten im Berufsalltag von Beschäftigten im Gesundheitswesen allgegenwärtig werden. Diese Entwicklung stellt neue Herausforderungen an das Kompetenzprofil dieser Berufsgruppen, die sich unter dem Dachbegriff Datenkompetenz zusammenfassen lassen. Im vorliegenden Beitrag wird der Begriff vor dem Hintergrund der digitalen Transformation motiviert und definiert. Es wird eine zusammenfassende Sicht auf die Teilaspekte von Datenkompetenz gegeben und auf den derzeitigen

J. Rauch (✉)
Forschungsgruppe Informatik im Gesundheitswesen, Hochschule Osnabrück,
Osnabrück, Deutschland
E-Mail: j.rauch@hs-osnabrueck.de

© Der/die Autor(en), exklusiv lizenziert durch Springer Fachmedien Wiesbaden
GmbH, ein Teil von Springer Nature 2022
V. Henke et al. (Hrsg.), *Digitalstrategie im Krankenhaus*,
https://doi.org/10.1007/978-3-658-36226-3_6

Stand der systematischen Messung von Datenkompetenz eingegangen. Abschließend gibt der Beitrag eine Reihe von Handlungsempfehlungen, auf welche Weise Datenkompetenz im Rahmen der Weiterqualifikation von Beschäftigten vermittelt werden sollte.

1   Begründung des Konzepts

Während in den 1990er-Jahren der Begriff Digitalisierung sich noch allein auf Aktivitäten bezog, die gezielt analoge Sachverhalte (Dokumente, Aufzeichnungen, Messwerte) für Computer überhaupt verfügbar machen sollten (Mertens et al., 2017), erzeugen heutige digitale Technologien umfassende Datenmengen gewissermaßen nebenbei. Eine entscheidende Neuerung, die die digitale Transformation von Krankenhäusern deshalb mit sich bringt, besteht darin, dass medizinische und administrative Daten nicht länger nur streng zweckbezogen erhoben werden, sondern dass sie in einer nie dagewesenen Fülle als ein Nebenprodukt der Digitalisierung anfallen (Abbott, 2009). Viele Daten werden also nicht nur gezielt erhoben, um etwa die korrekte Diagnose zu stellen oder mit den Kostenträgern abzurechnen, sondern fallen ganz nebenbei an, wenn beispielsweise Dokumentationssoftware automatisiert Behandlungszeiten und -schritte miterfasst und somit Behandlungspfade als Datennebenprodukt entstehen.

Dadurch, dass Soft- und Hardwaresysteme auch in der Gesundheitsversorgung immer stärker vernetzt werden, lassen sich diese Daten obendrein auf vielfältigste Weise miteinander verknüpfen (Pfannstiel et al., 2019). Daten werden nicht nur in Form elektronischer Gesundheits- oder Patientenakten strukturiert, die Daten danach organisieren, welcher Person sie zuzuordnen sind. Vielmehr werden sämtliche Daten bereits heute abhängig von versorgungs- oder unternehmensbezogenen Fragestellungen ad-hoc kombiniert. Die nebenbei entstandenen Daten zu Behandlungspfaden lassen sich also zusätzlich durch klinische oder Leistungskennzahlen anreichern.

Die verschiedenen Datenquellen, die auf diese Weise miteinander verknüpfbar sind, beschränken sich dabei nicht auf das klinische Umfeld, sondern schließen auch Datenquellen des öffentlichen Lebens mit ein, die augenscheinlich zunächst keinen Bezug zum Gesundheitswesen haben. So hat sich beispielsweise durch die Corona-Pandemie gezeigt, dass routinemäßig erhobenen Daten aus der Abwasserüberwachung in einigen Regionen eine zum Teil zeitlich frühere und örtlich genauere Vorhersage des Infektionsgeschehens erlauben, als durch das Durchführen von PCR-Tests möglich ist (Agrawal et al., 2021; Kaplan et al., 2021). Dies unterstreicht, dass gleichermaßen fachliche Grenzen und Zwecke der Daten immer weiter verwischen.

Was hier also zu beobachten ist, zieht zwei wichtige Konsequenzen nach sich. Zum einen entsteht durch vernetzte Daten unterschiedlichster Quellen ein hochdimensionaler

Datenraum, der bezogen auf geschäftliche und fachliche Fragestellungen überhaupt erst einmal erschlossen werden muss. Denn die Daten können Zusammenhänge und Einsichten bergen, die für die ursprünglichen Anwendungsfälle der jeweiligen Technologien gar nicht vorgesehen waren (wie eben die Verwendung von Abwasserdaten für das Pandemiemanagement). Zum anderen ist dieser Datenraum aber auch für zukünftige, bislang nicht antizipierte Fragen offen und muss auch weiterhin dafür offen gehalten und nutzbar gemacht werden (Rauch et al., 2017). Konkret bedeutet das, dass der Zugang bestimmter Berufs- oder Fächergruppen zu „ihren" Daten nicht exklusiv sein darf, aber auch, dass die Daten so aufbereitet sein müssen, dass sie sich leicht transformieren und mit anderen Daten verknüpfen lassen.

An beiden Stellen kommt der Begriff der Datenkompetenz ins Spiel. Die digitale Transformation stellt das Krankenhauspersonal eben nicht nur vor die Herausforderung, sich mit neuen oder schnell ändernden digitalen Technologien vertraut zu machen, die das infrastrukturelle Rückgrat der Digitalisierung bilden. Es tritt neben die Anforderung, dass medizinisches, pflegerisches und administratives Personal entsprechende Software- und Hardwaresystemen sinnvoll einsetzt und souverän bedienen kann, die entscheidende Fähigkeit hinzu, Daten zu erschließen und zu nutzen (Ramin, 2021). Je weiter die Digitalisierung vorangeschritten ist, umso mehr wird Datenkompetenz zu einer Schlüsselkompetenz, ohne welche Daten als Rohstoff ungenutzt bleiben. Denn im Zuge der Krankenhausdigitalisierung fallen immer größere und diversere Datenmengen an, ihr Verwendungszweck wird vielfältiger und der potenzielle Adressatenkreis, welcher aus den Daten einen Nutzen ziehen kann, erweitert sich stetig.

2   Definition von Datenkompetenz

Unter Datenkompetenz können wir mithin die Fähigkeit verstehen, Daten sinnvoll und zielgerichtet zu erheben, zu recherchieren, zu lesen, zusammenzuführen, zu verstehen, auszuwerten und zu kommunizieren (Heidrich et al., 2018). Viele der disruptiven Geschäftsmodelle der großen Tech-Giganten fußen allein auf einer innovativen Datenwirtschaft, die auch auf die Gesundheitsversorgung übergreift. Umso wichtiger ist es für die Geschäftsführung von Krankenhäusern und Gesundheitsdienstleistern, das eigene Personal nicht nur auf diese Entwicklungen vorzubereiten, sondern aktiv die digitale Transformation voranzutreiben und die damit verbundene Datenwirtschaft zum eigenen Vorteil zu nutzen.

Welche Bedeutung Datenkompetenz als Schlüssel für die Zukunft aktuell zukommt, zeigt sich daran, dass das Thema sowohl in der EU-Kommission (Schüller, 2019) als auch vom Hochschulforum Digitalisierung auf die Agenda gesetzt wurde (Heidrich et al., 2018). Ziel ist es dabei, Fach- und Führungskräfte zu einem Umgang mit Daten zu qualifizieren, Strukturen in Unternehmen zu schaffen, die eine Datenwirtschaft unterstützen und befördern sowie eine Kultur der innovativen Datennutzung zu etablieren.

3   Dimensionen von Datenkompetenz

Datenkompetenz vereinigt grundlegende Fähigkeiten aus den Fachdisziplinen Datenanalytik, Statistik, Informatik, Informationsmanagement und Information Design, die als Allgemeinwissen das Handeln und Entscheiden des Krankenhauspersonals maßgeblich mitprägen sollen. Auf organisatorischer Ebene erfüllt dies vor allem einen integrativen Zweck zwischen technischem Spezial- und Domänenwissen: Teile der spezialisierten digitalen und datenbezogenen Kompetenzen, die bislang beispielsweise nur in IT-Abteilungen, im Controlling oder vereinzelt bei speziell methodisch ausgebildetem Personal vorhanden sind, müssen zu einem Allgemeingut für das gesamte klinische und administrativen Personal werden. Dies ist aber nur möglich, wenn innerhalb des Betriebs eine Kultur und Sprache des datenorientierten Denkens und Handelns etabliert wird (Schüller, 2019).

Für Datenkompetenz sind zunächst Kompetenzfelder zu identifizieren, die der Reihenfolge eines typischen Datenprojekts folgen (vgl. Heidrich et al., 2018; Ludwig & Thiemann, 2020; Schüller, 2019; Schüller, 2021):

3.1   Eine Kultur der Datenwirtschaft schaffen

Allen Beschäftigten der Organisation muss klar sein, was unter Daten zu verstehen ist, welchen Wert und Nutzen Daten haben. Sie müssen die unterschiedlichen Arten von Daten kennen und wissen, wie sie erzeugt und wie sie verwendet werden können. Vor allem jedoch muss eine Atmosphäre herrschen, in welcher das Erschließen von und Arbeiten mit Daten aktiv gefördert wird (Schüller, 2021).

3.2   Daten bereitstellen

Beschäftigte müssen wissen, wie sie Datenquellen auswählen, um geschäftliche oder klinische Probleme und Fragen zu lösen. Sie müssen beurteilen können, wie die Daten beschaffen sein müssen um sich dafür zu eignen und wie ggf. neue Daten beschafft oder erzeugt werden können, die den Anforderungen genügen.

3.3   Daten verwalten

Die Beschäftigten müssen wissen, wie sie Daten organisieren, ordnen und beschreiben können, z. B. durch Angabe von Wertebereichen, Datenmodellen oder Hierarchien (etwa als Relationenmodelle oder dimensionale Modelle). Sie sollen in der Lage sein, Daten zu bereinigen und Unregelmäßigkeiten oder Anomalien zu erkennen. Die grundlegenden in der Organisation verwendeten Formate, in denen Daten vorliegen können, müssen ihnen bekannt sein und sie müssen über Möglichkeiten der Konvertierung Bescheid wissen. Für die jeweiligen Datenformate müssen sie wissen, in welcher Form zusätzliche beschreibende Daten (Metadaten) erfasst und verwendet werden. Grundlagen der Datensicherheit und -aufbewahrung, z. B. Möglichkeiten der Verschlüsselung, Verfahren der Autorisierung und Authentifizierung, Funktionsweise von Zugriffsrechten und das Erstellen von Backups müssen ihnen ebenfalls geläufig sein.

3.4   Daten auswerten

Die Beschäftigten müssen wissen, auf welche Weise sie Daten nutzen können, um fachliche Fragen unter Rückgriff auf ihr Domänenwissen durch Datenanalyse zu beantworten. Dazu müssen sie in der Lage sein, die geläufigsten Formen, in denen die Ergebnisse von Datenanalysen aufbereitet werden (Diagramme, Tabellen) selbst zu erstellen, zu lesen und zu verstehen. Ihnen muss bekannt sein, welche grundlegenden Klassen von Datenanalyse-Verfahren es gibt (z. B. Mustererkennung, Klassifikation, Regression) und für welche Fragestellungen sie sich einsetzen lassen, damit sie sie gegenüber technischen Experten (Data Scientist, Health Data Officer) vertreten können. Es ist zu empfehlen, dass auch die Grundlagen Künstlicher Intelligenz (z. B. Ansätze des Deep Learning, Computer Vision) und deren Implikationen (z. B. Biases, Bedeutung der Objektfunktion) Bestandteil sind, um einen aufgeklärten und kritischen Umgang mit diesen Technologien zu ermöglichen. Die in der Organisation verfügbaren Tools zur Datenanalyse (z. B. Business Intelligence Tools, Statistiksoftware) und die damit verbundenen Auswertungsmöglichkeiten sollen den Beschäftigten bekannt sein. Self-service Technologien zur Datenanalyse sollen sie nach Möglichkeit selbst einsetzen können.

3.5   Schlüsse aus Datenanalysen ziehen

Die Ergebnisse aus Datenanalysen müssen von den Beschäftigten kritisch und offen gewürdigt und diskutiert werden können. Hierbei ist vor allem der Nutzen der Ergebnisse besonders im Auge zu behalten, denn nicht jede Datenanalyse führt zu „nutzbarem Wissen" (Wahl, 2013). Es ist wichtig, dass alle Personen der Organisation Zugriff auf die für sie relevanten Ergebnisse haben und wissen, wie sie diese nutzen und darauf aufbauen können. So muss beispielsweise bekannt sein, wie ein Prognosemodell anderen Personengruppen, die daran Interesse haben, zur Nutzung bereitgestellt werden kann. Die Zielgruppen wiederum müssen in der Lage sein, diese Modelle zu bedienen sowie die notwendigen Parameter kennen und eingeben können. Dabei müssen sie die Annahmen und Grenzen solcher Modelle kennen. Hier ergibt sich ein Rückbezug zu der Kompetenzdimension „Daten auswerten", denn hier werden die Annahmen für datenanalytische Modelle festgelegt.

Insgesamt hat es sich bewährt, zwischen Grundkompetenzen und fortgeschrittenen Kompetenzen zu unterscheiden, da nicht jedes Organisationsmitglied das gesamte Spektrum von Datenkompetenz in allen seinen Tiefen abdecken muss (Kaiser et al., 2018).

4   Messung von Datenkompetenz

Bislang gibt es keinerlei veröffentlichte Untersuchungen, die gezielt eine Bestandsaufnahme zur Datenkompetenz von Beschäftigten des Gesundheitswesens geben. Vielmehr wurden im Gesundheitswesen im Rahmen anderer Konzepte spezielle Teilkompetenzen untersucht, die ebenfalls der Datenkompetenz zuzurechnen sind. Hierzu gehört beispielsweise die statistische Kompetenz (Gigerenzer et al., 2007), das Treffen von Entscheidungen unter Unsicherheit (Reyna et al., 2009) oder digitale Innovationsfähigkeit (Esdar et al., 2021).

Die Bereiche der statistischen Kompetenz und der Entscheidungskompetenz gehören zu den Dimensionen „Daten auswerten" und „Schlüsse aus Datenanalysen ziehen", während die „Kultur einer Datenwirtschaft" als Teilgebiet einer Innovationskultur verstanden werden kann. Insbesondere in den ersten beiden Teilkompetenzen fielen die Ergebnisse sehr ernüchternd aus (z. B. Eley et al., 2014).

Unabhängig vom Gesundheitswesen liegen eine Reihe von Untersuchungen vor, die insbesondere im Bereich der Hochschulbildung erforschten, welche Kompetenzen angehenden Absolventen vermittelt werden. Angesichts der steigenden Akademisierungsquote von Gesundheitsprofessionen lassen sich auch hieraus bedingt Schlüsse für die Datenkompetenz in diesem Feld ziehen. So berichten Kaiser et al., dass in 17 % der wirtschaftswissenschaftlichen Studiengänge überhaupt keine datenkompetenzbezogenen Inhalte gelehrt werden. Zu Ausbildungsberufen liegen bis dato ebenfalls keine Erhebungen vor (Kaiser et al., 2018).

Dass Datenkompetenz zukünftig eine zentrale Rolle in der Hochschulbildung spielen soll, wurde im Rahmen des Hochschulforums erarbeitet (Heidrich et al., 2018). Es ist also zu erwarten, dass zukünftige Absolventen, die später Berufe im Gesundheitswesen ergreifen werden, bereits ein solides Grundwissen mitbringen.

Dennoch muss natürlich auch gewährleistet sein, dass sowohl die älteren Mitarbeitergenerationen als auch diejenigen Beschäftigten, zu deren Ausbildung keine entsprechenden Inhalte gehören, die nötigen Kompetenzen on-the-job erwerben.

Da Datenkompetenz ein recht junges Konzept ist, liegen auch noch keine öffentlich zugänglichen und validierten Testinstrumente vor, mit denen sie in Unternehmen gemessen werden kann. Zwar gibt es Fallstudien (z. B. Schüller, 2021) und Instrumente für Ausbildungsinstitutionen (für die Sekundarstufe z. B. Pratama et al., 2020), die sich der Datenkompetenz in Gänze widmen. Diese lassen sich indes nicht ohne Weiteres auf die Organisation Krankenhaus übertragen, da sie zu spezifisch auf Fachdisziplinen (Medizin, Informatik) zugeschnitten sind oder lediglich Ausbildungsinhalte abfragen. Somit lassen sie sich nicht fachübergreifend und im Berufskontext einsetzen. Wie aus der Begründung des Konzepts Datenkompetenz deutlich wurde, geht es aber gerade darum, fachliche „Silos" aufzubrechen und eine interdisziplinäre und aufgeschlossene Datenwirtschaft zu etablieren, die eng mit der alltäglichen Arbeit verzahnt ist. Einzelne spezielle Testskalen, die nur Teilkompetenzen messen, wie etwa der Berlin Numeracy Test (Cokely et al., 2012), werden zukünftig zu einem einzelkompetenzübergreifenden Inventar vereint werden müssen.

5 Handlungsempfehlungen zur Vermittlung von Datenkompetenz

Von Ridsdale et al. wurden Best Practices für die Vermittlung von Datenkompetenz vorgelegt. Diese lassen sich folgendermaßen zusammenfassen (Ridsdale et al., 2015):

1. Der Nutzen von Daten muss klar und deutlich aufgezeigt werden, indem Bezüge zu den alltäglichen Herausforderungen im Arbeitsalltag hergestellt werden und klar wird, wie Daten hier zu Entlastung, mehr Effizienz und Effektivität führen können.
2. Die Inhalte sollten vorzugsweise in „*hands on*"-Workshops vermittelt werden und weniger in klassischen Vorlesungen und Seminaren. Denn es ist wichtig, dass Teilnehmende selbst verschiedene Lösungsansätze erproben können und dabei Fehler machen dürfen. Das begleitete Lernen anhand von Beispielprojekten in einem „geschützten Raum", in welchem experimentiert werden darf, erweist sich hier als höchst effektiv im Erlernen des kritischen Denkens und der Problemlösekompetenz.
3. Für die Workshops sollten echte Daten und Anwendungsfälle bearbeitet werden, da den Teilnehmenden so der Transfer des Erarbeiteten auf die eigene Arbeit leichter fällt und der Nutzen durch die Datenwirtschaft unmittelbar deutlich wird.
4. Die Arbeit in Kleingruppen – sowohl interdisziplinär als auch disziplinär (je nachdem wie das Arbeitsumfeld gestaltet ist) – erweist sich als vorteilhaft, um den Austausch zu intensivieren und ein motivierendes Lernumfeld zu schaffen.
5. Es empfiehlt sich außerdem, die Kompetenzen modulartig zu vermitteln. Das heißt, es werden entsprechend der Dimensionen und den jeweiligen Unterbereichen in den Workshops Schwerpunkte gesetzt, zum Beispiel zu Datenakquise, der Prüfung von Datenqualität oder Methoden der Datenanalyse. Auf diese Weise kann individuellen Bedarfen und Präferenzen Genüge getan werden, denn nicht in jedem Arbeitsfeld müssen alle Dimensionen gleichermaßen vertieft werden.
6. In der Datenverarbeitung erfahrenes Personal kann hierbei anleiten und Einblicke in die eigene Arbeit mit Daten geben.
7. Von der Durchführung von Tests im Rahmen der Wissensvermittlung, um zu prüfen ob Beschäftigte etwaige Lernziele erreicht haben, sollte abgesehen werden. Denn diese stehen einer eigenständigen, innovativen und kritischen Kultur des Arbeitens mit Daten entgegen, da suggeriert wird, dass das Lösen von Testaufgaben das Ziel wäre und dass es nur eine richtige Lösung im Umgang mit Daten gäbe. Es geht aber gerade darum, die

Beschäftigten zu ermutigen neue und unkonventionelle Lösungen zu finden, mit welchen neue Daten erschlossen, zusammengeführt und genutzt werden können.

8. Auch der Einsatz von Massive Open Online Courses (MOOCs) wird in der Literatur diskutiert. Dieses sind virtuelle Kurse, die über das Internet von vielen Teilnehmende gleichzeitig belegt werden können und häufig IT-bezogene Kompetenzen anwendungsnah und gezielt für Berufstätige vermitteln. Gerade im Bereich Data Science gibt es ein breites Spektrum an Kursangeboten und die Teilnahme ist oftmals sogar kostenfrei. Viele der höherwertigen Angebote sind jedoch ausschließlich auf Englisch verfügbar, was nicht für alle Zielgruppen geeignet ist.

6   Fazit

Die digitale Transformation stellt an alle Berufsgruppen im Gesundheitswesen neue Herausforderungen. Vor allem der Umgang mit und das Nutzen von Daten, die durch digitale Technologien vielerorts neu erzeugt werden, darf nicht allein bestimmten Personengruppen vorbehalten bleiben, damit Organisationen mit den Entwicklungen Schritt halten können und die Potenziale einer Digitalwirtschaft auch im Gesundheitssektor voll ausgeschöpft werden. Datenkompetenzen werden deshalb eine zentrale Rolle in der (Weiter-) Qualifikation der Beschäftigten spielen. Die Facetten des Konzepts Datenkompetenz sind bereits sehr gut ausgearbeitet, Handlungsempfehlungen zur Vermittlung liegen vor und die Hochschulen sind derzeit dabei, zugehörige Kompetenzbereiche curricular zu verankern. Jedoch gibt es noch keine Messinstrumente zur Bedarfsabfrage oder für das Benchmarking von Gesundheitsorganisationen hinsichtlich des Grades ihrer Datenkompetenz. Es ist allerdings damit zu rechnen, dass auch in diese Richtung alsbald Anstrengungen aus Wissenschaft und Praxis unternommen werden. Insgesamt wird das Thema Datenkompetenz zukünftig eine zentrale Rolle in der Personal- und Organisationsentwicklung spielen.

Literatur

Abbott, M. R. (2009). A new path for science? In *The fourth paradigm: Data-intensive scientific discovery, 111–116* (S. 201–207). Microsoft Research.

Agrawal, S., Orschler, L., & Lackner, S. (2021). Long-term monitoring of SARS-CoV-2 RNA in wastewater of the Frankfurt metropolitan area in Southern Germany. *Scientific Reports, 11*(1), 5372. https://doi.org/10.1038/s41598-021-84914-2.

Cokely, E. T., Galesic, M., Schulz, E., Ghazal, S., & Garcia-Retamero, R. (2012). Measuring risk literacy: The Berlin numeracy test. *Judgment and Decision Making, 7*(1), 25–47.

Eley, R., Sinnott, M., Steinle, V., Trenning, L., Boyde, M., & Dimeski, G. (2014). The need to address poor numeracy skills in the emergency department environment. *Emergency Medicine Australasia, 26*(3), 300–302. https://doi.org/10.1111/1742-6723.12207.

Esdar, M., Hübner, U., Thye, J., Babitsch, B., & Liebe, J.-D. (2021). The effect of innovation capabilities of health care organizations on the quality of health information technology: Model development with cross-sectional data. *JMIR Medical Informatics, 9*(3), e23306. https://doi.org/10.2196/23306.

Gigerenzer, G., Gaissmaier, W., Kurz-Milcke, E., Schwartz, L. M., & Woloshin, S. (2007). Helping doctors and patients make sense of health statistics. *Psychological Science in the Public Interest, 8*(2), 53–96.

Heidrich, J., Bauer, P., & Krupka, D. (2018). Future Skills: Ansätze zur Vermitttlung von Datenkompetenz in der Hochschulbildung. Arbeitspapier Nr. 37. Hrsg. v. Hochschulforum Digitalisierung.

Kaiser, A., Sparschuh, S., & Gluchowski, P. (2018). Vermittlung von Datenkompetenzen in der Hochschullehre im Fokus der Digitalisierung Bestandsaufnahme und Anforderungen am Beispiel wirtschaftswissenschaftlicher Studiengänge. In P. Drews, B. Funk, P. Niemeyer & L. Xie (Hrsg.), *Multikonferenz Wirtschaftsinformatik 2018. Data driven X – Turning Data into Value : Leuphana Universität Lüneburg, 6.–9. März 2018* (S. 771–782). Leuphana Universität Lüneburg Institut für Wirtschaftsinformatik.

Kaplan, E. H., Wang, D., Wang, M., Malik, A. A., Zulli, A., & Peccia, J. (2021). Aligning SARS-CoV-2 indicators via an epidemic model: Application to hospital admissions and RNA Detection in sewage sludge. *Health Care Management Science, 24*(2), 320–329. https://doi.org/10.1007/s10729-020-09525-1.

Ludwig, T., & Thiemann, H. (2020). Datenkompetenz data literacy. *Informatik Spektrum, 43*(6), 436–439. https://doi.org/10.1007/s00287-020-01320-0.

Mertens, P., Barbian, D., & Baier, S. (2017). *Digitalisierung und Industrie 4.0 eine Relativierung.* Springer Vieweg.

Pfannstiel, M. A., Da-Cruz, P., & Mehlich, H. (Hrsg.). (2019). *Digitale Transformation von Dienstleistungen im Gesundheitswesen VI: Impulse für die Forschung.* Springer Fachmedien Wiesbaden.

Pratama, M. A., Supahar, Lestari, D. P., Sari, W. K., Putri, T. S. Y., & Adiatmah, V. A. K. (2020). Data literacy assessment instrument for preparing 21 Cs literacy: Preliminary study. *Journal of Physics: Conference Series, 1440*, 12085. https://doi.org/10.1088/1742-6596/1440/1/012085.

Ramin, P. (Hrsg.). (2021). *Handbuch Digitale Kompetenzentwicklung: Wie sich Unternehmen auf die digitale Zukunft vorbereiten.* Carl Hanser Verlag GmbH & Co. KG.

Rauch, J., Weiss, J.-P., Teuteberg, F., & Hübner, U. (2017). Konsolidierte Datenmodellierung von Versorgungsdaten mit dem Entity-Attribute-Value-Modell und Data Vault. *GMS Medizinische Informatik, Biometrie und Epidemiologie, 13*(1), Doc03. https://doi.org/10.3205/mibe000170.

Reyna, V. F., Nelson, W. L., Han, P. K., & Dieckmann, N. F. (2009). How numeracy influences risk comprehension and medical decision making. *Psychological Bulletin, 135*(6), 943.

Ridsdale, C., Rothwell, J., Smit, M., Ali-Hassan, H., Bliemel, M., Irvine, D. et al. (2015). *Strategies and best practices for data literacy education knowledge synthesis report.* https://dalspace.library.dal.ca//handle/10222/64578.

Schüller, K. (2019). Ein Framework für Data Literacy. *AStA Wirtschafts- und Sozialstatistisches Archiv, 13*(3–4), 297–317. https://doi.org/10.1007/s11943-019-00261-9.

Schüller, K. (2021). Datenkompetenz als zentraler Baustein einer Datenstrategie: Von der Vision zur Roadmap. In P. Ramin (Hrsg.), *Handbuch Digitale Kompetenzentwicklung: Wie sich Unternehmen auf die digitale Zukunft vorbereiten* (S. 421–451). Carl Hanser Verlag GmbH & Co. KG.

Wahl, D. (2013). *Lernumgebungen erfolgreich gestalten: Vom trägen Wissen zum kompetenten Handeln.* Klinkhardt.

Datenkompetenz durch adressatenorientiertes Berichtswesen aus Sicht der Ärzte

Vera Hundeler und Winfried Zapp

Inhaltsverzeichnis

Zusammenfassung

In den letzten Jahren hat das Thema Digitalisierung immer mehr an Bedeutung gewonnen. Diese birgt sowohl Chancen als auch Herausforderungen, welche durch eine geeignete Digitalstrategie bewerkstelligt werden können. Jedoch hat mit Einführung von Informations- und Kommunikationstechniken auch die Datenflut deutlich zugenommen. So führen die technischen Entwicklungen und die damit einhergehende Datenflut zwar zu einer Verbesserung der Informationsgrundlage, allerdings stellt deren Bewerkstelligung eine neue Herausforderung dar. Ein adressatenorientiertes Berichtswesen gewinnt vor diesem Hintergrund an Bedeutung. Die richtigen Informationen sind zu sammeln und diese sind in geeigneter Form zur richtigen Zeit an den geeigneten Empfänger weiterzuleiten. Dazu sollte Rücksprache mit den einzelnen Empfängergruppen

V. Hundeler (✉)
Stiftung Mathias-Spital, Rheine, Deutschland
E-Mail: vera.hundeler@web.de

W. Zapp
Hochschule Osnabrück, Osnabrück, Deutschland
E-Mail: w.zapp@hs-osnabrueck.de

© Der/die Autor(en), exklusiv lizenziert durch Springer Fachmedien Wiesbaden GmbH, ein Teil von Springer Nature 2022
V. Henke et al. (Hrsg.), *Digitalstrategie im Krankenhaus*,
https://doi.org/10.1007/978-3-658-36226-3_7

gehalten werden, um die für Empfänger relevanten Inhalte zu erfassen und damit die Ausbildung von Datenkompetenz durch Etablierung eines adressatenorientierten Berichtswesens zu fördern. In diesem Beitrag wird beispielhaft die Empfängergruppe der Chefärzte fokussiert.

1   Die Bedeutung zielgruppenorientierter Kennzahlen für Digitalisierungsaktivitäten

In den letzten Jahren hat das Thema Digitalisierung immer mehr an Bedeutung gewonnen. Insbesondere die Corona-Krise, welche in vielen Bereichen zu einem Digitalisierungsschub beigetragen hat (vgl. Bundesministerium für Wirtschaft und Energie (BMWi), 2021, S. 3), verdeutlicht die Relevanz einer Digitalstrategie in der heutigen Zeit. Die Digitalisierung birgt sowohl Chancen als auch Herausforderungen, welche durch eine geeignete Digitalstrategie bewerkstelligt werden können. Auch die Bundesregierung hat die Bedeutung einer Digitalstrategie erkannt und fasst darunter Handlungsfelder wie die Gesellschaft im digitalen Wandel, Ausstattung und digitale Kompetenz (vgl. Die Bundesregierung, 2021, o. S.).

Mit der Einführung von Informations- und Kommunikationstechniken im Gesundheitswesen hat die Datenflut deutlich zugenommen (vgl. Haßmann, 2018, S. 734; Isensee, 2017, S. 25). Zwar führen diese technischen Ausstattungen und Entwicklungen und die damit einhergehende Datenflut zu einer Verbesserung der Informationsgrundlage, allerdings stellt deren Bewerkstelligung eine neue Herausforderung dar (vgl. Weber & Schäffer, 2016, S. 107). Hinsichtlich der digitalen Kompetenz sollten die Vorteile der Digitalisierung auch von den Menschen genutzt werden können (vgl. Die Bundesregierung, 2021, o. S.). Dies erfordert die Ausbildung von Datenkompetenz. So sind Fähigkeiten zur Sammlung, zum Management sowie zur Bewertung und Anwendung von Daten unerlässlich (vgl. Ludwig & Thiemann, 2020, S. 436).

Um Prozesse zu optimieren, sind Kennzahlen erforderlich. Damit die Kennzahlen jedoch zur Prozessoptimierung eingesetzt werden können, müssen auch diese vom Empfänger[1] genutzt und verstanden werden. Dazu wiederum ist Datenkompetenz entscheidend, die durch ein adressatenorientiert gestaltetes Berichtswesen, welches die Ansprüche der unterschiedlichen Empfängergruppen beachtet, gestärkt wird. Die Auswahl der richtigen Berichtsinhalte für einen bestimmten Adressatenkreis wird allerdings durch die oben genannte kontinuierlich wachsende Datenmasse („Big Data") sowie durch wachsende elektronische Dokumentation erschwert (vgl. Isensee, 2017, S. 31; Le Claire, 2017, S. 466). Es besteht auch eine begrenzte Aufnahmefähigkeit der Empfänger (vgl. Zapp & Oswald, 2009, S. 283). Umfangreiche Berichte können mit mangelnder Übersichtlichkeit und infolgedessen auch mit einer fehlenden Auseinandersetzung durch den Berichtsadressaten

---

[1] Aus Gründen der besseren Lesbarkeit wird in diesem Beitrag lediglich die generische männliche Ausdrucksform verwendet. Alle Geschlechter sind jedoch gleichermaßen angesprochen.

einhergehen (vgl. Kirstein & Lurati, 2017, S. 434 f.). Die Herausforderung besteht in der Strukturierung sowie dem in Beziehung setzen von Daten (vgl. Ahrens, 2017, S. 14). Daher liegt die Schwierigkeit darin, das richtige Maß der Informationsversorgung zu finden. Die richtigen Informationen sind zu sammeln und diese sind in geeigneter Form zur richtigen Zeit an den geeigneten Empfänger weiterzuleiten (vgl. Zapp, 2018, S. 857; Zapp & Bettig, 2004, S. 302).

Die vor diesem Hintergrund durchgeführte Studie bezieht sich auf Chefärzte als leitende Mediziner ihrer Abteilung. Damit die Mediziner wirtschaftlich handeln können, benötigen sie adressatenorientierte Informationen, die vom Controlling im Rahmen des Berichtswesens bereitgestellt werden. Die Gestaltung des Berichtswesens kann mit sogenannten W-Fragen beschrieben werden: *„Wer (Berichtssender) sagt was (Berichtsinhalte) zu wem (Berichtsempfänger), mit wem (beteiligte Gesprächspartner), wie (formale Darstellung und Übertragung), wann (Zeit), wie oft (Häufigkeit), wo (Ort und Raum), wozu (Zweck, der in die Zukunft gerichtet ist) und warum (Zweck, der sich aus der Vergangenheit begründet)?"* (Zapp & Asbach, 2015, S. 62). Berichte erfüllen nur ihren Zweck, sofern sie adressatenorientiert gestaltet sind, dem Adressaten ein bestimmtes Wissen übermitteln und für Entscheidungen erforderlich sind (vgl. Weber & Schäffer, 2016, S. 254; Schirmer, 2017, S. 333). Ein adressatenorientiertes Berichtswesen beinhaltet *„eine Ausrichtung der Berichtsgestaltung an den inhaltlichen, formalen, zeitlichen und personalen Merkmalen des Informationsbedarfs des Berichtsempfängers"* (Zapp & Oswald, 2009, S. 280). Aus den Fragen lässt sich ableiten, dass ein Berichtsersteller die Perspektive des Adressaten annehmen soll (vgl. Ortlieb, 2010, S. 142). Zapp und Asbach (2015, S. 59) unterscheiden im Rahmen eines adressatenorientiert gestalteten Berichtswesens Zielgruppen- und Empfängerorientierung. Dabei bedeutet zielgruppenorientiert, dass die Berichte auf die verschiedenen Professionen angepasst sind. Empfängerorientierung hingegen beinhaltet eine auf das Individuum abgestimmte Gestaltung.

Die Bereitstellung von Berichten im Rahmen des Berichtswesens kann durch ein Data Warehouse erleichtert werden. Data Warehouses können einen Teil einer Digitalstrategie darstellen. Kernfunktion stellt die Datenspeicherung für Analysezwecke mit dem Ziel der Optimierung der internen Informationsversorgung dar (vgl. Lackes & Siepermann, 2018, o. S.; Schmidt, 2009, S. 97). Das Data Warehouse ist demnach die Datenbank, welche zu Zwecken der Analyse entwickelt wird (vgl. Bange et al., 2004, S. 57).

Data Warehouses bieten vor allem folgende Vorteile, welche einem adressatenorientierten Berichtswesen zugutekommen können:

- Effiziente Gestaltung, Reduzierung von Aufwand und Einsparung von Kosten und Zeit, Erleichterung bei der Anfertigung vielfältiger Berichte (vgl. Isensee, 2017, S. 31; Kirstein & Lurati, 2017, S. 436)
- Automatisierung von Routinetätigkeiten und -abläufen (vgl. Isensee, 2017, S. 35; Taschner, 2013, S. 163)
- Aktualität der Informationen (vgl. Kirstein & Lurati, 2017, S. 439; Schlüter, 2015, S. 31)

- Breite Datenbasis, umfassende Zusammenführung und Integration von externen und internen Daten (vgl. Isensee, 2017, S. 30 f.; Wall, 2015, S. 220), womit sich die Informationstiefe weitet
- Interaktive Anwendung (vgl. Isensee, 2017, S. 26; Taschner, 2013, S. 164)
- Flexibilität (vgl. Schön, 2016, S. 241; Schön, 2018, S. 347)

2   Fragestellung und Untersuchungsansatz

Um eine Grundlage zum Aufbau eines adressatenorientierten Berichtswesens zu schaffen, wurde eine quantitative Befragung von Chefärzten eines mittelgroßen Krankenhauses in Deutschland vorgenommen. Der Chefarzt trägt oft eine Ergebnisverantwortung für die ökonomische Ertragslage (vgl. Frodl, 2013, S. 122). So hat der Chefarzt, welcher ganz oben in der Hierarchie der Ärzte steht, erheblichen Einfluss auf die wirtschaftliche Situation des Krankenhauses (vgl. Riehl, 2011, S. 267). Deshalb wurde bei der durchgeführten Befragung der Fokus auf die Berufsgruppe der Chefärzte gelegt.

Die Befragung zielt insbesondere auf die Fragen: Welche Informationen benötigen Chefärzte, um ihren Lenkungsaufgaben nachkommen zu können? Wie häufig sind diese Informationen erforderlich und wie kann ein Bericht adressatenorientiert gestaltet werden?

Die Datensammlung zur Beantwortung der Fragen wurde mit Hilfe eines Fragebogens vorgenommen. Nach Konzipierung und Pretest erfolgte letztendlich die Erstellung eines finalen Fragebogens. Dieser Fragebogen bestand aus mehreren Teilen. Der erste Teil umfasste eine allgemeine Angabe zur Fachabteilung. Teil zwei beinhaltete den Kern der Untersuchung, die Angaben zum Berichtswesen. Hier erfolgte, orientiert an den Gestaltungsfragen des Informationsaustausches, eine Abfrage der W-Fragen „was" (welche Kennzahlen und Inhalte und wie viele), „wie" (Arten der Informationsübermittlung und Darstellungsformen), „wer" (Empfänger) und „wann" (Häufigkeit der Übermittlung).

Insgesamt umfasste der Fragebogen 14 Fragen, womit eine Empfehlung von Konrad (2015, S. 103) mit 20 bis 40 Fragen unterschritten wurde. Allerdings war zu beachten, dass insbesondere die Frage zur Relevanz von Kennzahlen im Abschnitt „was" zahlreiche Kennzahlen auflistete und damit sehr umfangreich gestaltet war.

Der Fragebogen wurde mit einem Anschreiben und einer Instruktion sowohl per E-Mail als auch per Hauspost an die Chefärzte verschickt. Zur Erhöhung der Rücklaufquote wurde außerdem kurz vor Ablauf der Frist ein Erinnerungsschreiben versandt. Insgesamt wurden 38 Chefärzte angeschrieben. Mit einer Rücklaufquote von 55,26 % nahmen 21 Chefärzte bereits vor Erhalt des Erinnerungsschreibens an der Befragung teil. Nach Versand des Erinnerungsschreibens waren nochmals sechs ausgefüllte Fragebögen eingegangen. Insgesamt lag die Rücklaufquote, mit einer Teilnahme von 27 Chefärzten, bei 71,05 %.

Nach der Sammlung der quantitativen Daten mit dem Fragebogen erfolgte die computergestützte Datenauswertung. Das genutzte Auswertungsprogramm EvaSys nummerierte

die fünf Antwortkategorien von 1 bis 5. Die Untersuchungsergebnisse der vorgenommenen Befragung werden nun im folgenden Kapitel dargestellt.

3   Untersuchungsergebnisse der Befragung

Die Ergebnisdarstellung erfolgt in Orientierung am Fragebogenaufbau anhand der W-
Fragen „was", „wie", „wer" und „wann".

Was soll der Inhalt der Berichte sein?
Die Chefärzte messen allen abgefragten **Kennzahlen**arten (Leistungskennzahlen, Qualitätskennzahlen, Prozesskennzahlen, Personalkennzahlen und Sachkosten) eine hohe Relevanz zur Lenkung bei. Deshalb sollten im adressatenorientierten Berichtswesen Kennzahlen verschiedener Kennzahlenarten kombiniert werden. Die Qualitätskennzahlen werden
von den Chefärzten als am relevantesten im Vergleich zu den anderen Kennzahlenarten
eingestuft und dürfen deshalb in einem adressatenorientierten Berichtswesen nicht fehlen.

Die Kennzahlen der fünf Kennzahlenarten können in zwei Gruppen eingeteilt werden.
Die erste Gruppe enthält die von den Chefärzten als am relevantesten eingestuften Kennzahlen. Gruppe zwei beinhaltet demnach die weniger relevanten Kennzahlen. Zur Gruppenzuordnung werden in einem ersten Schritt die Kennzahlen mit den höchsten beziehungsweise kleinsten Medianen in der jeweiligen Kennzahlengruppe identifiziert. Im
zweiten und dritten Schritt werden der Quartilsabstand betrachtet sowie die Summe der
relativen Häufigkeiten der Antworten 4 („trifft ziemlich zu") und 5 („trifft völlig zu").
Zuletzt wird zur Gruppeneinteilung der Kennzahlen auch die relative Häufigkeit der Ant-
wortoption „trifft völlig zu" separat betrachtet, da diese die höchste Relevanz signalisiert.
Die Gruppenzuordnung der Kennzahlen wird mit Abb. 1 veranschaulicht.

Da insgesamt eine hohe Relevanz aller Kennzahlen aus Sicht der Chefärzte vorliegt, ist
zu betonen, dass auch die Kennzahlen der weniger relevanten Gruppe aus Sicht der Chefärzte nicht vollkommen irrelevant sind. Diese sind lediglich weniger relevant als die der
Gruppe der relevantesten Kennzahlen.

Bezüglich der **Berichtsinhalte-/-analysen** werden acht Inhalte/Analysen unterschieden: Darstellung von Abweichungsursachen, Aufzeigen von potenziellen Gegenmaßnahmen, Zeitreihenentwicklungen, Ist-Ist-Abgleiche, Soll-Ist-Abgleiche, Hochrechnungen
auf das Gesamtjahr sowie interne und externe Benchmarks. Aus Sicht der Chefärzte sind
Ist-Ist-Abgleiche und Zeitreihenentwicklungen durch eine besonders hohe Relevanz gekennzeichnet, während interne und externe Benchmarks weniger relevant sind. Insgesamt
werden jedoch alle abgefragten Analysen als relevant bewertet, weshalb in einem adressatenorientierten Berichtswesen verschiedene Inhalte kombiniert werden sollten. Die Darstellung von Ist-Ist-Abgleichen und Zeitreihenentwicklungen sollte jedoch dominieren.

Zuletzt ist im Rahmen der Frage „was" auch die **Anzahl der benötigten Kennzahlen
zur Lenkung** zu beleuchten. Der überwiegende Teil der Chefärzte ist der Meinung, dass
20 und mehr Kennzahlen erforderlich sind. Dies lässt die Aussage zu, dass die Problematik

Kennzah-lenart	Gruppe 1: relevanteste Kennzahlen	Gruppe 2: weniger relevante Kennzahlen
Leistungs-kennzahlen	Fallzahl allgemein mit DRG-Fallzahl und ambulante Fälle	Anteil Privatpatienten, vorstationäre/ nachstationäre/teilstationäre Fälle, Anteil Notfälle, Fälle mit bestimmten Leistungen, Fälle mit Verlegung in ein anderes Krankenhaus (als Kennzahlen der Untergruppe Fallzahl)
	Case-Mix-Punkte	Day-Mix-Index
	Case-Mix-Index	Informationen zu Patienten
	Behandlungstage	Kurzliegerabschläge/ Langliegerzuschläge/ Verlegungsabschläge
Qualitäts-kennzahlen	Komplikationsrate	Wiederaufnahmerate
	Patientenzufriedenheit	Mortalitätsrate
	Rate der Schadensfälle	Letalitätsrate
	Prüfungen des MDK allgemein mit Anzahl Fälle mit MDK-Prüfungen, MDK-Prüfquote, MDK-Prüfgrund, Erfolgsquote abgeschlossener Prüfungen, Streitwert MDK-Prüfungen und Verlust aus MDK-Prüfungen	
Prozess-kennzahlen	Verweildauer allgemein mit durchschnittliche Ist-Verweildauer und Ist-Verweildauer im Vergleich zur Katalog-Verweildauer	Anteil Kurzlieger/Normallieger/ Langlieger (als Kennzahl der Untergruppe Verweildauer)
	Kennzahlen zur OP-Leistung allgemein mit OP-Fallzahlen stationär, Fallzahl ambulante OPs, Fallzahl nach Eingriffsarten, durchschnittliche OP-Gesamtzeit, Schnitt-Naht-Zeit, Vor- und Nachbereitungszeit, Auslastung von OP-Kontingenten und Verteilung 1. Schnitt	Durchschnittlich belegte Betten
	Einweiserstruktur	Auslastungsgrad der aufgestellten Betten
Personal-kennzahlen	Anzahl Vollkräfte ärztlicher Dienst	Honorararztkosten
	(Ist-) Stellenplan ärztlicher Dienst	Case-Mix-Punkte je Vollkraft ärztlicher Dienst
	Überstunden und Mehrarbeit	
Sachkosten (Einkauf, Apotheke)	Materialverbrauch	
	Einkaufspreis	

Abb. 1 Gruppierung der Kennzahlen nach der Relevanz. (Quelle: eigene Darstellung)

der Informationsüberflutung bei den befragten Chefärzten von geringer Bedeutung ist. Trotz allem ist hinsichtlich einer begrenzten Aufnahmefähigkeit auf eine Strukturierung der Kennzahlen zu achten.

Wie sollen die Zahlen präsentiert werden?

Im Rahmen der Frage „wie" wird auf die Relevanz von **Arten der Informationsüber-mittlung** eingegangen. Dabei werden vier Arten, schriftlich per Hauspost, schriftlich per E-Mail, schriftlich durch weitere elektronische Formen (zum Beispiel interaktiver Zugriff über ein Web-Portal) sowie mündlich durch persönliche Gespräche/Treffen, differenziert. Hier zeigt sich ein recht eindeutiges Ergebnis. Die Chefärzte präferieren das Erhalten der

Berichte per E-Mail und wünschen zudem persönliche Gespräche. An den Gesprächen können der Chefarzt und auf Wunsch nachgeordnete Ärzte sowie die Berichtersteller und gegebenenfalls die Geschäftsleitung teilnehmen, um die Berichte zu besprechen.

Fortführend wird die Relevanz definierter **Darstellungsformen** abgefragt. Dabei werden vier Darstellungsformen, Tabellen, Texte/Kommentare, Grafiken sowie Interpretationen durch Symbole, zur Bewertung vorgegeben. Zudem werden drei Symbolarten, Ampeln, Pfeile und Sparklines, zur Beurteilung aufgelistet. Die Befragung ergibt, dass sowohl der Einsatz von Tabellen als auch von Grafiken als Darstellungsformen gewünscht wird. Demnach sollte eine Form der kombinierten Darstellung von Zahlen und Grafiken eingesetzt werden. Zur Visualisierung können grundsätzlich Grafiken bevorzugt werden, da diese durch eine höhere Relevanz im Vergleich zu den Symbolen gekennzeichnet sind. Manchmal kann jedoch der Einsatz von Symbolen sinnvoller sein. Zur Veranschaulichung mit Symbolen können insbesondere Pfeile eingesetzt werden, da diese unter den abgefragten Symbolen mit der höchsten Relevanz bewertet werden. Texte/Kommentare werden von den Chefärzten ebenfalls relevant bewertet. Diese können in den Berichten eingesetzt werden, sofern dies sinnvoll ist hinsichtlich einer Ergänzung und Unterstützung von Tabellen und Grafiken.

Wer soll Informationen erhalten?
Die Frage „wer" fragt nach den **Empfängern der Informationen**. Als Antwortoptionen sind neben einem ausschließlichen zur Verfügung stellen an den Chefarzt selbst auch leitender Oberarzt, Oberärzte und Fachärzte angegeben. Die meisten Chefärzte geben an, dass nur sie selbst die Berichte erhalten sollten. Demnach sollten nach dieser Befragung die Berichte lediglich an die Chefärzte übermittelt werden. Dem Chefarzt ist es dann selbst überlassen, ob eine Weiterleitung an nachgeordnete Ärzte erfolgt.

Wann sollen Informationen übermittelt werden?
Die Frage „wann" beinhaltet die **Häufigkeit des Berichtens von Informationen**. Zur Bewertung werden Leistungs-, Qualitäts-, Prozess-, Personal- sowie Sachkosteninformationen vorgegeben. Aus Sicht der Chefärzte sind Leistungsinformationen monatlich und alle anderen Informationen quartalsweise zu übermitteln. Damit sollten Leistungszahlen am häufigsten bereitgestellt werden, was neben dem Befragungsergebnis auch damit zu begründen ist, dass es sich bei der stationären Versorgung der Patienten, welche durch die Leistungszahlen widergespiegelt wird, um die Hauptleistung und damit die Haupteinnahmequelle des Krankenhauses handelt. Demzufolge haben diese Kennzahlen einen entscheidenden Einfluss auf das monetäre Ergebnis, sie kennzeichnet eine hohe Erlösrelevanz. Damit ist ein häufiges Überwachen und Übermitteln der Kennzahlen erforderlich, um gegebenenfalls ein schnelles Gegensteuern zu ermöglichen. Ferner wird die **Häufigkeit von persönlichen Gesprächen** betrachtet. Die Befragung ergibt diesbezüglich, dass die Mehrheit der Chefärzte jährliche Gespräche für sinnvoll hält.

4   Ausblick mit Handlungsempfehlungen

Mit dem vorliegenden Beitrag werden die Bedeutung und die Herausforderung eines adressatenorientierten Berichtswesens deutlich. So wird unter anderem die Ausbildung von Datenkompetenz durch ein adressatenorientiertes Berichtswesen gefördert. Die Datenanwendung, welche einen Aspekt der Datenkompetenz darstellt (vgl. Ludwig & Thiemann, 2020, S. 436), kann im Berichtswesen zum Ausdruck kommen, welches wiederum adressatenorientiert aufzubauen ist. Dazu wurde beispielhaft eine Befragung von Chefärzten vorgenommen.

Zentrales Ergebnis der Befragung ist, dass die Chefärzte allen fünf Kennzahlengruppen eine hohe Relevanz zuordnen. Somit sollte eine Kombination von Kennzahlen verschiedener Arten, darunter Leistungskennzahlen, Qualitätskennzahlen, Prozesskennzahlen, Personalkennzahlen und Sachkosten, vorgenommen werden. Das Krankenhausmanagement sollte den Ärzten umfassend Informationen bereitstellen. Insbesondere mit der Integration von Qualitätskennzahlen in das Berichtswesen wird die hohe Bedeutung aus Sicht der Mediziner aufgegriffen. Fortführend gewinnt die Qualität der Krankenhausversorgung an Bedeutung. So ist im Jahr 2016 das Gesetz zur Reform der Strukturen der Krankenhausversorgung (Krankenhausstrukturgesetz – KHSG) in Kraft getreten, welches unter anderem darauf zielt, die Qualität der Krankenhausversorgung zu stärken. Folglich spielt die Qualität in Krankenhäusern in Zukunft eine größere Rolle. Zur Stärkung der Qualität wird diese beispielsweise zum Kriterium bei der Krankenhausplanung. Außerdem soll eine qualitätsorientierte Vergütung durch Einführung von Qualitätszuschlägen und -abschlägen geschaffen werden (vgl. Bundesministerium für Gesundheit, 2017, o. S.). Somit sollten Krankenhausmanager Qualitätskennzahlen an Mediziner übermitteln. Bezüglich Prozesskennzahlen werden die meisten Kennzahlen von den Chefärzten sehr relevant bewertet, was auf ein vorhandenes Interesse der Chefärzte an verbesserten Prozessabläufen schließen lässt. Einige Prozesskennzahlen zur Verweildauer und zur Bettennutzung werden laut dieser Befragung jedoch als weniger relevant eingestuft. Allerdings handelt es sich bei diesen Kennzahlen um essenzielle DRG-Kennzahlen (DRG: Diagnosis Related Groups) beziehungsweise um Kennzahlen mit erheblichem Einfluss auf das monetäre Ergebnis. Hier wird deutlich, dass bei Befragungsergebnissen von Adressaten immer auch eine Hinterfragung erforderlich ist. Sollten Kennzahlen von Empfängern als irrelevant bewertet werden, die jedoch aus Sicht des Krankenhausmanagements zwingend an Adressaten übermittelt und von diesen auch genutzt werden müssen, ist ein persönliches Gespräch mit den Empfängern zu empfehlen. In diesen Gesprächen kann die Bedeutung und Relevanz der als irrelevant bewerteten Kennzahlen erläutert werden und damit die Übermittlung im Rahmen des Berichtswesens begründet werden. Als weitere Kennzahlenart sollten auch Sachkosten im Berichtswesen etabliert werden. Mit den Untersuchungsergebnissen signalisieren die Chefärzte des betrachteten Krankenhauses Relevanz und damit auch Interesse an den Sachkosten. Ferner könnten die Ärzte durch das Bereitstellen des Materialverbrauchs und des Einkaufspreises für einen verantwortungsvollen Einsatz der Materialen und Umgang mit diesen sensibilisiert werden.

Bezüglich der Analysemöglichkeiten ist zu berücksichtigen, dass nicht alle Analysemöglichkeiten für alle Kennzahlen sinnvoll sind. So sind beispielsweise Soll-Ist-Abgleiche für die Präsentation von Qualitätskennzahlen nicht empfehlenswert, da das Soll an Komplikationen oder Schadensfällen Null sein wird.

Hinsichtlich der Darstellung ist insbesondere eine Kombination von Zahlen und bildhaften Darstellungen zu empfehlen. Als Form der kombinierten Darstellung sind Kennzahlencockpits empfehlenswert oder Kennzahlensysteme (zum Beispiel Balanced Scorecard oder der Skandia Navigator) aufzubauen. Im Hinblick auf die Gestaltung sind allgemeine Gestaltungshinweise wie Einheitlichkeit zu beachten, um so eine gleichartige Präsentation von Kennzahlen und einen einheitlichen Berichtsaufbau zu gewährleisten. Beim Einsatz von Grafiken ist es von Bedeutung, nur wenige, selbsterklärende Diagrammarten zu verwenden. Bei der Übermittlung der Berichte sollte die Möglichkeit der Automatisierung der Berichtsverteilung genutzt werden. Damit wird die digitale Ausstattung, als ein Handlungsfeld der Digitalstrategie (vgl. Die Bundesregierung, 2021, o. S.), auch angewendet.

Die Informationen werden laut dieser Befragung monatlich beziehungsweise quartalsweise benötigt; dazu sind jährlich persönliche Gespräche zu führen. Diesbezüglich sollte sich das Krankenhausmanagement mit den Ärzten zusammensetzen und besprechen, welche Informationen tatsächlich monatlich erforderlich sind, um einerseits den Informationsbedarf zu decken und ein schnelles Gegensteuern zu ermöglichen, andererseits die begrenzte Aufnahmefähigkeit zu beachten und eine Informationsüberflutung zu vermeiden.

Nach dem Aufbau eines adressatenorientierten Berichtswesens gilt es, dieses zu etablieren. Für die Etablierung von Kennzahlen ist eine transparente Kommunikation von Bedeutung (vgl. Le Claire, 2017, S. 466). So könnten, zur weiteren Konkretisierung der im Berichtswesen enthaltenen Kennzahlen, Kennzahlensteckbriefe erstellt werden. Diese beinhalten eine Beschreibung der jeweiligen Kennzahl sowie eine Beleuchtung der Relevanz (vgl. Zapp et al., 2010, S. 63).

Ferner sollte nach ein bis zwei Jahren nach der Etablierung eines adressatenorientierten Berichtswesens eine erneute Befragung angesetzt werden, um das Realisieren der Adressatenorientierung abzufragen. Zudem ist dies vor dem Hintergrund des sich laufend ändernden Informationsbedarfs von Relevanz (zum Beispiel aufgrund rechtlicher Vorschriften, Finanzierungssystem etc.).

Die wesentlichen in diesem Kapitel dargestellten Empfehlungen werden nun mit Abb. 2 zusammengefasst.

Zusammenfassend stellt die Konzeption eines adressatenorientierten Berichtswesens im Krankenhaus eine Herausforderung dar, bei der verschiedene Gestaltungsfragen zu berücksichtigen sind. Im Rahmen dieses Beitrags wurden die Bedarfe der Berufsgruppe der Chefärzte analysiert. Grundsätzlich sollte jedoch für alle Empfängergruppen ein adressatenorientiertes Berichtswesen etabliert werden. Solch ein adressatenorientiertes

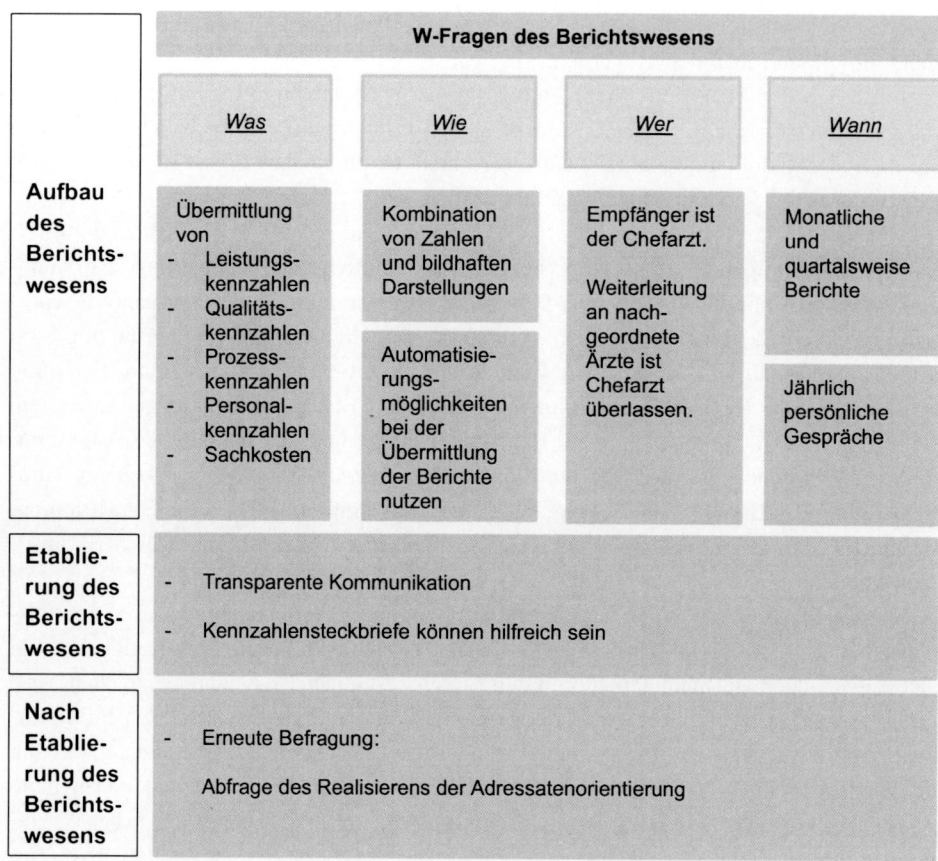

Abb. 2 Überblick Handlungsempfehlungen. (Quelle: eigene Darstellung)

Berichtswesen kann ein vorteilhaftes Instrument zur Prozessoptimierung darstellen, was wiederum ein wirtschaftliches Handeln und damit den Unternehmenserfolg fördert.

Literatur

Ahrens, J. (2017). Führungsinformationssysteme von KIMIS erhöhen Innovationsfähigkeit. KIMIS ist der Wissensmanager. *Der Wissensmanager, 2,* 14–16.

Bange, C., Bauer, A., Düsing, R., Frietsch, H., Gatziu, S., Günzel, H., Heidsieck, C., Herden, O., Hinrichs, H., Hümmer, W., Priebe, T., Quix, C., Sapia, C., Schinzer, H., Stock, S., Tako, J., Tomsich, P., Totok, A., Vaduva, A., et al. (2004). Architektur. In A. Bauer & H. Günzel (Hrsg.), *Data-Warehouse-Systeme. Architektur, Entwicklung, Anwendung* (2., überarb. u. akt. Aufl., S. 1–156). dpunkt.

Bundesministerium für Gesundheit. (2017) *Krankenhausstrukturgesetz* (KHSG). https://www.bundesgesundheitsministerium.de/service/begriffe-von-a-z/k/khsg.html. Zugegriffen am 23.06.2021.

Bundesministerium für Wirtschaft und Energie (BMWi). (2021) *Digitalisierung in Deutschland – Lehren aus der Corona-Krise. Gutachten des Wissenschaftlichen Beirats beim Bundesministerium für Wirtschaft und Energie* (BMWi). https://www.bmwi.de/Redaktion/DE/Publikationen/Ministerium/Veroeffentlichung-Wissenschaftlicher-Beirat/gutachten-digitalisierung-in-deutschland.html. Zugegriffen am 23.06.2021.

Die Bundesregierung. (2021) *Die Digitalstrategie der Bundesregierung.* https://www.bundesregierung.de/breg-de/themen/digitalisierung/die-digitalstrategie-der-bundesregierung-1549554. Zugegriffen am 23.06.2021.

Frodl, A. (2013). *Betriebsführung im Gesundheitswesen. Führungskompendium für Gesundheitsberufe.* Springer Gabler.

Haßmann, J. (2018). Informationsmanagement. In M. Haubrock (Hrsg.), *Betriebswirtschaft und Management in der Gesundheitswirtschaft* (6., vollst. überarb. u. erw. Aufl., S. 733–804). Hogrefe.

Isensee, J. (2017). Reporting 4.0: Management Reporting im digitalen Kontext. In A. Klein & J. Gräf (Hrsg.), *Reporting und Business Intelligence* (S. 23–40). Haufe Gruppe.

Kirstein, A., & Lurati, A. (2017). Key Performance Indicators (KPI) im Krankenhaus. In J. F. Debatin, A. Ekkernkamp, B. Schulte & A. Tecklenburg (Hrsg.), *Krankenhausmanagement. Strategien, Konzepte, Methoden* (3., vollst. akt. u. erw. Aufl., S. 431–441). Medizinisch Wissenschaftliche Verlagsgesellschaft.

Konrad, K. (2015). *Mündliche und schriftliche Befragung. Ein Lehrbuch. Forschung, Statistik und Methoden* (8., erw. u. akt. Aufl., Bd. 4). Verlag Empirische Pädagogik.

Lackes, R., & Siepermann, M. (2018). *Data Warehouse.* https://wirtschaftslexikon.gabler.de/definition/data-warehouse-31084/version-254651. Zugegriffen am 30.05.2019

Le Claire, M. (2017). Exkurs: Zahlen lügen nicht! Wesentliche Kennzahlen im Gespräch zwischen Arzt und Kaufmann. In J. F. Debatin, A. Ekkernkamp, B. Schulte & A. Tecklenburg (Hrsg.), *Krankenhausmanagement. Strategien, Konzepte, Methoden* (3., vollst. akt. u. erw. Aufl., S. 466–469). Medizinisch Wissenschaftliche Verlagsgesellschaft.

Ludwig, T., & Thiemann, H. (2020). Datenkompetenz – Data Literacy. *Informatik Spektrum, 43,* 436–439.

Ortlieb, E. (2010). Controlling und kennzahlengestütztes Berichtswesen. In E. Holzer, M. Reich & E. Hauke (Hrsg.), *Controlling. Ein Managementinstrument für die erfolgreiche Steuerung von Gesundheitsbetrieben* (S. 141–153). Facultas.

Riehl, A. (2011). Controlling im Krankenhaus. Eine strukturationstheoretische Analyse der Schnittstelle Controller-Arzt dargestellt am Beispiel der inneren Medizin. In W. Zapp, M. Haubrock & B. J. Güntert (Hrsg.), *Controlling und Management in Gesundheitseinrichtungen* (Bd. 3). JOSEF EUL.

Schirmer, H. (2017). *Krankenhaus-Controlling. Handlungsempfehlungen für Krankenhausmanager, Krankenhauscontroller und alle mit Controlling befassten Führungs- und Fachkräfte in der Gesundheitswirtschaft* (5., überarb. u. erw. Aufl.). Expert.

Schlüter, A. (2015). Mit Dashboards navigieren. *Zeitschrift für Controlling & Management. Controlling & Management Review,* (Sonderheft 3-2015), 30–35. https://doi.org/10.1007/978-3-658-12108-2_4.

Schmidt, T. (2009). Analytische Systeme im Gesundheitswesen: Corporate Performance Management, Business Intelligence und Data Warehouse. In R. Trill (Hrsg.), *Praxisbuch eHealth. Von der Idee zur Umsetzung* (S. 95–114). W. Kohlhammer.

Schön, D. (2016). *Planung und Reporting. Grundlagen, Business Intelligence, Mobile BI und Big-Data-Analytics* (2., überarb. Aufl.). Springer Gabler.

Schön, D. (2018). *Planung und Reporting im BI-gestützten Controlling. Grundlagen, Business Intelligence, Mobile BI und Big-Data-Analytics* (3., erw. Aufl.). Springer Gabler.

Taschner, A. (2013). *Management Reporting. Erfolgsfaktor internes Berichtswesen.* Springer Gabler.

Wall, F. (2015). IT-Unterstützung des Integrated Reportings. In C. C. Freidank, S. Müller & P. Velte (Hrsg.), *Handbuch Integrated Reporting. Herausforderung für Steuerung, Überwachung und Berichterstattung* (S. 215–240). Erich Schmidt.

Weber, J., & Schäffer, U. (2016). *Einführung in das Controlling* (15., überarb. u. akt. Aufl.). Schäffer-Poeschel.

Zapp, W. (2018). Controlling. In M. Haubrock (Hrsg.), *Betriebswirtschaft und Management in der Gesundheitswirtschaft* (6., vollst. überarb. u. erw. Aufl., S. 828–870). Hogrefe.

Zapp, W., & Asbach, H. (2015). Das Berichtswesen adressatengerechter gestalten. *Zeitschrift für Controlling & Management. Controlling & Management Review*, (Sonderheft 3-2015), 54–62. https://doi.org/10.1007/978-3-658-12108-2_7.

Zapp, W., & Bettig, U. (2004). Berichtswesen zwischen Informationspolitik und Entscheidungsumsetzung. In W. Zapp (Hrsg.), *Controlling in der Pflege* (S. 299–309). Hans Huber.

Zapp, W., & Oswald, J. (2009). *Controlling-Instrumente für Krankenhäuser*. W. Kohlhammer.

Zapp, W., Oswald, J., & Karsten, E. (2010). Kennzahlen und Kennzahlensysteme im Krankenhaus – Empirische Erkenntnisse zum Status Quo der Kennzahlenpraxis in Niedersächsischen Krankenhäusern. In W. Zapp (Hrsg.), *Kennzahlen im Krankenhaus* (S. 1–66). JOSEF EUL.

Weiterführende Literatur

Bauer, A., & Günzel, H. (Hrsg.). (2004). *Data-Warehouse-Systeme. Architektur, Entwicklung, Anwendung* (2., überarb. u. akt. Aufl.). dpunkt.

Debatin, J. F., Ekkernkamp, A., Schulte, B., & Tecklenburg, A. (Hrsg.). (2017). *Krankenhausmanagement. Strategien, Konzepte, Methoden* (3., vollst. akt. u. erw. Aufl.). Medizinisch Wissenschaftliche Verlagsgesellschaft.

Freidank, C. C., Müller, S., & Velte, P. (Hrsg.). (2015). *Handbuch Integrated Reporting. Herausforderung für Steuerung, Überwachung und Berichterstattung*. Erich Schmidt.

Haubrock, M. (Hrsg.). (2018). *Betriebswirtschaft und Management in der Gesundheitswirtschaft* (6., vollst. überarb. u. erw. Aufl.). Hogrefe.

Holzer, E., Reich, M., & Hauke, E. (Hrsg.). (2010). *Controlling. Ein Managementinstrument für die erfolgreiche Steuerung von Gesundheitsbetrieben*. Facultas.

Klein, A., & Gräf, J. (Hrsg.). (2017). *Reporting und Business Intelligence*. Haufe Gruppe.

Trill, R. (Hrsg.). (2009). *Praxisbuch eHealth. Von der Idee zur Umsetzung*. W. Kohlhammer.

Zapp, W. (Hrsg.). (2004). *Controlling in der Pflege*. Hans Huber.

Zapp, W. (Hrsg.). (2010). *Kennzahlen im Krankenhaus*. JOSEF EUL.

Compliance, Informationssicherheit & Co.

Sven Stephan und Silke Haferkamp

Inhaltsverzeichnis

S. Stephan (✉)
HBSN-Unternehmensgruppe, Hornburg, Deutschland
E-Mail: stephan@hbsn-ag.de

S. Haferkamp
Universitätsklinikum Aachen AöR, GB-IT, Aachen, Deutschland
E-Mail: shaferkamp@ukaachen.de

© Der/die Autor(en), exklusiv lizenziert durch Springer Fachmedien Wiesbaden
GmbH, ein Teil von Springer Nature 2022
V. Henke et al. (Hrsg.), *Digitalstrategie im Krankenhaus*,
https://doi.org/10.1007/978-3-658-36226-3_8

Zusammenfassung

Compliance, Informationssicherheit, Datenschutz und Digitalisierung sind derzeit die zentralen Themen für Unternehmen, unabhängig von der Unternehmensgröße und -branche. Innerhalb des Gesundheitssektors wurde durch zusätzliche Schärfungen oder neue Gesetzesgrundlagen, der Druck zur Umsetzung eines Informationssicherheitsmanagementsystems (ISMS) und Einhaltung der gesetzlichen Anforderungen deutlich erhöht. Dies erfordert eine ganzheitliche Betrachtung der Teildisziplinen, wie die Modernisierung der Medizintechnik, der Gebäudeinfrastrukturen oder weitere Themen. Der grundsätzliche Aufbau unter Berücksichtigung der gesetzlichen Anforderungen für die Einführung und den Betrieb eines solchen Informationsmanagementsystems wird in den nachfolgenden Kapiteln beschrieben. In einem Exkurs wird zusätzlich der Einblick an die Herausforderungen im Bereich Digitalstrategie, Informationssicherheit, KHZG am Beispiel eines Universitätsklinikums gegeben.

1   Einleitung

Compliance, Informationssicherheit, Datenschutz und Digitalisierung sind derzeit die zentralen Themen für Unternehmen, unabhängig von der Unternehmensgröße und -branche.

Speziell innerhalb des Gesundheitssektors, der in der Corona-Krise deutlich in den Focus rückte und direkt von Cyberangriffen betroffen war, wurde durch zusätzliche Schärfungen oder neue Gesetzesgrundlagen, wie z. B. dem IT-Sicherheitsgesetz (IT-SiG), dem Patientendatenschutzgesetz (PDSG) oder dem Krankenhauszukunftsgesetz (KHZG), der Druck zur Umsetzung eines Informationssicherheitsmanagementsystems (ISMS) und Einhaltung der gesetzlichen Anforderungen deutlich erhöht.

Wurden bisher nur Teildisziplinen wie die Modernisierung der Medizintechnik, der Gebäudeinfrastrukturen oder weitere Themen betrachtet, muss nun eine ganzheitliche Betrachtung erfolgen, auf Basis aller Assets (Werte), die an der Erbringung der kritischen Dienstleistung beteiligt sind. Hierzu gehört im Speziellen die IT-Infrastruktur und die notwendigen Prozesse, diese stabil und auch gesetzteskonform zu betreiben. Gerade im Umfeld der Krankenhäuser unterlag in der Vergangenheit zwar die Medizintechnik einem LifeCycle-Management, aber die eigentliche IT-Infrastruktur (Hardware und Software) wurde nur sehr zögerlich und verhalten auf dem aktuellen Stand der Technik (aktuell und unter Wartung stehende Systeme) gehalten.

Der „Stand der Technik" ein gängiger juristischer Begriff. Die technische Entwicklung ist schneller als die Gesetzgebung. Daher hat es sich in vielen Rechtsbereichen seit vielen Jahren bewährt, in Gesetzen auf den „Stand der Technik" abzustellen, statt zu versuchen, konkrete technische Anforderungen bereits im Gesetz festzulegen. Was zu einem bestimmten Zeitpunkt „Stand der Technik" ist, lässt sich zum Beispiel anhand existierender nationaler oder internationaler Standards und Normen von beispielsweise DIN, ISO, DKE oder ISO/IEC oder anhand erfolgreich in der Praxis erprobter Vorbilder für den jeweiligen Bereich ermitteln. Da sich die notwendigen technischen Maßnahmen je nach konkreter Fallgestaltung unterscheiden können, ist es nicht möglich, den „Stand der Technik" allgemeingültig und abschließend zu beschreiben (Quelle Bundesamt für Sicherheit in der Informationstechnik (BSI)).

Eine Vielzahl der technischen Infrastrukturen ist veraltet und steht teilweise nicht mehr unter Wartung, dies gilt ebenso für die eingesetzten Softwareprodukte (Betriebssysteme und Anwendungen), die herstellerseitig nicht mehr unterstützt werden.

Das Krankenhauszukunftsgesetz (KZHG) soll genau hier Abhilfe schaffen, da mindestens 15 % der Fördermittel für Informationssicherheit eingesetzt werden müssen und der restliche Anteil für Digitalisierungsprojekte in den Krankenhäusern. Bei einem langjährig etablierten Informationssicherheitsmanagementsystem auf Basis ISO/IEC 27001:2013 aus der ISO 27000 Normreihe und ideal (vollständig) umgesetztem Annex A nach aktuellem Stand der Technik (siehe Abb. 1), könnte die Digitalisierung innerhalb der Krankenhäuser kurz- bzw. mittelfristig mit einem hohen Mehrwert erfolgreich umgesetzt werden.

Allerdings müssen genau diese Grundlagen erst geschaffen werden, d. h. neben der Einführung und Etablierung eines Informationssicherheitsmanagementsystems eben auch eine Infrastruktur, die dem aktuellen Stand der Technik entspricht, um die Digitalisierung zukunftssicher und mit echtem Mehrwert zu gestalten.

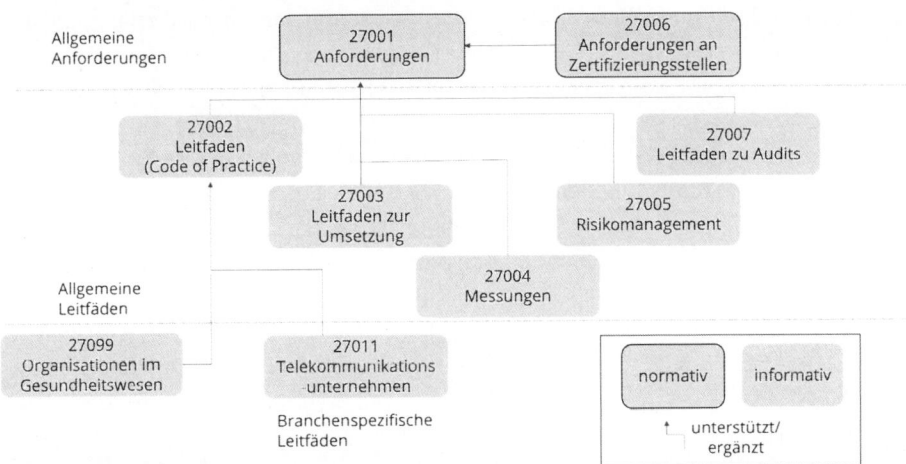

Abb. 1 ISO 27000 – Überblick und Terminologie

Der Begriff Compliance steht in diesen Zusammenhang für die gesamtheitliche Einhaltung aller relevanten gesetzlichen Vorgaben, auch solcher Vorgaben, die keinen direkten Einfluss auf die Informationssicherheit bzw. den Datenschutz haben sowie auch die Betrachtung von ethischen Aspekten, und kann daher als Klammer gesehen werden.

Datenkompetenz bzw. der Umgang mit den zur Verfügung stehenden Informationen (Daten) ist ein fester Bestandteil der Informationssicherheit, obgleich der Blickwinkel hier ein anderer ist. Es werden hier weniger die Informationen bzw. die Möglichkeiten, die sich daraus ergeben, betrachtet, sondern die gesetzeskonforme Verarbeitung der Informationen, der stabile Systembetrieb und die sichere Übertragung/zur Verfügungstellung der Informationen, ohne die Erbringung der eigentlichen Dienstleistung zu gefährden.

2   Entwicklung des gesetzlichen Rahmens

Der Gesetzgeber hat über die Jahre eine Vielzahl von Vorgaben erlassen, die Versorgungssicherheit, die IT-Sicherheit und die Digitalisierung voranbringen sollen. Diese Vorgaben galt es für die großen Krankenhäuser verbindlich umzusetzen; durch das neue Patientendaten-Schutz-Gesetz (PDSG/Sep. 2020) und die Anpassung des § 75c SGB V müssen nun alle Krankenhäuser die relevanten Vorgaben unabhängig ihrer Größe umsetzen.

Das IT-Sicherheitsgesetz (Juli 2015) sorgt dafür, dass Betreiber kritischer Infrastrukturen ihre IT gemäß dem Stand der Technik absichern. Die zugehörige Verordnung zur Bestimmung Kritischer Infrastrukturen (Mai 2016) definiert dabei Bemessungsgrenzen für die unterschiedlichen Branchen und ab wann diese umzusetzen ist.

Als Basis dazu wird der Aufbau eines angemessenen Informationssicherheitsmanagementsystems nach ISO/IEC 27001:2013 und eines Datenschutzmanagementsystems nach dem aktuelle IT-Grundschutz-Baustein „CON.2 Datenschutz" des Bundesamtes für Sicherheit in der Informationstechnik (BSI) eingefordert. Dieser Baustein aus dem aktuellen IT-Grundschutz 2021 verweist wiederum auf das aktuelle Standard-Datenschutzmodell (SDM). Das SDM selbst liegt zurzeit in der Version 2.0b vom 17.04.2020 vor und wird von den Datenschutzaufsichtsbehörden des Bundes und der Länder herausgegeben.

Die Anpassung des IT-Sicherheitsgesetzes (Mai 2021) und der Verordnung zur Bestimmung Kritischer Infrastrukturen (Juni 2021) haben zur Folge, dass neben der Befugnis-Erweiterung des BSI, Anpassung der Sanktionen an die DSGVO zusätzliche Anforderungen an die Betreiber definiert wurden (siehe Abb. 2). Die erwartete Schwellenabsenkung (derzeit 30.000 stationäre Fälle p.a.) blieb allerdings aus.

Diese ist jedoch durch das Patientendatenschutzgesetz (PDSG) und dem darin neu geregelten § 75c SGB V nicht mehr so relevant, da nunmehr alle Kliniken/Krankenhäuser verpflichtet sind, bis zum 01.01.2022 angemessene Maßnahmen zur Erhöhung der IT-Sicherheit umzusetzen.

Hierzu können nach § 8a Abs. 2 BSI-Gesetz vom Bundesamt für Sicherheit in der Informationstechnik bestätigte branchenspezifische Sicherheitsstandards (B3S) für die

Abb. 2 Kritische Infrastrukturen und IT-SiG

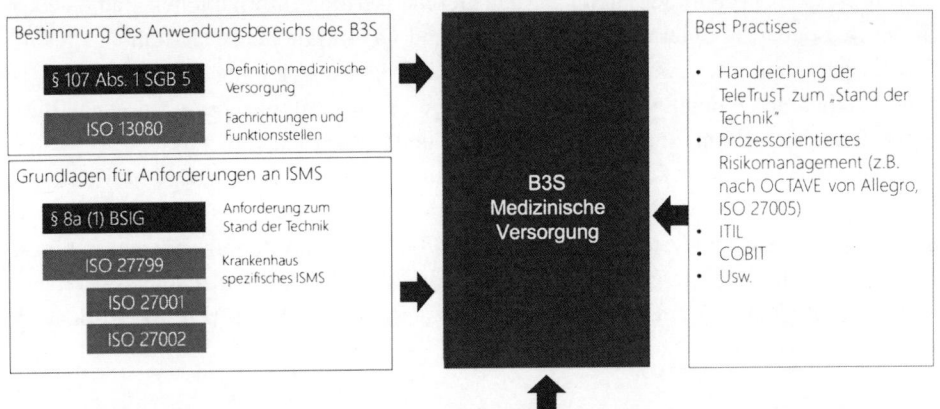

Abb. 3 Rahmenbedingungen und Quellen B3S. (Quelle: B3S-Entwurf Medizinische Versorgung)

Gesundheitsversorgung im Krankenhaus angewendet werden (siehe Abb. 3). Unter „angemessenen organisatorischen und technischen Vorkehrungen zur Vermeidung von Störungen der Verfügbarkeit, Integrität und Vertraulichkeit" wird ein sogenanntes Informationssicherheitsmanagementsystem verstanden. Solch ein Informationssicherheitsmanagementsystem beschreibt auch der in § 75c SGB V Abs. 2 genannte branchenspezifische Sicherheitsstandard für die medizinische Versorgung.

Der Unterschied zwischen einem unter die BSI-KritisV fallenden Krankenhaus und einem übrigen Krankenhaus liegt lediglich bei der Pflicht zur Einrichtung einer Kontaktstelle sowie der Pflicht zur Nachweiserbringung gemäß § 8a (ISO/IEC 27000, 2014) BSIG.

Allerdings sind die Reifegrade der Umsetzung in den unterschiedlichen Krankenhäusern enorm, da Betreibern nur eingeschränkte finanzielle Ressourcen für die Themen

Informations-, IT-Sicherheit und Digitalisierung zur Verfügung stehen und der Fokus sich größtenteils auf die medizinische Versorgung der Patienten konzentriert.

Für Abhilfe wurde das Krankenhauszukunftsgesetz (KHZG/Sep.2020) erlassen und damit ein großes Investitionsprogramm in Höhe von 4,3 Milliarden Euro für die Digitalisierung von Krankenhäusern beschlossen. Es bietet Kliniken und Krankenhäusern die Möglichkeit, Fördermittel für die Verbesserung der digitalen Infrastruktur in ihrem Krankenhaus zu beantragen. Dies betrifft Investitionen für die Bereiche moderne Notfallkapazitäten, die Digitalisierung und IT-Sicherheit.

3 Gewährleistung der Verkehrsfähigkeit (Integrität und Authentizität), Verfügbarkeit und Vertraulichkeit von Daten und Relevanz im Krankenhausalltag

Informationssicherheit ist durch die zunehmende Digitalisierung von Geschäftsmodellen und -prozessen ein zentraler Faktor für den Geschäftserfolg. Informationen sind eine kritische Ressource in Unternehmen, Behörden und Organisationen. Der Rahmen für die Berücksichtigung aller Anforderungen, egal aus welcher Richtung diese kommen, ist grundsätzlich erst einmal ein geeignetes Managementsystem, welches eben genau diese Anforderungen erkennt, umsetzt, aufrechterhält und fortlaufend verbessert.

Analysiert man diese Anforderungen und schaut sich im Markt nach etablierten und international anerkannten Managementsystemen um, zeigt sich, dass ein Informationssicherheitsmanagementsystem nach ISO/IEC 27001:2013 am besten geeignet dafür ist. Daher verwundert die gesetzliche Vorgabe an dieser Stelle ein Informationssicherheitsmanagementsystem zu betreiben, welches sich an der ISO/IEC 27001:2013 orientiert, nicht (siehe Abb. 4).

Aber welche Herausforderungen gibt es bei der Einführung eines Informationssicherheitsmanagementsystems und bei der Umsetzung der gesetzlichen und den zugehörigen Norm-Anforderungen?
Als Partner, Berater, Lead-Auditor und Informationssicherheitsbeauftragter in den Themenbereichen Informations- und IT-Sicherheit, Datenschutz und sonstigen IT-Projekten zeigte sich bei einer Vielzahl von Informationssicherheitsmanagementsystem-Einführungsprojekten/ Zertifizierungsaudits in unterschiedlichen Branchen, dass zwar der grundsätzliche Rahmen und die Charakteristik eines Informationssicherheitsmanagementsystems annähernd identisch und vergleichbar sind, die genauen Ausprägungen sich aber sinnvollerweise an der Organisation und an den Prozessen des jeweiligen Unternehmens orientieren sollten, wenn das Informationssicherheitsmanagementsystem einen Mehrwert generieren und von der Gesamtunternehmung akzeptiert werden soll.

Dabei sind die Anforderungen der Norm identisch, aber die abgeleiteten Vorgaben und die Umsetzung jeweils unternehmensspezifisch, d. h. das zu etablierende Informationssicherheitsmanagementsystem muss sich mit seinen Schnittstellen in die bestehenden

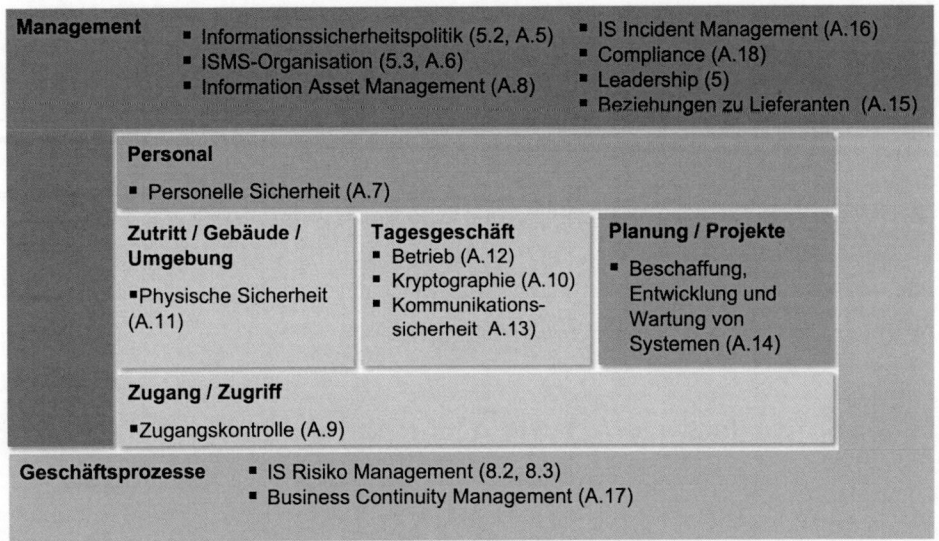

Abb. 4 ISMS nach ISO/IEC 27001:2013

Prozesse integrieren, mit diesen interagieren, ohne die eigentlichen Prozesse zu behindern oder sogar zu stören. Dies ist eine der größten Herausforderungen, um eben die Akzeptanz zu schaffen, ein Informationssicherheitsmanagementsystem mit allen Beteiligten auf allen Ebenen gemeinsam betreiben zu können.

Dabei sollten die zu entwickelnden Maßnahmen von bzw. in der Zusammenarbeit mit den jeweiligen (Fach-)Experten entwickelt, erarbeitet und umgesetzt werden. Eine Orientierung sollte sich an den Zuständigkeiten innerhalb der eigenen Organisation ausrichten, da diese „Abteilungen" die Experten auf ihren jeweiligen Gebieten sind, dazu gehören auch externe Dienstleister, die in der direkten Wertschöpfungskette mitbeteiligt sind.

3.1 Akzeptanz und Wille ein Informationssicherheitsmanagementsystem zu etablieren und zu betreiben

Das „Umparken im Kopf" bzw. der Wille dazu muss von allen Beteiligten angenommen bzw. die Bereitschaft dazu vorhanden sein.

Jeder von uns kennt die aktuelle Gefahrenlage durch Cyberangriffe, trotzdem handeln wir nicht immer danach. Dies ist ähnlich, wie das Parkplatz/Parkbucht-Phänomen; alle wissen um die Gefahr einer zu engen Parklücke, unvorsichtiger anderer Autofahrer usw., trotzdem wird diese von den meisten Autofahrern genutzt, auch wenn auf dem Parkplatz genügend freie Parkplätze weiter entfernt zur Verfügung stehen. In einem Großteil der Fälle wird mit hohem fahrerischem Können und unter vorsichtigem Aussteigen die ungeeignete „nahe" Parkbucht gewählt, trotz der bekannten Risiken dieser Wahl; hier siegt letzten Endes die eigene Bequemlichkeit!

Das Top-Management (Vorstand, Geschäftsführung) muss die Grundlage dazu legen; in Form der Bereitschaft und dem Willen ein Informationssicherheitsmanagementsystem einzuführen, zu etablieren und nachhaltig betreiben zu wollen.

Dies geschieht in der Unternehmenspolitik für das Informationssicherheitsmanagement-system. Dort werden neben den Schutzzielen (Vertraulichkeit, Verfügbarkeit und Integrität, ggf. noch weitere), die strategischen Informationssicherheits- sowie Datenschutzziele und die Verantwortlichkeiten definiert sowie die eindeutige Ressourcen- und Unterstützungszusage des Top-Managements festgehalten.

3.2   Festlegung der Schutzziele

Schutzziele könnten wie folgt definiert werden und würden dabei sowohl die Anforderung der Norm ISO/IEC 27001:2013 wie auch gesetzliche Anforderungen (DSGVO/KRITIS) mitberücksichtigen, diese Schutzziele können bei Bedarf noch erweitert werden, z. B. um Authentizität oder auch Resilienz, allerdings können diese auch unter den drei Hauptzielen subsumiert werden.

- Verfügbarkeit und Resilienz (gemäß der geschäftlichen Notwendigkeit),
- Vertraulichkeit (gemäß den gesetzlichen und vertraglichen Anforderungen) und
- Integrität (Korrektheit und Vollständigkeit der Verarbeitung).

Aus diesen Schutzzielen müssen dann die strategischen Informationssicherheitsziele abgeleitet werden. Auf diese Schutzziele bzw. Anforderungen hat nicht nur die Organisation selbst Einfluss, sondern auch weitere interessierte Parteien, wie z. B. Mitarbeiter, Personalrat, Patienten, der Gesetzgeber usw.; alle diese Anforderungen müssen bewusst mit im Informationssicherheitsmanagementsystem berücksichtigt werden.

Die Umsetzung der Schutzziele und der strategischen Ziele erfolgt dabei risikoorientiert und wird einem Verantwortlichen (Informationssicherheitsbeauftragten) übertragen (siehe Abb. 5).

Das Informationssicherheitsmanagementsystem bedient sich einer Sammlung aufeinander abgestimmter Methoden und Tools, Verfahren und Regeln zur nachvollziehbaren risikoorientierten Steuerung und Lenkung aller auf die Informationssicherheit und den Datenschutz ausgerichteten Aktivitäten. Es umfasst alle Informationen, Prozesse und Werte eines Unternehmens vollumfänglich, d. h. es deckt auch die Aspekte, Compliance einschließlich Datenschutz, IT- und Datensicherheit mit ab.

Die Verkehrsfähigkeit (Verfügbarkeit und Lesbarkeit) elektronischer Informationen spielt ebenso eine wichtige Rolle, da die relevanten genutzten Daten und ihre Quellen jederzeit authentisch und wiederverwendbar sein müssen.

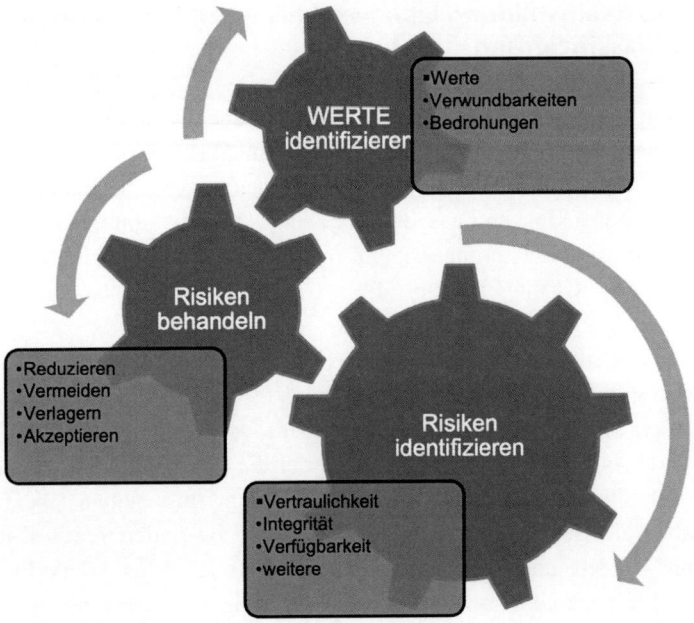

Abb. 5 Risikobasierte Steuerung von Sicherheitsmaßnahmen

3.3   Ermittlung der tatsächlich relevanten Vorgaben für das Informationssicherheitsmanagementsystem

Bei der Umsetzung müssen alle relevanten gesetzlichen Vorschriften, die direkten oder indirekten Einfluss auf die Themen IS und DS haben, verbindlich berücksichtigt werden. Neben den offensichtlichen für diesen Bereich geltenden Gesetzen in den Bereichen Datenschutz, Krankenhausgesetzen, Sicherheitsgesetzen etc. gibt es auch weitere, deren Einfluss auf Informations- und Datensicherheit vielleicht nicht so direkt erkennbar sind. Dazu gehört beispielhaft die Vorschrift DGUV3 (Unfallverhütungsvorschriften der Berufsgenossenschaften), die von allen in Deutschland ansässigen Unternehmen verpflichtend zu erfüllen ist.

Hierbei müssen regelmäßig elektrische Betriebsmittel (Gerät/Anlage) nach den Regeln des Verbands der Elektrotechnik, Elektronik und Informationstechnik (VDE) geprüft werden. Ein Verstoß stellt eine Ordnungswidrigkeit dar, viel wichtiger aber, es erlischt der Versicherungsanspruch (Brandschutzversicherung) bei Bränden, die von den ungeprüften elektrischen Betriebsmitteln ausgelöst wurden.

Da der Defekt eines Gerätes oder einer Infrastrukturkomponente aber Auswirkungen auf die Verfügbarkeit haben kann, muss dies bei der Betrachtung der Informationssicherheit mitberücksichtigt werden, aus Compliancesicht wäre der Verlust oder die verminderte Versicherungsleistung zu betrachten.

3.4 Bewusstseinsbildung Lebenszyklus von Informationen und Klassifizierung

Das Informationssicherheitsmanagementsystem muss dabei so in die Unternehmung integriert werden, dass sichergestellt wird, in allen relevanten Prozessen mitverankert zu sein, um den Lebenszyklus von Informationen und informationsverarbeitenden Werten zu begleiten. Der Lebenszyklus umfasst die Erstellung, Verarbeitung, Speicherung, Übermittlung, Löschung und Zerstörung. Die Informationen müssen geeignet klassifiziert werden, da sich aus der Art ihres Inhaltes, die notwendigen sicherheitsrelevanten Vorgaben ableiten lassen.

Kurzum die sicherheitsrelevanten Vorgaben im Umgang mit einer Broschüre für Patienten (Werbung) müssen und werden nicht so hoch sein, wie die für eine Patientenakte, welche besonders schützenswerte personenbezogene Daten enthält, nämlich Gesundheitsdaten. Die Norm selbst fordert an dieser Stelle nur die Umsetzung und Definition unterschiedlicher Klassifizierungsstufen, in der Ausgestaltung selbst ist man dabei frei. Es müssen dabei aber die gesetzlichen Vorgaben, hier im Besonderen des Datenschutzes, berücksichtigt werden und sich in den Klassifizierungsstufen wiederfinden. Sprich Patientendaten sollten einer der höchsten Klassifizierungsstufen angehören.

Nachfolgend zwei Beispiele, die beide angewendet werden könnten.

Beispiel Klassifizierungsstufen:

a. *Öffentlich, Intern, Vertraulich*
   Hierbei würden z. B. Mitarbeiterdaten, Gesundheitsdaten, sonstige vertrauliche Informationen unter der Klassifizierungsstufe Vertraulich zusammenfasst werden.
b. *Öffentlich, Intern, Vertraulich, Gesundheitsdaten*
   Hier würde eine Unterscheidung zwischen den „eigenen" vertraulichen Informationen und den der Patienten (Gesundheitsdaten) vorgenommen werden.

Die Klassifizierungsstufen könnten auch noch granularer definiert werden, sollten aber zumindest die zuerst genannten Stufen enthalten. Es gilt hier einen gesunden Mittelweg zu finden, da die Umsetzung bzw. die Anwendung der Klassifizierungsstufen innerhalb der Organisation auch nachvollziehbar und handhabbar sein muss.

3.5 Verankerung in der Organisation und in den Prozessen

Ist das Informationssicherheitsmanagementsystem in der Organisation fest verankert und etabliert, die relevanten Sicherheitsanforderungen definiert, wird dadurch gewährleistet, dass bei allen Veränderungen, sowohl organisatorischer wie auch technischer Art, die Schutzziele und strategischen Informationssicherheitsziele berücksichtigt bzw. die Vorgaben eingehalten werden. Dabei unterliegt das Managementsystem selbst auch einem geeigneten Kreislauf, wie zum Beispiel dem PDCA-Zyklus (Plan-Do-Check-Act), der regelmäßig durchlaufen werden muss (siehe Abb. 6).

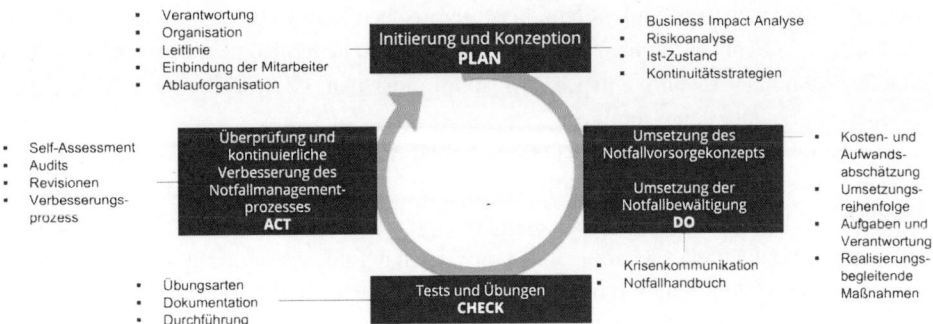

Abb. 6 PDCA-Zyklus nach Deming

Der PDCA-Zyklus ist eine einfache, vierstufige Methode, mit der wiederkehrende Fehler vermieden und Prozesse verbessert werden können. Dieser PDCA-Zyklus wurde von William Deming entwickelt und hat sich zu einem weit verbreiteten Framework für die kontinuierliche Verbesserung in Fertigung, Management und anderen Bereichen etabliert.

Durch die unterschiedlichen Schnittstellen wird die Beteiligung bzw. die Berücksichtigung von IS- und DS-Anforderungen an neuen Vorhaben, an (Ver-)Änderungen, Störungen, Betriebsstabilität usw. frühzeitig gewährleistet. Die zeitige Einbindung stellt sicher, dass alle Anforderungen schon im Vorfeld ermittelt und definiert werden können, um diese direkt bei der Realisierung mit zu berücksichtigen.

Es kann nur so vermieden werden, dass z. B. in einem Softwareentwicklungsprojekt vor GoLive festgestellt wird, das sicherheitsrelevante Anforderungen wie Privacy by Design oder Privacy by Default nicht berücksichtigt wurden. Hier muss dann nicht umständlich nachgebessert werden, es kann eine Verschiebung des GoLive Termins vermieden oder gar eine komplette Neuentwicklung ausgeschlossen werden.

3.6 Entwicklung Sicherheitskonzeption (IT-Strategie)

Das Informationssicherheitsmanagementsystem (Berücksichtigung der gesetzlichen Vorgaben und des Annex A der ISO/IEC 27001:2013) deckt eine Vielzahl von Anforderungen ab, die innerhalb der Informationssicherheit berücksichtigt werden sollen, um eben diese kontinuierlich zu optimieren und das Sicherheitsniveau zu erhöhen oder auf einem hohen Niveau zu halten. Neben der Einbindung in prozessualen Abläufen bzw. den Vorgaben daran, gibt es auch direkte technische Anforderungen, die erfüllt werden müssen. Dabei ist die Norm so aufgebaut, dass sie zwar Hinweise zu umsetzungsrelevanten Themen gibt, aber nicht, wie genau diese Themen realisiert werden müssen. Dies hat zur Folge, dass die Organisation die eigentliche technische Umsetzung selbst bestimmen kann, natürlich unter Berücksichtigung der gesetzlichen Vorgaben und dem aktuellen Stand der Technik.

Dies lässt sich gut am Thema Kryptografie nachvollziehen. Die Normanforderung gibt vor, dass eine Richtlinie zum Gebrauch von kryptografischen Maßnahmen definiert sein muss. Wie diese aussieht und welche kryptografischen Schlüssel verwendet werden sollen, bleibt der Organisation überlassen. Aus dem gesetzlichen Kontext müssen diese dem aktuellen Stand der Technik entsprechen, somit muss man sich an technischen Vorgaben aus anerkannten Quellen orientieren.

Hier bietet sich im Kontext KRITIS natürlich das BSI und seine technischen Richtlinien an. Aus der TR-02102 des BSI kann die Sicherheit ausgewählter kryptografischer Verfahren und Empfehlungen für den Einsatz unterschiedlicher kryptografischer Protokolle langfristig abgeleitet werden. Somit muss man nur noch seine eingesetzten Verfahren überprüfen und dokumentieren und sich an den Vorgaben der TR-02102 orientieren.

4   Entwicklung einer Digitalstrategie

Sobald ein hohes Sicherheitsniveau nach gesetzlichen und normativen Vorgaben durch das Informationssicherheitsmanagementsystem nach ISO/IEC 27001:2013 in Zusammenarbeit mit der eigenen Organisation hergestellt wurde, kann eine Digitalstrategie entwickelt werden, da sowohl die organisatorischen wie auch technischen Voraussetzungen erfüllt werden.

a. Informationen sowie deren Klassifizierung, Quellen und Speicherorte sind bekannt. (Datenkompetenz)
b. Prozesse und Schnittstellen sind durchgehend definiert und beschrieben.
c. Die Infrastruktur (Hardware und Software) ist auf dem aktuellen Stand der Technik und wird stabil betrieben.

Nun kann damit begonnen werden

a. Abläufe weiter zu analysieren, um Informationen digital verfügbar zu machen;
b. Prozesse und Prozessabläufe zu optimieren;
c. Informationen, unter Berücksichtigung gesetzlicher Vorgaben, zu aggregieren und auswertbar zu machen,

um so einen Mehrwert für die eigene Organisation, aber auch für die gesamte Gesundheitsbranche, und letzten Endes für den Patienten zu schaffen.

5   Umsetzungsempfehlungen aus der Praxis

Frei nach Goethe „Es ist nicht genug zu wissen, man muss auch anwenden; es ist nicht genug zu wollen, man muss auch tun."

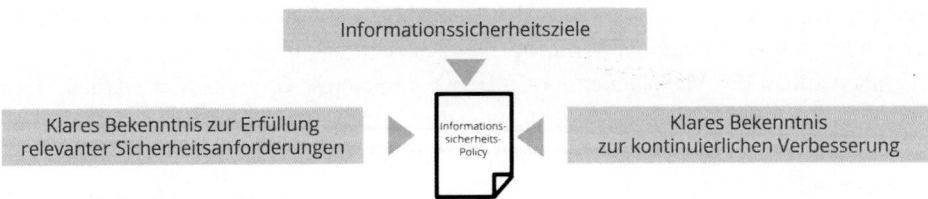

Abb. 7 Unternehmenspolitik

Auch wenn das Wissen der zu erfüllenden Gesetzesgrundlagen vorhanden ist, müssen nun die Anforderungen aus dem IT-Sicherheitsgesetz (IT-SiG), dem Patientendatenschutzgesetz (PDSG) oder dem Krankenhauszukunftsgesetz (KHZG) analysiert und umgesetzt werden.

Dies gelingt nur, wenn das Top Management „klare Kante" zeigt und das Thema Informationssicherheitsmanagementsystem vollständig unterstützt, selbst daran glaubt, dass es einen Mehrwert bieten wird, und es in der Organisation bewirbt. Erst dann kann die Integration und die Etablierung vollständig erfolgreich realisiert werden.

Es folgt die Festlegung der strategischen Informationssicherheitsziele, der Schutzziele, der Verantwortlichkeiten und Freigabe der Unternehmenspolitik (Informationssicherheit Policy) (Abb. 7).

Das Vorhaben sollte spätestens mit der Veröffentlichung der Unternehmenspolitik zum Thema Informationssicherheit, der Organisation und allen Mitarbeitern bekannt gemacht werden. Die Übertragung der Aufgabe ein Informationssicherheitsmanagementsystem zu entwickeln und die Ernennung eines Informationssicherheitsbeauftragten sind die nächsten Schritte.

Nun erfolgen der Aufbau und die Integration des Managementsystems nach Kapitel 4 bis 10 der ISO/IEC 27001:2013 in die Organisation und in die Prozesse. In das Informationssicherheitsmanagementsystem sollte, wenn vorhanden, das DSMS mit integriert werden, so dass Synergieeffekte genutzt werden können. Die Verantwortlichkeiten für Informationssicherheit und Datenschutz bleiben dabei unberührt. Der Anwendungsbereich des ISMS muss genau beschrieben werden, falls es hier zu einer Abgrenzung kommen soll; unabhängig davon gilt es, sich der externen und ggf. internen Schnittstellen bewusst zu werden und diese zu definieren.

Im Risikomanagement werden die Risiken der Informationswerte und der informationsverarbeitenden Werte der Organisation analysiert, nach dem das Sicherheitsniveau für diese Werte festgelegt wurde.

Das Sicherheitsniveau setzt sich aus der Art der zu verarbeitenden Informationen (Daten) -hier müssen die direkten gesetzlichen Anforderungen mitberücksichtigt werden- und den Anforderungen weiterer interessierter Parteien (eigene Organisationsanforderungen, Vertragsanforderungen) zusammen.

Sobald man das oder die Sicherheitsniveaus bestimmt hat, kann mit der Analyse und Ableitung der notwendigen Maßnahmen zu Erreichung des Sicherheitsniveaus gestartet werden. Die Planung zur Umsetzung der Maßnahmen erfolgt dabei risikoorientiert und wird in Form eines Gesamtmaßnahmenplanes gesteuert und überwacht.

Dabei sollten die Maßnahmen bzw. deren Umsetzungserfolg validiert werden, dazu stellt die Norm verschiedene Möglichkeiten bzw. Arten der Überprüfung bereit, diese müssen teilweise verpflichtend durchgeführt werden, da sie ein fester Bestandteil des Managementsystems sind.

Während Audits eine Gesamtüberprüfung der jeweiligen Normpunkte darstellen, basieren verpflichtende Testszenarien innerhalb des Changemanagements, die Durchführung von Tests im Business Continuity Management oder die Wirksamkeitsprüfung einzelner Maßnahmen auf granularen Checks, die innerhalb ihres jeweiligen Prozesses dauerhaft durchgeführt werden sollten. Flankierend dazu gibt es noch weitere technische Möglichkeiten, wie das regelmäßige aktive Schwachstellenmanagement, also das Scannen der Systeme nach Sicherheitslücken, PEN-Test oder aber einfach das Monitoring aller Infrastrukturkomponenten.

Bei Befunden bzw. Feststellungen dieser unterschiedlichen Prüfungen, beginnt der Kreislauf des Managementsystems wieder von vorne. Hier müssen wieder die ausgewählten Phasen durchlaufen werden, in diesem Beispiel Plan, Do, Check, Act.

Der Mehrwert wird sich deutlich zeigen und einstellen, allerdings ist es bis dahin ein langer, teilweiser beschwerlicher Weg. Auch wenn man nicht alle relevanten und erkannten Risiken sofort beheben kann, so ist dies eine gute Grundlage die Umsetzsetzungsstrategien festzulegen und planbar zu machen. Auch gegenüber Aufsichten und Behörden hilft es, Risiken erkannt und Maßnahmen zur Behebung geplant zu haben, da so die Haftung der Organisation bzw. des Verantwortlichen geringer ausfallen kann bzw. Bußgelder reduziert werden können.

Es kann somit ein direktes Organisationsverschulden vermieden werden, da an der Behebung der Mängel bereits gearbeitet wird.

6   Herausforderungen im Bereich Digitalstrategie, Informationssicherheit, KHZG am Beispiel eines Universitätsklinikums

Silke Haferkamp

6.1   Digitalisierung als Kostentreiber

Zentraler Fehlschluss der Finanzierung von Digitalisierungsprojekten in Krankenhäusern ist die Annahme, dass durch eine Digitalisierungsmaßnahme grundsätzlich Geld gespart wird, sich entsprechende Projekte nach einer Anschubfinanzierung also in den Folgejahren durch Reduktion der laufenden Kosten an anderen Stellen quasi selbst tragen.

Dies ist aber nur in Einzelfällen richtig. Eine Kostenreduzierung kann unter anderem erreicht werden, wenn durch die Digitalisierung von Prozessen Arbeitszeit eingespart wird. Ein gutes Beispiel hierfür ist der Ersatz von Schreibkräften durch die Nutzung von Spracherkennungssoftware. Während selbstverständlich in der Folge ein Großteil der Schreibkräfte (wenn auch meist nicht alle) nicht mehr erforderlich sind, wird dies in dem neuen Arbeitsprozess durch einen höheren Arbeitsaufwand beim Arzt bezahlt, da dieser nun z. B. die zu diktierenden Briefe selbst im System anlegen muss etc. Bei anderen Prozessdigitalisierungen werden häufig Vorteile wie die Mehrfachverwendung von Daten oder die räumlich unabhängige Verfügbarkeit von Informationen durch einen erhöhten Zeitaufwand bei der Ersteingabe der Daten gegenüber der analogen Erfassung erkauft.

Viele Projekte dienen allerdings schlicht der Erfüllung von vorher nicht vorhandenen oder nicht erfüllbaren Anforderungen, meist durch Nutzung der nunmehr elektronisch erfassten Daten, z. B. für Qualitätssicherungsmaßnahmen, Betriebssteuerung, Wissensgenerierung, Beteiligung zusätzlicher externer Akteure etc. Unter diese Kategorie fallen auch die Anforderungen zum Betrieb der Telematik-Infrastruktur oder die „Muss-Kriterien", die im Rahmen des KHZG gestellt werden, und die in den kommenden Jahren in die sanktionsbewehrte Reifegradmessung der Krankenhäuser einfließen sollen.

Selbst die elektronische Kommunikation zwischen Leistungserbringern zur Vermeidung von mehrfach erbrachten Leistungen spart zwar übergreifend Geld im Gesundheitssystem ein, aber viel seltener etwas beim einzelnen Leistungserbringer. Zusätzlich fallen hier Arbeitsaufwand und Kosten beim Erzeuger der Daten an, während der Nutzen erst beim Datennutzer generiert wird – wobei beide eben nicht in derselben Institution verortet sind.

Stattdessen generiert die elektronische Erfassung und Vorhaltung von Informationen zunehmend wachsende Kosten, die zu Beginn der Digitalisierungswelle noch kaum vorstellbar waren. Hier sind zum einen die nicht unbeträchtlichen „normalen" Betriebserhaltungskosten zu nennen, bestehend aus Wartung, Upgrade & Ersatz von veralteter Hard- und Software, was grob gerechnet mindestens alle 5 Jahre Kosten in Höhe der ursprünglichen Investition erzeugt. Mit Ausweitung des Portfolios an IT-Systemen steigt somit der jährlich notwendige Betrag für den IT-Betriebserhalt massiv an.

Hinzu kommen die Personalkosten für den inhaltlichen und technischen Betrieb der Software. Die kontinuierlich erforderlichen inhaltlichen und technischen Anpassungen treffen auf eine zunehmende Komplexität der miteinander verwobenen Systeme, sodass immer mehr Spezialwissen erforderlich ist, um die möglicherweise weitreichenden Auswirkungen kleinster Changes abschätzen und im Fehlerfall Ursachen und Wirkungen finden und beheben zu können. Die vor 20 Jahren noch durchaus übliche Rechnung, „teure" Arztzeit durch „preiswertere" Zeit von Systembetreuern ersetzen zu können, geht inzwischen aufgrund der Knappheit an gut ausgebildetem IT-Personal ebenso nicht mehr auf.

Der Schutz vor Cyberkriminalität sowie der Aufbau der notwendigen Compliance-Systeme sind zusätzliche Kostenblöcke, die dem Schutz und der Absicherung der betriebenen Digitalisierungsinfrastruktur dienen, aber dem Krankenhaus meist keinen zusätzlichen monetär verwertbaren Nutzen bringen.

Da zudem ein Krankenhaus schon heute nicht mehr auf seine IT-Infrastruktur verzichten kann und jedes Digitalisierungsprojekt diese Abhängigkeit weiter erhöht, ist bei gleichzeitiger steigender Bedrohungslage durch Cyberkriminalität und immer aufwändigere erforderliche Sicherheitsmaßnahmen ein Ende der hierdurch bedingten Kostenspirale bislang nicht abzusehen.

6.2   Rahmenbedingungen und Historie

Eine der klassischen Herausforderungen der Universitätskliniken ist die Struktur ihrer Finanzierung. Diese ist strikt getrennt nach Investmitteln, die meist vom Land zur Verfügung gestellt werden, und laufenden Kosten, die üblicherweise durch die Einnahmen der Krankenversorgung gedeckt werden müssen. Hinzu kommen Gelder für Lehre und Forschung. Sonderinvestitionen können über spezielle Fördermittelanträge gedeckt werden. In jüngster Zeit etabliert sich allerdings auch öfter die eigenfinanzierte Investition, meist über Darlehen, die allerdings das Jahresergebnis negativ belasten.

Während durch die Steuerung der Krankenversorgungseinnahmen den Häusern ein Sparkurs bezüglich der laufenden Ausgaben auferlegt wurde, erfolgt die Vergabe von Investmitteln meist nach der Haushaltslage der Länder, d. h. in Ländern mit angespannter Haushaltslage entsprechend restriktiv. Dies bedeutete in vielen Häusern spätestens in den vergangenen 10 Jahren, dass auch in Bezug auf IT-Personal und IT-(Invest-)Ausgaben gespart werden musste, während gleichzeitig die Digitalisierung vorangetrieben wurde.

Im Jahr 2021 können die meisten Krankenhäuser nunmehr auf ca. 20 bis 30 Jahre „Digitalisierung" zurückblicken. Begonnen hat der Prozess meist mit der Einführung eines von der Krankenhausverwaltung genutzten Abrechnungssystems sowie einzelner Abteilungssysteme – nicht wenige davon in Eigenentwicklung erstellt. Mit der Einführung des G-DRG-Systems im Jahr 2002 verlagerte sich der Abrechnungsprozess im stationären Bereich von der Verwaltung hin zu den Ärzten, da nunmehr die Erfassung und Codierung von Diagnosen und durchgeführten Prozeduren die Grundlage der Abrechnung bildete. Somit musste die unterstützende Software zu den Ärzten gebracht werden, entweder durch Erweiterung der Abrechnungssoftware um Erfassungs- und Codiermodule für die ärztlichen Mitarbeiter oder durch Kauf einer zusätzlichen Software und die Schaffung von Schnittstellen. Spätestens diese Anforderung bildete in vielen Krankenhäusern den Startschuss für die Einführung eines Klinischen Arbeitsplatzsystems (KAS) oder eines Krankenhausinformationssystems (KIS), so auch im UKA.

Finanziert wurden diese Einführungen in den Unikliniken meist durch Anträge nach dem Hochschulbauförderungsgesetz (HBFG). Neben dem Kauf der notwendigen Software wurde mit diesen Geldern ebenfalls die benötigte Hardware wie Server und Endgeräte beschafft. Weitere Anträge dienten dem Kauf und der Installation der Netzwerkinfrastruktur, dem Bau oder der Sanierung von Rechenzentren oder der Beschaffung weiterer Großsysteme, z. B. dem Laborinformationssystem (LIS), dem Picture Archive System (PACS) oder dem PDMS (Patientendatenmanagementsystem) zur Dokumentation der Vitaldaten der Patienten auf den Intensivstationen, jeweils Hard- und Software als ein zusammenhängender Investitionsblock.

Während die Software in vielen Fällen einer kontinuierlichen Weiterentwicklung unterliegt und insbesondere der Wechsel von Großsystemen äußerst selten in Angriff genommen wird, veraltete die Hardware aufgrund der Anschaffungsweise in Schüben mit hohen sprungfixen Kosten, die durch die normalen Investitionstöpfe nicht aufgefangen werden konnten. Verschärft wurde diese Problematik meist durch die Tatsache, dass aus dem großen Investitionsmitteltopf üblicherweise alle Investitionsbedarfe des Krankenhauses gedeckt werden müssen. Spezielle Investitionstöpfe nur mit dem Zweck der Digitalisierungsförderung sind erst in den letzten Jahren aufgekommen, wobei sie (wohl aufgrund der oben ausgeführten Annahmen zur Kostenreduzierung durch Digitalisierung) meist neuen Digitalisierungsprojekten dienen sollen, und nicht dem Betriebserhalt. Damit standen und stehen die Ausgaben für den Erhalt der bestehenden IT-Infrastruktur zum einen in Konkurrenz zu den Ausgaben für Medizingeräte, Büromöbel, Patientenzimmerausstattungen und allen weiteren Posten, zum anderen bestand und besteht ebenso eine harte Konkurrenz zu einer möglichen Ausweitung der IT-Landschaft. So wurde und wird immer wieder abgewogen, ob durch den Kauf einer neuen Software mit einer zusätzlichen Prozessunterstützung nicht mehr Nutzen geschaffen wird als durch den geregelten Ersatz von Hard- oder Software am Ende ihres Lifecycles, bzw. ob diese nicht noch ein weiteres Jahr „durchhalten" kann.

Gleichzeitig führt die Konkurrenz um die knappen Investitionsmittel ebenfalls zu einer Infrastruktur aus (Medizin)Geräten unterschiedlicher Altersklassen. Insbesondere wenn die Software nur einen kleinen Teil der Funktionalität eines teuren Gerätes ausmacht, gibt es nur wenig Anreize, ein voll funktionsfähiges Gerät zu ersetzen, nur weil das zugehörige Betriebssystem aus der Wartung gelaufen ist.

Mit dem KHZG wurde ein erstes Mal der Tatsache Rechnung getragen, dass IT-Kosten nicht nur aus Invest bestehen und dass eine gewollt spezifische Förderung von IT-Projekten auch die laufenden Kosten des Betriebs umfassen muss. Dieser Aspekt ist umso relevanter, da sich die Kostenverteilung für die Nutzung von IT verschiebt: Systeme werden nicht mehr gekauft und „on premise" betrieben, sondern per Subscription mit monatlichen Kosten „as a Service" genutzt. Qualifiziertes IT-Personal macht einen immer höheren Kostenanteil aus, sofern man entsprechende Mitarbeiter auf dem Arbeitsmarkt finden kann, und gerade Sicherheitssysteme können kaum ohne dauerhafte Dienstleistungen von Security-Experten betrieben werden. Im Hardwarebereich macht ebenfalls an vielen Stellen aufgrund des fehlenden eigenen Personals ein Mieten von Komponenten inklusive komplettem Service Sinn und mehr und mehr Häuser fangen an, nach einem regulatorisch sauberen Weg zur Migration ihrer Serverinfrastruktur in eine fremdbetriebene Cloud zu suchen.

Dennoch liefert auch das KHZG wiederum nur eine Anschubfinanzierung für neue (!) Digitalisierungsprojekte, für maximal 3 Jahre. Ein Umdenken und ein Weg für die Krankenhäuser zur nachhaltigen Finanzierung des Erhalts und des Schutzes ihrer wachsenden IT-Infrastrukturen steht also noch aus.

6.3   Forschung und Lehre als Besonderheit der Universitätsklinika

Eine besondere Herausforderung für Universitätskliniken ist die Unterstützung von Forschung und Lehre. Während der Krankenhausbetrieb hohe Anforderungen an Performance,
Resilienz und Sicherheit der Systemlandschaft stellt, die u. a. durch eine möglichst hohe
Standardisierung von Systemen und Prozessen unterstützt und auch entsprechend reguliert
werden (müssen), ist der Bedarf der Forscher häufig hochindividuell und geht mit der Notwendigkeit von hohen Freiheitsgraden einher. Da Klinikdirektoren in Universitätskliniken
in Forschung und Krankenversorgung gleichzeitig unterwegs sind, vermischen sich zudem
häufig die Prozesse von Forschung und Krankenversorgung, was zu steigendem Konfliktpotenzial zwischen den entgegengesetzten Zielstellungen führt. Als eine weitere Konsequenz sind die Systemlandschaften von Universitätskliniken häufig sehr heterogen und
bestehen neben den oben genannten Plattformsystemen aus einer Vielzahl von Abteilungs-
und Kleinstsystemen mit den verschiedensten Zwecken. Dies zieht sich durch bis auf die
Ebene der Betriebssysteme: Während z. B. die generelle Bürosoftware in den Häusern
meist windowsbasiert läuft, nutzen insbesondere (aber nicht nur) viele Wissenschaftler
gerne Linux-Systeme, Open Source Software und natürlich Eigenentwicklungen. Auch
Systeme auf iOS-Basis kommen vor, speziell die iOS-Endgeräte sind beliebt und werden
gerne wo immer möglich als persönliche Geräte eingesetzt.

6.4   Umsetzung der ISO 27001 im Universitätsklinikum Aachen

Das Projekt zur Umsetzung der ISO 27001 im UKA traf somit im Jahr 2015 auf eine Gemengelage mit den folgenden Herausforderungen, die einen guten Querschnitt der üblichen Ausgangslage eines (Universitäts)Krankenhauses darstellen:

- Heterogene Infrastruktur mit Hardware unterschiedlichster Altersklassen sowohl bei
  Servern als auch bei Endgeräten
- Vielfältige Systemlandschaft mit einer Vernetzung der großen Plattformsysteme mit
  den unterschiedlichsten Klein- und Medizingerätesystemen
- Unterschiedlichste Softwarestände sowohl bei Systemen als auch bei Betriebssystemen,
  ein Teil davon abgekündigt oder schon aus der Wartung gelaufen
- Vielfältige Medizingeräte unterschiedlichsten Alters mit ebenso unterschiedlichen
  Softwareständen
- Viele „versteckte" Systeme (gerne auch „U-Boote" genannt), die im Laufe der Jahre
  von den Abteilungen selbst angeschafft oder entwickelt und betrieben wurden und
  meist erst dann auffallen, wenn entweder die bisherigen Betreuer das Haus verlassen
  oder in Rente gehen oder aber z. B. aufgrund des veralteten Softwarestandes oder der
  wegfallenden Unterstützung durch den Hersteller unüberwindbare Probleme auftreten
  und die IT um Hilfe gebeten wird

- Fehlende Investitionsmittel, um die System- und Infrastrukturlandschaft durchgängig auf einen modernen Stand zu ziehen
- Fehlende Dokumentation zu den Systemen, nicht dokumentierte (IT-)Prozesse
- Notwendigkeit der Sanierung oder der Neuanschaffung & Implementierung der Basis-IT-Sicherheitssysteme
- Ein großes Spannungsfeld zwischen der Notwendigkeit, sichere – und damit meist mit Einschränkungen verbundene – Prozesse durchzusetzen und einem hohen Bedarf an Handlungsfreiheiten, insbesondere der Wissenschaftler, zu Zwecken der Forschung aber auch der Kooperation mit den unterschiedlichsten externen Partnern
- Gerade erst erwachendes Bewusstsein für die Notwendigkeit und die speziellen Erfordernisse von Datenschutz, von Informationssicherheit und von Maßnahmen zur Erhöhung der IT-Security.

Dass nicht alles sofort gelöst werden konnte, war klar. Es galt also, zu priorisieren – ein Zustand, der bei begrenzten Ressourcen und konkurrierenden Zielstellungen bis heute andauert.

In einem ersten Schritt mussten zunächst die Anforderungen zur Umsetzung der Controls verstanden und die bereits gelebten IT-Betriebsprozesse mit den Controls abgeglichen werden. Ganz leicht war das nicht, insbesondere passte die Sortierung der Controls nach Sicherheitsthemen nicht auf die Struktur der gelebten (Krankenhaus)IT-Prozesse. Infolgedessen waren Controls, die ein und denselben Prozess unseres IT-Betriebs betrafen, teilweise an ganz unterschiedlichen Stellen der Norm zu finden, bzw. Teil-Controls aus ein und demselben Normabschnitt wurden mit den verschiedensten Betriebsprozessen erfüllt. Wir arbeiten ohne ein speziell dafür angeschafftes ISMS-Tool, weshalb wir manuell die relevanten Controls in den Dokumenten mitführen und die Beachtung aller Controls in einer zentralen Liste nachhalten.

Für die noch nicht abgedeckten Anforderungen mussten zusätzliche Prozesse erdacht und beschrieben werden. Die sich aus dem ersten Entwurf ergebende Prozess- und Dokumentenstruktur reichte für das erste Audit, war jedoch noch so chaotisch, dass wir im folgenden Jahr eine komplette Überarbeitung und Neustrukturierung vornahmen. Mit dem Ergebnis können wir bis heute sehr gut leben, allerdings ergeben sich durch die Ausweitung oder Ergänzung von Prozessen immer wieder kleine Anpassungen oder Verschiebungen – ein typischer Prozess im Rahmen eines KVPs.

Eine weitere Herausforderung der Prozessbeschreibungen (SOPs) ist zudem der Umgang mit neu erforderlichen Arbeitsabläufen. Nicht immer überleben die so schön erdachten Vorgangsbeschreibungen den Kontakt mit der Realität, sodass manche Dokumente immer und immer wieder umgeschrieben werden müssen. Dies trifft insbesondere dort zu, wo die Befolgung der regulatorischen Anforderungen besonders unbequem ist und einen deutlich erhöhten Zeitaufwand zum vorherigen Vorgehen bedeutet, sei es für die zuständigen IT-Mitarbeiter, sei es für die betroffenen Anwender. Ziel ist es hier – notfalls durch Versuch und Irrtum – möglichst nah an ein pragmatisches Optimum zwischen Aufwand und erforderlichem Ergebnis zu kommen.

Die einzelnen Aspekte der bestehenden Hard- und Softwareinfrastruktur wurden als spezifische Risiken in das neu geschaffene Risikomanagement aufgenommen und ihre Behebung oder ihre Mitigation priorisiert. Insbesondere unter dem Aspekt der beschränkten Finanzmittel und Personalressourcen musste ein Teil der Risiken auch zunächst akzeptiert werden, während Schritt für Schritt die dringendsten Maßnahmen durchgeführt wurden.

Ein kontinuierlicher und niemals abgeschlossener Prozess ist die Sensibilisierung aller Mitarbeiter für die Gefahren durch Angriffe und für die zu treffenden Vorsichtsmaßnahmen. Dies wird durch die naturgemäß hohe Personalfluktuation eines Universitätsklinikums besonders in den ausbildenden Bereichen verschärft, und greift demgemäß nicht immer. Auch im UKA konnte 2016 – also ein Jahr nach der Einführung des ISMS – ein durch das unvorsichtige Öffnen eines Mailanhangs eingeschleppter Kryptovirus Teile des Datenbestandes verschlüsseln.

Allerdings griffen verschiedene teils lang bestehende, teils neu eingeführte Sicherheitsmaßnahmen, sodass der letztendliche Datenverlust minimiert werden konnte. Der Verschlüsselungsvorgang wurde frühzeitig bemerkt und die Rufbereitschaften konnten unmittelbar die notwendigen Maßnahmen zum Schutz der Infrastruktur und zum Notfallbetrieb ohne IT-Verfügbarkeit einleiten und steuern sowie nach Finden und Löschen des Virus die Wiederherstellung der Systeme und Daten aus den Backups durchführen. Dennoch: Nicht alles konnte gerettet werden, denn nicht alle Systeme verfügten z. B. über ein Backup. Dies traf naturgemäß auf das ein oder andere der oben genannten „U-Boote" zu, die nicht an das zentrale Backup-Management angeschlossen waren.

Die folgenden Monate verbrachten wir damit, die durch den Angriff aufgedeckten Sicherheitslücken unserer Konfigurationen zu beheben. Auch dies ist ein, bis heute, andauernder Prozess, der mit jedem durchgeführten Penetrations-Test und Betriebssystem-Hersteller-Survey neue Aufgaben erhält.

Schwierig ist der Spagat zwischen Arbeiten/Projekten, die dem Haus und den Anwendern einen unmittelbar spürbaren Nutzen bringen und den fortlaufenden Arbeiten zur Verbesserung unserer Compliance, zur Aufarbeitung von Altlasten und zur Erhöhung der Resilienz unserer Prozesse und Systeme. Denn während die Konsequenzen unterlassener Maßnahmen erst dann auffallen, wenn etwas schiefgeht, sind Leuchtturmprojekte und innovativer IT-Einsatz strategisch wichtig für die Weiterentwicklung des Hauses. In diesem Zielkonflikt muss auch heute noch immer wieder die Unterstützung des Managements eingeholt werden.

7   Fazit

a. Digitalisierungsprojekte im Krankenhaus sind in der überwiegenden Mehrzahl weder Cashcows, noch ist nach jetzigem Stand absehbar, dass sie wirklich kostendeckend gegenfinanziert werden. Auf der anderen Seite können die gesetzlichen und gesellschaftlichen Anforderungen an die Krankenhäuser ohne Digitalisierung nicht abgedeckt werden. Eine Digitalisierungsstrategie sollte also unbedingt eine Nachhaltigkeitsstrategie beinhalten, in der auch realistisch abgeschätzt und festgelegt wird, wie die teils hohen zusätzlich anfallenden Kosten dauerhaft bewältigt werden können.

d. ISMS-Einführungen sind Langzeitprojekte. Sie brauchen einen sehr langen Atem, ausreichend Finanzierung, und andauernde Unterstützung des Vorstandes. Gehen die Digitalisierungsstrategie und die zugehörige IT-Strategie nicht mit einer ausreichenden dauerhaften Finanzierung einher, hat das ISMS-Projekt schlechte Bedingungen. Das ISMS-Projekt muss ebenso wie die schicken Digitalisierungsprojekte Sache des ganzen Hauses sein und dauerhaft von allen Berufs- und Fachgruppen Unterstützung erhalten. Eine dementsprechende Verankerung in den Strukturen des Krankenhauses sowie eine kontinuierliche Einbeziehung aller Anwendergruppen in die Gestaltung der Umsetzungsarbeiten sind daher entscheidende Erfolgsfaktoren.

Literatur

BSI-Standard 200-1, 200-2 und 200-3

ISO/IEC 27000:2014 Information technology, Security techniques, Information security management systems, Overview and vocabulary

ISO/IEC 27001:2013 Information technology, Security techniques, Information security management systems, Requirements

Normenreihe ISO. 27000 Internationale Organisation für Normung

Die konsolidierte digitale Patientenakte als zentraler Datenpool im Umfeld unterschiedlicher Systemlandschaften im Krankenhaus

Gregor Hülsken und Michael Frie

Inhaltsverzeichnis

Zusammenfassung

Patientenakten spielen seit je her in der Krankenversorgung eine kardinale Rolle. Die Behandler sind gesetzlich dazu verpflichtet, für jeden Patienten eine Akte zu führen. Sie spielt nicht nur für rechtliche Fragen eine wichtige Rolle. Sie ist heute auch das digitalisierte medizinische Gedächtnis der Krankenhäuser und dient vielen Beteiligten auf unterschiedlichste Weise. Der technische Fortschritt ermöglicht es, auf die oft in unstrukturierter Form liegenden Informationen zuzugreifen und auszuwerten und die Dokumente für verschiedene Zwecke gezielt verfügbarzumachen. Dies verleiht der digitalen konsolidierten Patientenakte einen besonderen Stellenwert in der Architektur

G. Hülsken (✉) · M. Frie
FOM Hochschule für Oekonomie & Management, Essen, Deutschland
E-Mail: gregor.huelsken@fom.de; michael.frie@fom.de

© Der/die Autor(en), exklusiv lizenziert durch Springer Fachmedien Wiesbaden   103
GmbH, ein Teil von Springer Nature 2022
V. Henke et al. (Hrsg.), *Digitalstrategie im Krankenhaus*,
https://doi.org/10.1007/978-3-658-36226-3_9

eines komplexen Krankenhausinformationssystem. Die Fähigkeit, diese Informationsquelle in Zukunft adäquat nutzen zu können, hängt neben der IT-Systemarchitektur
auch von der Datenkompetenz des Krankenhauses ab. Die kluge Nutzung der Informationen in unseren Archiven stellt eine wichtige Chance dar, die es in naher Zukunft zu
ergreifen gilt.

Die ärztliche Behandlung eines Patienten ist stets mit einer sorgfältigen Dokumentation
der durchgeführten Schritte verbunden. Bereits im dritten Band des Corpus Hippocraticum wurde vor über 2000 Jahren auf die Bedeutung der medizinischen Dokumentation
hingewiesen. Sie ermöglicht die Beurteilung einer Behandlung auch von Außenstehenden
auch noch nach einem langen Zeitraum. Erlangtes Wissen und Erfahrung werden, so be-
gründete es Hippokrates gegenüber seinen Schülern, vor dem Vergessen geschützt. In diesem Sinne ist also bereits im Corpus Hippocraticum der Grundstein für ein medizinisches
Aktenarchiv gelegt worden.
Die Akten eines Falles wurden im Laufe der Zeit in verschiedenen Formen bzw. auf
verschiedenen Medien geführt. Heute – und auch in Zukunft unverzichtbar – werden die
Behandlungsunterlagen in Archiven aufbewahrt. Hören wir den Begriff Archiv, denken
viele von uns an lange Gänge und hohe Regale, einen etwas staubigen Geruch und viel
Papier. Diese Papierarchive benötigen viel Platz, sind nur physikalisch vorhanden und sind
nur sehr mühsam zu durchsuchen. Als Alternative boten sich vor noch nicht allzu langer
Zeit Microfilme an. Die hierauf abgelichteten Dokumente können über Jahrzehnte verlustfrei aufbewahrt werden. Der Platzbedarf ist minimal, denn die Bilder sind verkleinert.
Zum Betrachten werden daher Geräte benötigt, mit denen auf diesen kleinen Filmen navi-
giert werden kann und die Seiten so vergrößert werden können, dass die Inhalte gut zu
erkennen sind. Mit der zunehmenden Einführung von Computersystemen werden heute
mehr und mehr digitale Langzeitarchive genutzt. Da die dort gespeicherten Dokumente
bereits a priori digital sind, können diese direkt in ein digitales revisionssicheres Langzeitarchiv überführt werden.

1   Akten

Wir legen heute umfangreiche Patientenakten aus vielerlei Gründen an. Zum einen, weil
wir gesetzlich und standesrechtlich dazu verpflichtet sind (z. B. § 630 f BGB, § 15 Mus-
terberufsordnung für Ärzte [MBO]). Zum anderen insbesondere aber auch, um Informationen mit medizinischen Behandlungspartnern und beteiligten Pflegekräften austauschen
zu können. Diese Informationen dienen aber auch zur Abrechnung, zum Beispiel als Belege für juristische Auseinandersetzungen, Grundlagen der Qualitätssicherung und ermöglichen es, vielen weiteren Anforderungen gerecht zu werden. Damit ist die medizinische
Dokumentation ein Diener vieler Herren. (Vgl. Röhrig & Walcher, 2014, S. 650).

Seit Beginn der 90er-Jahre wurden in der Krankenversorgung sukzessive EDV-Systeme eingeführt. Es wurden nun die Möglichkeiten genutzt, Leistungen elektronisch zu dokumentieren. Datenbankgestützte Informationssysteme erlaubten die strukturierte Modellierung der Zusammenhänge in der medizinischen Welt, Praxisinformationssysteme wurden entwickelt, die Arztbriefschreibung wurde zunehmend über Textverarbeitungsprogramm erledigt. Erste Fachabteilungslösungen und Krankenhausinformationssysteme wurde entwickelt. Nach und nach entwickelten sich Standards für die elektronische Datenspeicherung und den Datenaustausch über Systemgrenzen hinaus. Die Bedeutung dieser Systeme wurde über die Jahre immer größer und ist heute unverzichtbar geworden. Mit zunehmender Bedeutung stieg auch die Abhängigkeit von solchen Systemen. Tatsächlich ist heute eine optimale Krankenversorgung ohne diese Informationssysteme undenkbar geworden. Computerbasierte Systeme verdrängen das Papier zunehmend.

Allerdings wollte man sich lange nicht – und bisweilen will man es heute immer noch nicht – ganz vom Papier als Informationsträger trennen. Die Gründe hierfür sind zweifelsfrei vielschichtig. Eine wichtige Rolle dabei spielt sicherlich, dass es sich bei Behandlungsdaten um hochsensible und besonders schützenswerte Daten im Personen-(Patienten-) Kontext handelt, deren Aufbewahrung man nicht einzig den technischen Anlagen überantworten wollte und will. Hier gilt es unbedingt, mindestens den gesetzlichen Aufbewahrungsfristen Genüge zu tun, die teilweise über dreißig Jahre verlangen. Unsere tagtäglichen Erfahrungen im Umgang mit Dateien zeigen aber, dass gegenwärtige „Kompatibilität" oft kein verlässlicher Dauerzustand ist.

Hinzu kommt, dass bestimmte Dokumente, wie zum Beispiel die Aufklärungsdokumentation und Einwilligungserklärung, aber auch der Behandlungsvertrag Dokumente sind, welche durch die handschriftliche Signatur eine wichtige juristische Beweiskraft erlangen. Es war bis dato kein leichtes Unterfangen, die handschriftliche Diktatur durch ein elektronisches Verfahren zu ersetzen. Die Beweiskraft konnte abgelehnt werden. Erst durch die europäische eIDAS-Verordnung (Verordnung (EU) Nr. 910/2014) sind wichtige Voraussetzungen dafür geschaffen worden, dass dieses Verfahren eine größere Akzeptanz erfährt. Die qualifizierte elektronische Signatur wird nun der eigenhändigen Unterschrift gesetzlich gleichgestellt.

In der Welt der medizinischen Dokumentation lassen sich Akten je nach Zweck und Eigentümer unterscheiden. Tatsächlich wird die Bedeutung je nach Interessenlage der jeweiligen Beteiligten im deutschen Gesundheitssystem unterschiedlich interpretiert. (Vgl. Engemann 2013, S. 164–167).

2   Patientenakte und Fallakte

Sprechen wir in Krankenhäusern von der *Patienten*akte, so verstehen wir darunter im Allgemeinen eine Akte, die *alle* Daten (Befunde, Berichte, Anordnungen, Protokolle) *aller* Fälle eines Patienten enthält. Die *Fall*akten stehen im Behandlungskontext mit *einem* konkreten Fallbezug.

Der Herr dieser Datensammlung (Fallakte) ist faktisch der Behandler mit seinen Gehilfen: Pflegekräfte, MTRA, Arzthelfer etc. Der Behandler entscheidet, wer in diese Datensammlung schreiben kann.

Der Patient hat hier zwar ein Einsichtsrecht, von dem aber in der Praxis eher wenig Gebrauch gemacht wird. Dieser Umstand ist insbesondere aus Sicht des Datenschutzes von Belang. Das Strafgesetzbuch wird dieser Situation durch die Festlegung gerecht, was unter einem „Berufsmäßig tätigen Gehilfen" zu verstehen ist. (Berufsmäßig tätiger Gehilfe ist, wer eine auf die berufliche Tätigkeit des jeweiligen Schweigepflichtigen bezogene Unterstützung ausübt. (Cierniak/Niehaus § 203 Rn. 123 in Münchener Kommentar zum Strafgesetzbuch Band 4: §§ 185–262, 3. Aufl. 2017, ISBN 978-3-406-68554-5)

3   Elektronische Patientenakte (ePA)

Die Einführung der elektronischen Patientenakte (ePA) gem. § 291a SGB V hat große Unruhe in diese bislang etablierte Ordnung gebracht. Die ePA ist als individuelle Gesundheitsakte eines Patienten zu verstehen, welche auf den Versicherten bezogenen medizinische Daten enthält. (Vgl. Engemann, 2013, S. 161) Die Schreibrechte sind so strukturiert, dass nur der Patient entscheidet, wer etwas in diese Akte schreiben kann. Damit wird dem Recht der informationellen Selbstbestimmung des Patienten in nahezu idealer Weise entsprochen. (Vgl. Weichert, 2009)

Engemann stellt fest: „Mit der elektronischen Gesundheitskarte und der geplanten elektronischen Gesundheitsakte ändert sich die Verteilung der Lese- und Schreibrechte sowie der Lokalisation der Gesundheitsakten radikal. Die Ärzte sollen nach Willen des deutschen Gesetzgebers die Kontrolle über die Daten weitgehend verlieren, und an ihrer Stelle sollen die Patienten zu Hütern und Trägern ihrer medizinischen Akten werden." (Engemann, 2013, S. 151)

Die ePA ist ein gesetzlich vorgeschriebenes Angebot, welches die Kostenträger an Ihre Versicherten machen müssen. Der freiwillige Nutzen allerdings schließt aus, dass diese Akte die einzige Grundlage für die Behandlung eines Menschen und dessen Dokumentation sein kann. Die Verpflichtung des Arztes aus Standes- Zivil- und Strafrechtlicher Sicht bleibt unberührt.

4   Konsolidierte digitale Patientenakte

Die konsolidierte digitale Patientenakte ist eine Zusammenführung aller Fallakten eines Patienten in einer Gesundheitseinrichtung. Technisch ist es dabei zunächst völlig ohne Belang, ob die Daten alle physikalisch auf einem Speichermedium vorliegen, oder diese Daten durch Verlinkung zusammengeführt werden. Von wesentlicher Bedeutung ist vielmehr, dass die Informationen, die sich hinter Daten verbergen, gebündelt, in maschinenlesbarer Form verfügbar gemacht werden.

Die maschinenlesbare Verfügbarkeit ist die Voraussetzung dafür, dass moderne analytische Methoden zum Einsatz kommen können und somit die digitalen Mehrwerte aus den Daten in der Gestalt von Informationen hin zur Wissensgenerierung erzielt werden können. Oftmals von großem Vorteil ist es heute noch, wenn die Daten in einer strukturierten Form vorliegen. Dies ist immer dann der Fall, wenn die Dokumente eines Falls in originär digitaler Form eingespielt werden. Aber auch gescannte Dokumente können mittels Texterkennung (OCR) so aufbereitet werden, dass aus diesen die Informationen wieder in für Maschinen lesbare Form gebracht werden können.

Gerade in den Zeiten des digitalen Umbruchs haben wir es oft mit „hybriden" Archiven zu tun. Doch die Zeiten der „strukturelle[n] Hegemonie des Papiers als Bild und Zeichenträger" (Müller, 2012, S. 10) neigen sich ihrem Ende zu. (Engemann, 2013, S. 150)

Eine besondere Herausforderung dabei ist immer, dass dabei auch stets die Zugriffsrechte, die sich aus dem Behandlungskontext eines Patienten ergeben, berücksichtigt werden müssen. So muss sichergestellt werden, dass der behandelnde Herzchirurg nicht auf die gynäkologischen Falldaten zugreifen darf, auch wenn es sich um denselben Patienten handelt. Moderne Architekturkonzepte berücksichtigen diese Herausforderung. IHE XDS-Profile bieten hier mögliche Lösungen für definierte Anwendungsfälle an. (Vgl. Schreiweis et al., 2018, S. 841)

Die Fallakten eines Krankenhauses werden heute in verschiedenen Formen geführt. Bislang – und auch auf Dauer unverzichtbar – werden die Behandlungsinformationen in Archiven aufbewahrt. Die Papierarchive benötigen viel Platz, sind nur physikalisch vorhanden und sind nur sehr mühsam zu durchsuchen. Als Alternative boten sich lange Zeit Microfilme an. Die abgelichteten Dokumente können so über Jahrzehnte verlustfrei gespeichert und vorgehalten werden.

Mikrofilme waren jahrelang die gängige Methode der Langzeit-Archivierung von umfangreichen Dokumentenbeständen. Das Material wird bei der Verfilmung in ein mikroskopisch kleines Format verkleinert. Um die Originaldokumente wieder bearbeiten zu können werden spezielle Lesegeräte benötigt, die das Material auf seine Ursprungsgröße zurückvergrößern.

5 Architektur von Patientendaten und informationsverarbeitende Systeme

Hinsichtlich der technischen Architektur besteht die Wahl zwischen dem Einsatz eines holistischen oder aber eines heterogenen, aus mehreren Systemen zusammengesetzten Gesamtsystems. (Vgl. Haas & Kuhn, 2017, S. 778–780)

Mit der digitalen Transformation der Krankenversorgung, die mit der Einführung von Klinischen Informationssystemen vor ungefähr 25 Jahren ihren Anfang nahm, wurden immer mehr Informationen in relationalen Datenbanken gespeichert. Ebenso wurden immer mehr Lösungen implementiert, das Applikationsportfolio wuchs stetig an, so dass rasch der Ruf nach Vereinheitlichung der Oberflächen, Datenbanken und der Administration dieser Systeme immer lauter wurde. Der notwendige Datenfluss zwischen den Systemen wurde über Schnittstellen hergestellt, die mehr oder minder gut funktionierten. Die Skepsis an sogenannten *Best-of-Breed-Ansätzen* wuchs insbesondere aus Sorge vor einer nicht beherrschbaren Komplexität. (Vgl. Bruhn, (2011), S. 7–8)

Das Zeitalter der monolithischen klinischen Arbeitsplatzsysteme brach an. Fortan wurden immer mehr Funktionen in diesen Systemen abgebildet. Diese Systeme wurden zu großen Datentankern.

Diese großen Tanker zeichnen sich dadurch aus, dass diese Systeme mit weniger Personal betreut werden können und es innerhalb des monolithischen Ökosystems kaum Schnittstellen gibt. Notwendige Updates reduzieren sich auf ein System. Die Oberflächen sind einheitlich, der Schulungsaufwand reduziert sich. Die Komplexität der Systemlandschaft wird spürbar reduziert.

Aber dieses Architekturmodell hat auch zahlreiche Nachteile, die nicht verschwiegen werden dürfen: Diese großen Systeme richten sich oft weniger nach den Notwendigkeiten der pflegerischen und medizinischen Prozesse, sondern mehr nach den Wünschen der Systemadministration. Die Datenbanken sind oft so groß und komplex, dass, selbst wenn theoretisch die Möglichkeit besteht, oft niemand mehr in den Krankenhäusern Daten aus diesen Datentankern extrahieren kann. Es ist oft leichter, aus kompakteren Systemen – auch weil sie über Schnittstellen verfügen! – Daten zu extrahieren. Der geforderte Vorteil der großen Systeme nach Einheitlichkeit und Administrierbarkeit geht oft zu Lasten der Funktionalität. Schließlich entsteht auch eine große Abhängig des Hauses von seinem Systemhersteller, denn mit der Zeit entsteht ein solch komplexes Szenario, dass kaum mehr in eine andere Architektur zu migrieren ist. Es sind gerade die Schnittstellen, die oftmals als Fluch angesehen werden, die es ermöglichen, Daten aus den Prozessen über einen Kommunikationsserver abzugreifen. Die Standards, die sich hier entwickelt haben, tragen wesentlich dazu bei, dass heute klinische Dokumente jeglicher Art für Computersysteme lesbar und auswertbar sind.

Verteilte Architekturansätze bieten heute zukunftssichere und stabile Alternativen. Eine generelle Blaupause für eine Systemarchitektur, die auf jedes Haus passt, gibt es zwar nicht, aber es gibt inzwischen Konzepte, die es ermöglichen für jedes Haus ein Optimum zu erreichen. Wichtig ist aus Sicht des Autors, neben einer hohen Funktionalität auch eine möglichst hohe Herstellerunabhängigkeit zu erreichen. Die Anwendungen einer klinischen Systemlandschaft müssen sich ohne Informationsverlust austauschen lassen können. Ein vom KIS unabhängiges, revisionssicheres Dokumenten- und Datenarchiv ist von daher der Grundstein für jedes zukunftsorientierte Architekturmodell. (Vgl. Haas, 2016, S. 781)

6   Integration der Systeme durch Standards und Profile: HL7, DICOM, IHE

Der Datenaustausch der verschiedenen klinischen Applikationen in einer Gesundheitseinrichtung basiert heute auf verschiedenen Standards und ist Voraussetzung für die Interoperabilität der Systeme. Die bekanntesten Vertreter sind:

- HL7 für die Übertragung klinischer und administrativer Daten
- DICOM für Verwaltung und Übertragung medizinischer Bilder und Metadaten

Diese beiden Standards sind die Eckpfeiler einer Initiative, die sich mit der Formulierung von Standardszenarien (Profilen) beschäftigt: *Integrating the Healthcare Entreprise* (IHE). IHE ist eine von Fachleuten und Vertretern aus der Medizin, der Krankenhausverwaltungs- und IT-Fachleuten sowie der Industrie getragene Initiative, die sich zum Ziel gesetzt hat, die Integration der IT-Systeme im Gesundheitswesen voranzutreiben (Vgl. Eichelberg et al., 2004, S. 231). Es sollten insbesondere die Schwierigkeiten aus dem Weg geräumt werden, die eine wirksame und funktionelle Integration von Informationssystemen im Gesundheitswesen behinderten. (Vgl. Bernardini et al., 2003, S. 83–90)

Die entsprechend den von der IHE-Initiative vorgegebenen Profilen entwickelten Systeme kommunizieren besser miteinander, sind einfacher zu implementieren und ermöglichen es den Leistungserbringern, Informationen effektiver zu nutzen („Integrating the Healthcare Enterprise IHE," 2011).

Ein zeitgemäßes digitales revisionssicheres Archiv, welches zum Zwecke der rechtssicheren Aufbewahrung von klinischen Dokumenten eingesetzt werden soll, sollte daher diese Standards unterstützen. Das Archiv kann damit als Architekturkomponente der klinischen Systeme betrachtet werden. Es enthält, eingebettet in die Gesamtarchitektur, sämtliche relevanten Dokumente mit einem validen Status: endgültig, unveränderbar, vidiert, signiert.

7   Metadaten, Typisierung und Indizierung

Neben den eigentlichen klinischen Dokumenten lassen sich zu diesen zum einen Verarbeitungsdaten aus den Schnittstellen erfassen. Zum anderen ermöglichen Textanalysen, die Dokumente mit Schlagwörtern zu versehen und diese zu typisieren. Aus diesem Prozess der Indizierung entsteht ein großer Datenschatz, welcher im Zeitalter von Big Data und Künstlicher Intelligenz zunehmend auf großes Interesse stößt. Die größer werdenden Möglichkeiten, Daten zu nutzen, wird die Krankenhäuser vor neue Herausforderungen stellen. Die Häuser, die es verstehen, die Daten zu verwerten, haben gegenüber denen, welchen diese Möglichkeiten fehlen, deutliche Vorteile.

Die Entwicklung der Klinischen Dokumentenliste spielt in diesem Zusammenhang eine wichtige Rolle. In den Jahren 2013–2018 wurde im Rahmen einer Studie von DMI begonnen, ca. 50.000 unterschiedlichen Bezeichnungen für Dokumententypen zu erfassen, zu analysieren und zu typisieren. Bis dato konnten über 380 Dokumententypen identifiziert werden.

Aus den Dokumenten lassen sich heute im Verarbeitungsprozess zusätzlich noch weitere Informationen extrapolieren: ICD-Codes, OPS-Schlüssel, TNM-Klassifikation. Semantische Analysen erlauben die Ermittlung des Bedeutungsgehaltes bzw. des Inhalts eines Dokumentes. So ist es denkbar, aus den Dokumenten einer Fallakte zu ermitteln, ob den Ratschlägen eines Konsils gefolgt wurde oder die Anordnungen umgesetzt wurden.

Angereichert mit Prozessdaten aus der Verarbeitung (Metadaten) entsteht so eine konsolidierte digitale rechtssichere Patientenakte für eine Einrichtung mit Mehrwert. Die Dokumente aus dieser Instanz sind verkehrsfähig. Daher scheint es sinnvoll zu sein, die Datenströme, die vom Gesetzgeber gefordert sind (ePA nach § 291 SGB V, MDK nach §§ 275 SGB V), aus dieser Datenquelle zu befüllen.

8 Datenkompetenz als Schlüssel zur Mehrwertgenerierung aus der digitalen Patientenakte

Die Architektur der Krankenhausinformationssysteme, unabhängig ob primär monolithisch oder einem „Best-of-Breed"- Ansatz folgend, sind in den letzten Jahren gereift. Basisprotokolle und Standards sind etabliert, die Standards der Integration sind heute fester Bestandteil der Systemplanung. Die Bedeutung der Interoperabilität ist verstanden, sogar Gegenstand in gesetzlich verordneten Strukturen wie KIM, Telematik Plattform, KHZG geworden. Mit langer Verzögerung, deren Ursache in vielerlei Gründen zu sehen ist, ist die Digitalisierung inzwischen jetzt ein kardinales Thema der Gesundheitswirtschaft. Eine wichtige Frage wird aber sein, ob wir uns der Möglichkeiten, die durch die wachsenden Datenmengen entstehen, bewusst sind und die Fähigkeiten entwickeln, diese wertschöpfend zu nutzen.

Ziel einer Unternehmensführung muss es daher zukünftig sein, im Unternehmen die notwendige Datenkompetenz (Data Literacy) zu entwickeln und ein professionelles Datenmanagement zu entwickeln: *Data Governance.*

Unter dem Begriff Data Governance wird die strukturierte Einbettung der Praktiken (Vorgehensweisen und Methoden) des Datenmanagements in die Aufbau- und Ablauforganisation einer Unternehmung verstanden. (Vgl. Bollweg, 2021, S. 11)

Lt. Bollweg führt sie zum professionelleren Umgang mit Daten und ist ein Bestandteil der digitalen Transformation. Der Kern dieses Managementbereiches liegt, so der Autor, in Beiträgen zur Wertschöpfung, welche gehoben werden können durch:

- Verbesserung der operativen Exzellenz
- Analytics, Reporting & Decision Support zur Entscheidungsfindung
- Unterstützung der Compliance & des Risikomanagements
- Vertiefung der Zusammenarbeit & Datenkompetenz über Fachbereichsgrenzen
- Vorantreiben der Digitalisierung und Automatisierung

(Vgl. Bollweg, 2021, S. 14–15)

9 Fazit

Die Behandlungsunterlagen eines Patienten spielen seit je her eine wichtige Rolle. Mit der Zeit haben sich nicht nur die Medien verändert, auf dem diese Informationen abgelegt sind, sondern es haben sich auch die Handhabung und der Umgang mit den Daten verändert. Die Digitalisierung leitet heute nun eine neue Epoche ein. Informationen bekommen einen enormen Stellenwert. Data Governance und Data Literacy eröffnen uns heute völlig neue Möglichkeiten zur Nutzung der Daten.

Die digitale Patientenakte wird als zuverlässige Datenquelle zukünftig ein wichtiger Bestandteil einer erfolgreichen Krankenhaus-Digitalstrategie sein. Die Herausforderung wird darin liegen, die notwendige Datenkompetenz in den Krankenhäusern zu schaffen. (Vgl. Hülsken et al., 2021, S. 304–305)

Literatur

Bernardini, A., Alonzi, M., Campioni, P., Vecchioli, A., & Marano, P. (2003). IHE: Integrating the healthcare enterprise, towards complete integration of healthcare information systems. *Rays, 28*(1), 83–93. https://europepmc.org/article/med/14509182. Zugegriffen am 30.08.2021.

Bollweg, L. M. (2021). Was ist Data Governance? In L. M. Bollweg (Hrsg.), *Data Governance für Manager* (S. 11–50). Springer. https://doi.org/10.1007/978-3-662-63562-9_2.

Bruhn, O. (2011). Interview durch P. Mertens, & P. Pagel [Wirtsch Inform Manag]. Springer Automotive Media Wiesbaden.

Eichelberg, M., Poiseau, E., Wein, B. & Riesmeier, J. (2004). Integrating the Healthcare Enterprise: Die IHE-Initiative in Europa. In A. Jäckel (Hrsg.), *Telemedizinführer Deutschland* (5. Aufl., Bd. 2004, S. 230–234). Minerva.

Engemann, C. (2013). Elektronische Gesundheitsakte oder Fallakten – Medizinische Archivmacht und die elektronische Gesundheitskarte. In R. Kray, C. Koch & P. T. Sawicki (Hrsg.), *Qualität in der Medizin dynamisch denken: Versorgung – Forschung – Markt* (S. 149–175). Springer Gabler.

Haas, P. (2016). *Elektronische Patientenakten: Einrichtungsübergreifende Elektronische Patientenakten als Basis für integrierte patientenzentrierte Behandlungsmanagement-Plattformen.* Bertelsmann Stiftung. https://www.bertelsmann-stiftung.de/fileadmin/files/BSt/Publikationen/GrauePublikationen/VV_eEPA_Expertise_final.pdf. Zugegriffen am 30.08.2021

Haas, P., & Kuhn, K. (2017). Krankenhausinformationssysteme: Ziele, Nutzen, Topologie, Auswahl. In R. Kramme (Hrsg.), *Medizintechnik* (S. 767–793). Springer. https://doi.org/10.1007/978-3-662-48771-6_41.

Hülsken, G., Hörstgen, R., & Henke, V. (2021). Digitale Transformation im Krankenhaus angekommen: Health Data Office als neues Kompetenzzentrum. *das Krankenhaus, 4*, 302–305.

Integrating the Healthcare Enterprise IHE (2011). In G. C. Kagadis & S. G. Langer (Hrsg.), *Informatics in Medical Imaging* (S. 85–98). CRC Press. https://doi.org/10.1201/b11382-13.

Müller, L. (2012). *Weiße Magie: Die Epoche des Papiers.* Hanser.

Röhrig, R., & Walcher, F. (2014). Medizinische Dokumentation – Antike und Moderne. *Notfall + Rettungsmedizin, 17*(8), 650–651. https://doi.org/10.1007/s10049-014-1857-4.

Schreiweis, B., Bronsch, T., Merzweiler, A., & Bergh, B. (2018). Implementing modular research consents using IHE advanced patient privacy consents. *Studies in Health Technology and Informatics, 247*, 840–844. https://doi.org/10.3233/978-1-61499-852-5-840.

Weichert, T. (2009). *Stellungnahme zur elektronischen Gesundheitskarte anlässlich der öffentlichen Anhörung des Gesundheitsausschusses am 25. Mai 2009: Anträge der Fraktionen FDP: Moratorium für die elektronische Gesundheitskarte (BTDrs. 16/11245) und BÜNDNIS 90/DIE GRÜNEN: Das Recht auf informationelle Selbstbestimmung bei der Einführung der elektronischen Gesundheitskarte gewährleisten (BTDrs. 16/12289).* https://www.datenschutzzentrum.de/uploads/izg-anfragen/20160718/2009-05-25-Webseite-Stellungnahme-zur-elektronischen-Gesundheitskarte.pdf. Zugegriffen am 30.08.2021.

Umsetzungsbeispiele: Digitalstrategie, Datenkompetenz und Compliance

Andreas Beß, Thomas Dehne, Folkert Hoim, Manfred Criegee-Rieck, Jan Haberkorn, Ralf Hörstgen, Andreas Lange, Andreas Lockau, Ingo Matzerath, Katrin Berger, Katrin Weinhold, Armin Weinberger, Markus Rothkopf, Thomas Stangl und Michael Reiter

A. Beß (✉)
promedtheus AG, Mönchengladbach, Deutschland
E-Mail: bess@promedtheus.de

T. Dehne
Universitätsmedizin Rostock, Rostock, Deutschland
E-Mail: thomas.dehne@med.uni-rostock.de

F. Hoim
Lahn-Dill-Kliniken, Wetzlar, Deutschland
E-Mail: Folkert.Hoim@lahn-dill-kliniken.de

M. Criegee-Rieck
Klinikum Nürnberg, Nürnberg, Deutschland
E-Mail: Manfred.Criegee-Rieck@klinikum-nuernberg.de

J. Haberkorn
St. Elisabeth-Krankenhaus Köln-Hohenlind, Köln, Deutschland
E-Mail: jan.haberkorn@hohenlind.de

R. Hörstgen
Johanniter HealthCare-IT Solutions, Berlin, Deutschland
E-Mail: rho@johs.johanniter.de

A. Lange
Kliniken Südostbayern AG, Traunstein, Deutschland
E-Mail: andreas.lange@kliniken-sob.de

A. Lockau
St. Marien-Hospital Hamm gGmbH, Hamm, Deutschland
E-Mail: lockau@kh-it.de

Inhaltsverzeichnis

I. Matzerath · K. Berger · K. Weinhold
AMEOS Spitalgesellschaft mbH, Halle, Deutschland
E-Mail: ingo.matzerath@ameos.de; ingo.matzerath@ameos.de; ingo.matzerath@ameos.de

A. Weinberger · M. Rothkopf · T. Stangl
Arberlandkliniken Kommunalunternehmen, Zwiesel, Deutschland
E-Mail: KL@arberlandkliniken.de; KL@arberlandkliniken.de; KL@arberlandkliniken.de

M. Reiter
Fachjournalist für Innovation in der Gesundheitsversorgung, Zwingenberg, Deutschland

Zusammenfassung

Die Frage nach einer Digitalstrategie beschäftigt die Krankenhäuser nicht nur in der letzten Zeit, sondern schon seit vielen Jahren. Im Rahmen der Best Practices zur Thematik Digitalstrategien wurden deswegen unterschiedliche Krankenhäuser ausgewählt und nach einer vorgegebenen Fragestruktur mit 10 Fragesellungen befragt, um so einen möglichst breiten Überblick zu generieren. In der Quintessenz haben alle beteiligten Gesundheitsträger den Weg für eine Digitalstrategie bereitet und als von Bedeutung identifiziert. Der Methodik und Ergebnisse sind aber in hohem Maße trägerspezfiisch und sollen auch entsprechend der Träger-Eigenschaften auch gestaltet sein. Sie bieten damit aber der ganzen deutschen Krankenhauslandschaft einen guten Überblick möglicher Ansätze und Methodiken.

1   Ausgangssituation

Die Frage nach einer Digitalstrategie beschäftigt die Krankenhäuser nicht nur in der letzten Zeit, sondern schon seit vielen Jahren. Dabei bestehen und bestanden neben unterschiedlichen Herangehensweisen vor allem auch unterschiedliche strukturelle Voraussetzungen und daraus resultierende Zielsetzungen. Im Rahmen der Best Practices zur Thematik Digitalstrategien wurden deswegen Krankenhäuser ausgewählt, die sich nach der Krankenhausgröße, medizinischen Ausrichtung, räumlichen Verortung und Trägerschaft unterscheiden, um einen möglichst breiten Überblick zu generieren. Um hier aber trotzdem eine allgemeine Vergleichbarkeit zu schaffen, folgen die Co-Autoren dieses Beitrags einer vorgegebenen Fragenstruktur.

Diese zehn Fragen umfassen dabei, ausgehend von der Motivation über die angewandte Methodik bis zu den darauf basierenden „lessons learned", die folgenden Aspekte:

1. Was war Anlass, sich mit dem Thema Digitalstrategie zu beschäftigen?
2. Welche Kernaspekte hat Ihre Unternehmensstrategie?
3. Wie soll eine Digitalstrategie die Erreichung der Unternehmensziele unterstützen?
4. Wie haben Sie intern zu einer gemeinschaftlichen Strategie gefunden (bspw. Einbindung von Berufsgruppen, Gremienstrukturen, unterstützenden Tools, Change-Management-Aktivitäten)?
5. Welche Bedeutung hat professionelles Datenmanagement im Rahmen Ihrer Digitalstrategie und welche Rolle spielen digitale, konsolidierte Patientenakten?

Tab. 1 Betrachtete Einrichtungen und Trägerschaften

Nr.	Einrichtung	Co-Autor
1	Universitätsmedizin Rostock	Hr. Thomas Dehne
2	Lahn-Dill-Kliniken	Hr. Folkert Hoim
3	Klinikum Nürnberg	Dr. Manfred Criegee-Rieck
4	St. Elisabeth-Krankenhaus Köln-Hohenlind	Dr. Jan Haberkorn
5	Johanniter HealthCare-IT Solutions	Hr. Ralf Hörstgen
6	Kliniken Südostbayern	Hr. Andreas Lange
7	St. Marienhospital Hamm	Hr. Andreas Lockau
8	AMEOS Gruppe	Dr. Ingo Matzerath, Fr. Katrin Berger, Fr. Katrin Weinhold
9	Arberlandkliniken Kommunalunternehmen, Zwiesel	Hr. Armin Weinberger, Hr. Markus Rothkopf, Hr. Thomas Stangl

6. Welche Relevanz haben die Themen Datenkompetenz, Compliance und die Aggregation von Daten mit der Weiterentwicklung von Wissen für Ihre Digitalstrategie?
7. Wie unterstützt die Digitalstrategie die Themen Informationssicherheit, Kommunikationsfähigkeit und die Fähigkeit zur Prozessoptimierung?
8. Wie messen Sie die Umsetzungserfolge und mit welchen Mechanismen wurde auf Hindernisse bzw. auf sich ändernde Anforderungen reagiert?
9. Was wird auf Basis der Digitalstrategie von Beratern und strategischen Lösungspartnern erwartet?
10. Welche Empfehlungen geben Sie Ihren Branchenkollegen?

Diese Fragestellungen haben insgesamt 13 Co-Autoren aus den in Tab. 1 aufgeführten Einrichtungen beantwortet und bewertet.

Im Weiteren folgen nun die Textbeiträge aus der jeweiligen Autorenperspektive pro Fragestellung. Dabei erfolgt die Darstellung entsprechend der oben aufgeführten Reihenfolge. Die Bildung eines Fazits erfolgt im Rahmen der Beiträge zur zehnten Frage, die in diesem Sinne auch gestaltet wurde.

2   Fragenblock 1–3

Da die Fragestellungen 1–3 „Was war Anlass, sich mit dem Thema Digitalstrategie zu beschäftigen?", „Welche Kernaspekte hat Ihre Unternehmensstrategie?" und „Wie soll eine Digitalstrategie die Erreichung der Unternehmensziele unterstützen?" den Co-Autoren in einem Block gestellt wurden, erfolgen die Beiträge nachfolgend in aggregierter Form.

2.1   Universitätsmedizin Rostock

Sich mit Digitalstrategien zu beschäftigen, ist für jedes Unternehmen unumgänglich. Dies gilt auch für Krankenhäuser in Deutschland, die sicherlich kein sehr gutes Beispiel für moderne IT-Architekturen sind. Die Notwendigkeit einer Digitalstrategie ergibt sich zum größten Teil aus den Marktentwicklungen national und international sowie aus gesetzlichen Anforderungen. Es gibt mittlerweile kaum noch ein Thema, was nicht mit IT in Verbindung steht. Dies beginnt bei der Notwendigkeit, Daten für das Unternehmen digital vorzuhalten, um diese für die Steuerung des Krankenhauses zu nutzen, bis hin zu kleinsten technischen Geräten, die heutzutage kaum noch ohne Softwaresteuerung auskommen. Auch ein Zahnarztstuhl ist heutzutage ein IT-Thema, da dieser über eingebaute Rechner verfügt. Fast jede Unternehmensentscheidung hat einen direkten oder indirekten Bezug zu IT-Komponenten. Bei Prozessänderungen in einem Klinikum müssen i. d. R. IT-Systeme angepasst werden (sog. Customizing) oder Rahmenbedingungen in der Nutzung betrachtet werden (z. B. Berechtigungskonzepte, Datenschutz- und IT-Sicherheitsaspekte).

Um die vielfältigen Themen in der Komplexität im Griff zu behalten, besteht die Notwendigkeit, Rahmenbedingungen für die Implementierungen, den Betrieb sowie die Weiterentwicklung von digitalen Systemen zu definieren. Auch organisatorische Themen, wie zum Beispiel die Digitalisierung im Unternehmen betrieben werden soll, müssen festgelegt sein, damit die Ziele hin zu mehr Digitalisierung auch real in definierten Zeiträumen umgesetzt werden können. Ohne finanzielle Betrachtungen und Bereitstellung notwendiger personeller Ressourcen (intern oder extern) sind Digitalisierungsprojekte zum Scheitern verurteilt.

Letztendlich ist eine gute Digitalstrategie auch die Voraussetzung für jedes Krankenhaus, wettbewerbsfähig zu bleiben und die Existenz zu sichern. Nur wer sich den Entwicklungen am Markt stellt, kann sich in Hinblick auf moderne Behandlungsmethoden sowie den Patientenservice am Markt behaupten. Ausgenommen bei der Betrachtung sind hier politische Festlegungen, die über die Existenz eines Krankhauses entscheiden können. Aber auch in diesem Fall haben sicherlich digital gut aufgestellte Krankenhäuser bessere Chancen, die Notwendigkeit des Erhalts eines Klinikums darzustellen.

Der Anlass für jede Digitalstrategie sollte sein: Wir wollen das Papier loswerden, um irgendwann papierlos zu sein.

Das Papier wird man schnell los, einfach einscannen und vernichten. Das ist aber mitnichten papierlos. Daher sollte eine Digitalstrategie den Weg beschreiben, wie die noch zahlreichen analogen Prozesse (mit Papier) durch digitale Prozesse ersetzt werden. Dies muss auch zentrales Ziel der Unternehmensstrategie sein. Auf diesem Weg ist es ebenso wichtig, die aktuellen Entwicklungen am Markt zu beobachten und zu bewerten. Neben der rein funktionalen Betrachtung der Digitalstrategie muss das Thema KI (künstliche Intelligenz) ebenfalls bei der Erstellung der Strategie eine Rolle spielen, um sich dem Wettbewerb am Markt zu stellen.

Die Unternehmensstrategie eines Krankenhauses enthält im Schwerpunkt immer eine Wirtschaftlichkeitsbetrachtung, die die Ausrichtung des Unternehmens maßgeblich steuert. Nur mit gesicherten Finanzierungen lassen sich Krankenhäuser sicher betreiben. Hierzu zählt auch, welche Schwerpunkte bzw. Spezialisierungen das jeweilige Haus anbietet, d. h. welche Leistungen das Krankenhaus im Rahmen der Patientenbehandlungen erbringt.

Eine Digitalstrategie muss sich an dieser übergreifenden Strategie ausrichten und immer ein Teil der Unternehmensstrategie sein. Eine Koexistenz von zwei unabhängigen Strategien kann nicht funktionieren, da sie sich im Zweifelsfall gegenseitig blockieren bzw. unterschiedliche Ziele verfolgen, die dann wiederum zum Misserfolg von ergriffenen Maßnahmen führen.

Leider sind die Digitalstrategien in den seltensten Fällen auch als Teil der Unternehmensstrategien festgeschrieben. Das bedeutet nicht unbedingt, dass es keine Digitalstrategie im Rahmen der Unternehmensstrategie gibt; vielmehr ist diese nur nicht auf der Ebene des Vorstands oder der Geschäftsleitung offiziell festgelegt. Diesen Umstand kann man natürlich auf das fehlende Verständnis der Notwendigkeit von IT und der damit einhergehenden Digitalstrategie der obersten Leitungsebene schieben. Das trifft sicherlich zum Teil auch zu; dies aber allein auf diesen Aspekt zu schieben, wäre zu einfach dargestellt.

Digitalstrategien werden in der Regel von IT-Mitarbeitern erstellt. Diese neigen dazu, solche Strategiedokumente sehr technisch aufzubauen. Somit findet eine Bewertung oftmals nur durch IT-Fachpersonal statt. Insofern sollte eine Digitalstrategie die Vorgaben und Ziele aus Sicht eines Nicht-ITlers darstellen und technische Details möglichst vermeiden.

Letztendlich geht es bei der Erreichung von Unternehmenszielen eines Krankenhauses aus meiner Sicht um zwei Kernfragen.

• Wie kann das Klinikum die bestmögliche Patientenbehandlung sicherstellen bzw. neue Behandlungsmethoden anbieten?
• Wie lassen sich diese Behandlungsspektren kostendeckend umsetzen?

Das ist gerade für Unikliniken oft sehr schwierig, da sie einen gesetzlichen Behandlungsauftrag haben, der oft weit über eine wirtschaftliche Umsetzung hinausgeht. Die Schwächen des DRG-Systems dahingehend sollen in Hinblick auf die Digitalstrategie hier nicht weiter beleuchtet werden, sind aber ein wichtiger Aspekt, die zukünftige Ausrichtung der Krankenhäuser im Hinblick auf den IT-Betrieb auch finanziell sicherzustellen. Digitalisierung bzw. IT generell ist in der Kalkulation des DRG-Systems nämlich nicht berücksichtigt und somit auch nicht existent. Jeder Betrag, der in Digitalisierung investiert wird, muss der Krankenversorgung entnommen oder über zusätzliche Mittel des Krankenhausträgers bereitgestellt werden.

Die Unternehmensziele müssen somit zur Umsetzung neuer und bestehender Behandlungsspektren hinsichtlich eines Betriebskonzeptes betrachtet werden. Hierbei sind folgende Dinge zu betrachten:

• Welche strategischen/unternehmerischen Ziele sollen erreicht werden?
• Welche Investitionen sind ggf. hierfür notwendig (inkl. baulicher Maßnahmen)?
• Wie verändern sich die Betriebsausgaben?
• Welche Erlöse in welcher Höhe können/sollen hiermit erzielt werden?

- Welche personellen Ressourcen werden für die Umsetzung benötigt?
- Welche Fachbereiche müssen involviert werden, welche Fachexpertise ist notwendig?

Für die Umsetzung eines Unternehmensziels ist es zwingend notwendig, einen Zielprozess zu definieren. Hierbei kommt dann die Digitalstrategie zum Tragen, die den Rahmen für die Umsetzung definiert. Dabei sollte man nie vergessen, dass die Digitalisierung den umzusetzenden Prozess unterstützen soll und sich der Prozess nicht aus der IT-Lösung ergibt. Oft neigt man dazu, ein IT-System anzuschaffen und dann erst bei der Implementierung den Prozess zu betrachten, der dann den Rahmenbedingungen der angeschafften Lösung untergeordnet werden muss. Das birgt die Gefahr, dass man die Prozesse an die IT-Lösung anpassen muss und am Ende im schlimmsten Fall einen schlechteren, aufwendigeren Prozess um die IT-Lösung herum definieren muss. Sicherlich lässt sich die Abhängigkeit von existierenden bzw. neu zu beschaffenen IT-Lösungen nie ganz verhindern. Man sollte dies aber auf ein Minimum reduzieren.

Wenn man auf existierende IT-Systeme zurückgreifen kann, muss die Anpassung der Software an den Prozess geprüft werden und ggf. um Funktionalitäten unter Beachtung der Rahmenbedingungen aus der Digitalstrategie erweitert werden.

Werden neue IT-Lösungen notwendig, muss der umzusetzende Prozess in der Vergabe der Neuanschaffung als Anforderung mit aufgenommen werden. Somit hat man die Möglichkeit, im Vergabeverfahren die Optionen der Umsetzung des Zielprozesses von dem jeweiligen Hersteller als Konzept einzufordern und dies ggf. im Dialog mit den Dienstleistern zu entwickeln. Die Implementierung sollte unter Beachtung der Digitalstrategie erfolgen, d. h. auch diese muss den Anbietern im Vergabeverfahren zu mindestens in den relevanten Punkten bekannt gemacht werden. Eine Zusage der Hersteller, dass die Aspekte aus der Digitalstrategie bei der Implementierung einer Lösung beachtet werden, sollte eingeholt werden. Dies ist vor allem für die An- bzw. Einbindung der IT-Lösung in die Systemlandschaft relevant. Insellösungen müssen verhindert werden, neue IT-Systeme sich in die existierende IT-Landschaft mit vorhandenen Standards implementieren lassen, um einen sicheren Betrieb zukunftssicher garantieren zu können.

Nur unter Beachtung der Digitalstrategie lassen sich übergeordnete Unternehmensziele erfolgreich umsetzen.

2.2 Lahn-Dill-Kliniken

Die Vorteile eines „digitalen Krankenhauses" liegen auf der Hand. Alle Daten rund um die Patientenbehandlung liegen zu jedem Zeitpunkt, an jedem Ort und gut lesbar vor. Außerdem erhöhen sie die Patientensicherheit. Auch wenn der Weg dahin ein langer, steiniger und auch teurer ist, müssen die Abläufe im Krankenhaus auf digitalen Prozessen basieren. In der aktuellen Zeit ist es einfach unvorstellbar, papiergestützte Prozesse zu leben. Diese Erkenntnis ist zum Glück bei allen beteiligten Berufsgruppen angekommen. Also nicht nur in der IT, sondern auch in der Ärzteschaft, in der Pflege, in der Verwaltung und glücklicherweise auch in der Geschäftsführung. Da es auf dem Weg zum Ziel „digitales Krankenhaus" aber keinen „Königsweg" gibt und es hierfür eine schier unendlich große Anzahl an Möglichkeiten und Variationen gibt, muss eine krankenhaus- oder konzernindividuelle Strategie her. Hier müssen nicht nur Produkte und Softwarelösungen festgelegt werden, sondern auch die Ausbaustufe und der Reifegrad. Außerdem muss dies dann in einen sinnvollen zeitlichen Ablauf gegossen werden. Die Veränderung der Prozesse ist hierbei die größte Herausforderung. Aus diesem Grunde müssen alle genannten Berufsgruppen und Personen über die Strategie informiert werden, um sich damit identifizieren zu können. Nur dann kann erfolgreich digitalisiert werden.

Die Unternehmensstrategie basiert auf der Formel „$P + M + O + I = W$". Diese sagt aus, dass die Wirtschaftlichkeit (W) des Klinikverbunds von den folgenden Faktoren abhängig ist: Zufriedenheit der Patienten (P), Zufriedenheit der Mitarbeiter (M), Organisation/Prozesse (O), Innovation/Investition (I).

Die Digitalstrategie ist ein Teil der Unternehmensstrategie im Bereich Innovation/Investition. Sie beinhaltet u. a. eine strukturelle Veränderung der IT-Abteilung, die funktionale Weiterentwicklung des KIS und weiterer Applikationen, der weitere Ausbau der elektronischen Patientenakte und die Vernetzung von Medizintechnik und IT.

2.3 Klinikum Nürnberg

Die Digitalstrategie ergab sich aus der Konsequenz Unternehmens- und IT-Strategie des Unternehmens zusammenführen zu müssen. Dahingehend ist sie einerseits das zentrale Bindeglied zwischen beiden und andererseits Maßstab zur nutzenbasierten Beurteilung und Priorisierung betrieblicher Digitalisierungs-Projekte.

Die Kernaspekte der Unternehmensstrategie zielen auf die Patientenzufriedenheit, die Wirtschaftlichkeit der Geschäftsprozesse und auf die Zufriedenheit der Mitarbeiter. Weiter sind Bildung und Wissenschaft im Fokus. Die strategischen Schwerpunkte liegen insbesondere bei optimiertem Daten- und Informationsaustausch, Datenanalytik inklusive Standardisierung und Strukturierung und intensiver Digitalisierung interner (Kern-) Prozesse. Die Zielbilder hierbei lauten: wenn möglich papierlos, interoperabel wo möglich, stets patientenzentriert und mitarbeiterorientiert sowie wirtschaftlich, technologisch und organisatorisch nachhaltig.

Die Digitalstrategie muss alle Maßnahmen und Rahmenbedingungen umfassen, die ein Unternehmen festlegt, um entlang der gesamten betrieblichen Wertschöpfungskette intensiviert Digitaltechnologien einzusetzen und effizient zu betreiben. Effektiv bedeutet das, dass nicht nur Technologie betrachtet, verändert und verbessert werden muss, sondern alle Arbeitsabläufe und Prozesse, die mit digitalen Produkten und Dienstleistungen in Verbindung stehen, um die Unternehmensziele zu erreichen. Sie liefert sukzessive Antworten auf Herausforderungen im Kontext der Digitalisierung wie Chancen zur Effizienzverbesserung oder hinsichtlich Risiken aufgrund fehlender Rentabilität.

2.4   St. Elisabeth-Krankenhaus Köln-Hohenlind

Es ist offensichtlich, dass die Digitalisierung von Prozessen im Krankenhaus die Effizienz und die Qualität der Behandlung steigern kann. Eine Digitalstrategie existiert im Haus daher seit den 90er-Jahren; diese bestand in der schrittweisen Digitalisierung klinischer und administrativer Prozesse unter bestmöglicher Nutzung der verfügbaren Mittel. Durch verschiedene externe Einflüsse, u. a. die Einführung des datengetriebenen DRG-Systems 2001, die Weiterentwicklung der Medizintechnik und der gesetzlichen Anforderung zur Weiterentwicklung des Qualitätsmanagements, wurde dieser Prozess zunehmend relevanter und schneller. Inzwischen existieren am Markt ausgereifte Werkzeuge, um nahezu alle informationstechnisch und dokumentarisch relevanten Abläufe digital abzubilden. Diese sollen – insbesondere durch die erheblichen Fördermittel des Krankenhauszukunftsgesetzes – in den kommenden Jahren die Entwicklung vervollständigen. Die Einführung soll einen Fortschritt bei den Kern- und Unterstützungsprozessen bewirken; durch Qualitätsverbesserung, Effizienzsteigerung, Kostensenkung oder – typischerweise – eine Mischung dieser Effekte.

2.5   Johanniter HealthCare-IT Solutions

Die Digitalstrategie ist Bestandteil der Gesamtunternehmensstrategie. Es gilt, die Funktionen des CDO und CIO in Einklang zu bringen und gleichsam ein Rollenverständnis zu entwickeln. Genau diese Positionsbestimmung gab 2012 den Impuls, sich ausgiebig mit einer angemessenen und generisch verändernden Digitalstrategie für den Gesamtkonzern auseinanderzusetzen. Abgesehen von der wahrlich normativen Kraft des Faktischen, dass eine wie auch immer geartete Digitale Transformation ohne eine formal verankerte Legitimation beliebig verpufft.

Die Kernaspekte unserer Unternehmensstrategie sind:

- Grundsätzlicher Einsatz aller Betriebsmittel zum Wohle des Patienten
- Strategische Einlassungen orientieren sich grundsätzlich an der Strategie des Trägers
- Betriebssicherstellung inkl. Datenschutz und Informationssicherheit
- Bedarfsgerechte Harmonisierung der Verfahrenslandschaften durch Johanniter-BluePrint-Methodik
- Intersektorale Vernetzung und Patientensteuerung
- Datenverfügbarkeit und Datenverkehrsfähigkeit
- Tele Health
- Digitale Workflowsteuerung
- Datenintegration und Datenmanagement
- Klinische und Administrative Entscheidungsunterstützung
- Digitale Therapien und Diagnosen
- Unterstützung des CDO bei der Evaluation von neuen digitalen Geschäftsmodellen

Hierbei geht es zuerst darum, möglichst praxisnah und angemessen visionär zu evaluieren, wie die Unternehmensziele tatsächlich digital transformierbar sind. Die wirkliche Unterstützung bei der Erreichung der Ziele bezieht sich dann auf die anhängigen Prozesse, ergo Workflow, darauf durchaus aufbauend auf die Auswirkungen der Patientenversorgung, die Weiterentwicklung (Weiterdenken), der bereits eingesetzten Verfahren und letztendlich auf die Evaluation neuer, digitaler Geschäftsfelder.

2.6   Kliniken Südostbayern

Die Digitalstrategie folgt unserer Unternehmensstrategie und ist eine wichtige Säule unsere Unternehmensentwicklung. Seit 2015 hat die Digitalstrategie einen festen Platz in unserem Unternehmen und entwickelt sich kontinuierlich fort.

Unsere Unternehmensstrategie setzt die Schwerpunkte im Bereich der Medizinstrategie – also wie werden wir unsere Patienten wo versorgen – und unserer Personalstrategie – mit welchen Kräften und Qualifikationen wollen wir wo diese Leistungen erbringen. Weiterhin beschäftigt sich unsere Unternehmensstrategie mit der Frage wie wir eine Gesundheitsregion in guter Zusammenarbeit mit unseren externen Partnern aufbauen. Unsere Digitalstrategie unterstützt und ermöglicht alle diese Themen.

Ohne die digitalen Systeme wären wir nicht in der Lage eine qualitativ gute medizinische Versorgung anzubieten, unseren Mitarbeitern die notwendigen Werkzeuge hierfür zur Verfügung zu stellen und mit unseren Partnern gemeinsame Leistungen zu entwickeln und unseren Patienten anzubieten.

Immer mehr werden unsere technischen Digital- und IT-Lösungen zu einer tragenden Säule und zu einer zentralen Drehscheibe und Wissensplattform für die medizinischen Leistungen unseres Klinikverbundes und Partner.

2.7   St. Marienhospital Hamm

Die weitere Vernetzung von Daten, die Verfügbarkeit am KIS ist schon länger ein Thema. Ziele sind, neben einer zufriedenen Mitarbeiterschaft (weniger Doppelerfassungen) kostentransparent eine gute Behandlung umsetzen. Die Unternehmensziele sollen mit mehr Datentransparenz und besser Agilität erreicht werden.

2.8   AMEOS Gruppe

Anlass war 2017 die Umsetzung der überarbeiteten Unternehmensstrategie: „AMEOS strebt eine sektorenübergreifende, medienbruchfreie und digital vernetzte Organisation an" mit folgenden Kernaspekten:

- Wachstum, stärker als das epidemiologische Wachstum sowie stärker als der regionale Markt
- Hochwertige, qualitative Grund- und Regelversorgung
- Nahtlos verzahnte sektorenübergreifende Versorgung
- Ganzheitliche Versorgung entlang der Wertschöpfungskette „Kunde/Patient"
- Integration von externen Sozial- u. Gesundheitsdaten
- Ausweitung der Versorgungskette auf den potenziellen Kunden (Präventive Angebote)
- Wettbewerbsfähigkeit
- gesetzliche Anforderungen
- Bindung von Patienten und Einweisern
- Erreichung der Unternehmensziele
- Stichwort „Wachstum": Skalierbare IT-Systeme für einfache Integration neuer Klinika
- Stichwort „gesetzliche Anforderungen": Problemlose Reaktion auf neue gesetzliche Anforderungen über die Datenplattform
- Stichwort „Wettbewerbsfähigkeit": Kosten- und Prozessoptimierung durch Standardisierung und Optimierung der IT-Unterstützung, z. B. Spracherkennung, Entscheidungsunterstützung
- Stichwort „Ganzheitliche Versorgung": Sektorenübergreifende Versorgung über die Datenplattform, auch mit Nachversorgern, z. B. Reha
- Stichwort „Integration von externen Sozial- u. Gesundheitsdaten": Aufbau der Datenplattform für die Intersektorale Versorgung
- Stichwort „Bindung": Bereitstellung der Patienten App AMEOS PLUS und damit Bindung von Patienten und Einweisern durch einfachen Datenaustausch (intersektoral) über die Datenplattform

2.9   Arberlandkliniken

In den Arberlandkliniken finden jährlich gemeinsame Strategiesitzungen der Führungskräfte aus verschiedenen Professionen beider Häuser statt. Aus diesen Gesprächen entstand die Erkenntnis, dass, um weiter zukunftsfähig aufgestellt zu sein, es neben der medizinischen auch einer umfassenden Digitalstrategie bedarf. Bei den Strategiesitzungen wird auch der IT-Leiter der Arberlandkliniken miteinbezogen um entsprechend aktiv Einfluss nehmen zu können. Bei diesen Sitzungen werden unter anderem Wünsche seitens der Ärzteschaft und der Pflege geäußert, wie man sich digital weiterentwickeln könnte, um den Prozessablauf der medizinischen Behandlung zu verbessern bzw. auch zu vereinfachen. Des Weiteren finden mindestens dreimal im Jahr sog. IT-Sitzungen statt, worin das Thema der Digitalstrategie enthalten ist und diskutiert wird. Hierbei wird unter anderem über die Weiterentwicklung der eingesetzten Programme bzw. Software, als auch über die Weiterentwicklung der IT-Landschaft generell diskutiert und entschieden. Eine erste umfangreiche Digitalstrategie der Arberlandkliniken wurde im Jahr 2017 im Rahmen eines Konzeptpapiers verschriftlicht. Weiterer Anlass sich mit der Digitalstrategie zu beschäftigen war die Limitierung papierbezogener Akten hinsichtlich ihrer örtlichen und gleichzeitigen Verfügbarkeit und deren limitierten automatisierten Auswertbarkeit. Als operativer Startschuss für die Digitalisierung kann die Einführung eines Picture Archiving and Communication System (PACS) im Jahr 2013 gesehen werden. Unmittelbar nach der Einführung des PACS folgte die Erneuerung des Krankenhausinformationssystems (KIS) 2014, um eine konsequente Ausrichtung auf digitale Erfassung und Zuordnung von patientenbezogenen Informationen zu erreichen.

Im darauffolgenden Jahr schloss sich die Einführung eines Personalmanagement-systems an, um Personalverwaltung und Personalplanungskomponenten in einem System zu vereinen. Bis heute dient dieses HR-System als wichtiger Datenlieferant für Dritt-systeme. Als weiterer Ausbauschritt wurde 2017 ein digitales Patientenaktenarchiv imple-mentiert, wobei das Scannen in Eigenleistung mit eigenem Personal erfolgt. Mit dem Part-ner DMI hat man sich für einen Archivierungsanbieter für alle Dokumente entschieden, die langzeitarchiviert werden müssen. Die Hauptziele waren dabei weniger Organisations-aufwand zu erreichen, Akten leichter zu finden sowie diese unabhängig von Ort und Zeit zu machen. Ebenso erreichte man eine deutliche Verschlankung und Beschleunigung der MD-Prüffallbearbeitung. So reduziert sich der Zuordnungsaufwand von Dokumenten enorm und die Zugänglichkeit der Akte ist deutlich bequemer. Die Arberlandkliniken sehen die digitale konsolidierte, sprich auf Vollständigkeit und auf Duplikate geprüfte, Patientenakte als einen wesentlichen Grundstein der nicht aufzuhaltenden und not-wendigen Digitalisierung. Es folgte ab dem darauffolgenden Jahr die Planung zur Ein-führung eines Multimediaarchives, welches perspektivisch das PACS ablösen sollte und als zentrale Basisplattform für sämtliche Bildgebung und Dokumente dient, die patienten-bezogen erzeugt werden. Kontinuierlich wurde während der Einführung all dieser Sys-teme auch in die Modernisierung und den Ausbau der IT-Hardware investiert. Einen wesentlichen Schub ermöglicht auch das Krankenhauszukunftsgesetz 2021 mit seinen Fördertatbeständen, um umfangreich in modernste Systeme und die IT-Infrastruktur in-vestieren zu können.

Um auch in Zukunft eine sehr hohe Versorgungssicherheit und medizinische Qualität für die Bevölkerung sicherzustellen und sich dem Wandel des Gesundheitssystems stetig anzupassen, setzen sich die Arberlandkliniken stets mit dem medizinischen und techni-schen Fortschritt im Allgemeinen sowie der Digitalisierung im Speziellen auseinander. Strategisches Ziel ist dabei, eine qualitativ hochwertige ambulante und stationäre Ver-sorgung anbieten zu können.

Ein Kernaspekt der Unternehmensstrategie ist, im Landkreis Regen langfristig eine vollumfängliche Grund- und Regelversorgung mit zusätzlichen medizinischen Schwer-punkten an beiden bestehenden Krankenhausstandorten sicherzustellen. Darüber hinaus hat man sich als weiteres strategisches Ziel gesetzt, die Verzahnung mit dem ambulanten Sektor durch die eigenen Medizinischen Versorgungszentren (MVZ) zu gewährleisten. Um diese strategischen Ziele zu erreichen, müssen Prozesse, Strukturen, Systeme, Res-sourcen und die Unternehmenskultur auf das Erreichen der Ziele ausgerichtet sein. Neben einer hohen Dienstleistungsorientierung, bei der das Patientenwohl in den Vordergrund gestellt wird, ist ein weiterer Kernpunkt, die Prozesse in den Kliniken patientenorientiert und effizient zu gestalten.

Neben der grundlegenden Medizinstrategie und der darauf aufbauenden Personal- und Investitionsstrategie spielt daher die Digitalisierungsstrategie seit Jahren immer mehr eine tragende Rolle. Nur durch geeignete und an die klinikinternen Prozesse angepasste Software- und Hardwaresysteme können die Ressourcen optimal genutzt und die Kern- und Unterstützungsprozesse auf digitaler Basis gestützt und umgesetzt werden.

Der Anspruch ist ein modernes und wirtschaftliches Klinikunternehmen zu sein. Innovative medizinische Versorgung, Kooperationen und Netzwerke versteht man als Erfolgsfaktoren. Die Zufriedenheit jedes einzelnen Patienten wird durch respektvolles und menschliches Miteinander sichergestellt. Der Erhalt der Kliniken und die Sicherstellung der Arbeitsplätze im ländlichen Raum haben oberste Priorität.

Wie in der Unternehmensstrategie verankert, müssen Prozesse, Strukturen, Systeme, Ressourcen und die Unternehmenskultur auf das Erreichen der strategischen Ziele ausgerichtet sein. Nur durch geeignete und an die klinikinternen Prozesse angepasste Software- und Hardwaresysteme können Ressourcen optimal genutzt und die Kern- und Unterstützungsprozesse auf digitaler Basis unterstützt werden. Hierbei liegt die Priorität auf jenen Punkten, die sowohl qualitativ als auch quantitativ – wie im Unternehmensleitbild festgezurrt – positive Effekte bringen, Ausfallrisiken signifikant mindern oder gesetzlich vorgeschrieben sind. Der Fokus sollte generell auf die Kernkompetenzen gesetzt werden, die einen Wettbewerbsvorteil bringen. Erlösbringende Prozesse im Krankenhaus gilt es zu optimieren und kostentreibende Prozesse zu reduzieren. Als Beispiel hierfür können das papierlose Konsilwesen, die digitale Vidierung von Labordaten oder die geplante digitale Medikamentenverordnung und -bestellung aufgeführt werden.

Moderne telemedizinische Verfahren, wie die Teilnahme an einem Schlaganfallnetzwerk oder die Möglichkeit der digitalen Übertragung von medizinischen Bilddaten an eine Vielzahl von Kliniken, komplettieren dies. Des Weiteren werden die Prozesse im Krankenhaus, bei denen die Klinik mit am Haus niedergelassenen Praxen wie der Radiologie zusammenarbeitet, konsequent optimiert, um hier einen reibungslosen Datenaustausch zu ermöglichen. Künftig sollen auch nachsorgende Einrichtungen wie etwa Rehakliniken besser miteingebunden werden. Einen Schub ermöglicht auch hier das KHZG mit beispielsweise seinem digitalen Entlass- bzw. Überleitungsmanagement.

3 Wie haben Sie intern zu einer gemeinschaftlichen Strategie gefunden? (Frage 4)

3.1 Universitätsmedizin Rostock

Eine gemeinschaftliche Strategie muss als tragende Säule auf das Vertrauen der jeweiligen Kernkompetenzen der Führungsebene des Unternehmens aufbauen. Ist dieses, gerade aus Blick des Vorstands oder der Geschäftsleitung auf die zweite oder dritte Führungsebene nicht gegeben, wird es sehr schwierig bzw. langwierig zu strategischen Entscheidungen zu kommen, da oftmals eine sehr fachliche Tiefe bzw. Spezialwissen für die Bewertung notwendig sind. Bei Erstellung einer Strategie müssen die Fachkompetenzen aus den verschiedenen Berufsgruppen eingefordert werden. Sind diese nicht vorhanden oder das Vertrauen in interne Ressourcen nicht gegeben, empfiehlt sich die Hinzunahme von externen Beratern mit entsprechendem Knowhow. Idealerweise arbeitet man gemeinsam an der Erstellung eines Konzeptes. Hierbei muss es allerdings trotzdem eine klare Veranwortungszuordnung geben, d. h. eine zentrale Stelle entscheidet am Ende über den einzuschlagenden Weg, um endlose Diskussionen und Kompetenzgerangel zu verhindern. In Hinblick auf eine Digitalstrategie sollte diese Verantwortung bei der IT-Leitung (CIO oder CDO) liegen. Diese sollte bei Konzepterstellung die Zuarbeiten aus den unterschiedlichen Berufsgruppen einfordern. Hierbei unterscheidet man zwischen spezifischen Themenbereichen und übergreifenden Kompetenzen, die immer benötigt werden. IT-Sicherheit und Datenschutz sowie eine rechtliche Betrachtung müssen immer bei einer Konzepterstellung betrachtet werden. Alle weiteren Fachspezifika müssen bei Notwendigkeit der Betrachtung hinzugezogen werden.

Allerdings kommt hier wieder der Aspekt zum Tragen, dass man für ein strategisches Konzept nicht zu technisch werden darf und nicht zu detailliert das Thema ausführt. Hier bietet sich an, die Konzepte in mehrere Ebenen aufzuteilen. Meine Empfehlung ist, ein übergeordnetes IT-Strategiekonzept zu erstellen, welches nur die groben Rahmenbedingungen und Vorgaben beschreibt und möglichst nicht technisch aufgebaut ist. In der zweiten Ebene, auf die im übergeordneten Konzept verwiesen werden muss, kann man dann in fachspezifische Vorgaben übergehen und technisch detaillierter beschreiben. Auf dieser Ebene kann es bereits Sinn machen, nicht nur auf ein Fachkonzept zu setzen, sondern dieses bereits in Fachkompetenzen aufzuteilen, z. B. Konzept zum Betrieb des Rechenzentrums (Infrastruktur), applikative oder organisatorische Strategien. In der dritten Ebene sehe ich dann reine Fachkonzepte, z. B. Konzepte für ein zentrales Backupsystem, Netzwerk- und IT-Sicherheit, Serverinfrastruktur, etc. In der vierten und letzten Ebene befinden sich dann die Betriebskonzepte einzelner Systeme. Dieser Aufbau vereinfacht auch die Aktualisierung der einzelnen Dokumente und minimiert die Frequenz der Freigaben der Strategien gerade in Hinblick auf die oberste Ebene.

Die Hoheit/Verantwortung der Strategien ab Ebene zwei oder drei sollte dann auch in den jeweiligen verantwortlichen Fachbereichen liegen.

Auch „nicht-technische" Themen wie z. B. das Change-Management müssen im Rahmen einer Digitalstrategie mitbetrachtet werden, sollten aber aus meiner Sicht in einem separaten Konzept zur Organisation IT-interner Strukturen abgebildet werden. Das Change-Management muss aus Sicht des Auslösers/Anforderers betrachtet werden und mit einem entsprechenden Prozess in einer IT-Organisation gelebt werden, d. h. die Implementierung von Bewertungs- und Freigabeprozesse ist notwendig.

3.2 Lahn-Dill-Kliniken

Die Einbindung aller Berufsgruppen ist die Grundlage für eine erfolgreiche Strategie. In unserem Fall haben die genannten Berufsgruppen in Workshops ihre Anforderungen und Erwartungen formulieren können. Die Bereitschaft, aktiv an der Gestaltung von Digitalisierungsprojekten mitzuwirken war Grundlage für die Gespräche. Die Erwartungshaltung, dass die IT hierfür alleinverantwortlich sei, wurde von Anfang an ausgeschlossen. U. a. wurde eine IT-Kommission gegründet, die eine zentrale Rolle für strategische Fragen rund um die Digitalisierung einnehmen soll. Außerdem wurde die IT ausgegliedert aus der Organisationsstruktur der technischen Bereiche und direkt der Geschäftsführung zugeordnet. Abgesehen von typischen Projektmanagementtools werden für die Digitalstrategie keine weiteren Tools eingesetzt.

3.3 Klinikum Nürnberg

Die aktuell etablierte Strategie musste zunächst abgeleitet und in Einklang mit den Unternehmenszielen erarbeitet werden. Dies erfolgte und erfolgt in enger Zusammenarbeit zwischen den Abteilungen Unternehmensentwicklung und Informationsverarbeitung. Hier kam und kommt es zudem zu einem regelmäßigen Austausch und inhaltlichem Abgleich mit der Geschäftsführung. Mittelfristig ist angedacht einen interprofessionellen Steuerungskreis zur digitalen Geschäftsentwicklung zu etablieren. Andere Berufsgruppen werden projekt- oder themenbezogen eingebunden. Die aktuellen Werkzeuge bestehen primär aus den Produkten MS Powerpoint und MS Excel. Ergänzt wird dies durch ein browserbasiertes Werkzeug für Multiprojektmanagement, um bei einer Vielzahl von gleichzeitig stattfindenden Einzelprojekten Abhängigkeiten transparent zu machen und eine belastbare Zeit-, Vorgehens- sowie Kapazitätsplanung zu etablieren. Für das notwendige Change-Management hat es sich als vorteilhaft erwiesen, neben ärztlichen oder pflegerischen Führungskräften einzelne Mitarbeiter verstärkt einzubinden. Insbesondere solche Kolleginnen und Kollegen, die eine hohe und explizite Affinität zur Digitalisierung klinischer Prozesse und Arbeitsplatzlösungen aufweisen. Deren kollegialer Multiplikatorenbeitrag ermöglicht es, die Anforderung aus derselben Berufsgruppe konzentriert aufzunehmen.

3.4 St. Elisabeth-Krankenhaus Köln-Hohenlind

Die Digitalstrategie entstand zentral durch die Geschäftsführung, das Qualitätsmanagement und die Medizinische Dokumentation (ärztlich geleitet). Digitale Technologie wird als Werkzeug betrachtet, mit dem insbesondere die Erfüllung der folgenden spezifischen Leitsätze des Leitbildes unterstützt werden:

Leitsatz 2:   *Wir betreuen unsere Patienten individuell in übersichtlich strukturierten Fachabteilungen mit sinnvollen Organisationsabläufen und freundlicher Atmosphäre.*

Die Versorgung der Patienten auf den Stationen erfolgt nach dem Prinzip der Bereichspflege. Dies garantiert eine umfassende und individuelle Betreuung durch Bezugspersonen. Durch Strukturierung von Organisationsabläufen werden Untersuchungen und Eingriffe optimiert und so der Krankenhausaufenthalt auf die notwendige Zeit begrenzt.

Leitsatz 6:   Durch Informationsaustausch auf allen Ebenen erfahren wir unsere Arbeit als einen *Teil des Ganzen.*

Der Informationsaustausch ist sowohl vom Führenden zu Mitarbeitern als auch umgekehrt zu verstehen und findet u. a. in Besprechungen auch zwischen verschiedenen Abteilungen und Berufsgruppen statt. Die Mitarbeiter sind so informiert über personelle, strukturelle, kurz-, mittel- und langfristige Planungen. Dadurch wird das Bewusstsein gestärkt, dass die Arbeit eines jeden Einzelnen ein Teil des Ganzen darstellt und nur so erfolgreich ist.

Leitsatz 7:   *Wir haben eine Kommunikations- und Informationsstruktur, die es Mitarbeitern, Patienten und berechtigten Personen ermöglicht, die benötigten Informationen problemlos zu erhalten.*

Die adäquate Weiterleitung von benötigten Informationen ist unter Berücksichtigung des Datenschutzes gewährleistet. Neben dem persönlichen Gespräch werden die Medien Intranet, Schreiben, „Schwarzes Brett" und Internet aktiv und selbstständig zur Informationseinholung genutzt. Für den Inhalt und die Aktualität von Informationen der verschiedenen Bereiche sind Verantwortlichkeiten festgelegt.

Leitsatz 11:   *Die Optimierung der Ressourcennutzung, sowohl materiell als auch personell, ist für uns wichtiger Bestandteil eines verantwortungsbewussten, wirtschaftlichen Handelns zum Nutzen unserer Patienten.*

Das Krankenhaus ist eingebunden in ein eng verwobenes Netz, in dem qualitatives und wirtschaftliches Handeln in Einklang zu bringen sind. In diesem Zusammenhang ist ein verantwortungsbewusster Umgang mit den Ressourcen notwendiger Bestandteil, nicht zuletzt in umweltpolitischer Hinsicht.

Eine detailliertere Ausformulierung entstand durch die Einbindung der Fachabteilungen und der Pflegedirektion, für die die übergeordneten Ziele auf Projekte zur Einführung von Funktionalitäten und Umstellung der Abläufe heruntergebrochen werden. Wichtig ist die Identifikation von Schlüsselpersonen bei der Beteiligung der Bereiche.

3.5 Johanniter HealthCare-IT Solutions

Für die Johanniter HealthCare-IT Solutions steht hierfür das Partizipationsmodell im Vordergrund, das auf den nachfolgenden vier Säulen aufbaut:

- Einbindung der Gremien
- Einbindung der Einrichtungen (Interdisziplinär)
- Führung durch CIO und CDO
- Sekundiert durch die GF des Trägers

3.6 Kliniken Südostbayern

- Die Unternehmensstrategie wurde in einem gemeinsamen Prozess mit den Führungskräften aller Berufsgruppen der Kliniken Südostbayern als „Perspektive 2022" entwickelt und wird derzeit fortgeschrieben und begleitet durch einen Bottom-up-Unternehmenskulturprozess erweitert und unterstützt. Wir entwickeln aktuell gemeinsam die Perspektive 25+, die drei große Handlungsfelder in unseren Fokus stellt:
- Wirksam Führen und Gestalten
- Qualität erbringen und erleben
- Digitale Arbeitswelt erschaffen und nutzen

Die Unternehmensleitung berät sich regelmäßig – neben dem Aufsichtsrat – mit einem Strategieboard, um den Entwicklungsprozess der Unternehmensstrategie zu reflektieren und weiterzudenken.

Die Weiterentwicklung unserer Digitalstrategie findet in einem Digital Board statt, in dem – neben der Unternehmensleitung und den Mitgliedern des Strategieboards – weitere Kollegen aus IT, den Standorten, der Verwaltung, Pflege und Medizin vertreten sind.

Die operative Projektsteuerung und -priorisierung von Digitalisierungsprojekten findet in der alle 3 Wochen zusammenkommenden Steuerungsgruppe Digitalisierung statt.

- Die Umsetzung der Digitalisierungsprojekte wird
- technisch durch die Kollegen aus der IT,
- dem Team Digitalisierung – dieses Team übernimmt das Rollout neuer Lösungen, das Customizing unserer Applikationen, die Gestaltung digitaler Prozesse und die Schulung unserer Kollegen –
- und dem Lean-Team, welches in oder kurz nach dem Rollout hilft die eigenen Prozesse und Arbeitsabläufe noch einmal zu reflektieren und der neuen digitalen Arbeitswelt anzupassen, so dass wirkliche Mehrwerte durch die Digitalisierung entstehen –

begleitet.

3.7   St. Marienhospital Hamm

Durch die praktischen Gegebenheiten und aus der Vielzahl der Insellösungen entsteht eine neue gebündelte digitale Einbindung. Weniger durch eine Gremienarbeit oder ein Veränderungsmanagement, sondern aus der sinnvollen Ergänzung mittels Projekte in den Abteilungen.

3.8   AMEOS Gruppe

Es erfolgten Strategieworkshops auf Leitungsebene über alle Bereiche (Organisationsentwicklung, Medizinentwicklung, ÄD, PD, Labor, Tertiäre Leistungen etc.).

Darauf aufbauend wurde ein Gremium namens „DigiLab" gebildet. Unter Führung des Vorstandes kamen dort ausgewählte leitende Mitarbeiter aus allen Unternehmensbereichen zusammen, um die Umsetzung der Digitalstrategie in die Praxis zu planen. Die einzelnen Themenfelder wurden identifiziert und Lösungen für die Umsetzung ausgewählt. Dann wurden Pilothäuser definiert, in denen diese Lösungen pilotiert wurden. Dabei wurden alle heute wichtigen Handlungsfelder des KHZG bereits 2017/2018 in ähnlicher Form als strategisch relevant identifiziert. Teil der Digitalstrategie ist auch die Optimierung der Systemlandschaft in den Bereichen:

- Systemstrategie
- Definition von Standardsystemen
- KIS-Strategie
- Aufbau IHE/MPI Plattform
- Definition von Datenströmen
- Etablieren von Schnittstellen zwischen den Standardsystemen

Dabei entwickelten sich die nachfolgenden konkreten Projekte:

- Patienten App AMEOS PLUS
- Digitale Lösung für die Notfallversorgung mit Information der Patienten und Triagierung
- Einführung einer einheitlichen digitalen Archivplattform
- Weiterentwicklung dieser Plattform zu einer zentralen Datendrehscheibe, über die der intra- und intersektorale Datenaustausch (z. B. ePA, KIM, patientenzentrierte Akte) ermöglicht wird.

3.9   Arberlandkliniken

Zum einen durch Strategiesitzungen mit allen Berufsgruppen und zum anderen durch angepasste Gremienstrukturen, anhand derer festgelegt wird, wer bspw. an welchen Sitzungen teilnimmt, wird versucht, zu einer gemeinsamen Strategie zu finden. Bestimmte Prozesse oder größere Änderungen an der IT-Infrastruktur werden den Direktorien beider Häuser vorgestellt und offen diskutiert. Die Arberlandkliniken praktizieren seit einigen Jahren ein aktives Lean Management in Form von Teamboards, mit deren Hilfe der Projektverlauf kontinuierlich und strukturiert begleitet wird. Entsprechende Verbindlichkeitsmatrizen zur Regelkommunikation wurden aufgestellt. Abteilungsintern, bei Bedarf auch abteilungsübergreifend, finden regelmäßige Teamboardbesprechungen statt. Jeder Bereich benennt Teamboardverantwortliche und Coaches, sowie einen Moderator. Zusammenfassend werden hier alle Themen, Probleme oder Anliegen gesammelt, die potenziell zum Projekt werden sollen. Der Bearbeitungsverlauf wird in einzelne Arbeitspakete untergliedert, Meilensteine werden hervorgehoben. Um die Kommunikationsfähigkeit innerhalb des Unternehmens signifikant zu erhöhen, wurde bereits vor der Coronapandemie ein professionelles Videokonferenzsystem in den Arberlandkliniken eingeführt. Dies hat zu einer deutlichen Flexibilisierung der Besprechungssituation geführt, da Besprechungen wie gewohnt auch mit Mitarbeitern im Homeoffice und standortübergreifend durchgeführt werden können. Um die Belange der Pflege in IT-Sprache übersetzen zu können, wurde auch ein Vollzeitmitarbeiter mit pflegerischem Hintergrund eingestellt, der bei der konsequenten Ausrichtung von IT-Projekten am Behandlungsprozess assistiert.

4   Welche Bedeutung hat professionelles Datenmanagement im Rahmen Ihrer Digitalstrategie und welche Rolle spielen digitale, konsolidierte Patientenakten? (Frage 5)

4.1   Universitätsmedizin Rostock

Die Frage nach einem professionellen Datenmanagement ist kaum zu beantworten. Was bedeutet professionell und was beinhaltet Datenmanagement? Am Ende geht es darum, die Daten so konsistent wie möglich digital abzubilden. Dabei müssen immer führende Systeme festgelegt werden. Einer der wichtigsten Aspekte hierbei ist, den Patienten eindeutig zu identifizieren. Somit wird immer ein patientenführendes System benötigt, i. d. R. ist dies das Aufnahme- und Abrechnungssystem. Der eindeutige Patientenidentifikator muss dann konsequent an die Subsysteme weitergegeben werden.

Um eine hausübergreifende Betrachtung des Patienten zu ermöglichen, muss dieser eindeutige Patientenidentifikator bei allen Teilnehmern im Gesundheitswesen eindeutig zugeordnet werden können. Leider wurde dies in Deutschland bisher nicht umgesetzt. Somit muss für interoperative Prozesse auf weiche Faktoren zurückgegriffen werden, die z. B. in der IHE-Spezifikation definiert sind. Dies ist sicherlich kein Ersatz für einen eindeutig festgelegten Identifikator, wie z. B. die Sozialversicherungsnummer in den USA, sollte aber in der immer wichtiger werdenden sektorenübergreifenden Behandlung einer der wichtigsten Aspekte in der Digitalstrategie sein, um eine ganzheitliche Behandlung eines Patienten zukünftig sicherzustellen.

Neben patientenführenden Systemen können weitere führende Systeme in einer Digitalstrategie definiert werden. Wichtig ist es aus meiner Sicht neben der eindeutigen Identifikation des Patienten eine zentrale Stelle zu haben, in der alle aktenrelevanten Informationen zusammenlaufen, d. h. ein dokumentenführendes System, das an einer Stelle alle Behandlungsinformationen zu einem Patienten vorhält. Subsysteme können somit Informationen, die außerhalb des eigenen Funktionsumfangs liegen, zentral abrufen. Daten, die dann vom Subsystem generiert werden, müssen wiederum dem dokumentenführenden System zur Verfügung gestellt werden, damit diese dann wiederum allen anderen Subsystemen zur Verfügung stehen. Ein Hinweis an dieser Stelle zur Begrifflichkeit: Der hier verwendete Begriff „dokumentenführend" bezieht sich hierbei nicht nur auf unstrukturierte Dokumente (Scans, PDF, etc.). Ein Dokument an zentraler Stelle kann bzw. sollte strukturierte Daten beinhalten, damit diese von anderen Systemen nicht nur zur Anzeige gebracht werden können, sondern die Inhalte durchaus im Datenmanagement des jeweiligen Systems verwendet werden können. Hierbei können z. B. CDA-Dokumente (XML-Strukturen) oder auch FHIR-Daten zum Einsatz kommen.

4.2   Lahn-Dill-Kliniken

Der Begriff des professionellen Datenmanagements wird so in dieser Form in den Lahn-Dill-Kliniken nicht benutzt. Es ergibt sich vielmehr aus dem praktischen Umgang mit den Anwendungen und den damit verbundenen Prozessen. So sind z. B. die Anbindungen weiterer medizintechnischer Verfahren und die revisionssichere Archivierung aller digital vorliegender Daten gelebte Praxis. Die elektronische Patientenakte ist zentraler Baustein der Digitalstrategie und das immer fortwährende Ziel, diese weiter auszubauen.

4.3   Klinikum Nürnberg

Professionelles Datenmanagement ist ein fundamentaler und erfolgskritischer Bestandteil der nutzenbasierten Digitalisierung. Es bedeutet zum einen, dass Erzeugung, Speicherung, Verteilung und Verarbeitung von Daten in einem einzigen Medium stattfinden, primär um störende Medienbrüche zu vermeiden. Die dort vorliegenden digitalen Formate sind durchgängig standardisiert und liegen strukturiert vor, womit sie sich wesentlich flexibler und schneller verarbeiten lassen als analoge Informationen. Dabei kommt den Datei- bzw. Datenformaten eine wichtige Bedeutung zu, da sie den informationstechnischen Anlagen und Systemen vorgeben, wie die Daten zu interpretieren und zu verarbeiten sind. Professionelles Datenmanagement bedeutet daher insbesondere im Kontext konsolidierter Patientenakten, dass übergeordnete Standards für die zugehörigen Metadaten in den Primärsystemen vorliegen und benutzt werden, um system- und einrichtungsübergreifende Interoperabilität zu erzielen. Professionelles Datenmanagement erfährt empirisch gesehen eine zu geringe Aufmerksamkeit während der Beschaffung von patientenführenden Systemen und hat bislang einen zu geringen Stellenwert im Krankenhaus.

4.4   St. Elisabeth-Krankenhaus Köln-Hohenlind

Das professionelle Datenmanagement ist insbesondere im zentralen Bereich (Medizinische Dokumentation, Qualitätsmanagement und EDV) bedeutsam, um die verfügbaren Werkzeuge und die praktischen Anforderungen optimal und nachhaltig zusammenzubringen. Die Praxisanwender sind meist stark auf unmittelbare und schnelle Lösungen fokussiert und denken wenig strategisch. Als Haus mit einem Standort und einem lang etablierten Krankenhausinformationssystem ist die patientenbezogene Datenhaltung klar auf dem KIS fokussiert. Bei Etablierung von Subsystemen oder Digitalisierung von Dokumentationsprozessen wird dies berücksichtigt, so dass klinischer Bereich und Administration geordneten und umfassenden Zugriff auf die jeweils relevanten Daten haben.

4.5   Johanniter HealthCare-IT Solutions

Die konsolidierte und *interdisziplinäre* Patientenakte ist das Kernverfahren zum Wohl des Patienten sowie gleichsam das wichtigste Etappenziel bei der Umsetzung eines digital geführten Workflows in den Kliniken des stationären Johanniter-Verbundes.

4.6   Kliniken Südostbayern

Die konsolidierte, interdisziplinäre, sektoren- und applikationsübergreifende Patientenakte als „Single-Point-of-Truth", in welcher alle Daten zum Patienten auch als strukturierte Daten bereitstehen, ist eines der wichtigen Ziele der Digitalstrategie. Die Kliniken Südostbayern befinden sich hier auf dem Weg, sind aber – trotz intensiver Nutzung digitaler Systeme – noch nicht am Ziel alle Daten zu einem Patienten an einer Stelle archiviert zu haben und interoperabel nutzen zu können.

4.7   St. Marienhospital Hamm

Als Vorgriff auf die voll digitale Akte muss immer schon ein gutes Register der Akte vorhanden sein, das ist/muss dann korrigiert und angepasst werden. Mit dem Wissen dazu kann später einfacher eine (konsolidierte Dokumenten-) Liste aus dem Klinischen Arbeitsplatzsystem/Krankenhausinformationssystem erzeugt werden.

   Dokumentenorientiert zu denken, ist bei einer volldigitalen Akte falsch (auch wenn im Ausfall gedruckt oder ähnliches werden muss).

4.8   AMEOS Gruppe

AMEOS will bis 2025 seine primären sowie ergänzenden Prozesse (Steuerungs- und Unterstützungsprozesse der Wertschöpfungskette) professionalisieren. Dabei spielen einheitliche und standardisierte Prozesse eine zentrale Rolle. Damit geht ein professionelles und einheitliches Datenmanagement einher. Da die AMEOS Gruppe vor allem anorganisch (durch Zukauf) wächst, sind sowohl die Prozesse als auch die eingesetzten Programme sehr heterogen. Hier soll eine zentrale IHE-basierte Datenplattform zukünftig alle medizinisch relevanten Daten aufnehmen. Dadurch entsteht eine Unabhängigkeit von einzelnen KIS Anbietern und erleichtert die Ablösung und Vereinheitlichung von Systemen. Zudem erlaubt es die schnelle Integration neuer Klinika und die Umsetzung einheitlicher Prozesse auf Basis zentral einheitlich strukturierter Daten.

4.9   Arberlandkliniken

Vor der Einführung eines digitalen Patientenaktenarchives der Firma DMI war der Umgang mit Papierakten mit einem großen logistischen Aufwand verbunden. Papierakten waren teils nicht auffindbar, unübersichtlich, unstrukturiert. Perspektivisch wäre auch kein ausreichender Lagerraum für Papierakten mehr zur Verfügung gestanden. Somit war eine neue langfristige Lösung gefordert. Mit der digitalen konsolidierten Patientenakte von der Firma DMI konnten diese Probleme beseitigt werden. Das Scannen von Dokumenten findet in Eigenleistung mit eigenem Personal und Unterstützung von DMI statt. Dieser Ansatz hat sich bewährt. Durch die digitale Patientenakte konnte das Problem der Lagerung beseitigt werden, es entsteht weniger Organisationsaufwand, Akten sind leichter zu finden und sowohl örtlich als auch zeitlich unabhängig digital verfügbar. Weiterhin konnte durch die digitale konsolidierte Patientenakte z. B. eine automatisierte Prüfung auf Vollständigkeit der Akte ermöglich werden. Weiterhin werden die verschiedensten Dokumente mit Metadaten versehen und diese dadurch z. B. in eine Registerstruktur eingeordnet. Dadurch sind thematisch verwandte Dokumente gruppiert und Informationen leichter auffindbar. Ohne eine solche digitale Patientenakte wäre ein effizientes und effektives Arbeiten im Krankenhaus nicht mehr möglich, sie ist einer der Grundsteine für eine nicht aufzuhaltende Digitalisierung. Die gesetzten Ziele konnten durch eine Prozessverschlankung erreicht werden. Auch die Mitarbeiterakzeptanz ist vollkommen gegeben, da beispielsweise in Pandemiezeiten Akten auch datenschutzkonform und informationssicher vom Homeoffice aus zugänglich sind. Perspektivisch planen die Arberlandkliniken auch Ambulanzakten digital im DMI Archiv zu archivieren. Das Krankenhauszukunftsgesetz ermöglicht es auch hier, entsprechend zu investieren und die nächsten Schritte anzugehen. Die digitale konsolidierte Patientenakte ist das Herzstück der digitalen Zukunft im Gesundheitswesen, nicht zuletzt durch die Möglichkeit der Wissensgenerierung.

Professionelles Datenmanagement bedeutet für die Arberlandkliniken, auf offene Schnittstellen zu setzen und diese bei den Lösungsanbietern einzufordern. Darüber hinaus setzen die Arberlandkliniken auf eine Vernetzung aller Lösungen mit standardisierten Schnittstellen, wie z. B. HL7, DICOM, LDT und eine Datenübergabe in die zentrale Patientenakte in maschinenlesbaren Datenformaten. Dadurch ist sichergestellt, dass auch zukünftige Lösungen in die bestehende Infrastruktur integriert werden können und auf den bereits vorhandenen Datenpool zugreifen können.

5 Welche Relevanz haben die Themen Datenkompetenz, Compliance und die Aggregation von Daten mit der Weiterentwicklung von Wissen für Ihre Digitalstrategie? (Frage 6)

5.1 Universitätsmedizin Rostock

Die „IT" hat in der Vergangenheit einen maßgeblichen Fehler begangen. Man wollte immer den Eindruck vermitteln, dass IT einfach funktioniert und die Anwender hierfür nichts tun müssen. Bei industriellen Revolutionen vor „Industrie 4.0" wurden die Nutzer immer mit in die Pflicht genommen. Zu Zeiten der neuen Mobilität durch Fahrzeuge gab es schnell Straßennutzungs- und Verkehrsordnungen sowie die Verpflichtung, einen Führerschein bei der Nutzung eines Fahrzeugs zu erwerben. Dies wurde bei der Einführung von IT und der Einführung von digitalen Prozessen leider „vergessen". Umso wichtiger ist es, bei einer Digitalstrategie auch die Verantwortung der Nutzer zu definieren und durch Schulungen sowie Sensibilisierung die Anwender auf die Nutzung neuer digitaler Systeme vorzubereiten.

Datenkompetenz muss in jedem Fall vorhanden sein oder aufgebaut werden. Hierbei geht es nicht nur um die reine Interpretation von Daten, sondern die Verknüpfung dieser Informationen mit den vorhandenen Rahmenbedingungen und Spezifika des eigenen Hauses.

Eine Controlling-Ebene muss ebenfalls vorhanden sein, welche die Daten je nach Fragestellung aggregieren und aufbereiten kann. Dies gilt sowohl für klinische Fragestellungen als auch für Verwaltungsanalysen. Ggf. empfiehlt sich die Hinzunahme existierender Algorithmen für die Aufarbeitung der Daten. Auch der Einsatz sog. Künstlicher Intelligenzen (KI) in diesem Bereich sollte näher betrachtet werden.

Um sicherzustellen, dass die Ziele und Vorgaben einer Digitalstrategie auch eingehalten werden, bedarf es gewisser Kontrollmechanismen. Krankenhäuser, die zu KRITIS-Häusern zählen, müssen alle zwei Jahre ein Audit durchführen. Auch wenn der Fokus hier stark auf der Infrastruktur und Informationssicherheit liegt, empfiehlt sich hierbei auch die Digitalstrategie als ein einzuhaltendes Konzept mitprüfen zu lassen. Darüber hinaus ist der Einsatz einer Innenrevision bzw. Compliance-Abteilung durchaus sinnvoll. Über solche internen Kontrolleinheiten lassen sich zu mindestens stichprobenartig Projekte hinsichtlich der Einhaltung der Unternehmens- und Digitalstrategie prüfen. Diese Einheiten müssen organisatorisch unabhängig von der IT sein.

5.2 Lahn-Dill-Kliniken

Hierzu befinden sich die Lahn-Dill-Kliniken aktuell in einem spannenden Prozess bzw. in einem Wandel beim Umgang mit den Daten. Bisher ging es darum, möglichst viele Prozesse digital abzubilden und Daten zentral, stets verfügbar und möglichst vollständig zu verarbeiten. Nun geht es immer mehr darum, die digital vorhandenen Daten nicht nur zur reinen Dokumentation zu verwenden, sondern mit Zuhilfenahme von KI-gestützter Technik die Anwender aktiv zu unterstützen. So halten Entscheidungsunterstützungssysteme immer mehr Einzug, die auf Basis der großen Datenmengen bestimmte Prozesse (z. B. im Medizincontrolling) unterstützen. Eine Auswirkung auf die Digitalstrategie hat es insofern, als dass die Vorteile dieser Verfahren gesehen werden und demnach weitere solcher Systeme in Vorbereitung sind.

5.3 Klinikum Nürnberg

Die Analyse- und Verarbeitungsfähigkeit der Datenbestände im Krankenhaus ist ein dominantes Merkmal für nutzenorientierte Digitalisierung, welches bislang nur im Umfeld von medizinischer Forschung und Universitätskliniken verstärkt zum Tragen kam. Durch gesetzgeberisch intensivierte Digitalisierungsanforderungen (semantische Interoperabilität, einrichtungsübergreifende Verarbeitung und Nutzung, maschinelle Entscheidungsunterstützung, klinische Vorhersagemodelle etc.) muss sich jedes Krankenhaus intensiver mit seiner Datenerzeugung und -haltung auseinandersetzen, allein um die Digitalisierungsziele und den intendierten Nutzen wie automatisierte Verarbeitung erreichen zu können. Die notwendige Datenkompetenz spielt daher eine signifikante Rolle in unserer Digitalstrategie und fließt auch unmittelbar in Beschaffungsaktivitäten mit ein. Eine auf den Nutzen ausgerichtete Strategie, die das Ziel hat aus medizinischen Daten Wissen zu erzeugen, erfordert die Fähigkeit branchenspezifische Daten kritisch zu sammeln, zu verwalten, zu bewerten und anzuwenden. Dazu muss den Stakeholdern im Krankenhaus klar sein, mit welchem Ziel Daten gesammelt werden, wie man sie technisch verarbeiten kann und was dabei erlaubt ist – vom Datenschutz bis zum Urheberrecht. Für hervorgehoben wichtig erachte ich persönlich die Kompetenz, Daten hinsichtlich ihrer betrieblichen Semantik und ihrem Wert für Geschäftsprozesse beurteilen zu können. Nach meinem individuellen Eindruck ist zum aktuellen Zeitpunkt die Fähigkeit Datenkompetenz nicht im notwendigen Umfang und der erforderlichen Tiefe im Krankenhaus vorhanden. Zudem stellt sich die Frage, an welcher Stelle diese Kompetenz konsequenterweise vorhanden bzw. angesiedelt sein sollte.

Das Thema Compliance bekommt im Krankenhaus aufgrund der stetig ansteigenden Regulierungsdichte eine zunehmende Relevanz. Greift man hier Schwerpunkte wie Anforderungen zu Informationssicherheit oder Datenschutz heraus, so wird schnell deutlich, dass ein nachträgliches Herstellen der Compliance, z. B. aufgrund nicht oder zu spät erkannter Risiken, zu ungeplanten Kosten oder im schlimmsten Fall zu einem Digitalisierungsversagen führt, da z. B., ohne die dortigen Standards zu berücksichtigen, beschafft wurde.

Es reicht somit nicht aus, dass ein Compliance Manager sicherstellt, dass vergaberecht-
liche Standards und Normen eingehalten wurden. Insbesondere müssen Datenschutz und
IT-Sicherheit frühzeitig Einblick in Digitalisierungsaktivitäten erhalten, wenn geplant ist
neue Verarbeitungstätigkeiten und Kommunikationsformen einzuführen oder auch technische Systeme zu erweitern oder zu beschaffen. Für besonders interessant halte ich persönlich digitale Systeme die z. B. ärztlicherseits in ratgebender Form das Einhalten von Leitlinien oder Therapiestandards (bspw. Dosisprüfung bei verringerter Metabolisierung in
Leber oder Niere) unterstützen. Analog dazu Systeme, die den Patienten unterstützen, sich
therapietreu (ordnungsgemäße Medikamenteneinnahme) zu verhalten, um den Therapie-
erfolg zu maximieren.

Die Aggregation relevanter Fall- oder Gesundheitsdaten als auch von Verwaltungsdaten
und deren bedarfsgerechte Visulisierung (bspw. deskriptive oder prädiktive Diagnostik;
Katalog technischer Assets) erhält einen zunehmenden Stellenwert, um die Prozessqualität der medizinischen Versorgung aber auch die Strukturqualität der Krankenhausverwaltung zu verbessern. Zusammenfassend kann man folgern, dass ein Kompetenzaufbau
zur Datennutzung, zur Compliance und zur zielgerichteten Datenaggregation das Krankenhaus in einer Reihe von Geschäfts- und Versorgungsprozessen befähigt, schnellere und
qualifiziertere Entscheidungen zu treffen. Somit repräsentieren diese Themen- und
Kompetenzfelder relevante Faktoren und Eigenschaften, um den Erfolg einer Digitalstrategie systematisch zu erarbeiten.

5.4   St. Elisabeth-Krankenhaus Köln-Hohenlind

Typischerweise ist die Erhebung und Nutzung von Daten Bestandteil mehrerer Prozesse
(z. B. Behandlungsdokumentation, Abrechnung, Qualitätssicherung). Es bedarf einer
hohen Datenkompetenz, um die digitalen Werkzeuge so zu gestalten, dass alle Prozesse
optimal bedient werden – diese ist somit unverzichtbarer Bestandteil der Strategie. Die
Aggregation von Daten erfolgt hauptsächlich zur Steuerung der Prozesse, Qualitätssicherung und Messung von Zielerreichungen. Bestandteil der Digitalstrategie ist daher,
entsprechende Regelkreise bereits bei der Planung von Digitalisierungsvorhaben zu
berücksichtigen.

5.5   Johanniter HealthCare-IT Solutions

Eine große Relevanz ist hier gegeben, wenn sich auch viele Bereiche dieser Themen noch
entwickeln müssen. Für unsere Strategie werden Verfahren wie unser übergreifendes BI
und der personelle Ausbau im Bereich der Datenkompetenz ein besonderes Augenmerk
erhalten.

5.6   Kliniken Südostbayern

Diese Themen haben eine hohe Relevanz für die Kliniken Südostbayern. Um zu dem Status zu kommen unsere Daten zur Erweiterung von Wissen nutzen zu können, muss zuerst einmal eine Konsolidierung aller Daten – auch der strukturierten Daten an einer Stelle erreicht werden.

Teilziele – wie die Konsolidierung unserer KIS-Datenbanken oder die ausschließliche Nutzung zentraler Applikationen in unseren Rechenzentren – haben wir hier bereits erreichen können, haben aber noch einen Großteil dieses Weges vor uns.

5.7   St. Marienhospital Hamm

Der Stellenwert ist hoch und sinnvoll, scheitert aber häufig am Knowhow und dem Willen/dem Verständnis zur „neuen" Erfassung. Das muss in den Projekten mitvermittelt werden.

5.8   AMEOS Gruppe

Bei AMEOS sollen alle drei Punkte über eine zentrale Datenplattform realisiert werden. Dort werden alle Daten gesammelt, medizinisch und ökonomisch bewertet und ggf. weiterverarbeitet. Gleichzeitig ermöglicht die Plattform die Umsetzung der gesetzlichen Anforderungen bezüglich Aufbewahrung (BGB, Bundesmantelvertrag Ärzte, Berufsordnung etc.), lückenlose Dokumentation mit Revisionssicherheit (§ 11 Abs. 1 MBO) und Weitergabe (TI mit ePA, KIM, etc.). Hierfür hat sich AMEOS aufgrund der Komplexität und Ressourcenintensität entschlossen, eine SaaS-Lösung mit einem externen Partner umzusetzen.

5.9   Arberlandkliniken

Datenschutz und Informationssicherheit als elementarer Bestandteil der Compliance haben eine sehr hohe Relevanz in den Arberlandkliniken, auch in Hinblick auf die Digitalstrategie. So beschäftigen die Arberlandkliniken beispielsweise einen Vollzeitmitarbeiter, der für das Patchmanagement hauptverantwortlich eingestellt wurde, ebenso wurde eine Informationssicherheitsbeauftragte benannt und hierfür freigestellt, um den bereits guten vorhandenen Stand aus der Vergangenheit in diesem Bereich weiter zu verbessern.

Die Aggregation von Daten spielt auch im Rahmen des Benchmarkings und der Mitgliedschaft im KHZV, Krankenhauszweckverband Rheinland, eine Rolle, um entsprechende Vergleichswerte generieren zu können. Als Beispiel werden hier Erlösdaten,

Qualitätsdaten und Mortalitätsdaten genannt. Die Arberlandkliniken betrachten auch die Mitgliedschaft in der Klinik-Kompetenz-Bayern (KKB) als Teil ihrer Digitalstrategie. Sie ermöglicht es, sich mit anderen Kliniken zu vergleichen und Synergieeffekte zu nutzen. Die Arberlandkliniken sind beispielsweise aktives Mitglied im Arbeitskreis IT der KKB. Die Vernetzung durch Mitgliedschaften in der KKB und dem KHZV führt zwangsläufig auch zu einer besseren Digitalstrategie. Weiterhin und perspektivisch ermöglicht auch das Krankenhauszukunftsgesetz, in diesem Bereich zu investieren.

Als Beispiel für die Aggregation von Daten im Rahmen der Fördermöglichkeiten des KHZG planen die Arberlandkliniken die Einführung eines Arzneimitteltherapiesicherheit-Tools (AMTS) um entsprechende Kontraindikationen, Wechselwirkungen oder eine Fehlmedikation frühzeitig und vor allem dann automatisiert erkennen zu können. Ohne die Verfügbarkeit der zugrundeliegenden Daten und die Verknüpfung verschiedenster Informationen wäre die Einführung eines solchen Tools nicht möglich. Ein weiteres Beispiel ist die § 21 KHEntG – Datenlieferung und Nutzung, sowohl in medizinischer als auch in ökonomischer Hinsicht. Datenaggregation wird somit in den Arberlandkliniken bereits aktiv betrieben und kontinuierlich ausgebaut.

6 Wie unterstützt die Digitalstrategie die Themen Informationssicherheit, Kommunikationsfähigkeit und die Fähigkeit zur Prozessoptimierung? (Frage 7)

6.1 Universitätsmedizin Rostock

Die Informationssicherheit (wie auch der Datenschutz) ist bei der Umsetzung einer Digitalstrategie eher ein Hindernis als ein Treiber von Digitalisierung. Nichtsdestotrotz müssen diese Aspekte bei der Verfolgung einer Unternehmensstrategie immer berücksichtigt werden. Dies sollte auch als fester Bestandteil in einer Digitalstrategie so festgeschrieben werden. Jede maßgebliche Änderung in einer IT-Struktur (siehe Change-Management) muss auch in Hinblick auf die Anforderung von IT-Sicherheit und Datenschutz geprüft werden. Hierbei ist immer eine Risikobewertung notwendig. Jeder Digitalisierungsprozess bietet Gefahren im Hinblick auf Informationssicherheit und Datenschutz. Daher müssen entsprechende Maßnahmen zum Gegensteuern bzw. zur Vermeidung solcher Risiken definiert und auch das Thema „Ausfall eines IT-Systems" betrachtet werden.

Die Risiken der Digitalisierung müssen immer im Kontext der Vorteile gesehen werden. Mit zentralen Datenmanagementsystemen kann auf Informationen des Patienten besser Einsicht genommen und somit eine ganzheitliche Bewertung des Gesundheitszustandes vorgenommen werden. Dadurch können z. B. Mehrfachuntersuchungen und auch Fehlbehandlungen vermieden werden.

Über zentrale Datenmanagementsysteme kann auch die Kommunikationsstruktur verbessert werden. Die Anweisungen auf „Zuruf" verschwinden. Verlässliche Entscheidungsprozesse können umgesetzt und die Ortabhängigkeit aufgelöst werden. Ein an einer Behandlung beteiligter Arzt muss in der digitalen Welt nicht zwangsläufig beim Patienten sein. Er kann auch auf Informationen über gesicherte Digitalsysteme von „überall" zugreifen und somit eine schnellere Diagnostik und Behandlung ermöglichen. Auch im Rahmen der Ausbildung von Medizinern ist diese neue Kommunikation ein wichtiger Bestandteil. Dass ein Chefarzt abends auf der Couch noch einmal eine virtuelle Visite durchführen kann, ist gerade in der Lehre ein großer Vorteil, verbessert die Kommunikation in einem Ausbildungsbetrieb enorm und steigert letztendlich die Qualität der Patientenbehandlung.

Ebenso lassen sich Unternehmensdaten in digitaler Form besser für die Steuerung eines Krankenhauses einsetzen. Anhand digitaler Daten in „ausreichender" Menge können Sachverhalte ganz anders bewertet werden als in analoger Form. So lassen sich anhand von Auswertungen bzw. Controlling von Daten Schwachstellen in den Prozessen erkennen, die dann über Maßnahmen abgestellt oder minimiert werden können. Auch der Erfolg der ergriffenen Maßnahmen kann über Datenauswertungen gemessen werden.

6.2   Lahn-Dill-Kliniken

Die Informationssicherheit kommt meiner Meinung nach in der Strategie etwas zu kurz. Es werden immer mehr Module und Systeme eingeführt – dadurch erhöht sich der Digitalisierungsgrad. Die Klinik macht sich also immer abhängiger von der IT und der Verfügbarkeit der Systeme. Das ist zwar so gewollt und auch der richtige Weg, allerdings wird dabei häufig vergessen, dass die Maßnahmen rund um die Erhöhung der Sicherheit mindestens genau so intensiv durchgeführt und ausgebaut werden müssen. Das ist aber nicht der Fall.

Die Kommunikationsfähigkeit wird dadurch gefördert, dass digital dokumentiert wird. Das ersetzt zwar nicht die zwischenmenschliche persönliche Kommunikation, reduziert sie aber auf Themen, die nicht online zur Verfügung stehen. Arbeitslisten, Chats und weitere Kommunikationslösungen werden immer mehr digital ausgebaut.

Die Einführung von digitalen Systemen bewirkt nicht automatisch eine Prozessoptimierung. Die Bereitschaft, die Prozesse anzupassen und weiterzuentwickeln, muss bei den Betroffenen vorausgesetzt oder eingefordert werden. Das ist die größte Herausforderung in allen Digitalisierungsprojekten. Hier spielen die Kommunikation und das Miteinander eine große Rolle. Die „perfekte Software" steht hier erst an zweiter Stelle.

6.3   Klinikum Nürnberg

Informationssicherheit ist aus Anwender- und Kundensicht im Krankenhaus ein gewisser Antipode zur Digitalisierung. Sie erschwert in vielen Fällen das Fortkommen durch Digitalisierung aufgrund notwendiger Begleitmaßnahmen, den Wegfall bzw. das Abschalten von nützlich empfundener Funktionalität oder Kosten, die im Vorfeld nicht transparent waren und erst im Nachhinein anstellig werden. Hier spielt wahrnehmbar auch die Verkaufsstrategie der Lösungsanbieter eine Rolle. Zumindest aktuell ist die Strategie im Rahmen von Digitalisierungsaktivitäten Informationssicherheit von Beginn an mitzudenken, nicht im erforderlichen Umfang entwickelt. Zudem werden außerhalb der Informationsverarbeitung beide Themen zumeist getrennt bewertet und betrachtet, trotz der offenkundigen Abhängigkeiten. Dieser beklagenswerte Umstand wurde aktuell vom Gesetzgeber aufgegriffen, der in seiner Förderrichtlinie zum Krankenhauszukunftsgesetz bei jedem Fördertatbestand, der eingereicht wird, einen mindestens 15 %igen Anteil für IT-Sicherheit fordert. Dies signalisiert deutlich, dass Digitalisierung und Informationssicherheit zwei Seiten einer Medaille sind und nur in ihren Abhängigkeiten betrachtet werden sollen. Hinsichtlich Kommunikationsfähigkeit wurde erkannt, dass Digitalisierung in zumeist parallel laufenden Projekten und Maßnahmen stattfindet und ein hochkompetentes Ressourcen- und Kapazitätsmanagement erfordert, um die jeweiligen Teilziele mit der notwendigen Verbindlichkeit auch zu erreichen. Damit einher gingen und gehen eine Professionalisierung im betrieblichen Projektmanagement, eine stärkere Verbindlichkeit in den Kommunikationsmitteln und die Erkenntnis, ein Werkzeug für Multiprojektmanagement einzusetzen zu müssen.

Für eine nachhaltige Prozessoptimierung müssen Beteiligte und Handlungsträger in den Digitalisierungsmaßnahmen befähigt werden, selbstständig in betrieblichen Prozessen zu denken und diese dann eigenverantwortlich zu verbessern. Insofern hat die Digitalisierung den Prozess angestoßen, über die etablierte Aufbauorganisation im Unternehmen nachzudenken und besser geeignete umsetzungs- und ablauforientierte Strukturen zu etablieren, insbesondere um Veränderungen im Rahmen eines Change-Managements planen zu können.

Somit konnte die Digitalstrategie die notwendige innerbetriebliche Veränderungsbereitschaft auch organisatorisch aktivieren, in der betrieblichen Erkenntnis, dass die Digitale Transformation eines Krankenhauses kein reines IT-Projekt ist, das in alleiniger Regie der Informationsverarbeitung realisiert werden kann. Um das Verhalten der Nutzer und Beteiligten zu ändern, deren Haltung und Beharrung, im Sinne eines stabilen soziotechnischen Systems, ist weiter ist angedacht sogenannte Change Agents in den Digitalisierungsmaßnahmen einzusetzen.

6.4   St. Elisabeth-Krankenhaus Köln-Hohenlind

Auch hier sind insbesondere die zentralen Bereiche MedDok, QM und EDV gefordert, die entsprechenden Kompetenzen vorzuhalten, um erfolgreich agieren zu können. Eine gute Kommunikation zwischen klinischem Bereich und EDV/MedDok ist aus unserer Sicht nur durch „Schnittstellen"-Mitarbeiter sicherzustellen, die einerseits klinische Erfahrung und ein entsprechendes Verständnis für Prioritäten und Sichtweisen mitbringen/entwickeln und andererseits die technische Kompetenz zur Entwicklung und Umsetzung von Lösungen besitzen. Die Informationssicherheit ist ein wichtiges Risikofeld, welches bei jedem

Vorhaben berücksichtigt wird; darüber hinaus widmen sich dieser auch eigenständige Projekte (u. a. über das KHZG). Da die optimale Gestaltung von Prozessen zentraler Bestandteil der Grundausrichtung des Hauses ist (siehe Punkt 4, div. Leitsätze) ist dies auch bei der Einführung und Nutzung digitaler Werkzeuge von großer Bedeutung.

6.5   Johanniter HealthCare-IT Solutions

Alle genannten Bereiche werden erst einmal formal abgedeckt. Damit gibt es ein Mandat; dieses wird angewendet. Hier gilt es das Bewusstsein zu schärfen. Wobei wir gerne darauf verweisen möchten, dass wir immer noch einen Unterschied machen zwischen einer Digitalstrategie und einer IT-Strategie, als unabdingbare Teilmenge.

6.6   Kliniken Südostbayern

Die Informationssicherheit und IT-Sicherheit sind die Basis, die wir bieten müssen, um überhaupt mit Patientendaten arbeiten zu können.

Erst die Kommunikationsfähigkeit und die Interoperabilität unserer Daten und Systeme erlauben uns überhaupt, unsere Unternehmensstrategie zu unterstützen. Hier haben wir aber noch einen Weg vor uns, um wirklich sicher und „barrierefrei" kommunizieren und Daten austauschen zu können. Wichtig ist uns hierbei, dass dies keine manuelle Tätigkeit durch unsere Ärzte und Pflegekräfte sein darf, sondern dies ein automatisierter und regelgestützter Prozess ist.

Die digitale Kommunikation muss unsere am Patienten tätigen Kollegen entlasten und einen hohen Nutzen bieten. Besonders durch digitale Kommunikation und Interaktion können wir einen Nutzen für unsere Patienten schaffen und die Gesundheitsversorgung verbessern.

6.7   St. Marienhospital Hamm

Die Informationssicherheit wird durch klare Berechtigungen, Zugriffskontrollen, Datenvalidität erhöht. Durch die Verfügbarkeit ist eine bessere Kommunikation zum Fall möglich und damit eine Umstellung vom Ablauf „Wo ist die Akte." hin zum Behandlungsprozess möglich. Im Sinne von „Wann machen wir was und dann wie – nicht umgekehrt!"

6.8   AMEOS Gruppe

Die Vereinheitlichung und Standardisierung im Rahmen der Digitalstrategie ermöglicht uns erst, die vielfältigen Anforderungen des Datenschutzes und der Informationssicherheit umzusetzen. Die durch Zukauf hinzugekommenen Systeme sind in der Regel historisch gewachsen mit ungenügenden Umsetzungen in den Bereichen Berechtigungen und Revisionssicherheit. Ziel ist es, die Prozesse auf Basis der zentralen Datenplattform umzusetzen und so von den lokal unterschiedlichen Systemen unabhängig zu werden. AMEOS will dadurch von diesen Primärsystemen unabhängig werden. Über die Datenplattform wird zudem die intra- und intersektorale Weitergabe der Daten ermöglicht.

6.9   Arberlandkliniken

Als eine Form der aktiven Prozessoptimierung kann der Prozess „weg von der Papierakte" betrachtet werden. Akten müssen nicht mehr mühsam gesucht und geholt werden, sondern der unternehmensweite Zugriff mit wenigen Mausklicks wird ermöglicht. Meilensteine, die auch konsequent verfolgt und weiterentwickelt werden, sind beispielsweise die Einführung des PACS, der digitalen Fieberkurve und eines Multimediaarchives. Um eine Kommunikationsplattform für Drittsysteme zu schaffen, wurde ebenso bereits vor einigen Jahren ein flexibler Kommunikationsserver (Cloverleaf) angeschafft. Dadurch erfolgt ein stetiger Datenaustausch und Doppelerfassungen können vermieden werden. Somit reduzieren sich auch potenzielle Fehlerquellen aufgrund manueller Eingriffe. Dass Patienten immer mehr aktiv in den Behandlungsprozess eingebunden werden sollen, zeigen das KHZG und die Vorgaben zur Telematikinfrastruktur. Im Hinblick auf die Telematikinfrastruktur konnte aufgrund des bereits guten vorhandenen Ausbaustandes hinsichtlich der Kommunikationsfähigkeit auch dem Gesetzgeber Genüge getan werden, der hier beispielsweise hinsichtlich der elektronischen Arbeitsunfähigkeitsbescheinigung (eAU) den Weg vorgibt, wie zukünftig kommuniziert werden muss. Grundsätzlich sollte erkannt werden, dass mit jedem weiteren Schritt in Richtung Digitalisierung analog die Informationssicherheit sowie die Sicherheit der zugrunde liegenden Infrastruktur zu erhöhen ist. Hinsichtlich der Informationssicherheit können z. B. durch die Definition von Pflichtfeldern und Plausibilitätschecks Falscheingaben und fehlende Eingaben reduziert, bzw. vermieden werden. Dies unterstützt die richtige Erhebung aller nötigen Informationen. Weiter können digitale Informationen bei entsprechender Absicherung nicht mehr einfach unberechtigt aus dem Unternehmen gelangen (wie beispielsweise die Mitnahme von Patientenakten). Ferner kann auch eine endgültige Vernichtung von Informationen einfach verhindert werden, da papiergebundene Akten in der Regel kein Backup haben, ein IT-System schon. Die Kommunikationsfähigkeit wird dadurch unterstützt, dass jeder Mitarbeiter mit entsprechender Berechtigung Zugriff auf alle Patienteninformationen hat, um z. B. Auskunft geben zu können oder diese an andere berechtigte Bereiche digital weitergeben kann. Die Kopie und der Versand per Post können dadurch entfallen. Nicht zuletzt ermöglicht die Fähigkeit zur Prozessautomatisierung z. B. die Prüfung auf Vollständigkeit oder automatisierte Versendeprozesse wie beim MD-Portal.

7 Wie messen Sie die Umsetzungserfolge und mit welchen Mechanismen wurde auf Hindernisse bzw. auf sich ändernde Anforderungen reagiert? (Frage 8)

7.1 Universitätsmedizin Rostock

Umsetzungserfolge lassen sich nur über ein kontinuierliches Controlling messen. Auch hier ist der Zugriff auf digitale Daten zentraler Bestandteil. Die Daten müssen regelmäßig bewertet und der Unternehmensführung transparent zur Verfügung gestellt werden. Erkennt man Misserfolge bei der Umsetzung einer Digitalstrategie, muss man den Mut haben, diese einzugestehen und hier rechtzeitig gegenzusteuern. Keine Strategie ist so perfekt, dass es hier nicht auch Fehlschläge geben kann. Dies gehört zu solch komplexen Vorgängen einfach mit dazu.

Gerade bei lang angelegten Zielen ist es völlig normal, dass sich Anforderungen über den Zeitraum auch einmal ändern, gerade im Hinblick auf sich ändernde gesetzliche Gegebenheiten. Daher empfehle ich, die Digitalstrategien mindestens einmal im Jahr auf Aktualität zu prüfen und dies auch als festgelegten Prozess zu implementieren.

7.2 Lahn-Dill-Kliniken

Die Umsetzungserfolge werden gemessen, indem vor der Etablierung neuer Systeme und Prozesse und dann wieder nach der Einführung konkrete Kriterien gemessen werden. Diese werden dann miteinander verglichen und evaluiert. Ein konkretes Beispiel ist die Dokumentation von Vitalzeichen vor der Einführung der mobilen Vitalzeichenmonitore in Kombination mit der elektronischen Fieberkurve und danach. Dies wird dann in der zuständigen Projektgruppe ausgewertet, der Geschäftsführung berichtet und Maßnahmen für den weiteren Rollout abgeleitet.

7.3 Klinikum Nürnberg

Künftig sollen während der Planungsphase für die jeweiligen Maßnahmen und Vorhaben geeignete Elemente und Kriterien zur Erfolgskontrolle festgelegt werden. Für die Informationsverarbeitung wird es an vielen Stellen eine reine Vollzugskontrolle sein. Das Herbeiführen einer technischen Prozessunterstützung für den Produktivbetrieb und die Kontrolle des Einsatzes geplanter Ressourcen mit den tatsächlich zur Durchführung aufgebrachten Mittel. Ob die gesetzten (Teil-)Ziele einer Digitalisierungsmaßnahme erreicht wurden oder werden beruht auf dem Umstand, dass im Rahmen der Planung festgelegt wird, was erreicht werden soll und was nicht. Sofern diese Kriterien für alle Beteiligten verbindlich festgelegt wurden, lassen sich IST und SOLL gut ableiten.

Im künftigen Werkzeug für Multiprojektmanagement besteht die Möglichkeit während der Projekt- und Ressourcenplanung Risiken und damit potenzielle Hindernisse zu definieren und zugleich neben deren Beschreibung mögliche Gegenmaßnahmen zu formulieren. Auch sich ändernde Anforderungen können als Projektrisiko betrachtet werden, da damit zumeist höhere Kosten, Mehraufwand oder Verzögerung einhergehen. Es bleibt jedoch abzuwarten, ob dieses Werkzeug mit der notwendigen Sorgfalt und der erforderlichen Disziplin eingesetzt wird, da bekanntermaßen bei hohem Arbeitsaufkommen die Dokumentation und das schriftliche Nachführen der Tätigkeiten zumindest in der Informationsverarbeitung als Erstes vernachlässigt wird.

Als Ganzes betrachtet ist die Erkenntnis gereift, für explizit arbeitsteilige Maßnahmen mit mehreren Beteiligten unterschiedlicher Profession möglichst ein übergreifendes, digitales Werkzeug zu verwenden, in dem alle Aktivitäten an zentraler Stelle dokumentiert sind. Ein organisatorischer Projektverlauf der mittels E-Mail-Kommunikation, geteilten Dateien in multiplen Versionen oder ohne Protokollierung relevanter Änderungen und Entscheidungen stattfindet, stellt für sich ein Risiko für den Umsetzungserfolg dar.

7.4   St. Elisabeth-Krankenhaus Köln-Hohenlind

Hier gibt es zahlreiche Wege: Direkter Rückkopplungskanal ist das Servicetelefon der Medizinischen Dokumentation, über welches Defizit der digitalen Werkzeuge im klinischen Bereich schnell deutlich werden. Wie oben beschrieben erfolgen darüber hinaus Auswertungen der erfassten Daten. Weitere Methoden sind Befragungen (turnusmäßig, anlassbezogen oder im Rahmen von studentischen Projektarbeiten), Zertifizierungen, Qualitätszirkel und Begehungen. Durch die Vorhaltung einer hohen Datenkompetenz konnte Änderungsbedarf durch Hindernisse oder Anforderungsänderung bisher meist flexibel begegnet werden, sei dies durch Überwindung des Hindernisses, Planänderung, Anpassung der Werkzeuge oder Schulung.

7.5   Johanniter HealthCare-IT Solutions

Eine Messung des Umsetzungserfolges erfolgt momentan anhand der folgenden Bewertungen:

- KPI im Bereich des MC
- KPI im Bereich der Unternehmenssteuerung
- Patientenzufriedenheitsanalysen
- Anwenderzufriedenheit
- Modulzugriffszahlen, soweit arbeitsrechtlich abbildbar
- Projektkultur
- Changes etc.

7.6   Kliniken Südostbayern

Natürlich haben wir Projektpläne und messen Projektfortschritte. Eine wirkliche Messung, ob die Digitalisierungsprojekte für Patienten und Mitarbeiter ein Erfolg sind, haben wir noch nicht.

Wir werden hier Analysen im Rahmen der Patienten- und Mitarbeiterbefragungen machen. Die Erfolge erwarten wir aber erst im zeitlichen Verlauf zu erkennen, da jedes Digitalprojekt einen Change beinhaltet, der in der Umstellungsphase als schwierig wahrgenommen wird.

Wenn dann die Verbesserungen durch die eintretende Routine eigentlich spürbar werden müssten, ist im Rückblick die Ausgangssituation oft vergessen und es sind nur die Herausforderungen des zurückliegenden Change-Prozesses in der Vergangenheitswahrnehmung vorhanden.

Auf Herausforderungen in den laufenden Projekten reagieren wir agil im Rahmen der regelmäßigen Projekt- und Gremienkommunikation.

7.7   St. Marienhospital Hamm

Das ist offen und im Einzelprojekt zu bewerten, in der Informationssicherheit aktuell mit GAP Analysen zur IT, ersten einfachen Reifegradmodellen und perspektivisch mit einer gesetzlichen Regelung.

7.8   AMEOS Gruppe

Zuerst wird ein Business Case (BC) berechnet und Use Cases für die Umsetzung des Piloten ermittelt. Dann wird der Pilot für das Digitalisierungsprojekt an einem ausgewählten Standort umgesetzt. Danach werden die Ergebnisse mit dem BC abgeglichen und anhand der Erfahrungen aus der Pilotumsetzung die Machbarkeit und Ausrollbarkeit in der Breite (alle Standorte) beurteilt und ggf. daraus resultierende Änderungen ermittelt. Wenn das Ergebnis dieser Evaluation die Anforderungen erfüllt, wird der gruppenweite Rollout gestartet.

7.9   Arberlandkliniken

Umsetzungsfortschritte und Umsetzungserfolge werden unter anderem im Rahmen der IT-Sitzungen besprochen. Durch die Einführung eines einheitlichen Projektmanagements u. a. mit regelmäßigen Teamboardbesprechungen sowie Projektsitzungen im Projektteam, können auftretende Probleme frühestmöglich erkannt und dem entgegengewirkt werden. Hindernisse werden besprochen und versucht zu beseitigen. Erfolge wandern bei diesen

Boards in die sog. „Erfolgsrutsche". Bisherige Erfolge werden in einer Sammelbox archiviert und im Rahmen von Lessons Learned der Projekterfolg dokumentiert. Abseits vom Projektmanagement messen die Arberlandkliniken Umsetzungserfolge auch z. B. durch die Vermeidung von Erlöskürzungen. Am Beispiel der verpflichtend einzuführenden TI-Module wie dem Versichertenstammdatenmanagement (VSDM) konnte durch die fristgerechte Umsetzung eine Erlöskürzung von Anfang an vermieden werden. Durch einen sehr guten aktuellen Ausbaustand bei der TI konnte man eine gute Ausgangslage generieren: Die Klinik muss derzeit auf Gesetzgeber und Industrie für weitere Ausbauschritte warten. Änderungen von gesetzlichen Rahmenbedingungen werden regelmäßig besprochen und es wird versucht diese so zeitnah wie möglich umzusetzen.

8   Was wird auf Basis der Digitalstrategie von Beratern und strategischen Lösungspartnern erwartet?(Frage 9)

8.1   Universitätsmedizin Rostock

Die Umsetzung von IT-Projekten ist immer eng mit externen Expertisen und Dienstleistern verbunden und bedarf in vielen Fällen das Hinzuziehen von Beratern. Generell bin ich der Ansicht: Alles was man nur einmal macht, sollte von externen Ressourcen erbracht werden. Der Aufwand, sich in ein Thema einzuarbeiten und Expertise aufzubauen, die am Ende dann nicht mehr benötigt wird, ist ineffizient. Hinzu kommt, dass man mit fehlenden Erfahrungen/Know-how mit viel Aufwand Fehler produziert, die andere bereits gemacht haben und es ggf. bereits Lösungen zur Vermeidung solcher Situationen gibt. Auch bei Aufgaben, die viel Zeit in Anspruch nehmen und auch nicht in der Kernkompetenz der IT bzw. des Unternehmens liegen, sollten Consultingleistungen in Anspruch genommen werden. Auch hier ist es wichtig, auf Expertisen fachspezifischer Berater zuzugreifen. Als strategische Lösungspartner würde ich immer auf Erfahrungen anderer Kliniken bauen. Der Informationsaustausch zwischen den Kliniken sollte bei Betrachtungen neuer Strategien immer ein Thema sein. Sich an Klinken zu wenden, die bereits Erfahrungen auf den Gebieten gemacht haben, die im eigenen Haus bearbeitet werden, ist immer eine sehr gute Option. Auch spielt die Auswahl von strategischen Lösungspartnern eine wichtige Rolle. Auch hier sollte man auf Empfehlungen anderer Auftragnehmer zurückgreifen bzw. die Fachkompetenzen eines Dienstleisters vorab genau prüfen.

8.2   Lahn-Dill-Kliniken

Von den Beratern wird erwartet, dass sie neue Ideen und Ansätze in die Projekte einbringen. Es wird erwartet, dass sie einen unabhängigen und unbelasteten Blick auf die Fragestellung haben und ihre Erfahrungen aus anderen Projekten als Ideengeber einbringen. Es wird nicht erwartet, dass Sie den Projektbeteiligten die Arbeit abnehmen, sondern einen neuen Weg aufzeigen und diesen bei Bedarf begleiten. Außerdem wird erwartet, dass sie stets über die neuesten Entwicklungen zu Digitalisierungsthemen informiert sind und diese Infos in das laufende Projekt einbringen.

8.3   Klinikum Nürnberg

Ein Berater sollte in unterschiedlichsten Unternehmen Erfahrungen in Digitalisierungsvorhaben gesammelt haben und zugleich mit den landes- und branchentypischen Problem- und Fragestellungen einer Krankenhausdigitalisierung tief gehend vertraut sein. Neben einem probaten Methodenwissen sollte der Berater praxiserprobte Kreativinstrumente und Werkzeuge vorweisen können, um mit neuen und kreativen Ansätzen die betriebsüblichen Hemm- und Hindernisse angehen zu können. Aufgrund der Vielfalt an Berufsgruppen und Denkweisen, die in einer Beratung involviert werden, muss neben der fachlichen Kompetenz eine deutliche Fähigkeit zum Ausdruck kommen, die menschliche Komponente in einem Transformationsprozess adäquat beurteilen und nutzenstiftend einbeziehen zu können. Von strategischen Lösungspartnern wird erwartet, dass sie in der Lage sind, Angebote zu machen, die eine Minimierung des Betriebsrisikos hinsichtlich Kosten und internem Aufwand glaubhaft realisieren. Neben der Schonung krankenhausinterner Ressourcen müssen technische Kundenrisiken (bspw. Informationssicherheit, Datenschutz) durch präventive Maßnahmen und Eigenschaften sichergestellt sein. Bislang dominiert hier der reaktive Typus. Ein strategischer Lösungspartner muss klar darlegen, worin die partizipativen Elemente bestehen und welchen messbaren Nutzen das Krankenhaus hieraus ableiten kann. Zudem sollten erzielbare Skaleneffekte verbindlich und objektivierbar festgehalten werden. Erwartet werden weiter Maßnahmen und Offerten des Anbieters, die Lösung im maximal möglichen Umfang als Fremdbetrieb („as a Service") zu realisieren. Im Idealfall besteht zudem die Möglichkeit zur Refinanzierung einer innovativen Digitaltechnologie/Lösung versorgungstypische Anwendungsfälle auf einer fachlich professionellen Ebene mit dem Lösungspartner zu diskutieren, die über den Status Quo „hat das Potenzial zu" hinausgehen.

8.4   St. Elisabeth-Krankenhaus Köln-Hohenlind

Es bestehen folgende Anforderungen:

- Umfassendes Beherrschen der Möglichkeiten ihrer Produkte
- Gute Grundkenntnis der betroffenen Prozesse, insbesondere im klinischen Bereich
- Eingehen auf die individuelle Situation des Kunden
- Realistische Beratung (lieber Techniker als Vertriebsmitarbeiter!)
- Unterstützung beim produktspezifischen Kompetenzerwerb (Hilfe zur Selbsthilfe anstatt hochgradiger Abhängigkeit von dauernden Beratungsleistungen)

8.5   Johanniter HealthCare-IT Solutions

Es bestehen folgende Anforderungen:

- Das Bewusstsein, dass nicht alle Kliniken in Deutschland universitäre Vollver-
  sorger sind.
- Alle Lösungen – respektive Beratungsdienstleistungen – müssen angemessen und be-
  darfsgerecht sein.
- Services müssen mit haptischen Use-Cases schnell in die Hygiene einer bestehenden
  Strategie einfließen können.
- Entwicklungshorizonte müssen realistisch sein.
- Die hochqualitative Patientenversorgung muss immer im Mittelpunkt stehen.

8.6   Kliniken Südostbayern

Berater sind bei uns herzlich mit Best-Practice-Ansätzen willkommen. Wir erwarten allerdings, dass zuerst genau geprüft wird, ob diese auch für uns passen und nicht ein „One-
fits-All-Konzept" angeboten wird.

Berater dürfen uns gerne mit kreativen und klugen externen Wahrnehmungen unterstützen. Strategische Lösungspartner müssen offene Standards verwenden. Wir wollen
keine Insel-Lösungen, sondern wirkliche Interoperabilität. Jeder soll wirtschaftlich Spaß
haben mit uns Geschäfte zu machen. Aber auch wir wollen Spaß mit unseren Partnern
haben – funktional und wirtschaftlich.

8.7   St. Marienhospital Hamm

Dass diese als Berater nicht nur ihre Lösung/ihren Standardprozess kennen, sondern das
Haus verstehen und beraten wollen. Ein hohes Branchenverständnis über die eigene Spezialisierung hinweg und die Erkenntnis, wo die eigenen Grenzen liegen und entsprechend
neutraler auftreten.

8.8   AMEOS Gruppe

Erwartet wird das individuelle Eingehen der Partner auf die Situation bei AMEOS, nicht
das Herunterspulen von Standardlösungen.

8.9 Arberlandkliniken

Berater und strategische Lösungspartner müssen „wissen, wovon sie sprechen". Sie müssen im jeweiligen Themenfeld hohe Kompetenz zeigen, im Rahmen der geistigen Vorwegnahme unterstützen und mehrere Alternativen aufzeigen können. Ein vernetztes Denken ist essenziell, die Nahtstellenthematiken müssen bekannt sein. Strategische Lösungspartner sollen über den Tellerrand blicken und das Marktumfeld kennen und beobachten. Qualifizierte Beratungsdienstleistungen für die Vorhaben und die Begleitung sowie Durchführung werden vorausgesetzt. Eine Unterstützung bei der Identifizierung und Priorisierung von Digitalisierungsvorhaben, um ein digitales Zielbild abzuleiten, darauf aufbauend eine digitale Roadmap auszuarbeiten, wird von strategischen Lösungspartnern erwartet. Im Rahmen einer Ist-Aufnahme und einer Analyse der bisher vorgesehenen Digitalisierungsvorhaben sollte eine individuelle digitale Roadmap ausgearbeitet werden. Es ist wichtig, dass Berater und strategische Lösungspartner die Sprache der Klinikmitarbeiter sprechen, sprich auf Augenhöhe kommunizieren können. Eine individuelle Lösungsfindung wird standardisierten Methoden vorgezogen, um die eine Lösung zu finden, die auf das jeweilige Unternehmen bestmöglich zugeschnitten ist. Experten mit einem speziellen Fachwissen werden Generalisten vorgezogen.

9 Ausblick und Fazit (Die zehnte Frage!)

Die gewählte Fragenabfolge beinhaltet mit der zehnten Frage „*Welche Empfehlungen geben Sie Ihren Branchenkollegen?*" auch die Intension eines Ausblicks und Fazits aus den unterschiedlichen Perspektiven strukturell unterschiedlicher Versorgungseinrichtungen der stationären und ambulanten Krankenversorgung aber auch der dort für die Digitalisierung verantwortlich handelnden Personen.

9.1 Universitätsmedizin Rostock

Wichtig ist vor allem eine Abgrenzung, welche Leistungen im eigenen Klinikum erbracht werden können und welche nicht. ITler haben oft die Tendenz, im Sinne des Helfersyndroms, alle Probleme lösen zu wollen. Dies ist lobenswert, schafft am Ende aber mehr Probleme als Vorteile. Je nach personeller Ausstattung und fachlichen Kompetenzen sollte klar definiert werden, was inhouse erbracht werden soll und was ggf. extern vergeben werden muss. Dies ist sicherlich immer ein Kampf mit der Unternehmensleitung; eine klare Abgrenzung kommt hier aber dem ganzen Unternehmen zugute.

Es ist damit auch wichtig, die IT besser und stärker in der Unternehmensleitung zu integrieren. Nicht umsonst haben mittlerweile große und kleine Konzerne einen CIO im Vorstand positioniert. Der Aspekt, dass mittlerweile fast jede Entscheidung einen Bezug zur eigenen IT hat, macht die rechtzeitige Einbindung der IT-Verantwortlichen in diese Entscheidungsprozesse notwendig. Werden Entscheidungen von der Unternehmensleitung vorgegeben und dann zur Bearbeitung einfach an die Bereiche weitergeleitet, kommt es dann i. d. R. zu Verlusten der eigentlichen Zielsetzung bis hin zu Misserfolgen, da sich manche Entscheidungen aufgrund vorhandener Gegebenheiten gar nicht umsetzen lassen. Dies wiederum kann dann auch zu hausinternen Konflikten führen. Insofern sollte, wie bereits dargelegt, eine gemeinsame Unternehmens- und Digitalstrategie verfolgt werden. Die Konzentration auf die Kernkompetenzen des eigenen Hauses sollte in jedem Fall immer betrachtet werden und eine reale Einschätzung der Ziele, die auch wirklich umgesetzt werden können, ist fundamental. Gerade im Krankenhausumfeld kämpfen wir alle gemeinsam an den gleichen oder ähnlichen Baustellen. Daher sollten wir über Gremien dieses Potenzial nutzen, um auch gemeinsam von umzusetzenden Digitalisierungsprojekten zu partizipieren. Nutzen Sie Plattformen wie den KH-IT, Messen oder die Entscheiderfabrik für einen solchen Austausch. Am Ende steht der Nutzen für den Patienten und natürlich auch das Überleben des eigenen Hauses im Fokus. Dies sollte man nie vergessen.

9.2 Lahn-Dill-Kliniken

Digitalisierung im Krankenhaus funktioniert nur dann, wenn viele Rahmenbedingen erfüllt sind. Es müssen die finanziellen Mittel bereitgestellt werden, um diese Projekte durchzuführen. Digitalisierung kostet Geld und von einer Amortisierung kann in den meisten Fällen nicht ausgegangen werden. Viel wichtiger für eine erfolgreiche Digitalisierung sind aber die beteiligten Menschen. Zum einen die Entscheider, die eine Strategie festlegen und diese ständig im Sinne der Klinik anpassen, zum anderen die Personen, die die Projekte umsetzen müssen. Im Bereich der IT und der Medizintechnik muss eine gute Wahrnehmung der Prozesse der medizinischen Bereiche vorherrschen. Aus diesem Grunde ist die Hinzunahme von Ärzten oder Pflegekräften, die für Digitalisierungsprojekte freigestellt werden, dringend zu empfehlen. Zu guter Letzt geht es aber vor allem um die Personen, die die neuen digitalen Prozesse täglich leben müssen. Hier muss eine große Bereitschaft vorherrschen und es muss ein Blick dafür geschärft werden, welche Vorteile die Digitalisierung mit sich bringt. Denn nur wenn man dieses Ziel vor Augen hat und alle zusammenarbeiten, funktioniert die Umsetzung einer Digitalstrategie. Ich empfehle meinen Branchenkollegen also, das Thema Digitalisierung zu einem strategischen Unternehmensthema zu machen. Die IT-Abteilung allein wird sonst nie erfolgreich sein können.

9.3   Klinikum Nürnberg

Eine zentrale Empfehlung dürfte sein, die Digitalisierung unbedingt in einer strategischen Perspektive, d. h. primär langfristig, zu sehen und zu planen. Die digitale Transformation wird uns noch über Jahre beschäftigen und eine kurz – oder mittelfristige Planung führt dazu, dass fortlaufende Änderungen oder gravierende Neuerungen in der eingesetzten Technologie, der Unternehmenskultur (Fachkräftemangel) oder der Gesetzgebung zu einer agilen Anpassungsfähigkeit führen, bei der wenig Verbindlichkeit vorliegt und die für alle Beteiligte notwendige Kontinuität verloren geht. Eine taktische, operative oder diffuse Denk- und Sichtweise wird hier schnell zum Stolperstein. Im Vordergrund stehen muss die umfassende Digitalisierung behandlungsrelevanter Daten und die systematische Digitalisierung aller patientenbezogenen Arbeitsabläufe im Krankenhaus. Vergessen sollte man an der Stelle den Verwaltungsbereich nicht, der hier eine Reihe von Unterstützungsprozessen vorhält, die indirekt den Behandlungsprozess und das Patientenerlebnis beeinflussen. Wir als Krankenhaus-IT müssen stärker zum Mitgestalter werden, wenn es darum geht das digitale Zielbild unserer Häuser festzulegen, durch Digitalisierung bedingte Veränderungen anzustoßen oder Geschäftsprozesse auf neue Anforderungen anzupassen, weil der unternehmerische Erfolg zunehmend durch die Digitalkompetenz des Krankenhauses und seiner Beschäftigten, insbesondere denen in der Informationsverarbeitung festgelegt wird. Eine reine Betriebs-IT für Netzwerk, Endgeräte und Serveranwendungen gehört zum Auslaufmodell, da dies in Kürze und absehbar durch externe Anbieter geleistet wird.

9.4   St. Elisabeth-Krankenhaus Köln-Hohenlind

Wichtiges Ziel sollte die Zufriedenheit der Anwender sein – deren Perspektive wird oft zu wenig berücksichtigt. Der Aufbau eigener Kompetenz schafft Unabhängigkeit von externer Beratung und ermöglicht eine höhere Flexibilität und individuellere Anpassung der digitalen Instrumente. Es sollte ein intensiver und ständiger Austausch zwischen klinischem und „technischem" Bereich stattfinden. Die Mitarbeiter mit Schnittstellenqualifikation (z. B. pflegerische Ausbildung *und IT-Kompetenz*) sind besonders wertvoll.

9.5   Johanniter HealthCare-IT Solutions

Die nachfolgenden Empfehlungen und Erkenntnisse können abgeleitet werden:

- Bleiben Sie ruhig und lassen Sie sich nicht verrückt machen.
- Kreieren Sie eine passende Digitalstrategie, die auf die Bedürfnisse und Möglichkeiten Ihres Kosmos passt.
- Bauen Sie in den Einrichtungen digital-interdisziplinäre Kompetenzen auf.

- Ertüchtigen Sie Ihr Team – wenn nicht schon geschehen – damit dieses sich um die wichtigen Geschäftsvorfälle kümmern kann und Sie sich um die wesentlichen kümmern können.

9.6   Kliniken Südostbayern

Digitalisierung wird nicht in der IT gemacht. Digitalisierung ist zentrale Aufgabe der Unternehmensleitung – aber auch jeder Führungskraft und jedes Mitarbeiters eines Unternehmens.

Es geht darum, technische Lösung so zu nutzen, dass das eigene Arbeitsergebnis für unsere Patienten und das eigene Team besser wird. Der technische IT-Part, oder die Kollegen, die sich als Team Digitalisierung damit beschäftigen, diese Lösungen im Unternehmen zu implementieren, können hier die Anwender nur unterstützen.

Die Verantwortung, diese Möglichkeit so zu nutzen und weiterzuentwickeln, dass die eigene Arbeit besser wird, liegt vor allem auch beim einzelnen Mitarbeiter selbst.

Wir brauchen hierfür ein gemeinsames Verständnis. Digitalisierung wird nicht irgendwo im Unternehmen gemacht. Es gibt Spezialisten, die sich damit beschäftigen Möglichkeiten zu schaffen. Diese Möglichkeiten dann aber auch zu nutzen und für die eigene Arbeit zu optimieren ist die Aufgabe eines jeden Kollegen.

Persönlich bin ich der Meinung, dass neben Medizin, Pflege und Verwaltung die Digitalisierung die vierte Säule ist, die für eine funktionierende Klinik überlebensnotwendig ist. Aus meiner Sicht ist es daher unerlässlich, einen CIO in der Unternehmensleitung zu etablieren und hier einen Fachmann zu haben, der in der Lage ist digitale Lösungen vorzudenken und neue Leistungsbereiche für die Klinik zu entwickeln.

9.7   St. Marienhospital Hamm

Die nachfolgenden Empfehlungen und Erkenntnisse können abgeleitet werden:

- Vernetzt euch
- Fragt Kollegen
- Hospitiert
- Hinterfragt die „eine Lösung"
  - Wer ist der Gewinner der „nur einen Lösung"/„dem nur einen Lösungsansatz"?
- Und in der Regel liegt das Prozess Know-how vor, man fragt manchmal die falschen Personen (Den muss man fragen/den darf man nicht fragen)
- Überspringt (politische oder enge) Hierarchien

9.8   AMEOS Gruppe

Ziel ist die Verwendung einer einheitlichen Datenplattform inkl. Archivierung als Basis für die AMEOS Digitalstrategie. AMEOS präferiert die Nutzung von verfügbaren Standardlösungen gegenüber dem Bau von sehr individuellen Einzellösungen, gemeinsam mit geeigneten Partnern. Man sollte unbedingt auf international anerkannte Standards, wie IHE oder FHIR setzen.

9.9   Arberlandkliniken

Vernetzt denken; sowohl intern als auch gegenüber verschiedensten vor- und nachgelagerten Leistungserbringern. Gemeinsame Plattformen schaffen und sich mit anderen Kliniken vernetzen und in verschiedensten Bereichen strukturiert vergleichen. Versuchen Sie möglichst alle Mitarbeiter mitzunehmen, aber akzeptieren Sie auch, dass man nicht alle Mitarbeiter umfassend erreichen kann. Dies gilt es zu verstehen und immer nach passenden Lösungen zu suchen. Beobachten Sie das Marktumfeld und haben Sie immer ein offenes Ohr für die Anliegen Ihrer Mitarbeiter.

Digitalstrategische Maßnahmen im Krankenhausalltag umsetzen: Empfehlungen aus der Praxis

Falko C. Schulte und Martin B. Knüttel

Inhaltsverzeichnis

Zusammenfassung

Befeuert durch politische Gesetzesvorhaben führt die digitale Transformation zu gewaltigen Umbrüchen in der deutschen Krankenhauslandschaft. Dieser Trend wird sich in den kommenden Jahren ungebrochen fortsetzen. Die erfolgreiche Umsetzung einer Digitalstrategie hängt dabei in hohem Maße von einem strukturierten und kommunikativen Projektmanagementprozess ab. Projektmanagern in Krankenhäusern stehen neben allgemeinen, weit verbreiteten Konzepten des Projektmanagements kaum fundierte Methodiken zur Verfügung, die den speziellen Krankenhauskontext und entsprechende

F. C. Schulte (✉)
Facharzt für Innere Medizin, Düsseldorf, Deutschland

M. B. Knüttel
OptiMedis AG, Hamburg, Deutschland
E-Mail: m.knuettel@optimedis.de

© Der/die Autor(en), exklusiv lizenziert durch Springer Fachmedien Wiesbaden
GmbH, ein Teil von Springer Nature 2022
V. Henke et al. (Hrsg.), *Digitalstrategie im Krankenhaus*,
https://doi.org/10.1007/978-3-658-36226-3_11

gesetzliche Bestimmungen in der Projektarbeit berücksichtigen. Der Werkzeugkoffer des Projektmanagements ist mit seinen unterschiedlichen Methodiken und Herangehensweisen zwar prall gefüllt, aber neben fundierter Sach- und Prozesskenntnis haben sich eine hohe Kommunikationsfähigkeit und vor allem Menschenkenntnis in strategischen Digitalisierungsprojekten als großer Vorteil erwiesen. Die konsequente Beachtung konzeptioneller und praktischer Erfolgsfaktoren nimmt im Projektalltag entscheidenden Einfluss auf die erfolgreiche Umsetzung einer Digitalstrategie.

1   Einleitung

Die immer stärker fortschreitende Digitalisierung im Gesundheitswesen verlangt von den Akteuren im Krankenhaus eine ständige Anpassung und wiederkehrend die Einführung von neuen digitalen Anwendungen und Prozessen. Um diese strategischen Maßnahmen neben dem operativen Betrieb im Krankenhaus umsetzen zu können, ist die Arbeit in Projekten ein wichtiger Baustein, gehören doch gerade die Themen „Neuartigkeit" und „Einmaligkeit" neben der „zeitlichen Befristung" und den „Zielvorgaben" zum Kern jeder Projektarbeit (Benkhofer et al., 2019, S. 13). Die Auswahl der (IT-)Projekte im Krankenhaus sollte sich dabei immer auch aus der Digitalstrategie des Hauses ableiten.

Die Politik legt mit Gesetzen, wie dem im Oktober 2020 in Kraft getretenen Krankenhauszukunftsgesetz, die Grundlage, um Projekte zur Digitalisierung und IT-Sicherheit im Krankenhaus zu fördern. In diesem speziellen Fall sieht das Gesetz einen Krankenhauszukunftsfonds zur Projektförderung von bis zu 4,3 Milliarden Euro vor. Weitere Fördermittel stammen bspw. aus dem Bundesministerium für Forschung und Bildung für u. a. *KI-basierte Assistenzsysteme für prozessbegleitende Gesundheitsanwendungen* oder die *Digitalen FortschrittsHubs Gesundheit*, um nur zwei Beispiele zu nennen.

Dabei greifen Digitalisierungsprojekte häufig in die bereits bestehenden Prozesse des Krankenhauses ein. Damit die neuen Lösungen von den Krankenhausmitarbeitern auch angenommen werden, sollte nicht nur die fachliche Umsetzung der Projekte, sondern unbedingt auch ein Kulturwandel mitgedacht werden. Denn nur wenn die richtigen Projekte priorisiert und die betroffenen Mitarbeiter einbezogen werden, kann die erfolgreiche Umsetzung einer (Digital-)Strategie gelingen. Ist das nicht der Fall, erlebt man häufig die Peter F. Drucker zugeschriebenen Aussage von „Culture eats Strategy for Breakfast". Das Resultat: Trotz einer guten (Digital-)Strategie werden die Änderungen aufgrund des fehlenden Kulturwandels nicht oder nur begrenzt umgesetzt.

2   Strategieumsetzung

Die Umsetzung einer Digitalstrategie umfasst die Beantwortung verschiedener Fragestellungen, die unter Beachtung der individuellen Gegebenheiten des Krankenhauses strukturiert abgearbeitet werden müssen. Für die daraus resultierenden Projekte sollte jeweils im

Rahmen der Projektinitiierung zunächst eine Grobplanung erfolgen und in Form eines Projektauftrags zusammengefasst werden. Dieser dient neben der formellen Genehmigung auch dazu, die Priorität und den Zusammenhang des Projekts zur (Digital-)Strategie des Krankenhauses aufzuzeigen. Dafür sollten aus der Strategie Indikatoren (Key Performance Indicators) abgeleitet werden, die dann der späteren Projektauswahl und -priorisierung bzw. dem Ausschluss von Projekten dienen und dies für alle Beteiligten nachvollziehbar und transparent darstellen. Diesen ganzheitlichen Blick auf alle Projekte bezeichnet man als Projektportfoliomanagement (Alter et al., 2016, S. 20–22).

Ein weiterer wichtiger Punkt in dieser Phase ist das Anforderungsmanagement. Bei IT-Projekten werden Anforderungen häufig in der Form von User-Stories geschrieben, die nach folgendem Muster gegliedert sein können: Als <Rolle> möchte ich <Ziel/Wunsch>, um <Nutzen> (Cohn, 2008). Durch den strukturierten und für alle Anforderungen gleichen Aufbau erfolgt ein geordneter und verständlicher Austausch. Vor allem bei den Beteiligten unterschiedlicher Professionen ist eine gemeinsame Sprache extrem wichtig. Im Projektauftrag wird u. a. auch der Projektmanager festgelegt. Bei der anschließenden Auswahl des Projektteams empfehlen Benkhofer et al. neben dem Know-how und der Qualifikation (Fachebene) auch die Sozial- sowie Handlungsebene, u. a. Teamfähigkeit und Durchsetzungsvermögen sowie Zielstrebigkeit und Kreativität, zu berücksichtigen und das Team ausgeglichen zu besetzen (Benkhofer et al., 2019, S. 35–36). Wir gehen weiter unten im Text noch etwas genauer auf diese Ebenen ein. Da es sich in der Regel bei dem Projektmanager nicht um den direkten Vorgesetzten des Projektteams handelt (Ausnahme bildet die Form einer autonomen Projektorganisation, bei der Abteilungsleiter und Projektmanager zusammenfallen), gibt es spezielle Aspekte, die bei einer Führung ohne Weisungsbefugnis – zum Beispiel der ‚lateralen Führung' – beachtet werden müssen. Bei dieser spielen vor allem drei Mechanismen eine Rolle. Zum einen ist das Vertrauen der beteiligten Personen entscheidend, welches durch Vorleistung (eingehen von Risiko) und späterer Erwiderung aufgebaut werden kann. Ebenfalls geht es darum, die „Denkgebäude des Gegenübers" zu verstehen, um auf einer gemeinsamen Basis kommunizieren zu können. Zuletzt ist auch die Macht in einer nicht klassisch disziplinarischen Form, sondern bspw. durch Expertenwissen oder Nutzung von Netzwerken, ein entscheidender Faktor beim lateralen Führen (Kühl, 2016, S. 251–253).

Nach der oben genannten Grobplanung wird das Projekt im sogenannten Projektstrukturplan in Arbeitspakete weiter runtergebrochen. Den einzelnen Arbeitspaketen werden Start- und Endzeiten zugeschrieben, woraus sich die Zeitplanung für das Projekt ergibt (Benkhofer et al., 2019, S. 52–57). Statt eines klassischen Projektmanagementansatzes wird gerade in IT-Projekten häufig ein agiler Rahmen wie Scrum, Kanban oder Design Thinking für die Umsetzung genutzt. Der agile Ansatz dient in der Regel dazu, auf die schnellen Änderungen der Projektanforderungen durch äußere Faktoren oder Kundenwünsche reagieren zu können. Dafür wird das Projekt anfangs noch nicht abschließend durchgeplant, stattdessen gilt es vielmehr einen Rahmen zu schaffen, wie das Projekt über eine schrittweise Annährung („Iterationsstufen") zu dem gewünschten Ziel kommt (Benkhofer et al., 2019, S. 143). Außerdem sind in einem agilen Projektumfeld nach Scrum neben dem Entwicklungsteam noch die Rollen des Product Owners und Scrum Masters vorgesehen, damit der Fokus der Entwickler ausschließlich auf die inhaltliche Umsetzung gelegt werden kann (Schwaber & Sutherland, 2020, S. 5–7). Für die Auswahl zwischen klassischem und agilem Projektmanagement empfehlen die Autoren die Nutzung der Stacey-Matrix, die Anforderungen und Lösungsansätze gegenüberstellt. Die Sonderform des hybriden Projektmanagements nutzt methodische Ansätze aus beiden Welten, soll an dieser Stelle aber nicht näher beleuchtet werden.

Der Projektmanager sollte in jedem Fall regelmäßig und zielgerichtet den Projektstand an sein Projektteam und den Auftraggeber bzw. den Lenkungsausschuss kommunizieren. Als Tool eignen sich Statusberichte, welche Auskunft über den aktuellen Projektfortschritt geben. Um eine möglichst anschauliche Darstellung zu nutzen, wird der Status der Teilprojekte und des Gesamtprojektes häufig als Ampel dargestellt. Bei Abweichungen im Projekt stehen die Steuerungsgrößen Kosten, Zeit und Qualität, zusammen als magisches Dreieck bekannt, zur Verfügung (Murray & Murray, 2014, S. 5–6).

3   Umsetzungsempfehlungen aus der Praxis

Innovationsprojekte greifen in einer Organisation naturgemäß tief in die bestehende Struktur- und Prozesslandschaft ein. Sie zwingen alle Beteiligten zu Änderungen in ihrem Arbeitsalltag. Etablierte Arbeitsprozesse werden aufgebrochen und neu gestaltet, interprofessionelle Kommunikation ausgeweitet, Verantwortungsbereiche neu zugeteilt. Mit solchen Veränderungen von langgelebten Arbeitsweisen gehen Menschen im Alltag sehr unterschiedlich um. Aus diesem Grund sind neben der Kenntnis relevanter Erfolgsfaktoren bei der Implementierung einer Digitalstrategie, insbesondere bei deren Umsetzung, auch ganz praktische Aspekte zu beachten. Wir wollen hier drei konkrete Fragen mit Umsetzungsempfehlungen aus der Praxis heraus beantworten, die in dieser Form in vielen Krankenhausprojekten aufkommen können.

3.1   Wie sollte die Einführung neuer digitaler Innovationen kommuniziert werden?

Im vorherigen Abschnitt wurde die rechtzeitige und zielgerichtete Kommunikation als wesentlicher Erfolgsfaktor für die Umsetzung digitaler Strategien beschrieben. Dies erklärt im Umkehrschluss den Umstand, dass ein schlechter Kommunikationsstil in vielen Fällen für den Misserfolg eines Projekts verantwortlich ist (Peters & Schelter, 2021, S. 17–19). Menschen reagieren auf unvorhergesehene, überraschende Veränderungen in der Regel spontan mit Skepsis und Ablehnung, da sie das Ausmaß der Veränderung und die Auswirkungen auf das persönliche Arbeitsumfeld anfänglich nicht abschätzen können. Ähnliche Reaktionsmuster zeigen betroffene Mitarbeiter in Krankenhäusern im Rahmen tiefgreifender Digitalisierungsprojekte, wenn die Zielsetzung und der Mehrwert nicht zuvor klar kommuniziert wurden. Die Aufarbeitung dieser inneren Widerstände gegenüber dem Projekt und der anschließende schrittweise Abbau der Vorbehalte erfordern Zeit und Ressourcen des Projektteams, welche von vornherein durch eine geschickte Kommunikationsstrategie reduziert werden können.

Kommunikationswege

Um die anstehenden Veränderungen bei der Umsetzung einer Digitalstrategie adressatengerecht vermitteln und rechtzeitig kommunizieren zu können, müssen die Zielgruppen und die Inhalte der jeweiligen Botschaft klar definiert sein. Es lassen sich im Wesentlichen zwei Kommunikationsrichtungen unterscheiden: Die interne und externe Kommunikation. Die interne Kommunikation dient in erster Linie dazu, den Umsetzungserfolg des Projekts zu unterstützen, indem alle Mitarbeiter der Organisation inhaltlich zu den wesentlichen Aspekten des Projekts abgeholt, informiert und ggf. eingebunden werden. Sie stellt die für den Erfolg der Umsetzung relevantere Form dar.

Es liegt zudem in der Natur der Sache, dass nicht für jeden Mitarbeiter einer Organisation alle anstehenden Veränderungen selbsterklärend sind und diese entsprechend nicht zwangsläufig mit Verbesserungen assoziiert werden. In der Regel sind prozessbezogene Veränderungen, trotz der absehbaren langfristigen Optimierungspotenziale, unbequem und können die beteiligten Mitarbeiter auch vorübergehend aus der Komfortzone führen. Die interne Kommunikation zielt darauf ab, zunächst das Bewusstsein für die Notwendigkeit der angestrebten Veränderung bei allen Beteiligten zu schaffen. Die argumentative Grundlage einer Digitalstrategie sollte so aufbereitet werden, dass Mitarbeiter aller Bereiche des Krankenhauses die formulierten kurzfristigen und langfristigen Ziele nachvollziehen können. Die externe (Marketing-)Kommunikation hingegen bezweckt die Maximierung der Wahrnehmungsreichweite über das eigene Krankenhaus hinaus und zeigt einen geringeren Einfluss auf den Erfolg der Umsetzung einer Digitalstrategie. Empfehlungen hierzu können der entsprechenden Fachliteratur entnommen oder bei der eigenen Unternehmenskommunikation angefragt werden.

Adressaten der internen Kommunikation

Der erste Schritt in der internen Kommunikation ist die (Teil-)Veröffentlichung der Digitalstrategie als konkrete Ableitung eines Maßnahmenkatalogs aus dem Unternehmensleitbild. Die strategischen Digitalisierungsziele, der grobe Umsetzungsplan sowie die bestehenden Rahmenbedingungen sollten für alle Mitarbeiter der Organisation nachvollziehbar sein, um allgemein Bewusstsein bei den eigenen Mitarbeitern für die anstehenden Veränderungen zu schaffen. Die einzelnen Projekte der Digitalisierungsstrategie können thematisch im Intranet aufgegriffen und im entsprechenden inhaltlichen Kontext erläutert werden.

Der unterschiedliche Bezug der Mitarbeiter zum Projekt lässt sich auf zahlreiche Weisen kategorisieren. Der von den Autoren bevorzugte Ansatz ist der einer ganzheitlichen Betrachtung der Projektbeteiligung. Hier werden beteiligte und unbeteiligte Mitarbeiter mit der Prämisse unterschieden, dass jeder von den strukturellen und prozessualen Veränderungen betroffene Mitarbeiter auch zwangsläufig an der konkreten Umsetzung im Alltag beteiligt ist. Demnach gibt es keine Mitarbeiter, die nur betroffen, aber nicht beteiligt sind. Als Mitarbeiter kommt man demnach nicht nur mit umgesetzten Veränderungen in Berührung, man muss sie auch aktiv annehmen, leben und an die Kollegen weitergeben. Unabhängig von dieser Definition der Projektbeteiligung gibt es immer Mitarbeiter, meist mit Führungsverantwortung, die zwar nicht im Projektteam arbeiten, aber an der konkreten Umsetzung mehr als andere beteiligt sind (z. B. Chefärzte, Abteilungs- oder Teamleiter betroffener Fachbereiche und Abteilungen). Sie lassen sich mit dem Terminus ‚Erweitertes Projektteam' beschreiben.

▶   **Aus der Praxis** Die Digitalstrategie eines Grund- und Regelversorgers sieht die Anschaffung und den Einsatz eines computer- und roboterunterstützten Chirurgiesystems in den Abteilungen für Allgemeinchirurgie sowie Thoraxchirurgie vor. Hierfür wurde ein interdisziplinäres Projektteam aus drei Mitarbeitern gebildet, wobei ein Oberarzt mit einer halben Stelle die Projektleitung übernommen hat. In diesem Beispiel ist das Projektteam mit seinen Mitarbeitern konkret definiert. Das erweiterte Projektteam wird gebildet durch die Chef- und ausgewählte Fach- und Oberärzte der beiden chirurgischen Abteilungen, einen ärztlichen Vertreter der Anästhesiologie sowie die Pflegeleitungen der OP-Einheit. Außerhalb des medizinischen Arbeitsprozesses ergänzen Vertreter der Medizintechnik, der IT-Abteilung sowie der Bau- und Technikabteilung das erweiterte Projektteam. Beteiligte Mitarbeiter wären hingegen die chirurgischen Mitarbeiter, die später mit dem neuen computer- und roboterunterstützten Chirurgiesystem operieren werden oder die an den Operationen beteiligte OP-Pflege. Sie müssen das neue System und die damit verbundenen Prozesse in ihrem Alltag umsetzen. Keinen Bezug zu dem neuen System in ihrem Alltag haben beispielsweise die unbeteiligten Mitarbeiter der Abteilungen für Innere Medizin, Psychiatrie und Dermatologie, des Zentrallabors sowie des Sozialdienstes.

Eine differenzierte Kommunikation und gezielte Informationsvermittlung sollten bei den am Projekt beteiligten Mitarbeitern eingesetzt werden. Diese dürfen eine konkrete Darstellung der geplanten Maßnahmen und deren Auswirkungen auf ihr Arbeitsumfeld erwarten. Der Projektplan, der erwartete Mehrwert sowie die konkreten Ziele des Digitalisierungsprojekts sollten kommuniziert werden. Abgeleitet von definierten Meilensteinen im Projektplan sind adressatenorientierte Kommunikationsmaßnahmen Bestandteil des Projektmanagements und orientieren sich am jeweiligen Projektstatus.

Nach Abschluss der informellen, vorbereitenden Maßnahmen für den Projektstart bringt ein gemeinsamer Kick-Off als offizieller Start der Umsetzungsmaßnahmen die beteiligten Personen an einen Tisch, ermöglicht das gegenseitige Kennenlernen sowie einen ersten interprofessionellen Austausch über die Projektinhalte. Einhergehend mit dem Kick-Off sollte der Rückhalt der Krankenhausführung für das Projekt durch geeignete Maßnahmen unterstrichen und deutlich im Krankenhaus kommuniziert werden. Die Dynamik im Veränderungsprozess ist am höchsten, wenn eine starke Bereitschaft der Krankenhausmitarbeiter auf einen hohen Umsetzungswillen der Führungsetage trifft (Kuster et al., 2019, S. 483). Die nachgelagerte persönliche Kommunikation über die Vorgesetzten oder Rund-E-Mails in die breite Runde der beteiligten Belegschaft sind im Alltag die gängigen Verfahren. Je nach Größe des Projektteams sind hier regelmäßige Jours fixes oder Gesprächsrunden mit definiertem Teilnehmerkreis sinnvoll. Die Kommunikation im Projektteam sollte regelmäßig, niedrigschwellig und kurzfristig erfolgen.

Die weitere interne Kommunikation an unbeteiligte Mitarbeiter sowie die externe Kommunikation können in Abstimmung mit der Projektleitung und dem Management über die Unternehmenskommunikation oder eine PR-Agentur erfolgen.

3.2   Welche Erfolgsfaktoren sind bei der Projektleitung und Teamzusammensetzung zu beachten?

Der Projektmanager und sein Team können, abhängig von Projektumfang und zeitlichem Rahmen, an unterschiedlichen Stellen im Krankenhaus implementiert werden. Besondere Beachtung sollte dabei die hierarchische Position finden, die den organisatorischen Einfluss auf die Mitarbeiter und damit die grundsätzliche Durchsetzungsfähigkeit des Projektteams bestimmt. Hierbei besteht für den Projektleiter im Krankenhaus häufig die Konfliktsituation, dass er zwar das methodische Umsetzungs- und Strukturwissen mitbringt, aber bei der inhaltlichen Bewertung auf die Expertise der spezialisierten medizinischen Berufsgruppen angewiesen ist. In solchen Konstellationen findet häufig das Prinzip der lateralen Führung Anwendung (vgl. Abschn. 2). Die laterale Führung in mittleren bis großen Projekten im Krankenhaus kombiniert die methodischen Fähigkeiten des Projektteams mit dem inhaltlichen Wissen der beteiligten medizinischen Berufsgruppe. Die Herausforderung dieser Projektorganisation liegt klar in der fehlenden Durchsetzungsfähigkeit des Projektteams bei kontroversen Fragen, die die inneren Abläufe einer Abteilung betreffen. Konsequenz der lateralen Führung ist zudem eine Teilung von Verantwortlichkeiten und Befugnissen, die wiederum Konfliktpotenzial bietet (Timinger, 2017, S. 184–185).

Kompetenzen & Aufbau des Projektteams

Der Projektmanager ist verantwortlich für die Zusammenstellung des Projektteams. Häufig wird in dieser Phase der Projektvorbereitung schon deutlich, wie ernst es dem Auftraggeber mit dem Projekt ist. Wenn entsprechend für die Projektgröße keine ausreichenden Personalressourcen bereitgestellt werden, behindert dies eine erfolgreiche Projektumsetzung. Erfahrungsgemäß muss die Projektarbeit der betroffenen Mitarbeiter häufig neben der regulären Arbeit erledigt werden. Aus diesem Grund ist es naheliegend, dass nach der Auswahl der Projektteammitglieder die jeweiligen Zeitkontingente schriftlich fixiert werden, um in den kritischen Projektphasen keine bösen Überraschungen bezüglich der Verfügbarkeit und der Kapazität einzelner Mitarbeiter aufkommen zu lassen. Besteht aber die Möglichkeit, ein eigenes Projektteam zusammenzustellen, sollten gemäß Benkhofer et al.

Aspekte der Fach-, Sozial- und Handlungsebene für eine ausgewogene Kompetenzverteilung beachtet werden (Benkhofer et al., 2019, S. 35–36). Auf der Fachebene spielen neben der beruflichen Erfahrung auch die allgemeine fachliche Qualifikation sowie die Kenntnisse über Methoden des Projektmanagements eine bedeutende Rolle. Die Sozialebene greift insbesondere die Charaktereigenschaften der Teammitglieder auf, die auf die soziale Interaktion mit den Projektbeteiligten und die Disziplin in der Projektführung wesentlichen Einfluss nehmen. Hier sind entsprechend Teamfähigkeit, Durchsetzungsvermögen, Zeitmanagement, Ausdauer und Verhandlungsbereitschaft gefragt. Die Kompetenzen der Fach- und Sozialebene werden ergänzt durch die der Handlungsebene. Hier tragen Zielorientierung, Einfallsreichtum, Gestaltungs- und Planungsspielräume sowie Budgethoheit maßgeblich zur Einhaltung des Projektplans bei.

▶ **Aus der Praxis** Die richtige Zusammensetzung des Projektteams ist offenkundig ein wichtiger Erfolgsfaktor für das Gelingen eines Digitalisierungsprojekts. Während der Teamzusammenstellung sollte der Projektleiter darauf achten, dass die Kompetenzverteilung auf der Fach-, Sozial- und Handlungsebene einigermaßen ausbalanciert ist. Zudem ist es von strategischer Bedeutung in diesem Stadium die persönlichen Netzwerke der einzelnen Teammitglieder im Krankenhaus zu beachten. In welche Abteilungen und Gruppierungen haben die Teammitglieder persönliche Kontakte, die bei Bedarf niedrigschwellig angesprochen werden können? Auch die Frage, ob mit dem geplanten Team möglichst viele, wenn nicht alle Projektbeteiligten auf Augenhöhe angesprochen werden können, sollte Beachtung finden.

3.3 Wie sollte mit Widerständen im Projekt umgegangen werden?

Aufkommende Widerstände in Projekten können nicht alleine über ein bestehendes Hierarchiegefälle beseitigt werden, sondern sollten dem Anspruch nach sachlich verstanden, empathisch erörtert und ergebnisorientiert abgebaut werden.

Allgemein gesprochen gilt, dass Widerstände bei Projektbeteiligten entstehen, wenn die Grundvoraussetzungen für die Akzeptanz und Umsetzung von Änderungen nicht vorliegen. Laut Sprenger spielen hier drei Leistungsfaktoren eine große Rolle (Sprenger, 2021, S. 177–178):

Leistungsbereitschaft (Wollen)
Die Bereitschaft und der Wille zur Umsetzung werden stark gefördert durch ein Verständnis der dahinterliegenden Idee und einem differenzierten Problembewusstsein. Beides sollte den beteiligten Mitarbeiter klar und transparent kommuniziert werden. Am Ende muss jeder Mitarbeiter seine Aufgaben umsetzen wollen.

Leistungsfähigkeit (Können)

Die Leistungsbereitschaft und die Leistungsfähigkeit der Mitarbeiter sind eng miteinander verzahnt. So ist der Wille zur Umsetzung zwingende Voraussetzung für eine wirksame Veränderung, aber eine hohe Leistungsbereitschaft ohne entsprechende Befähigung der Mitarbeiter ist unproduktiv und läuft ins Leere. Entsprechend ist die Befähigung der Mitarbeiter (Können) ebenso bedeutsam wie unerlässlich. Die Anforderungen müssen sich mit den individuellen Fähigkeiten der Mitarbeiter decken.

Leistungsmöglichkeit (Dürfen)

Wenn Mitarbeiter bereit und fähig sind, also wollen und können, dann müssen sie nur noch dürfen. Die Rahmenbedingungen werden dabei seitens der Organisation vorgegeben, aber die individuelle Ausgestaltung der Umsetzung beruht auf der Leistungsbereitschaft und -fähigkeit.

Alle drei Leistungsfaktoren gehen ineinander über und bedingen einander, um bei den Mitarbeitern die notwendigen Voraussetzungen zu schaffen. Beispielsweise kann eine Aufgabe durch einen Mitarbeiter nicht richtig umgesetzt werden, wenn er zwar die Erlaubnis bekommen hat und die Aufgabe lösen will, aber nicht die persönlichen Fähigkeiten und das erforderliche Wissen aufweist.

▶   **Aus der Praxis** Die Akzeptanz und der Umsetzungswille der beteiligten Mitarbeiter können durch die Beantwortung folgender Fragen positiv beeinflusst werden:

- Wo stehen wir als Krankenhaus heute und wo wollen wir uns hin entwickeln?
- Wo liegen die Gründe für die geplanten Veränderungen?
- Wie verändert das Projekt den Arbeitsalltag? Was wird in Zukunft konkret besser, schneller oder einfacher werden, wenn das Projekt umgesetzt ist?
- Wie können Sorgen und Ängste der Mitarbeiter vor den Veränderungen adressiert werden?

Widerstände sollten als natürlicher Bestandteil bei Digitalisierungsprojekten verstanden werden. Treten sie auf, deutet dies nur zu einem Teil auf mangelhafte Vorbereitungen hin, vielmehr lassen sich bei einer großen Belegschaft kaum alle Entscheidungsträger im mittleren Management gleichermaßen abholen. Wie also mit Widerständen umgehen?

Eine professionelle Reaktion auf aufkommende Widerstände erfolgt sachlich und emotionsarm. Folgende Schritte haben sich in der Praxis der Autoren bewährt und helfen Widerstände zu verstehen, einzuordnen und abzubauen.

1. Akzeptanz

   Widerstände sollten grundsätzlich nicht ignoriert werden. Treten sie auf, sind sie als Bestandteil des Projekts zu akzeptieren. In den seltensten Fällen ergibt sich spontan eine Lösung. Zudem wird der Widerstand auch von anderen Projektbeteiligten wahrgenommen. Die Vorgehensweise und die Reaktion auf Widerstände werden beobachtet und beurteilt.

2. Ursachenklärung

   Die Ursache des Widerstands sollte verstanden werden. Aus welcher Position und Anspruch heraus entsteht der Widerstand? Welche Ursachen (Ängste, Wünsche, Hoffnungen) liegen dem Widerstand zugrunde? Fehlen Informationen, Wissen, Verständnis? Welches (subtile) Ziel hat der Widerstand? Werden eigene Interessen verfolgt oder wird versucht, fremde Interessen durchzusetzen/zu sabotieren?

3. Rationale

   Kann die Argumentationslinie des Widerstands nachvollzogen werden? Wie baut sich der Widerstand konkret argumentativ auf? Beruht er auf nachvollziehbaren, logischen Argumenten? Ist die Basis des Widerstands emotionaler oder sachlicher Natur? Gibt es eine versteckte Botschaft?

4. Einschätzung

   Der Widerstand sollte im Kontext des tatsächlichen Arbeitsumfelds bewertet werden. Ist der Widerstand sachlich oder emotional nachvollziehbar? Ist der Widerstand nur zeitweise von Bedeutung? Wurde in der Projektplanung die dem Widerstand zugrundliegende Ursache anders, möglicherweise falsch eingeschätzt? Besteht Anpassungsbedarf seitens der Projektplanung?

5. Reaktion

   Bei der Beseitigung von Widerständen sind eine sachliche Argumentation und empathische Kommunikation entscheidende Schlüsselfaktoren. Die Auseinandersetzung mit den widerstandverursachenden Projektbeteiligten ist aktiv anzugehen, durch argumentativen Austausch und durch Entkräftigung der eruierten bewussten oder unbewussten Widerstandsgründe der Widerstand zu lösen. Liegen zusätzlich Widerstandsgründe auf anderen Ebenen vor? Zielführend kann unter Umständen das Einbeziehen von unbeteiligten Dritten sein, die eine sachliche Gegenargumentation unterstützen.

6. Kommunikation

   Das Ergebnis der aufgearbeiteten Widerstandslinie sollte im Projektteam diskutiert werden. Abhängig von der internen Wahrnehmung des Widerstands ist eine entsprechende Kommunikation an die involvierten Mitarbeiter des Projekts sinnvoll, um den professionellen Umgang und das ausgearbeitete Ergebnis der Widerstandsbearbeitung zu vermitteln.

Manche Widerstände entziehen sich jeglicher sachlicher Argumentationsgrundlage, da sie bewusst eingesetzt werden oder auf unbewusster Ebene verankert sind. In diesen Fällen sind sie einer sachlichen Entkräftigung nicht zugänglich. Als letztes Mittel ist die Beteiligung des Lenkungsausschusses bzw. der Krankenhausleitung in der Widerstandsbearbeitung zu erwägen, wodurch eine finale Entscheidung herbeigeführt werden kann, um das Projekt in seinem Fortschritt nicht weiter aufzuhalten. Solch eine Managemententscheidung wird bei dem Betroffenen die Leistungsbereitschaft in der konkreten Umsetzung sicherlich vorübergehend begrenzen, aber den Widerstand gegen die Etablierung neuer Prozesse und Strukturen durch das Digitalisierungsprojekt aufheben und somit den Fortschritt des Projekts nicht weiter gefährden.

4 Fazit und Ausblick

Für eine erfolgreiche Umsetzung digitalstrategischer Maßnahmen im Krankenhausalltag ist die Rolle des Projektmanagers als Innovationstreiber und Kommunikator wegweisend. Durch den ständigen Wandel der digitalen Landschaft setzen die Aufgaben eine hohe Anpassungsfähigkeit und Flexibilität voraus. In Zukunft wird es als vielseitiger Manager mit Erfahrung in verschiedensten Projektmanagementmethoden und Herangehensweisen eine wichtige Rolle spielen, diese je nach Bedarf richtig einsetzen und in der eigenen Organisation implementieren zu können. Neben dem fachlichen Know-how und den kommunikativen Fähigkeiten wird auch die emotionale Intelligenz von entscheidender Bedeutung sein, um das Projektteam und die Mitarbeiter bei der Implementierung der digitalstrategischen Maßnahmen mitzunehmen. Aufgrund der notwendigen Kompetenzen wird die Rolle des Projektmanagers im Krankenhaus zukünftig weiter professionalisiert und als eigenständige Funktion etabliert werden. Tiefgreifende Veränderungen sind meist nur noch in großen Konsortien umsetzbar, weswegen die Themen interprofessionelle Kollaboration und Interoperabilität weiter an Bedeutung gewinnen.

Literatur

Alter, W., Demaria, A., Ehrich, S., Hilgers, P., Horlebein, M., Husemeier, S., Kämpfert, K., Kütz, M., Munz, A., Näder, H. G., Schmidt, T., Schneyder, W. von, Schnichels-Fahrbach, L., Schwarz, A., Sedlmayer, M., Spiegel, F., Stöcker, B., Süß, R., & Weber, M. (2016). *Erfolgreiches Projektportfoliomanagement: Wie Sie Projektportfolios systematisch gestalten und steuern* (R. Wagner, Hrsg., 1. Aufl.). Symposion.

Benkhofer, S., Esswein, W., Hülsbeck, M., Krippendorff, T., Liebens, P., & Mandel, C. (2019). *Projektmanagement nach DIN ISO 21500:2016-02*. Schäffer-Poeschel. https://doi.org/10.34156/9783791038919.

Cohn, M. (2008, April 25). Advantages of the „As a user, I want" user story template. https://www.mountaingoatsoftware.com/blog/advantages-of-the-as-a-user-i-want-user-story-template. Zugegriffen am 01.10.2021.

Kühl, S. (2016). Führen ohne Hierarchie: Macht, Vertrauen und Verständigung im Konzept des Lateralen Führens. In O. Geramanis & K. Hermann (Hrsg.), Führen in ungewissen Zeiten: Impulse, Konzepte und Praxisbeispiele. Springer Gabler.

Kuster, J., Bachmann, C., Huber, E., Hubmann, M., Lippmann, R., Schneider, E., Schneider, P., Witschi, U., & Wüst, R. (2019). *Handbuch Projektmanagement: Agil – Klassisch – Hybrid*. Springer. https://doi.org/10.1007/978-3-662-57878-0.

Murray, A., & Murray, A. (2014). *Erfolgreiche Projekte managen mit PRINCE2* (3. Aufl.). TSO.

Peters, T., & Schelter, N. (2021). *Kompakte Einführung in das Projektmanagement: Mit vielen praxisnahen Beispielen und modernen didaktischen Instrumenten.* Springer Fachmedien Wiesbaden GmbH. https://doi.org/10.1007/978-3-658-31194-0.

Schwaber, K., & Sutherland, J. (2020). *Der Scrum Guide. Der gültige Leitfaden für Scrum: Die Spielregeln.* https://scrumguides.org/docs/scrumguide/v2020/2020-Scrum-Guide-German.pdf. Zugegriffen am 01.10.2021.

Sprenger, R. K. (2021). *Mythos Motivation: Wege aus einer Sackgasse* (Sonderausgabe). Campus.

Timinger, H. (2017). *Modernes Projektmanagement: Mit traditionellem, agilem und hybridem Vorgehen zum Erfolg* (1. Aufl.). Wiley.

Digitalstrategie und Digitalisierungsaktivitäten: Ansätze zur Erfolgsmessung

Jan-David Liebe, Uwe Buddrus, Franziska Jahn und Ursula Hübner

Inhaltsverzeichnis

J.-D. Liebe (✉)
Hochschule Osnabrück, Fakultät Wirtschafts- und Sozialwissenschaften, Forschungsgruppe
Informatik im Gesundheitswesen/Medical School Hamburg, Fakultät
Gesundheitswissenschaften, Digital Health Management/UMIT – Private Universität für
Gesundheitswissenschaften, Medizinische Informatik und Technik, Institut für Medizinische
Informatik, Osnabrück/Hamburg/Hall, Deutschland

U. Buddrus
Hochschule Osnabrück, Fakultät Wirtschafts- und Sozialwissenschaften, Forschungsgruppe
Informatik im Gesundheitswesen/HIT.net AG, Osnabrück, Deutschland

F. Jahn
Universität Leipzig, Medizinische Fakultät, Institut für Medizinische Informatik, Statistik und
Epidemiologie, Leipzig, Deutschland

U. Hübner
Hochschule Osnabrück, Fakultät Wirtschafts- und Sozialwissenschaften, Forschungsgruppe
Informatik im Gesundheitswesen, Osnabrück, Deutschland

© Der/die Autor(en), exklusiv lizenziert durch Springer Fachmedien Wiesbaden
GmbH, ein Teil von Springer Nature 2022
V. Henke et al. (Hrsg.), *Digitalstrategie im Krankenhaus*,
https://doi.org/10.1007/978-3-658-36226-3_12

Zusammenfassung

Der primäre Einsatzzweck von Reifegradmodellen besteht zumeist in der reinen Inventarisierung der vorhandenen IT-Komponenten. Das vorliegende Kapitel gibt IT-Entscheider*innen in Krankenhäusern Empfehlungen, wie Reifegradmodelle für eine kontinuierliche Weiterentwicklung, Umsetzung und Evaluation von Digitalisierungsstrategien eingesetzt werden können. Als Prüfschema für die Auswahl geeigneter Verfahren werden neun Anforderungen an die Entwicklung und den Einsatz von Reifegradmodellen formuliert. Entlang von drei strategischen Handlungsfeldern – dem klinischen Anwendungsfeld, dem Informationsmanagement und dem organisatorischen Umfeld – werden dem Leser generische Digitalisierungsziele und dazugehörige Beispielindikatoren zur Erfolgskontrolle bereitgestellt.

1 Hintergrund

Reifegradmodelle können die systematische Planung, Umsetzung und Evaluation von Digitalisierungsstrategien unterstützen. Idealerweise werden hierfür in einem ersten Schritt die einrichtungsinternen Digitalisierungsziele definiert und über Reifegradindikatoren operationalisiert. In einem zweiten Schritt wird anhand der Reifegradindikatoren der Zielerreichungsgrad überprüft, wobei zumeist standardisierte Fragebögen als Erhebungsmethode eingesetzt werden (Becker et al., 2009). Basierend auf einem Soll-Ist-Abgleich werden in einem dritten Schritt Optimierungspotenziale ermittelt und zur Überprüfung und Anpassung des IT-Projektportfolios herangezogen. Unterstützt wird dieser Schritt durch Benchmarkaktivitäten, indem Best Practices identifiziert und für eine fundierte Planung und Umsetzung der eigenen Digitalisierungsaktivitäten übernommen werden (Jahn et al., 2015; Liebe & Hübner, 2013). Im Sinne einer strategischen Erfolgskontrolle wird die Reifegradmessung in regelmäßigen Abständen wiederholt (vgl. Abb. 1).

Obwohl in den vergangenen zwei Jahrzehnten über einhundert Reifegradmodelle für Gesundheitseinrichtungen entwickelt wurden (Carvalho et al., 2016; Tarhan et al., 2020), werden diese in deutschen Krankenhäusern nur selten als Unterstützungsinstrument des

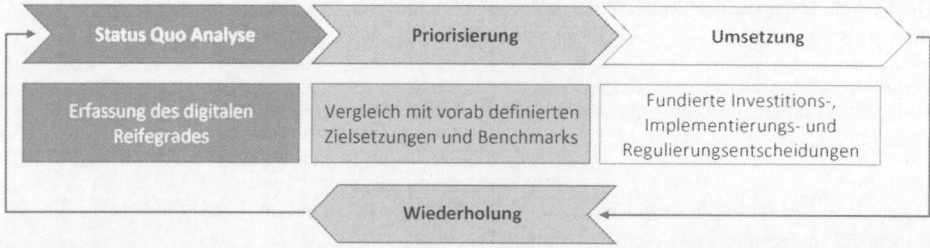

Abb. 1 Kontinuierliche Reifegradmessung zur Unterstützung des strategischen Informationsmanagements

strategischen Informationsmanagements eingesetzt (Kücherer et al., 2016). Es ist zu vermuten, dass die Gründe hierfür in verschiedenen konzeptionellen und methodischen Limitationen liegen, die zusammengenommen den eingangs beschriebenen (idealtypischen) Einsatz von Reifegradmodellen erschweren.

Zu nennen ist hier unter anderem die oftmals starre Auswahl an Reifegradindikatoren, durch die eine Überprüfung von einrichtungsspezifischen Digitalisierungszielen kaum unterstützt wird (Liebe & Jahn, 2019). Ein weiterer Grund liegt in der konzeptionellen Gleichsetzung von digitaler Reife und technologischem Umsetzungsgrad. Für die Evaluation von Digitalisierungsstrategien greift dieser Ansatz zu kurz, da die Verfügbarkeit von IT-Komponenten lediglich ein mittelfristiges Digitalisierungsziel darstellt. Langfristige bzw. strategische Zielsetzungen beziehen sich hingegen auf die Schaffung digitaler Mehrwerte, wie auf die IT-gestützte Optimierung von Prozessabläufen und auf die Ermöglichung einer qualitativ hochwertigen und effizienten Patientenversorgung (Winter et al., 2011). Der technologische Fokus vieler Reifegradmodelle erschwert darüber hinaus das Ableiten von Handlungsempfehlungen für eine erfolgreiche Umsetzung von Digitalisierungsstrategien; denn ob Ärzt*innen, Pfleger*innen und Patient*innen über die notwendigen Kompetenzen für einen nutzenstiftenden Einsatz der Technologien verfügen oder ob das Informationsmanagement der Einrichtung in der Lage ist, lokale Digitalisierungsbedarfe im Kontext verfügbarer Ressourcen, regulatorischer Anforderungen und strategischer Schwerpunktsetzung zu realisieren, bleibt durch die reine IT-Betrachtung unbeantwortet (Cresswell et al., 2019). Methodische Limitationen, die vermutlich einer breiten Anwendung von Reifegradmodellen im Informationsmanagement von Krankenhäusern entgegenstehen, beziehen sich unter anderem auf die geringe Transparenz und Nachvollziehbarkeit hinsichtlich der Modellentwicklung. So ist oftmals unklar, welche Interessenlagen die Anbieter von Reifegradmodellen verfolgen, was wiederum die Frage nach der wissenschaftlichen Güte und Rigorosität der genutzten Erhebungs- und Analyseverfahren aufwirft.

2 Anforderungen an Reifegradmodelle zur Unterstützung strategischer Digitalisierungsaktivitäten

Vor dem eingangs beschriebenen Hintergrund hat die GMDS-GI-Arbeitsgruppe *Methoden und Werkzeuge für das Management von Krankenhausinformationssystemen* (mwmKIS) neun Anforderungen an die Entwicklung und Umsetzung von Reifegradmodellen entwickelt (Liebe et al., 2021). Folgende Übersicht stellt diese Anforderungen dar. Für ihre Überprüfung werden Fragestellungen formuliert, die IT-Entscheider*innen bei der Auswahl eines geeigneten Modells unterstützen können.

Handreichung zur Auswahl von Reifegradmodellen
Anforderungen und Fragestellungen zur Verfahrensauswahl

1. **Nachweis digitaler Mehrwerte**: Erfolgreiche Digitalisierungsstrategien be-
messen sich nicht allein an der mittelfristigen Implementierung von Informationstechnologien, sondern an der langfristigen Schaffung digitaler Mehrwerte. Für
die Modellauswahl sollten daher folgende Fragen überprüft werden:
   - **Digitale Prozessqualität**: Beantwortet das Verfahren, inwiefern die bereits
   eingesetzten IT-Anwendungen nachhaltig und prozessoptimierend genutzt
   werden (digitale Prozessqualität)?
   - **Digitale Ergebnisqualität**: Beantwortet das Verfahren, inwiefern die Nutzung von IT-Anwendungen zu Qualitäts- und Effizienzvorteilen für die Organisation, Mitarbeiter*innen, Patient*innen und andere IT-Stakeholder führt
   (digitale Ergebnisqualität)?
   - **Unerwünschte Effekte**: Beantwortet das Verfahren, inwiefern die Verfügbarkeit und Nutzung von IT-Anwendungen auch zu unerwünschten Effekten führen (Mehrbelastung, Fehlmedikation etc.)?
2. **Ableitung von Handlungsempfehlungen**: Zur Unterstützung strategischer
Digitalisierungsaktivitäten reicht die reine Beschreibung des digitalen Reifegrades nicht aus. Vielmehr sollten für eine fundierte und zielführende Steuerung
des digitalen Wandels auch Erklärungsansätze, Best Practices und Handlungsempfehlungen abgeleitet werden können. Für die Modellauswahl sollten daher
folgende Fragen überprüft werden:
   - **Einflussfaktoren**: Liefert das Verfahren Erklärungsansätze zu dem erfassten
   Digitalisierungsstand, bspw. durch die Identifikation fördernder oder hem-
   mender Faktoren des Informationsmanagements und des allgemeinen organisatorischen Rahmens?
   - **Best Practices**: Liefert das Verfahren Hinweise auf Best Practices zur Umsetzung von Digitalisierungsstrategien, z. B. im Rahmen interner oder externer Benchmarks?
   - **Handlungsempfehlungen**: Liefert das Verfahren Handlungsempfehlungen,
   z. B. in Form von Schwachstellenanalysen oder Prioritätenlisten?
   - **Konfigurierbare Informationsausgabe**: Kann die Informationsausgabe konfiguriert werden, sodass sie auf individuelle Informationsbedarfe zugeschnitten
   ist (z. B. über eine adressatengerechte Dashboard-Ausgabe)?

3. **Transparente Darstellung des Aufwandes**: Die Erfassung des digitalen Reifegrades erfordert von allen Beteiligten Mehraufwände. Dies gilt insbesondere dann, wenn das Verfahren langfristig angelegt ist und mehrere IT-Stakeholder adressiert. Vor diesem Hintergrund ist die Akzeptanz und der Erfolg der Reifegradmessung von einer klar erkennbaren Aufwand-Nutzen-Relation abhängig. Für die Modellauswahl sollten daher folgende Fragen überprüft werden:

   - **Personelle Mehraufwände**: Wird transparent und nachvollziehbar ausgewiesen, wie viele Mitarbeiter*innen bzw. interne Personenstunden pro Erhebungszyklus einzuplanen sind (in Relation zur Einrichtungsgröße)?
   - **Kosten und Zusatzleistungen**: Wird transparent und nachvollziehbar ausgewiesen, ob und welche Kosten für die Nutzung und für Zusatzleistungen (Beratung, Validierung und Zertifizierungen etc.) anfallen?
   - **Aufwand-Nutzen-Relation**: Lässt sich anhand der verfügbaren Informationen eine realistische Aufwand-Nutzen-Einschätzung für alle Beteiligten ableiten?

4. **Berücksichtigung lokaler Digitalisierungsbedarfe**: Vor dem Hintergrund unterschiedlicher Vor- und Rahmenbedingungen verfolgen Gesundheitseinrichtungen unterschiedliche Digitalisierungsstrategien. Reifegradmodelle können die Planung, Umsetzung und Evaluation dieser Strategien nur unterstützen, wenn sie die jeweiligen Bedingungen berücksichtigen und sich nicht an einem normativen Goldstandard orientieren. Für eine optimale Modellauswahl sollten daher folgende Fragen überprüft werden:

   - **Adaptierbarkeit**: Werden die Erhebungsinhalte auf einrichtungsspezifische Gegebenheiten, z. B. Funktionsbereiche, Leistungsschwerpunkte, technologische Vorbedingungen und Digitalisierungsbedarfe, angepasst (z. B. durch konditionale Abfrage- und Auswertungs-Logiken wie „OP vorhanden" vs. „OP nicht vorhanden")?
   - **Individualisierbarkeit**: Können die Erhebungsinhalte flexibel um einrichtungsspezifische Metriken ergänzt werden (z. B. durch die Auswahl individueller Digitalisierungsziele aus einem Katalog)?
   - **Relative Reifegradberechnung**: Erfolgt die Reifegradberechnung relativ zu den einrichtungsspezifischen Bedingungen und Zielsetzungen?

5. **Wiederholbarkeit und Darstellung von Entwicklungsverläufen**: Zur Unterstützung von Digitalisierungsstrategien muss der digitale Reifegrad regelmäßig und unter Berücksichtigung aktueller Entwicklungen erfasst werden. (Abb. 1). Aus diesem Grund sollte das Reifegradmodell inhaltlich, technisch und organisatorisch für eine kontinuierliche Nutzung angelegt sein. Für die Verfahrensauswahl sollten daher folgende Fragen überprüft werden:

- **Technische Voraussetzungen**: Ist sichergestellt, dass das Verfahren durch seine konzeptionelle und technologische Ausgestaltung die Voraussetzungen für eine wiederholte Erfassung des digitalen Reifegrades erfüllt, z. B. durch ein entsprechendes Datenmodell und Bereitstellung bereits erfasster Daten als Ausgangspunkt bei wiederholter Messung?
- **Inhaltliche Aktualität**: Ist sichergestellt, dass die Erhebungsinhalte dem aktuellen technologischen Entwicklungsstand entsprechen (bspw. durch etablierte Expertengremien und transparente Versionsdokumentation)?
- **Entwicklungsverläufe**: Wird der Entwicklungsverlauf der Reifegradparameter für die einzelne Einrichtung und auf unterschiedlichen Aggregationsebenen dargestellt? Wird der Vergleich unterschiedlicher Messzeitpunkte unterstützt?

6. **Interdisziplinäre Betrachtung digitaler Reife**: Gerade im Gesundheitswesen stellt der digitale Wandel ein komplexes Phänomen dar. Eine valide Erfassung des digitalen Reifegrades berücksichtigt daher unterschiedliche Perspektiven. Darüber hinaus können auch aus der Systemnutzung anfallende Daten herangezogen werden. Für die Modellauswahl sollten daher folgende Fragen überprüft werden:

- **Multiperspektivität**: Werden in der Datenerhebung die Perspektiven aller relevanten IT-Stakeholder berücksichtigt (d. h. IT-Entscheider*innen, interne und externe Anwender*innen und Patient*innen)?
- **Sektorenübergreifende Anwendbarkeit**: Ist das Verfahren einrichtungs- und **sektorenübergreifend anwendbar?**
- **Objektive Datenquellen**: Berücksichtigt das Verfahren Daten aus dem Informationssystem zur Validierung des Reifegrades (z. B. Audit Logs)?

7. **Transparente und nachvollziehbare Methodik**: Eine breite und kontinuierliche Nutzung von Reifegradmodellen hängt von der Akzeptanz des Verfahrens ab, weshalb die genutzten Methoden zur Datenerhebung, -haltung und -auswertung für alle Beteiligten transparent und nachvollziehbar zugänglich gemacht werden sollten. Für die Modellauswahl sollten daher folgende Fragen überprüft werden:

- **Datenerhebung**: Werden die Verfahren zur Datenerhebung und Plausibilitätsprüfung transparent und nachvollziehbar dargestellt (d. h. Benennung der anvisierten Umfrageteilnehmer und Datenquellen, detaillierte Darstellung der Fragebogeninhalte und der Validierungsverfahren, transparente Darstellung der Umfragelogistik etc.)?
- **Datenhaltung**: Werden die Verfahren zur Datenhaltung transparent und nachvollziehbar dargestellt (DSVGO-konforme Datenspeicherung, Bereitstellung erfasster Daten bei wiederholter Messung etc.)?
- **Datenaufbereitung**: Werden die Verfahren zur Berechnung der Reifegradstufen und -scores transparent und nachvollziehbar dargestellt (Bewertungsmetriken, Gewichtung, Umgang mit fehlenden Angaben etc.)?

8. **Nachweis wissenschaftlicher Güte**: Insbesondere dann, wenn strategische Investitionsentscheidungen an die Reifegradmessung gekoppelt sind, erscheint eine rigorose Überprüfung der wissenschaftlichen Güte bzgl. der Modellentwicklung und -validierung angezeigt. Für die Modellauswahl sollten daher folgende Fragen überprüft werden:

   - **Entwicklungsdomäne**: Wird die Entwicklungsdomäne des Reifegradmodells nachvollziehbar dargestellt (z. B. Wissenschaft, Verbände, Industrie, Beratungsdienstleister), sodass Interessenskonflikte ausgeschlossen werden können?
   - **Entwicklungsverfahren**: Orientiert sich die Entwicklung des Reifegradmodells nachweislich an anerkannten Referenzmodellen (z. B. CMMI, COBIT, ITIL) und wissenschaftlichen Vorgehensmodellen zur Konzeption und Durchführung von Evaluationen für Informationstechnologien (z. B. STARE-HI) im Gesundheitswesen?
   - **Objektivität**: Wurde die Objektivität des Verfahrens nachweislich wissenschaftlich überprüft, d. h. misst das Verfahren unabhängig von den beteiligten Akteuren das, was es messen soll?
   - **Reliabilität**: Wurde die Reliabilität des Verfahrens nachweislich wissenschaftlich überprüft, d. h. misst das Verfahren auch bei wiederholter Anwendung und in unterschiedlichen Settings zuverlässig das, was es messen soll?
   - **Validität**: Wurde die Validität des Verfahrens nachweislich wissenschaftlich überprüft, d. h. misst das Verfahren tatsächlich das, was es messen soll (z. B. die tatsächliche IT-Nutzung und nicht nur die IT-Verfügbarkeit)?

9. **Kompatibilität und Anschlussfähigkeit**: In vielen Gesundheitseinrichtungen wurden bereits Reifegradmessungen durchgeführt. Gleichzeitig kann es zum Zweck von Benchmarks wichtig sein, sich mit Reifegraderhebungen anderer Einrichtungen zu vergleichen. Aus diesem Grund sollte das Reifegradmodell kompatibel mit bestehenden Modellen und Ansätzen sein. Für die Modellauswahl sollten daher folgende Fragen überprüft werden:

   - **Technische Kompatibilität**: Können die erfassten Reifegradparameter mit Daten aus vorangegangenen Erhebungen verknüpft werden (z. B. durch Unterstützung von ETL-Verfahren)?
   - **Inhaltliche Kompatibilität**: Können Parameter des Reifegradmodells mit denen aus bestehenden Modellen verglichen werden (semantische Interoperabilität)?

3   Strategische Handlungsfelder und generische Digitalisierungsziele – das Digital Quality Framework

Die Evaluation von Digitalisierungsstrategien ist ebenso komplex wie ihre Planung und Umsetzung. Aus diesem Grund ist es sinnvoll, strategische Zielbilder und Indikatoren zur Erfolgskontrolle systematisch gegenüberzustellen. In Tab. 1, 2 und 3 erfolgt diese Systematisierung anhand von drei strategischen Handlungsfeldern: Dem klinischen Anwendungsfeld, dem Informationsmanagement und dem organisatorischen Umfeld. Für jedes Handlungsfeld wurden in Anlehnung an das Qualitätsmodell von Donabedian strategische generische Zielbilder formuliert (Donabedian, 1980). Die aufgestellte Systematik folgt dem Digital Quality Framework (DQ-Framework), welches im Rahmen der GMDS-GI Arbeitsgruppe mwmKIS entwickelt wurde (Liebe et al., 2021; vgl. Abb. 2).

	Digitale Strukturqualität	Digitale Prozessqualität	Digitale Ergebnisqualität
Organisatorisches Umfeld	Existenz von IT-Strategien und -Leitlinien, Austauschplattformen, Data Governance	Durchführung von Konformitätskontrolle, Digitale Partizipation, Data Mining	Strategisches Alignment, Regelkonformität Business Intelligence,
Informations-management	Existenz von IT-Governance, Digital Leadership, Ressourcen	Professionelle Aktivitäten in IT-Planung, -Einführung, -Betrieb und -Evaluation	Wirtschaftlichkeit, Informationssicherheit, Betriebssicherheit und Agilität
Klinisches Anwendungsfeld	Verfügbarkeit von Hardware, Software, Peripherie, Vernetzung	Prozessoptimierende Nutzung von IT-Anwendungen entlang der Patient Journey	Qualität der Versorgung, Patientensicherheit, Anwenderzufriedenheit

Abb. 2 Strategische Handlungsfelder und generische Zielbilder im Digital Quality Framework

Tab. 1 Generische Digitalisierungsziele und Indikatoren zur Erfolgskontrolle im klinischen Anwendungsfeld

Generische Digitalisierungsziele	Indikatoren zur Erfolgskontrolle
Digitale Strukturqualität im klinischen Anwendungsfeld: Die Verfügbarkeit informationstechnischer Ressourcen, die zur Unterstützung, Veränderung oder Neugestaltung von medizinischen, pflegerischen, therapeutischen und administrativen Prozessen eingesetzt werden können, ist sichergestellt.	– Verfügbarkeit von IT-Anwendungen zur Unterstützung klinischer Prozesse (z. B. Patientenverwaltungssysteme, klinische Informationssysteme Laborinformationssysteme, Robotiksysteme, digitale Diktier- und Spracherkennungssysteme, CPOE-Systeme). – erfügbarkeit von IT-Komponenten zur Unterstützung der sektorübergreifenden Versorgung (z. B. Cloud Computing, telemedizinische Netzwerkstrukturen, Patientenportale, onlinebasierte Pflegedatensysteme für Betten). – Verfügbarkeit von IT-Komponenten für den mobilen Zugriff auf Patientendaten und -informationen (z. B. WLAN, Endgeräte, mobile Apps). – Grad der Integration und Interoperabilität der verfügbaren IT-Anwendungen (Schnittstellen, Standards).
Digitale Prozessqualität im klinischen Anwendungsfeld: Die Nutzung der verfügbaren Informationstechnologien führt zu einer Optimierung von medizinischen, pflegerischen, therapeutischen und administrativen Prozessen.	Durch IT-Nutzung optimierte Prozesse: – in der Aufnahme, Verlegung, Entlassung, insbesondere Kommunikation mit externen Versorgern, Dienstleistern und Patient*innen – in der Leistungsanforderung und Ergebnisrückmeldung. – in der Notaufnahme und Notfallversorgung. – im Medikamentenmanagement und in der Sicherstellung der AMTS – in der Chirurgie (Befundung, Planung, Durchführung). – in der Dokumentation von Pflege- und Behandlungsleistungen (z. B. Verlaufsdokumentation, Befundberichte, Arztbriefe). – in der Längsschnittversorgung (z. B. Abrechnung, Belegungs-, Raum-, Material- und, Personalplanung).
Digitale Ergebnisqualität im klinischen Anwendungsfeld: Aufgrund optimierter Prozessabläufe wird eine messbare Erhöhung der Versorgungsqualität und -Effizienz erreicht. IT-Anwender*innen erfahren den Einsatz von Informationstechnologien vor dem Hintergrund ihrer individuellen und professionellen Anforderungen als vorteilhaft.	– Allgemeine Ergebnisindikatoren für die Entwicklung des klinischen Nutzens (z. B. bessere Patientenversorgung, höhere Patientensicherheit). – Prozessbezogene Ergebnisindikatoren der klinischen Nutzenentwicklung (z. B. die 6-R-Regeln der AMTS werden umgesetzt; der Status von Bestellungen und Verschreibungen kann besser verfolgt werden). – Allgemeine Ergebnisindikatoren der Nutzerorientierung und -zufriedenheit (z. B. weniger Zeitaufwand für Routinetätigkeiten; weniger Überstunden; mehr Zeit für die Patienten). – Prozessbezogene Ergebnisindikatoren der Nutzerorientierung und -zufriedenheit (z. B. höhere Qualität der OP-Dokumentation; bessere interdisziplinäre Zusammenarbeit im Überleitungsmanagement).

Tab. 2 Generische Digitalisierungsziele und Indikatoren zur Erfolgskontrolle im Informationsmanagement

Generische Digitalisierungsziele	Indikatoren zur Erfolgskontrolle
Digitale Strukturqualität im Informationsmanagement: Das Informationsmanagement (IM) ist in eine ausgereifte IT-Governance eingebettet und verfügt über die notwendigen personellen, finanziellen und technologischen Ressourcen, sodass die Durchführung professioneller IM-Aktivitäten ermöglicht wird.	– Ausreichendes IT-Budget. – Ausreichendes und qualifiziertes IT-Personal. – Verfügbarkeit von Informationsmanagement-Tools (z. B. Projektmanagement-Software, Wiki für Projektdokumentation, CIO-Dashboard). – Etablierte Strukturen zur Gewährleistung der IT-Compliance, insbesondere der Informationssicherheit, der Datenaufbewahrung und des Datenschutzes (z. B. Compliance-Regeln, BYOD-Richtlinie, Verfügbarkeit von Systemen zur Erkennung und Verhinderung von Eindringlingen). – Etablierte Strukturen zur Gewährleistung der Betriebssicherheit bzw. Business Continuity (z. B. redundante Rechenzentren, Notstromversorgung, Datensicherung und -wiederherstellung). – Etablierte Strukturen zur Gewährleistung des IT-Supports (z. B. Helpdesk, Ticketsystem).
Digitale Prozessqualität im Informationsmanagement: Basierend auf vorhandenen Strukturen und durch die Nutzung digitaler IM-Werkzeuge wird der Professionalisierungsgrad des Informationsmanagements für die (Weiter-)Entwicklung und den Betrieb eines sicheren, anwenderfreundlichen, wirtschaftlichen, agilen, und gesetzeskonformen Informationssystems gesteigert.	– Aktivitäten des IT-Projektmanagements (u. a. Management des IT-Projektportfolios, Systemanalyse, -spezifikation, -auswahl und -einführung, Projektevaluation). – Aktivitäten des Innovationsmanagements. – Aktivitäten der IT-Überwachung und -Bewertung (z. B. Bewertung der Systemnutzung, Nutzerumfragen). – Informationssicherheitsmaßnahmen und Risikomanagementaktivitäten (z. B. Wartung/Reparatur, Notfallübungen). – Aktivitäten des IT-Supports (z. B. Benutzerschulungen, Trainings).
Digitale Ergebnisqualität im Informationsmanagement: Das Informationsmanagement stellt den Betrieb eines sicheren, anwenderfreundlichen, wirtschaftlichen, agilen und gesetzeskonformen Informationssystems sicher.	– Sicherstellung der Geschäftskontinuität (z. B. Ausfallzeiten, Datenverfügbarkeit im Notfall). – Sicherstellung der IT-Compliance/ Informationssicherheit (z. B. Anzahl der abgewehrten Angriffe). – Sicherstellung von IT-Serviceleistung (z. B. Zufriedenheit der Nutzer mit dem IT-Support). – Sicherstellung von Erfolg und Kosteneffizienz von IT-Projekten (z. B. Nutzenberechnungen/Nachweise).

Tab. 3 Generische Digitalisierungsziele und Indikatoren zur Erfolgskontrolle im organisatorischen Umfeld

Generische Digitalisierungsziele	Indikatoren zur Erfolgskontrolle
Digitale Strukturqualität im organisatorischen Umfeld: Es existieren institutionalisierte Funktionen und formale Regelwerke, die eine kooperative und funktionsübergreifende (Weiter-)Entwicklung des Informationssystems unterstützen und die eine optimierte Nutzengenerierung aus dem Informationssystem für die Weiterentwicklung der Organisation ermöglichen.	– Existenz einer ausgeprägten IT-Governance inkl. for0maler Abläufe zur (Weiter-)Entwicklung von Digitalisierungsstrategien (z. B. dynamische anpassbare und überprüfbare Strategie-, Entwicklungs- und Transformationspläne). – Verfügbarkeit von IT-Anwendungen zur Unterstützung einer lernenden Organisation (z. B. Process Mining Tools, BI-Tools). – Institutionalisierung (z. B. interprofessioneller IT-Lenkungsausschuss, Chief Medical Information Officer, Datenwissenschaftler). – Existenz formaler Regeln und Vorschriften (z. B. für Vorschlagswesen und für Data Governance).
Digitale Prozessqualität im organisatorischen Umfeld: Durch die Nutzung vorhandener Strukturen werden Aktivitäten unterstützt, die einen kooperativen und funktionsübergreifenden Dialog zur (Weiter-)Entwicklung des Informationssystems und eine optimale Nutzengenerierung aus dem Informationssystem für die weitere Organisationsentwicklung ermöglichen.	– Aktivitäten des kooperativen und funktionsübergreifenden Austausches (insbesondere zwischen Klinikern, IT und Verwaltung) zur kontinuierlichen Nutzenoptimierung des Krankenhausinformationssystems. – Ausgeprägte digitale Leadership seitens Krankenhausleitung, Chefärzten und anderen Leitungsfunktionen. – Regelmäßige Kommunikation über Entwicklungen des Informationssystems an die Mitarbeiter (z. B. IT-Newsletter). – Aktivitäten zur Unterstützung der Nutzer-Compliance (z. B. Anreize zur Systemnutzung). – Aktivitäten des Data- und Process-Mining sowie innovative Datenanalysen für die Betriebssteuerung (Controlling) zur Unterstützung von Business Intelligence und einer lernenden Organisation (z. B. Analysen zur Wirtschaftlichkeit, Nutzung von klinischer Entscheidungsunterstützung, etc.).
Digitale Ergebnisqualität im organisatorischen Umfeld: Es besteht ein kooperativer und funktionsübergreifender Austausch zur (Weiter-)Entwicklung des Informationssystems. Die Nutzengenerierung des Informationssystems für die weitere Organisationsentwicklung wird im Sinne einer lernenden Organisation optimal genutzt.	– Hohes Alignment zwischen Unternehmens- und IT-Strategie. – Ausgeprägte IT-Innovations- und Digitalisierungskultur (z. B. Nutzerakzeptanz, Intrapreneurship etc.). – Etablierte Business Intelligence, d. h. Nutzen für die Organisation (Zeit, Geld, Sicherheit) und Forschungs(daten)qualität. – Nachweise der Konformität mit Richtlinien & Gesetzen.

4   Fazit

Bis dato werden Reifegradmodelle zumeist zur Inventarisierung der verfügbaren IT-Komponenten genutzt. Das vorliegende Kapitel stellt dar, wie die Reifegradmessung im Sinne einer kontinuierlichen (Weiter-)Entwicklung und Evaluation von Digitalisierungsstrategien eingesetzt werden kann. Das vorgeschlagene Prüfschema soll IT-Entscheider*innen bei der Auswahl eines passenden Verfahrens unterstützen und Modellentwicklern Hinweise zur Ausgestaltung neuer Ansätze liefern. Die am Digital Quality Framework orientierten Handlungsfelder und Digitalisierungsziele können darüber hinaus bei der systematischen Entwicklung und Erfolgskontrolle von IT-Strategien herangezogen werden.

Literatur

Becker, J., Knackstedt, R., & Pöppelbuß, J. (2009). Entwicklung von Reifegradmodellen für das IT-Management: Vorgehensmodell und praktische Anwendung. *Wirtschaftsinformatik, 51*(3), 249–260.

Carvalho, J. V., Rocha, Á., & Abreu, A. (2016). Maturity models of healthcare information systems and technologies: A literature review. *Journal of Medical Systems, 40*(6), 1–10.

Cresswell, K., Sheikh, A., Krasuska, M., Heeney, C., Franklin, B. D., Lane, W., et al. (2019). Reconceptualising the digital maturity of health systems. *The Lancet Digital Health, 1*(5), e200–1.

Donabedian, A. (1980). The definition of quality and approaches to its assessment and monitoring. *Health Administration Press, 1980,* 163.

Jahn, F., Baltschukat, K., Buddrus, U., Günther, U., Kutscha, A., Liebe, J. D., et al. (2015). Benchmarking of hospital information systems – A comparison of benchmarking clusters in German-speaking countries. *Dtsch Gesellschaft fur Medizinische Inform Biometrie und Epidemiol e.V., 11*(1), 1–15.

Kücherer, C., Liebe, J., Schaaf, M., Thye, J., Paech, B., Winter, A., et al. (2016). The status quo of information management in hospitals-results of an online survey. In H. C. Mayr & M. Pinzger (Hrsg.), *INFORMATIK 2016* (Lecture notes in informatics (LNI), S. 685). Gesellschaft für Informatik.

Liebe, J. D., & Hübner, U. (2013). Developing and trialling an independent, scalable and repeatable it-benchmarking procedure for healthcare organisations. *Methods of Information in Medicine, 52*(4), 360–369.

Liebe, J. D., & Jahn, F. (2019). Adaptierbarkeit und Zielorientierung bei der Anwendung von KIS-Reifegradmodellen. https://www.egms.de/static/de/meetings/gmds2019/19gmds184.shtml. Zugegriffen am 10.06.2021.

Liebe, J. D., Jahn, F., Buddrus, U., et al. (2021). Digital quality model – Requirements and classification criteria for digital maturity evaluation in healthcare. In Veröffentlichung.

Tarhan, A. K., Garousi, V., Turetken, O., Söylemez, M., & Garossi, S. (2020). Maturity assessment and maturity models in health care: A multivocal literature review. *Digit Health, 6,* 1–20.

Winter, A., Haux, R., Ammenwerth, E., Brigl, B., Hellrung, N., & Jahn, F. (2011). Strategic information management in hospitals. In A. Winter, R. Haux, E. Ammenwerth, B. Brigl, N. Hellrung & F. Jahn (Hrsg.), *Health information systems. Architectures and strategies* (Health informatics, 2. Aufl., S. 237–282). Springer.

Erfolgsmessung in der Praxis: Digitalstrategie und Reifegradmessung

Digitale Reifegrad Messung von 52 deutschen Kliniken im internationalen Vergleich: Lessons Learned

Pierre-Michael Meier und Jürgen Wasem

Inhaltsverzeichnis

Zusammenfassung

Mit dem KHZG (Krankenhauszukunftsgesetz) – bzw. der KHSFV (Krankenhausstrukturfondsverordnung) – wird auch eine Messung des digitalen Reifegrads in den deutschen Kliniken Einzug halten. Die Reifegradmessung im Juni 2021 und im Juni 2023

P.-M. Meier (✉)
Entscheiderfabrik, Grevenbroich, Deutschland
E-Mail: Pierre-Michael.Meier@guig.org

J. Wasem
Universität Duisburg-Essen, Lehrstuhl für Medizinmanagement, Fakultät für Wirtschaftswissenschaften, Essen, Deutschland
E-Mail: juergen.wasem@medman.uni-due.de

© Der/die Autor(en), exklusiv lizenziert durch Springer Fachmedien Wiesbaden GmbH, ein Teil von Springer Nature 2022
V. Henke et al. (Hrsg.), *Digitalstrategie im Krankenhaus*,
https://doi.org/10.1007/978-3-658-36226-3_13

ist für geförderte Kliniken nach § 14b KHG in der Fassung von Artikel 1 Nr. 4 KHZG verpflichtend. Dieser Beitrag stellt die Ergebnisse einer digitalen Reifegradmessung mit 52 deutschen Kliniken im internationalen Vergleich auf.

1   Einleitung

Seit dem Krisen- und Konjunkturprogramm vom 30.06.2020 und insbesondere Nr. 50, dem Zukunftsprogramm Krankenhäuser spricht das gesamte Deutsche Gesundheitswesen von der Digitalisierung oder auch der digitalen Transformation der Krankenhäuser. War dies schon länger die Wortwahl von Experten, so hat die Mehrheit der Akteure im Gesundheitswesen noch nicht vor allzu langer Zeit noch von EDV (Elektronische Datenverarbeitung) und noch nicht mal von Health-IT (Information Technology) gesprochen.

Eine einfache Unterscheidung ist sicherlich, dass

- IT in der Gesundheitswirtschaft alles an Hard- und Software im Bereich Informations-, Kommunikations-, Leit- und Medizintechnik ist und mittels IT nutzenstiftende Lösungen für Probleme in analogen oder teilweise elektronisch organisierten Prozessen (Medienbrüche) erarbeitet werden können,
- digitale Transformation etablierte und funktionale Geschäftsprozesse, ob analog oder elektronisch, dekonstruiert, um neue Geschäftsmodelle zu etablieren, wobei von Disruption gesprochen wird, wenn sich die Geschäftsmodelle dadurch auszeichnen, dass diese den etablierten Wettbewerb zeitnah auslöschen. Ist der Erfolg des Geschäftsmodells weniger fundamental, wird von Transformation oder gar Evolution gesprochen, wobei das sogenannte Kerngeschäft darin besteht, mit Daten und Informationen Geld zu verdienen und somit „Information Management". In der Branche Gesundheitswirtschaft sprechen wir zwangsläufig vom strategischen Health Data oder Health Information Management (HAM oder HIM).

Führen wir uns nun vor Augen, dass lt. Wikipedia 64,8 Millionen Deutsche bzw. 86 Prozent der Bevölkerung über ein Smartphone verfügen (Statista 2021), so ist offensichtlich, dass das Individuum mit seinem Device immer und mit den aktuellsten Updates und Upgrades zu jeder Zeit „ready" für die digitale Patientenakte ist, zumal Anbieter schon heute den Austausch mit den institutionellen Patientenakten nach dem Stand der Telematikinfrastruktur ab dem 01.01.2022 propagieren.

Jedoch müssen sich die Leistungserbringer erst noch in größerer Anzahl auf den Weg in das Zeitalter des HDM oder HIM machen und somit auch operativ ihre ganz IT-Landschaft hin zu einer Plattformstrategie mit Archiv- und Interoperabilitätsplattform, der Trennung von Befundung und Archivierung, der Anbindung von nutzenstiftenden Mehrwertapplikationen etc. umbauen, um „ready" für Health Information Exchange (HIE) mit dem Individuum zu sein.

Genau an dieser Stelle setzte das am 18.09.2020 verabschiedete und auf dem Krisen- und Konjunkturprogramm aufbauende KHZG – Krankenhauszukunftsgesetz bzw. der KHSFV Krankenhausstrukturfondsverordnung an.

Mit dem KHZG bzw. der KHSFV- Krankenhausstrukturfondsverordnung wird auch eine Messung des digitalen Reifegrades in den deutschen Kliniken Einzug halten. Die Reifegradmessung zum Juni 2021 und zum Juni 2023 ist für geförderte Kliniken nach § 14b KHG in der Fassung von Artikel 1 Nr. 4 KHZG verpflichtend. Bereits heute zeigt allerdings eine Studie den digitalen Reifegrad von 52 deutschen Kliniken im internationalen Vergleich auf (Meier, 2021a, S. 1–24). Demnach glänzt der Datenschutz, aber die Patientenzentrierung konvergiert gegen Null.

In 11/2020 wurden 52 deutsche Krankenhäuser nach dem most wired Modell des CHiME (College of Health Information Management Executives) von der AHIME (Academy of Health Information Management Executives) hinsichtlich ihrer digitalen Reife befragt und die Ergebnisse mit der internationalen und US-amerikanischen Kohorte verglichen. Das most wired Modell legt, entgegen der hierzulande üblichen Modelle, einen besonderen Focus auf den Patienten. Die Kohorte der most wired Reifegradmessung 2020 bestand aus 2348 Kliniken und war damit in 2020 der größte Datensatz für die digitale Reifegrademessung in Kliniken im internationalen Vergleich.

Die Ergebnisse kommen zu einem Zeitpunkt, zu dem die digitale Performance in Deutschland wie oben erwähnt auf den Prüfstand gestellt wird. Die EU-Fördermittel, die über das Krankenhauszukunftsgesetz (KHZG) aus dem Krankenhausstrukturfonds (KHSF) anhand der Fördertatbestände § 19 (1) Nrn. 1–11 bei positivem Bescheid ausgeschüttet werden, sind mit einem Nachweis der Nachhaltigkeit verknüpft (Meier, 2021a). Neben strengen MUSS-Kriterien wird nun auch in Deutschland eine Reifegradbestimmung erstmalig schon in 2021 flächendeckend und verpflichtend eingeführt.

Die Förderkriterien zeigen, dass von Seiten des Gesetzgebers ein besonderer Wert zum einen auf Datenschutz, IT-Sicherheit und Datensicherheit, aber auch die Patientenorientierung gelegt wird.

2 Kernaussagen nach den Kategorien der digitalen Reifegradmessung

2.1 Infrastruktur

Im Bereich Daten-Sicherheit, d. h. Schutz von Daten, sind die Kliniken in Deutschland grundsätzlich gut aufgestellt, d. h. qualitativ sind die richtigen Sicherheitsvorkehrungen getroffen, zur Erzielung eines entsprechenden Niveaus fehlt es an Quantität, was der geringen finanziellen Ausstattung der Kliniken geschuldet ist.

Die durch den Gesetzgeber ergriffenen Schritte in § 19 (1) Nr. 10 sind somit zu verstetigen und mit weiteren finanziellen Mitteln abzusichern (siehe Abb. 1).

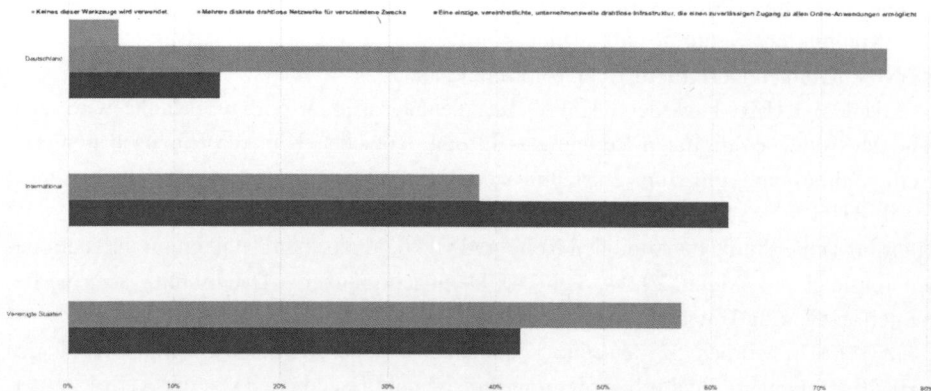

Abb. 1 Wie stellt Ihr Krankenhaus „drahtlose" Kommunikation bereit?

2.2   Security

Der Datenschutz, d. h. der Schutz von personenbezogenen Daten, genießt bekanntermaßen einen sehr hohen Stellenwert in Deutschland, was sich in der Studie widerspiegelt.
Die Informationssicherheit, d. h. Schutz von elektronischen Informationen, ist gering ausgeprägt. Ein Grund ist die technische Prägung und die nicht gegebene Management Orientierung und somit das geringe Bewusstsein für die unternehmensweite Notwendigkeit.
Umso wichtiger ist die Etablierung von Chief Information Officern (CIOs). Unbestritten
fehlen für diesen Bereich Gelder, was in den Pflegesatzverhandlungen mit den Kassen zu
erreichen ist, da Betriebskostenerhöhend.

Die durch den Gesetzgeber ergriffenen Schritte in § 19 (1) Nr. 10 sind somit zu verstetigen und mit weiteren finanziellen Mitteln abzusichern (siehe Abb. 2, 3 und 4).

2.3   Administration/Apotheke und Beschaffungs-/Lieferketten

Die Ergebnisse in diesem Bereich zeigen auf, dass in deutschen Kliniken die Prozesse
noch nicht abteilungs-/bereichsübergreifend durchgängig sind, bzw. die traditionellen Silos noch nicht überbrückt werden, d. h. vom Point of Care, wo das Medikament oder das
Implantat benötigt wird, bis zur Kommissionierung, Lagerhaltung, Bestellung etc. Hier ist
somit das Prozessdenken finanziell und inhaltlich zu verbessern – Stichwort vom Struktur-
zum Prozesskrankenhaus.

Die durch den Gesetzgeber ergriffenen Schritte in § 19 (1) Nrn. 5 & 6 sind somit zu
verstetigen und mit weiteren finanziellen Mitteln abzusichern (siehe Abb. 5).

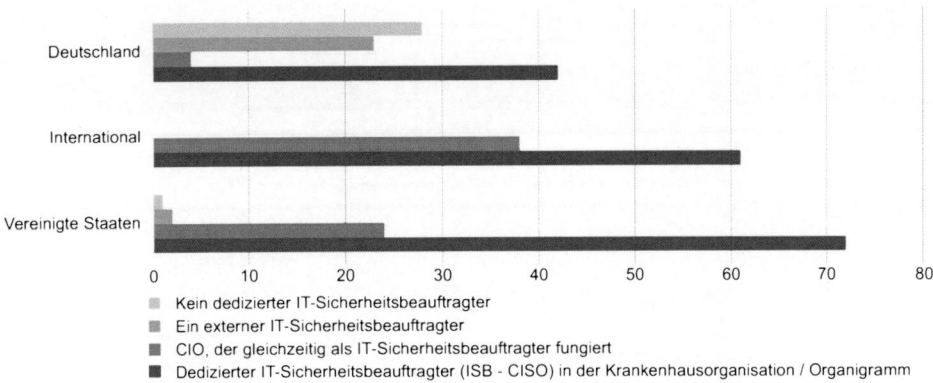

Abb. 2 Wer ist in Ihrer Organisation für die Leitung der Informationssicherheit verantwortlich?

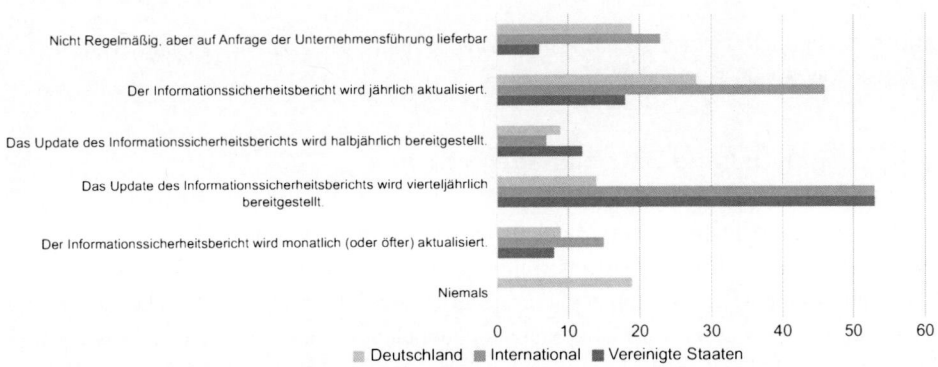

Abb. 3 Bitte geben Sie an, wie oft Ihre Unternehmensführung oder Ihr Unternehmensleitungsgremium einen Informationssicherheitsbericht erhält

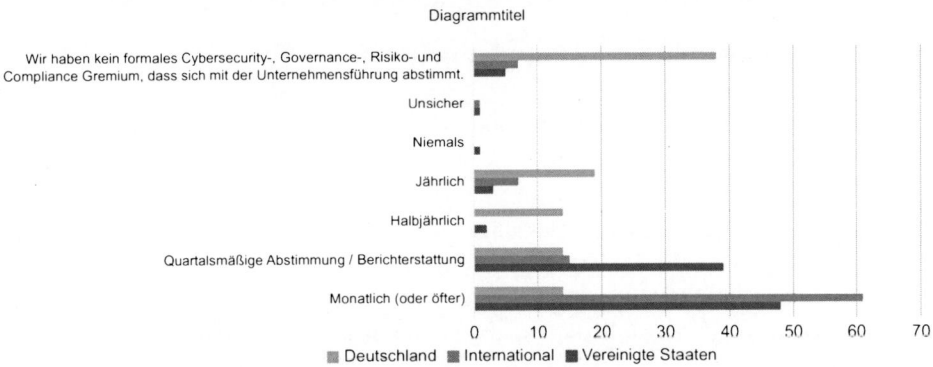

Abb. 4 Wie oft kommt das Cybersecurity – Risikomanagement Gremium Ihrer Klinik/Klinikverbund mit der Unternehmensführung zusammen?

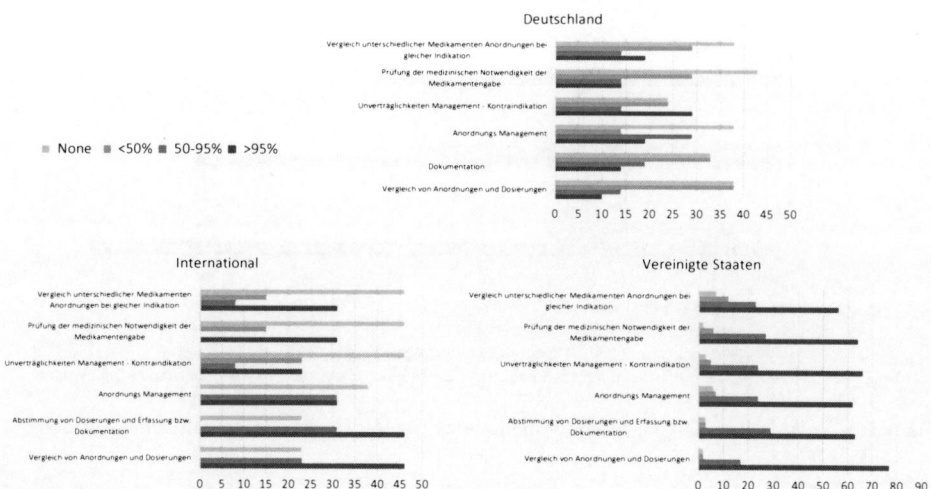

Abb. 5 Wie hoch ist Prozentsatz der Testmaßnahmen zur Messung der Verwendung automatischer elektronischer Routinen und/oder Software?

2.4   Analytics und Data Management

Im Bereich Analytics und Data Management stehen die deutschen Kliniken im Bereich Administration und Betriebswirtschaft gut dar. Was die informationstechnologische Einbeziehung anderer Berufsgruppen in die Steuerung des Unternehmens Krankenhauses mit Kennzahlen oder Key Performance Indicators anbelangt, liegen wir zurück. Was die Medizin als auch die Einbeziehung externer Quellen und gar Künstliche Intelligenz (KI) anbelangt, ist noch Luft nach oben, was sich im Bereich Public Health fortsetzt (siehe Abb. 6 und 7).

2.5   Interoperabilität und Population Health

Im Bereich Interoperabilität und auch Public Health liegen die deutschen Kliniken weit zurück. Hinsichtlich Interoperabilität werden die deutschen Kliniken durch den Austausch verkehrsfähiger Ergebnisdaten die Lücke zu der internationalen und der US-Kohorte in naher Zukunft durch die Weiterentwicklungen der TI schließen können. Bezogen auf diskrete Einzeldaten wird es mehr Zeit und mehr finanzielle Mittel bedürfen.

Bezogen auf Public Health deckt die Studie die Unzulänglichkeit der Deutschen Gesundheitssystemgestaltung, d. h. die Interaktion mit den unterschiedlichen Stakeholdern, z. B. bezogen auf Regionen, auf. Dass steuerfinanzierte Gesundheitssystem, als auch Gesundheitssysteme mit einer Kostenträgerstruktur, aber zusätzlichen Stakeholdern wie Ac-

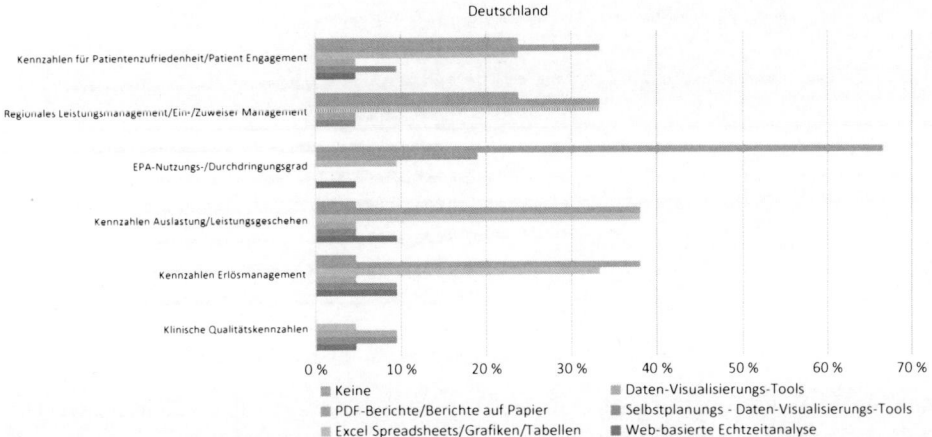

Abb. 6 Wie werden Daten für Chefärzte und Pflegedienstleiter sowie die Unternehmensleitung zur Verfügung gestellt?

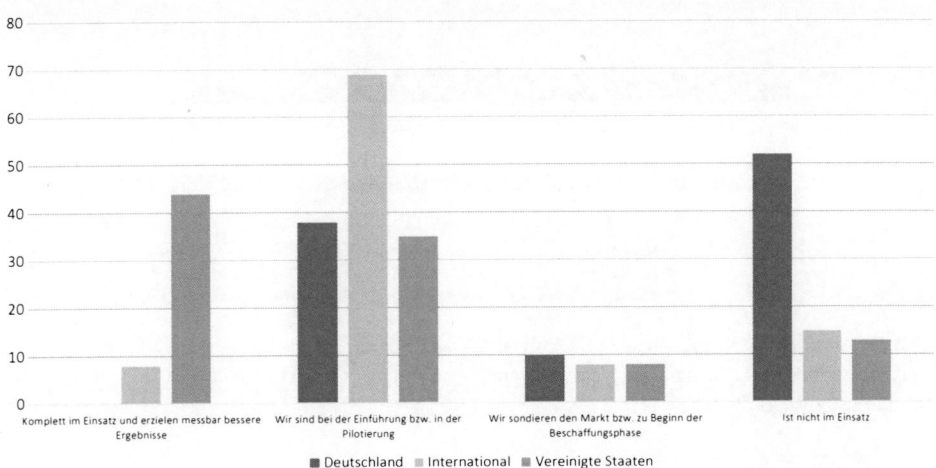

Abb. 7 Wie weit sind Sie beim Einsatz von Softwarefunktionalitäten, die Predictive Analytics nutzen, um Ihre Kliniker im Arbeitsprozess zu unterstützen?

countable Care Organisationen, oder Health Maintenance Organisationen, hier Vorteile durch die Nutzung der digitalen Transformation der Modelle der Patientenversorgung haben, wird nun offensichtlich.

Die durch den Gesetzgeber ergriffenen Schritte in § 19 (1) Nrn. 2, 7, 8 und 9 sind somit zu verstetigen und mit weiteren finanziellen Mitteln abzusichern (siehe Abb. 8, 9 und 10).

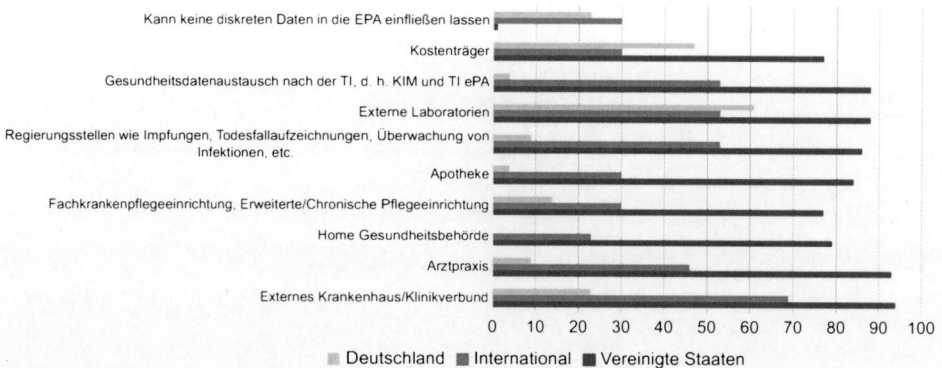

Abb. 8 Von welchen der folgenden externen Organisationen können Ihre Informationssysteme (EPA) diskrete Daten empfangen?

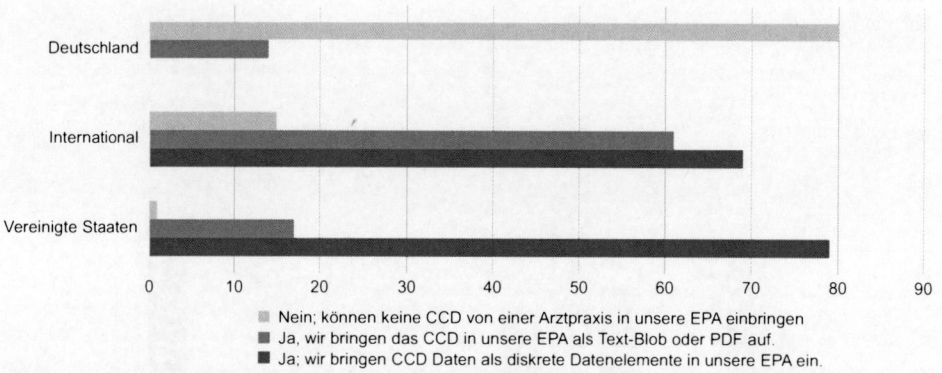

Abb. 9 Arbeitet Ihr Krankenhaus/Klinikverbund mit einer patienten-bezogenen und sektorenübergreifenden Pflegedokumentation (Nutzung von „Continuity of Care Document, CCD" oder „Continuity of Care Record")?

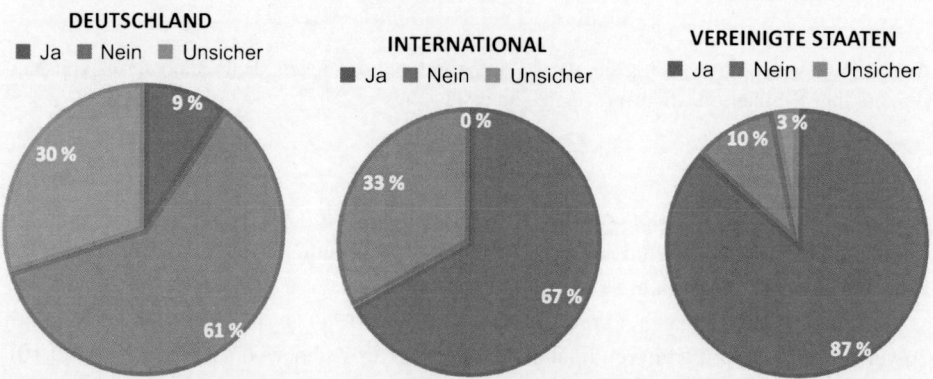

Abb. 10 Verfügt Ihr Krankenhaus über ein elektronisches Krankheitsregister zur Identifizierung von Versorgungslücken in der Bevölkerung bzw. Potenzialen der Leistungsausweitung?

2.6 Patient-Engagement

In der Patientenorientierung, oder -zentrierung sind die deutschen Kliniken Schlusslicht. Der Aufholbedarf ist riesig, auch wenn das Patientenrechtegesetz schon lange dem Patienten seine Daten in maschinenlesbarer Form zugesichert hat.

Die durch den Gesetzgeber ergriffenen Schritte in § 19 (1) Nrn. 1–6 und 9 sind somit zu verstetigen und mit weiteren finanziellen Mitteln abzusichern (siehe Abb. 11, 12, 13 und 14).

2.7 Medizinische Qualität und Patientensicherheit

Im Bereich Medizinische Qualität und Patientensicherheit setzt sich das fort, was schon in 3) Administration/Apotheke und Beschaffungs-/Lieferketten festzustellen war, Stichwort vom Struktur- zum Prozesskrankenhaus mit all seinen Facetten, was die Wichtigkeit von Prozesssicherheit und eben dieser in Behandlungsprozessmaßnahmen und schließlich Patientensicherheit anbelangt. Die deutschen Kliniken haben auch hier einen erheblichen Aufholbedarf.

Die durch den Gesetzgeber ergriffenen Schritte in § 19 (1) Nrn. 3–6 sind somit zu verstetigen und mit weiteren finanziellen Mitteln abzusichern (siehe Abb. 15 und 16).

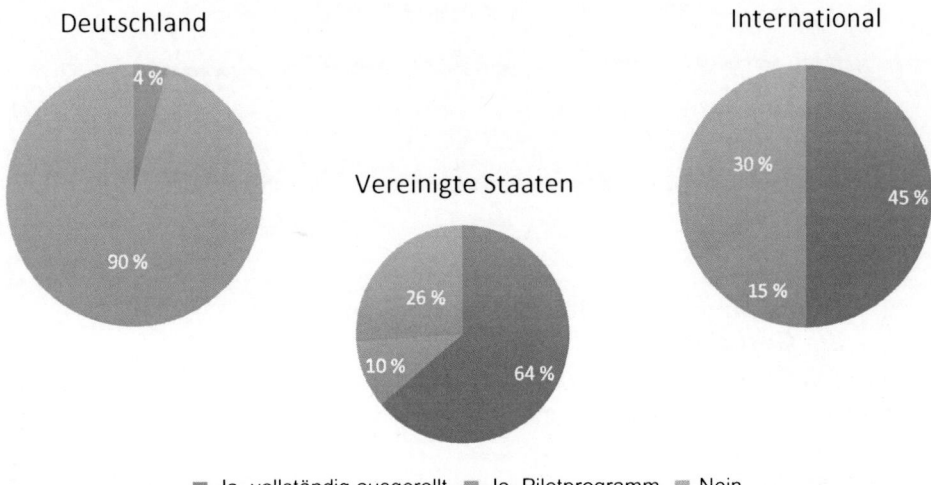

Abb. 11 Bieten Sie einem Patienten die Möglichkeit, über ein Patienten-portal auf Ihrer Website und/oder in Partnerschaft mit einem EGA-Anbieter eine Krankenhaus-„gebrandete" EGA anzulegen?

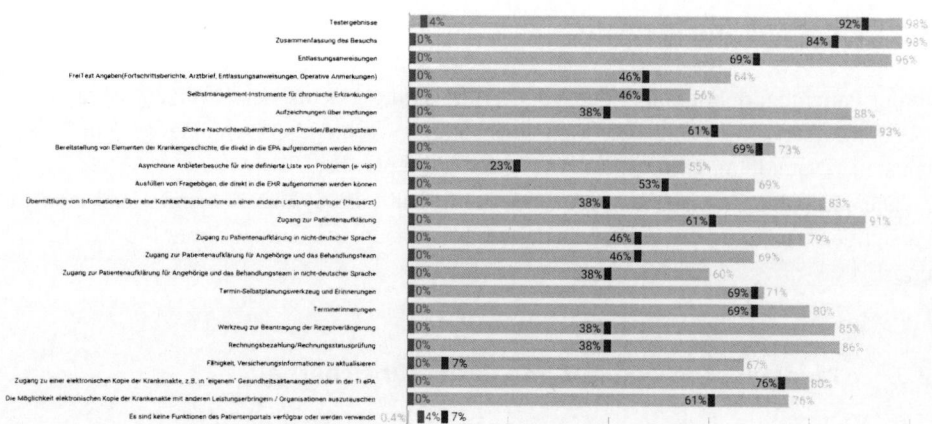

Abb. 12 Welche Services oder medizinischen Interaktions-/Kommunikationsmöglichkeiten können Patienten über Ihr Patientenportal nutzen?

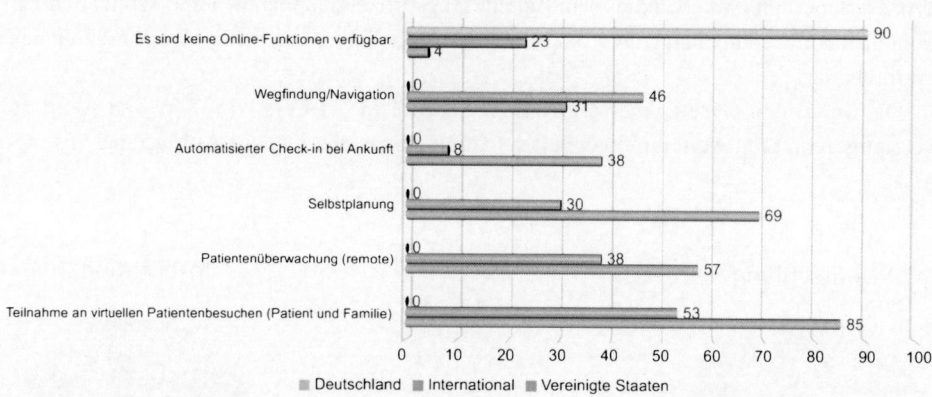

Abb. 13 Welche Maßnahmen ergreifen Sie, um Patienten von außerhalb des Krankenhauses online mit einzubeziehen (3 von 3)?

3   Einordnung der digitalen Transformation der Gesundheitswirtschaft

1. Deutschland hat einen hohen Standard in Sachen Datenschutz und Datensicherheit. Quantitativ muss nachgelegt werden.
2. Informationssicherheit kommt zu kurz, was sicher auch dem technischen Fokus und weniger dem Management Fokus zuzuschreiben ist.
3. Die deutschen Kliniken sind noch zu sehr Struktur- als Prozesskrankenhaus.
4. Die intelligente Verknüpfung medizinischer Daten zur Erreichung von Entscheidungs-unterstützung ist gering.

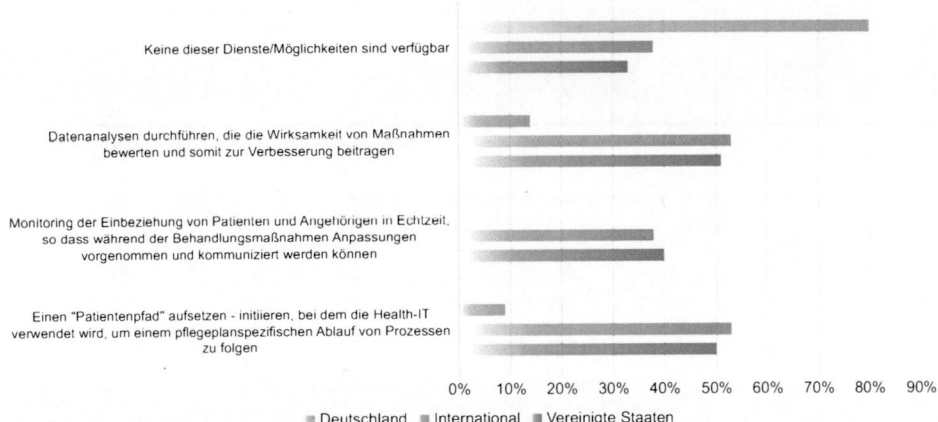

Abb. 14 Auf welche Art und Weise trägt Ihr Krankenhaus-/Klinikverbund dazu bei, die Online-Arbeit Ihrer Kliniker zu fördern?

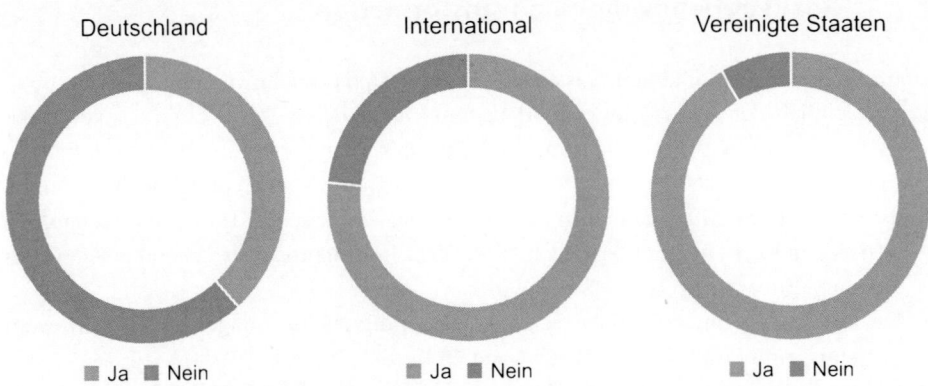

Abb. 15 Haben Sie „Barcode (oder RFID)" für einen überwachten Medikationskreislauf (Closed-Loop) im Einsatz, d. h. der Patient, Medikament (Formulierung, Dosis, Weg, Zeit) bei 95 % oder mehr?

5. Bezogen auf syntaktische und semantische Interoperabilität sind wir hinten dran, haben aber mit der TI 2.0. ein respektables Zielbild vor Augen. Davon, die Chancen der digitalen Transformation der Modelle der Patientenversorgung dahingehend zu Nutzen, dass wir die Schwächen unserer Gesundheitssystemgestaltung in Sachen Public Health überwinden, sind wir sehr weit entfernt.

6. Die Patientenorientierung ist dem Bürger im Gesetz zugesichert, aber nicht umgesetzt.

7. Prozesssicherheit und somit das A und O für Patientensicherheit ist maximal geringer ausgeprägt als notwendig, diverse Behandlungs- und Therapiemaßnahmen werden somit nicht periodengerecht geleistet.

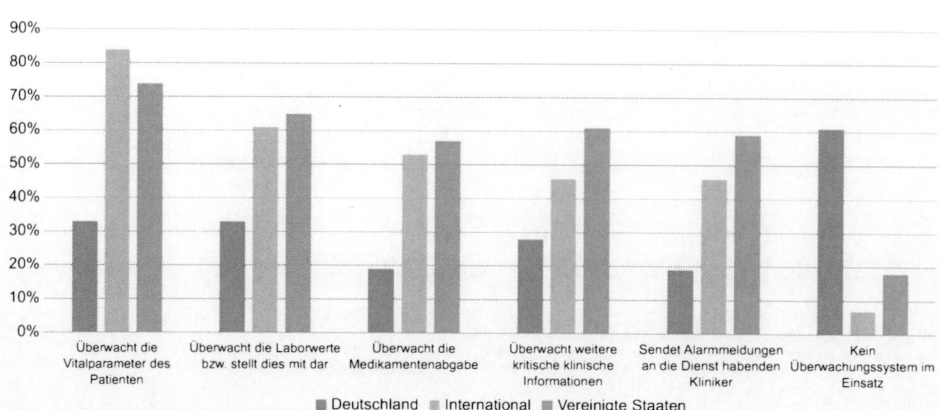

Abb. 16 Welche Funktionalitäten sind in Ihrem voll integrierten Überwachungssystem (PDMS/KIS) im Einsatz?

4   Anzustrebende digitale Transformation

1. Im Bereich Datensicherheit muss mehr investiert und erreicht werden.
2. Hinsichtlich der Informationssicherheit muss nicht nur mehr investiert, sondern der Management-Fokus muss mehr in den Fokus, das Stichwort ist hier nicht nur die Einführung von IT-Sicherheitsbeauftragten, sondern an die Spitze von IT-Bereichen muss ein CIO, der das Management im Blick hat und von einem CTO (Chief Technology Officer) und z. B. einem CMIO (Chief Medical Information Officer) und einem Chief Nursing Officer (CNIO) unterstützt wird.
3. Die deutschen Kliniken müssen sich mithilfe der digitalen Lösungen der Industrie vom Struktur-, zum Prozesskrankenhaus wandeln.
4. Die intelligente Verknüpfung med. Daten zur Erreichung von Entscheidungsunterstützung muss Standard werden.
5. Der Erreichung des Zielbildes der TI 2.0 muss inhaltlich und finanziell eine sehr hohe Priorität zugeordnet werden. Des Weiteren hat nicht zuletzt die Pandemie massiv aufgezeigt, dass wir die Chancen der digitalen Transformation der Modelle der Patientenversorgung mit Hochdruck dahingehend nutzen müssen, die Schwächen unserer Gesundheitssystemgestaltung in Sachen Public Health zu überwinden.
6. Die Kommunikation mit unseren Patienten muss einfacher, transparenter und effizienter im Sinne unserer Patienten werden.
7. Die Erreichung von Prozesssicherheit zur Erreichung von Patientensicherheit muss oberstes Ziel sein und muss somit finanziell incentiviert werden.

Der klassische Dreiklang des Krankenhaus-Managements, d. h. „Überschüsse, Auslastung, Investitionen mit Qualität und Wirtschaftlichkeit" im Mittelpunkt ist im Zeichen der digitalen Transformation überholt. Vielmehr ist der neue Dreiklang Qualität, Health Information Exchange und Pay for Performance mit dem Konsumenten im Mittelpunkt (Meier, 2019; siehe Abb. 17).

Folgende Bereiche solle die digitale Agenda als weitere Dimension der Unternehmensvision mindestens abdecken:

a. **Digital Strategy**
   - Roadmap für die digitale Transformation
   - Digitale Trends – Disruptive Technologien – Plattformökonomie – Cloud
b. **Digital Work**
   - Leadership, Teams, Collaboration
   - Digital Leadership – Digitale Teams – Agiles Unternehmen – Digital Workplace – Lernen
c. **Digital Business**
   - Geschäftsmodelle, Behandlungsangebot – Geschäftsfelder, Prozesse, Technologien
   - Digitales medizinisches und pflegerisches Leistungsangebot, Smart Healthcare – Smart Hospital – Smarte Services – Innovation – Design Thinking – Big Data – Automatisierung – Bots – Customer Experience
d. **Digital Patient Relationship Management**
   - Patienten gewinnen und überzeugen
   - Künstliche Intelligenz – Bots – Marketing Automation – Content Marketing – Conversions

Basis der Ziele der Digital- oder auch Health IT-Strategie ist die digitale Agenda bzw. die Vision, d. h. die interne Anspruchshaltung des Unternehmens. Mit dieser Vision wird das Zukunftsbild des Unternehmens Krankenhaus beschrieben. Die Agenda – Vision schafft Sinn für das Handeln der Mitarbeiter*innen und soll Identifikation, Motivation und En-

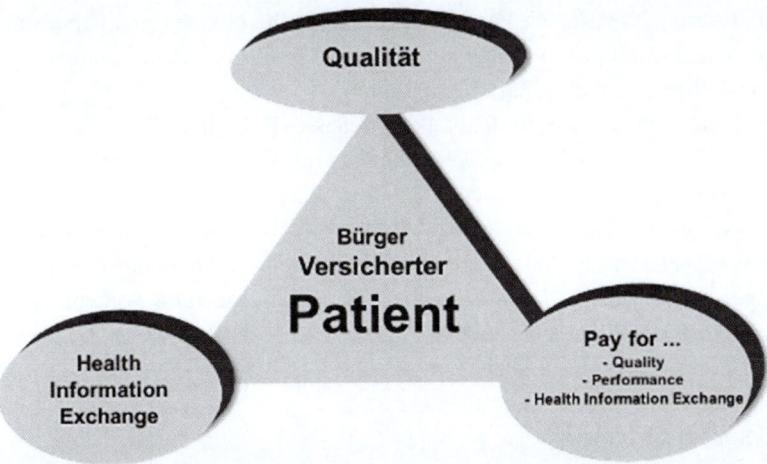

Abb. 17 Der Neue Dreiklang des Krankenhaus-Managements

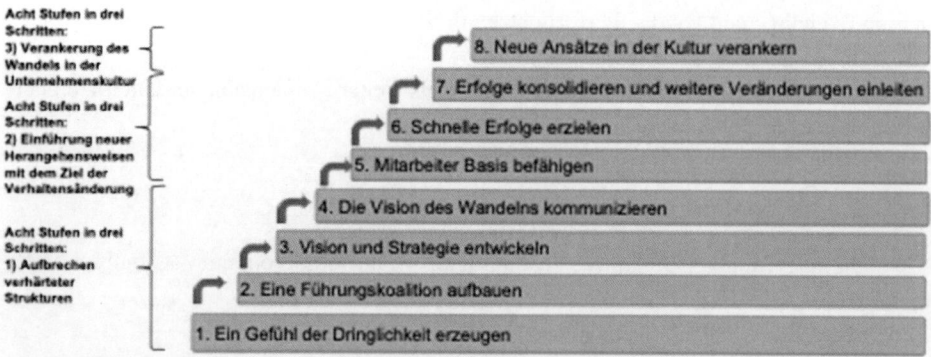

Abb. 18 Acht Stufen Modell des Change Managements nach Kotter

gagement bei diesen auslösen. Und, nur so wird der damit verbundene organisatorische Transformations- oder auch Veränderungsprozess zum Erfolg führen (Meier, 2021a; siehe Abb. 18).

Der KHZG Förderrichtlinie, den aktuellen Entwicklungen der Telematikinfrastruktur und den IT-Grundschutz-Zielen des BSI folgend sollte ein Zielbild einer Digital- oder Health-IT-Strategie mindestens folgende Ziele umfassen:

1. Produktabhängigkeiten reduzieren
2. Anwenderfreundlichkeit, Flexibilität, Dynamik und Geschwindigkeit gewinnen
3. Best practice-Ansätze integrieren
4. Einführung von Archiv- und Interoperabilitätsplattformen, die internationalen Standards genügen
5. Erreichung von Beweis- und Revisionssicherheit als auch Verkehrsfähigkeit – Berücksichtigung von Gesetzen und Normen
6. Digitalisierung von Papier, Papierakte elektronisch vorhalten und Papier im Prozess scannen und somit prozess-unterstützend einsetzen – papierlose Kliniken
7. Optimale Medizingeräte Output Integration
8. Erreichung sektoren-übergreifende Patientenakte: KH mit MVZ
9. Kommunikation zwischen „individuellen elektronischen Gesundheitsakten (EGAs)" und „institutionellen elektronischen Patientenakten (EPAs)"
10. Beherrschung der Datenmengen bzw. Reduzierung der zu archivierenden Datentöpfe (Killer-Fragen bei der Anschaffung von bildgebenden Modalitäten: Wieviel Untersuchgen werden Sie pro Jahr mit wieviel GB pro Untersuchung vornehmen? Wo bzw. in welchen unterschiedlichen „Applikationen und Töpfen" erwarten Sie diese Daten?)
11. Reduzierung der mit den Datenmengen und Datentöpfen einhergehenden Betriebskomplexität
12. IT-Betriebskosten optimieren

Literatur

Meier, P.-M. (2019). Von der Dekonstruktion von Geschäftsfeldern bis zu Disruption von Geschäfts-modellen – der neue Dreiklang. In P. M. Meier, J. Düllings, A. Henkel & G. Nolte (Hrsg.), *Digitale Transformation der Gesundheitswirtschaft, Chancen und Herausforderungen in disruptiven Zeiten* (S. 23–37). Kohlhammer.

Meier, P.-M. (2021a). Krankenhausführung und Digitalisierungsstrategie. In P. M. Meier, G. Hülsken & B. Maier (Hrsg.), *Healthcare CIO* (S. 21–61). Kohlhammer.

Meier, P.-M. (2021b). Reif für die Zukunft. *WIRKSAM*, Ausg. 01, 42–43.

Anwendung von Reifegradmodellen zur Messung des Umsetzungserfolgs

Nina Vrielink und Frederik Humpert-Vrielink

Inhaltsverzeichnis

Zusammenfassung

Der Wandel eines Krankenhauses hin zum Smart Healthcare Provider setzt eine Digitalstrategie voraus, die nicht nur die Ziele definiert, sondern auch messbar den Erfolg während der Projektumsetzung darstellt. Das hier vorgestellte kommunale Großkrankenhaus verwendet das Reifegradmodell der KIT-CON und setzt hierfür

N. Vrielink · F. Humpert-Vrielink (✉)
CETUS Health IT Leadership Gesellschaft für Digitalisierung und Service mbH,
Essen, Deutschland
E-Mail: nina.vrielink@cetus-health.com; fhv@cetus-health.com

© Der/die Autor(en), exklusiv lizenziert durch Springer Fachmedien Wiesbaden
GmbH, ein Teil von Springer Nature 2022
V. Henke et al. (Hrsg.), *Digitalstrategie im Krankenhaus*,
https://doi.org/10.1007/978-3-658-36226-3_14

eine spezielle Softwarelösung ein. Dieser Beitrag schildert anhand des Praxisbei-
spiels die Ausgangssituation und den Weg, mithilfe der Reifegradmessung eine
Digitalstrategie zu entwickeln, die fortlaufend und agil dem Stand der Technik angepasst wird und alle Dimensionen des organisatorischen Wandels berücksichtigt.
Der Beitrag ordnet weiterhin die verfügbaren Reifegradmodelle und darauf basierende Digitalstrategien in die aktuellen Bestrebungen des Gesetzgebers mit dem geforderten Reifegradmodell nach § 14b KHG ein.

1   Ausgangssituation

1.1   Allgemeine Situation

Das betrachtete Großkrankenhaus ist ein Maximalversorger im ländlichen Raum mit ca.
1100 Betten und über 3500 Mitarbeitenden. Träger des Klinikums ist ein Krankenhauszweckverband, dessen Gesellschafter der Landkreis und die Stadt, die das Klinikum be-
heimatet, sind.

Die Geschäftsführung beauftragte im Jahr 2019 ein Beratungsunternehmen als strategischen Partner damit, einerseits die IT-Organisation zu ändern und andererseits eine
Digitalstrategie zu entwickeln, die es dem Haus ermöglicht, die Potenziale der digitalen
Transformation zu nutzen und anhand der Medizinstrategie des Klinikums weiterzuentwickeln.

Die Digitalstrategie wurde mit Hilfe einer speziellen Softwarelösung aufgebaut und
wird seitdem fortlaufend gemessen, um zu berichten, wie weit die Zielerreichung ist. Dieser agile Zielfindungsprozess ist auf einen Zeitraum von 3 Jahren bis Ende 2024 ausgerichtet. Zielsetzung ist es, mit der Digitalstrategie nicht nur die Digitalisierung der klinischen Prozesse, sondern gleichzeitig auch die Entwicklung neuer Erlösquellen auf Basis
des § 33a SGB V zu beleuchten.

Die Autoren stellen auf Nachfrage gern den Kontakt für interessierte Leser her.

1.2   Rechtlicher Rahmen

Dabei waren aufgrund der Struktur des Klinikums folgende rechtliche Rahmenbedingungen zu berücksichtigen:

Digitale-Versorgung-Gesetz vom 18.12.2019
Mit dem Digitale-Versorgung-Gesetz hat der Gesetzgeber verschiedene Änderungen in
den Paragrafen des SGB V vorgenommen, die konkrete Auswirkungen auf das Klinikum
und die zukünftige Digitalstrategie haben. Im Einzelnen sind dies:

§ 33a SGB V – Digitale Gesundheitsanwendungen

Mit der gesetzlichen Normierung sogenannter Digitaler Gesundheitsanwendungen wird die Möglichkeit geschaffen, digitale Lösungen für die Patientenversorgung abrechenbar mit den Kostenträgern zu gestalten. Hierfür sind klare Zulassungsverfahren definiert, die die sogenannten Digitalen Gesundheitsanwendungen den Regelungen der Medizinprodktegesetzgebung unterwerfen. Die Digitalstrategie soll in der Reifegraddefinition berücksichtigen, wie das Klinikum die Möglichkeit erhält, hier weitere Erlösquellen zu erschließen.

§ 39 (1a) Satz 7 SGB V

Krankenhäuser sind mit dem § 39 (1a) Satz 7 berechtigt, digitale Gesundheitsanwendungen im Rahmen des Entlassmanagements zu verordnen. Hieraus ergibt sich, dass neue Möglichkeiten der Folgeversorgung der Patienten außerhalb des Krankenhauses mit Hilfe digitaler Gesundheitsanwendungen geschaffen werden.

§ 75b SGB V

Als Betreiber kritischer Infrastrukturen unterfällt der kommunale Gesundheitsversorger den Regelungen § 8a BSI-Gesetz und der Kritis-VO. Damit ist die zum 01.07.2020 in Kraft tretende Richtlinie der Kassenärztlichen Bundesvereinigungen nicht anzuwenden, wenn die Feststellungen der KRITIS-Prüfung in angemessener Zeit abgestellt werden.

§ 8a ff. BSI-Gesetz

Als Betreiber kritischer Infrastrukturen ist das Klinikum verpflichtet, alle zwei Jahre gegenüber dem Bundesamt für Sicherheit in der Informationstechnik einen Nachweis über die Umsetzung eines IT-Sicherheitskonzeptes nach dem Stand der Technik zu erbringen. Dieses umfasst mehrheitlich IT-Sicherheitsmaßnahmen für die IT-Infrastruktur. Im Rahmen der Reifegradmessungen der Digitalstrategie wird fortlaufend der Reifegrad des Managementsystems für Informationssicherheit erhoben.

Während der Projektlaufzeit wurden mit dem Krankenhauszukunftsgesetz weitere gesetzliche Rahmenbedingungen definiert, die den Projektverlauf beeinflusst haben.

Mit dem § 14a Krankenhausfinanzierungsgesetz (KHG) schuf der Gesetzgeber eine weitere Finanzierungsquelle für Digitalisierungsinvestitionen. Das Großkrankenhaus konnte hier auf den entsprechenden Vorarbeiten aufsetzen.

Mit dem § 14b KHG machte der Gesetzgeber für die geförderten Krankenhäuser die Teilnahme an einer Reifegradmessung im Jahr 2021 und 2023 verpflichtend, um die Förderwirksamkeit zu überprüfen. Auch hier kann das Klinikum auf etablierten Vorarbeiten aufsetzen.

Mit den Fördertatbeständen des § 19 Krankenhausstrukturfondsverordnung (KHSFV), dem sogenannten Krankenhauszukunftsfonds, hat das Klinikum nun die Möglichkeit, die strategisch geforderten und gewünschten Bereiche ordnungsgemäß zu finanzieren.

1.3 Begriffe

Um im Rahmen der Digitalstrategie die Reifegrade den korrekten Zielsetzungen zuzuordnen wurden die Begriffe der Digitalisierung im Klinikum wie folgt definiert:

DIGITIZATION im englischen Originalbegriff bezeichnet die Erstellung digitaler
Abbilder von physischen Objekten. Dies bezieht sich auf die Reifegrade 1–3 des angewandten Reifegradmodells und ist die Basis der dortigen Prozessdigitalisierung.

Um Prozesse zu digitalisieren, sollten auch Informationen in digitaler Form bereitgestellt werden. Das kann nicht nur das Einscannen von Rechnungen als PDF, sondern
auch das Erstellen einer Textdatei durch Texterkennung sein.

Diese Phase bildet die Grundlage aller weiteren Schritte.

DIGITALISATION im englischen Originalbegriff beschreibt das Abbilden und Optimieren von bestehenden Geschäftsprozessen mit Hilfe von digitalen Technologien und
digitalen Daten. Dies erfolgt in den Reifegraden 3–4 der jeweiligen Prozesse. Liegen alle
Informationen in digitaler Form vor, können auch die Prozesse auf dieser Basis optimiert
werden. Daraus folgend verbessert sich der Komfort für den Anwender und ein echter
Nutzen durch die Digitalisierung.

DIGITAL TRANSFORMATION beschreibt einen Prozess, der neue Geschäftsmodelle durch Ausschöpfung der Möglichkeiten digitaler Technologien schafft. Die Basis
hierfür wird jeweils im Reifegrad 5 eines Prozesses beschrieben.

Damit wird die Begriffsdefinition von Bendel (2019) erweitert und unterteilt. Bendel
verweist auf Digitalisierung als digitale Umwandlung und Darstellung bzw. Durchführung
von Information und Kommunikation. Abb. 1 zeigt diese erweiterte Dreistufigkeit und
damit verbundene Ausprägungen der strategischen Tiefe.

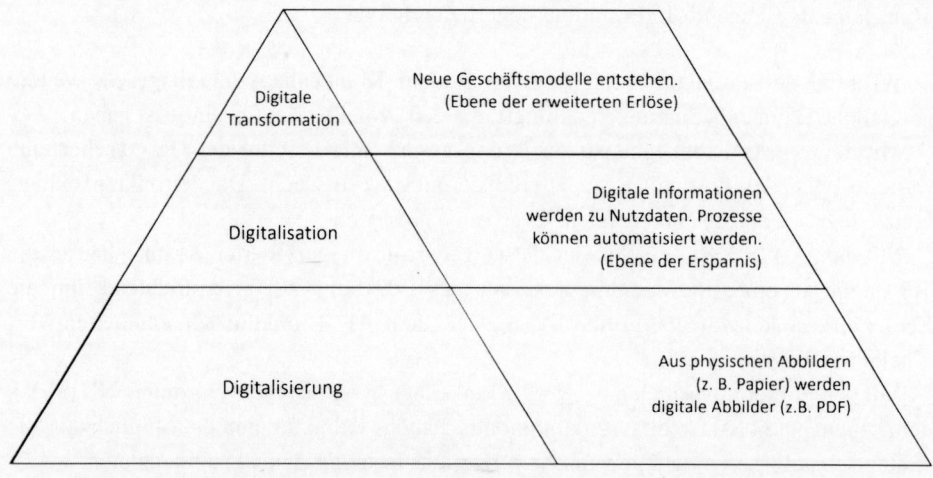

Abb. 1 Pyramide der digitalen Transformation

2   Einführung in Reifegradmodelle

Reifegradmodelle (s. auch Beitrag Liebe et al., „Digitalstrategie und Digitalisierungs-aktivitäten: Ansätze zur Erfolgsmessung") sind schon seit den 1970er-Jahren aus der Soft-wareentwicklung bekannt. Bekanntestes Beispiel für ein hier verwendetes Reifegrad-modell ist das Capability Maturity Model wie von Chrissis et al., 2009 beschrieben, das seit dem Jahr 2018 in der Version 2.0 verfügbar ist.

Ein Reifegradmodell ist dabei Teil einer Führungsstruktur, die Hersey und Blanchard als situatives Führen beschreiben, was Yukl (2013) in seinem Buch „Leaderhip in Organi-zations" treffend beschreibt. Situatives Führen setzt dabei auf Kontingenztheorien, die je nach Führungssituation auf unterschiedliche Führungsstile abheben, um erfolgreich zu sein. Daher ist das Konzept der Reifegrade für die Strategiefindung gut geeignet.

Ursprünglich mitarbeiterzentriert wurden 1991 mit dem Capability Maturity Model Integration (CMMI) die ersten Reifegrade für die Softewareentwicklung herausgegeben. Diese definieren fünf Level:

1. **Level 1: Initial** – Es werden hier keine Anforderungen gestellt. Diesen Reifegrad hat eine Organisation automatisch erreicht. Es müssen an diesen Reifegrad keine großen Anforderungen gestellt werden. Eine strukturierte und gesteuerte Organisation ist in diesem Reifegrad noch nicht vorhanden.
2. **Level 2: Managed** – Die Projekte werden geführt. Ein ähnliches Projekt kann erfolg-reich wiederholt werden. Dieser Reifegrad gibt die Möglichkeit, dass eine Organisation in die Unabhängigkeit von handelnden Personen reinwächst.
3. **Level 3: Defined** – Es gibt für die Projekte einen angepassten Standardprozess und es gibt eine organisationsweite kontinuierliche Prozessverbesserung.
4. **Level 4: Quantitatively Managed** – Es gibt eine statistische Prozesskontrolle.
5. **Level 5: Optimizing** – Die Arbeit und Arbeitsweise werden mit Hilfe einer statisti-schen Prozesskontrolle verbessert.

Diese fünf Reifegrade ergänzen Dickmann et al. (2020) um den Reifegrad 0, um so eine bessere Differenzierung herzustellen. Die daraus resultierenden sechs Reifegrade sind im Modell „Der IT-Reifegrad im Krankenhaus" (KIT-Con Modell) veröffentlicht und ermög-lichen es, den Reifegrad der IT eines Krankenhauses vergleichbar darzustellen und anhand der Anforderungen der deutschen Gesetzgebung und Anforderungen zu steuern. Das Mo-dell wird beständig weiterentwickelt. Abb. 2 zeigt die KIT-Con Reifegrade und ihre Be-ziehungen zueinander.

Der amerikanische Anbieter HIMSS Analytics unterteilt an dieser Stelle in verschiedene Reifegradmodelle. Anwendbar und mit dem Modell von Dickmann et al. (2020) kompati-bel ist hier das siebenstufige EMR Adoption Model EMRAM.

Das EMRAM-Modell bietet ein patientenzentriertes sieben Stufen umfassendes Mo-dell, um die Integration von digitaler Erfassung in der Dokumentation eines Patientenfalls

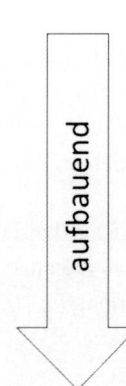

Stufe	KIT-Con Reifegrad	Bedeutung digitale Transformation
0	Keine IT-Unterstützung des Prozesses	Keine Digitalisierung
1	Erste Ansätze der IT-Unterstützung	Erste Ansätze von „Digitalisierung"
2	Fortgeschrittene Ansätze der IT-Unterstützung sind vorhanden	Fortgeschrittene „Digitalisierung"
3	IT-Unterstützung entspricht dem üblicherweise erwarteten Branchendurchschnitt	Beginnende „Digitalisation"
4	Über dem Branchendurchschnitt ausgebaute IT-Unterstützung, aber noch nicht der Idealzustand	Fortgeschrittene „Digitalisation"
5	Der gegenwärtig aus Praxissicht erreichbare Idealzustand der IT-Unterstützung des Prozesses (keine Forschungsvisionen)	Basis für die „Digitale Transformation" des Geschäftsmodells

Abb. 2 KIT-Con Reifegrade

EMRAM-Stufe	Voraussetzungen
Stufe 7	Lückenlose ePA integriert in alle klinischen Bereiche (z.B. Ambulanz, etc.) und ersetzt alle medizinischen Papierakten; Standards wie IHE, HL7 oder FHIR sind etabliert, es gibt ein klinisches Data-Warehouse.
Stufe 6	Die Klinische Dokumentation interagiert mit intelligenter klinischer Entscheidungsunterstützung und einem Closed-Loop Medikationsprozess.
Stufe 5	Eine integrierte Bildmanagementlösung ist etabliert.
Stufe 4	Die elektronische Verordnung mit klinischer Entscheidungsunterstützung ist in mindestens einer Klinik und für Medikation etabliert.
Stufe 3	Die IT-gestützte klinische Dokumentation und der Einsatz elektronischer Verordnungen mit Gabedokumentation.
Stufe 2	Die elektronische Patientenakte ermöglicht die Zusammenfassung und Normalisierung von Daten aus verschiedenen klinischen Quellen im Krankenhaus.
Stufe 1	Informationssysteme für die großen diagnostischen und versorgenden Abteilungen sind installiert und können nach extern kommunizieren.
Stufe 0	Informationssysteme für die großen diagnostischen und versorgenden Abteilungen sind NICHT installiert bzw. können NICHT nach extern kommunizieren.

Abb. 3 EMRAM Stufenmodell

zu beschreiben (Abb. 3). EMRAM geht dabei bis zur vollkommen papierlosen Erfassung in einer elektronischen Patientenakte.

Beide Modelle fließen im Jahr 2021 in die Entwicklung eines Reifegradmodells für die Überprüfung von Förderungen nach dem Krankenhauszukunftsfonds ein. In § 14a Krankenhausfinanzierungsgesetz hat der Gesetzgeber ausdrücklich eine Überprüfung der Förderwirksamkeit über eine Studie normiert. Das hierzu gehörende Reifegradmodell des Konsortiums Digital Radar ist zum Zeitpunkt der Erstellung dieses Beitrages noch nicht abschließend bekannt. Die Erhebung ist von Oktober 2021 bis Dezember vorgesehen. Digital Radar hat zum Ziel, die Förderwirksamkeit des § 14a KHG zu ermitteln und den Gesetzgeber bei der Evaluation zu unterstützen.

3   Strategische Überlegungen

3.1   Grundüberlegungen

Für die Entwicklung einer Digitalstrategie des hier betrachteten Großkrankenhauses war es im Besonderen relevant, ein mit der Situation kompatibles Modell zu nutzen. Ergänzend wurde der Reifegrad der Informationssicherheit gemessen, um auch hier ein situatives Steuerungsmodell zu erhalten.

Da die Strategie gesamt nicht nur die Zielsetzung, sondern auch die gesamte Ausrichtung des Unternehmens auf Digitalisierung umfasst, stellte sich ergänzend die Aufgabe, nicht nur die klinischen Prozesse im Rahmen eines Reifegradmodells zu analysieren und strategische Fragen zu beantworten, sondern auch die administrativen Prozesse einer Analyse zu unterziehen und zukunftsfähige Strukturen aufzuweisen.

Aufbauend auf den in Abschn. 3 beschriebenen Reifegradmodellen erweiterte der strategische Partner das Modell um die Bereiche

- Administrative Prozesse,
- Branchenspezifischer Sicherheitsstandard (B3S) medizinische Versorgung sowie
- IT-Notfallmanagement auf den Fachabteilungen.

Für die strategische Zielfindung war es notwendig, die einzelnen Teilprozesse in den Bereichen

- Medizinische Versorgung und Klinik,
- Therapie und Pflege,
- Labor,
- Logistik sowie
- Verwaltung und Technik

jeweils messbar abzubilden, so dass die einzelnen Teilprozesse auf ihr Digitalisierungsziel geprüft werden können, daraus Projekte für den IT-Masterplan abgeleitet werden und der Grad des erreichten Ziels anhand eines Reifegrades geprüft wird. Verwendet wurde dabei die Reifegradmetrik und -definition wie in Abb. 2 dargestellt.

Adaptiert von der Pyramide der Digitalisierungsbegriffe wurden die einzelnen Reifegrade in einen strukturellen Zusammenhang gebracht. Abb. 4 zeigt die hier verwendeten Beziehungen.

Darüber hinaus wurden strategische Handlungsfelder identifiziert, die das Klinikum für die Zukunft bearbeiten wird. Diese sind darauf ausgerichtet, durch kompetitive Nutzung

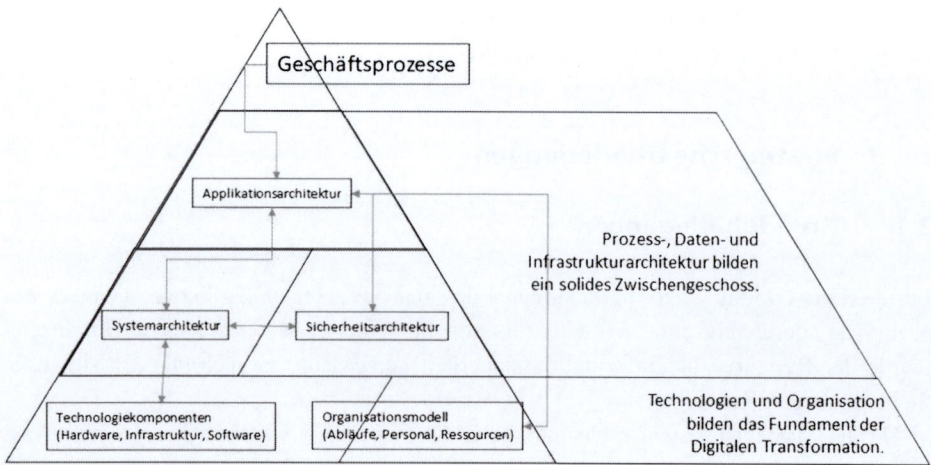

Abb. 4 Architektur der Digitalisierung

von informationsbasierten Prozessen, notwendiger Datenkompetenz und zugehörige Informationssicherheit die Basis für die digitale Transformation des Krankenhauses zu legen. Dabei handelt es sich unter anderem um:

Intersektorale Vernetzung/Patientenstromsteuerung
Es soll eine digitale Information der Patienten über die Klinikgrenzen hinaus realisiert werden. Dies geschieht mit Hilfe von Patientenportalen und Entlassmanagementstrukturen.

Patientenakte/E-Gesundheitsakte
Das Klinikum wird eine elektronische und digitale Patientenakte mit volldigitaler Ab-bildung aller Informationen zum Patienten einführen. Dabei sind die Gesundheitskarte und die Einbindung der Funktionen der elektronischen Gesundheitskarte in die klinischen Prozesse ein wichtiges Kriterium. Die Clincal Patient Path wird als Element des Gesund-heitsmarketings durch Nutzung und Analyse der Patientendaten gewährleistet.

TeleHealth
Es sollen Televisite und Telekonsil durch Vernetzung mit spezialisierten Einrichtungen und übergreifende Zentrenbildung vorangetrieben werden. Das Remote Monitoring zur Überwachung von Patienten am Nachsorgebett oder in der häuslichen Pflege wird als Konzept für die Zukunft vorgesehen.

Weiterhin wird das Klinikum die folgenden Bereiche priorisiert in der Strategie vorsehen:

Prozessoptimierung/Digitale Workflowsteuerung
Hierunter wird eine aktive Workflowsteuerung mit Hilfe von Statuskennzeichen und defi-nierten klinischen und kaufmännischen Pfaden verstanden. Darüber hinaus wird die Stan-

dardisierung und Technologisierung von Behandlung mithilfe standardisierter Pfade und Pfadmanagementwerkzeugen favorisiert. Die zugehörige Ressourcensteuerung zum optimalen Einsatz von Geräten, Personal und Verbrauchsmaterialien wird ebenfalls implementiert.

Big Data/Datenintegration

Ein integriertes Data Warehouse soll Leistungs- bzw. Medizindaten mit Finanz- und Kostendaten, Informationen der Personalwirtschaft sowie der Warenwirtschaft zusammenbringen, um bessere kaufmännische Strukturen zu ermöglichen.

Professionalisierung IT/Infrastruktur

Im Bereich der IT-Infrastruktur wird ein strukturierte IT-Governance geschaffen, um die Qualität der IT-Leistungserbringung zu erhöhen. Die Integration der Medizintechnik in diesen Bereich wird geprüft.

Weitere Handlungsfelder, die betrachtet werden sollen sind:

- Entscheidungsunterstützung
- Künstliche Intelligenz
- Regelbasierte Entscheidungsunterstützung
- Augmented Reality
- Clinical Decision Support
- Digitale Diagnose/Therapie
- App auf Rezept
- Digitales Screening

Das weitere Augenmerk im Rahmen der Digitalisierungsstrategie liegt auf der Rationalisierung administrativer Bereiche.

Bei diesen strategischen Überlegungen steht der Ist-Reifegrad mehrheitlich im Mittelpunkt. Dieser wurde ermittelt und stellt sich wie in Tab. 1 tabellarisch dar.

3.2   Reifegrad klinische Bereiche

Die nachfolgende Tabelle bezeichnet die Reifegrade klinischer Prozesse des betrachteten Klinikums. Abweichend von dem von Dickmann et al. in 2020 veröffentlichte Modell nutzt diese Auswertung die vorhergehende Version.

Aus der Tabelle ist ersichtlich, dass auch dieses kommunale Großkrankenhaus wie viele Krankenhäuser eine ausgeprägte digitale Reife im Bilddatenmanagement hat. Andere Bereiche sind jedoch teilweise erst in Ansätzen digital unterstützt. Daraus ergibt sich in der weiteren Konsequenz ein gewichteter Maßnahmenplan für die weitere Umsetzung.

Tab. 1 Reifegrad klinischer Bereiche

Prozessdomäne	Ist-Reifegrad	Soll-Reifegrad
Aufnahmeprozess	2	5
Termin- und Ressourcenmanagement	1	5
OP-Planung	2	5
Entlass- und Überleitungsmanagement	1	5
Notaufnahme	2	5
Leistungsanforderung	2	5
Leistungsdurchführung	2	5
Bilddatenmanagement	4	5
Klinische Materialversorgung	1	5
Zentralsterilisation	1	5
Medizinische Entscheidungsunterstützung	3	5
Stationäre Medikation (ohne Chemotherapie)	1	5
Stationäre Medikation (mit Chemotherapie)	2	5
Ambulante Rezeptschreibung	1	5
Medikation Arzneimitteltherapiesicherheit	2	5
Digitale Patientenakte	2	5
Arztbrief- und OP-Berichterstattung	3	5
Befunderstellung	2	5
Pflegemaßnahmenplanung und -dokumentation	0	5
Intensivmedizinische Dokumentation	0	5
OP-Dokumentation	3	5
Anästhesiedokumentation	0	5
Datenschutz	0	5
MDK-Anforderungen	2	5
Interoperabilität	1	5
Business Continuity und Desaster Recovery	1	5
IT-Strategie	2	5
Business Intelligence	2	5

3.3   Reifegrad administrativer Bereiche

Das in Tab. 2 verwendete Reifegradmodell für die Bewertung administrativer Bereiche basiert auf einer Eigenentwicklung des strategischen Partners. Es ist nicht öffentlich abrufbar und wird auf Anfrage bereitgestellt.

Wie schon in den klinischen Prozessen ist auch in den administrativen und Versorgungsprozessen in vielen Bereichen Bedarf, verstärkt zu digitalisieren. Dies ist Voraussetzung für Datenkompetenz und damit Unternehmenssteuerung auf Basis strukturierter Informationen.

Tab. 2 Reifegrade administrativer Bereiche

Prozessdomäne	Ist-Reifegrad	Soll-Reifegrad
Personalmanagement	0	5
Bewerbungsmanagement	1	5
Medizincontrolling	2	5
DRG Codierung	1	5
Patiententransport	5	5
Speisentransport	3	5
Probenlogistik	2	5
Arzneimittellogistik	2	5
Rechnungseingang	0	5
Finanzbuchhaltung	2	5
Patientenmanagement – Abrechnung	2	5
Medizintechnik	2	5
Versorgungstechnik	1	5
Sachgütereinkauf	2	5
Investitionsgütereinkauf	2	5

4 Herausforderungen und Hürden

Im Rahmen des Projektes erhält der gesamte Bereich Informationstechnologie sowie die strategische Ausrichtung des Klinikums eine erhöhte Transparenz und Nachprüfbarkeit getroffener Entscheidungen sowie damit verbundener personeller und finanzieller Maßnahmen. Dies bleibt in einem Krankenhaus in kommunaler Trägerschaft nicht ohne Konsequenzen und Herausforderungen. Die wichtigsten seien hier aufgeführt.

4.1 Personalstrukturen und Betriebsrat

Wie in allen Strategieprojekten hat die Neuausrichtung eines Unternehmens Auswirkungen auf das Personal, die Ablauf- sowie die Aufbauorganisation. Dies bedarf entsprechender Gespräche mit den Mitarbeitervertretern, um die Mitbestimmungsrechte zu wahren.

Es hat sich gezeigt, dass die Vorbehalte gegen die Strategie sowie damit verbundenen Veränderungen im Geschäftsbereich Informationsverarbeitung nur durch Kommunikation verbessert und aufgebrochen werden können.

Aufgrund des sich zuspitzenden Fachkräftemangels gewinnt dieses Anliegen mit der digitalen Transformation, einer der größten unternehmerischen Herausforderungen dieser Zeit, an zusätzlicher Bedeutung. In der Gallup-Studie 2019 gaben 48 % der befragten Mitarbeiter an, dass sich die Anforderungen an ihre Qualifikation durch die Digitalisierung gesteigert haben. Sogar jeder zweite war sich sicher, den Anforderungen nicht mehr gewachsen zu sein. Allerdings zeigte Gallup, dass Weiterbildungsmaßnahmen als Wertschätzung wahrgenommen werden. Erhöhte Produktivität und Kontinuität liefern demnach genug Gründe sich mit der Entwicklung seiner Mitarbeiter besonders auch in Krankenhäusern intensiver auseinander zu setzen. Die Hürde der Personalentwicklung und Weiterbildung ist daher nur partnerschaftlich mit den Mitarbeitenden lösbar.

Auch hier bieten Reifegrade wiederum ein ausführliches Analyseinstrument, um Defizite in der Personal- und Teamentwicklung aufzudecken und genaue Empfehlungen für Einzelpersonen auf Führungsebenen oder für ganze Abteilungen zu entwickeln. Dabei folgen die Reifegrade wieder den Arbeiten von Yukl (2013) und Liang et al. (2015). Dabei ist zu berücksichtigen, dass im Bereich der Personalanalyse und situativen Führung andere Ausprägungen angewendet werden als im Bereich der informationsverarbeitenden Prozesse.

4.2   Technologische Weiterentwicklung

Strategieprojekte haben die Eigenschaft, auf mehrere Jahre angelegt zu sein. Auch wenn durch die Nutzung eines agilen Reifegradmodells die technologische Weiterentwicklung automatisch in die entsprechende Strategieweiterführung einfließt, sind die betroffenen Investitionspläne häufig mit Zeitverzug planbar. Damit ergibt sich die Hürde, dass die technologische Weiterentwicklung erst mit einer Generation Zeitverzug in die klinische und administrative Anwendbarkeit im Krankenhaus umgesetzt wird. Dies ist nur durch die Umstellung von statischen IT-Strukturen auf agile und State-of-the-art Cloud-Dienste zu realisieren.

5   Empfehlungen

Anhand eines Beispiels hat dieser Beitrag aufgezeigt, welche Potenziale die Anwendung von Reifegradmodellen in verschiedenen Bereichen für die strategische Weiterentwicklung der Digitalen Transformation eines Krankenhauses bietet. Sie folgen dabei der Logik von Ockhams „Rasiermesser" – vereinfacht „Einfachheit ist das Siegel der Wahrheit" wie von Oettinger et al. (2017) in der Adaption „Strategie denken" des Boston Consulting Strategieinstituts beschrieben. Reifegrademodelle vereinfachen oft komplexe Lösungen und ermöglichen so mehr Transparenz in der strategischen Entscheidung und der situativen Steuerung komplexer Organisationen und Projekte. Sie bieten eine Kontrollmöglichkeit in Situationen, die von Unsicherheit geprägt sind. Richtig eingesetzt sind Reifegradmodelle als strategisches Werkzeug ein gutes Mittel, um dem Veränderungsbedarf im Gesundheitswesen mit Innovationen zu begegnen. Sie denken dabei den Ansatz von Schultz et al. (2011) weiter und geben die notwendige Basis. Schultz et al. (2011) sehen die Innovationskraft eines Krankenhauses als Ergebnis eines strukturierten Innovationsmanagements. Die Autoren vergessen in der InnoHospital Studie jedoch, dass die Reife der internen Prozesse ein wichtiger Faktor für den Erfolg von Innovationsprozessen ist. Diese sind darüber hinaus agil und nicht in stringente Abläufe zu pressen. Daher sind Reifegradmodelle für die moderne Managementsteuerung nicht mehr aus dem Werkzeugkasten der Geschäftsführung eines Krankenhauses wegzudenken.

Literatur

Bendel, O. (2019). *350 Keywords Digitalisierung* (1. Aufl.). Gabler.

Chrissis, M., Konrad, M., & Shrum, S. (2009). *CMMI. Richtlinien für Prozess-Integration und Produkt-Verbesserung* (1. Aufl.). Addison-Wesley.

Dickmann, F., Oroszi, F., Kümmel, K., & Rienhoff, O. (2020). *Der IT-Reifegrad von Krankenhäusern*. vwh.

Liang, H. Y., Shih, H. A., & Chiang, Y. H. (2015). Team diversity and team helping behavior: The mediating roles of team cooperation and team cohesion. *European Management Journal, 33*(1), 48–59.

Oettinger, B., Ghyczy, T., & Bassford, C. (Hrsg.). (2017). *Clausewitz – Strategie denken* (S. 141). dtv.

Schultz, C., Zippel-Schultz, B., Salomo, S., & Gemünden, H. G. (2011). *Innovationen im Krankenhaus sind machbar!* Kohlhammer.

Yukl, G. (2013). *Leadership in organizations* (8. Aufl.). Pearson.

Handlungsrahmen für die Praxis: Digitalstrategie, Datenkompetenz und Compliance

Jürgen Bosk

Inhaltsverzeichnis

J. Bosk (✉)
CCESigG, Braunschweig, Deutschland
E-Mail: info@ccesigg.de

© Der/die Autor(en), exklusiv lizenziert durch Springer Fachmedien Wiesbaden
GmbH, ein Teil von Springer Nature 2022
V. Henke et al. (Hrsg.), *Digitalstrategie im Krankenhaus*,
https://doi.org/10.1007/978-3-658-36226-3_15

Zusammenfassung

Das Digitalisierungsziel ist das papierlose Krankenaus mit medienbruchfreien, qualitätsgesicherten und anwendergerechten Dokumentations- und Kommunikations-
prozessen. Die Vielzahl der installierten klinischen Prozesse, die unterschiedlich ein-
gebundenen Personenkreise mit differenten Funktionen, sowie in der Regel einer
Vielzahl an prozessinvolvierten Subsystemen, stellt eine besondere Herausforderung
zum Start einer Umsetzungsstrategie im laufenden Krankenhausbetrieb dar. Der Artikel
gibt chronologische Empfehlungen für eine generische Umsetzung einer klinischen
Digitalisierung unter Berücksichtigung eines laufenden Krankenhausbetriebes.

1   Der Weg zur Digitalstrategie, eine notwendige Instanz

1.1   Ausgangslage

Die wirtschaftlichen und prozessualen Vorteile der Digitalisierung sind in der Industrie
seit Jahren nachgewiesen. Gleiche Potenzialbereiche sind für das Gesundheitswesen im
niedergelassenen und klinischen Bereich erkannt (Adolphs et al., 2015). Die Krankenhäuser in Deutschland sind im internationalen Vergleich nach dem „Electronic Medical
Record Adoption Model" (EMRAM) in der Statistik nur auf einem hinteren Platz zu finden. Sie sind mit einem Wert von 2,3 auf einer Skala von 0 bis 7 (0 = keine Digitalisierung,
7 = papierloses Krankenhaus) somit nur unterdurchschnittlich digitalisiert. Bisher gibt es
in Deutschland noch kein Krankenhaus, das den papierlosen Status (EMRAM-Stufe 7)
aller klinischen Prozesse erreicht hat. Medienbruchfreie und somit wirtschaftlich, organisatorisch und anwendergerecht optimierte Prozesse sind nicht flächendeckend vorhanden.

Fehlende oder nicht ausreichende Investitionsmittel sowie personell nicht ausreichend
besetzte und organisierte Kompetenzen sind die erkannten Bremsen bei der Umsetzung
des digitalen Transformationsprozesses. Mit dem im September 2020 verabschiedeten
Krankenhauszukunftsgesetz (KHZG) werden eindeutig definierte Digitalisierungsprojekte
beschrieben, nachweislich eingefordert und mit einem Finanzvolumen unter Beteiligung
der Bundesländer mit insgesamt 4,3 Milliarden Euro gefördert. Das erklärte Ziel ist es, die
medizinische Versorgungsqualität und informelle Souveränität der Patienten nachhaltig zu
verbessern. Die effektive Verwendung, also die stetige Verbesserung des jeweiligen
Digitalisierungsgrades, der im Rahmen eines Antragsverfahrens gewährten Fördermittel
ist in einem festgelegten Reifegradmodell (Digital-Radar) nachzuweisen (Digital-Radar
Krankenhaus, 2021).

Der erste Schritt ist die Entwicklung und strategische Verabschiedung einer unternehmensweiten Digitalstrategie. Hierbei gibt das KHZG und die Richtlinie zur Förderung von Vorhaben zur Digitalisierung der Prozesse und Strukturen im Verlauf eines Krankenhausaufenthaltes von Patientinnen und Patienten nach § 21 Absatz 2 KHSFV mit den formulierten Förderkriterien klare Anforderungen und Leitplankenwerte vor. Diese Leitplankenwerte sind unter Beachtung der Bereiche Datenkompetenz und Compliance auf die generischen digitalstrategischen Handlungsfelder Daten, Informationen, Informationssicherheit, Kommunikationsfähigkeit, informationsbasierte Prozesse und Wissen bzw. Wissensgenerierung zu matchen (siehe Beitrag Henke et al. „Digitalstrategie und Strategieentwicklung im Krankenhaus"). In der praktischen Umsetzung ergeben sich jedoch einige Herausforderungen, denen sich die Umsetzungsverantwortlichen im Krankenhaus stellen müssen. Im Folgenden wird ein praxisorientierter Handlungsrahmen vorgestellt, um diesen Herausforderungen zu begegnen

2   Praxisorientierter Handlungsrahmen oder Was soll ein Krankenhaus jetzt konkret tun?

Um die in einer hausspezifischen Digitalstrategie definierten Ziele zu erreichen, sind multiple prozessuale und technische Lösungen zu etablieren. Um dies zielgerichtet und effektiv durchführen zu können, ist im ersten Schritt eine Übersicht der bereits installierten Systeme, der zugeordneten konventionellen und elektronischen Prozesse, existierender und eingebundener Dokumente sowie beteiligter Personen und organisatorischer Abläufe zu erstellen.

2.1   Abstrahierte Prozesse Krankenhausweit ermitteln!

Im ersten Schritt sollte das Feld der klinischen Dokumentationsbereiche zu abstrahierten klinischen Prozessen zugeordnet werden. Folgende Empfehlungen hierzu:

1. Administrative, stationäre und/oder elektive zentrale Patientenaufnahme
2. Diagnose
3. Therapie/Behandlung
4. Pflege
5. Entlassung
6. Abrechnung

Beispiel Prozess Arztbriefschreibung. Hier dem Prozess Entlassung zugeordnet (s. Abb. 1 und 2).

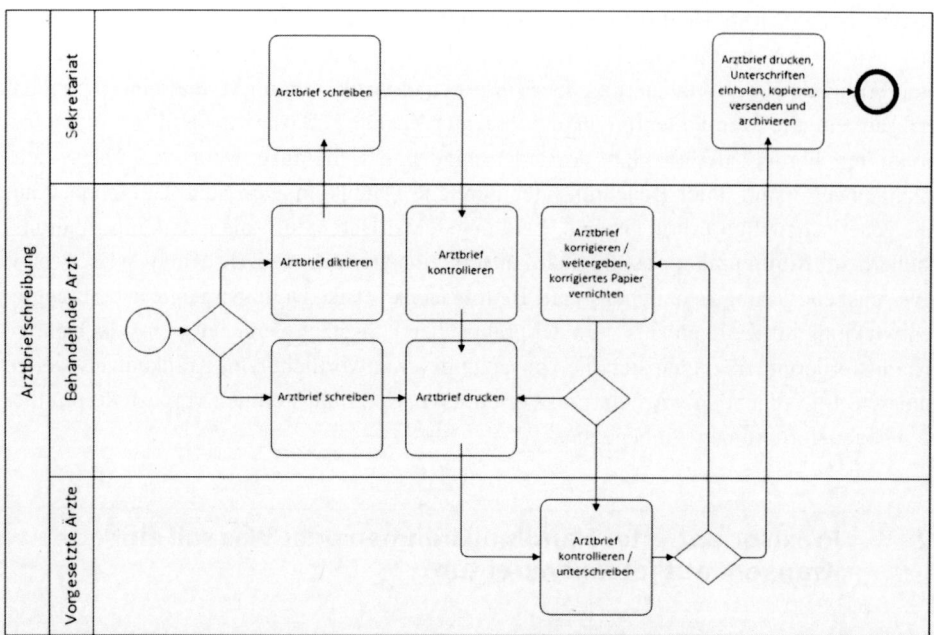

Abb. 1 Arztbriefschreibung mit Zwischenschritten auf Papier (Klinik X)

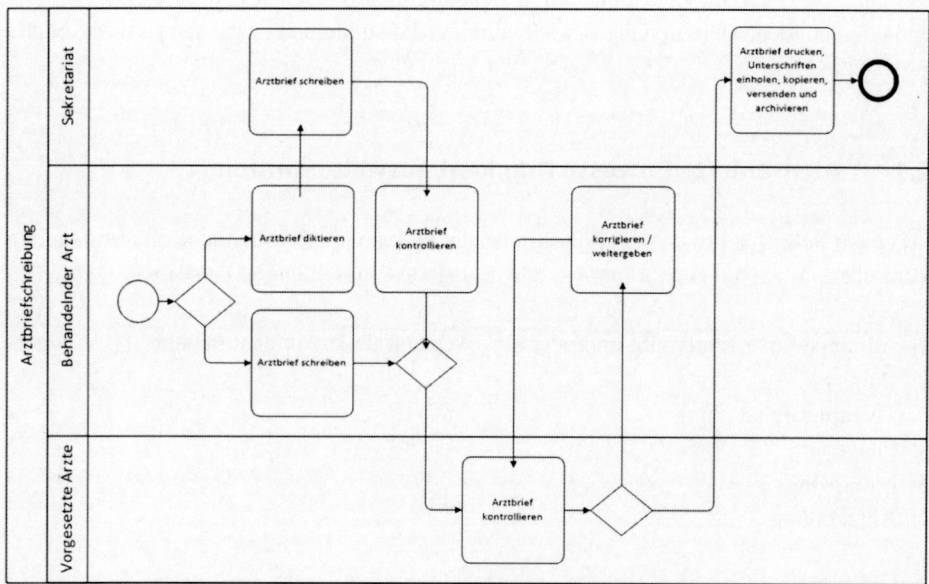

Abb. 2 Arztbriefschreibung digital – ohne Zwischenschritte auf Papier

2.2   Prozesslandkarte erstellen!

Aus dieser Analyse ergibt sich eine Prozesslandkarte. Diese Prozesslandkarte sollte final in einer ergebnisvisualisierten und exportfähigen, elektronischen Tabellenform vorliegen. Es wird erkennbar, welche Prozesse zentral oder klinikspezifisch installiert sind und es ergibt eine klare Übersicht über die Verteilung der Digitalisierung über Kliniken und Prozesse. Dabei muss nicht unbedingt jede Klinik eines Krankenhauses mit allen abstrahierten Prozessen besetzt sein. Nach heutigem Stand wird sich aus der Analyse ein multiples Bild über die hauseigene Verteilung und Umsetzung der Prozesse ergeben. Neben konventionellen, originär elektronischen oder mit Medienbruch behafteten Mischprozessen wird man sicher oftmals auch eine erhebliche Differenz in den lokalen Prozessorganisationen selbst finden. Sowohl unterschiedliche organisatorische Abläufe als auch unterschiedlich eingebundene Personenkreise. Unterschrifts- und Freigabeverfahren sind bei gleichen Arbeits- und Dokumentationsprozessen zu finden. Ein Beispiel hierfür ist nach Erfahrung die Gestaltung der Arztbriefe. Wobei an dieser Stelle noch nicht einmal von der Layout-Gestaltung im Sinne einer „corporate identity" oder einem auf Standards basierendem Inhalt gesprochen wird.

Damit werden aus der entstandenen Prozesslandkarte folgende Fragen beantwortet:

1. Welche Prozesse gibt es in welcher Klinik im Krankenhaus?
2. Welche Prozesse sind konventionell (reine Papierdokumentation) originär elektronisch oder als medienbruchbehaftete Mischprozesse installiert?
3. Welche Systeme oder Subsysteme sind involviert?
4. Welche Personen in welcher Funktionalität sind im Dokumentationsprozess eingebunden?
5. Wie werden Prozesse real organisatorisch praktiziert?
6. Welche prozessualen Abhängigkeiten bestehen zu anderen Prozessen oder Zuarbeiten?

2.3   Dokumentenanalyse Teil 1: Prozessbeteiligte Dokumente ermitteln!

Im nächsten Schritt wird zur Erstellung einer Dokumenteninventur geraten. Dabei sind alle in der klinischen Behandlungsdokumentation der abstrahierten Prozesse gefundenen Dokumente aufzunehmen. Oftmals wird an dieser Stelle festgestellt, dass es das gleiche Dokument unter anderer Bezeichnung als Papierdokument, originär elektronisches oder medienbruchbehaftetes Dokument im Krankenhaus mehrfach gibt. Diese Fleißaufgabe ist mit einer Zusammenführung aller Informationen in einer Tabelle abzuschließen (s. Abb. 3).

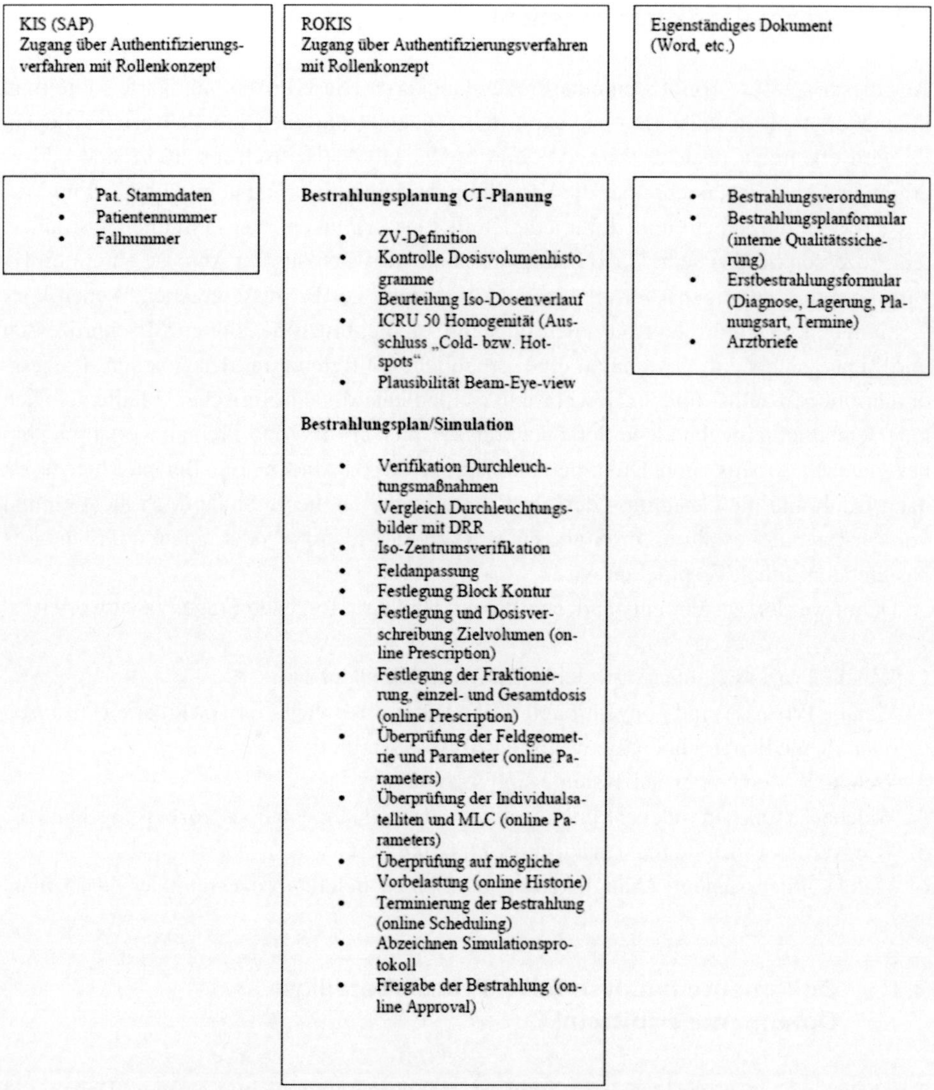

| KIS (SAP)
Zugang über Authentifizierungs-
verfahren mit Rollenkonzept | ROKIS
Zugang über Authentifizierungsverfahren
mit Rollenkonzept | Eigenständiges Dokument
(Word, etc.) |

- Pat. Stammdaten
- Patientennummer
- Fallnummer

Bestrahlungsplanung CT-Planung

- ZV-Definition
- Kontrolle Dosisvolumenhisto-
  gramme
- Beurteilung Iso-Dosenverlauf
- ICRU 50 Homogenität (Aus-
  schluss „Cold- bzw. Hot-
  spots"
- Plausibilität Beam-Eye-view

Bestrahlungsplan/Simulation

- Verifikation Durchleuch-
  tungsmaßnahmen
- Vergleich Durchleuchtungs-
  bilder mit DRR
- Iso-Zentrumsverifikation
- Feldanpassung
- Festlegung Block Kontur
- Festlegung und Dosisver-
  schreibung Zielvolumen (online Prescription)
- Festlegung der Fraktionie-
  rung, einzel- und Gesamtdosis
  (online Prescription)
- Überprüfung der Feldgeomet-
  rie und Parameter (online Pa-
  rameters)
- Überprüfung der Individualsa-
  telliten und MLC (online Pa-
  rameters)
- Überprüfung auf mögliche
  Vorbelastung (online Historie)
- Terminierung der Bestrahlung
  (online Scheduling)
- Abzeichnen Simulationspro-
  tokoll
- Freigabe der Bestrahlung (online Approval)

- Bestrahlungsverordnung
- Bestrahlungsplanformular
  (interne Qualitätssiche-
  rung)
- Erstbestrahlungsformular
  (Diagnose, Lagerung, Pla-
  nungsart, Termine)
- Arztbriefe

Abb. 3 Strahlentherapieakten – relevante Dokumente und erzeugende Systeme

2.4   Dokumentenanalyse Teil 2: Dokumentenherkunft und Dokumentenstatus bestimmen!

Welche Dokumente aus welchem System oder welcher papiergebundenen Quelle existieren und sind aktenwürdig? Wie entstehen diese Dokumente bzw. welches System ist die
jeweilige Systemquelle? Welche Dokumente besitzen ein Schriftformerfordernis und
müssen in der Papierform mit einer personenbezogenen händischen Unterschrift bzw. in

der elektronischen Ausführung mit einer qualifizierten Signatur zur Wahrung ihrer Rechtskraft versehen sein?

Zusammenführung der visualisierten Prozesslandkarte und der Ergebnisse aus den Dokumentenanalysen (Teil 1 u. 2) zu einer klinischen Dokumentations- und Prozesslandkarte (KDPL) (s. Abb. 4).

Damit werden aus der entstandenen Dokumentenanalyse folgende Fragen beantwortet:

1. Welche Dokumente gibt es in der gesamten klinischen Dokumentation?
2. Welche Dokumente gehören zu welchem Prozess?
3. Welche Abhängigkeiten gibt es zwischen Prozessen (z. B. Beatmungsverordnung u. Beatmungsprotokoll)?
4. In welcher Form (originär elektronisch, konventionelle Papierdokumente, medienbruchbehaftete Dokumente)?
5. Welche Dokumente gibt es doppelt oder gar mehrfach unter verschiedener Benennung?
6. Erhalt einer Abbildung der real praktizierten Dokumentation.

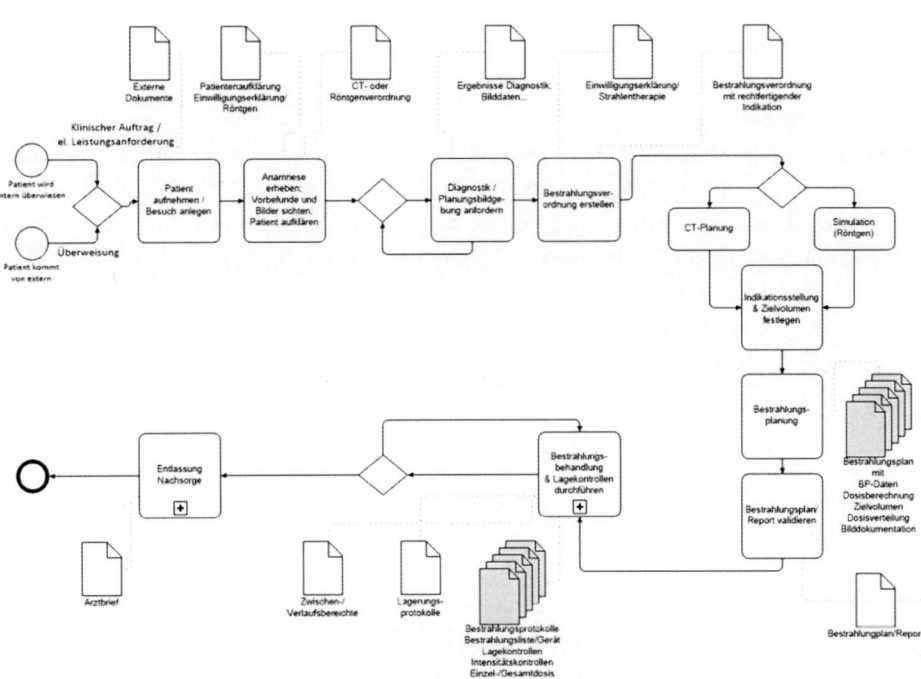

Abb. 4 Darstellung eines strahlentherapeutischen Behandlungsprozesses mit für die Strahlentherapiefallakte relevanten Dokumenten als Teil einer KDPL

2.5 Auswertung der Klinischen Dokumentations- und Prozesslandkarte (KDPL)

Die Auswertung der KDPL liefert eine eindeutige, aussagekräftige Übersicht über den Status (konventionell, originär elektronisch, medienbruchbehaftet) aller betriebenen Prozesse in einem Krankenhaus, der vorhandenen jeweilig zugehörigen Dokumente, ihrer Herkunft und Art sowie deren prozessuale Zuordnung in einer Übersicht aller vorhandenen Kliniken eines Krankenhauses. Die abgebildeten Erkenntnisse sind die Essenz der klinischen Datenkompetenz.

Resultierende Umsetzungen aus der Auswertung der KDPL:

A. Zu den Dokumenten
   1. Doppelte Dokumentbenennungen finden.
   2. Einheitliche auf Standards basierende Dokumentenbenennung einführen (IHE, KDL = Klinische Dokumentenklassen-Liste).
   3. Zentrale Steuerung der Einführung neuer Dokumente organisieren.
   4. Notwendigkeit der Zuführung zur Behandlungsakte festlegen.
   5. Dokumentenstatus eindeutig bestimmen (Schriftformerfordernis, Validierung, Freigabe etc.).
   6. Den prozessualen Punkt zur Archivübergabe im Prozess bestimmen (wann ist das Dokument archiv- bzw. aktenwürdig).
   7. Eine eindeutige, möglichst einheitliche Aktenstruktur (Indexierung) erarbeiten.
   …

B. Zu den Prozessen
   1. Jeden Prozess auf Effektivität, Zuverlässigkeit und optimierte Abläufe untersuchen.
   2. Konstruktion möglichst einheitlicher Prozesse in den jeweiligen Dokumentationsbereichen definieren. Aus schlechten konventionellen analogen Prozessen werden durch die Digitalisierung auch schlechte digitale Prozesse.
   3. Die beteiligten Subsysteme auf die Möglichkeit zur Ausgabe originär elektronischer Dokumente prüfen.
   4. Einführung einer zentralen oder systemgebundenen Signaturfunktionalität (Statusnetzwerk).
   5. Erkennung generell schwach digitalisierter Prozesse (Ursachenanalyse: Systeme, Personal etc.).
   6. Erkennung schwach digitalisierter Kliniken im Krankenhaus (Ursachenanalyse: Systeme, Personal etc.).

3 Datenkompetenz durch eine KDPL

Aus der Interpretation und Abarbeitung der mit Hilfe der KDPL entstandenen Datenkompetenz lässt sich ein Strategieplan mit klarer Priorisierung der vorgeschalteten organisatorischen Maßnahmen und technischen Lösungen erstellen. Das Ziel der Digitalstrategie ist letztlich das papierlose Krankenhaus mit wirtschaftlich und organisatorisch optimierten Dokumentationsprozessen – resultierend aus der integren, Compliance-gerechten Verfügbarkeit interoperabler Dokumente und Daten zur medienbruchfreien Prozessunterstützung sowie deren Bereitstellung für die inter- und intrasektorale Kommunikation. Realisierte Beispiele wären die unverzügliche und vollzählige Bereitstellung der Patientenakte für den Patienten in elektronisch strukturierter Form gemäß Patientenrechtegesetz oder die optimierte Abrechnung aus einer auf Vollzähligkeit überwachten elektronischen Akte.

4   Digitalisierung und Einführung originär elektronischer Dokumentationsprozesse

4.1   Change-Management-Strategie Dokumentationsprozesse

Durch Einführung der elektronischen Hybridakte (konsolidierte Akte, s. Beitrag Hülsken und Frie „Die konsolidierte digitale Patientenakte als zentraler Datenpool im Umfeld unterschiedlicher Systemlandschaften im Krankenhaus") bestehen alle Möglichkeiten der Umsetzung der vorhandenen papierbehafteten Prozesse. Vor allem bestehen in dieser Situation nun keinerlei Zeitdruck oder Abhängigkeiten in der Digitalisierungsreihenfolge mehr. Die Verfügbarkeit archivierter Dokumente aus den Behandlungsakten ist zu jedem Stand der Digitalisierungsumsetzung gesichert. Es kann eine schrittweise Prozessdigitalisierung, Prozess für Prozess und Klinik für Klinik, erfolgen. Gemäß der vorab erstellten Prozessanalysen können neu modellierte Prozesse sukzessive eingeführt, getestet und bei „Anwendererfolg" über alle Kliniken ausgerollt werden.

4.2   Ressourcen zur Durchführung der notwendigen Dokumenten- und Prozessanalysen

Die wenigsten Krankenhäuser in Deutschland dürften über die notwendigen freien Personal- und Ressourcenkapazitäten zur Durchführung der beschriebenen Dokumenten- und Prozessanalysen verfügen. Zumal diese Analysen nur eine Zustandserfassung zu einem Zeitpunkt sind. Jede Veränderung in der Prozessgestaltung und Dokumentenorganisation auf dem Weg der Digitalisierung ist zu erfassen und die Veränderungen in die klinische Dokumentations- und Prozesslandkarte einzutragen. Nur so kann die Umsetzung der Digitalstrategie gemonitort und auch geforderte Reifegradauswertungen, im Delta des nachzuweisenden wachsenden Digitalisierungsgrades, in den gesetzlich geforderten Intervallen ohne größere Aufwendungen nachgewiesen werden.

4.3   Hilfe durch externe Berater

Externe Berater können bei den notwendigen Prozess- und Dokumentenanalysen eine große entlastende Hilfe sein. Gerade bei persönlichen Kontakten im Rahmen der vor

Ort-Prozessanalysen in den Kliniken erhalten externe Mitarbeiter oftmals eine wesentlich objektivere und freiere Auskunftsbereitschaft des Krankenhauspersonals. Im Vorfeld sollten hier die Ziele der Digitalstrategie zwischen der Krankenhausleitung und dem beauftragten Berater(n), sowie die Leistung der Analysearbeiten abgestimmt sein. Hierbei ist es wichtig, gemeinsam einen Zeitrahmen zu definieren und Analysetermine mit dem einzubeziehenden Klinikpersonal abzustimmen. Es wird immer wieder die Erfahrung gemacht, dass Analysen trotz Terminvereinbarungen in den Kliniken aus Mangel an freien Zeiträumen im täglichen Krankenhausbetrieb nicht durchgeführt werden können. Hier muss durch die Unternehmensleitung des Krankenhauses für entsprechende Möglichkeiten in Abstimmung mit den Klinikleitungen Sorge getragen und ein Durchführungsplan erarbeitet werden.

Nach Abschluss der Analysen sollten die Ergebnisse durch den/die Berater zusammengestellt, in geeigneter Form visualisiert und handlungsrelevant interpretiert der Krankenhausleitung vorgetragen werden. Aus den gemeinsam diskutierten Ergebnissen kann dann die Umsetzungsplanung der vorgesehenen Digitalstrategie entwickelt werden. Die Aufgabe des/der Berater ist in der Regel im Folgenden die Erarbeitung von Leistungsverzeichnissen, Produktrecherchen und die Begleitung bei Ausschreibungsverfahren bis hin zu einer Vergabe. Bei einer anschließenden Umsetzung von beauftragten Teilprojekten, wie z. B. der Inbetriebnahme einer Archivlösung, sollten der/die Berater im Sinne der Einhaltung zugesagter Leistungseigenschaften in der Ausschreibung und der praktischen Implementierung dem Krankenhaus zu Seite stehen.

Unter dem Anforderungsprofil des oben genannten Beraterleistungsspektrums sollte die Auswahl der/des Beraters erfolgen. Gerade hier sind die bisherige mögliche Spezialisierung, die Qualifizierung aus Referenzprojekten und das persönliche Verständnis zum Berater selbst zu berücksichtigen. Insbesondere ist darauf zu achten, dass der Berater selbst auch an der Erledigung der Aufgaben mindestens beteiligt ist und nicht nur mit Beauftragungen an das Krankenhauspersonal die notwendigen praktischen Schritte erfüllt werden. Der/die Berater sollen im Wesentlichen das fachliche „Know-how" einbringen und die Ressourcen des Krankenhauses entlasten. Es geht bei einer Unterstützung durch Berater nicht (ausschließlich) um Produktempfehlungen.

5   Digitalstrategisches Handlungsfeld Daten, Informationen, Informationssicherheit

In der klinischen IT-Landschaft liegen verteilt viele Dokumente, Daten und Informationen aus der Behandlungsdokumentation im KIS und den vorhandenen Subsystemen vor. In der Regel gibt es keine Einrichtung im Haus, die eine Übersicht über alle Datentöpfe und der Gültigkeit dieser Daten besitzt. Nur mit der Kenntnis aller relevanten Informationen kann eine vollständige und zuverlässige Datenkompetenz gebildet werden.

Entsprechend der Berufsordnung sind alle Behandlungsrelevanten Daten die zu einer medizinischen Behandlung gehören und diese bestimmt haben in der Patientenakte zu dokumentieren und über den gesetzlichen Aufbewahrungszeitraum nachweislich integer zu archivieren. Es ist damit Sorge zu tragen, dass diese Informationen in der geeigneten Form aus den angeschlossenen Systemen auch die Akte so zeitnah wie möglich erreichen. Unter Sicherstellung dieser Funktionalität ist die Hybridakte (konsolidierte Akte) das vollständige und zuverlässige „Informationszentrum" der klinischen Datenkompetenz.

Bei einer elektronischen Archivierung bekommt die Informationssicherheit entscheidende Bedeutung. Gesicherte Vertraulichkeit, Verfügbarkeit, Authentizität und Integrität stehen hierbei in der Betrachtung. IT-Sicherheit ist ein Teil der Informationssicherheit.

Das Bundesamt für Sicherheit in der Informationstechnologie (BSI) empfiehlt, ein nachvollziehbares, zertifizierbares Informations-Sicherheits-Management-System (ISMS) einzuführen (s. auch Beitrag Stephan „Compliance, Informationssicherheit & Co." und Beitrag Vrielink „Anwendung von Reifegradmodellen zur Messung des Umsetzungserfolgs"). Ziel ist, das Schutzniveau für Unternehmen, Verwaltungen und Organisationen zu erhöhen. Die Deutsche Krankenhausgesellschaft (DKG) hat dem Bundesamt für Sicherheit in der Informationstechnik (BSI) am 2. April 2019 eine erste Version für den „Branchenspezifischen Sicherheitsstandard für die Gesundheitsversorgung im Krankenhaus" vorgelegt. Damit setzt die DKG das IT-Sicherheitsgesetz aus dem Jahr 2015 um, das allgemeine Anforderungen formuliert und KRITIS-Betreibern und deren Branchenverbänden auferlegt, branchenspezifische Sicherheitsstandards (B3S) zu erarbeiten. Der Standard B3S beschreibt über 160 Maßnahmen, die nötig sind, um eine gesicherte Informationstechnik nach dem Stand der Technik zu gewährleisten.

Der B3S-Standard betrifft nicht nur den Schutz der technischen Infrastruktur. Neben den vier klassischen Schutzzielen des Informationssicherheits-Managements (Verfügbarkeit, Integrität, Authentizität und Vertraulichkeit) werden auch Patientensicherheit und Behandlungseffektivität als wesentliche Aspekte definiert. Der Standard zielt darauf, die medizinische Versorgung der Patienten zu gewährleisten. Eine sichere, zuverlässige Informationstechnik ist dafür essenzielle Voraussetzung. Neben technischen Aspekten sind organisatorische, strukturelle und prozessuale Verantwortung auf Führungsebene zu berücksichtigen.

Verfügbarkeit, Integrität, Authentizität und Vertraulichkeit sind die Basis einer gesicherten Digitalstrategie und Datenkompetenz. Eine gelebte revisionssichere Archivierung bildet die Grundlage für Verfügbarkeit und Vertraulichkeit. Qualifizierte Zeitstempel und Signaturen garantieren die Integrität und Authentizität der Daten und Dokumente im elektronischen Langzeitarchiv und sind essenziell für eine sichere und nachweisliche elektronische Kommunikation. Damit sind die Daten und Dokumente sicher gegen eine unbemerkte Veränderung durch Cyberkriminelle gewappnet.

Bei der Entscheidung zu einer cloudbasierten Archivierung klinischer Daten im Rahmen einer vertraglich geregelten Auftragsdatenverarbeitung sind die Aspekte der IT-Sicherheit elementar. Die Gewährleistung aller geforderten Konditionen sollten im Rahmen eines qualitätsgesichert geführten IT-Sicherheitsmanagements durch den Dienstleister mit entsprechend zugehörigen Zertifizierungen belegt sein. Die Wahrnehmung und die Dokumentation die Archivierung betreffend des zugehörigen ITSM kann an den Dienstleister übertragen werden. Hauseigene Ressourcen, wenn überhaupt vorhanden, werden somit entlastet.

Kurz gesagt, qualitätsgesicherte Informationssicherheit ist das Fundament klinischer Datenkompetenz.

6   Digitalstrategisches Handlungsfeld Kommunikationsfähigkeit

Die gesetzlich eingeführte Telematikinfrastruktur hat die Aufgabe, alle Akteure und Einrichtungen des Gesundheitswesens „sicher" miteinander zu verbinden und einen intersektoralen Austausch medizinischer Dokumentation zu ermöglichen. Die Telematikinfrastruktur unterstützt die Anwendungen der Versicherten gemäß § 291a SGB V und bildet darüber hinaus die Plattform für weitere interoperable und kompatible IT-Anwendungen im deutschen Gesundheitswesen (s. Beitrag Müller-Mielitz „Digitale Potenziale der Kommunikation im Gesundheitswesen: KIM, ePA & Co.").

Neben der Bedienung der intersektoralen Kommunikation über die Telematikinfrastruktur (ePA, KIM) gibt es weitere Kommunikationsanforderungen. Die elektronische Kommunikation mit dem Medizinischen Dienst gemäß elektronischer Versorgungs-Verordnung (eVV) über das bundeseinheitliche LE-Portal, die Übertragung von Patientenakten an beauftragte Privatabrechnungsdienstleister oder die bidirektionale Kommunikation mit Patienten-Onboarding-Systemen und Portalen oder auch nur die elektronisch strukturierte Ausgabe der vollzähligen Patientenakte an den Patienten gemäß Patienten-Rechte-Gesetz, z. B. auf einem Datenträger, sowie viele „künftig mögliche" Kommunikationsmöglichkeiten mehr.

Neben der grundsätzlichen technischen Kommunikationsfähigkeit ist die gemäß Patienten- Daten-Schutzgesetz (PDSG) geforderte Integrität der zu kommunizierenden Dokumente sicherzustellen, auch allein schon aus dem eigenen Interesse des Nachweises rechtsicherer Behandlungsdokumentation.

Die in Datenbanken von Subsystemen vorgehaltenen Informationen erfüllen nicht den geforderten Integritätsstandard. Es sind in der Regel veränderbare Datenbankeinträge, die oftmals noch nicht einmal in lesbarer Dokumentenform vorliegen. Bei Anforderungen von Dokumenten, ob nun durch den MD oder einen Richter, hört man immer wieder „das drucken wir aus dem KIS" aus. Unter Umständen sind die benötigten Informationen nicht an einer bestimmten Systemquelle zu finden, sind bereits gelöscht oder liegen nicht in der benötigten Form vor. Aufwendige Suchen bindet in der Regel enorme Personalressourcen und können damit nicht wirtschaftlich und effektiv sein.

Die elektronische Patientenakte ist hier wieder die zentrale und verlässliche Quelle nachweislich integer Dokumente und Daten. Demnach sollten alle intersektoralen Kommunikationsprozesse auf das revisionssichere Archiv zugreifen und diese mit geeigneten Dokumenten und Daten bedienen. Auch die Annahme von Dokumenten aus der intersektoralen Kommunikation sollte so organisiert sein, dass angenommene Dokumente in der entsprechenden Akte im Archiv des Patienten mit zeitlich nachweisbarem Bezug archiviert werden. Gemäß Berufsordnung der Ärzte (MBO) hat der Behandler alle für die Behandlung möglichen relevanten Informationen zur Kenntnis zu nehmen und nach seiner Prüfung zu berücksichtigen. Die Existenz eines Allergieeintrags in einem Dokument ist nur mit der im Streitfall integren Vorlage der zugegangenen Dokumentation rechtssicher zu belegen bzw. zu dementieren. Somit ist es ebenfalls erforderlich, entgegengenommene Dokumente aus intersektoraler Kommunikation in der Behandlungsakte zu archivieren. Das zentrale elektronische Archiv ist als interoperable Kommunikationsplattform in der Bedienung der inter- und intrasektoralen Kommunikation funktional zu verstehen.

7 Digitalstrategisches Handlungsfeld Informationsbasierte Prozesse

Klinische Dokumentationsprozesse sind informationsbasierte Prozesse. Das bedeutet, das bei einem behandlungsrelevanten Zusammenhang vorhandene und aktuell gewonnene Informationen zu verarbeiten und zu dokumentieren sind. Zuverlässige Informationen müssen in geeigneter Form und verlässlich zum richtigen Zeitpunkt eines klinischen Behandlungsprozesses zur Verfügung stehen.

Ein Beispiel ist die Gewissheit des Vorhandenseins einer gültigen Einverständniserklärung eines Patienten zur Operation für den behandlungsverantwortlichen Chirurgen. Kein Chirurg wird eine Operation ohne das sichere Vorliegen einer gültigen Einverständniserklärung des Patienten beginnen. Bei Missachtung besteht die Gefahr einer Körperverletzung gemäß § 223 StGB. Immer wieder werden aus diesem Grund Operationen verschoben und der Tages-OP-Plan durcheinandergebracht. Es entstehen unnötige Wartezeiten für Patienten, durch Umrüstung der OP-Einrichtungen für das Krankenhaus damit ein wirtschaftlicher Schaden.

Ein mit dynamischen Regeln gesteuerter Reportmechanismus des intelligenten Archivs könnte beim zeitnahen Zugang zugehöriger originär elektronischer Dokumente aus den klinischen Prozessen einen Report generieren und eine erinnernde Meldung z. B. an das KIS-System oder den elektronischen OP-Plan abgeben. Geht eine OP-Verordnung in der Akte ein, dann prüft das System, ob eine Einverständniserklärung bereits vorliegt. Sollte das nicht der Fall sein, generiert es eine entsprechende Meldung an das vorher bestimme System. Bei einer Abrechnung der Patientenbehandlung ist die Vollzähligkeit der abrechnungsrelevanten Dokumente von entscheidender Bedeutung. Die Existenz einer Beatmungsverordnung ist z. B. kein Nachweis einer durchgeführten Beatmung. Ohne ein Beatmungsprotokoll würde die Leistung nicht abgerechnet werden können. Auch hier kann das intelligente Archiv durch die Aktivierung einer dynamischen Regelprüfung des Dokumenteneingangs helfen. Diese dynamische Regel wäre in der gegenseitigen und abhängigen Dokument-Existenz und einem zeitlichen Zusammenhang automatisch zu prüfen. Geht nach einer Beatmungsverordnung nach einem festzusetzenden Zeitintervall kein

Beatmungsprotokoll ein, könnte auch hier wieder eine Meldung an ein zu bestimmendes System abgegeben werden. Mögliche Stolpersteine im Abrechnungsprozess könnten somit im Vorfeld beiseite geräumt werden und die Gefahr finanzieller Einbußen deutlich reduziert sein.

Ist eine prozessbegleitende Archivierung originär elektronischer Dokumente aus den aktiven klinischen Prozessen installiert, kann das „intelligente" elektronische Archiv auf Basis statischer und dynamischer Regeln abhängige und chronologisch folgende Prozesse mit wertvollen Informationen beliefern. Sowohl wirtschaftliches als auch organisatorisches Optimierungspotenzial können direkt nachgewiesen werden.

Diese Funktionalität des „intelligenten" elektronischen Archivs basiert auf der Ausleitung und Verarbeitung dokumentbegleitender Metadaten. Es werden damit keine inhaltlichen Informationen verarbeitet. Die Metadaten-Informationen über die Art und Dokumentenentstehung, Dokumentenlaufzeiten, klinische Herkunft (Klinik, abstrahierter Prozess), lieferndes Subsystem sowie den Autor und/oder den validierenden Behandler etc., können im Zusammenhang mit statischen und dynamischen Regeln viele wichtige Reports und prozessrelevante Informationen generieren und geeignet melden (s. Beitrag Henke et al. „Nutzung von Metadaten zur Erfassung des prozessualen Dokumentations-Reifegrads").

8   Digitalstrategisches Handlungsfeld: Wissensgenerierung

Eine automatisierte semantische Analyse mit der Archivierung kann im Zusammenwirken mit einem medizinischen Terminologie-Server inhaltliches Aktenwissen aus der Behandlungsdokumentation ausleiten (s. Beitrag Müller/Sander „Semantische Analyse: Möglichkeiten, Auswertungsbeispiele und Perspektiven").

Mit der Ausleitung in eine FHIR-basierte Wissensdatenbank stehen somit maschinenlesbare inhaltliche Informationen aus der Behandlungsakte zur Verfügung. Im Gegenzug können freie Abfragen an diesen „Datenschatz" formuliert und über den Terminologie-Server, der die frei formulierten Anfragen wiederum kodiert, gestellt und aussagekräftige Antworten generiert werden.

Hierbei können sowohl für die Administration als auch praxisrelevante medizinische Fragenstellungen beantwortet werden. Abfragen können sich dabei auf einen einzeln selektierten Patienten und auch auf den gesamten ausgeleiteten Datenbestand beziehen. Als Beispiel einer Abfrage wäre die Selektion von Patienten nach Geschlecht, ihrem Alter, nach Diagnose und Nebendiagnose, begleitender Medikation mit einer Einschränkung zur Aufenthaltsdauer möglich. Die textlich frei formulierte Abfrage wird durch den Terminologie-Server mit Nutzung angebundener standardisierter Fachkataloge, wie zum Beispiel SNOMED oder Wingert, in eine kodierte Abfrage an die Wissensdatenbank formuliert. Auf dem Antwortweg erfolgt für die Ausgabe der Antwort eine entsprechende Dekodierung durch den Terminologie-Server mit dem Ergebnis einer Antwort in Klartext.

Die besondere Qualität der gewonnenen Informationen liegt in der nachweislichen Integrität der eingeflossenen Daten und der Referenzierbarkeit auf die Quelle(n). So wäre es z. B. möglich, nach einer Patientenselektion direkt aus dem gelisteten Suchergebnis in die entsprechende Patientenakte(n) zu springen.

Mit der gewonnenen Datenkompetenz aus dem inhaltlichen Bestand der archivierten Aktenbestände und deren Interpretation können zahlreiche Geschäftsfelder im klinischen und administrativen Umfeld eines Krankenhauses nachhaltig unterstützt werden. So könnte die Auslastung einer Klinik eines Krankenhauses zu einer bestimmten Behandlung hin untersucht werden und mit dem Ergebnis die Entscheidung eine Unternehmensleitung zum Ausbau oder alternativen Organisation der Klinik (Leistungsangebot, Besetzung Fachpersonal etc.) gestützt werden.

9   Datenkompetenz und Compliance

9.1   Datenkompetenz

In Krankenhäusern werden heute große Mengen an komplexen Daten und Dokumenten im Rahmen klinischer Behandlungsdokumentation generiert. Entsprechend der Berufsordnung für Ärzte sind alle behandlungsrelevanten Daten in einer Patientenakte zu archivieren. Damit stellt die Patientenakte als auch die Gesamtheit aller Behandlungsdokumentationen einen riesigen „Datenschatz" dar. Bei einer papiergebundenen Archivierung verbleiben diese in konventionellen Archiven. Eine orts- und zeitunabhängige direkte Verfügbarkeit der wertvollen enthaltenen Informationen ist nicht möglich. Recherchen auf diesen Aktenbeständen sind aufwendig und zeitraubend. Eine rechtskonforme Digitalisierung (ersetzendes Scannen nach TR-RESISCAN) der papiergebundenen Dokumente garantiert rechtsgültige Dokumente. In der Zusammenführung digitalisierter Dokumente mit originär elektronischen Dokumenten und Daten entsteht eine elektronischen Hybridakte.

Mit geeigneten Qualifizierungsdiensten können vor der revisionssicheren Archivierung begleitende Metadaten ausgleitet und auch informelle Inhalte mit semantischer Analyse extrahiert werden. Zu archivierende Dokumente sollten nach Standards (IHE Dokument Class u. Type, KDL) klassifiziert und nach einer definierten Struktur indexiert der jeweiligen Akte zugeführt werden. Mit einer nachfolgenden, ebenfalls auf Standards (IHE, FHIR) basierenden elektronischen Archivierung sind technische und syntaktische Interoperabilität hergestellt. Damit sind die Voraussetzungen an die Dokumente für eine intra- und intersektorale Kommunikation entsprechend gesetzlicher Anforderungen (KIM, ePA, MD etc.) erfüllt.

Durch die der Archivierung vorgeschalteten (oben beschriebenen) Qualifizierungsdienste ist die Selektion und Analyse der Metadaten aus der Behandlungsdokumentation möglich. Die Option, Ihren „Datenschatz" – bestehend aus einem riesigen Datenvolumen – zu analysieren, findet Kontext- und Fragestellung-bezogene Informationen und Muster.

Die generierte Datenkompetenz stellt für Ihr Haus einen zuverlässigen Informationspool dar, der sich für alle Geschäftsfelder mehrwertbringend verwenden lässt. Mögliche KI-Anwendungen werden künftig diesen Horizont deutlich erweitern. Alle Informationen lassen sich in Verbindung mit den archivierten Behandlungsdokumentationen auf ihre Quellen referenzieren und somit kann stets ein Integritätsnachweis geliefert werden. Sowohl die erreichte interoperable vollständige zentrale Verfügbarkeit aller Dokumente aus den gesamten Patientenakten als auch die extrahierten und ausgeleiteten Informationen sind das Fundament für jede klinische Digitalstrategie und die Arbeit des Health Data Office (HDO).

9.2 Compliance

Compliance beschreibt im rechtlichen Bereich die Einhaltung aller gesetzlichen Bestimmungen sowie interner Richtlinien durch Unternehmen und ihre Mitarbeiter.

Gesundheitsinformationen zählen zu den besonderen Arten personenbezogener Daten und sind als solche durch den Datenschutz besonders geschützt. Patientendaten dürfen nur unter engen Voraussetzungen erhoben, gespeichert, genutzt und verarbeitet werden. Es bedarf dabei regelmäßig der Zustimmung des Betroffenen oder einer gesetzlichen Bestimmung, die dies gestattet. Zulässig ist dies, wenn die Daten für die Vorsorge, Diagnostik oder Behandlung benötigt werden. Darüber hinaus unterliegen sie auch dem Arztgeheimnis. Die Übermittlung der Patientendaten an Dritte ist nur in Ausnahmefällen zulässig und bedarf entweder der expliziten Einwilligung des Betroffenen oder einer gesetzlich bestimmten Erlaubnis.

Als Auftragsverarbeitung bezeichnet man die Verarbeitung personenbezogener Daten durch Dritte. Mit dem Auftragsverarbeiter ist ein Vertrag abzuschließen, dessen Inhalt sich an den Vorgaben des Art. 28 EU-DSGVO orientiert. Die Verarbeitung patientenbezogener Daten ist im Rahmen dieser vertraglich geregelten Auftragsdatenverarbeitung Compliance-gerecht. Dies nach § 11 BDSG und in den Bundesländern auf Paragrafen im LDSG. Im eigentlichen Sinn liegt bei der Verarbeitung von Patientendaten eine Offenbarung von Geheimnissen vor. Damit ist eine Einwilligung der betroffenen Patienten notwendig, es sei denn, eine entsprechende Regelung enthält hierfür die ausdrückliche Erlaubnis. Dies ist in den LKGH geregelt. Beispielsweise mit dem § 48 im LKHG von Baden-Württemberg, der in seiner Formulierung eine entsprechende Befugnis ausweist. Bei Einhaltung der ausgeführten Vorgaben liegt kein Verstoß gegen § 203 StGB mit der Wahrung der ärztlichen Schweigepflicht vor.

Neben dem Datenschutz ist Informationssicherheit elementarer Bestandteil der Compliance-Anforderungen. Quantität und Qualität von Cyber-Angriffen nehmen immer weiter zu, auch im Gesundheitswesen. Für Krankenhäuser gelten strenge Vorgaben zur Informationssicherheit und zum technischen Datenschutz. Verfügbarkeit, Vertraulichkeit und Integrität sind mit der Qualitätssicherung durch ein geregeltes Managementsystem für Informationssicherheit (ISMS) soweit wie möglich sicherzustellen.

Durch das Patientendaten-Schutz-Gesetz § 75c SSGB V (PDSG) müssen ab dem 01. Januar 2022 alle Krankenhäuser, auch außerhalb einer Zuordnung als „Kritische Infrastruktur" (KRITIS), ein Managementsystem für Informationssicherheit (ISMS) eingerichtet haben und darüber einen Nachweis über die Absicherung der IT-Systeme, -Prozesse und -Komponenten erbringen.

Das Krankenhaus sollte auf jeden Fall nachweisen können, dass man sich genau an die IT-Sicherheitsanforderungen gehalten hat und hält. Die Anstrengungen und Maßnahmen zur IT-Sicherheit sollten nicht nur nach dem branchenspezifischen Sicherheitsstandard B3S erfolgen. B3S ist an der ISO 27001 orientiert. Eine Zertifizierung nach ISO 27001 ist aktuell der höchste nachweisliche Standard in der IT-Sicherheit.

Im Zuge des ISMS besteht die Möglichkeit, Anforderungen an Nachweis und Dokumentation zur Datensicherheit für den übertragenen Auftragsbereich an einen Dienstleister im Rahmen der Auftragsdatenverarbeitung zu übergeben. Die Ergebnisse und Nachweise können dann in das ISMS des Hauses integriert werden. Es ist zu empfehlen, dass der IT-Dienstleister Ihrer Auftragsdatenverarbeitung über die entsprechende Zertifizierung nach ISO 27001 gültig verfügt.

10   Übersicht

Mit der Weiterentwicklung und Zunahme der Digitalisierung in allen Prozessen des Gesundheitswesens ist die Verfügbarkeit verlässlicher Daten zunehmend von Bedeutung für die strategische Entwicklung eines Krankenhauses. Datenverfügbarkeit und Datenkompetenz stellen ein wirtschaftliches Kapital dar und sind entscheidendes Fundament für die Wettbewerbsfähigkeit. Eine Erkenntnis, die in der Industrie seit vielen Jahren erkannt und genutzt wird. Unter dieser Argumentation ist es strategisch wichtig, die vorhandenen Datenpotenziale zu erkennen, zu analysieren und die Ergebnisse in Handlungsstrategien einfließen zu lassen. Das geht aber nur mit dem dafür notwendigen Fachpersonal, dass die benötigten Ressourcen zur Gewinnung einer „Datenintelligenz" aus Datenkompetenz kennt und diese für das gesamte Unternehmen, in allen Fachbereichen und für alle Mitarbeiter in Abhängigkeit ihrer „Datenbedürfnisse", Befugnisse und rollenspezifischer Anforderungsprofile interpretiert zugänglich macht. Dies funktionelle Besetzung dieses Anforderungsprofils geht weit über die Sicherung der Compliance und die Datensicherung hinaus. Diese Aufgabe müssen die Krankenhäuser, ob groß oder klein, mit der Kompetenz- und dem Fachverständnis eines Chief Dat Officer (CDO) besetzten. Das Health Data Office ist dabei das Handwerkszeug des CDO. Letztlich ist die eigene Datenkompetenz die Grundlage einer geeigneten Digitalstrategie und einer erfolgreichen Umsetzung. Eine entscheidende Basisarbeit ist dabei, wie in den oben anstehenden Kapiteln beschrieben, die klinischen Prozesse, die beteiligten Subsysteme und deren Funktionalität, die zugehörigen Dokumente und ihre Bedeutung im Compliance-Kontext zu kennen, sowie und vor Allem zu wissen, welche Mitarbeiter in welcher Funktionalität involviert sind. Das ist der erste und wichtigste Baustein ihrer zu entwickelnden klinischen Digitalstrategie. In den vorzuschaltenden Analysen, wie auch auf dem gesamten Weg der Digitalisierung, ist es von besonderer Wichtigkeit, stets eine verständliche Kommunikation und Verständnis zwischen den CDO-besetzten Aufgabenbereichen, dem HDO, der Unternehmensleitung sowie zu allen Mitarbeitern in den praktizierten Unternehmensprozessen zu sichern. Nur durch ein gesamtstrategisches Verständnis und Akzeptanz kann eine Digitalstrategie wirtschaftliche Erfolge und effektive Permanenz produzieren. Der Erfolg eines Unternehmens ist mehr und mehr direkt abhängig von der Datenkompetenz jedes Mitarbeiters. Voraussetzung dafür ist ein organisatorisch und technisch funktionierendes HDO. Die erste Voraussetzung dafür ist, das HDO mit ausreichend fachlich und personell qualifizierten Mitarbeitern zu besetzen. Das Kompetenzfeld des HDO ist im Krankenhaus mit seinem Wirk- und Kompetenzfeld durch die Geschäftsleitung nachhaltig zu implementieren. Technische Grundlage für die Arbeit eines HDO ist ein elektronisches Archiv. Archiv-integrierte Qualifizierungsmechanismen erlauben den perspektivischen Zugang zu den enthaltenen Daten und ermöglichen die Raffinierung aussagekräftigen Informationen. Organisatorische Aufgabe des HDO ist es, diese Informationen mit IST- und SOLL-Zuständen abzugleichen und in geeigneter Form sowohl einer Geschäftsleitung, als auch allen Mitarbeitern des Krankenhauses zur Erfüllung Ihrer Aufgaben bereitzustellen.

11   Fazit, Ausblick

Die Digitalstrategie ist kein Projekt. Ein Projekt hat einen klar definierten Anfang und ein Ende. Die Umsetzung einer Digitalstrategie ist ein fortlaufender Prozess und richtet sich an aktuell geforderten Leistungs- und Unterstützungskriterien, an gesetzlichen, organisatorischen Parametern (Compliance) sowie dem Stand der Technik aus. Industrievertreter haben zur Entwicklung und Standardisierung ein Referenzarchitekturmodell Industrie 4.0 entwickelt (Adolphs et al., 2015). Aus der schematischen Zusammensetzung von führendem KIS und beteiligten klinischen Subsystemen in einem Krankenhaus sowie damit verbundener Prozessfunktionalitäten und Anforderungen an gelebte Arbeitsprozesse lassen sich die strukturellen Ansätze übertragen. Zu beschreiten ist der Weg von der Strategie zur einzusetzenden Technologie. Alle prozessual beteiligten Stakeholder, wie Patienten, Mitarbeiter und Unternehmensleitung, stehen hierbei als „Mitgestalter" im Fokus. Ohne für die Anwender spürbare Mehrwerte im Umgang mit den „digitalen Werkzeugen" zu generieren, wird es keine Akzeptanz und somit optimierte Arbeits- und Leistungsergebnisse hinsichtlich resultierender Optimierungseffekte geben.

Patienten können eine selbstbestimmte digitale Einbindung zur Erlangung von Informationen und die Möglichkeit zur aktiven Mitgestaltung ihrer Behandlung erwarten. Mitarbeiter erwarten in ihren täglich gelebten Arbeitsprozessen spürbare Erleichterungen durch eine einfache, zuverlässige und vollständige Verfügbarkeit aller arbeitsrelevanten Informationen und eine Entlastung durch medienbruchfreie und ortsunabhängige originär elektronische Dokumentationsassistenz. Es ist von besonderer Bedeutung, Patienten und Mitarbeiter als Partner der Digitalisierung einzubinden und mitzunehmen, um gemeinsam die Erwartungsprofile zu definieren und den Weg von der analogen zu digitalen Welt zu beschreiben.

Aus der Kenntnis der Anforderungsprofile und durch die Analyse (beobachten, bewerten, anpassen) der konventionell etablierten Prozesse, der Bewertung und möglicher neuer Gestaltungen, entsteht eine Prozessorientierung. Das Ziel sind digital gestützte, medienbruchfreie, anwenderorientierte Prozesse, die sowohl die beteiligten Menschen inter- und intrasektoral und verständlich miteinander verbindet und die Anforderungsprofile mit umgesetzter Usability erfüllt. Dabei sollten die erlebten Mehrwerte hinsichtlich einer erlebten Arbeitsentlastung und die Erfüllung der Leistungserwartungen Verständnis und Akzeptanz für die eingesetzten Technologien bringen. Eine ganzheitliche digitale Prozesslandschaft kann nur mit einem gelebten Change-Management realisiert werden. Hier sind alle Aufgaben, Maßnahmen und Tätigkeiten umfassend und bereichsübergreifend sowie inhaltlich zusammenzuführen. Nur so ist eine kontrollierte Umsetzung entlang der vorgesehenen Road-Map aller vorgesehenen Strategien, Systeme, Prozesse und Arbeitsplatzgestaltungen gesichert.

Nach dem Digital Health Maturity Index ist Digitalisierung nicht als Ziel an sich, sondern als Unterstützungs- und Umsetzungsinstrument für Prozesse und Strategie zu verstehen (Deiters et al., 2018). Demnach ist die digitale Reife eines Krankenhauses mehrdimensional und multimodal und dabei immer abhängig von den Zielen und Umgebungsbedingungen eines Hauses. Die umzusetzende Digitalstrategie sollte letztlich nicht nur die gesetzlichen Rahmenbedingungen erfüllen, sondern auch eine Marktpositionierung des gesamten KH-Unternehmens durch mehrwertbildende Services erreichen.

Literatur

Adolphs, P., et al. (Jul. 2015). *Reference Architecture Model Industrie 4.0 (RAMI4.0)*. VDI Verein Deutscher Ingenieure e.V.

Deiters, W., Burmann, A., & Meister, S. (2018). Digitalisierungsstrategien für das Krankenhaus der Zukunft. *Der Urologe. Ausg. A, 57*(9), 1031–1039. https://doi.org/10.1007/s00120-018-0731-2.

Digital-Radar Krankenhaus. (2021). https://www.digitalradar-krankenhaus.de. Zugegriffen am 08.10.2021.

Teil III

Informationssicherheit

Langfristige Beweissicherheit und Vertrauenswürdigkeit digitaler Unterlagen durch qualifizierte Bewahrungsdienste nach eIDAS, ETSI und TR-ESOR

Tomasz Kusber, Steffen Schwalm, Ulrike Korte und Mario Engel

Inhaltsverzeichnis

Zusammenfassung

Die Nutzung der Informationstechnologie zur Abbildung elektronischer Geschäftsprozesse ist in Wirtschaft und Verwaltung etabliert. Der Fokus liegt dabei zunehmend auf der Umsetzung vollständig digitaler Transaktionen, Ende zu Ende. Beschleunigt

T. Kusber (✉)
Fraunhofer Institut für Offene Kommunikationssystem FOKUS, Berlin, Deutschland
E-Mail: tomasz.kusber@fokus.fraunhofer.de

S. Schwalm
msg security advisors, Frankfurt am Main, Deutschland
E-Mail: steffen.schwalm@msg.group

U. Korte · M. Engel
Bundesamt für Sicherheit in der Informationstechnik, Bonn, Deutschland
E-Mail: ulrike.korte@bsi.bund.de; mario.engel@bsi.bund.de

© Der/die Autor(en), exklusiv lizenziert durch Springer Fachmedien Wiesbaden GmbH, ein Teil von Springer Nature 2022
V. Henke et al. (Hrsg.), *Digitalstrategie im Krankenhaus*,
https://doi.org/10.1007/978-3-658-36226-3_16

wird diese Entwicklung durch gesetzliche Vorgaben wie z. B. die Pflicht zur Einführung der elektronischen Akte und dem Onlineangebot aller digitale abbildbaren Behördenleistungen für die öffentliche Verwaltung oder die Zahlungsverkehrsrichtlinie PSD2 in der Finanzwirtschaft. Gleichzeitig sind umfassende Dokumentations- und Nachweispflichten teilweise über Jahrzehnte einzuhalten. Die eIDAS-Verordnung schuf einen einheitlichen regulatorischen wie technischen Rahmen vertrauenswürdiger Digitalisierung in Europa. Mit den Bewahrungsdiensten wird die langfristige Nachweisfähigkeit elektronischer Transaktionen gewährleistet. Der Beitrag stellt basierend auf den regulatorischen Vorgaben den aktuellen Stand der Technik sowie konkrete Lösungen vor.

1   Einführung

Die Nutzung der Informationstechnologie zur Abbildung elektronischer Geschäftsprozesse ist in Unternehmen, Behörden sowie im Gesundheitswesen etabliert. Der Fokus liegt dabei zunehmend auf der Umsetzung vollständig digitaler Transaktionen, Ende zu Ende, also vom Kunden zu Unternehmen/Behörde/Krankenkasse etc. und zurück. Beschleunigt wird diese Entwicklung durch gesetzliche Vorgaben wie z. B. die Pflicht zur Einführung elektronischer Akten im Allgemeinen oder der Patientenakte im Besonderen, der Vorgabe zur Annahme digitaler Identitäten oder qualifizierter elektronischer Signaturen für öffentliche Institutionen bis hin zum elektronischen Rezept oder digitalen Impfpass.

In der Folge liegen geschäftsrelevante Aufzeichnungen ausschließlich elektronisch vor. Gleichzeitig sind gesetzliche Vorgaben bzgl. Zeitpunkt sowie Art und Weise der vollständigen Umsetzung, Dokumentation und Nachweis digitaler Transaktionen einzuhalten. Eine wesentliche Kernanforderung bildet hierbei der Aufbau und die Etablierung vertrauenswürdiger digitaler Transaktionen und Aufzeichnungen. Dies erfordert zum einen die eindeutige Identifizierung der beteiligten natürlichen wie juristischen Personen oder auch Verfahren (Maschine-Maschine-Kommunikation) inklusive der eindeutigen Zuweisbarkeit und Nichtabstreitbarkeit von Transaktionen und Dokumenten, die Unveränderheit geschäftsrelevanter Aufzeichnungen, zum anderen deren Verfügbarkeit in der notwendigen Form, was auch die Verkehrsfähigkeit bedingt und die Wahrung der Vertraulichkeit gegenüber Nutzern und Betroffenen. Die Maßgaben sind bis zum Ablauf der geltenden Aufbewahrungsfristen gegenüber Prüfbehörden, Gerichten, Dritten entsprechend nachzuweisen (vgl. Korte et al., 2013; Kusber & Schwalm, 2016; Roßnagel, 2007; Fischer-Dieskau, 2006; Weber et al., 2018).

Digitale Daten sind aus sich selbst heraus jedoch weder wahrnehmbar und lesbar, noch liefern sie Hinweise für ihre Integrität, Authentizität oder Ordnungsmäßigkeit im elektronischen Rechts- und Geschäftsverkehr. Vor dem Hintergrund der erwähnten Dokumentations- und Nachweispflichten, die zum einen für Fristen zwischen zwei und 110 Jahren zu erfüllen sind, die teilweise erst Jahrzehnte nach dem Abschluss des zugrunde liegenden Geschäftsvorfalls beginnen, gilt es, organisatorische und technische Maßnahmen nach dem Stand der Technik zu treffen, um die Vertrauenswürdigkeit von Prozessen und Aufzeichnungen nicht nur langfristig zu gewährleisten, sondern auch nachweisen zu können. Eine langfristig vertrauenswürdige Digitalisierung kann als elementare Grundlage nachhaltiger elektronischer Prozesse, Dienstleistungen und Aufzeichnungen bezeichnet werden.

Die Verwendung kryptografischer Sicherungsmittel wie mindestens fortgeschrittener elektronischer Signaturen, Siegel und Zeitstempel ermöglicht nach geltendem Recht nicht nur die Wahrung von Authentizität und Integrität von Transaktionen und Aufzeichnungen, sondern vor allem die Erhaltung des zur Nachweisführung notwendigen Beweiswerts direkt an den aufzubewahrenden Aufzeichnungen und damit ohne deren Verkehrsfähigkeit einzuschränken (Beweiswerterhaltung). Darüber hinaus ist es notwendig, die Interpretierbarkeit der Aufzeichnungen zu gewährleisten, sie also entsprechend dem Aufbewahrungszweck und -vorgaben verfügbar zu halten (Informationserhaltung) (vgl. Korte et al., 2013, 2018; Rossnagel, 2007; eIDAS (23.07.2014); VDG (18.07.2017)).

Die Umsetzung erfolgt in der Praxis auf Basis geltender Standards und Normen zum Records Management sowie zur beweissicheren Langzeitspeicherung resp. Bewahrung, die es ermöglichen, zum einen die organisatorischen wie technischen Rahmenbedingungen zum Umgang mit geschäftsrelevanten Aufzeichnungen zu etablieren und zum anderen die zur Beweiswert- und Informationserhaltung notwendigen Informationen, gemeinsam mit den aufzubewahrenden Aufzeichnungen in selbst-tragenden Archivinformationspaketen (AIP) in einem digitalen Langzeitarchiv auf Basis ISO15489, ISO14721, DIN31647, BSI TR-03125. Als Stand der Technik gelten Standards und Normen anerkannter wie unabhängiger Standardisierungsorganisationen wie z. B. DIN, ISO, ETSI/CEN oder BSI.

Der vorliegende Aufsatz beschreibt auf Basis der wesentlichen regulatorischen Rahmenbedingungen (Abschn. 2.1) sowie fachlich-technische Anforderungen (Abschn. 2.2) einer vertrauenswürdigen Digitalisierung den aktuellen Stand der relevanten Standards und Normen (Abschn. 3). Der Fokus liegt dabei, im Sinne der Nachweisfähigkeit, auf den Maßgaben zur langfristigen wie beweissicheren Aufbewahrung geschäftsrelevanter Aufzeichnungen. Darüber hinaus wird ein Ausblick auf aktuelle Anwendungsfälle sowie künftige Weiterentwicklungen im Kontext disruptiver Technologien gegeben (Abschn. 4).

2   Regulatorischer Rahmen und Vertrauenswürdigkeit in der Digitalisierung

2.1   Regulatorischer Rahmen in Deutschland und Europa

Die eIDAS-Verordnung eIDAS schuf im EWR einheitliche Vorgaben für vertrauenswürdige digitale Transaktionen auf Basis elektronischer Identifizierungsmittel sowie elektronischer Vertrauensdienste im Binnenmarkt. Als Identifizierungsmittel gilt hierbei z. B. der neue Personalausweis in Deutschland sowie dessen europäisches Pendant. Die Vertrauensdienste umfassen elektronische Signaturen, Siegel, Zeitstempel, Verifikationsdienste (Prüfung von Signaturen, Siegeln etc.), Bewahrungsdienste (Beweiswerterhaltung), Einschreib- und Zustelldienste (z. B. De-Mail) sowie Websitezertifikate. Durch die Zulassung z. B. von Server- und Fernsignaturen ohne Signaturkarte sowie von Siegeln (Signaturen für Organisationen), ebenso wie die Pflicht zur Anerkennung jeder mindestens fortgeschrittenen elektronischen Signatur bzw. Siegel bzw. Zeitstempel (Art. 25, 35, 41 eIDASeIDAS) jedes qualifizierten europäischen Vertrauensdienstes durch öffentliche Stellen, ist ein deutlicher Anstieg signierter Dokumente in Deutschland bereits im Gang, wie dies auch in den europäischen Nachbarstaaten bereits seit langen Jahren der Fall ist (BITKOM, 2019; Kusber et al., 2015; Korte et al., 2018). Die eIDASeIDAS definiert für die Bewahrungsdienste gemäß Artikel 34 eIDASeIDAS auch spezielle Anforderungen für die beweiswerterhaltende Aufbewahrung.

Im Zuge der Umsetzung der eIDASeIDAS werden „beim Erlass von delegierten Rechtsakten bzw. Durchführungsrechtsakten, die von europäischen und internationalen Normungs-organisationen und -einrichtungen, insbesondere dem Europäischen Komitee für Normung (CEN), dem Europäischen Institut für Telekommunikationsnormen (ETSI), der Internationalen Normungsorganisation (ISO) und der Internationalen Fernmeldeunion (ITU), festgelegten Normen und technischen Spezifikationen gebührend berücksichtigt" eIDAS. Die genannten Standardisierungsgremien haben mit Mandat M416 der Europäischen Kommission die explizite Aufgabe, die rechtlichen Regelungen der eIDAS durch konkrete technische Standards zu untersetzen und so die Umsetzung durch Interoperabilität und Harmonisierung von Vertrauensdiensten und elektronischen Identifizierungsmitteln zu erleichtern (Korte et al., 2017). Diese technischen Standards werden zudem zunehmend weltweit angewandt, was deren Bedeutung hervorhebt (Kusber et al., 2015). Die Abb. 1 zeigt das Zusammenwirken von Rechtsrahmen eIDAS und den technischen Normen durch ETSI/CEN im Überblick.

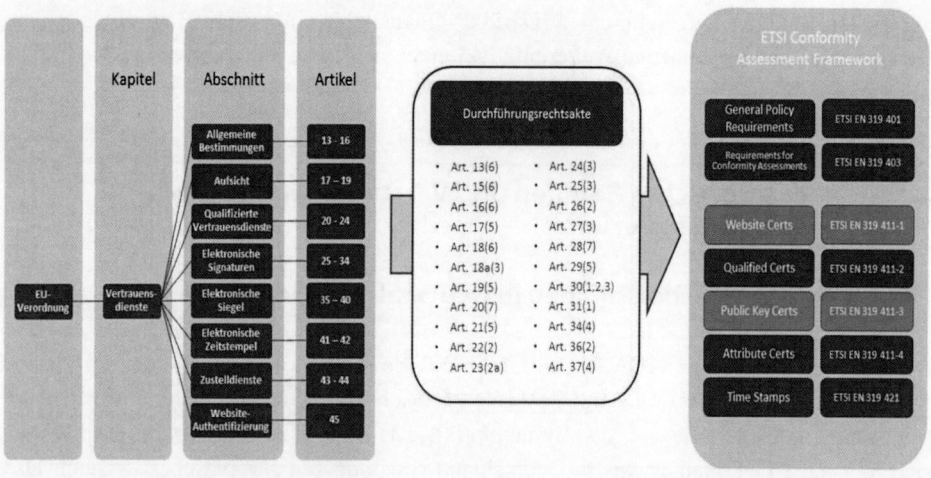

Abb. 1 Das eIDAS-Vertrauensmodell

In Deutschland wird die wirksame Durchführung von eIDAS durch das Vertrauensdienstegesetz [VDG] geregelt. Dieses sieht die Beweiswerterhaltung signierter Dokumente in § 15 VDG vor.

Die Umsetzung vertrauenswürdiger digitaler Transaktionen sowie deren Nachweis wird durch weitere EU-Vorgaben wie bspw. Die EU-DLR oder EU-DSGVO [EUDSGVO] einerseits sowie durch branchenspezifische Vorgaben anderseits, so z. B. Patientenrechtegesetz SGBV, eHealth-Gesetz bis hin zum Haftungsrecht nach BGB sowie im Bereich klinischer Forschung (GxP) oder im Gesundheitswesen resp. EASA, FDA in Luftfahrt und Pharma oder EuroSOX.PSD2 untersetzt (vgl. Korte et al., 2019; Weber et al., 2018).

Eine weitergehende Digitalisierung des deutschen Gesundheitswesens im Allgemeinen ist durch elektronische Patientenakte und elektronisches Rezept sowie die Gesetzlichen Krankenkassen und öffentlichen Kliniken durch die Rahmenbedingungen für öffentliche Stellen in Ländern und Kommunen im Zuge der länderweiten E-Government-Gesetze (z. B. Einführung E-Akte, Umsetzung von rechtssicherem ersetzendem Scannen, Annahme qualifiziert elektronisch signierter Dokumente etc.) absehbar. Unterstützt wird dies durch äquivalente Vorgaben an Regulierungsbehörden bis 2022 bzw. zur Einführung von E-Akte etc. [EGovG] oder alle Verwaltungsleistungen online anzubieten (OZG) sowie die Justiz, wonach bis 2022 alle Gerichte die notwendigen Schriftsätze elektronisch annehmen müssen (eJusticeG).

Untersetzt wird der regulatorische Rahmen durch verbindliche Standards und Normen, die als sog. Stand der Technik gelten. Um der Verpflichtung nachzukommen, behördliche Entscheidungen bis zum Ablauf der geltenden Aufbewahrungsfristen nachweisbar und damit gerichtsfest zu halten, sind insbesondere die Maßgaben zum Records Management sowie die Technischen Richtlinien RESISCAN (rechtssicheres ersetzendes Scannen) (TR03138) und TR-ESOR (TR03125) hervorzuheben. Sowohl die TR-RESISCAN als auch die TR-ESOR sind zudem regulatorisch als Stand der Technik verankert (Bundesministerium des Innern, 2013; Korte et al., 2016; Weber et al., 2018),[1] so auch für Gesetzliche Krankenkassen im Leitfaden des Bundesversicherungsamts (Bundesversicherungsamt, 2018). Die Bedeutung eines solch ordnungsgemäßen Records Management sowie der Umsetzung der genannten Technischen Richtlinien des BSI unter Nutzung der Vertrauensdienste der eIDAS zeigt sich zudem in einigen aktuellen Gerichtsurteilen, welche die Umsetzung des Stands der Technik faktisch einfordern [Az. 6 K 691/14.WI.A; Az. 6 K 808/17.WI.A].

---

[1] Zivilprozessordnung in der Fassung der Bekanntmachung vom 5. Dezember 2005 (BGBl. I S. 3202; 2006 I S. 431; 2007 I S. 1781), die zuletzt durch Artikel 11 Absatz 15 des Gesetzes vom 18. Juli 2017 (BGB. I S. 2745) geändert worden ist.

2.2   Vertrauenswürdigkeit digitaler Transaktionen und Aufzeichnungen

Vertrauenswürdigkeit geschäftsrelevanter Aufzeichnungen und Transaktionen erfordert in Deutschland und Europa vertrauenswürdige Dritte, die auf Basis gesetzlicher Vorgaben sowie geltender Standards und Normen agieren und wiederum durch vertrauenswürdige Dritte in einer Vertrauenskette transparent überprüft wie ermächtigt werden. Die Abb. 2 zeigt diese Vertrauenskette am Beispiel der eIDAS.

Wesentliches Merkmal einer vertrauenswürdigen Digitalisierung ist Gewährleistung und Nachweis der zentralen Schutzziele:

- Integrität beinhaltet
  - Authentizität
  - Nachvollziehbarkeit
- Verfügbarkeit beinhaltet
  - Lesbarkeit/Nutzbarkeit
- Verkehrsfähigkeit
- Vertraulichkeit

elektronischer Prozesse anhand der geschäftsrelevanten Aufzeichnungen auf Basis der durch vertrauenswürdige Dritte definierten regulatorischen wie fachlich-technischen Anforderungen (Korte et al., 2019, 2021; Weber et al., 2018; ISO 30301:2019.

Nach derzeitiger Rechtslage ist kein IT-Verfahren, Organisation oder System aus sich selbst heraus vertrauenswürdig. In jedem Fall ist der Nachweis gegenüber Gerichten,

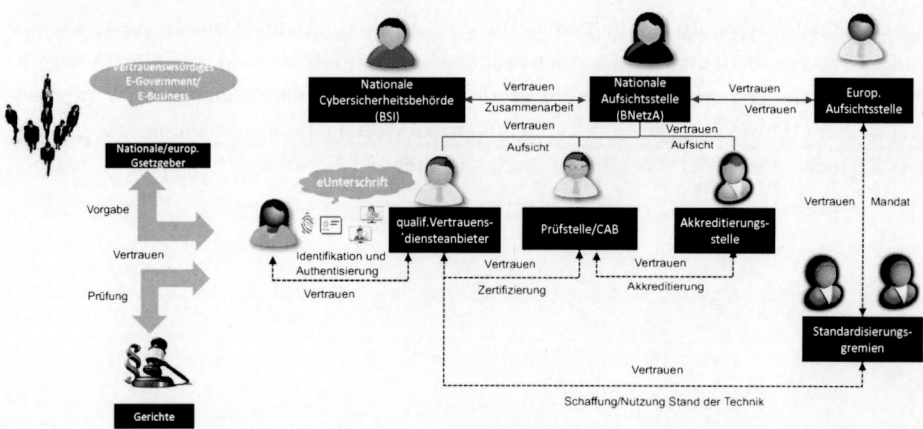

Abb. 2 Beziehungen zwischen eIDAS-Verordnung, Implementing Acts und ETSI-Standardisierung

Prüfbehörden etc. zu führen (Korte et al., 2018; Weber et al., 2018; Roßnagel, 2007; Henne, 2018; ISO 15489-1:2016).[2]

3   Wesentlicher Stand der Technik im Überblick

3.1   Grundsatz

Wie in den vorherigen Abschnitten dargestellt, bilden Standards und Normen anerkannter Standardisierungsorganisationen den sog. Stand der Technik. Hierunter werden also die fachlich-technischen Rahmenbedingungen zur Umsetzung und zum Nachweis einer vertrauenswürdigen Digitalisierung entsprechend den regulatorischen Vorgaben verstanden. Welcher Standard anzuwenden ist, ergibt sich demgemäß aus der Branche und dem konkreten Anwendungsfall der jeweiligen Institution. Die Abb. 3 gibt einen Überblick wesentlicher Standards und Normen zum langfristigen Nachweis digitaler Transaktionen und Aufzeichnungen.

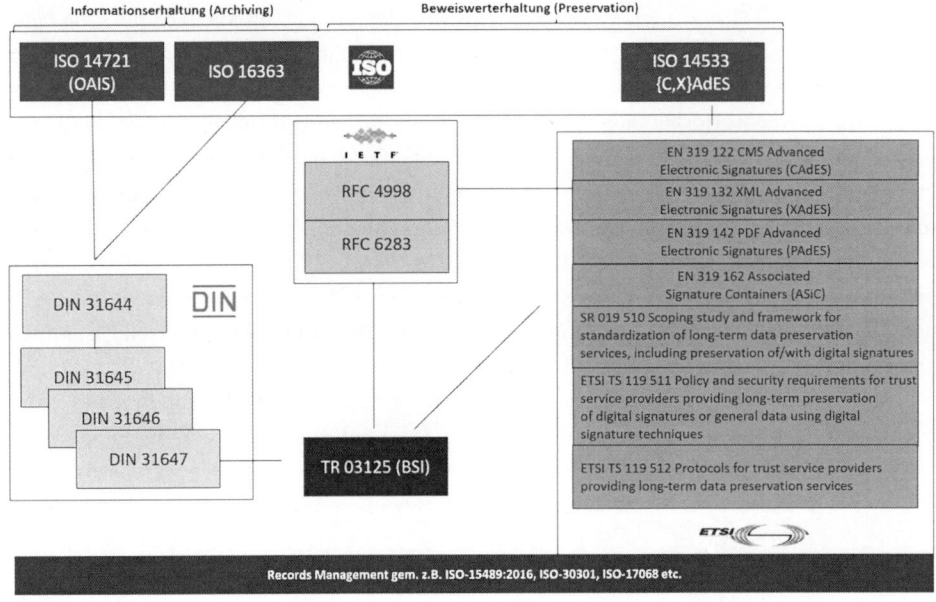

Abb. 3 Stand der Technik zur Beweiswert- und Informationserhaltung

---

[2] Information and documentation – Records management – Part 1: Concepts and principles, Zivilprozessordnung in der Fassung der Bekanntmachung vom 5. Dezember 2005 (BGBl. I S. 3202; 2006 I S. 431; 2007 I S. 1781), die zuletzt durch Artikel 11 Absatz 15 des Gesetzes vom 18. Juli 2017 (BGB. I S. 2745) geändert worden ist.

Eine beweissichere Langzeitspeicherung gewährleistet dementsprechend sowohl die Erhaltung und den Nachweis der Integrität, Authentizität und Vertraulichkeit geschäfts-relevanter Aufzeichnungen als auch deren Nachvollziehbarkeit, Verfügbarkeit und Ver-kehrsfähigkeit. Sie umfasst also:

- Informationserhaltung
- *und*
- Beweiswerterhaltung (Korte et al., 2013, 2014, 2018; ISO 15489-1:2016).

Elementare Basis bildet ein ordnungsgemäßes Records Management. Dieses stellt zum einen die Umsetzung der regulatorischen Vorgaben an elektronische Prozesse z. B. Patienten-akten, Patienteneinwilligung, digitale Befunde oder Arztbriefe bis hin zum eRezept sicher und ermöglicht durch klare Regelungen, Prozesse sowie Rollen und Verantwortlichkeiten die Erfüllung geltender Dokumentationserfordernisse sowie die Strukturierung, Speiche-rung, Wiederauffindung und Bewahrung der hierfür notwendigen (geschäftsrelevanten) Unterlagen. Diese können dabei sowohl gescannte als auch digitale entstandene Doku-mente, jedoch auch Daten aus Laborinformationssystemen, digitaler Diagnostik bis hin zu Rechnungs- oder Forschungsdaten umfassen.

Das in ISO14721 normierte OAIS-Modell sowie die hierauf aufbauende DIN31644 etc. definieren die notwendigen Prozesse und Informationspakete eines vertrauenswürdigen digitalen Langzeitarchivs. Die DIN31647 wiederum beschreibt die grundlegenden Funk-tionen zur Beweiswerterhaltung in einem OAIS-konformen vertrauenswürdigen digitalen Langzeitarchiv (dLZA). Um Authentizität und Integrität langfristig zu erhalten und nach-zuweisen, gilt es, das dLZA um die notwendigen technischen Maßnahmen, also Signatu-ren, Zeitstempel oder Siegel auf Basis der im Zuge der eIDAS entstandenen ETSI- vor allem hinsichtlich der Bewahrungsdienste gem. Art. 34 und 40 eIDAS, zu ergänzen. Hierzu gehören vor allem die ETSI-Standards ETSI TS119511 und ETSI TS119512. Die TR03125 des BSI führt die Vorgaben zur Informations- und Beweiswerterhaltung logisch zusammen und definiert im Kern eine Middleware als Produkt zur Beweiswerterhaltung einschließ-lich der notwendigen Informationspakete, der äußeren Austauschschnittstellen sowie der Maßgaben zur Integration in ein vollständiges OAIS-konformes dLZA (Korte et al., 2018, 2019; Kusber & Schwalm, 2016). Im Folgenden wird auf den Stand der Standardisierung insbesondere im Records Management sowie zur Beweiswerterhaltung näher eingegangen.

3.2   Records Management

Im Jahr 2016 wurde die ISO-15489 als zentrale Norm zum Records Management neu-gefasst. Der Fokus liegt nunmehr vorrangig auf elektronischen Aufzeichnungen. Die Norm reiht sich ein in den mit der [ISO30300] (Terminologie), [ISO30301] (Basis-anforderungen) und [ISO30302] (Guidelines zur Implementierung) geschaffenen fach-lichen Rahmen zum Records Management. Die 303xx-Familie richtet sich dabei an das

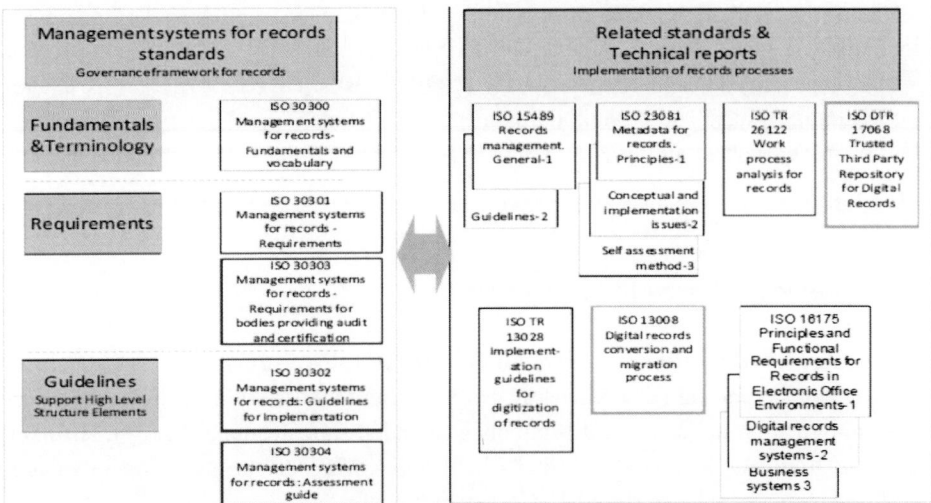

Abb. 4 Stand der Technik zum Records Management

Management von Organisationen und beschreibt grundlegende Anforderungen an den Umgang mit geschäftsrelevanten Aufzeichnungen. Diese Vorgaben bilden die Basis für spezifische Standards zur fachlich-technischen Untersetzung. Abb. 4 zeigt das neue Standardisierungsframework zum Records Management im Überblick.

Die ISO-15489 selbst fordert zum einen die Definition klarer wie verbindlicher Regelungen, Prozesse, Rollen und Verantwortlichkeiten für die Erzeugung/Empfang, Ordnung, Speicherung, Nutzung und Aufbewahrung – kurz das Management geschäftsrelevanter Aufzeichnungen auf Basis der jeweils geltenden regulatorischen Vorgaben. Ziel sind die Wahrung und der langfristige Nachweis der Authentizität, Zuverlässigkeit (inkl. Nachvollziehbarkeit und Vertraulichkeit), Integrität und Nutzbarkeit (inkl. Verkehrsfähigkeit) der geschäftsrelevanten Aufzeichnungen. Speziell im Kontext der Zuverlässigkeit wird die eindeutige Zuweisbarkeit explizit hervorgehoben. Hierauf basierend beschreibt ISO-15489 Anforderungen an die Identifikation geschäftsrelevanter Aufzeichnungen, die Systematisierung wie Indexierung von Aufzeichnungen sowie deren berechtigter Nutzung im Geschäftsprozess. Hervorzuheben ist zudem der Vorgehensvorschlag zur organisationsinternen Konzeption und Implementierung eines ordnungsgemäßen Records Management einschließlich der IT-Verfahren, die in geschäftsrelevanten Aufzeichnungen entstehen, empfangen, verwaltet und aufbewahrt werden einschließlich Ansätzen für eine spätere Migration im Sinne des Langzeiterhalts der Unterlagen. Im Kern fordern ISO-30301 und 15489, dass geschäftsrelevante Aufzeichnungen als Nachweis geschäftlicher Transaktionen gegenüber Prüfbehörden, Gerichten, Dritten dienen. Um dies zu erreichen, sind neben dem regulatorischen Rahmen die Maßgaben dieser Normen sowie der hierauf aufbauenden technischen Standardisierung entsprechend zu berücksichtigen (Toebak, 2007; Weber et al., 2018; Weber & Schwalm, 2018).

Untersetzt werden die ISO-/DIN-Normen durch themen- und branchenspezifische Standards wie insbesondere z. B. die TR-RESISCAN des BSI (TR03138) zum rechtssicheren ersetzenden Scannen sowie die TR-ESOR des BSI (TR03125) zur beweissicheren Aufbewahrung, auch als Produktkomponente im Rahmen (qualifizierter) Vertrauensdienste insbesondere auf Basis der ETSI-Vorgaben (ETSI TS119511) und (ETSITS119512).

3.3   Beweissichere Aufbewahrung

3.3.1   Bewahrungsdienste gem. eIDAS (Service-Provider)

Die Standardisierung zur beweissicheren Aufbewahrung fokussierte bislang vorrangig auf die technischen Produkte sowie die aufzubewahrenden Aufzeichnungen selbst. Hinsichtlich der Betreiber entsprechender digitaler Langzeitarchive lagen bisher wenige Standards und keine regulatorisch determinierten Zertifizierungsverfahren vor.

Im Zuge der eIDAS wurden in Art. 34 und 40 eIDAS Anforderungen an die Bewahrung kryptografisch signierter, gesiegelter oder zeitgestempelter Dokumente mittels qualifizierter Bewahrungsdienste definiert. Unter Bewahrungsdienste sind im Kern (qualifizierte) Vertrauensdienste, also IT-Services zur beweiswerterhaltenden Aufbewahrung geschäftsrelevanter Aufzeichnungen zu verstehen. Bereitgestellt und betrieben werden diese durch (qualifizierte) Vertrauensdienste, die auf Basis der durch ETSI definierten Standards also ETSI EN 319401 und ETSI TS119511) von nationalen Konformitätsbewertungs- bzw. Prüfstellen zertifiziert werden und ihre Dienste in der Folge im EWR anbieten können. Soll die Beweiswerterhaltung als Dienst gegenüber Dritten angeboten werden, so muss der Betreiber sich als (qualifizierter) Bewahrungsdienst zertifizieren lassen (Bundesnetzagentur, 2019).

Die Zertifizierung erfolgt national, die Anerkennung, wie auch bei den übrigen Vertrauensdiensten (z. B. Erzeugung qualifizierter elektronische Signaturen/Siegel/Zeitstempel oder Einschreib-/Zustelldienste), gilt im gesamten Europäischen Wirtschaftsraum. Die Aufsicht obliegt in Deutschland der Bundesnetzagentur, als Prüfstellen fungieren aktuell der TÜVIT Informationstechnik GmbH, datenschutzcert, SRC Security Research & Consulting GmbH und T-Systems International GmbH. An der technischen Standardisierung ist das BSI umfänglich beteiligt. Die im Zuge von Mandat 460 bei ETSI entstehenden Standards für (qualifizierte) Bewahrungsdienste fokussieren vorrangig auf die (qualifizierten) Trust Service Provider, die wiederum entsprechend standardisierte Produkte für ihren Vertrauensdienst einzusetzen haben. Dabei fordern die europäischen Standards von einer Aufbewahrung sowohl signierter als auch unsignierter Aufzeichnungen durch Bewahrungsdienste deren Integrität und Authentizität langfristig durch kryptografische Signaturtechniken basierend auf elektronischen Signaturen, Siegeln oder qualifizierten Zeitstempeln oder technische Beweisdaten (Evidence Records gemäß RFC4998, RFC6283, TR03125) zu sichern und zu erhalten. Die konkreten Verfahren basieren dabei im Wesentlichen auf den auch in Deutschland angewendeten Hashbaumverfahren (Merkle, 1980; TR03125).

Tab. 1 Wesentliche Inhalte Standards für (qualifizierte) Bewahrungsdienste

Standard	Geltungsbereich	Kerninhalte
ETSI EN 319 401	Alle Vertrauensdienste	Grundlegende organisatorische und technische Sicherheitsanforderungen an Prozesse und Betrieb von Vertrauensdiensten Anforderungen hinsichtlich Betriebsorganisation, Business Continuity etc. Anforderungen an das interne Records Management des Vertrauensdienstes.
ETSI TS 119 511	Nur Bewahrungsdienste	Spezifische organisatorische und technische Anforderungen an Prozesse, eingesetzte Produkte und Betrieb von Bewahrungsdiensten, Vertrauensdiensteanbieter muss die vollständige Kontrolle über alle Prozesse und Aufzeichnungen seines Bewahrungsdienstes besitzen, Bypässe, durch die Aufzeichnungen am Bewahrungsdienst vorbei, durch die Kunden abgelegt werden können, sind untersagt Ziel: Gewährleistung der langfristigen • Prüfbarkeit kryptografischer Signatur-Techniken (Signaturen/Siegel/Zeitstempel/Evidence Records) • Bewahrung des Gültigkeitsstatus • Erhalt eines Proof of Existence der beweisrelevanten Daten sowie • Erhalt eines Proof of Existence der aufbewahrten signierten oder unsignierten Daten Speichermodelle: • Mit Speicher (z. B. TR03125) • Mit temporärem Speicher • Ohne Speicher
ETSI TS 119 512	Nur Bewahrungsdienste	Definition einer generischen Referenzarchitektur für Bewahrungsdienste Definition der Bewahrungs-Schnittstellen und Protokolle (die unmittelbar auf diejenigen der TR03125 des BSI abbildbar sind) Integration des Hashbaumverfahren nach RFC4998, RFC6283 bzw. TR03125 sowie der AIP-Formate XAIP nach TR03125- resp. ASiC ETSI EN319162

Tab. 1 zeigt die Kerninhalte der für (qualifizierte) Bewahrungsdienste, also den Service Provider, wesentlichen Standards, nach denen dieser sich zu zertifizieren hat, im Überblick. Im Zertifizierungsprozess sind vom möglichen (qualifizierten) Vertrauensdiensteanbietern für die Bewahrung kryptografischer elektronischer Signaturen, Siegel und Zeitstempel sowohl die Vorgaben nach ETI ETSI EN319401 als auch ETSI TS119511 zu erfüllen. Dabei sind stets eine Stage 1 (Dokumentenprüfung) und Stage 2 (technischer Vor-Ort-Test) zu unterscheiden.

Bietet der angehende Trust Service Provider bereits einen (qualifizierten) Vertrauensdienst an, z. B. Erzeugung qualifizierter elektronischer Signaturen oder Siegel, so ist nur die Erfüllung der ETSI TS119511 nachzuweisen, da die Zertifizierung gegen ETSI EN319401 bereits für die übrigen Vertrauensdienste erfolgt ist (Bundesnetzagentur, 2019).

In die Standardisierung auf europäischer Ebene sind die fundierten Erfahrungen des BSI sowie der Praxis in Unternehmen und Behörden bei der beweiserhaltenden Aufbewahrung mit der TR03125 in Deutschland unmittelbar eingeflossen. So wird angehenden (qualifizierten) Bewahrungsdiensten das Zertifizierungsverfahren erleichtert, sofern diese ein gem. TR03125 v1.2.1 oder höher zertifiziertes Bewahrungsprodukt einsetzen. In diesem Fall entfällt nämlich ein Großteil der in ETSI TS119511 für (qualifizierte) Bewahrungsdienste vorgesehene technische Tests des vom Bewahrungsdienst eingesetzten Systems.[3]

Es empfiehlt sich also Produkte nach dem Stand der Technik, in Deutschland TR03125, einzusetzen. Die Prüfung selbst erfolgt durch die nationale Konformitätsbewertungsstelle anhand dezidierter Prüfkataloge, welche die europäischen Standards weiter untersetzen. Diese nationalen Prüfkataloge wurden von der Bundesnetzagentur sowie dem Bundesamt für Sicherheit in der Informationstechnik als Empfehlungen für die Prüfstellen entwickelt.[4]

Die neuesten Versionen der TR03125, so v1.2.2 und v1.3, integrieren die Maßgaben der ETSI-Standards und legen mit den überarbeiteten Zertifizierungsvorgaben für Bewahrungsprodukte die Brücke zur Nutzung der o. g. Zertifizierungserleichterungen für (qualifizierte) Bewahrungsdiensteanbieter beim Einsatz von TR-ESOR-Produkten.[5] So wird eine eIDAS konforme beweissichere Langzeitspeicherung spürbar erleichtert.

3.3.2 BSI TR-ESOR (Produkt)

Die TR03125 des BSI, aktuell Version 1.2.2, gilt branchenübergreifend als verbindlicher Stand der Technik zur beweiserhaltenden Aufbewahrung in Deutschland. Sie beschreibt zum einen eine generische, modulare wie skalierbare Referenzarchitektur einer Middleware zur Beweiserhaltung, zum anderen die notwendigen verpflichtenden sowie optionalen Prozesse, Informationspakete und Schnittstellen sowie Formate für technische Beweisdaten (Evidence Records). Die Zertifizierung konkreter Produkte ermög-

---

[3] BSI (, 2020), Criteria for Assessing: Criteria for Assessing Trust Service Providers against ETSI Policy Requirements, Part 2: Assessment Criteria providing long-term preservation of digital signatures or general data using digital signature techniques – ETSI TS 119 511.

[4] BSI (, 2020), Criteria for Assessing: Criteria for Assessing Trust Service Providers against ETSI Policy Requirements, Part 1: Assessment Criteria for all TSP – ETSI EN 319 401. BSI (, 2020), Criteria for Assessing: Criteria for Assessing Trust Service Providers against ETSI Policy Requirements, Part 2: Assessment Criteria providing long-term preservation of digital signatures or general data using digital signature techniques – ETSI TS 119 511.

[5] BSI, Criteria for Assessing: Criteria for Assessing Trust Service Providers against ETSI Policy Requirements, Part 2: Assessment Criteria providing long-term preservation of digital signatures or general data using digital signature techniques – ETSI TS 119 511, 202.

licht es zum einen dem Anwender, die Konformität von Marktlösungen gegenüber der TR transparent zu erkennen, zum anderen den Produktanbietern den Nachweis des Stands der Technik und angehenden (qualifizierten) Bewahrungsdiensteanbietern die Nutzung der in Abschn. 3.3.1 beschriebenen Zertifizierungserleichterungen.

Darüber hinaus wurden vom BSI Testwerkzeuge entwickelt, die auf Basis der definierten Schnittstellen und Formate die technische Interoperabilität zwischen den Herstellern erleichtern (Korte et al., 2013, 2014, 2018; Kusber & Schwalm, 2016). Die TR selbst beruht resp. integriert nationale wie internationale Standards, so insbesondere ISO14721, ISO14533, RFC4998 RFC6283, ISO13527 ETSI TS119511, ETSI TS119512. Die TR03125 ist branchenübergreifend zur beweissicheren Langzeitspeicherung etabliert. Umfassende Anwendungsbeispiele finden sich u. a. im Public Sector, Gesundheitswesen, Luft- und Raumfahrt, Finanzindustrie oder dem Energiesektor. Aufbau und Dokumente sowie die Referenzarchitektur der TR03125 zeigt Abb. 5.

Mit der Version 1.2.1 wurde die TR-ESOR auf die wesentlichen Anforderungen der eIDAS angepasst.

Seit der TR-ESOR v1.2.2 ermöglicht ein optionales Upload-/Downloadmodul sowie ein Logisches XAIP die beweiswerterhaltende Aufbewahrung von Daten mit umfangreicher Dateigröße (> 2 GB) in selbsttragenden, jedoch logischen Containern. Damit wird z. B. die Bewahrung von Röntgenbildern, umfassenden Patientenakten oder Labordaten erheblich erleichtert.

Daneben wurde mit dem Transformator vom BSI eine Referenzimplementierung bereitgestellt, die eine Übersetzung der europäischen Schnittstelle aus ETSI TS119512 nach der zentralen Eingangsschnittstelle S. 4 der TR03125 bereitstellt, so dass eine einfache Interoperabilität mit europäischen Lösungen ermöglicht wird. Darüber hinaus kann auch anstelle der Eingangsschnittstelle S. 4 die ETSI-Preservation-API gemäß ETSI TS119512 eingesetzt werden.

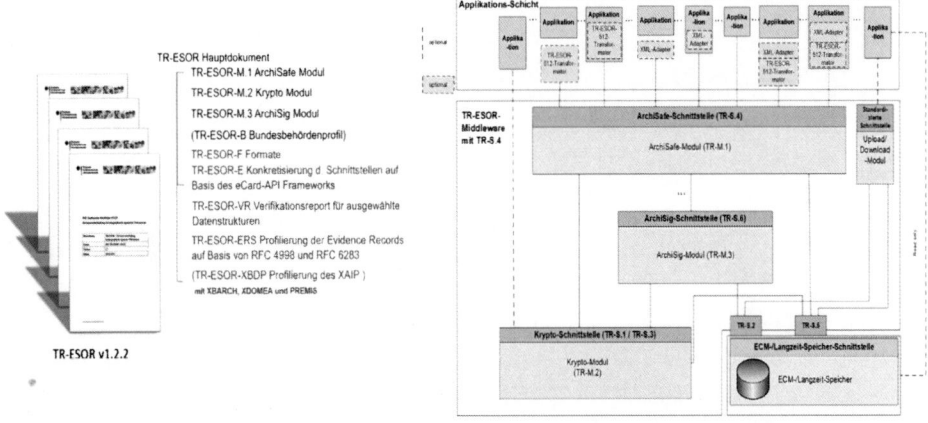

Abb. 5 Kerninhalte der BSI TR-ESOR

Tab. 2 Wesentliche Inhalte TR-ESOR v1.2.1, v1.2.2 und v1.3

Version	Kerninhalt	Erscheinungsdatum
v1.2.1	Editorielle Anpassung auf eIDAS Änderungen an Funktionen des Krypto-Moduls zur Signaturprüfung und Einholung der beweisrelevanten Daten • Schalenmodell und • Kettenmodell • Anforderung qualifizierter Zeitstempel und optional elektronischer Signaturen/Siegel beim qualifizierten Vertrauensdiensteanbieter	2018

v1.2.2	AIP für große Datenmengen
	  - Einführung eines logischen XAIP-Containers
	  - Einführung des ASiC-AIP-Containers als Profilierung von ASiC-E ETSI EN319162
	Ergänzung der Referenzarchitektur bzgl. logischer AIPs
	Ergänzung der zentralen Eingangsschnittstelle S. 4 zur Verwendung von MTOM,
	Protokoll nach ETSI TS119512 als weitere Eingangsschnittstelle neben der bestehenden S. 4, auch auf Basis XML mit dem Binding SOAP oder auf Basis JSON mit dem Binding REST
	Bereitstellung des Testwerkzeugs zur Interoperabilität technischer Beweisdaten (Evidence Records)
	Open-Source-Modul zur Transformation der PreservationAPI ETSI TS119512 auf S. 4
	Konformitätstest-Spezifikation für Level 1 – Funktionale Konformität
	Appendix für TR-ESOR V1.2.1 und TR-ESOR V1.2.2 – Profilierung einiger TR-ESOR-Assessment-Kriterien zur ETSI TS 119 511 Prüferleichterung
	Leitlinie für die beweiswerterhaltende Aufbewahrung gemäß BSI TR-03125 TR-ESOR – Eine Handlungshilfe für Behörden und Unternehmen –
		2019
		2020
		2021

v1.3	Anpassung des Zertifizierungsschemas mit Fokus auf die technische Interoperabilität Bereitstellung des Testwerkzeugs zur Interoperabilität der Archivdaten-Container XAIP bzw. LXAIP Editorielle Anpassungen an den Dokumenten der TR	2021

Tab. 2 zeigt die wesentlichen Inhalte der verschiedenen TR-ESOR Versionen im Überblick.

Hinsichtlich der Produktzertifizierung gegen TR03125 bestehen folgende Optionen:

• Stufe 1: logisch-funktionale Konformität
• Stufe 2: technische Interoperabilität

Tab. 3 Unterschiede Zertifizierungsverfahren nach TR-ESOR in Versionen v1.2.1 bis v1.3

Version	Zertifizierungsoptionen	Ab Zeitpunkt
v1.2.1	Stufe 1: logisch-funktionale Konformität	2018
	Stufe 2: technische Interoperabilität	2018
V1.2.2	Nur Stufe 1: logisch-funktionale Konformität	2021
V1.3	Stufe 1 logisch-funktionale Konformität und Stufe 2: technische Interoperabilität zwingend notwendig zur Zertifizierung	2021/22

Bis einschließlich Version 1.2.1 besteht also ein stufenweises Zertifizierungsverfahren, wobei nicht jede Stufe zwingend durchzuführen, jedoch Stufe 1 Voraussetzung für Stufe 2 ist. In Version 1.2.2 ist nur eine Zertifizierung gegen Stufe 1 möglich. Hintergrund ist die Einführung eines neuen, an die Zertifizierung für die (qualifizierten) Bewahrungsdienste angelehntes Zertifizierungsverfahren für TR-ESOR-Produkte in v1.3. Mit den in TR-ESOR Appendix (TR-ESOR-APP) enthaltenen zusätzlichen Prüffällen wird die Nutzung der in Abschn. 3.3.1 genannten Zertifizierungserleichterungen für angehende (qualifizierte) Bewahrungsdienste gemäß (ASS119511) vereinfacht.

Ab TR-ESOR v1.3 wird es nur noch ein Zertifizierungsverfahren geben. In diesem ist zunächst Stufe 1 logisch-funktionale Konformität erfolgreich zu absolvieren, danach wird Stufe 2 technische Interoperabilität durchgeführt. Es sind Stufe 1 und Stufe 2 zwingend zu bestehen, damit ein Zertifikat für ein TR-ESOR-Produkt erteilt werden kann.

Das Zertifizierungsverfahren liegt in der Verantwortung des BSI, als Prüfstelle fungiert derzeit datenschutzCert. Tab. 3 zeigt die wesentlichen Unterschiede im Produktzertifizierungsverfahren der einzelnen Versionen der TR-ESOR.

3.3.3   Zusammenwirken Bewahrungsdienste und Produktstandards

Die Standardisierung hinsichtlich Bewahrungsdiensten sowie den von diesen eingesetzten Produkten und Systemen ist komplementär. Die europäischen Maßgaben seitens ETSI EN319401 und ETSI TS119511 setzen die organisatorischen, prozessualen sowie technischen Vorgaben an den (qualifizierten) Vertrauensdienst, also den Service-Provider oder Betreiber. ETSI TS119511 definiert zudem grundlegende Anforderungen ans eingesetzte Bewahrungs-Produkt durch Verweis auf die ETSI TS119512, die national durch die jeweiligen Bewahrungs-Produkts-Standards wie die TR03125 in Deutschland integriert wird. Die Abb. 6 zeigt das Zusammenwirken im Detail.

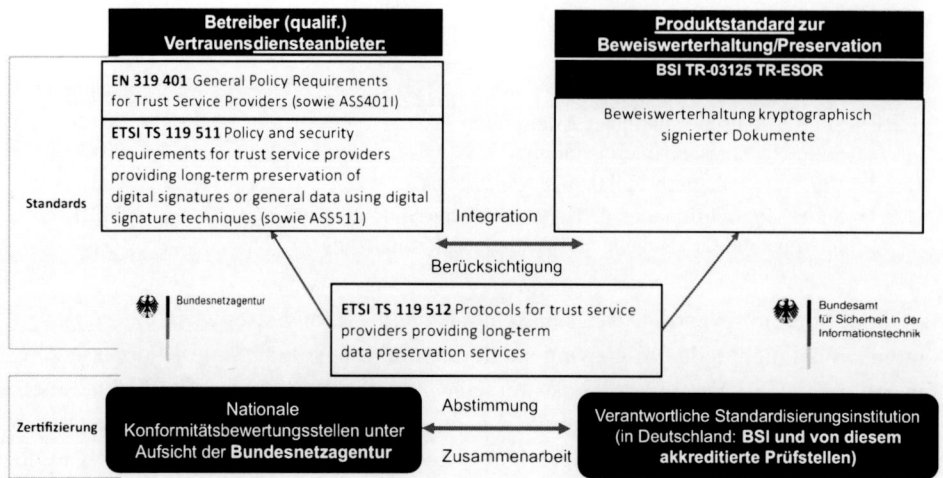

Abb. 6 Zusammenwirken von Bewahrungsdienst- und Produktzertifizierung

4   Fazit und Ausblick

Sowohl die Regelungen der eIDAS-Verordnung als auch die hierauf basierenden ETSI-Normen schaffen die regulatorische wie technische Basis für einen digitalen Vertrauensraum im europäischen Binnenmarkt (Bundesdruckerei, 2018). Untersetzt durch fachspezifische Regularien und Standardisierungen in Records Management und beweissicherer Langzeitspeicherung liegt ein rechtlich-organisatorisches wie valides fachlich-technisches Framework vor, um elektronische Prozesse nicht nur im Gesundheitswesen vollständig sicher, nachweisbar und damit vertrauenswürdig bis zum Ablauf der geltenden Aufbewahrungsfristen zu etablieren

Qualifizierte Bewahrungsdienste, die Produkte gemäß TR03125 umsetzen, ermöglichen langfristige Sicherheit von der Patientenakte über eRezept bis zum Arztbrief, digitalen Befund oder Labordaten und schaffen durch eine beweissichere Langzeitspeicherung eine nachhaltige, weil vertrauenswürdige Digitalisierung.

Literatur

2015/1506/EU. DURCHFÜHRUNGSBESCHLUSS (EU) 2015/1506 DER KOMMISSION zur Festlegung von Spezifikationen für Formate fortgeschrittener elektronischer Signaturen und fortgeschrittener Siegel, die von öffentlichen Stellen gemäß Artikel 27 Absatz 5 und Artikel 37 Absatz 5 der Verordnung (EU) Nr. 910/2014 des Europäischen Parlaments und des Rates über elektronische Identifizierung und Vertrauensdienste für elektronische Transaktionen im Binnenmarkt anerkannt werden, 8. September 2015.

ASS401: BSI, Criteria for Assessing: Criteria for Assessing Trust Service Providers against ETSI Policy Requirements, Part 1: Assessment Criteria for all TSP – ETSI EN 319 401, 2020.

ASS511: BSI, Criteria for Assessing: Criteria for Assessing Trust Service Providers against ETSI Policy Requirements, Part 2: Assessment Criteria providing long-term preservation of digital signatures or general data using digital signature techniques – ETSI TS 119 511, 2020.

Az. 6 K 691/14.WI.A. VG Wiesbaden, 26.09.2014 – 6 K 691/14.WI.A

Az. 6 K 808/17.WI.A. VG Wiesbaden, 09.08.2017 – 6 K 808/17.WI.A

BGB. Bürgerliches Gesetzbuch in der Fassung der Bekanntmachung vom 2. Januar 2002 (BGBl. I S. 42, 2909; 2003 I S. 738), das zuletzt durch Artikel 3 des Gesetzes vom 16. Juli 2021 (BGBl. I S. 2947) geändert worden ist.

BITKOM. (2019). eIDAS und der ECM-Markt. Elektronische Identifizierung und Vertrauensdienste als Chance für die Digitalisierung. BITKOM e.V. (Hrsg.), Berlin 2019.

Bundesamt für Sicherheit in der Informationstechnik. (2018). BSI-Grundschutzkompendium. Bundesamt für Sicherheit in der Informationstechnik. Bonn 2018.

Bundesdruckerei. (2018). Vertrauensraum in der Digitalisierung. Bundesdruckerei (Hrsg.). Berlin 2018.

Bundesministerium des Innern (2013). *Minikommentar zum Gesetz zur Förderung der elektronischen Verwaltung sowie zur Änderung weiterer Vorschriften.*

Bundesnetzagentur. (2019). Leitlinie für digitale Signatur-/Siegel-, Zeitstempel- und Beweisdaten (Evidence Record) – formate. Bundesamt für Sicherheit in der Informationstechnik/.

Bundesversicherungsamt. (2018). Leitfaden Elektronische Kommunikation und Langzeitspeicherung elektronischer Daten.

DIN 31644:2012 Information und Dokumentation – Kriterien für vertrauenswürdige digitale Langzeitarchive. 2012.

DIN 31647:2015 Beweiswerterhalt kryptografisch signierter Dokumente, 2015.

DIN TS 31648:2021 Kriterien für vertrauenswürdige Transaktionen – Records Management und Beweiswerterhaltung in Distributed Ledger Technologien und Blockchain. 2021.

EASA. (2018). Easy Access Rules for Airworthiness and Environmental Certification. (Regulation (EU) No 748/2012). Part 21.A.55. published February 2018.

EGOVG. (2013). Gesetz zur Förderung der elektronischen Verwaltung (E-Government-Gesetz – EGovG) vom 25.07.2013.

eHealthG. (2015). Gesetz für sichere digitale Kommunikation und Anwendungen im Gesundheitswesen vom 21. Dezember 2015.

eIDAS (23.07.2014). „VERORDNUNG (EU) Nr. 910/2014 DES EUROPÄISCHEN PARLAMENTS UND DES RATES über elektronische Identifizierung und Vertrauensdienste für elektronische Transaktionen im Binnenmarkt und zur Aufhebung der Richtlinie 1999/93/EG" vom 23.07.2014.

eJusticG. (2013). Gesetz zur Förderung des elektronischen Rechtsverkehrs mit den Gerichten vom 10. Oktober 2013.

ETSI. TS119511 Policy and security requirements for trust service providers providing long-term preservation of digital signatures or general data using digital signature techniques.

ETSI. TS119512. Protocols for trust service providers providing long-term data preservation services.

ETSI EN 319 122. – {1,2,3}, Electronic Signatures and Infrastructers (ESI); CAdES digital signatures, ETSI V1.1.1, (2016-04).

ETSI EN 319 132. – {1,2}, Electronic Signatures and Infrastructures (ESI); XAdES digital signatures, ETSI V1.1.1, (2016-04).

ETSI EN 319 142. – {1,2}, Electronic Signatures and Infrastructeres (ESI); PAdES digital Signatures, ETSI V1.1.1 (2016-04).

ETSI EN319162 ETSI EN 319 162. – {1,2}, Electronic Signatures and Infrastrucutres (ESI); Associated Signature Containers (ASiC), ETSI V1.1.1 (2016-04).

ETSI EN319401 ETSI EN 319 401 – General policy requirements for trust service providers. ETSI v2.2.1 (2018-04).

ETSI SR 019 510, Electronic Signatures and Infrastructures (ESI); Scoping Study and framework for standardization of long-term data preservation services, including preservation of/with digital signatures, ETSI V1.1.1 (2017-05).

EU-DLR. RICHTLINIE. 2006/123/EG „DES EUROPÄISCHEN PARLAMENTS UND DES RATES über Dienstleistungen im Binnenmarkt" vom 12.12.2006 [EUDSGVO] VERORDNUNG (EU) 2016/679 DES EUROPÄISCHEN PARLAMENTS UND DES RATES vom 27. April 2016 zum Schutz natürlicher Personen bei der Verarbeitung personenbezogener Daten, zum freien Datenverkehr und zur Aufhebung der Richtlinie 95/46/EG (Datenschtz-Grundverordnung).

EUDSGVO. VERORDNUNG. (EU) 2016/679 DES EUROPÄISCHEN PARLAMENTS UND DES RATES vom 27. April 2016 zum Schutz natürlicher Personen bei der Verarbeitung personenbezogener Daten, zum freien Datenverkehr und zur Aufhebung der Richtlinie 95/46/EG (Datenschutz-Grundverordnung).

EuroSOX. RICHTLINIE. 2006/43/EG DES EUROPÄISCHEN PARLAMENTS UND DES RATES vom 17. Mai 2006 über Abschlussprüfungen von Jahresabschlüssen und konsolidierten Abschlüssen, zur Änderung der Richtlinien 78/660/EWG und 83/349/EWG des Rates und zur Aufhebung der Richtlinie 84/253/EWG des Rates.

FDA. CFR. – Code of Federal Regulations Title 21. ITLE 21 – FOOD AND DRUGS CHAPTER I – FOOD AND DRUG ADMINISTRATION DEPARTMENT OF HEALTH AND HUMAN SERVICES SUBCHAPTER A – GENERAL PART 11 ELECTRONIC RECORDS; ELECTRONIC SIGNATURE.

Fischer-Dieskau, S. (2006). Das elektronisch signierte Dokument als Mittel zur Beweissicherung. NOMOS.

GXP. Sammlung von Guten Arbeitspraxis Richtlinien, z. B. GCP – Good Clinical Practice oder GLP – Good Laboratory Practice etc.

Henne, T. (2018). Juristische Anforderungen an die Beweiswerterhaltung bei digitaler Archivierung. 23. Archivwissenschaftliches Kolloqium. Marburg.

ISO 13527:2010. Space data and information transfer systems – XML formatted data unit (XFDU) structure and construction rules, 2010.

ISO 14533-1:2014. Processes, data elements and documents in commerce, industry and administration – Long term signature profiles – Part 1: Long term signature profiles for CMS Advanced Electronic Signatures (CAdES).

ISO 14533-2:2012. Processes, data elements and documents in commerce, industry and administration – Long term signature profiles – Part 2: Long term signature profiles for XML Advanced Electronic Signatures (XAdES).

ISO 14533-3:2017. Processes. data elements and documents in commerce, industry and administration – Long term signature profiles – Part 3: Long term signature profiles for PDF Advanced Electronic Signatures (PAdES).

ISO 14721:2012. Space data and information transfer systems – Open archival information system – Reference model, 2nd Edition, 2012.

ISO 24727-1:2014. Identification cards – Integrated circuit card programming interfaces – Part 1: Architecture.

ISO 30300:2020. Information and documentation – Management systems for records – Fundamentals and vocabulary.

ISO 30301:2011. Information and documentation – Management systems for records – Requirements. 2011.

ISO 30302:2015. Information and documentation – Management systems for records – Guidelines for implementation.

ISO15489-1:2016. Information and documentation – Records management – Part 1: Concepts and principles. 2016.

Korte, U., Schwalm, S., & Hühnlein, D. (2013). Vertrauenswürdige und beweiswerterhaltende Langzeitspeicherung auf Basis von DIN 31647 und BSI TR-03125, Informatik 2013, GI-LNI, P220, 550–566.

Korte, U., Schwalm, S., & Hühnlein, D. (2014a). Standards for the preservation of evidence and trust. Proceedings Archiving 2014, Springfield 2014, S. 9–14.

Korte, U., Schwalm, S., & Hühnlein, D. (2014b). *Standards und Lösungen zur langfristigen Beweiswerterhaltung* (S. 46–58). DACH-Security 2014.

Korte, U., Schwalm, S., Kusber, T., & Hühnlein, D. (2016). *Beweiswerterhaltung im Kontext eIDAS – eine Case Study* (S. 379–392). DACH-Security 2016.

Korte, U., Schwalm, S., Kusber, T., Hühnlein, D., Prechtl, M., & Wild, B. (2017). *Datenpakete zur Informations- und Beweiswerterhaltung. Ein Vergleich* (S. 291–303). DACH-Security 2017.

Korte, U., Schwalm, S., & Kusber, T. (2018a). *Vertrauenswürdiges E-Government – Anforderungen und Lösungen zur beweiswerterhaltenden Langzeitspeicherung. 23.* Archivwissenschaftliches Kolloqium. Marburg.

Korte, U., Berghoff, C., Schwalm, S., & Kusber, T. (2018b). *Langfristige Beweiswerterhaltung und Datenschutz in der Blockchain* (S. 177–192). DACH-Security 2018.

Korte, U., Kusber, T., & Schwalm, S. (2019). Aktuelle Standards und Normen in Records Management und beweissicherer Langzeitspeicherung. In *23. Tagung des Arbeitskreises „Archivierung von Unterlagen aus digitalen Systemen".* Prag.

Korte, U., Kusber, T., Shamburger, K., & Schwalm, S. (2021). Records management and long-term preservation of evidence in DLT. In *OpenIdentitySummit 2020. Proceedings,* Lyngby.

Kusber, T., & Schwalm, S. (2016). Elektronische Langzeitspeicherung als SOA-Dienst – Kernelement eines vertrauenswürdigen Informationsmanagements. *INFORMATIK,* 869–882.

Kusber, T., Schwalm, S., Dörner, A., & Vogt, T. (2015). Die Bedeutung der eIDAS-Verordnung für Unternehmen und Behörden. Neue Chancen und Herausforderungen für vertrauenswürdige elektronische Geschäftsprozesse in Europa, Berlin.

Merkle, R. (1980). Protocols for Public Key Cryptosystems. *Proceedings of the 1980 IEEE Symposium on Security and Privacy* (Oakland, CA, USA), SS. 122–134, 1980.

OZG. (2017). Onlinezugangsgesetz vom 14. August 2017 (BGBl. I S. 3122, 3138).

PatRG: Patientenrechtegesetz, BGBl. I 2013, 277.

PSD2(2015) RICHTLINIE (EU). 2015/2366 DES EUROPÄISCHEN PARLAMENTS UND DES RATES vom 25. November 2015 über Zahlungsdienste im Binnenmarkt, zur Änderung der Richtlinien 2002/65/EG, 2009/110/EG und 2013/36/EU und der Verordnung (EU) Nr. 1093/2010 sowie zur Aufhebung der Richtlinie 2007/64/EG.

RFC4998. Gondrom, T., Brandner, R., & Pordesch, U. (2007). Evidence Record Syntax (ERS), IETF RFC 4998. http://www.ietf.org/rfc/rfc4998.txt. Zugegriffen im August 2007.

RFC6283. Blazic, A. J., Saljic, S., & Gondrom, T. (2011). Extensible Markup Language Evidence Record Syntax (XMLERS), IETF RFC 6283. http://www.ietf.org/rfc/rfc6283.txt. Zugegriffen im Juli 2011.

Roßnagel, A. (2007). *Langfristige Aufbewahrung elektronischer Dokumente.* Anforderungen und Trends.

SGBV. Das Fünfte Buch Sozialgesetzbuch – Gesetzliche Krankenversicherung – (Artikel 1 des Gesetzes vom 20. Dezember 1988, BGBl. I S. 2477, 2482), das zuletzt durch Artikel 1 des Gesetzes vom 11. Juli 2021 (BGBl. I S. 2754) geändert worden ist.

Toebak, Peter M.(2007). Records Management. Ein Handbuch.

TR03125. BSI.: Beweiswerterhaltung kryptographisch signierter Dokumente (TR-ESOR), TR 03125, https://www.bsi.bund.de/tr-esor.

TR03125-F BSI.: Beweiswerterhaltung kryptographisch signierter Dokumente (TR-ESOR), TR 03125 Anhang F (Formate), https://www.bsi.bund.de/tr-esor.

TR03138. BSI Technische Richtlinie 03138 Ersetzendes Scannen. Version 1.4, 2019.

TR-ESOR-APP. BSI: Beweiswerterhaltung kryptografisch signierter Dokumente (TR-ESOR), TR 03125, Appendix, https://www.bsi.bund.de/tr-esor.

Vertrauensdienstegesetz (18. Juli 2017) (BGBl. I S. 2745), das durch Artikel 2 des Gesetzes vom 18. Juli 2017 (BGBl. I S. 2745) geändert worden ist.

Vogt, T., & Schwalm, S. (2018). eIDAS-ready? Status Quo und Roadmap zur Umsetzung elektronischer Vertrauensdienste in Behörden und Unternehmen. Berlin.

Weber, M., & Schwalm, S. (2018). Records Management und die Internationale Norm ISO 15489:2016. DIN-Normenausschuss Information und Dokumentation (NID). Regelkonforme Erzeugung, Speicherung und Nutzung digitaler Aufzeichnungen. *DIN-Mittelungen, 9*, 10–13.

Weber, M., Vogt, T., Krogel, W., & Schwalm, S. (2018). *Records Management nach ISO 15489*. Einführung und Anleitung.

Zivilprozessordnung in der Fassung der Bekanntmachung. vom 5. Dezember 2005 (BGBl. I S. 3202; 2006 I S. 431; 2007 I S. 1781), die zuletzt durch Artikel 11 Absatz 15 des Gesetzes vom 18. Juli 2017 (BGB. I S. 2745) geändert worden ist.

Daten, Informationen und Informationssicherheit: Theorie und Praxis

Frederik Humpert-Vrielink und Dennis Graf

Inhaltsverzeichnis

F. Humpert-Vrielink (✉)
CETUS Health IT Leadership Gesellschaft für Digitalisierung und Service mbH,
Essen, Deutschland
E-Mail: fhv@cetus-health.com

D. Graf
Marienhaus GmbH, Waldbreitbach, Deutschland
E-Mail: dennis.graf@marienhaus.de

© Der/die Autor(en), exklusiv lizenziert durch Springer Fachmedien Wiesbaden
GmbH, ein Teil von Springer Nature 2022
V. Henke et al. (Hrsg.), *Digitalstrategie im Krankenhaus*,
https://doi.org/10.1007/978-3-658-36226-3_17

Zusammenfassung

Die fortschreitende Digitalisierung des Gesundheitswesens in Deutschland und Europa rückt verstärkt die Sicherheit der Informationsverarbeitung in den Mittelpunkt der Diskussion. Für Anbieter von Gesundheitsdiensten wird die Verfügbarkeit, Vertraulichkeit und Authentizität sowie die Integrität der verarbeiteten Informationen ein wettbewerbsbestimmender Faktor. Die hiermit verbundene notwendige Kompetenz, die Schutzwürdigkeit der Daten und Informationen einzuschätzen und in Konzepten würdigen zu können, ist ein wichtiger Baustein, um Compliance mit den gesetzlichen Vorgaben der § 75b/c SGB V sowie als Betreiber kritischer Infrastrukturen mit dem § 8a BSI-Gesetz sicherzustellen. Dieser Beitrag zeigt auf, welche Maßnahmen notwendig sind, um Informationssicherheit einzuführen. Dabei wird neben der Einordnung der Begriffe auch der rechtliche Rahmen in Deutschland beleuchtet. Die Einordnung in den Gesamtkontext IT- und Informationssicherheit auf Basis des Health Data Office Ansatzes zeigt auf, welche typischen Sicherheitslücken vorherrschen und wie diese geschlossen werden können, damit Informationssicherheit die Basis für die Gesundheitsversorgung der Zukunft ist, die maßgeblich durch plattformbasierte Ansätze, Digitale Gesundheitsanwendungen und Künstliche Intelligenz bestimmt wird.

1   Informationssicherheit in der digitalen Transformation

1.1   Veränderung durch digitale Transformation

Digitale Transformation im Gesundheitswesen ist ein Prozess, der dazu geeignet ist, das Gesundheitswesen von Grund auf zu verändern und in seinen Grundstrukturen zu erschüttern. Dabei steigt ergänzend zur organisatorischen Komplexität auch die Komplexität der informationstechnologischen Implementierung. Dieser Prozess hat zur Folge, dass klassische Ansätze der Informationssicherheit nur noch teilweise gelten, wie auch Meier et al. (2019) darstellen.

Die zunehmende komplexe informationstechnische Infrastruktur eines Krankenhauses zu steuern, ist dabei eine nicht zu unterschätzende Herausforderung in zukünftigen Strukturen. Es wird im Unternehmen Krankenhaus zunehmend wichtiger, die IT-Infrastruktur außerhalb der Verwaltungssysteme zu standardisieren, auf die Interoperabilität digitaler Systeme zu setzen und die eingesetzten Plattformen zu harmonisieren. Diese Herausforderungen beschreiben Stoffers et al. (2019) sehr treffend.

Ergänzend dringen in der sogenannten Plattformökonomie immer häufiger neue Medizingeräte, die bestenfalls IT-Systeme nach dem Stand der Technik darstellen, in die Netzwerke. Deren Einbindung in das IT-Netz ist zusätzlich eine große Herausforderung. Diese unterliegen als Medizinprodukte einem Zulassungsprozess und sind nur in einer bestimmten Konfiguration am Markt verfügbar. Dieser Umstand erschwert es, Informationssicherheit in einem Krankenhaus nach klassischen Regeln umzusetzen.

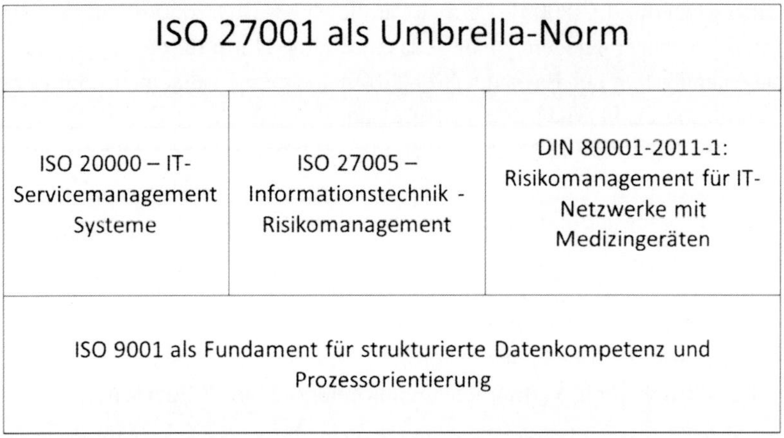

ISO 27001 als Umbrella-Norm		
ISO 20000 – IT-Servicemanagement Systeme	ISO 27005 – Informationstechnik - Risikomanagement	DIN 80001-2011-1: Risikomanagement für IT-Netzwerke mit Medizingeräten
ISO 9001 als Fundament für strukturierte Datenkompetenz und Prozessorientierung		

Abb. 1 ISO 27001 als Umbrella-Norm

In der digitalen Transformation greift auch die einzelne Anwendung der ISO/IEC 27001 oder verwandter Normen der ISO-Familie zu kurz: Denn die in diesen Normen definierten Schutzziele Verfügbarkeit, Vertraulichkeit und Integrität (das sog. „C- I-A-Paradigma" bzgl. der Ziele Confidentiality – Integrity – Availability) decken nur einen Bruchteil dessen ab, was in einem Krankenhaus an Sicherheitszielen umzusetzen ist. Nicht nur, weil die C-I-A-Schutzziele im Krankenhaus nicht ausreichen, sondern auch, weil die rechtlichen Rahmenbedingungen dort die klassische Einbindung in Methoden der IT- oder Informationssicherheit wie Patch- und Updatemanagement nicht immer im medizinischen Bereich zulassen. Die verstärkte Bewertung von Apps und Smart Devices als Medizinprodukte verschärft diesen Umstand. Daher ist die DIN ISO 27001 nur noch als Umbrella-Norm angebracht (Abb. 1).

1.2 Neue Ansätze der Informationssicherheit nötig

Es ist aus den oben beschriebenen Überlegungen längst Zeit, über andere Ansätze zu diskutieren, die ein integriertes Management der Informationssicherheit im Krankenhaus ermöglichen. Vielversprechend erscheint hierbei eine Kombination der klassischen Managementsystemmethode mit einer Methodik, die das Risikomanagement für IT-Netzwerke mit Medizinprodukten beleuchtet – letztere liegt in Form der IEC 80001-1 vor wie in Abb. 1 dargestellt.

Die Norm IEC 80001-1:2001 „Risikomanagement für IT-Netzwerke mit Medizinprodukten" verfolgt im Gegensatz zu klassischen Managementsystemen einen Ansatz, der auf der Kommunikation und Verantwortungsteilung zwischen Herstellern und Anwendern von Medizinprodukten basiert. Dies trägt den Vorgaben Rechnung, dass Änderungen an Medizinprodukten, nachdem diese genehmigt und zugelassen wurden, nur durch Hersteller vorgenommen werden dürfen.

Dabei weist die IEC 80001-1 einige Parallelen zur ISO-20000-Familie (2018) der Normen für IT-Servicemanagement auf – das macht die Norm für ein komplettes, integriertes Managementsystem auf Basis der ISO 27001 in einem Krankenhaus gut anwendbar. Zusätzlich zu diesen IT-Management-Parallelen definiert die IEC 80001-1 eigene Schutzziele für den Betrieb von IT-Netzwerken mit Medizinprodukten. Diese sind

- Safety, also vorrangig die Sicherheit von Patienten oder Dritten bei Einsatz eines Medizinprodukts,
- Effectiveness, was hier die korrekte Bereitstellung von korrekten Informationen zur rechten Zeit am rechten Ort meint und
- Security, also die allgemeine Datensicherheit, die in der ISO 27001 unter den Schutzzielen Verfügbarkeit, Vertraulichkeit und Integrität abgebildet wird.

Im Zuge dieses Ansatzes ist auch der Begriff der Datenkompetenz relevant. Informationssicherheit setzt immer auf dem Sicherheitsbedürfnis des eigentlichen Informationsdatensatzes auf. In einem klassischen Ansatz setzt diese Bewertung auf einem zusammenhängenden Datensatz – beispielsweise einer Patientenakte – an. Die digitale Transformation ist nunmehr geeignet, diesen klassischen Aktenansatz einem prozessspezifischen Ansatz weichen zu lassen, wie in Meier et al. (2019) erläutert. Im Rahmen des Prozesses und befördert durch Technologien wie die Cloud und Standards wie IHE oder openEHR ist die Kompetenz eines Gesundheitsanbieters, sich der Sicherheitsanforderungen oder des Schutzbedarfs einzelner Datensätze bewusst zu sein, ein wichtiger Wettbewerbsfaktor (Stoffers et al., 2019).

Datenkompetenz ist dabei nicht nur eine Managementherausforderung, sondern bettet alle Ebenen moderner Gesundheits-IT ein.

Ein Modell, diese Datenkompetenz zu erreichen, ist mit dem 3LGM2 Modell gegeben, das Winter et al. (2011) beschreiben. Die Unterteilung in die Ebenen

- Fachebene,
- Logische Werkzeugebene und
- Physikalische Ebene

schafft ein Datenmodell, das die Beziehungen sämtlicher über Schnittstellen kommunizierender IT-Komponenten darstellt.

Dieser Überblick ist notwendig, um die Datenkompetenz und mit dieser auch den Schutzbedarf einzelner Datensätze von einem System auf das andere zu übertragen. Damit werden die Anforderungen der klassischen Informationssicherheit erfüllt.

Die oben beschriebene Methodik ist ebenfalls aus Sicht der regulatorischen Compliance schlicht eine Notwendigkeit. Je nach Größe des Krankenhauses ist der komplexe regulatorische Rahmen, der einzuhalten ist, nur mit Hilfe strukturierter Verfahren und Managementsysteme zu kontrollieren und zu erfüllen.

2   Rechtlicher Rahmen

Der Begriff Compliance setzt immer voraus, einen rechtlichen Rahmen einzuhalten. In einer agilen Welt unterliegt dieser Rahmen stetiger Veränderung. Der hier beschrieben und angesprochene rechtlichen Rahmen gibt daher nur den Stand zum Zeitpunkt der Erstellung dieses Beitrages wieder. Änderungen, die bis zur Drucklegung durch den Gesetzgeber erfolgt sind, wurden nicht berücksichtigt.

Der rechtliche Rahmen der digitalen Transformation lässt sich dabei grob in drei große Blöcke unterteilen

- Datenschutzrecht,
- Recht über die kritischen Infrastrukturen,
- Sozialrechtliche Vorgaben.

Die Vorgaben des Handels- und Steuerrechtes, die ebenfalls den Bereich der Informationssicherheit betreffen, werden hier bewusst nicht beleuchtet. Vorgaben für Medizintechnik werden aufgrund einer sehr agilen Regelungsumgebung ebenfalls nicht beleuchtet. Der Autor empfiehlt hier, die aktuellen Fachmedien zu beachten.

2.1   Datenschutzrecht

Relevant ist hier besonders als führende rechtliche Regelung der EU-Datenschutzgrundverordnung. Dieser zentrale rechtliche Baustein regelt alle Datenschutzvorgaben und damit die notwendigen Maßnahmen, um Patientendaten in höchster Vertraulichkeit zu verarbeiten. Zentraler Punkt ist es, dass das Krankenhaus einmal jährlich um Auskunft über alle gespeicherten Informationen und den Speicherort gebeten werden kann. Dies ist bei fehlender Strukturierung der IT-Infrastruktur und damit gleichzeitig fehlender Dokumentation der Kommunikationsschnittstellen und ihrer Vertraulichkeitsanforderungen nahezu unmöglich. Das oben bezeichnete 3LGM2 Modell sollte daher zu jeder IT-Dokumentation dazugehören.

Ein weiterer Baustein des Datenschutzrechts ist dazu die sogenannte Datenschutzfolgeabschätzung. Diese ist sehr ähnlich einer Risikoanalyse in der Informationssicherheit und soll vor der Inbetriebnahme neuer Verfahren und IT-Komponenten durchführt werden.

2.2   Recht über die kritischen Infrastrukturen

Die CoViD-19 Pandemie und die Flutkatastrophe haben Deutschland eine Abhängigkeit von verschiedenen Infrastrukturbereichen aufgezeigt. Einer dieser Bereiche ist das Gesundheitswesen.

Die Regelungen zu den kritischen Infrastrukturen hat der Gesetzgeber im BSI-Gesetz verortet und die Zuständigkeit an das Bundesamt für Sicherheit in der Informationstechnik gegeben (vgl. § 8a ff. BSI-Gesetz). Die Zugehörigkeit zu den kritischen Infrastrukturen – für Krankenhäuser sind diese 30.000 vollstationäre Fälle pro Jahr – regelt die BSI-KRITIS-VO.

Für diejenigen Krankenhäuser, die zur kritischen Infrastruktur zählen, ist der sogenannte „Branchenstandard medizinische Versorgung" (DKG, 2021) relevant, der die Vorgaben für die Informationssicherheit legt. Auch hier sind die oben beschriebenen Bestandteile der Informationssicherheit Kern der Anforderungen.

2.3 Sozialrechtliche Rahmenbedingungen

Diejenigen Krankenhäuser, die nicht den kritischen Infrastrukturen unterliegen, werden im Zuge der sozialrechtlichen Regelungen ebenfalls dazu verpflichtet, Informationssicherheit umzusetzen.

Dabei sind verschiedene Aspekte relevant:

- Die Regelungen zum Krankenhauszukunftsfonds – § 19 ff Krankenhausstrukturfondsverordnung – verlangen 15 % der Fördermittel aus § 14a Krankenhausfinanzierungsgesetz in IT-Sicherheit zu investieren.
- Die Regelungen des § 75b SGB V verlangen von den Krankenhäusern, die als Betreiber von MVZ auftreten, die Sicherheitsrichtlinien der Kassenärztlichen Bundesvereinigung einzuhalten. Nur Krankenhäuser, die zu den kritischen Infrastrukturen zählen sind hiervon befreit.
- Die Regelung des § 75c SGB V verlangen von allen Krankenhäusern, die nicht den Regeln des § 8a BSI-Gesetz unterliegen und nicht über KV Ambulanzen verfügen die Anforderungen der Informationssicherheit ebenfalls einzuhalten. Die Anwendung der KRITIS-Standards oder anderer Normen nach dem Stand der Technik sind hier relevant.

Zusammengefasst ist der rechtliche Rahmen für die digitale Transformation des Gesundheitswesens einerseits und für die notwendige Informationssicherheit andererseits durchaus komplex. Diese Vorgaben aus Sicht der Compliance zu erfüllen und andererseits aktiv auf Veränderungen reagieren zu können, bedarf einer strukturierten Managementstruktur.

3 Das ISMS als zentraler Baustein

3.1 Moderne Ansätze nötig

Ein moderner Ansatz des Informationssicherheits-Managements in medizinischen Einrichtungen, der geeignet ist, die komplexe und sich wandelnde Welt der regulatorischen

Abb. 2 PDCA-Zyklus ISMS

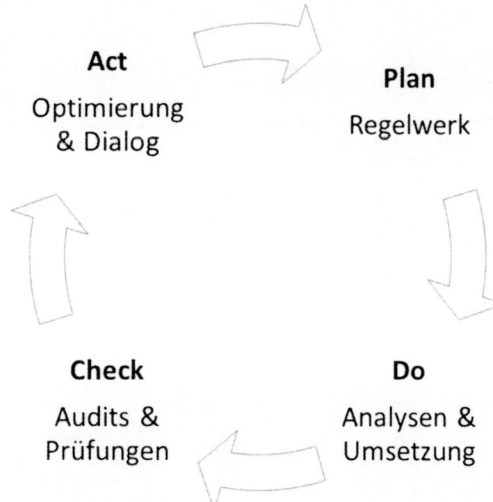

Anforderungen zu erfüllen, verbindet wie in Abschn. 2 erläutert zweckmäßigerweise die Normen ISO/IEC 27001 und IEC 80001-1 mit den Vorgaben des Branchenstandards für medizinische Versorgung (B3S). Der Ansatz nutzt die vorhandenen Synergien und berücksichtigt die Unterschiede sowie die Anforderungen der Gesetzgebung für das Krankenhaus.

Wichtigster Aspekt dieses Ansatzes ist es, den in der ISO/IEC 27001 beschriebenen Plan-Do-Check-Act-(PDCA)-Zyklus vollständig zu durchlaufen (Abb. 2).

Auch die umgebenden Variablen des ISMS müssen dazu vollständig – wie in der Norm definiert – umgesetzt werden, zum Beispiel

- interne Audits,
- Korrektur- und Vorbeugemaßnahmen,
- Controls aus dem Annex A sowie dem B3S,
- Management-Reviews,
- Schulung und Ausbildung sowie eine
- Methodik zur Risikoanalyse.

3.2 ISMS als Herzstück

Im Herzstück des ISMS wird bei der Risikoanalyse die Methodik aufgespalten. Dies bedeutet hier, bereits auf der Ebene der anwendbaren Risikoanalysenormen klare Unterschiede herauszuarbeiten und in den entsprechenden Dokumenten zu beschreiben. So entstehen zwei Richtlinien für Risikoanalysen: für den klassischen IT-Teil und für den IT-Teil mit Medizinprodukten, die die Informationen für die Digitale Transformation des Geschäftsmodells Krankenhaus liefern (Abb. 3).

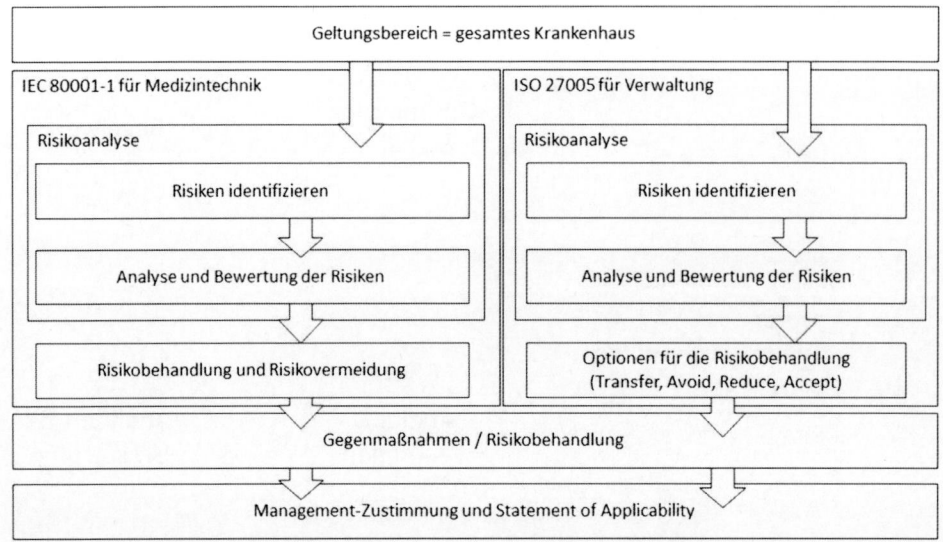

Abb. 3 Struktur eines integrierten ISMS

Für den Verwaltungsteil der Infrastruktur eines Krankenhauses ist es zielführend, eine klassische Risikoanalyse zur Informationssicherheit vorzunehmen. Dies betrifft besonders diejenigen „kritischen Werte" an Informationen, welche die Bereiche

- kaufmännisches Rechnungswesen,
- Rechnungswesen,
- Personalverwaltung und
- allgemeine Verwaltung

umfassen.

Ob und wie stark das klinische Informationssystem (KIS) in den Verwaltungsteil des ISMS einbezogen wird, ist ein strittiger Punkt: Je nach Betrachtungsweise der Rechtsvorgaben könnte man das KIS auch als Medizinprodukt bewerten. Hilfreich ist hier der Rückgriff auf die so genannte „Medical Device Regulation" in der jeweils aktuellen Fassung: Ihr zufolge unterläge der Betrieb eines KIS den Rechtsnormen für den Betrieb von Medizinprodukten, insbesondere der Medizinproduktebetreiberverordnung – dies schlösse dann eine problemlose Integration in die klassischen ISMS-Maßnahmen aus.

Hieraus können bei unkoordinierter Steuerung große Sicherheitslücken entstehen. Um das zu vermeiden, sollte das KIS in Zweifelsfällen daher immer als Medizinprodukt gewertet werden – weniger aus Sicht der IT oder Informationssicherheit als aus dem Blickwinkel der rechtlichen Konformität heraus.

Bei den problemlos zum Bereich der Verwaltungssysteme zählenden Systemen kommt zur Bewertung von Risiken fast immer das klassische Modell „Transfer–Avoid–Reduce–Accept" (TARA) zum Einsatz.

Um Risiken angemessen zu analysieren, ihre Auswirkungen auf das Geschäft fundiert zu beschreiben und verantwortlichen Risikoträgern alle Konsequenzen möglicher Entscheidungen vorlegen zu können, benötigen die Verantwortlichen eine Methodik, die nicht nur „eindimensional" denkt, sondern die Abhängigkeiten der Risiken voneinander und Wechselwirkungen von Risiken und Maßnahmen untereinander beschreibt. Nur dann ist eine Risikoanalyse aussagekräftig und nachvollziehbar.

Die fünf wichtigsten Dimensionen, die man im Rahmen einer umfassenden, geschäftsorientierten Risikoanalyse berücksichtigen sollte, sind:

- IT-Strategie,
- Versorgungskonzept,
- Klinische und administrative Geschäftsprozesse,
- IT-Systeme und
- Schwachstellen.

Verglichen mit Methoden des Informationssicherheitsmanagements (ISM) zur Risikoanalyse erscheinen diese Dimensionen sehr weit reichend, da sie sowohl IT-Strategie als auch Prozesse und deren Logik einbeziehen. Dies erfordert, dass Informationen zu einem Versorgungskonzept inklusive IT-Strategie und klar beschriebenen Geschäftsprozessen vorliegen. Hieran wird es häufig mangeln.

3.3   Risikoanalyse

Um den hohen Anforderungen an Risikoanalysen gerecht zu werden, bedarf es eines Wechsels des Betrachtungswinkels: Die strategische Ausrichtung des Krankenhauses in die Analyse mit einzubeziehen, benötigt eine Methode, die sich für einen „Blick in die Zukunft" eignet – hier ist die Nutzung der Szenariotechnik ein sinnvoller Ansatz (Abb. 4).

Bedingt durch die hohe Komplexität der Informationsverarbeitung ergeben sich heute viele Risiken aus der Prozesslogik, der Anwendungslogik und allgemein aus den eingesetzten IT-Systemen. Um die Auswirkungen eines Verlusts von Vertraulichkeit, Verfügbarkeit oder Integrität abzubilden, wird jedoch meist eine Art Ratespiel betrieben – die Kernfrage lautet dabei „Was passiert, wenn …?" und zielt in Richtung technischer Fehlerquellen oder menschlichen Versagens. Dieser Denkweg ist bei weiter voranschreitender digitaler Transformation nur in Teilen ausreichend und wenig wiederholbar.

Die Konsequenzen von Entscheidungen und Auswirkungen auf andere Risiken werden in der Regel nicht beleuchtet. Die üblichen Ansätze berücksichtigen nicht, was bei einer Verkettung von Vorkommnissen passiert oder welche Situation entsteht, wenn eine Entscheidung in die eine und nicht in die andere Richtung getroffen wird. Für Krankenhäuser

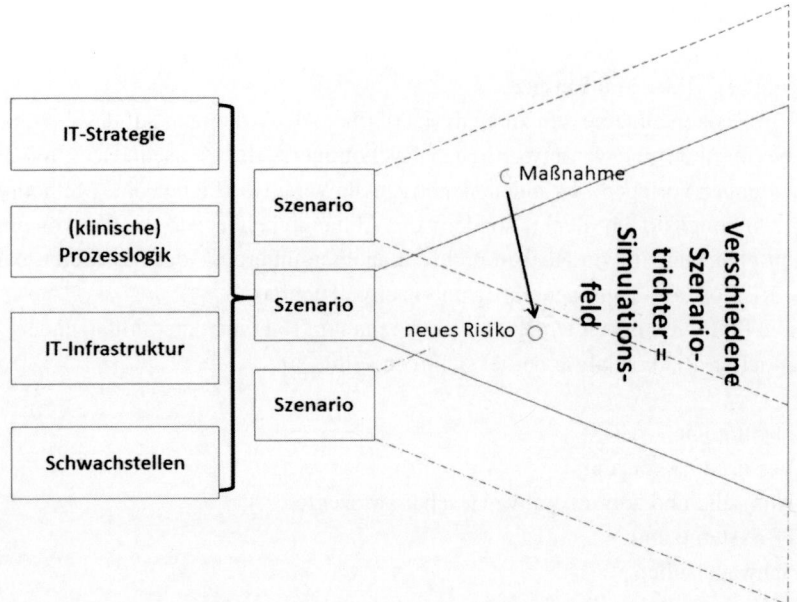

Abb. 4 Szenariotechnik – Schema

wird es daher leicht zum Glücksspiel, ob die erstellten Analysen auch die technische Entwicklung und die Entwicklung in wirklich alle Risiken erfassen. Dabei ist ein vernünftiger Blick in die (mögliche) Zukunft unerlässlich, denn nur dann kann man die Entwicklung erkannter Risiken in Abhängigkeit von Maßnahmen und Strategie fundiert analysieren.

Die aktuelle IT-Strategie spielt jedoch bei der Risikoanalyse auch unabhängig von der eingesetzten Technik eine große Rolle: Dieser Aspekt trägt vor allem der technischen Entwicklung und der Entwicklung in untersuchten Krankenhausstrukturen Rechnung. Meist unterbleibt diese Betrachtung bei den heute üblichen (standardisierten) Risikoanalysen. Dabei verlangt die digitale Transformation eine professionelle strategische Sicht (Meier et al., 2019).

Viele Analysten nutzen stattdessen technisches Wissen und Expertengespräche mit Herstellervertretern zur Ergebnisfindung: Dabei produzieren sie lange Listen, die jedoch bei einem Strategiewechsel oder einer veränderten Plattformstrategie überflüssig werden oder an eine veränderte Risikolage anzupassen wären.

3.4   Szenariotechnik

Die bessere Szenariotechnik geht auf den amerikanischen Zukunftsforscher Herman Kahn zurück: Sie wurde in den 50er-Jahren für militärische Zwecke entwickelt. Heute wird sie zumeist im betrieblichen Innovationsmanagement eingesetzt und verfolgt das Ziel, extreme Entwicklungen oder Wunschszenarien der Märkte derart abzubilden, dass man Maßnahmen ergreifen kann, um eine für das Unternehmen optimale Zukunft zu erreichen. Zusätzlich wird die Szenariotechnik in der Zukunftsforschung eingesetzt, um Trends zu erkennen und verschiedene Zukunftsvarianten abbilden zu können. Eine strukturierte und verständliche Beschreibung liefern Kosow und Gaßner (2008) im IZT Werkstattbericht Nr. 103 von 2008.

Natürlich wird niemand ernsthaft von einer Trendanalyse sprechen, sobald es um den Bereich des Risikomanagements oder der Risikoanalysen geht. Doch die Abhängigkeiten der Auswirkungen verschiedener Entscheidungen untereinander darstellen und analysieren zu können, ist in diesem Anwendungsfeld genauso wichtig!

Damit qualifiziert sich die Szenarioanalyse als Methodik zum Risikomanagement: Sie ermöglicht es, anhand verschiedener Einflussfaktoren und simulierter Entscheidungen die Auswirkungen von Sicherheitsmaßnahmen darzustellen.

Betrachtet man im Gegensatz dazu gängige Methoden der Risikoanalyse im Bereich des Sicherheitsmanagements so sind diese sehr technisch orientiert. Zusätzlich fehlt es an einer notwendigen Integration von Abhängigkeiten, um Entwicklungen korrekt abbilden zu können.

Vor diesem Hintergrund sind die Ergebnisse heute üblicher Risikoanalysen statisch und „eindimensional". Ferner liefern sie Ergebnisse nur auf Basis einer Stichtagsanalyse oder einer unveränderlichen Evaluationsbasis: Zumeist wird mittels Expertenbefragungen der Risikolevel der technischen Komponenten ermittelt und man definiert Gegenmaßnahmen auf Basis der Ergebnisse dieser Gespräche. Als Experten werden meist die bereits erwähnten Herstellervertreter oder Systemintegratoren herangezogen: Diese beherrschen zwar die eingesetzte Technik, berücksichtigen jedoch nicht die Entwicklung des Gesamtumfelds inklusive der Auswirkungen der konkreten Entwicklung eines Versorgungsgebietes und seiner Strategien. Dies sorgt dafür, dass die Ergebnisse unscharf bleiben und keine ausreichenden Informationen für fundierte Entscheidungen liefern können.

Wird nun eine Szenariotechnik im Rahmen der Risikoanalyse eingesetzt, ergibt sich hingegen eine fundierte Dokumentation verschiedener Handlungsalternativen: Diese unterschiedlichen Szenarien bedenken nicht nur einzelne Risiken, sondern simulieren gleichzeitig auch die Abhängigkeit unterschiedlicher Risikoträger untereinander. Es wird ein so genanntes Deskriptorengitter (Abb. 5) erstellt, wie die einzelnen Risiken oder Entscheidungen aufeinander einwirken: je höher die Zahl, desto höher ist der Einfluss auf- oder die Abhängigkeit untereinander.

Das Ergebnis ermöglicht es Risikoentscheidern, sich mit ganz konkreten Risiken für das betrachtete Unternehmen und die Informationssicherheit auseinanderzusetzen.

Die dynamische Entscheidungsbasis ermöglicht es gleichzeitig, Entscheidungen nach dem Einbinden neuer Faktoren zu hinterfragen und damit zusätzlich einen fortdauernden Risikomanagementprozess in Gang zu setzen. Gleichzeitig kann sich ein Entscheider, dessen Risiken auf Basis der Szenariotechnik analysiert worden sind, sicher sein, alle – oder zumindest die meisten – Alternativen und Szenariokaskaden vorgelegt zu bekommen.

	Risiko 1	Risiko 2	Risiko 3	Risiko 4	Summe Aktiv
Risiko 1		-1	0	2	1
Risiko 2	2		1	0	3
Risiko 3	-2	1		-1	2
Risiko 4	1	0	2		3
Summe Passiv	1	0	3	1	

Negative Zahl – Risikominderung
0 –   Neutrale Auswirkung
Positive Zahl - Risikoverstärkung

Abb. 5 Deskriptorengitter der Szenariotechnik

Der Health Data Office Ansatz ermöglicht es hier, verschiedene Szenarien strukturiert zu simulieren und anzupassen. So werden neben den klassischen Risiken auch die Risiken für die Wirtschaftlichkeit und Patientensicherheit sichtbar, die durch fortschreitende Digitalisierung und Nutzbarmachung von Daten, die bisher nur auf Papier vorliegen, minimiert werden können.

4 Exkurs: Das ISMS der Marienhaus Klinikgruppe

4.1 Die Marienhaus Klinikgruppe

Die Marienhaus Stiftung mit Sitz in Waldbreitbach wurde 2011 gegründet. Sie ist Gesellschafterin der Marienhaus GmbH, die die Einrichtungen der Marienhaus-Gruppe steuert und führt. Die Marienhaus Stiftung in Waldbreitbach ist einer der größten christlichen Träger von sozialen Einrichtungen in Deutschland.

Zum Unternehmen zählen:

- 12 Krankenhäuser (an 18 Standorten),
- 20 Alten- und Pflegeheime,
- 2 Kinder- und Jugendhilfeeinrichtungen (an 3 Standorten),

- 3 stationäre und 10 ambulante Hospize,
- 6 Bildungseinrichtungen und
- 11 weitere Einrichtungen.

Die Einrichtungen liegen in den Bundesländern Nordrhein-Westfalen, Rheinland-Pfalz und dem Saarland, insgesamt arbeiten in der Trägerschaft etwa 13.000 Frauen und Männer.

4.2 Informationssicherheit in der Marienhaus GmbH

Als zentrale Steuerungsgesellschaft im Marienhaus Konzern ist die Marienhaus GmbH für die Informationssicherheit, den Datenschutz und die Compliance in allen Einrichtungen der Marienhaus Gruppe verantwortlich.

Um diese wichtigen Fachbereiche zu steuern und die Einhaltung der Vorgaben sicherzustellen, ist ein Informationssicherheitsbeauftragter (ISB) berufen. Er hat die Aufgabe, die Anforderungen der Gesetzgebung zu ermitteln und sicherzustellen, dass diese eingehalten werden. Zu diesem Zweck hat der ISB ein Managementsystem für Informationssicherheit eingerichtet.

Dieses Managementsystem steuert

- die zentralen Konzernvorgaben zur Informationssicherheit bestehend aus einem Rahmenframework von Leitlinien und Richtlinien,
- das Risikomanagement in der Informationssicherheit,
- das Risikomanagement für Medizinprodukte im IT-Netzwerk,
- regelmäßige Verbesserungen und interne Audits sowie
- das regelmäßige Reporting an die Konzernführung über definierte Kennzahlen und Strukturen.

Für die Leitlinien und Richtlinien wird auf die Vorgaben des Branchenstandards Medizinische Versorgung sowie auf die Vorgaben der DIN ISO 27001 zurückgegriffen.

Das Risikomanagement erfolgt anhand einer Analyse der Versorgungskonzepte und damit einhergehender Anforderungen, die sich aus

- Zentren-Zertifizierungen,
- Leitlinien und Vorgaben für Fachabteiligen wie Chest Pain oder Stroke Unit und
- strategischen Planungen der Konzernführung

ableiten. Die daraus resultierenden Anforderungen an

- Verfügbarkeit,
- Vertraulichkeit sowie
- Integrität und Authentizität

der informationsverarbeitenden Prozesse dienen als Basis für die Ausgestaltung der entsprechenden IT-Rahmenwerke.

Für die genaue Bewertung und Ermittlung der Risiken werden Szenarien gebildet und mit Hilfe von Analysewerkzeugen strukturiert geclustert.

5   Empfehlungen

Um auf den agilen rechtlichen Rahmen der digitalen Transformation vorbereitet zu sein und Compliance jederzeit sicherstellen zu können, ist es für Krankenhäuser wichtig, nicht nur ein Managementsystem für Informationssicherheit zu betreiben, sondern bei der Risikoanalyse szenariobasiert zu arbeiten. Unrealistische Szenarien wie CoViD-19 und die Flutkatastrophe haben gezeigt, dass auch unwahrscheinliche Szenarien zum Alltag gehören und entsprechende Maßnahmen simuliert werden müssen.

Die allgemeine Methodik muss jedoch für fundierte Risikoanalysen im Rahmen der Informationssicherheit leicht abgewandelt werden. Der Ursprungsgedanke agiert mit einem so genannten Szenariotrichter. Dieser fußt in der Originalmethode auf einem Zeitpunkt X als Gegenwartsbetrachtung. Durch verschiedene Aggregationen bildet er dann ein Trendszenario sowie je ein positives und negatives Extremszenario ab. Im Idealfall gibt es somit drei Ausprägungen der zu beleuchtenden Szenarien.

Im Rahmen einer Risikoanalyse wird der Analyst mit diesen drei Szenarien jedoch nicht auskommen. Das ergibt sich allein schon dadurch, dass getroffene Maßnahmen zur Minimierung von, IT-Risiken, möglicherweise neue Risiken nach sich ziehen, die das Szenario beeinflussen können. Daher gibt es selbst bei starker Aggregation der Ergebnisse in einer Risikoanalyse zur Informationssicherheit nicht nur drei Szenarien, sondern eine nicht vorab zu beziffernde Anzahl.

Die Herausforderung liegt nun darin, diese Szenarien abhängig von ihren beschreibenden Faktoren, den so genannten Deskriptoren, zusammenzufassen (Clustering) und die wahrscheinlichsten Szenarien zu identifizieren. Die hierbei betrachtete Wahrscheinlichkeit ist jedoch kein Ratespiel, sondern eine Ableitung aus der IT-Strategie: Denn diese lässt Rückschlüsse auf die zukünftige Entwicklung der eingesetzten Technik zu und beeinflusst damit, wie wahrscheinlich die ausgewählten Szenarien werden.

Für jedes dieser „wahrscheinlichen" Szenarien ist es dann sinnvoll, einen eigenen Szenariotrichter auf Basis der Entscheidungen zu verwenden: Dieser liefert dann die Projektionsfläche, um abzuschätzen, was passiert, wenn weitere Risiken hinzukommen oder man entsprechende Sicherheitsmaßnahmen trifft. Die Kombination verschiedener Trichter ermöglicht zudem, zusätzliche Abhängigkeiten untereinander abzubilden.

6   Fazit

Datenkompetenz, Informationssicherheit und Compliance sind in der digitalen Transformation nicht zu unterschätzende Managementaufgaben der Krankenhausleitung. Es ist absolut fatal, derartige Aufgaben dem Fachbereich IT oder einzelnen Beauftragten zu überlassen. Nur die Einbindung von Strategie, Versorgungskonzept und damit einhergehenden Zukunftsszenarien bietet ausreichende Planungssicherheit, um valide Entscheidungsgrundlagen zu erhalten.

Literatur

DKG (2021) Branchenstandard Medizinische Versorgung im Krankenhaus.. Version 1.1; Quelle: https://www.dkgev.de/fileadmin/default/Mediapool/2_Themen/2.1_Digitalisierung_Daten/2.1.4._ITSicherheit_und_technischer_Datenschutz/2.1.4.1._IT-Sicherheit_im_Krankenhaus/B3S_KH_v1.1_8a_geprueft.pdf. Zugegriffen am 26.09.2021.

DIN ISO 20000-1:2018-09 (2018), Beuth Verlag.

Kosow, H., & Gaßner, R. (2008). *Methoden der Zukunfts- und Szenarioanalyse – Überblick, Bewertung und Auswahlkriterien*. IZT.

Meier, P., Düllings, J., Henkel, A., & Nolte, G. (Hrsg.). (2019). *Digitale Transformation in der Gesundheitswirtschaft*. Kohlhammer.

Stoffers, C., Krämer, N., & Heitmann, C. (2019). *Digitale Transformation im Krankenhaus*. Mediengruppe Oberfranken Fachverlage.

Winter, A., Haux, R., Ammenwerth, E., Brigl, B., Hellrung, N., & Jahn, F. (2011). *Health Information Systems – Architectures and Strategies*. Springer.

Analoge Schritte und digitale Sprünge

Michael Kilian

Inhaltsverzeichnis

Zusammenfassung

Das Klinikum Dortmund hat seit 2010 die Inhalte und die Prozesse der medizinischen Dokumentation an die jeweils aktuellen Möglichkeiten und Notwendigkeiten angepasst. Dies verlief nicht immer linear. Die bis dahin bestehenden Organisationsvorgaben,

M. Kilian (✉)
Klinikum Dortmund gGmbH, Dortmund, Deutschland
E-Mail: Michael.Kilian@KlinikumDo.de

© Der/die Autor(en), exklusiv lizenziert durch Springer Fachmedien Wiesbaden   269
GmbH, ein Teil von Springer Nature 2022
V. Henke et al. (Hrsg.), *Digitalstrategie im Krankenhaus*,
https://doi.org/10.1007/978-3-658-36226-3_18

klinischen Gepflogenheiten, eintrainierten Handlungsketten und auch die wirtschaftlichen Möglichkeiten mussten beachtet werden, um den gesetzlichen Vorgaben aus
dem Datenschutz und zahlreichen anderen Rechtsvorschriften zu genügen. Waren 2010
noch ungezählte Mitarbeiter mit einer täglichen Suche nach Informationen aus der Dokumentation beschäftigt, so sind heute nur noch wenige Mitarbeiter notwendig, um
diese Logistik und auch alle administrativen Aufgaben bei der Erstellung und Nutzung
von Dokumentation zu ermöglichen. Primär erfolgte eine systematische Analyse der
Ausgangssituation noch ohne Fokus auf eine Digitalstrategie. Im weiteren chronologischen Verlauf wird deren Entwicklung beschrieben.

1 Wirtschaftlich getriebene Neuorganisation der Fall-Akte und Reorganisation der Archive bis 2016

Die Klinikum Dortmund gGmbH ist ein Krankenhaus der Maximalversorgung mit 26
Kliniken und Instituten in kommunaler Trägerschaft. An zwei Standorten werden jährlich
ca. 62.000 Patienten stationär und ca. 180.000 ambulant versorgt.

Bereits seit dem Jahr 2002 sind im Klinikum Dortmund campusweit ein Krankenhaus-
Informations-System (KIS), ein Radiologie-Bild-Archiv (PACS) und viele weitere Subsysteme im Einsatz.

Die Kriterien der Medizinischen Dokumentation und deren Archivierung sind im
§ 630 f BGB und im ärztlichen Standesrecht verankert. In jüngerer Zeit sind weitere Regelungen mit europaweiter Gültigkeit (Verordnung (EU) 2016/679 des Europäischen
Parlaments und des Rates vom 27. April 2016) und nach Landesrecht NRW (§ 34c KHGG
NRW) hinzugekommen. Ein Krankenhausträger muss im Sinne der Compliance und zur
Abwendung wesentlicher Unternehmensrisiken die Einhaltung dieser Vorgaben sicherstellen. Während die Verwaltung medizinischer Dokumentationen bereits seit dem Jahr-
tausendwechsel digital unterstützt wird, sind deren Inhalte in digitaler Form erst in den
letzten Jahren rechtsfähig.

Der weitere Text orientiert sich an den chronologischen Abläufen.

1.1 Ausgangslage und Managementaufgabe

Im Jahr 2008 befand sich die Klinikum Dortmund gGmbH in einer existenz-bedrohenden
wirtschaftlichen Krise. Unter externer Begleitung erfolgte in den Jahren 2008 bis 2012
eine Reorganisation mit der Zielsetzung der Sanierung. Hierzu wurden 15 Projekte mit
entsprechenden Potenzialen der wirtschaftlichen Verbesserung aufgelegt und abgearbeitet.
Eines dieser Projekte betraf unter dem Namen „Archive" eine Bestandsaufnahme und
zentrale Reorganisation der medizinischen Patientenakten im Klinikum Dortmund. Zu
diesem Zeitpunkt erfolgte der Projektansatz mit rein wirtschaftlichen Interessen. Die

Archive umfassten zu dieser Zeit ein Volumen von ca. 256.000 qm Lagerfläche. Diese waren zu 50 % in angemieteten Lagerflächen ausgegliedert, aber mit eigenem Personal besetzt.

Bei Projektbeginn ergab sich zunächst ein verwirrendes Bild. Fast jede Klinik betrieb in verschiedensten Räumen eigene Archiv-Strukturen mit eigenen Mitarbeitern. Die Ordnungskriterien dieser Archive waren sehr unterschiedlich. Es fanden sich Akten-sammlungen, die Patienten-orientiert waren (also z. B. sortiert nach Geburtstag, Name, Vorname), Sammlungen nach Aufnahmedatum und viele Variationen dazwischen. Kennzeichnend war auch, dass nur der primäre Dokumentationsanteil der archivierenden Klinik enthalten war. Je nach bestehendem Raumangebot bestanden noch externe Hallenarchive (s. o.), die den Überschuss an Patientenakten aufnahmen. Allein zur Bewirtschaftung dieser Archiv-Struktur wurden 15 Mitarbeiter zentral eingesetzt, etliche weitere Mitarbeiter in den Kliniken waren aber zusätzlich für den regelhaften Betrieb notwendig. Entweder suchten diese Mitarbeiter Akten, trugen diese Akten „von A nach B" oder stellten neue Akten in die bestehende Struktur ein. Geschätzt war damit ca. eine Vollkraft (vorwiegend aus dem Sekretariatsbereich) zusätzlich pro Klinik beschäftigt. Auch wenn jede dieser Strukturen, aus der internen Sicht, funktionabel erschien, wurden Kriterien der Compliance nur bedingt erfüllt. Dies war zuvor jedoch nicht auffällig, da nur vereinzelt entsprechende Inhalte (wie z. B. aus dem Bereich Rückrufe der Medizinprodukte-Hersteller) nachgefragt wurden. Solche Prüfungen konnten zu diesem Zeitpunkt, wenn auch mit immensem Personalaufwand, in den angefragten Bereichen beantwortet werden.

1.2   Bestandsaufnahme und resultierende Umsetzungen

Mit der bereits bestehenden digitalen Verwaltung der zentralen Archivbestände konnten wir messen, dass Akten mit einem Alter größer drei Jahren nur noch vereinzelt angefragt wurden. Auch der Zugriff auf jüngere Akten sank mit gleicher Abfrage aus dem Verwaltungssystem kontinuierlich. Die ärztlichen Mitarbeiter nutzten stattdessen die Informationsgewinnung aus dem bestehendem KIS und PACS. Dieser Umstand verschleierte die Unternehmenswahrnehmung zu den organisatorischen Problemen. Die Problemlage war nur in den wenigen Fällen des Nachweises einer vollständigen Dokumentation gegenüber Dritten (zumeist Anfragen von Kostenträgern bzw. dem MDK) bemerkbar. Durch den resultierenden manuellen Mehraufwand in der Suche war dies zunächst nicht auffällig. Dies wurde erst aus der Analyse unter dem wirtschaftlichen Sanierungsdruck ersichtlich.

Mit dieser Bestandsaufnahme wurden, jetzt im Sinne einer Dokumentationsstrategie, zahlreiche Veränderungen umgesetzt. Der erste Schritt war eine einheitliche Ordnung der Archiv-Akte. In dieser finden sich bis heute lediglich acht Register mit fester Reihenfolge (ärztliche Dokumente, Pflegedokumente, Befunde etc.). Die acht Register sind letztlich ein Ordnungskompromiss aus den grundsätzlich 24 Registern der bis dahin gepflegten Papierakte. Ziel war es, die Anzahl der Register im Sinne der Vereinheitlichung so klein wie möglich zu halten. Die Anzahl ist ein klinikindividueller Kompromiss, diese Zahl und deren Struktur wurde aus der Projektgruppe für die klinikweite Umsetzung empfohlen und auch verbindlich eingeführt.

Diese generische Akte wurde auch in ihren physikalischen Eigenschaften (Hängesystem) vereinheitlicht. Abschließend wurde aus der klinikeigenen Behandlungsakte eine übergreifende Fallakte. Deren primäres Ordnungsmerkmal wurde wie im KIS und PACS die Aufnahmenummer des Patienten. Hierdurch konnte eine erste Synchronisation zwischen der digitalen Welt und dem analogen Papierarchiv erzielt werden. Dies ermöglichte im weiteren Verlauf die Auflösung der Klinikarchive und deren Zusammenführung in ein Zentralarchiv. Hierdurch wurden kliniknahe Räume frei, die nun für Zwecke der Patientenbehandlung genutzt werden konnten. Auch die Abläufe wurden verändert: Hatten bis daher die Kliniksekretariate in ihren eigenen Archiven gesucht, stellten sie nun nur noch Anfragen an das Zentralarchiv. Die Zahl der Mitarbeiter im Zentralarchiv verringerte sich auf acht Vollkräfte.

Die im KIS und PACS hinterlegten ärztlichen Befunde, Entlassbriefe, OP-Berichte etc. wurden mit der Entlassung ausgedruckt und der zu archivierenden Fallakte zugeführt. Durch die Anbieter und durch Rechtsauskunft der kommunalen Schadenausgleichsversicherung konnte eine rechtsfähige und ordnungsgemäße rein digitale Archivierung im KIS jedoch nicht bestätigt werden. Die bereits rein digital erzeugten Dokumentationen erfüllten auch nicht die Vorgaben der „Vollumfänglichkeit": Beispielsweise waren externe Befunde oder die Pflegedokumentation weiter papiergebunden.

Fokus
- Vereinheitlichung des Akteninhaltes nach klinikweiten Kriterien,
- Auflösung von Abteilungsarchiven mit Aufbau einer zentralen Archivorganisation,
- Bündelung aller Behandlungsdokumente in einer Fallakte und das physikalische Zusammenführen aller Archive in eine zentrale Organisationseinheit.

2   Archiv-Digitalisierung ab 2016

2.1   Neue Herausforderungen und Aufgaben

Ende 2015, mit Wirkung ab 2016, veränderte der Gesetzgeber mit der PrüfvV wichtige Grundlagen im Zugriff auf Patientenunterlagen durch Dritte, hier im Besonderen durch den Medizinischen Dienst der Krankenkassen (MDK, jetzt Medizinischer Dienst MD). Durch die Rechtsverordnung wurde die verspätete, oder unzureichende, Übermittlung von Patientenunterlagen zur Prüfung durch den MDK strafbewehrt.

Die internen Anfragen zum Versand an den MDK erfolgten zu dieser Zeit noch über die Kliniken. Die Patientenverwaltung und das Rechnungswesen benötigten nun tagesscharfe

Informationen zum Verfahrensstand. Für die finanztechnische Abbildung wurde ein Zusatzmodul im SAP-Abrechnungssystem eingesetzt. Das Medizincontrolling wurde durch eine Eigenentwicklung unterstützt. Jedoch zeigte sich bereits nach kurzer Zeit, dass die eingesetzte manuelle Aktenselektion nicht ausreichend war: Es entstanden Unternehmensverluste. Vor dem Hintergrund dieser zunehmenden Verluste fiel die Entscheidung, ein rechtsfähiges, rein digitales Archiv einzusetzen. Bei der Größe des Hauses und den vielen Seiteneffekten wurde ein externer Berater hinzugezogen. Eine interne Projektgruppe entwickelte zusammen mit dem Berater den Anforderungs- und Leistungskatalog. Hier wurden bereits strategische Anforderungen abgedeckt aus absehbaren rechtlichen Entwicklungen, Fragen der Datenkompetenz (inhaltliche Erschließung der Dokumente mittels OCR-Verfahren) und Elementen der Betriebssicherheit, mit einer Laufzeit bis zu 30 Jahren. Letztlich ermöglichte dies eine europaweite Ausschreibung.

2.2 Digitalisierung von Papier und Zusammenführen der Dokumente in ein Langzeitarchiv

Seit dem 01.01.2017 werden alle neuen Fallakten nur noch digital archiviert. Hierzu waren noch einige Schritte notwendig. Durch das KIS müssen primär digital erstellte Dokumentationen (Briefe, Befunde etc.) ab einem festgelegten Zeitpunkt unveränderlich in das Archivsystem übergeleitet werden. Hierdurch wird das entsprechende Dokument fixiert. Mit den Erfahrungen aus der Fallakten-Entwicklung wurde hier für jeden Dokumententyp ein Abschlussdatum hinterlegt, mit dem es dann unveränderlich im Archiv gespeichert ist. Beispielsweise werden alle Labor-oder Pathologiebefunde bereits am Entlassungstag fixiert, „endgültige Entlassbriefe" jedoch erst nach entsprechender Freigabe durch den Klinikdirektor. Alle bereits bei der Behandlung entstandenen Dokumente werden am Tag der Entlassung vollautomatisch fixiert. Zusammen mit den Kliniken wurden für die wenigen Restdokumente die Überleitung nach der „Freigabe" vereinbart. Dies ist der Zeitpunkt, an dem die klinikinterne Dokumentationsrevision abgeschlossen ist, also wenn der Chefarzt den Brief unterschreibt. Über klinikinterne Ansichten im KIS ist eine entsprechende Kontrollstruktur vorhanden.

Der Zugriff auf Archivakten erfolgt fallorientiert ebenso aus dem KIS. Hier ist in der digitalen Patientenakte ein Link nutzbar, der das dort hinterlegte Fall-Archiv in einem Web-Browser öffnet. Dieser Link generiert lediglich eine „lesende Sicht" auf das Archiv. Über die Kombination „Absprung aus dem KIS" und „fallorientierte Archiv-Einsicht" werden die datenschutzrechtlichen Anforderungen erfüllt. Lediglich 2 Benutzergruppen haben weiterreichenden Zugriff auf das Archiv mittels nativem Client: Das sind die direkten Archiv-Mitarbeiter und die Mitarbeiter im Medizin-Controlling. Aktuell gibt es weniger als 10 Personen, die mit weiteren Methoden auf das Archiv zugreifen können. Die Administration des Archivs ist innerhalb des Klinikums zweigeteilt. Durch die IT-Abteilung erfolgt die systemtechnische Administration, die inhaltliche Administration erfolgt durch 2 benannte Mitarbeiter im Medizin-Controlling. Hier geht es im Wesentlichen um Nachkorrekturen bei Fehlzuordnungen durch den Scan-Prozess (z. B. wenn einer Papier-Fallakte fälschlicherweise Unterlagen zweier Patienten zugeordnet wurden).

Vor dem Start im Echtbetrieb wurden alle Verfahren durch das Justiziariat des Klinikums, den Datenschutzbeauftragten und den Leiter des Archives auf das Einhalten der gültigen Rechtsvorschriften im Umgang mit Patientendaten geprüft. Beim Scan-Dienstleister und dem Anbieter des Altakten-Papierarchivs erfolgte dies auch an deren Betriebsstätten.

2.3 Qualitätsmerkmale des revisionssicheren (Langzeit) Archivs: Vollzähligkeit

Die Vollzähligkeit des Archives wird zweistufig geprüft. Anfänglich erhielten alle Kliniken in kurzen Abständen Gegenüberstellungen zu allen entlassenen Patienten mit dem Status der Akten im Archiv. Wie auch in Zeiten vor dem digitalen Archiv waren hier aber die Rücklaufquoten teilweise nicht ausreichend. Aus gewohnter Tradition oder auch aus Misstrauen in die neuen Verfahren wurden Akten durch die Abteilungen bewusst oder unbewusst nicht der Digitalisierung zugeführt. Überall entwickelten sich „Geheimarchive", in denen Akten zurückgehalten wurden. Hierauf hat das Klinikum mit einer Umkehr des Aktenzulaufes in das Archiv reagiert. Traditionell befanden sich die Akten nach der Entlassung noch ca. 7 Tage auf der Station. Diese Zeit wurde genutzt, um nachlaufende Befunde, die abschließende DRG-Kodierung und Aufgaben des Entlassmanagements wahrzunehmen. Danach wurden die Akten von der Station in das Archiv gebracht. Seit Mitte 2017 holen die Archivmitarbeiter, je nach Patientenaufkommen ein bis zweimal wöchentlich, die Akten persönlich auf den Stationen ab. Hierdurch werden auch primäre Unzulänglichkeiten für die Digitalisierung z. B. bei der Aktenheftung oder durch Fehlzugaben (Fremd-CDs, Impfausweise etc.) weitgehend vermieden. Während dem Klinikum 2016 noch ein Rückforderungsvolumen der Krankenkassen von ca. 400.000 € aus nicht fristgerecht auffindbaren Patientenakten entstand, sind seit Mitte 2017 hier keine Rechnungskürzungen aus diesem Grund mehr aufgetreten.

2.4 Qualitätsmerkmale des (Langzeit)Archivs: Vollumfänglichkeit

Neben der Vollzähligkeit (Quantität) aller Archivierungen muss ein medizinisches Archiv auch den Kriterien der Qualität (Vollumfänglichkeit im Hinblick auf Vorhandensein der Dokumente der notwendigen Typen) Genüge tun. Bei einem Klinikum mit dem benannten Patientendurchsatz kann dies eigentlich nur durch ein Stichproben-Verfahren sichergestellt werden. Auch hier wählte das Klinikum einen pragmatischen Ansatz. Die Prüfquote des MDK lag in den Zeiten vor der Pandemie bei durchschnittlich 22 % aller stationären Fälle. Jeder dieser durchschnittlich 13.500 Fälle wurde nicht nur durch den MDK, sondern auch im Medizincontrolling auf Vollständigkeit der Dokumentation und deren

Sinnhaftigkeit gegengeprüft. Aus dem OCR-Scan der Papier-Dokumente und der Volltext-Indizierung der primär digitalen Dokumente sind hier im Sinne der Datenkompetenz deutlich vereinfachte Prüfmuster möglich. Ergeben sich hier wiederkehrende Auffälligkeiten, werden diese an die betroffenen Kliniken und Bereiche rückgemeldet, und Verbesserungen werden eingefordert. Hier traf das Klinikum nicht nur auf temporäre Probleme z. B. durch Mitarbeiterwechsel, sondern auch auf echte Strukturprobleme wie etwa nicht eindeutige Schnittstellen-Definitionen. Diese werden im Betrieb jetzt deutlich früher offensichtlich und entsprechend behoben.

Ausnahmen

Für einige klinische Bereiche mussten trotz eines sehr restriktiven Grundvorgehens Ausnahmen von diesem Vorgehen definiert werden. Bei Patienten, die an klinischen Studien teilnehmen, durchlaufen Akten auch alle Schritte der digitalen Überleitung. Sie werden aber weiterhin zusätzlich im Original archiviert. Dies folgte der Abwägung der notwendigen Aufwände für beiderlei Vorgehen. Der Empfehlung der GMDS konnte in der bestehenden IT-Infrastruktur nicht Folge geleistet werden.

In zwei Bereichen agiert das Klinikum weiter in einer hybriden Welt: Bei der Behandlung von Risiko-Schwangerschaften werden die Fallakten erst nach der Entbindung digitalisiert. Hier kam es vereinzelt zu Überschneidungen bei denen die Patientinnen bereits wieder stationär behandlungspflichtig waren, der vorherige Aufenthalt aber noch nicht digitalisiert war. In einem Bereich der Institutsbefundung wird, trotz funktionaler Schnittstelle, weiter jeder Befund zusätzlich als Fax an die betreuenden Stationen versandt. Dies ist ursächlich dem Workflow des Institutes geschuldet. Es betreut auch externe Auftraggeber die nicht per Schnittstelle angebunden sind. Es entsteht hierdurch kein personeller Mehraufwand.

Die Abbildung der neuen digitalen Verfahren in einem IT-System bereitete für das Klinikum nur geringe Aufwendungen, da der grundlegende Abgleich zwischen analogen und digitalen Verfahren bereits in der Zeit der Archiv-Reorganisation getätigt wurde. Hieraus resultierte auch die kurze Vorlaufzeit von ca. drei Monaten zwischen der Anbieterauswahl aus der Ausschreibung und dem Produktivstart im Jahr 2017. Auf dem Boden der wirtschaftlichen Verluste aus dem MDK-Verfahren war dies ein erfreulicher Nebeneffekt.

3   Primäre Digitalisierung der Dokumentation seit 2019

3.1   Anlass und Managementherausforderungen

Aus den Erfahrungen mit der Digitalisierung der Fallakte und dem digitalen Archiv wurde eine unternehmerische Entscheidung getroffen, auch alle weiteren medizinischen Dokumentationen zukünftig rein digital zu erstellen. Diese strategische Entscheidung erforderte eine planerische Gestaltung, die nicht nur typische IT-Themen wie Netzwerkausbau (hier vor allem WLAN), sondern ebenso die Dimensionierung des Serverausbaus und ausfallsichere Betriebsstrukturen betraf. Auch die Abbildung des Klinischen Alltags in entsprechender Software war im Sinne einer mehrjährigen Digitalstrategie erforderlich.

3.2 Organisatorische Herausforderung, Lösung und Umsetzung

Seit 2019 werden alle Kliniken schrittweise mit mobilen Zugriffsmöglichkeiten auf das KIS ausgestattet. Dieser Zugriff erfolgt technisch mittels WLAN und bedarfsgerecht über iPads und mobile Visitenwagen mit Notebook. Ziel der strategischen Dokumentationsentwicklung ist nicht nur, den Informationsgewinn aus dem KIS zu distribuieren, sondern auch an dem Ort dokumentieren zu können, an dem die Information entsteht. Diese Anforderung entwickelte sich aus der Erkenntnis, welche Dokumentationsinhalte noch in der Papierakte enden und wo es inhaltliche Lücken in der Umfänglichkeit der Dokumentation gibt.

Hieraus ergab sich ein zweigleisiges Vorgehen. Zunächst wurde ein Arztarbeitsplatz durch den Softwareanbieter etabliert. Dessen inhaltliche Ansicht wurde dann zusammen mit den Anwendern zu einer klinikindividuellen Zusammenstellung weiterentwickelt. Der „Arbeitsplatz" wurde in der technischen Realisation primär durch die IT-Abteilung mit allgemeinen Grundinhalten bereitgestellt. Die Nutzer in der Klinik und alle sekundären Bereiche (Funktionsabteilungen, zentrale Dienstleister wie Krankengymnastik, Sozialdienst, Controlling etc.) wurden in die Entwicklung einbezogen.

In einem zweiten Schritt wurde ein Pflegearbeitsplatz eingeführt. Ziel ist es, besonders die mitarbeiterstärkste Berufsgruppe enger und umfassender in den gemeinsamen Dokumentationsprozess einzubinden. Hierdurch wird nicht nur die Umfänglichkeit der Dokumentation verbessert, auch die Patientensicherheit und die Sicherung der Behandlungsqualität werden deutlich gestärkt. So sind nun zum Beispiel Medikationsanordnung, Medikationsgaben, Vitalparameter und Laborbefunde in einem Medium und für alle zeitgleich nutzbar. Alle Berufsgruppen können dies gegenseitig nachverfolgen – über die mobilen Verfahren direkt am Krankenbett, oder auch örtlich getrennt auf der Station und im OP. Die automatische Überleitung dieser Dokumentationen in das digitale revisionssichere Langzeitarchiv führt auch im Sinne der Compliance zu deutlichen Verbesserungen.

Begleitend zu diesen Arbeitsplätzen ergänzen zusätzliche Funktionen der mobilen Geräte die Dokumentation. Unter dem strategischen Ansatz, den Dokumentationsaufwand zu erleichtern, ermöglichen die mobilen Geräte zum Beispiel die direkte Fotodokumentation in das KIS. Dies kann sich auf direkte Patientenmerkmale wie Wunden, Fehlbildungen oder anderes beziehen. Es ermöglicht aber auch die Abbildung mitgebrachter Fremddokumente wie Impfausweise etc.

Mit Ende des Jahres 2021 werden diese Funktionalitäten flächendeckend im Klinikum Dortmund verfügbar sein.

> **Fokus**
> In Arbeit ist nun der vollumfängliche Netzwerkausbau mit Anpassungen in der Systemtechnik und die Abbildung aller Dokumentationsprozesse im KIS. Ferner wird die Überführung auch der originär elektronischen Dokumentationen in ein revisionssicheres, digitales Langzeitarchiv realisiert.

4   Fazit und Ausblick

In den letzten 10 Jahren hat in unterschiedlichen Geschwindigkeiten im Klinikum Dortmund eine digitale Transformation der Dokumentation und Archivierung stattgefunden. Aus der primär wirtschaftlichen Notwendigkeit zur Reorganisation der Archive entwickelte sich eine deutliche Veränderung in der primären medizinischen Dokumentation. Dabei haben sich im Zuge des veränderten Stellenwerts der Dokumentation, etwa im Kontext der MD-Prüfung, auch die Verantwortlichkeiten in der Steuerung und in der Kontrolle dieser Prozesse verändert.

4.1   Inhalte und Compliance

Die inhaltliche Verantwortung für die medizinische Dokumentation liegt weiterhin bei Ärzten, Pflegenden und sonstigen Therapeuten. Krankenhausleitungen sind auch künftig für die unternehmensweite Compliance verantwortlich. Beide Interessen waren und sind nicht immer deckungsgleich, bleiben aber gemeinsame Aufgabe. Datenschutz und rechtskonformer Betrieb stehen Anforderungen wie Schweigepflicht und Behandlungshoheit noch manchmal im Wege. Besonders die digitale Kompetenz der Mitarbeiter gilt es, im Sinne einer Digitalstrategie mit zu entwickeln. Mit der Einführung der DRG-konformen Fallakte waren diese Hindernisse noch gering. Die Kliniken wurden von ihren Archivaufgaben entlastet, das Zentral-Archiv erhielt Entlastung durch einheitliche Strukturen und Prozesse. Der wichtigste Unternehmensgewinn ergibt sich aus der nun möglichen Ordnungs-Synchronität der digitalen und analogen Medien.

Die wesentlichen Nutznießer der digitalen Transformation sind aktuell weiterhin nicht die Patienten – auch wenn Erkenntnisse der Dokumentation im Sinne der Qualitätssicherungen für Zertifikate und Patientensicherheit genutzt werden. KIS dienen während der akuten Behandlung zur Entscheidungsunterstützung für Handlungen und Prozesse. Ein eigenbestimmter Informationsgewinn für den Patienten ist hiermit noch nicht realisiert. Dies ist Teil der Ansätze der Förderungen im KHZG.

Für die Zeit nach der Behandlung ist die Rechnungsprüfung der Krankenkassen durch den MDK der häufigste Zugriffsgrund auf die medizinische Dokumentation und deren

Archive. Hieraus resultieren erhebliche wirtschaftliche Risiken für das Klinikum. Begründet sind diese im Wesentlichen aus der Unvollständigkeit der primären Dokumentation und den gesetzlich vorgegebenen Zeitrahmen. Die aktuelle Digitalstrategie zielt deshalb nun auf eine deutliche Verbesserung der primären medizinischen Dokumentation.

4.2   Verantwortung und Sicherheit

Auf dem Weg von der Archivreorganisation bis heute haben sich im Klinikum Dortmund auch die Verantwortlichkeiten geändert. Die IT-Abteilung verantwortet den digitalen Betrieb und dessen Sicherheit auch unter KRITIS-Kriterien. Dazu gehört ebenso die Implementierung neuer Verfahren. Ferner sichert sie die notwendige Interoperabilität und primäre Administration aller Subsysteme. Sie entwickelt sich hier zunehmend in Richtung eines Service Providers. Die inhaltliche Administration, also die Content-Verantwortung, liegt – wie am Beispiel des digitalen Archivsystems zu erkennen – bei medizinnahen Verwaltungsstrukturen. Für den Archivbereich war eine Veränderung der Mitarbeiterstruktur und der Kompetenz der Mitarbeiter in digitalen Prozessen absehbar. Die personellen Strukturen und Qualifikationen für diese Aufgaben der Inhaltssteuerung und -analyse befinden sich noch in einer konzeptionellen Diskussion.

Die Komplexität der Herausforderungen ist aus hausinterner Kompetenz nicht immer zu meistern. Das Klinikum Dortmund hat aus der externen Begleitung in der Archiv-Phase viele Impulse auch für Zukunftsentwicklungen erhalten.

Mit den Förderungen eines digitalen Wandels aus dem KHZG hat nun auch der Gesetzgeber Inhalte für die Weiterentwicklung vorgegeben.

Umsetzungsbeispiel einer IHE basierten Patientenakte mit externer Langzeitarchivierung

Jochen Diener

Inhaltsverzeichnis

Zusammenfassung

Am Umsetzungsbeispiel einer IHE basierten Patientenakte mit externer Langzeitarchivierung des Klinikums Saarbrücken, erhalten Sie einen Einblick in die Auswahlkriterien und die praktische Umsetzung des Lösungskonzeptes. Das Lösungskonzept wurde auf Basis praktischer Erfahrungen mit vergleichbaren Problemstellungen und Lösungsansätzen aufgebaut sowie in Expertenrunden (Entscheiderfabrik) mit erfahrenen Beratern und Partnern aus der Industrie erarbeitet. Das Konzept ist generisch und kann auch in anderen Kliniken angewandt werden. Ein besonderes Augenmerk in diesem Kapitel gilt den Themen Informationssicherheit, Compliance und Datenkompetenz. Wir geben Ihnen Anregungen, auf Basis unserer Erfahrungen, wie Sie Ihr Projekt angehen können. Was gut funktioniert hat und an welchen Stellen das Konzept in der Praxis angepasst werden musste. Empfehlungen und der Ausblick runden das Kapitel ab.

J. Diener (✉)
Klinikum Saarbrücken, Saarbrücken, Deutschland
E-Mail: jdiener@klinikum-saarbruecken.de

© Der/die Autor(en), exklusiv lizenziert durch Springer Fachmedien Wiesbaden GmbH, ein Teil von Springer Nature 2022
V. Henke et al. (Hrsg.), *Digitalstrategie im Krankenhaus*,
https://doi.org/10.1007/978-3-658-36226-3_19

1   Ausgangslage

Das Kapitel steht im Kontext Informationssicherheit, Datenkompetenz und Compliance. Diese Themenfelder durchdringen das Gesamtkonzept der Lösung. Datenschutz- und IT-Sicherheit erfüllen nur dann einen echten Mehrwert, wenn diese in der klinischen Unternehmenskultur aufgehen. Die VIVA Kriterien (VIVA, Vertraulichkeit, Integrität, Verfügbarkeit und Authentizität zur umfassenden Beschreibung einer Sicherheitsrichtlinie) werden dann implizit erfüllt und ergänzen sich gegenseitig.

Auf dem Weg zu einem papierlosen Krankenhaus ist ein kritischer Erfolgsfaktor die zeitnahe und vollständige Dokumentation. Der Bedarf für eine schnelle und einfache Verfügbarkeit aller klinischen Dokumente, führt zwangsläufig zur Einführung eines zentralen Systems für die prozessrelevanten und geschäftskritischen Daten aller Unternehmensbereiche. Hierbei muss eine Integration in die Digital- und Datenstrategie erfolgen, unter Beachtung aller externen, gesetzlichen und fachlichen Anforderungen.

2   Lösungskonzept: IHE-Architektur

Im Rahmen der Entscheiderfabrik, einer Allianz zur erfolgreichen Mitgestaltung der digitalen Transformation, wurde im Jahr 2016/2017 vom Klinikum Saarbrücken das Entscheiderthema „Lösungsansätze zur Erfüllung der Anforderungen an eine IHE konforme Langzeitarchivierung: Erstellung eines Konzepts zur externen revisionssicheren elektronischen Dokumenten-Langzeit-Archivierung" bearbeitet. Durch Einsatz internationaler Standards wurden Einfachheit, Robustheit und Offenheit erreicht. Es entstand ein Blueprint für das Dokumentenmanagement, welcher für die Ausschreibung ausgearbeitet wurde. Das Konzept einer zentralen digitalen Patientenakte mit Archiv für die vollständigen medizinischen und administrativen Akten wurde dann umgesetzt. Hierbei wurden sowohl Papier- als auch elektronische Dokumente in einem System zusammengeführt. Als Konsequenz aus den Anforderungen und im Sinne hoher Flexibilität, kam nur der internationalen Standard IHE (Initiative Integration the Healthcare Enterprise)in Frage. OnPremise mit einem Dokumentenmanagementsystem (DMS) und extern durch Nutzung einer cloudbasierten Software as a Service (SaaS) Lösung für das Archiv- und Notfallsystem. Beide zusammen bilden das IHE-Archiv. In diesem Konzept steckt aus unserer Sicht funktional und wirtschaftlich wesentlich mehr Potenzial als aus der „einfachen" Nutzung einer Cloud-Lösung auf Basis Plattform as a Service (PaaS) oder Massenspeicherdiensten der großen Cloud-Anbieter.

3   Anforderungen/Auswahlkriterien

Die Grundanforderung war weg von „Man findet nichts" hin zu „Data at your fingertip", damit *jeder Mitarbeiter* zu *jeder Zeit* von *jedem Ort* die Daten für seinen Informationsbedarf erhält. Daraus folgte:

- Papier und elektronische Dokumente in einem System zusammenführen,
- die Daten im IHE-Archiv müssen sicher (VIVA) und zeitnah wiederauffindbar sein, zur Vermeidung von Exporten/Ausdrucken,
- die Einsicht in die Dokumente muss orts- und geräteunabhängig möglich sein,
- der klinikinterne Austausch zwischen Unternehmenseinheiten, soll durch neue Datensichten einfach abbildbar sein,
- Bereitstellung von medienbruchfreien Prozessen, um Aufwände zu reduzieren und die Nutzerakzeptanz zu verbessern.

Das Konzept legt die Basis für Mehrwerte im Bereich Patientensicherheit und Behandlungseffizienz:

- Vermeidung von Patientenverwechselungen
- Vermeidung von Doppeluntersuchungen
- Konsolidierung von Dokumentenbezeichnungen
- Zeitersparnis und verbesserte Prozesssteuerung durch Workflows

Im Folgenden sind die von uns ermittelten Anforderungen näher ausgeführt.

Beibehaltung der Dokumentationsprozesse
Das System fungiert als Informationsdrehscheibe. Sämtliche bereits in den Kliniksystemen abgebildeten Dokumentationsprozesse bleiben erhalten. Die Verfahren werden nicht ersetzt, sondern komplementiert.

Strukturierte Datenablage
Klinikübergreifend sollen die Behandlungsinformationen in *einer* definierten Struktur abgelegt werden. Um eine gute Orientierung in den digitalen Akten zu erreichen, müssen die Informationen verlässlich in der Patientenakte auffindbar sein. Basis dafür ist die Klinische Dokumentenklassen-Liste der DVMD und GMDS (KDL).

Papierdokumente
Für den laufenden Behandlungsprozess relevante (externe) Dokumente werden über Arbeitsplatz-Scanner digitalisiert, um direkt im Prozess verfügbar zu sein. Dokumente die aus gesetzlichen oder anderen Gründen der Schriftform bedürfen, werden mittels ersetzendem Scannen der elektronischen Akte zugeführt. Für diese Papierbelege verbleibt eine minimale Patientenakte im Behandlungsverlauf.

Herstellerunabhängigkeit „Herr meiner Daten"
Die Freiheitsgrade zur selbstbestimmten und eigenverantwortlichen Nutzung der eigenen Daten müssen im Fokus stehen. Externe Dienstleister unterstützen mit Technologien und Dienstleistungen, jedoch kann nicht die Eigenverantwortung für die Daten abgeben werden. Das Klinikum muss „Herr seiner Daten" bleiben und verloren gegangene

Entscheidungsfreiheiten zurückzugewinnen. Durch die Umgehung des Vendor-Lock, werden technische Grenzen und Abhängigkeiten von Anbietern vermieden. Hier kommt dem IHE-Enterprisebus eine tragende Rolle zu, um die heute erforderliche Agilität in allen Ebenen umzusetzen:

- Vereinfachte Datenhaltung. Alle Daten, OnPremise und beim externen Dienstleister, werden in produktunabhängigen Standardformaten gespeichert, damit jederzeit die Migration zu einem anderen Dienstleister erfolgen kann.
- Eine Migration von einem Kliniksystem zum nächsten, muss ohne Altdatenmigration möglich sein, damit auch im laufenden Betrieb Funktionserweiterungen möglich sind.
- Produktneutralität durch die Trennung der Anwendungs- und Präsentationslogik spezifischer Herstellerprodukte, von den betriebskritischen und dauerhaft vorzuhaltenden Daten.
- Interne und externe Datenaustauschmöglichkeiten können unabhängig von den eingesetzten Primärsystemen erfolgen. Dies bildet die Basis für einen intersektoralen Patientendatenaustausch im Verbund, zu Partnern und Patienten. Zum Beispiel, Einweisermanagement zur Erlössicherung und Kanalisierung von Patientenströmen.

Gerade in den heutigen Zeiten der Aufkäufe und Konsolidierungen von Herstellern und Produktportfolios, kommt dies auch der erforderlichen Exit-Strategie zugute.

Vereinfachte Anbindung von Systemen

Das IHE-Archiv muss, als Kernkomponente der IT-Strategie, über Schnittstellen an die operativen Systeme angebunden werden. Diese müssen standardisiert werden, damit die Umsetzungs- und Betreuungsaufwände vertretbar bleiben. Unterschiedlichste Dokumentenarten müssen sowohl angenommen als auch den angeschlossenen Systemen zur Ausspiegelung bereitgestellt werden. Je mehr Lösungsanbieter IHE-Schnittstellen anbieten, umso wirtschaftlicher wird es.

Speicherstrategie/Outsourcing

Mit dem Konzept müssen alle vorhandenen DMS-/Archiv-Systeme konsolidiert und in *eine* redundanzfreie Datenhaltung überführt werden. Hierbei unterstützt IHE mit dem Master Patient Index (MPI), Patient Identifier Cross (PIX) Referencing Integrationsprofil von IHE.

Eine gewollt teilredundante Datenhaltung (Jahr 0–5) in einem unabhängigen OnPremise DMS, soll die Abhängigkeit von betriebskritischen Anwendungen minimieren z. B. dem KIS. Durch den Inhouse Short-Term-Store entstehen Speicherfixkosten. Ein Aufbewahrungszeitraum von 5 Jahren, reicht meist für die akute Patientenbehandlung aus. Auch das Risiko der Abhängigkeit von Internetdiensten zum externen Archiv wird so minimiert.

Das Speichervolumen wächst nur noch extern. Mit einer Speicherflatrate für den externen Long-Term-Store (Jahr 0–30) entstehen Kostenvorteile. Insbesondere wenn die aufwendigen Revisionsdienste ausgelagert werden.

Verfügbarkeit erhöhen

Nur mit hohen IT-Resilienzen kann ein angestrebtes papierloses Arbeiten, mit geringen Risiken für den Behandlungsprozess, umgesetzt werden. Eine Patientenaktenlösung darf technologisch keine Sonderlösung sein und muss sich in die IT-Bestandsstrukturen integrieren. Nur so kann klassischen Ausfallszenarien und neuen im Umfeld Cybersecurity entgegnet werden. Dabei rückt im Sinne des Risikomanagements mit der Business Impact Analysis (BIA), die im Rahmen des Business Continuity Management für das Risikomanagement erforderlich ist, immer mehr der geplante Ausfallbetrieb in den Fokus. Aufgrund immer komplexerer Inhouse- und Cloud-Vernetzungen erfolgen mehr Regelwartungen und die Verfügbarkeiten sinken. Das IHE-Archiv übernimmt hier eine tragende Rolle. Je nach Ausfallszenario sind das On-Premise DMS oder das externe Archiv die letzte verbleibende Informationsquelle für Patientendaten. Es ist somit erforderlich, dass die Daten im Prozess zeitnah, in die OnPremise und externe Archivstruktur, übertragen werden.

Trotz tiefer Integration in die klinischen Systeme, darf die Verfügbarkeit dieser nicht Voraussetzung für einen Zugriff auf das IHE-Archiv sein. Der Zugriff auf das Notfallsystem muss sicher über Viewer ohne Klinikinfrastruktur möglich sein z. B. bei Ransomware Angriffen.

Rechtssichere Archivierung

Das IHE-Archiv muss die rechtssichere elektronische Aufbewahrung gewährleisten. Die Vorhaltung sekundärer Absicherungsstrukturen (Papier/Mikrofilm) zur Beweissicherung müssen gänzlich entfallen.

Das System stellt die unveränderbare Aufbewahrung und Reproduzierbarkeit mit originalgetreuer Sicht der archivierten Dokumente, Papier und elektronisch, über einen prinzipiell unbegrenzten Zeitraum sicher. Dies impliziert die Abbildung aller Revisions- und Signaturdienste sowie erforderlichen Infrastruktur- und Medienmigrationen über die Jahre.

Nachvollziehbarkeit

Der Vertraulichkeits- und Schutzbedarf der archivierten Daten muss im DMS- und Archivsystem durchgängig und einheitlich umgesetzt werden. Der gesamte Workflow muss nachweislich manipulationsfrei sein. Dies erfolgt über ein ausführliches Logging (Audit Trail and Node Authentication Profil von IHE-ATNA), Stapelsignaturen/Zeitstempel und in Kombination mit einem granularen Berechtigungssystem zur Abbildung interdisziplinärer Anforderungen. Für die Protokollierung müssen geeignete Auswertetools bereitgestellt werden, zur Kontrolle der VIVA Kriterien für Datenschützer und IT.

Aktenzugriffe/Berechtigungskonzept

Es muss gemäß OH-KIS ein mehrstufiges Berechtigungskonzept umgesetzt werden, dass sich an Aufgaben, Funktionen und Organisationsstrukturen des Klinikums orientiert (DKG, 2014).

Bei Verfügbarkeit der Kliniksysteme können die Akten über deren Oberflächen eingesehen werden. Dies ist erforderlich, da insbesondere die oft temporären und prozessabhängigen Zugriffe nur in den Primärsystemen abbildbar sind z. B. Konsile, Order-Entry. Die Berechtigungsprüfung erfolgt sowohl im Kliniksystem, als auch im IHE-Archiv. Das IHE-Archiv bietet, im Sinne der Dokumentenkonsolidierung über viele Systeme hinweg, eigene Zugriffsrechtesteuerungen an. Diese sind auf Dokumentenebene granularer als in den Primärsystemen. Hierbei ist auch der Direktzugriff (Notfall) zu berücksichtigen.

Um zusätzlich für aktuelle Behandlungsfälle und Wiederaufnahmen einen schnellen Zugriff auf die Krankenhistorie zu möglich, erfolgt ein Prefetching. Das heißt, kommt ein Patient ins Krankenhaus werden mit der Aufnahmemeldung alle Archivdaten zeitnah (Minuten) aus dem externen Archiv ins OnPremise System geladen. So wird der Komfort und die Verfügbarkeit bei einem Internetausfall gewährt.

Service und Betrieb

Das Klinikum sieht in der Bereitstellung von:

- Speicher- und Archivlösungen
- Desaster-Lösungen
- Rechtssicherer Archivierung

keine Kernaufgabe der Klinik-IT. Diese Dienstleistungen werden wo möglich ausgelagert. Die Klinik-IT soll die Prozessunterstützung der klinischen Anwender als Kernkompetenz im Fokus haben, um die knappen Ressourcen optimal zu nutzen. Damit dies gelingt, müssen sinnvolle Betriebsmodelle für die Auftragsdatenverarbeitung gefunden werden. Technische und vertragliche Schnittstellen müssen zwingend einfach gehalten werden (KISS-Prinzip, Keep it simple and smart). Aus der Erfahrung heraus, wird das Lösungskonzept mindestens zwei Partner erfordern. Somit sind erforderlich:

- Klare Zuständigkeiten und Verantwortlichkeiten in den Vertrags-Schnittstellen.
- Klare technologische Trennung zwischen Krankenhaus- und Servicepartner-Dienstleistungen. Dies bedingt die uneingeschränkte Operabilität auf IHE-Basis, zur klaren Aufgabentrennung und Erfüllung der Verfügbarkeitsanforderungen.
- ITIL konforme 7x24h Betriebs- und Servicekonzepte aller Partner sind, aufgrund der zukünftigen Systembedeutung als Datendrehscheibe, erforderlich. Das Notfallkonzept ist sonst nicht umsetzbar.
- Partner müssen das Sicherheitsniveau des jeweiligen Klinikums erfüllen (z. B. B3S/KRITIS, siehe DKG, 2019) und somit Anforderungen wie BSI/ISO-27001 umsetzen (s. BSI, 2021).

- DSGVO muss mit den jeweiligen Bundeslandspezifika erfüllt werden (s. BfJ, 2018).
- Sichern Sie sich Unterstützung bei Ihren Aufsichtspflichten z. B. für Lieferantenbewertung, DSGVO usw.

4   Praktische Umsetzung

Im Folgenden werden Herausforderungen und Lösungen im Rahmen der Projektumsetzung aufgeführt. Alle Anforderungen an das Konzept, welche nicht aufgeführt sind, können als erfolgreich umgesetzt angesehen werden.

IT-Strategie Dokumenten- und Bildmanagement
In einem Entscheiderfabrikprojekt aus dem Jahre 2011 wurde bewertet, ob ein Dokumentenmanagementsystem nicht auch die Funktionen eines Bildmanagementsystems oder umgekehrt übernehmen kann. Als Ergebnis haben wir uns bewusst entschieden kein System einzuführen, das beides kann, sondern je ein Spezialsystem für Dokumente und eines für Bilddaten. Im Rahmen der Ausschreibung und praktischen Umsetzung hat sich bestätigt, dass die Spezialitäten der jeweiligen Domänen zu individuell sind. Obwohl im DMS ein MPG konformer Viewer integriert ist, war schon die IHE konforme Ausspiegeln von Bilddaten mit Komfortfunktionen für die Nutzer problematisch.

Altdaten
Die Datenbasis muss sehr akkurat analysiert und bereinigt werden, da sie den Grundstein für den internen und später auch intersektoralen Einsatz legt. Das Anreichern mit validen Metainformationen ist oft problematisch. Der Aufwand sowohl technisch/monetär als auch von der Migrationszeit ist nicht zu unterschätzen. Stichworte sind hier: valide Patienten-/Fallhistorien (Merges), Erhalt der Primärsystemverknüpfung, Zeitaufwand für Signieren/Zeitstempel/OCR der Altdaten.

Integration bestehender und neuer Systeme
Bezüglich IHE sind leider nur sehr wenige Anbieter am Markt, welche schon Anbindungen bereitstellen. Im Ursprungskonzept sollte der IHE-Anteil direkter DMS-Anbindung, einen nicht unerheblichen Teil ausmachen. Gerade im Bereich der diagnostischen Systeme ist das Bild noch desaströs. Im Projekt fiel die Entscheidung eine universelle KIS-DMS Schnittstelle zu etablieren, für unterschiedliche Dokumententypen/-formate. Die HL7 und proprietären Schnittstellen der Subsysteme wurden beibehalten, da diese über Jahrzehnte mit viel Know-how und hohen Aufwänden entstanden sind. In einem evolutionären Ansatz müssen die Schnittstellen bei neuen Systemen oder Produktwechseln überarbeitet werden.

Dieser Ansatz hat sich bewährt und Mehrwerte geschaffen. Je nach Datentyp werden Informationen mit einem Puffer von 2 Wochen bis 4 Monaten parallel im KIS vorgehalten, bevor diese gelöscht werden. Somit können auch Updates/Ausfälle des DMS kompensiert werden. Der Aufbau der Schnittstelle KIS-DMS war sehr komplex und darf nicht unterschätzt werden. Zum Beispiel, durch die Integration in Freigabeprozesse oder Rückverlinkungen ins KIS zur Komfortanzeige usw.

Dokumente von extern und aus diagnostischen Systemen sind oft nur in Form eines Ausdrucks für die Behandler zugänglich. Diese werden über einen Dialogimport mit Klassifizierungsprozess ins IHE-Archiv übernommen. Die Klassifizierung muss bei den Anwendern gut geschult werden, damit die Datenqualität gegeben ist. Ausreichende Scanmöglichkeiten z. B. mittels Multifunktionsgeräten müssen vorhanden sein. Alle im IHE-Archiv bereitgestellten Dokumente, müssen zeitnah im Primärsystem ausgespiegelt werden, oft über proprietäre Schnittstellen.

Datenintegrität und Archivierung

Die Nachvollziehbarkeit in klinischen Systemen, wird in der Praxis oft begrenzt. z. B. Logging nur schreibender und keiner lesenden Aktionen, das Logging ist zu ressourcenaufwendig oder gar nicht verfügbar. Im IHE-Archiv erfolgt ein vollständiges und sinnvoll auswertbares Logging. Die ATNA-Logs wurden in unserem Projekt mit produktspezifischen Logs angereichert und mit komplexen Abfragen kombiniert, um alle Fragestellungen beantworten zu können. Alle Logs müssen zeitnah archiviert und so vor Manipulationen geschützt werden. Mittels geeigneter Kennwerte und Heatmaps (Excel) können in der Logflut schnell kritische Zugriffe jeglicher Art visualisiert werden. Auch Auswertungen für die Patientenauskunft nach DSGVO sind damit umsetzbar.

Verfügbarkeit

Das digitale Archiv muss aufgrund seiner Bedeutung, sämtliche Informationen zum Patienten zeitnah zur Verfügung stellen. Wesentlich sind hierbei die Menschen im Freigabeprozess. In der Praxis muss diesen große Aufmerksamkeit geschenkt werden. Ohne zeitnahe Freigabe stehen Dokumente nicht, respektive nicht chronologisch zur Verfügung.

In der Praxis konnte eine sehr zeitnahe Dokumentenübertragung im Minutenbereich an das IHE-Archiv umgesetzt werden, damit die relevanten Behandlungsdaten im Notfall verfügbar sind. Viele behandlungsrelevanten Daten stehen vor dem Einscannen der Papierakte zur Verfügung. Das Ziel einer 7x24h verfügbaren Ausfalllösung, welche unabhängig von Klinikinfrastrukturen und Backups (RTO, RPO usw.) direkt und OnDemand verfügbar ist, wurde erreicht.

Dies bietet auch bei zukünftigen Architekturdesigns neue Optionen, indem Anbindungen auch aus der Partnerstruktur zu anderen Strukturen wie Telematik/e-Health denkbar sind. Gerade für kleinere Häuser können hohe Mehrwerte entstehen. Für Ausfallszenarien kann ggf. sogar auf lokale Ausfallsysteme verzichtet werden.

IHE

In unserem Projekt ist die eingesetzte Softwarelösung OnPremise identisch mit der beim Partner, welcher das externe Langzeitarchiv und das Ausfallsystem betreut. Dies ist aufgrund der IHE konformen Umsetzung technisch nicht erforderlich, hat aber an vielen Stellen das Verständnis und die Konfiguration vereinfacht. Ferner konnten in unserem Szenarium Themen wie Authentifizierung und Autorisierung vereinfacht werden, da beide IHE-Domänen uns als Kunden gehören.

Alle Änderungen am OnPremise System im Klinikum müssen auch in der externen Domäne nachvollzogen werden z. B. neue Dokumentenklassen, Berechtigungsanpassungen usw. Die Sicherheit durch das OnDemand Ausfallsystem überwiegt jedoch.

Alle Dokumente der Patientenakte wurden nach den Kriterien der KDL klassifiziert und den Registern zugeordnet. Dies hat sich bewährt, erfordert jedoch eine Stelle welche fachkundig die Dokumente zuordnen kann z. B. das Medizincontrolling.

Problematisch sind Kliniksysteme welche unzureichende Metadaten liefern. Zum Beispiel, kein Practice Setting Code, Dokumentenklassen ohne IHE-Parameter, Eigentümer/externes System leer, usw. Diese Daten müssen dann angereichert werden, mit z. T. proprietären Mitteln. IHE kann aber auch der kleinste gemeinsame Nenner sein. Das heißt, auch zu granulare Daten müssen bewertet und generalisiert werden. Ansonsten besteht das Problem, dass die Daten anderen Partner nicht sinnvoll bereitgestellt werden können. Das IHE-Archiv wird so Hüter der Datenqualität.

Aus der Historie heraus stellt normal das KIS den MPI. Im Projekt wird mit Shared-Patient-IDs gearbeitet, damit beide IHE-Domänen den HL7-Datenstrom verarbeiten können. Dieser ist wichtig für Funktionen wie Prefetching und Ausfallszenarien. Das Prefetching funktioniert in der Praxis sehr schnell, wie auch das Ausleiten aus Kliniksystemen in das externe Archiv. Die Bandbreitenanforderungen sind gering (~2–5 Mbit/s).

An einigen Stellen musste IHE erweitert werden, um deutsche Spezifika und Komfortmerkmale umzusetzen.

Für das Ausfallszenario müssen beide IHE-Domänen absolut synchron sein. Dazu müssen die Metadaten gleich sein z. B. OID-Konzept, ClassCode, TypeCode, PracticeSeeting-Code. Hier kam eine Funktion des DMS zum Einsatz, die kein Bestandteil des IHE Technical Frameworks ist.

Es waren Erweiterungen an den XDS-Profilen erforderlich z. B. Änderungen/Sperren von Dokumenten im gesamten IHE-Archiv, das Anzeigen von XDS-Dokumenten fallbezogen und im eigenen Aktenplan der Nutzer. Die Detailstufe, welche im IHE-Datenmodell erreicht werden kann, reicht dem Kliniker oft nicht aus.

Als Komfortfunktionen, welche IHE nicht bietet, stehen auch Volltextsuche, Annotationen, Thumbnails usw. zur Verfügung. Diese Daten bleiben aus Komfortgründen erhalten, auch nach einem Verdrängen (>5J) der eigentlichen Daten.

Berechtigungskonzept (ISO27001, OH-KIS, DSGVO)
Für den Betrieb im klinischen Anwendungsbereich muss die Nutzung interdisziplinärer Konzepte (Fachabteilung/Station) sowie die administrativen Dienste Archiv-/Aktenverwaltung und IT im Berechtigungskonzept abgebildet werden. Dies bietet IHE wie bei der Fallebene nicht an. Im Sinne einer hohen Nutzerakzeptanz können wir nur empfehlen, dass das DMS/Archiv-System entsprechende Komfortmerkmale bietet. Auch wenn dies

von der reinen IHE Lehre abweicht, ist dies für uns kein Widerspruch, um alle anderen IHE-Mehrwerte zu nutzen.

Partnerschnittstellen

Aus der Praxis können wir nur dringend anraten, die Funktion des DMS/Archiv OnPremise und die des externe Ausfallsystems- und der Archivdienstleistung im Rahmen der Ausschreibung, mit einer möglichst engen „Klammer", auf allen Ebenen zu verbinden. Dies hat sich bei uns im Projekt sehr bewährt. Sollte schon ein System etabliert sein und kein Wechsel anstehen, müssen intensive Abstimmungen mit dem Bestandspartner vor/ während der Ausschreibung erfolgen.

Projektmanagement

Kernfaktor sind die Menschen, welche über alle Bereiche hinweg das Projekt begleiten.

- Die Projektleitung muss sorgfältig ausgewählt werden. Diese muss den Projekt-Spirit verstehen, aktiv mittragen und fördern.
- Nutzer müssen frühestmöglich eingebunden und Bedürfnisse ermittelt werden. Mehrwerte müssen vermitteln werden. Beispielhaft sei hier das Verständnis und der Nutzen der KDL genannt.
- Anwender mit dem höchsten Nutzen, müssen als Mitstreiter gegen Projektwiderstände gewonnen werden. Über alle Ebenen wird viel Überzeugungsarbeit benötigt.
- Sie brauchen IT-Mitarbeiter, die bereit sind ihre Komfortzone zu verlassen, um innovative Themen umzusetzen.
- Es ist aufgrund der Prozess- und Strategiethemen kein Selbstläufer. Bei uns hat das Projekt z. B. den kompletten Neuaufbau auch der Papierakten und Registerstrukturen beinhaltet.
- Die Projektlaufzeit ist lang, da viele Bereiche und Prozesse betroffen sind und IHE für viele noch Neuland ist. Wir empfehlen 2–3 Jahre einzuplanen.
- Insbesondere die IT braucht einen langen Atem. Sich nicht beirren lassen, auch wenn alle sagen: *Das hat bisher noch keiner so gemacht.* Dies erfordert Geduld und Beharrlichkeit, die sich aber am Ende auszahlen.

5   Fazit und Ausblick

Unser Projekt hat alle Anforderungen erfüllt und ist erfolgreich umgesetzt. Sie können es wagen! Projekte aus Österreich/ELGA, Schweiz/EPD, EU/EHDS/epSOS untermauern dies. Als Fazit geben wir Ihnen, aus unserer Sicht, die Erfolgsfaktoren für ein zukunftsorientiertes Projekt mit auf den Weg.

Strategie

Wesentlich und als aller erstes sollten die Strategieanforderungen des Unternehmens aufgenommen und berücksichtig werden. Diese fließen dann in die Digitalisierungs-, Daten- und IT-Strategie ein (siehe auch Beitrag Henke et al., „Digitalstrategie und Strategieentwicklung im Krankenhaus" zur Digitalstrategie). Wenn eine oder mehrere dieser Strategien noch nicht hinreichend ausgeprägt ist, sollte in jedem Falle eine bestmögliche Berücksichtigung im Rahmen einer interdisziplinäreren Arbeitsgruppe erfolgen. Das Krankenhaus kann mit einem gesamtheitlichen Blick effizient, wirtschaftlich und vor allem nutzerorientiert seine Prozesse leben. Die digitalen Kompetenzen der Mitarbeiter tragen wesentlich dazu bei. Themen wie Digital- und Datenstrategie sowie das Informations-Sicherheits-Management dürfen deshalb keine Pflichtübungen sein, sondern müssen gewollt sein und jedem Mitarbeiter in Fleisch und Blut übergehen. Dazu müssen die Datenkompetenzen aller Mitarbeiter aufgebaut/verbessert und von der Geschäftsführung aktiv unterstützt und gelebt werden.

Insbesondere Gesundheitsdaten sind ein Wirtschaftsfaktor. Durch die strukturierte und zentrale Datenhaltung in standardisierten Formaten, wird der Grundstein für das Datenmanagement gelegt. Hier muss über den primären Nutzen hinausgedacht werden, um das volle Potenzial aus den Daten zu ziehen z. B. Vollständigkeit und Vollzähligkeit. Nur so wird auch Data-Science möglich, mit dem Ziel Mehrwerte für die Patienten zu bieten. Metadatenanreicherungen müssen dafür schon bei der Datengenerierung durch Pflege und Ärzte erfolgen, damit diese später standardisiert auswertbar sind. Sinnvoll ist es mit einem Blick über den Tellerrand die gewünschten zukünftigen Auswertungen zu ermitteln. Man kann nur ernten wo man gesät hat.

Die wertvollen behandlungsrelevanten Daten gilt es abzusichern. Dazu trägt die Informationssicherheit, durch die Schutzziele nach VIVA, einen wesentlichen Teil bei. Es stellt sich somit nicht die Frage *ob* man Informationssicherheit priorisiert, sondern nur *wie* man es am sinnvollsten macht. Wenn diese nicht nur als Pflichtprogramm mit dem Abhaken von Checklisten gleichgesetzt wird, entstehen Mehrwerte welche über die VIVA Regelungen hinausgehen. Zum Beispiel, das V = Verfügbarkeit nicht nur als technisch verfügbar sehen, sondern auch aus Nutzersicht sinnvoll verfügbar, weil es Mehrwerte bietet.

Vision und Konzept

Je besser Ihr Konzept ist, um die strategischen Ziele zu erreichen, desto problemloser wird Ihr Projekt. Investieren Sie viel Zeit in ihr Lösungskonzept und das Ausschreibungs-LV. Dies hilft Ihnen im Projekt den roten Faden nie aus den Augen zu verlieren. Suchen Sie Lösungen, welche auch noch die Anbindung der alten Welt sinnvoll unterstützen. Die Hauptaufgabe wird sein, geeignete Partner zu finden! Sondieren Sie schon vor der Ausschreibung den Markt.

Aus unserer Projekterfahrung stehen wir bei IHE in Deutschland noch am Anfang. Viele Anbieter am Gesundheitsmarkt können noch keine Schnittstellen anbieten. Dies heißt aber nicht, dass man nicht gute Konzepte umsetzen kann, mit denen der Nutzer-komfort steigt und deutliche Resilienzmehrwerte einhergehen.

Weiterentwicklung

Wir bauen das Konzept zum Enterprise Content Management System (ECM) aus. Mit-arbeiter können so mit einem System alle klinischen Prozessanforderungen (Workflows, Aufgaben, Erinnerungen) mit Dokumenten (medizinisch/administrativ) in einem System und geräteunabhängig ausführen. Hierdurch wird die Nutzerakzeptanz gesteigert und die vorhandene Infrastruktur der Patientenakte kann genutzt werden.

Geplant ist auch die Anbindung an die Telematikinfrastruktur, um Dienste in auto-matisierte Prozessabläufe zu integrieren und den Dokumentenaustausch mit der ePA zu ermöglichen. Aktuell erfolgt die Umsetzung der MDK-Anbindung (LE-Portal).

Zukünftig gilt es die Datenschätze zu heben und im Sinne der Datenstrategie auch An-forderungen aus den Bereichen Big-Data und KI anzugehen. Durch die geschaffene Struk-tur, in der OnDemand alle Archivdaten mit allen Metadaten verfügbar sind, können Aus-leitungen und Aufbereitungen von inhaltlichem Aktenwissen in einer Wissensdatenbank erfolgen.

Schlusswort

Die Digitalisierung und die damit verbundenen Technologien sind kein Selbstzweck. Sie bringen nur dann einen Nutzen, wenn die Menschen/Nutzer im Fokus stehen. Sie muss die personellen Ressourcen entlasten, damit diese möglichst effizient ihre Tätigkeit ausführen können. Damit dies gelingt brauchen wir:

- Die Einbindung der Nutzer von Anfang an in die Entscheidungs- und Umsetzungs-prozesse. Letztlich müssen diese tagtäglich die Datenqualität gewährleisten.
- Die IT-Mitarbeiter, welche nicht nur technologisch neue Wege beschreiten müssen, sondern auch oft die Treiber und Innovatoren sind.
- Die Führungsebene, welche über alle Ebenen fördern und unterstützen muss – auch durch die Bereitstellung von Ressourcen.
- Die Menschen bei den Partnern, welche die Innovationen mit dem gleichen Herzblut wie sie in die Projekte und Produkte einbringen.

Somit sind es auch die Menschen in diesem Projekt, denen große Anerkennung gebührt. Erst durch sie wurde ein innovatives Konzept zur praxisorientierten Realität. Wir danken unseren Partnern, welche unseren Spirit teilten. Wir hoffen, alle sehen nicht nur die mit der Digitalisierung einhergehenden kontinuierlichen Veränderungen in ihrer Arbeitswelt. Son-dern auch den großen Nutzen und die einhergehenden Mehrwerte, wenn wir die Ver-änderungen gemeinsam mitgestalten und mittragen.

Literatur

BfJ. (2018). Bundesamt für Justiz. BDSG Neuordnung nach DSGVO, Datenschutz Grundverordnung, Datenschutzrahmen in der Europäischen Union. https://www.gesetze-im-internet.de/bdsg_2018/. Zugegriffen am 25.09.2021.

BSI. (2021). Bundesamt für Sicherheit in der Informationstechnik stellt mit dem IT-Grundschutz ein Kompendium für die Umsetzung eines ISMS (Informations-Sicherheits-Managementsystems) bereit. https://www.bsi.bund.de/DE/Themen/Unternehmen-und-Organisationen/Standards-und-Zertifizierung/IT-Grundschutz/it-grundschutz_node.html. Zugegriffen am 25.09.2021.

DKG. (2014). Hinweise und Musterkonzepte für die Umsetzung der technischen Anforderungen der Orientierungshilfe Krankenhausinformationssysteme, 2. Fassung (25. März 2014). *Deutsche Krankenhausgesellschaft.* https://www.dkgev.de/fileadmin/default/Mediapool/2_Themen/2.1_Digitalisierung_Daten/2.1.4._IT-Sicherheit_und_technischer_Datenschutz/2.1.4.2._Technischer_Datenschutz/Hinweise_technischer_Datenschutz_UEberarbeitung.pdf. Zugegriffen am 20.09.2021.

DKG. (2019). Branchenspezifischer Sicherheitsstandard für die Gesundheitsversorgung im Krankenhaus, (22.10.2019). *Deutsche Krankenhausgesellschaft.* https://www.dkgev.de/fileadmin/default/Mediapool/2_Themen/2.1_Digitalisierung_Daten/2.1.4._IT-Sicherheit_und_technischer_Datenschutz/2.1.4.1._IT-Sicherheit_im_Krankenhaus/B3S_KH_v1.1_8a_geprueft.pdf. Zugegriffen am 20.09.2021.

Teil IV

Kommunikationsfähigkeit und Prozesseffizienz

Digitale Potenziale der Kommunikation im Gesundheitswesen: KIM, TIM, ePA & Co.

Stefan Müller-Mielitz

Inhaltsverzeichnis

Zusammenfassung

Kommunikation von Ärzten und Institutionen wird durch die Telematikinfrastruktur nicht nur sicherer, sondern auch strategisch bedeutsam für Arztpraxen, Krankenhäuser und zukünftig auch Reha- und Pflegeeinrichtungen. Ärzte, Pflegekräfte, Physiotherapeuten, Hebammen und weitere Leistungserbringer werden zukünftig digital kommunizieren können. Damit wird das FAX zwischen Krankenhäusern, Arztpraxen, Reha-

S. Müller-Mielitz (✉)
IEKF GmbH – Institut für Effizienz Kommunikation Forschung, Ibbenbüren, Deutschland
E-Mail: smm@iekf.de

© Der/die Autor(en), exklusiv lizenziert durch Springer Fachmedien Wiesbaden GmbH, ein Teil von Springer Nature 2022
V. Henke et al. (Hrsg.), *Digitalstrategie im Krankenhaus*,
https://doi.org/10.1007/978-3-658-36226-3_20

und Pflegeeinrichtungen obsolet. Zusätzlich auf der Liste der Akteure und Institutionen stehen der öffentliche Gesundheitsdienst, der Sanitätsdienst der Bundeswehr und weitere Akteure wie die Kassenärztlichen Vereinigungen, Ärztekammern, Krankenkassen.

1   Hintergrund

KIM ist die sichere E-Mail-Kommunikation innerhalb der Telematikinfrastruktur (TI). Die TI ist ein eigenständiges Netzwerk, das abgesichert durch Firewalls (Konnektoren) nur Gesundheitseinrichtungen miteinander verbindet. Normaler Internet-E-Mailverkehr kann in diesem Netzwerk nicht versendet werden. Dadurch ist es auch nicht möglich, den Patienten per Internet-Mail aus dem Netzwerk heraus anzuschreiben. KIM funktioniert nur zwischen professionell angeschlossenen Institutionen mit einer Institutionenkarte (SMC-B) oder einem Leistungserbringer mit einem eHBA. Die beiden Kartentypen werden für die Identifizierung in dem eigenständigen Netzwerk zwingend benötigt. Mit TIM (TI-Messenger) wird Ende 2022 eine ad hoc Kommunikation für Leistungserbringer hinzukommen (Version 1.0), die ab der Version 2.0 auch für Versicherte durch die Kostenträger bereitgestellt wird (gematik, 2021c).

Die Kommunikation mit dem Patienten wird zusätzlich mittels elektronischer Patientenakte (ePA) erfolgen (gematik, 2021a). Nur der Versicherte kann hier bestimmen, welcher Leistungserbringer Zugriff auf seine Daten und Dokumente in der ePA hat.

Alle drei Telematikfachanwendungen, KIM, TIM und ePA, stellen die Kommunikation im Gesundheitswesen auf moderne, digitale Beine. Das erfordert, dass IT-Professionals aus technischer Sicht, Pflegekräfte und Ärzte aus fachlich-organisatorischer Sicht sowie Geschäftsführer und Geschäftsführerinnen und kaufmännische Leiter und Leiterinnen aus strategischer Sicht sich mit den neuen digitalen Möglichkeiten und Fachanwendungen beschäftigen müssen.

Was bedeutet das? Die folgende Auflistung zeigt die bereits heute verfügbaren medizinischen Anwendungen der Telematikinfrastruktur:

- KIM (Kommunikation im Medizinwesen: sichere E-Mail)
- ePA (elektronische Patientenakte)
- VSDM (Versichertenstammdatenmanagement)
- eMP (elektronischer Medikationsplan)
- NFD (Notfalldatensatz)
- eRezept (elektronisches Rezept)

Alle Anwendungen sind dabei mehr oder weniger relevant für Krankenhäuser, Reha- und Pflegeeinrichtungen. Das VSDM führt zu abgestimmten Stammdaten mittels der Krankenversichertennummer. Dadurch erhalten alle angeschlossen IT-Systeme wie die Praxisverwaltungssoftware oder das Krankenhausinformationssystem eine eindeutige Identifikation der Patienten und damit aktuelle Stammdaten. Der eMedikationsplan und die

Daten des Notfalldatenmanagements werden in naher Zukunft in der ePA als strukturierte Datensätze aufgehen und dort als strukturierte Daten genutzt werden können. Es sind dann Auswertungen und Analysen möglich als es bisher mit handschriftlicher oder nicht strukturierter Dokumentation möglich wäre. Es entsteht für die Versorgungsforschung und Arzneimittelforschung ein relevanter Datenpool zur Überprüfung der Wirksamkeit der im realen Leben eingesetzten Medikation (real world data). Einer Nutzung muss der Patient aktiv zustimmen. Der Notfalldatensatz wird sich künftig zur international austauschfähigen Patient Summary (IPS) als Patientenkurzakte weiterentwickeln und ebenfalls in der ePA verfügbar sein. Das eRezept wird als eine relevante eVerordnung die Prozesse der Medikamentenausgabe und damit auch die Prozesse von Apotheken mit beeinflussen (gematik, 2021b).

2   Gesetzliche Fristen

Für Arztpraxen und Krankenhäuser hat der Gesetzgeber im SGB V konkrete Umsetzungsfristen formuliert. Der Gesetzgeber und die Selbstverwaltung forderten im Einvernehmen ab Oktober 2021 die Nutzung von QES und KIM für die eAU. Die Frist wurde auf Mitte 2022 verlängert. Damit müssen ein Arbeitsplatzsystem, das KIM-Client-Modul, ein Kartenterminal vorhanden sein und der Konnektor mit PTV3 ausgestattet sein. Für eArztbriefe hat sich die Selbstverwaltung auferlegt, dass perspektivisch ebenfalls KIM und QES eingesetzt werden müssen, wenn die Finanzierung des eArztbriefes weiterhin übernommen werden soll. Ab 2022 kommen Rehabilitationseinrichtungen und ab 2024 auch Pflegeeinrichtungen hinzu.

Institutionen, die eine elektronische Arbeitsunfähigkeitsbescheinigung ausgeben, müssen im ersten Schritt das sichere KIM-E-Mailverfahren nutzen. Finanzielle Restriktionen gibt es zukünftig beim eArztbrief, wenn dieser nicht über KIM versendet wird. Eine durch den Gesetzgeber forcierte Einbindung weiterer Akteure ist derzeit nicht zu erkennen, so dass es eine strategische Entscheidung für die Institutionen ist, wenn diese nicht gesetzlich verpflichtet sind, KIM zu nutzen.

Das neue Digitale-Versorgung-und-Pflege-Modernisierungs-Gesetz (DVPMG) sieht unter anderem folgende Neuerungen in der Telematikinfrastruktur vor (DIP, 2021):

- Die sicheren Übermittlungsverfahren werden künftig um einen Videokommunikations- und Messagingdienst erweitert (TI-Messenger).
- Ab 2023 erhalten Versicherte und Leistungserbringer digitale Identitäten zur Authentifizierung für Videosprechstunden oder andere digitale Gesundheitsanwendungen.
- Der elektronische Medikationsplan wird nur noch in der entsprechenden Anwendung geführt und nicht mehr auf der elektronischen Gesundheitskarte gespeichert.
- Die elektronische Patientenkurzakte wird 2023 als neue Anwendung eingeführt und soll Notfalldaten und Hinweise wie Organspendeerklärungen, Vorsorgevollmachten und Patientenverfügungen beinhalten.
- Ab dem 1. Juli 2022 können elektronische Erklärungen zur Organ- und Gewebespende im dafür bestimmten Register abgegeben, geändert und widerrufen werden.

Für die Bereiche Rehabilitation und Pflege sind keine konkreten Umsetzungstermine, im DVPMG aber Punkte für die Einbindung in die Telematikinfrastruktur formuliert. Konkret werden Digitale Pflegeanwendungen (DIPAs) neben den Digitalen Gesundheitsanwendungen (DIGAs) auch durch die TI und die ePA unterstützt.

Es wird die Kommunikation zum Patienten vereinfacht: die elektronische Patientenakte ermöglicht den Austausch digitaler medizinischer Dokumentation. Zukünftig ist davon auszugehen, dass Terminverwaltungsfunktionen, Benachrichtigungen, Chats und weitere Kommunikationsmöglichkeiten der ePA hinzugefügt werden und den Patienten über eine Smart-Phone-APP oder eine PC-Software bereitgestellt werden. Die ePA selbst und ihre Grundfunktionen wie Lesen, Schreiben, Berechtigungen vergeben müssen von den gesetzlichen Krankenkassen seit Anfang 2021 bereitgestellt werden.

Mit den Vorgaben für die sichere E-Mail in der Telematikinfrastruktur (TI) schafft der Gesetzgeber die Basis für eine verschlüssele Kommunikation und die rechtssichere qualifizierte elektronische Signatur (QES) von Dokumenten. Damit werden mündliches Telefonieren, analoges Faxen und der unstrukturierte Datenaustausch per Internet-Mail im Gesundheitswesen obsolet. Gleichzeitig stehen Ärzte, Krankenhäuser und zukünftig auch Reha- und Pflegeeinrichtungen vor einem digitalen Wandel ihrer Kommunikationsbeziehungen untereinander und mit dem Patienten.

3   Digitale Kommunikation

Digitalisierung bedeutet digitale Kommunikation zwischen Institutionen untereinander, zwischen Professionals und vom Patienten zum Professional und wieder zurück. Bisher hat Papier vielfach die Prozesse bestimmt. Papier ist das Kommunikationsmittel im Gesundheitswesen und wird künftig ersetzt durch:

a. Kommunikation im Medizinwesen (KIM), was die sichere E-Mail zwischen Institutionen und Professionals untereinander betrifft.
b. Elektronische Patientenakte (ePA), was die Kommunikation von Patienten mit den Heilberuflern ermöglicht.
c. Am Horizont sind auch Kurznachrichten mit dem TI-Messenger (TIM) zu sehen. Für die Kommunikation in der Telematikinfrastruktur steht dann in den nächsten Jahren ein sicherer Messenger zur Verfügung, der als Chatfunktion zwischen Professionals auch mit dem Patienten kurzfristige Nachfragen und den eher adhoc-Austausch ermöglichen soll.

3.1   Professional zu Professional mittels KIM

Mit KIM steht innerhalb der Telematikinfrastruktur ein sicherer E-Mail-Austausch von hochsensiblen Informationen wie Befunden, Bescheiden, Abrechnungen und Röntgenbildern zur Verfügung und ersetzt damit auf Papier ausgedruckte Dokumente.

KIM ist nichts anderes als digitales Faxen: Auch hier muss manuell die Dokumentation dem Patienten richtig zugeordnet werden. Gescannte Dokumente und PDF-Dateien sind für die datenbankgetriebenen Krankenhaus-Informations-Systeme (KIS) schwer zu verarbeiten, so dass hier in den nächsten Jahren effiziente und effektive Lösungen erarbeitet werden müssen.

Es sind auch ganz einfache Fragen, die die Entscheider stellen müssen: Wie ersetzen wir das Faxgerät auf Station X einschließlich der an der Papierverarbeitung angehängten Prozesse, die es bisher gab? Wie und an welchem Ort können wir unsere lokale ePA aus dem KIS (institutionelle ePA, iEPA) mit der ePA nach § 341 SGB V sinnvoll verknüpfen? Wo können, wo müssen wir den Patienten mit in die Prozesse einbinden? Der Patient wird zukünftig vermehrt mit Dokumenten und Daten aus seiner ePA einen Behandlungsprozess starten. Hieraus ergeben sich technische, organisatorische, rechtliche und archivierungswürdige Aufgaben für das Krankenhausmanagement.

3.2   Patient zu Professional mittels ePA

Dem Patienten stehen innerhalb der TI keine direkten Kommunikationswege zu seinem Arzt zur Verfügung. Der Patient kann Dokumente in der ePA zur Verfügung stellen. Eine Benachrichtigung des Arztes ist bis auf Weiteres in der ePA nicht vorgesehen. Somit bleibt es bei bestehenden Termin-Verwaltungs-Portalen, Patienten-Portalen von Krankenhäusern oder Arztpraxen, die aber allesamt noch nicht in der TI ansässig sind und damit direkt über das Internet kompromittierbar wären. Grundsätzlich können diese Anwendungen auch in die TI umziehen. In der aktuellen Version der TI 1.0 hat der Patient aber keinen Zugriff auf weitere Anwendungen – außer auf die ePA mittels seiner ePA-App. Zukünftig wird in der TI 2.0 diese technische Barriere aufgelöst, so dass es auch wesentlich mehr und wesentlich komfortablere Zugänge zu Anwendungen in der TI auch für Patienten geben wird. Konkret sollen Videokonferenzen in der TI zur Verfügung stehen, die technische Ausgestaltung (wer, wie, was, wie und wann) wird in den künftigen Monaten durch die Spezifikationen der gematik konkretisiert.

3.3   TI Messenger TIM für alle Akteure

Ein sicheres Messenger-Übermittlungsverfahren zu schaffen, mit dem Kurznachrichten über Apps von jedem Ort, von einem Smartphone oder einem Tablet oder von einem stationären PC ausgetauscht werden können ist die Aufgabe von TIM. Der Telematikinfrastruktur Messenger wird als Messengerdienst die Kommunikation in Echtzeit ermöglichen. Der Bedarf nach einer schnellen und sicheren Kommunikation ist bei den medizinischen Professionals besonders vorhanden, wenn es um aktuelle, schnelle und kurzfristige Abstimmungen im Sinne des Patientenwohls geht.

Während die bisherige medizinische Kommunikation analog sehr bedächtig und die bisherige digitale Kommunikation sich kaum von den analogen Prozessen unterscheidet, besteht bei dem Messengerdienst zukünftig die Herausforderung darin, die Kurznachrichten dem Patienten zuzuordnen und technisch sauber zu dokumentieren, wann und welche Informationen vorgelegen haben. Hieraus ergibt sich auch eine Herausforderung für die digitale Archivierung, da nun bei TIM nur noch Datenfragmente per Messenger übertragen werden (gematik, 2021d).

4   Umsetzungsschritte

Zukünftig muss für ein ganzes Haus die digitale Kommunikation mit einer Kommunikationsstrategie erarbeitet, umgesetzt und etabliert werden. Viele Fragen sind dabei aus organisatorischer Sicht zu klären: Welche Abteilung soll einen KIM-E-Mail-Account erhalten, welcher Arzt benötigt eine KIM-E-Mail-Adresse? Wollen wir mit der SMC-B signieren, an welchem Arbeitslatz müssen Ärzte mit ihrem HBA signieren können?

All diese Fragen und die konkreten Umsetzungen von neuen Prozessen für KIM sollten in Teilschritten beantwortet und auch umgesetzt werden. Der größere Umsetzungteil mit allen beteiligten Akteuren kann in Workshops geplant werden und in einer umfassenden Kommunikationsstrategie, die von allen Beteiligten getragen wird, für das Haus aufgehen. Bei diesem Vorgehen werden alle direkt beteiligten Akteure und weitere Leistungserbringer und die Patienten mit einbezogen. Das ermöglicht es auch, die ePA als weiteren wesentlichen Kommunikationsbestandteil einer Institution wie einer Arztpraxis oder eines Krankenhauses mit einzubinden. Den Zugriff auf die ePA durch Ärzte und Krankenhäuser setzt der Gesetzgeber ab 01.01.2022 voraus.

Dabei sind drei Bereiche von besonderer Bedeutung und in Umsetzungsprojekten zu bearbeiten: der strategische, der organisatorische und der technische Bereich, die in Einklang gebracht werden müssen: Technik, Organisation/Prozesse, Strategie.

4.1   Technik

Der technische Bereich ist der einfachste, da die Technik – bestehend aus Hardware und Software – durch die gematik spezifiziert wurde und damit interoperabel durch die Anbieter bereitgestellt wird: Der Konnektor, der mit dem PTV3 update die QES ermöglicht, ein Software-Kim-Client Modul, das auf einem PC einzeln installiert oder auf einem Server mehrere KIM-E-Mail-Konten versorgt, das e-Health-Kartenterminal, das den eHBA aufnimmt und zusammen mit dem Klinischen Arbeitsplatz-System und Konnektor die QES durchführt. Damit das klinische Arbeitsplatzsystem diese und weitere Funktionen wie den E-Mail-Versand bereitstellen kann, muss der Hersteller den Implementierungsleitfaden der gematik umgesetzt haben.

Das KIM-Client-Modul ist interoperabel, da es mit dem Standard SMTP und POP3 Internet-Standards unterstützt und damit ermöglicht, dass jeder E-Mail-Client an das KIM-Client-Modul angeschlossen werden kann. Was die Internet-E-Mail-Clients wie Outlook, Mozilla Thunderbird, Lotus Notes und Co nicht können: die QES durchführen. Damit bleibt die Signatur eines Dokuments, das für eAU und Arztbrief seitens des Gesetzgebers gefordert wird, dem Klinischen Arbeitsplatzsystem vorbehalten.

Konkrete Fragen für die Institutionen des Gesundheitswesens sind dabei: Wie wollen wir unsere Kommunikation mit den Leistungserbringern organisieren und strategisch einsetzen, damit wir für unsere Prozesse und für unsere Patienten eine optimale Lösung erzielen? Wollen wir eine zentrale Rolle in der Kommunikation spielen und innerhalb des aktuellen virtuellen Kommunikationsnetzwerkes unsere aktuelle Rolle erweitern?

Generell ergibt sich aber, dass die gesamte Kommunikation einer Praxis oder einer Institution neu gedacht werden kann. Durch den Verzeichnisdienst, dem jeder KIM-E-Mail-Inhaber beitreten muss kann sehr zielgerichtet der Empfänger ausgesucht werden und es stellen sich in den Häusern organisatorische Fragen:

4.2   Organisation und Prozesse

Wie sich in der Internetwelt die info@ durchgesetzt hat, so scheint es nun, dass sich „postfach@institutionenname.kim.telematik" als zentrale Postfachadresse durchsetzen wird. Gleichwohl ist damit nur eine Variante für die E-Mail-Verteilung angesprochen: die des zentralen Postfaches. Es gibt die Möglichkeit, Gruppenaccounts anzulegen wie chirurgie@ oder StationA-Kinderambulanz@. Die Vielfalt an Varianten wird schnell deutlich und eine wichtige Information notwendig: Es handelt sich bei den KIM-Adressen um KIM-E-Mails der Professionals untereinander. Patienten sind in der KIM Welt bisher nicht angedacht. Neben den Gruppeaccounts für Abteilungen und Teams kann jeder eHBA-Besitzer eine KIM-E-Mail-Adresse erhalten. Auch diese Variante – die individuellen Adressen – bietet Vorteile und Nachteile, wie es bereits aus der Internet-E-Mail-Welt bekannt ist. Die grundsätzliche Frage ist dabei: Wie wollen wir unsere Kommunikation grundsätzlich neu gestalten? Wollen wir die digitalen Möglichkeiten für eine Verbesserung der Prozesse und der Patientenversorgung aktiv nutzen? Das führt die Akteure hin zum dritten Bereich, dem strategischen.

Dadurch wird die Kommunikation im Gesundheitswesen und der bisherige Transport über Papier digitalisiert und es werden über KIM einzelne digitale Dokumente in die Einrichtung digital gelangen und über die ePA werden ganze Dokumentensets verfügbar sein.

4.3   Strategie

Die Fragen zum Kommunikation mittels KIM berühren weitere Fachanwendungen der Telematikinfrastruktur wie NFDM, eMP, eRezept und insbesondere ePA. KIM und ePA sind dabei die zentralen Elemente, da KIM die professionelle Kommunikation zwischen Leistungserbringern umfasst und ePA die Kommunikation mit dem Patienten mit einbezieht. Dabei kommt es auf die konkreten Gesundheitsleistungen der Arztpraxis oder der Gesundheitseinrichtung wie einem Krankenhaus an. Tagebücher des Patienten, Selbstvermessungsdaten werden in bestimmten Einrichtungen besondere Bedeutung haben in anderen weniger. Die professionelle Kommunikation hingegen wird zukünftig auch durch die Medizinischen Informations-Objekte (MIOs) zunehmende strategische Bedeutung gewinnen. Impfpass, Mutterpass, Kinderuntersuchungsheft und zahnärztliches Bonusheft sind dabei nicht nur für sektorale Prozesse relevante Informationsobjekte (Kassenärztliche Bundesvereinigung, 2020).

5   Stationäre Patientenversorgung

Mit der Einführung von KIM im Sommer 2021 innerhalb der Telematikinfrastruktur erhalten die Akteure des Gesundheitswesens eine vom Gesetzgeber vorgegebene Lösung als sichere E-Mail-Kommunikation. Mit KIM können Daten und digitale Dokumente sicher und gesetzeskonform ausgetauscht werden. Eine Übermittlung von Daten per Telefon und die Übertragung von Dokumenten durch das Faxgerät gehört damit der Vergangenheit an.

Die Kommunikation von Ärzten und Institutionen des Gesundheitswesens wird durch KIM-E-Mail nicht nur sicher, sondern auch strategisch bedeutsam für Arztpraxen, Krankenhäuser und perspektivisch auch Reha- und Pflegeeinrichtungen. Physiotherapeuten, Hebammen und weitere Leistungserbringer werden zukünftig digital kommunizieren können. Mit auf der digitalen Agenda stehen der öffentliche Gesundheitsdienst, der Sanitätsdienst der Bundeswehr und weitere Akteure im Gesundheitswesen.

Konkrete Fragen sind dabei: wie wollen wir unsere Kommunikation mit den Leistungserbringern organisieren und strategisch einsetzen, damit wir für unsere Prozesse und für unsere Patienten eine optimale Lösung erzielen? Wollen wir eine zentrale Rolle in der Kommunikation spielen und innerhalb des virtuellen Kommunikationsnetzwerkes unsere aktuelle Rolle erweitern? Es sind auch ganz einfache Fragen, die die Entscheider stellen müssen: Wie ersetzen wir das Faxgerät auf Station X einschließlich der an der Papierverarbeitung angehängten Prozesse, die es bisher gab?

Zukünftig werden bisherige Dokumente wie Verordnungen, Überweisungen, Pflegeüberleitungsbogen, Laborbefunde und Laborwerte für die sektorübergreifende Kommunikation als elektronische Informationsobjekte eine Rolle spielen. Diese Meilensteine sollten die Strategen in den stationären Einrichtungen im Blick behalten. Zusätzlich besteht auch die Möglichkeit, die etablierten Verfahren der MIOs für eigene Informationsobjekte zu nutzen. Medizinische Informationsobjekte (MIOs) stellen Daten strukturiert und semantisch annotiert für den Austausch zweier IT-Systeme bereit. Der Vorteil ist offensichtlich: Auch eigene erstellte MIOs sind durch das technische Framework FHIR und XML und die semantische Interoperabilität wie SNOMED oder LOINC von fremden IT-Systemen wieder auf Datenebene zu lesen und weiterzubearbeiten. Das sind die zentralen Vorteile, die sich in den neuen technischen Möglichkeiten der Informationsobjekte und der sektorübergreifenden sicheren Kommunikation durch die Telematikinfrastruktur nun für die tägliche Praxis und den Versorgungsalltag ergeben.

6   Rehainstitutionen und Pflegeinstitutionen

Mit dem Versichertenstammdatenmanagement können Arztpraxen und Krankenhäuser mit Anschluss an die Telematikinfrastruktur (TI) die Stammdaten des Versicherten aktuell halten, den Versichertenstatus prüfen und nutzen damit die digitalen Möglichkeiten, die der Gesetzgeber bisher im Umfeld der Krankenversicherung vorgesehen hat. Die Krankenversichertennummer (KVNR) ist eine eindeutige ID, die für die digitale Verarbeitung im Gesundheitswesen essenziell ist. Nur über die Eindeutigkeit digitaler Identitäten ist eine sichere und verwechselungsfreie elektronische Datenverarbeitung (EDV) sicherzustellen.

Rehabilitations-Einrichtungen werden ab 2021 die Fachanwendungen der TI nutzen können und spätestens ab 2024 werden auch Pflegeeinrichtungen Teil der TI werden. Zu den relevanten Anwendungen für die Akteure aus der Pflege werden gehören: Kommunikation im Medizinwesen (KIM), was den sicheren E-Mail-Versand innerhalb der TI ermöglicht und die elektronische Patientenakte (ePA), mit der Daten und insbesondere Dokumente des Patienten aus der ambulanten und stationären Versorgung angesehen, deren Informationen genutzt und ergänzt werden können.

Wichtige Dokumente wie der Medikationsplan oder der Notfalldatensatz wurden ursprünglich in der eGK gespeichert, wurden aber in die ePA direkt als strukturierte Datensätze aufgenommen. Dadurch wird die Arzneimittelmitteltherapiesicherheit in Kombination mit Apotheken erhöht und durch das eRezept innerhalb der TI, das bereits 2022 landesweit verfügbar ist, könnten auch Medikationsprozesse in der Rehabilitation und der stationären und ambulanten Pflege digitaler werden.

Was bedeutet das? Zunächst sind die oben genannten Fachanwendungen die ersten kommunikativen Bestandteile der TI:

- KIM (Kommunikation im Medizinwesen: sichere E-Mail)
- ePA (elektronische Patientenakte)

und die medizinischen Fachanwendungen:

- VSDM (Versichertenstammdatenmanagement)
- eMP (elektronischer Medikationsplan)
- NFD (Notfalldatensatz)
- eRezept (elektronisches Rezept)

Diese medizinischen Fachanwendungen sind als wesentliche Säulen der Telematikinfrastruktur auch für Pflegeeinrichtungen und die ambulante Pflege bereits heute prinzipiell

verfügbar. Das bedeutet, dass über KIM einzelne Dokumente in eine Reha- und Pflegeeinrichtung digital gelangen können und über die ePA ganze Dokumentensets verfügbar sind.

Welche Potenziale sind für den Bereich Pflege zu erwarten? Drei relevante Szenarien
sind zu betrachten:

a. Der zu Pflegende ist zu Hause oder in der stationären Pflege und verbringt seinen Tag
   normal und erhält regelmäßig pflegerischen und gelegentlich hausärztlichen Besuch.
b. Der zu Pflegende muss die stationäre oder ambulante Pflege verlassen, um einen stationären Krankenhausaufenthalt durchzuführen.
c. Der zu Pflegende kommt aus dem stationären Aufenthalt und entsprechende medizinische Informationen müssen für die stationäre oder ambulante Pflege übernommen werden.

Für alle drei Szenarien können die Anwendungen KIM und ePA bereits heute relevanten
Nutzen für die Patienten und die Kommunikation der Professionals geben indem Daten
und Dokumente – etwa der Medikamentenplan oder der Pflegeüberleitungsbogen – schnell
und sicher verfügbar sind. Weitere Prozesse können dann sukzessiv digitalisiert werden.
Dabei wird es auch von Relevanz sein, inwieweit die Pflegeeinrichtungen in der Digitalisierung generell vorangekommen sind. In den aktuell stattfindenden Pflegepilotprojekten
müssen daher die relevanten Prozesse identifiziert und Lösungswege über KIM oder ePA
gesucht werden.

Für den benötigen Anschluss an die TI ist entsprechende Technik notwendig und es
sind organisatorische Voraussetzungen zu schaffen. Diese organisatorischen Voraussetzungen sind der Hemmschuh, dass Pflegeinstitutionen die Technik der TI noch nicht
nutzen können. Jede Institution muss in der TI über eine Institutionenkarte (SMC-B) verfügen. Während Ärzte bei der Ärztekammer ihren eHBA als persönliche digitale Identität
und Krankenhäuser bei der DKTIG ihre SMC-B als Institutionenkarte erhalten, werden
die Verfahren für die Rehabilitationseinrichtungen gerade erst entwickelt. Für Pflegeeinrichtungen sind noch keine Pläne bekannt.

Die SMC-B als elektronische Smartcard ist eine technisch wichtige Komponente, da
sich jede Organisations- und Technikeinheit innerhalb der TI, angefangen von der Arztpraxis, dem Krankenhaus oder dem Konnektor oder dem Kartenterminal, ausweisen muss.
Dies erfolgt durch die sichere Herausgabe der elektronischen Smartcards. Das Heraus-
gabeverfahren muss daher absolut sicher sein.

Es wird die Kommunikation zum Patienten vereinfacht: Die elektronische Patientenakte ermöglicht zunächst den Austausch digitaler medizinischer Dokumentation in Form
von gescannten Dokumenten. Zukünftig ist davon auszugehen, dass Terminverwaltungsfunktionen, Benachrichtigungen, Chats und weitere Kommunikationsmöglichkeiten
hinzukommen werden und den Patienten über eine SmartPhone-App oder eine PC-

Software bereitgestellt werden. Die ePA selbst und ihre Grundfunktionen wie Lesen, Schreiben und Berechtigungen an Leistungserbringer vergeben müssen von den gesetzlichen Krankenkassen den Versicherten seit Anfang 2021 und in verfeinerter („feingranularer") Dokumentenrechteform seit 2022 bereitgestellt werden.

7   Ausblick

Die Anwendungen der Telematikinfrastruktur führen digitale Prozesse und digitale Kommunikation im Gesundheitswesen ein. KIM kann dadurch möglicherweise bestehende Leistungserbringer-Portale ersetzen oder auch sinnvoll ergänzen. Die ePA schafft für bestimmte Patienten, die beispielsweise Tagebücher oder selbstvermessene Datenprotokolle führen, neue Möglichkeiten in der Zusammenarbeit mit dem medizinischen Professional und unterstützt oder ersetzt damit bestehende Patientenportale. Patienten entscheiden sich daher vielleicht eher für Kliniken, die ihnen diese Angebote bieten und aktiv die Daten, Inhalte und Dokumente nutzen und digitale Möglichkeiten für eine verbesserte Behandlung einsetzen. Fragen zum Datenschutz sind bei der ePA, die sich auf Basis von § 341 SGB V zusammensetzt, gesetzlich geregelt, da der Patient entscheidet, wer auf seine Daten und Dokumente in der ePA zugreift (SGB V, 2021). Mit KIM und ePA stehen daher in einem rechtlich sicheren Rahmen neue und vielfältige Möglichkeiten für die Akteure bereit.

KIM, TIM und ePA werden die Kommunikation im Gesundheitswesen nachhaltig beeinflussen und es werden zunehmend mehr Akteure diese Möglichkeiten nutzen, so dass eine geordnete und strukturierte Herangehensweise bei den Umsetzungen und Implementierungen empfohlen werden kann. Mit entsprechenden Workshops lassen sich alle Beteiligten einbinden und es besteht damit die Möglichkeit, aus der Digitalisierung der Kommunikationsbeziehungen den Mehrwert zu schöpfen, der digitalen Anwendungen zugerechnet wird.

Es werden sich dann Gesundheitseinrichtungen abheben, die dem Patienten hierfür einen einfachen und unkomplizierten Zugang ermöglichen. Die zielgerichtete Nutzung der Daten und Dokumente aus der ePA ist die organisatorische Herausforderung, die durch Ärzte, Pflegekräfte und Prozess- sowie Organisationsbeauftragte in den nächsten Jahren realisiert werden muss.

Literatur

DIP. (2021). *Entwurf eines Gesetzes zur digitalen Modernisierung von Versorgung und Pflege* (Digitale-Versorgung-und-Pflege-Modernisierungs-Gesetz – DVPMG). http://dipbt.bundestag. de/dip21.web/bt?rp=http://dipbt.bundestag.de/dip21.web/searchDocuments/simple_search. do?nummer=52/21%26method=Suchen%26herausgeber=BR%26dokType=drs. Zugegriffen am 22.02.2022.

gematik. (2021a). *E-Patientenakte*. https://www.gematik.de/anwendungen/e-patientenakte/. Zugegriffen am 22.02.2022.

gematik. (2021b). *Gesetzliche Grundlagen*. https://www.gematik.de/ueber-uns/gesetzliche-grundlagen/. Zugegriffen am 22.02.2022.

gematik. (2021c). *KIM – Sicherer E-Mail- und Datenaustausch*. https://www.gematik.de/anwendungen/kim/. Zugegriffen am 22.02.2022.

gematik. (2021d). *TI-Messenger*. https://fachportal.gematik.de/anwendungen/ti-messenger. Zugegriffen am 22.02.2022.

Kassenärztliche Bundesvereinigung. (2020). *KBV – Medizinische Informationsobjekte (MIO)*. https://www.kbv.de/html/mio.php. Zugegriffen am 22.02.2022.

SGB V. (2021). *Sozialgesetzbuch (SGB) Fünftes Buch (V) – Gesetzliche Krankenversicherung*. http://www.gesetze-im-internet.de/bundesrecht/sgb_5/gesamt.pdf. Zugegriffen am 22.02.2022.

HL7® FHIR® als Grundlage für moderne Digitalstrategien

Simone Heckmann

Inhaltsverzeichnis

S. Heckmann (✉)
Gefyra GmbH, Münster, Deutschland

HL7 Deutschland e.V, Berlin, Deutschland
E-Mail: sh@gefyra.de

© Der/die Autor(en), exklusiv lizenziert durch Springer Fachmedien Wiesbaden GmbH, ein Teil von Springer Nature 2022
V. Henke et al. (Hrsg.), *Digitalstrategie im Krankenhaus*,
https://doi.org/10.1007/978-3-658-36226-3_21

Aufgrund der vielfältigen Einsatzmöglichkeiten und der schnellen Implementierbarkeit erfreut sich HL7® FHIR®[1], der junge, webbasierte, internationale Standard für das Gesundheitswesen, inzwischen weltweit einer großen Beliebtheit bei Entwicklern sowie Spezifizierern und bietet eine moderne und nachhaltige Grundlage zur Entwicklung und Umsetzung von Digitalstrategien. Doch die schnelle Verbreitung und die hohe Komplexität der Anforderungen im Gesundheitswesen bringen auch Herausforderungen mit sich. Krankenhausmanager und IT-Leiter sollten daher die Möglichkeiten zum Einsatz von FHIR kennen und bei der Gestaltung ihrer Digitalstrategie (und bei der Bewertung möglicher IT Partner) beachten.

1   Einleitung

Für die Entwicklung einer nachhaltigen Digitalstrategie ist die Nutzung von Standards eine unverzichtbare Basis:

- Standards machen klinische Daten interoperabel und wiederverwendbar.
- Die Nutzung von Standards verringert redundante Datenerfassung und entlastet das Personal.
- Standards schaffen Unabhängigkeit von einzelnen Herstellern und verhindern einen Vendor-Lock-In.
- Standards erhöhen die Datenqualität und -verfügbarkeit und damit die Patientensicherheit.

HL7® FHIR® (im Folgenden „FHIR" genannt) ist der modernste Interoperabilitäts-Standard aus der Produktfamilie von Health Level 7 International (kurz: „HL7"), einer internationalen Standardisierungsorganisation für das Gesundheitswesen, die in der Vergangenheit schon viele erfolgreiche und weit verbreitet genutzte Standards, wie zum Beispiel HL7 Version 2 oder HL7 CDA (Clinical Document Architecture) hervorgebracht hat.

---

[1] HL7® und FHIR® sind Marken im Besitz von Health Level Seven International, die beim US-amerikanischen Patent- und Markenamt eingetragen sind.

FHIR überträgt das Wissen und die Erfahrung aus über 30 Jahren Arbeit in der Standardisierung des Gesundheitswesens auf moderne, webbasierte Architekturen und Technologien.

2   Einführung in HL7® FHIR®

„Health Level 7" wurde 1987 gegründet, um Standards für klinische Informationssysteme zu erarbeiten. Der Name der Organisation nimmt Bezug auf die siebte Schicht (Application Layer) des ISO/OSI-Modells, und bringt damit zum Ausdruck, dass hier die Festlegung von anwendungsbezogenen Inhalten und Prozessen im Vordergrund steht, nicht die Spezifikation von z. B. Übertragungsprotokollen (HL7 International, 2021).

HL7 ist vom nationalen amerikanischen Normeninstitut (ANSI) seit 1994 akkreditiert. HL7 verbundene, Organisationen, existieren inzwischen in über 40 Ländern. Die erste nationale Partnergesellschaft wurde 1993 in Deutschland gegründet. Die Aufgabe dieser sogenannten „Affiliates" ist es, die Verbreitung und Implementierung der internationalen HL7-Standards in dem jeweiligen Land zu fördern und gegebenenfalls erforderliche Anpassungen und Erweiterungen für deren Nutzung zu entwickeln. FHIR ist die dritte Generation von Interoperabilitätsstandards aus der Feder von HL7.

Die Entwicklung begann im Jahre 2011 als Reaktion auf die Forderungen aus der Industrie nach einer standardisierten Lösung für die Entwicklung webbasierter Applikationen für das Gesundheitswesen. Der erste Entwurf der FHIR-Spezifikation stammt aus der Feder von Grahame Grieve (AUS), Ewout Kramer (NL) und Lloyd McKenzie (CAD). Erste stabile Versionen von FHIR wurden 2014 und 2015 mit dem Zusatz „DSTU" (Draft Standard for Trial Use) publiziert und bereits von der Industrie zur Implementierung genutzt. Insbesondere die Version DSTU 2 wurde in den USA schnell aufgegriffen, obgleich der „DSTU"-Zusatz den nicht-normativen Status dieser Publikationen hervorhebt. 2017 wurde die dritte Version unter der Bezeichnung „STU3" publiziert. Die vierte, 2018 veröffentlichte Version „R4" enthält erstmals normative Inhalte. Die Entwicklung des Standards ist damit jedoch noch nicht abgeschlossen. Mit Hilfe eines ausgeklügelten Reifegradmodelles wird der Entwicklungsstand einzelner Teile der Spezifikation regelmäßig bewertet. Normativen Status erhält ein Artefakt dann, wenn es gemäß der Abstimmungsregeln bei HL7 ballotiert, umfassend getestet und von mindestens fünf unabhängigen Herstellern in mehr als einem Land unter produktiven Bedingungen implementiert wurde. Damit wird sichergestellt, dass nichts normativ (und damit als weitgehend unveränderlich) deklariert wird, was nicht ausführlich auf seine Nutzbarkeit unter Echtbedingungen hin getestet wurde.

2.1   FHIR als webbasierter Standard

▶   Eine webbasierte Anwendung (kurz: „Web App") funktioniert nach dem Client-Server-Modell. Im Gegensatz zu klassischen Desktopanwendungen werden Web Apps meist nicht lokal installiert, sondern über einen Browser ausgeführt und sind damit unabhängig vom Betriebssystem (Thin Client). Die Datenverarbeitung findet – abgesehen von Datenvalidierungen zur Überprüfung von Benutzereingaben – vorzugsweise auf einem entfernten Webserver statt. Die Kommunikation zwischen Client und Server erfolgt über das HTTP-Protokoll.

Im Gegensatz zu älteren HL7-Standards wie HL7 Version 2, einem ereignis-orientierten, nachrichtenbasierten Austauschformat, oder HL7 Version 3, einer abstrakten, modell-orientierten Spezifikation, bedient sich FHIR erstmals moderner webbasierter Technologien, die auch jenseits des Gesundheitswesens weit verbreitet und bei Entwicklern bekannt und beliebt sind. FHIR legt den Fokus auf die query-getriebene Art der Kommunikation, die dazu dient, Anwendungen und Anwendern die benötigten Daten zum benötigten Zeitpunkt in adäquatem Umfang und Format zur Verfügung zu stellen. Dazu bedient sich FHIR dem Representational State Transfer (kurz: „REST"), einem Paradigma, das die Struktur und das Verhalten des Word Wide Webs abstrahiert und basierend auf denselben Technologien und Grundlagen eine einheitliche Form der Kommunikation von verteilten Systemen und Webservices definiert. Die auszutauschenden Datenobjekte werden als „Ressourcen" bezeichnet, auf denen jeweils sogenannte „CRUD"-Interaktionen (create, read, update, delete) über die HTTP-Methoden GET, PUT, POST und DELETE ausgeführt werden können.

FHIR definiert auf dieser Grundlage etwa 150 verschiedene, im Gesundheitswesen relevante, Objekttypen (im REST-Kontext als „Ressourcentypen" bezeichnet) und deren Beziehungen untereinander (im REST-Kontext als „Links" bezeichnet) (Tab. 1).

Zur Serialisierung der Ressourcen für die Speicherung und Übertragung erlaubt FHIR sowohl das JSON- als auch das XML-Format. Server-Applikationen sind angehalten,

Tab. 1 Beispiele für in FHIR definierte Ressourcentypen Quelle: HL7 International: FHIR Spezifikation Version 4.0.1.: Ressourcentypen. http://hl7.org/fhir/resourcelist.html

Name des Ressourcentyps	Inhalt/Attribute (Auswahl)	Bereich
Patient	Name, Geburtsdatum, Adresse, Geschlecht …	Administration
Encounter	Datum und Dauer des Aufenthaltes, Behandlungsart (stationär/ambulant), verantwortliche Organisation, Ort (Station, Zimmer, Bettplatz)	Administration
Condition	Diagnose-Code (z. B. ICD-10), Diagnosedatum, Schweregrad, klinischer Status (gesichert/Verdacht)	Klinik
Observation	Durchgeführte Messung (z. B. klinische Chemie, Fieber, Puls, Blutdruck), Messergebnis, verwendetes Gerät, Zeitpunkt der Messung, Normbereich	Diagnostik
ChargeItem	erbrachte Leistung, Umfang, Zeitpunkt/Zeitraum, Anzahl, Preis, Zu-/Abschläge	Abrechnung
AuditEvent	Zeitpunkt des Datenzugriffes, Art und Umfang des Zugriffes, beteiligte Software-Komponenten bzw. Benutzer	Sicherheit
ResearchSubject	Verknüpfung eines Patienten mit einer klinischen Studie, Zeitraum der Teilnahme, zugewiesener Studienarm, erteilte Einwilligungen	Forschung

beide Formate zu unterstützen, so dass Clients die präferierte Repräsentation wählen können. JSON wird häufig von Entwicklern mobiler Applikationen präferiert.

Eine Instanz des Ressourcentyps „Patient" mit den Attributen *name*, *birthDate* und *gender* eines Beispielpatienten kann folgendermaßen serialisiert werden:

In XML:

```xml
<Patient xmlns="http://hl7.org/fhir">
        <name>
                <family value="Mustermann"/>
                <given value="Max"/>
        </name>
        <gender value="male"/>
        <birthDate value="1970-01-01"/>
</Patient>
```

In JSON:

```json
{
    "resourceType": "Patient",
    "name": [
        {
            "family": "Mustermann",
            "given": [
                "Max"
            ]
        }
    ],
    "gender": "male",
    "birthDate": "1970-01-01"
}
```

Bei der Speicherung einer Ressource auf einem Server wird dieser eine server-spezifische *id* zugewiesen. Mit Kenntnis dieser *id* können Clients nun mittels einer READ-Interaktion über das HTTP-Protokoll auf diesen Datensatz zugreifen.

Unter der Annahme, dass ein hypothetischer Server eine FHIR-Schnittstelle unter der Adresse https://mein-fhir-server.de bereitstellt und den oben genannten Datensatz unter der id „1234" abgespeichert hat, könnte ein Client mit der Anfrage

```
GET https://mein-fhir-server.de/Patient/1234 HTTP/1.1
Accept: application/fhir+xml
```

den Datensatz zu Patient „Max Mustermann" vom Server abrufen – eine erfolgreiche Benutzerauthentifizierung und ausreichende Zugriffsberechtigungen stets vorausgesetzt. Mit dem HTTP-Header *Accept* fordert der Client das präferierte Format (hier: XML) an.

Neben dem instanz-spezifischen, lesenden Zugriff definiert FHIR auch eine umfangreiche Syntax zur Formulierung von Suchanfragen. So kann zum Beispiel mit der Anfrage

```
GET  https://mein-fhir-server.de/Patient?family=Mustermann&gender=male
HTTP/1.1
Accept: application/fhir+xml
```

gezielt nach Patient-Ressourcen anhand konkreter Eigenschaften gesucht werden (hier:
Nachname und Geschlecht).

Zusammen mit den Interaktionen CREATE zur Neuanlage von Ressourcen auf einem
Server, UPDATE zur Aktualisierung client-seitiger Änderungen auf dem Server und
DELETE zur Löschung von Ressourcen auf einem Server, ermöglichen die CRUD-
Interaktionen vielfältige Kommunikationsszenarien zwischen Client und Server.

FHIR – Die API für das Gesundheitswesen
Die REST-basierten CRUD(create, read, update, delete)-Interaktionen sind auf allen
FHIR-Ressourcentypen gleichermaßen definiert. Damit stellt FHIR eine umfangreiche, aber dennoch simple, standardisierte Programmierschnittstelle (API) für das
gesamte Gesundheitswesen dar.

2.2   FHIR als Baukasten

Zwar basiert die Architektur von FHIR auf dem REST-Paradigma, jedoch ist die Verwendung der Ressourcen nicht nur auf webbasierte Anwendungen beschränkt. FHIR kann
ebenso in zahlreichen weiteren Kommunikations- und Anwendungsszenarien eingesetzt
werden, zum Beispiel für einen gerichteten Nachrichtenversand oder die Erstellung strukturierter Dokumente.

Aufgrund der Möglichkeit, FHIR-Ressourcen immer wieder auf neue Art und Weise zu
beliebig komplexen Konstrukten zu aggregieren und diese dann mittels beliebiger Protokolle zu kommunizieren, ergeben sich endlose Möglichkeiten der Permutation. Einerseits
erlaubt dieses Baukastenprinzip für jeden erdenklichen Kommunikationsbedarf selbst in
den Peripherien des Gesundheitswesens eine plausible FHIR-basierte Lösung zu entwickeln, andererseits steht diese Vielzahl an Nutzungsmöglichkeiten dem Prinzip der
Standardisierung entgegen.

Um dieses Paradox zu lösen, legt FHIR einen sehr großen Wert auf Implementierungsleitfäden, die sowohl in menschen- als auch maschinenlesbarer Weise die Nutzung von
FHIR in einem konkreten Szenario beschreiben. Anders als bei bisherigen Standards sind
Leitfäden in FHIR nicht nur begleitende und beschreibende Dokumente, sondern sind fest
in die technische Basis von FHIR integriert und können selbst als FHIR-Ressourcen repräsentiert und ausgetauscht werden.

Solche Implementierungsleitfäden können von verschiedenen Organisationen publiziert und genutzt werden, beispielsweise

- von IHE International als von einem Industrieverband abgestimmte Blaupause zur Umsetzung typischer IT-Prozesse im Gesundheitswesen,
- von nationalen Standardisierungsorganisationen als Festlegung einer nationalen Infrastruktur,
- von IT-Herstellern im Sinne einer Schnittstellenbeschreibung ihres Produktes,
- von Kliniken im Sinne einer Schnittstellenanforderung im Zuge einer Ausschreibung.

2.3   FHIR als Community-Standard

FHIR unterscheidet sich nicht nur in seinen technologischen Grundzügen von bisherigen HL7-Standards, auch die Art der Entwicklung und Pflege der Spezifikation hat einen grundlegenden Paradigmenwandel erfahren.

Während im vorherigen Jahrhundert die Standardentwicklung in geschlossenen Gremien geschah, deren Ergebnisse dann zwar von einer verhältnismäßig kleinen Gruppe von Mitgliedsorganisationen abgestimmt wurden, erhöhen moderne Formen der Kommunikation und Kollaboration die Reichweite und Transparenz und ermöglichen die Interaktion mit den Anwendern.

Die FHIR-Spezifikation wurde bereits in einem sehr frühen Entwurfsstadium im Internet frei verfügbar gemacht (unter http://hl7.org/fhir) und war für Interessierte unmittelbar implementier- und kommentierbar. Eine stetig wachsende Community von Entwicklern und Anwendern traf sich bald zu sogenannten „Connectathons" in denen prototypische Implementierungen auf Basis von FHIR erstellt und deren Interoperabilität auf die Probe gestellt wurde. Die darin gewonnenen Erfahrungen, gelösten Probleme und aufgeworfenen Fragen informierten die Weiterentwicklung und Verbesserung der Spezifikation. Die entstandene Interessengemeinschaft organisierte sich schon früh zu einer aktiven Community, in deren Zentrum eine Chat-Plattform (unter http://chat.fhir.org) mit tausenden Benutzern aus aller Welt sowie die jährlichen „FHIR-Developer-Days" stehen, die regelmäßig mehrere hundert Teilnehmer anlocken (Abb. 1).

FHIR – ein Interaktiver Standard
Wer FHIR nutzt, sollte stets den Kontakt zu Gleichgesinnten in der Community halten. Am einfachsten gelingt dies mit den landesspezifischen Unterforen auf der Internationalen Chat-Plattform, wo sich z. B. die Deutsche FHIR-Benutzergruppe über die Herausforderungen der Adaption von FHIR auf die lokalen Gegebenheiten austauscht, gemeinsame Lösungen entwickelt und Feedback/Korrekturen zu den publizierten Spezifikationen sammelt.

Active users

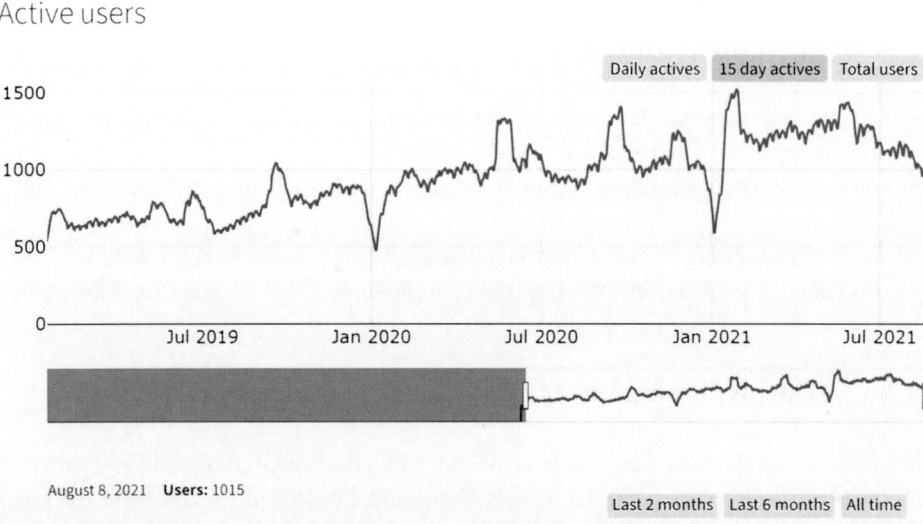

Abb. 1 Nutzerstatistik der internationalen FHIR-Community-Plattform chat.fhir.org

3 Abgrenzung gegenüber anderen Standards

3.1 Abgrenzung zu HL7 Version 2

HL7 Version 2 ist die erste implementierbare Spezifikation aus der Feder von HL7 (bei HL7 Version 1 handelte es sich lediglich um einen Proof-of-Concept). Sie geht auf das Jahr 1988 zurück und konnte sich weltweit als de facto Standard für den Austausch administrativer Daten in Krankenhäusern etablieren (Spronk, 2014).

Der Fokus liegt hierbei auf der Datensynchronisation zwischen mehreren Servern. Der event-basierte Ansatz geht davon aus, dass ein Trigger (z. B. die Neuanlage, Änderung oder Löschung von Daten) in einem Primärsystem eine Nachricht auslöst, die an alle angebundenen Subsysteme verteilt wird, um den dortigen Datenbestand angleichen zu können.

FHIR wurde ursprünglich nicht als ein Nachfolge-Standard erdacht mit dem Ziel, die HL7 V2-Kommunikation zu ersetzen, sondern als eine Ergänzung, die in einem Bereich zum Einsatz kommen sollte, der von HL7 V2 gänzlich unberührt blieb: Der Kommunikation zwischen Backend-Servern und Endanwender-Applikationen. Diesen Teil der Kommunikation zu gestalten war bis dato den jeweiligen Herstellern überlassen. Während in der Vergangenheit meist mit hochgradig proprietären Datenbankzugriffen gearbeitet wurde, um Daten aus den Backend-Servern zu den Endanwenderapplikationen zu bringen, begannen Entwickler mit dem verstärkten Trend zu Thin Client-Applikationen, die installationsfrei und betriebssystemunabhängig im Browser ausgeführt werden konnten,

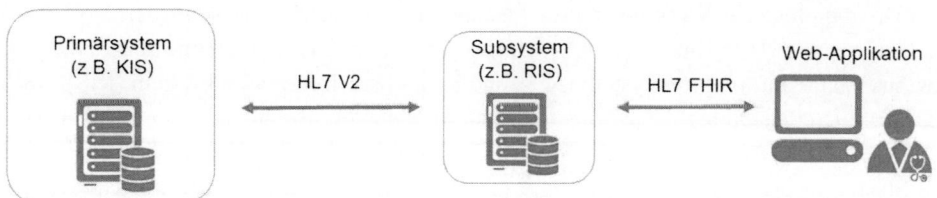

Abb. 2 Primärer Anwendungsbereich FHIR vs. V2 am Beispiel der Kommunikation zwischen Krankenhaus-Informationssystem (KIS) und Radiologie-Informationssystem (RIS)

nach webbasierten Lösungen für die Kommunikation zwischen Front- und Backend zu suchen und endeten nicht selten bei REST-basierten Ansätzen, für die sie jedoch nach wie vor proprietäre Datenobjekte (Ressourcen) definieren mussten, da ein geeigneter Standard für das Gesundheitswesen fehlte.

FHIR ist angetreten, diese technologische Lücke zu schließen und damit nicht nur die Entwicklung von Webanwendungen zu vereinfachen und zu beschleunigen, sondern auch um Backend-Server für mehrere verschiedene Endanwenderapplikationen wiederverwendbar zu machen und damit den Bedarf für die typische V2 Server-zu-Server-Synchronisation zu reduzieren (Abb. 2).

FHIR und V2 stehen nicht in Konkurrenz, sie ergänzen sich
Obgleich das FHIR Messaging Framework es ermöglicht, den für HL7 V2 typischen event-getriebenen, nachrichtenbasierten Datenaustausch äquivalent in FHIR abzubilden und somit V2 zu ersetzen, ist das Interesse der Industrie eher verhalten. Hier gilt die alte Informatiker-Weisheit: „never touch a running system".

FHIR etabliert sich vornehmlich in den Bereichen, die von HL7 Version 2 (bzw. von Standardisierung im Allgemeinen) bisher nicht durchdrungen wurden.

3.2   Abgrenzung zu DICOM

DICOM (Digital Imaging and Communications in Medicine) ist ein offener Standard der National Electrical Manufacturers Association (NEMA) und des American College of Radiology (ACR) zur Speicherung und zum Austausch von medizinischen Bilddaten, der auf das Jahr 1985 zurückgeht. DICOM standardisiert das Format zur Speicherung der Daten sowie das Kommunikationsprotokoll zu deren Austausch.

Bei Herstellern bildgebender Systeme in der Medizin (z. B. Röntgen, CT, MRT) ist DICOM weit verbreitet. Auch in Systemen der Bildverarbeitung und Archivierung (Picture Archiving and Communication System, kurz: „PACS") bildet DICOM die gemeinsame Grundlage.

Der radiologische Workflow wurde bislang über eine Kombination aus HL7 Version 2 (Beauftragung einer Untersuchung, Terminkoordination, Befundübermittlung) zwischen Krankenhaus-Informationssystem (KIS) und Radiologie-Informationssystem (RIS) sowie DICOM (Bereitstellung der Worklist auf den Modalitäten, Bildarchivierung, Bildzugriff) zwischen RIS, PACS und bildgebender Modalität implementiert. Eine tiefe Integration der Bilddaten in die KIS-Systeme erfolgte in der Regel nicht. Bildaufrufe im KIS wurden meist durch die (proprietäre) Integration von webbasierten PACS-Viewern umgesetzt.

Bereits 2010 wurde die binäre Repräsentation der Bild- und Metadaten in DICOM mit einer XML-Repräsentation ergänzt. REST-basierte Services zur Suche, zum Abruf und zum Rendern von DICOM-Daten wurden unter der Bezeichnung „DICOMWeb" in den folgenden Jahren sukzessive hinzugefügt. Seitens FHIR wurde kein Versuch unternommen, dieser hochspezialisierten API eine konkurrierende Spezifikation entgegenzustellen. Stattdessen bemüht sich FHIR um den Brückenschlag zwischen FHIR-basierten und DICOMWeb-basierten Applikationen. Das Bindeglied zwischen beiden Welten stellen die FHIR-Ressourcentypen *ImagingStudy* sowie *Endpoint* dar. Die *ImagingStudy*-Ressource ermöglicht die Integration der Bild-Metadaten in FHIR-basierte Applikationen, so dass die Studien dort sichtbar und auffindbar gemacht werden können (Abb. 3).

Die *ImagingStudy*-Ressourcen verlinken jeweils auf eine *Endpoint*-Ressource, die alle technischen Informationen zum Abruf der Bilddaten der Studie enthält, insbesondere die

Name	Flags	Card.	Type	Description & Constraints
ImagingStudy	**TU**		DomainResource	A set of images produced in single study (one or more series of references images) Elements defined in Ancestors: id, meta, implicitRules, language, text, contained, extension, modifierExtension
identifier	Σ	0..*	Identifier	Identifiers for the whole study
status	?! Σ	1..1	code	registered | available | cancelled | entered-in-error | unknown ImagingStudyStatus (Required)
modality	Σ	0..*	Coding	All series modality if actual acquisition modalities AcquisitionModality (Extensible)
subject	Σ	1..1	Reference(Patient | Device | Group)	Who or what is the subject of the study
encounter	Σ	0..1	Reference(Encounter)	Encounter with which this imaging study is associated
started	Σ	0..1	dateTime	When the study was started
basedOn	Σ	0..*	Reference(CarePlan | ServiceRequest | Appointment | AppointmentResponse | Task)	Request fulfilled
referrer	Σ	0..1	Reference(Practitioner | PractitionerRole)	Referring physician
interpreter	Σ	0..*	Reference(Practitioner | PractitionerRole)	Who interpreted images
endpoint	Σ	0..*	Reference(Endpoint)	Study access endpoint
numberOfSeries	Σ	0..1	unsignedInt	Number of Study Related Series
numberOfInstances	Σ	0..1	unsignedInt	Number of Study Related Instances

Abb. 3 Ressourcentyp *ImagingStudy* mit Metadaten der Bildstudie und Verlinkung auf den Endpoint

Web-Adresse der Schnittstelle des PACS-Systems in dem die Studie archiviert wurde sowie die unterstützen Protokolle zum Abruf des Bildes (z. B. DICOMWeb). Der Bildaufruf erfolgt dann mittels eines unterstützten Protokolles.

3.3 Abgrenzung zu IHE

Integrating the Healthcare Enterprise (IHE) ist eine internationale Initiative von Herstellern mit dem Ziel, die Kommunikation zwischen IT-Systemen im Gesundheitswesen zu harmonisieren. Im Vordergrund steht hierbei jedoch nicht die Entwicklung von Kommunikationsstandards, sondern die Formulierung der Anforderungen aus der Praxis (Use Cases), die Auswahl geeigneter Standards für die jeweiligen UseCases und die Publikation von Leitfäden zur Implementierung der UseCases.

Entgegen der üblichen Praxis von IHE, nur normative Standards in Betracht zu ziehen, begann man bei IHE schon vor der ersten normativen FHIR-Version „R4" mit der Entwicklung FHIR-basierter Leitfäden, da IHE die Durchsetzung von FHIR in der Industrie als „sehr wahrscheinlich" und die Vorteile der Nutzung von FHIR als „signifikant" ansah. (IHE Technical Committee, 2018)

Doch nicht nur neue IHE-Spezifikationen werden basierend auf FHIR erstellt, sondern auch ältere Leitfäden erhalten sukzessive Updates auf FHIR.

Die wahrscheinlich prominenteste IHE-Spezifikation ist das Profil „IHE-XDS" (Cross Enterprise Document Sharing) für den einrichtungsübergreifenden Dokumentenaustausch. Es beruht jedoch auf Technologien, die für moderne webbasierte Applikationen, insbesondere mobile Apps, nur schwer umsetzbar sind. Daher hat IHE inzwischen eine äquivalente, FHIR-basierte Spezifikation unter der Bezeichnung „IHE-MHDS" (Mobile Health Document Sharing) vorgelegt, die als Brücke für den mobilen Zugriff auf bestehende IHE-XDS-Architekturen oder auch als alleinstehende Alternative zu IHE-XDS genutzt werden kann.

Insgesamt hat IHE inzwischen über 30 FHIR-basierte Spezifikationen publiziert (IHE Wiki, 2021).

▶ **Hinweis** Der Begriff „Profil" ist in der IHE-Community anders besetzt als in der FHIR-Community!

Während mit einem IHE-Profil in der Regel ein Leitfaden gemeint ist, der einen konkreten UseCase in allen seinen Aspekten beschreibt, versteht man unter einem FHIR-Profil lediglich die Beschreibung der konkreten Nutzung *eines* Ressourcentyps im Rahmen eines konkreten UseCases. Der gesamte Leitfaden (in der FHIR-Community als ImplementationGuide oder kurz: „IG" bezeichnet) besteht in der Regel aus mehreren verschiedenen FHIR-Profilen sowie Beispielen, beschreibenden Texten und weiteren Materialien.

FHIR und IHE sind keine Konkurrenten!
Zu der häufig gestellten Frage „FHIR oder IHE?" ist zunächst zu sagen, dass hier Äpfel und Birnen verglichen werden. IHE ist eine Organisation, FHIR eine Spezifikation. Am ehesten könnte man also IHE und HL7 als Widersacher betrachten. Da IHE jedoch keine eigenen Standards definiert, sondern geeignete, existierende Standards für die Spezifikationen auswählt, während HL7 sich bei der Standardisierung oft auf allgemeine und offen gehaltene Ansätze zurückzieht, welche die Implementierer häufig konkrete, UseCase-bezogene Leitlinien vermissen lässt, ist die Beziehung zwischen den beiden Organisationen am ehesten als „symbiotisch" zu bezeichnen. Da mit der Adoption von FHIR auch eine Harmonisierung der verwendeten Werkzeuge zur Erstellung von Spezifikationen und zur Daten-Validierung von HL7 und IHE einherging, ist die Kooperation zwischen beiden heute so eng wie nie zuvor. Die Kooperationsabsichten wurden 2018 im Rahmen des „Project Gemini" (Kubick, 2021) formalisiert.

4 Anwendungsbereiche für FHIR

Die Anwendungsmöglichkeiten für FHIR sind aufgrund der zuvor beschriebenen Baukastenstruktur zahllos. Im Folgenden werden einige der interessantesten Ansätze näher beleuchtet.

4.1 Integration webbasierter Applikationen in Primärsysteme

Das SMART(Substitutable Medical Applications – Reusable Technology)-Initiative, eine Kooperation des Boston Children's Hospital und der Harvard Medical School begann 2001 mit der Entwicklung eines Frameworks, das es App-Herstellern ermöglichen sollte, Ihre Produkte unter Berücksichtigung von Datensicherheit, Datenschutz und regulatorischen Vorgaben in beliebige klinische Primärsysteme integrieren zu können. (SMART, 2021)

Die daraus hervorgegangene API-Spezifikation wurde 2014 unter dem Namen „SMART-on-FHIR" mit FHIR als Basistechnologie publiziert. Das SMART-Framework erweitert die FHIR-Spezifikation um standardisierte Methoden und Parameter zum Aufruf einer Web-App aus einem Primärsystem und der Kontextübergabe (z. B.: aktueller Benutzer- oder Patientenkontext). Weiterhin wird die Nutzung der weit verbreiteten Standards OAUTH2 und OpenIDConnect zur Benutzerautorisation und -Authentifikation im Kontext von FHIR-APIs spezifiziert.

Der OAuth-Standard ermöglicht es Endanwendern (eines Primärsystems), einem Dienst oder einer App von Drittanbietern, Zugriff auf ihre Daten zu erlauben, bzw. es diesen zu gestatten, das Primärsystem in ihrem Namen zu benutzen ohne den Drittanbietern die geheimen Details ihrer Zugangsberechtigung (Authentifizierung) preisgeben zu müssen.

Weiterhin spezifiziert das SMART-Framework, wie eine auf diesem Wege vom Benutzer gestartete App in die grafische Benutzeroberfläche des Primärsystems integriert und der Datenaustausch zwischen App und Primärsystem mittels der FHIR-API ermöglicht werden kann.

Die Liste der mit einem konkreten Primärsystem auf diese Weise interoperablen Apps können über einen App-Store zum einfachen Deployment bereitgestellt werden.

Was hier zunächst nach Zukunftsmusik klingt, ist jedoch bereits heute im deutschen Gesundheitswesen eine übliche Praxis. Häufig mit dem Begriff „Fremdaufruf" bezeichnet, gestatten bereits viele KIS-Hersteller die Konfiguration von URL-Aufrufen, um aus einer Patientenakte heraus per Knopfdruck einen webbasierten PACS-Viewer oder das browserbasierte Laborauftragssystem eines Drittherstellers zu starten.

Bislang fehlen hier jedoch die Standardisierung des Aufrufes, ein sauberes Management von Benutzeridentitäten und -berechtigungen, sowie die bidirektionale Echtzeit-Kommunikation zwischen Primärsystem und Web App. Das SMART-Framework bietet hier einen nachhaltigen Ansatz für die Standardisierung dieses Paradigmas.

4.2   Integration von Entscheidungsunterstützungs-Diensten in klinische Primärsysteme

Basierend auf den technischen Grundlagen des SMART-Frameworks, beschreibt das „CDS-Hooks"-Framework die standardisierte, FHIR-basierte Integration von Entscheidungsunterstützungsdiensten in klinische Primärsysteme (HL7 International, 2020).

Im Gegensatz zum benutzergesteuerten SMART-basierten Aufruf, knüpft der Primärsystem-Hersteller hier den Aufruf eines Drittanbieterdienstes an einen automatischen Trigger (z. B. den Start eines Medikations-Workflows). Der getriggerte Dienst erhält wie beim SMART-Aufruf zunächst Kontextinformationen (z. B. zum Patienten, Benutzer) und hat nun die Möglichkeit, über die FHIR-API des Primärsystems weitere benötigte Informationen (z. B. zu Allergien, Diagnosen und weiteren Medikationen des Patienten) abzufragen. Die ermittelten Warnungen, Hinweise oder Informationen des Entscheidungsunterstützungsdienstes werden dann in Form sogenannter „Cards", kleiner, standardisierter HTML-Code-Fragmente an das Primärsystem übermittelt, so dass diese nahtlos in die Benutzeroberfläche integriert werden können.

Der Benutzer kann mit dem Entscheidungsunterstützungsdienst interagieren und zum Beispiel Handlungsempfehlungen akzeptieren oder ablehnen.

4.3   Massendatentransfer

RESTful-APIs sind für den Transfer großer Datenmengen nur bedingt geeignet. Die Stärke von REST liegt mehr im präzisen Zugriff auf einzelne Datenobjekte.

Doch der Export umfangreicher Patientenakten, der Massendatentransfer zwischen Versorgung und Forschung oder der Import/Export bei einem Systemwechsel sind keine seltenen Szenarien im Gesundheitswesen. Das „FHIR Bulk Data Framework" beschreibt daher, wie ein Client einen Massendatenexport in einem Primärsystem gezielt anfordern, sich für den Zugriff authentifizieren und autorisieren lassen kann und vom Primärsystem dann eine downloadbare oder streambare Datei mit den angeforderten Daten erhält. Als Austauschformat wurde hier „ndJSON" (Hoger et al., 2016) gewählt, ein Dateiformat, das mit Zeilenumbruch separierte, JSON-formatierte Daten enthält und damit besonders effizient verarbeitet werden kann.

4.4   Zusammenstellung, Versand und Weiterverarbeitung strukturierter Dokumente

Bei der Standardisierung strukturierter und semistrukturierter medizinischer Dokumente ist bislang HL7 CDA der Platzhirsch. FHIR erlaubt jedoch ebenfalls die Erstellung von verkehrsfähigen Dokumenten und macht seinem älteren Geschwister damit ernst zu nehmende Konkurrenz.

Im Gegensatz zu CDA spezifiziert FHIR nicht nur das Austauschformat, welches die Daten im Moment ihres Transportes im Kontext eines Dokumentes einnehmen sollen, sondern kann auch verwendet werden, um diejenigen Szenarien zu standardisieren, die zur Erstellung eines Dokumentes führen (z. B. das Sammeln strukturierter Daten aus verschiedenen Subsystemen) oder die nach dem Erhalt eines Dokumentes stattfinden (z. B. die Übernahme strukturierter Daten zur Analyse und Weiterverarbeitung).

Wie in Abschn. 2.1 beschrieben, können komplexe Datenkonstrukte in FHIR durch die Verknüpfung mehrerer verschiedener Ressourcen repräsentiert werden (siehe Abb. 4).

Die Composition-Ressource in FHIR ermöglicht es, ein Dokument mit Metadaten zu Autor, Patient, Dokumentart, Datum etc. zu versehen, analog zu CDA in Sections zu gliedern und verschiedene Datenobjekte in den Kontext des Dokumentes zu stellen (siehe Abb. 5).

Ist die Zusammenstellung des Dokumentes abgeschlossen, so werden alle Ressourcen im Kontext einer Composition aggregiert und in eine Bundle-Ressource kopiert. Damit entsteht ein unveränderliches Abbild der Daten, das die Anforderungen an ein verkehrsfähiges Dokument (unveränderlich, signierbar, in sich abgeschlossen, vollständig) erfüllt. Das Bundle kann über beliebige Paradigmen (eMail/KIM, IHE XDS/MHD etc.) ausgetauscht werden. Beim Empfänger kann es einerseits unverändert persistiert und/oder entpackt und die einzelnen Ressourcen der Weiterverarbeitung zugeführt werden.

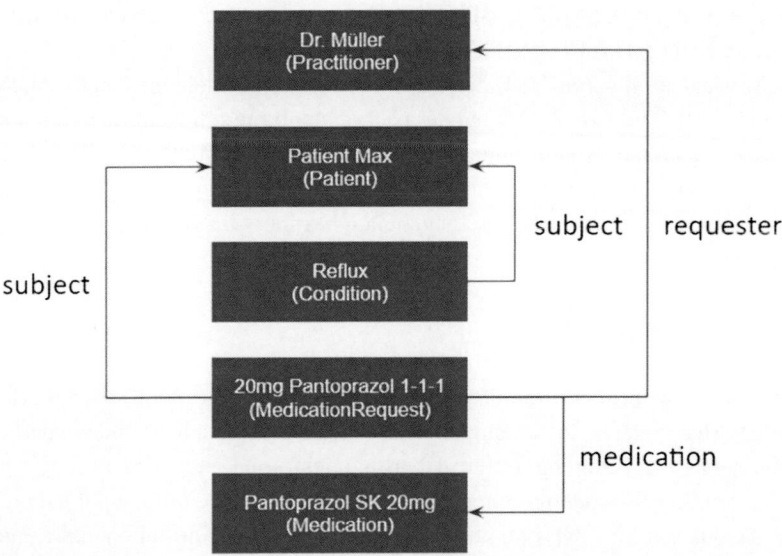

Abb. 4 Repräsentation komplexer Datenstrukturen (hier: Medikationsverodnung) mittels Verlinkung von Ressourcen

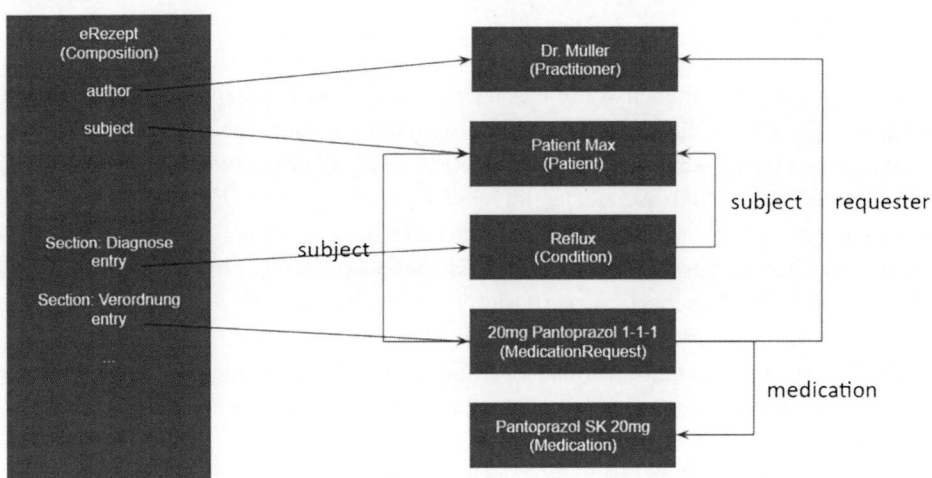

Abb. 5 Composition-Ressource zur Etablierung eines Dokumentenkontextes verschiedener Ressourcen

4.5 Nachrichtenbasierte Kommunikation

Bei der nachrichtenbasierten Kommunikation bedient man sich in FHIR ebenfalls eines Bundles, in dem die Inhalte einer Nachricht aggregiert und mit Metadaten (in Form einer MessageHeader-Ressource mit Informationen u. a. zu Sender, Empfänger, auslösendem

Event und erwarteter Antwort) versehen werden. Der Austausch geschieht über ein beliebiges Protokoll (z. B. TCP/IP, HTTP, FTP o. ä.)

Beim Versand administrativer Daten bietet FHIR hier jedoch keinen maßgeblichen Vorteil gegenüber HL7 Version 2. Erst bei der nachrichtenbasierten Kommunikation komplexer medizinischer Sachverhalte punktet FHIR mit seinem hierarchischen Datenformat und der schier unbegrenzten Möglichkeit, komplexe Zusammenhänge durch Verlinkung auszudrücken gegenüber dem flachen, sequenziellen Format von HL7 V2.

4.6   Terminologie-Dienste

Die Verwendung von abgestimmten Terminologien ist ein wichtiger Aspekt der Interoperabilität. Medizinische Informationen sind nur dann vergleichbar und wiederverwendbar, wenn neben der Einigung auf ein Übertragungsformat auch eine Festlegung der zu verwendenden Begriffe (häufig in Form von Codes) getroffen wurde. Während die Codierung von Diagnosen (mit ICD-10) und Prozeduren (mit OPS) im stationären Kontext aufgrund der geltenden Abrechnungsregeln heute üblich ist, wird in vielen anderen Bereichen (z. B. Medikation, Pflegedokumentation) noch viel mit Freitext dokumentiert.

Das sogenannte Terminology-Binding erlaubt es in der Standardisierung ein Element (zum Beispiel das Element „gender" in der Ressource „Patient") an eine Liste von zulässigen Werten (z. B. „male, female, other, unknown") zu binden. FHIR bringt nicht nur diese Bindung in ein maschinenlesbares Format und macht damit die Überprüfung der Korrektheit der übermittelten Werte besonders einfach, sondern stellt darüber hinaus ein komplettes Modul für die Bereitstellung von Terminologie-Diensten zur Verfügung.

Ressourcentypen wie „CodeSystem" und „ValueSet" erlauben zunächst die Abbildung von Terminologien und Wertelisten in einem standardisierten Format. Die CRUD-Interaktionen machen den Austausch der auf diese Art und Weise definierten Terminologien zwischen Systemen auf Basis von REST möglich. Darüber hinaus definiert FHIR Funktionen, die typischerweise von Spezialsystemen bereitgestellt werden, wie zum Beispiel das Nachschlagen von Codes, das Validieren von Codes oder das Übersetzen von Codes zwischen zwei unterschiedlichen Terminologien. Mit Hilfe dieser Funktionen kann die Verwaltung und Pflege von Terminologien an ein zentrales Spezialsystem (Terminologieserver) delegiert werden. Die Terminologien und Funktionen werden den Applikationssystemen dann über eine standardisierte API zur Verfügung gestellt. Dies entlastet einerseits die Applikationsentwickler, aber auch die Anwender, die bei der Herausgabe neuer Versionen der genutzten Terminologien diese nur noch an einer zentralen Stelle aktualisieren müssen.

Insbesondere die Einführung der internationalen Terminologie SNOMED (Bundesinstitut für Arzneimittel und Medizinprodukte, 2021) mit ihren komplexen Abhängigkeiten der Konzepte, polyhierarchischen Strukturen und Postkoordinationsgrammatik, stellt viele Hersteller vor große Herausforderungen und macht die Delegation dieser Komplexität an ein dediziertes Spezialsystem besonders attraktiv.

Viele Länder nutzen inzwischen Terminologieserver mit FHIR-API für die Schaffung nationaler Infrastrukturen, die alle relevanten Terminologien an einem zentralen Endpunkt in einem standardisierten Format über eine standardisierte Schnittstelle bereitstellen (CSIRO, 2021).

5 Internationale Bedeutung von FHIR

5.1 Beispiel USA: Meaningful Use und ONC Final Rule

Der „Health Information Technology for Economic and Clinical Health Act" (HITECH Act) aus dem Jahre 2009 bildet die gesetzliche Grundlage für die Bemühungen um eine Digitalisierung des Gesundheitswesens in den USA. Unter dem Begriff „Meaningful Use" wurden in drei Ausbaustufen die von den Herstellern elektronischer Patientenakten zu erfüllenden Interoperabilitäts-Kriterien definiert.

Leistungserbringer werden seit 2011 über ein Anreizsystem in Form von Abrechnungszuschlägen bei der MedicAid-Vergütung zum ausschließlichen Einsatz von Software ermutigt, die die Kriterien erfüllt. Seit 2015 gelten bei Nichterfüllung Vergütungsabschläge.

Im Rahmen der in 2018 in Kraft getretenen Ausbaustufe 3 der Meaningful Use-Kriterien wird unter anderem auch die Bereitstellung einer offenen API gefordert, mit deren Hilfe Patienten der Zugriff auf ihre Gesundheitsdaten ermöglicht werden soll. Das Ergebnis eines Gutachtens der JASON Task Force, die mit der vergleichenden Betrachtung verschiedener Standards (u. a. IHE XDS und FHIR) im Hinblick auf deren Eignung zur Umsetzung der Kriterien beauftragt war, sprach sich 2014 für die Nutzung von FHIR aus, obwohl der Standard zu diesem Zeitpunkt noch in einem sehr frühen Entwicklungsstadium war (DSTU2).

„We believe that Meaningful Use Stage 3 and associated certification will be important drivers in the long transition to a Public API-based health information exchange model. To the extent that query capabilities are included in MU Stage 3, we are at an awkward moment in standards development: Older standards such as XDS/XCA are mature but inherently limited, whereas newer API-based standards are not yet ready for large-scale adoption. We believe it would be detrimental to lock the industry in to older standards, and thus, we recommend that ONC mobilize an accelerated standards development process to ready an initial specification of FHIR for certification to support MU Stage 3." (JASON Report Task Force, 2014)

Basierend auf einer vom Argonaut-Project (einem privatwirtschaftlichen Zusammenschluss mehrerer US-amerikanische Software-Hersteller wie zum Beispiel Apple, Cerner, Epic und Microsoft) ausgearbeiteten FHIR-Spezifikation, verfügten bereits 2019 ein Großteil der Kliniken (84 %) und Praxen (61 %) über FHIR-Schnittstellen (Posnack & Barker, 2021).

Der im Dezember 2016 verabschiedete „21st Century Cures Act" (im weitesten Sinne ein Gesetz zur Verbesserung der Behandlungsqualität in den USA) enthält eine Passage, die das „Information Blocking" unter Strafe in Höhe von bis zu 1 Mio$ stellt (114th Congress, 2016). „Information Blocking" ist dabei definiert als die jegliche Praxis, die den Zugang zu gesundheitsrelevanten Daten, insbesondere Patientenakten, behindert.

Das ONC (Office of the National Coordinator for Health Information Technology), verantwortlich für die Ausgestaltung des Cures Act, veröffentlichte im März 2020 die „Final Rule" (ONC, 2021), die die Bereitstellung einer FHIR-API basierend auf der aktuellen Version R4 nun endgültig für alle Hersteller elektronischer Patientenakten verbindlich macht.

5.2 Beispiel NL: MedMij

„MedMij" ist der Niederländische Standard für den sicheren, webbasierten Datenaustausch zwischen Patienten und Leistungserbringern im Gesundheitswesen (MedMij, 2021). Das MedMij-Label zertifiziert Hersteller von Gesundheitsanwendungen (z. B. Apps oder Webseiten), die definierte Kriterien für zuverlässigen, sicheren Datenaustausch erfüllen.

Verantwortlich für die Festlegung der technischen Spezifikation ist das NICTIZ (Kompetenzzentrum für den elektronischen Austausch von Gesundheitsdaten), das seit 2017 den entsprechenden Implementierungsleitfaden zur Kommunikation von u. a. Labordaten, Medikationsdaten, Allergien, Termininformationen, Dokumenten und Fragebögen auf Basis von FHIR STU3 erarbeitet, publiziert und kontinuierlich weiterentwickelt.

Die Umsetzung der Kriterien wird in der Industrie durch ein Anreizsystem motiviert.

5.3 Beispiel UK: NHS England APIs

Der National Health Service (NHS) in England setzt bei der Spezifikation nationaler eHealth-Anwendungen flächendeckend auf FHIR. Der API-Katalog des NHS Digital umfasst (Stand 2021) 40 Spezifikationen basierend auf FHIR (NHS Digital, 2021a), unter anderem das Female Genital Mutilation Risk Register (FGM), das eine zentrale Infrastruktur zur Registrierung von Frauen und Mädchen zur Verfügung stellt, die gefährdet sind, Opfer von Genitalverstümmelung zu werden (NHS, 2021b), oder auch der Organization/Practitioner Data Service (ODS), ein zentrales Register („Adressbuch") für Organisationen und Einrichtungen des NHS.

6 FHIR in Deutschland

Den Anfang bei der Erstellung von Implementierungsleitfäden für Deutschland machte das technische Komitee für FHIR der HL7-Affiliate-Organisation „HL7 Deutschland e.V.": 2018 wurde die erste Version des ersten Basisleitfadens für die Implementierung von FHIR in Deutschland publiziert (HL7 Deutschland e.V., 2021).

Im Gegensatz zu den sonst üblichen Implementierungsleitfäden, haben die Basisprofile keinen konkreten UseCase im Blick, sondern sammeln häufig benötigte Artefakte, geben

Antworten auf häufig gestellte Fragen und Best Practice Empfehlungen. Die deutschen Basisprofile bilden die gemeinsame Grundlage der im Folgenden genannten deutschen Spezifikationen.

6.1 Medizininformatik-Initiative

„Um Daten aus Krankenversorgung und Forschung besser nutzbar zu machen, fördert das Bundesministerium für Bildung und Forschung die Medizininformatik-Initiative mit rund 180 Millionen Euro. Die Fördermaßnahme soll die medizinische Forschung stärken und die Patientenversorgung verbessern. Derzeit arbeiten alle Universitätskliniken Deutschlands gemeinsam mit Forschungseinrichtungen, Unternehmen, Krankenkassen und Patientenvertretern daran, die Rahmenbedingungen zu entwickeln, damit Erkenntnisse aus der Forschung direkt den Patienten erreichen können." (Medizininformatik-Initiative, 2021)

Die teilnehmenden Kliniken der Medizininformatik-Initiative (MI-I) sind in vier Konsortien organisiert. Für den Konsortien-übergreifenden Datenaustausch wurden sog. Kerndatensätze definiert, für deren Kommunikation FHIR als Standard gewählt wurde.

Diese umfassen u. a. die Kommunikation von

- Patientenstammdaten
- Fallinformationen
- Labordaten
- Diagnosen
- Prozeduren
- Medikationsdaten

Auch innerhalb der Konsortien werden FHIR-Spezifikationen für verschiedene Schwerpunktthemen erarbeitet, z. B. zur Rekrutierung von Studienteilnehmern mit Hilfe von SMART-Apps (Abschn. 4.1) oder zur Sammlung und Auswertung epidemiologischer Daten.

Weiterhin spielt in der MI-I die Standardisierung der Patienteneinwilligung zu der Datenweitergabe an die Forschung eine zentrale Rolle, auch dafür wird eine FHIR-basierte Spezifikation rund um die Consent-Ressource erstellt (Heckmann et al., 2018; s. auch Beitrag Schmücker et al., Wissensgenerierung durch die Zusammenführung von Daten aus einer Vielzahl von rechnerunterstützten Anwendungssystemen und medizinischen Geräten).

6.2 ePA und MIOs

Seit dem 1. Januar 2021 können alle gesetzlich Versicherten eine elektronische Patientenakte (ePA) ihrer Krankenkassen erhalten, in der medizinische Befunde und Informationen aus vorhergehenden Untersuchungen und Behandlungen über Praxis- und Krankenhausgrenzen hinweg umfassend gespeichert werden können (Bundesministerium für Gesundheit, 2021a).

Während die gematik die Schnittstelle zum Einstellen und Abrufen von Informationen auf und in die ePA mit einer inhaltsagnostischen, dokumentenbasierten API auf Basis von IHE-XDS festgelegt hat, wählte die Kassenärztliche Bundesvereinigung (KBV) FHIR als Basis für die Festlegung der Medizinischen Informationsobjekte (kurz: MIOs), die die strukturierten Inhalte der ePA darstellen.

Aufgrund der durch die API und der Ende-zu-Ende-verschlüsselten Natur der ePA gesetzten Limitationen, sind alle MIOs als FHIR Dokument-Bundles (Abschn. 4.4) spezifiziert. Aufgrund der Verschlüsselung können Daten in der ePA nicht miteinander verlinkt werden. Jedes MIO ist durch ein in sich abgeschlossenes Dokument repräsentiert, dessen Daten nicht mit denen anderer Dokumente assoziiert werden können.

Ein Beispiel für ein MIO ist der Impfpass (Kassenärztliche Bundesvereinigung, 2021). Er enthält verschiedene medizinische Informationen, wie Daten zum Patient, zum Impfstoff oder zu impfrelevanten Erkrankungen. Aufgrund der hohen datenschutzrechtlichen Anforderungen an die ePA ist hierbei jedoch nur die Übermittlung der explizit im MIO festgelegten Attribute erlaubt. Daraus ergeben sich Konflikte mit anderen Nutzungen dieser Informationen.

So sind zum Beispiel bei der Erstellung einer Immunization-Ressource zur Übermittlung an die ePA die Verlinkung auf einen Encounter-Ressource (Besuchsdaten), die Angabe des Erfassungsdatums der Impfung sowie des Verfallsdatums des Impfstoffes verboten (Abb. 6).

Dies steht jedoch dem Ansatz der Wiederverwendbarkeit der FHIR-Ressourcen diametral entgegen. Informationen, die im Praxis- oder Klinikalltag regelmäßig erfasst und benötigt werden, aber im MIO-Kontext verboten sind, zwingen Hersteller dazu, separate Implementierungen für die verschiedenen Anwendungszwecke zu erstellen. Damit verpufft teilweise der Vorteil der schnellen und einfachen Implementierbarkeit, den FHIR eigentlich bieten sollte.

Lösungen können hier in Form von generischen Implementierungsansätzen geschaffen werden, die das maschinenlesbare Format der verschiedenen FHIR-Spezifikationen als Grundlage nehmen, um zu entscheiden, welche Attribute in welchem Kontext übermittelt werden dürfen und welche nicht.

6.3   eRezept und eAU

Der Gesetzgeber hat im § 86 Abs. 1 SGB V festgelegt, dass die Verordnung von Arzneimitteln in elektronischer Form ermöglicht werden muss. Der Gesetzgeber hat weiterhin im Zuge der Anpassung des § 295 Abs. 1 SGB V festgelegt, dass die an der vertragsärztlichen Versorgung teilnehmenden Ärzte und Einrichtungen verpflichtet sind, die von ihnen festgestellten Arbeitsunfähigkeitsdaten aufzuzeichnen und elektronisch an die Krankenkassen zu übermitteln. Die Kassenärztliche Bundesvereinigung und der Spitzenverband Bund der Krankenkassen haben hierzu entsprechende FHIR-Profile erstellt.

Auch bei eRezept und eAU handelt es sich um strukturierte Dokumente im FHIR-Format (Abschn. 4.4). Während beim eRezept eine von der gematik spezifizierte HTTP-basierte Kommunikation im Rahmen des FHIR-Operations-Framework zum Einsatz

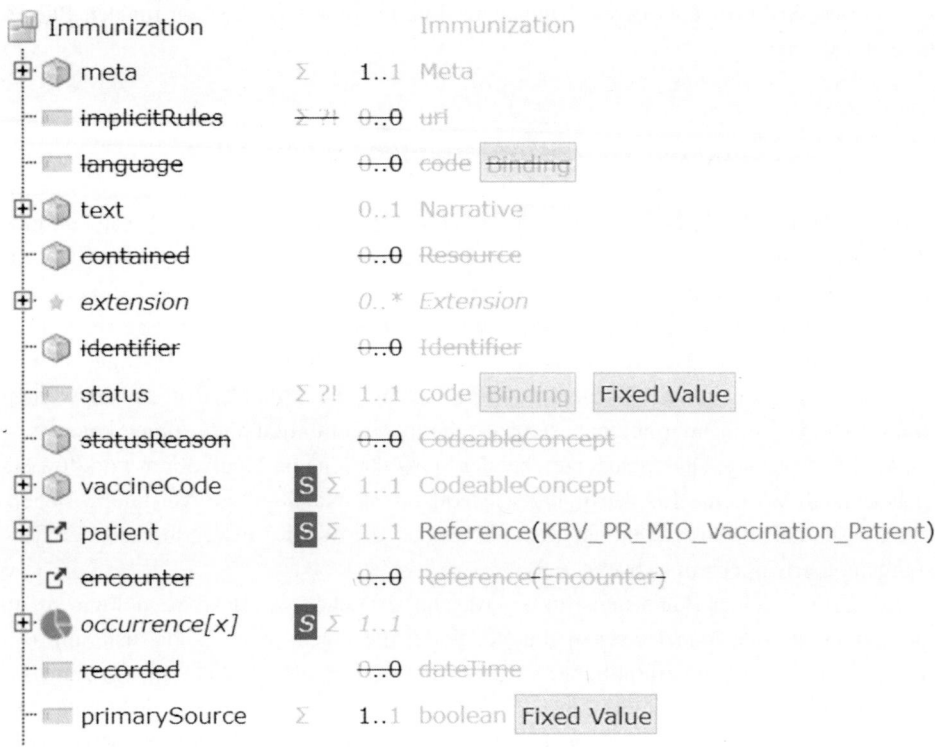

Abb. 6 Profil der Immunization-Ressource im Kontext des MIO *Impfpass* mit „verbotenen" Angaben, wie z. B. das Erfassungsdatum (*recorded*)

kommt, erfolgt der Versand der eAU vorwiegend mittels KIM. Spezifikationen für Verordnungen gemäß Betäubungsmittelgesetz sowie Hilfsmittel sollen künftig folgen.

6.4   IsiK und IsiP

Die gematik wurde vom Gesetzgeber in § 373 SGB V. beauftragt verbindliche Standards für den Austausch von Gesundheitsdaten mit Informationssystemen im Krankenhaus zu erarbeiten. Auch hier fiel die Wahl für die Umsetzung der gesetzlichen Vorgabe auf FHIR.

In drei Ausbaustufen erarbeitet die gematik konkrete Anforderungen zum Datenaustausch über die FHIR-RESTful-API. Damit ist ISiK am ehesten mit den Anforderungen der ONC Final Rule in den USA vergleichbar (Abschn. 5.1).

In der am 30.06.2021 publizierten ersten Ausbaustufe (Gematik, 2021), werden zunächst grundlegende REST-Funktionen zur Abfrage von Patienten-, Besuchs-, Diagnose- und Prozedurendaten gefordert. In der zum 30.06.2022 geplanten zweiten Ausbaustufe kommen Festlegungen für den Dokumentenaustausch, Medikations-Workflow, Terminplanung und Vitalparameter sowie Empfehlungen für die Implementierung von Benutzer-Autorisation und -Authentifikation hinzu.

Ziel des ISiP-Projektes ist es, äquivalente Interoperabilitätsvorgaben für den Pflege-bereich zu treffen.

7   Empfehlungen, Herausforderungen und Ausblick

FHIR hat das Potenzial, die Digitalisierung im Gesundheitswesen massiv zu beschleunigen. Die Fokussierung auf die Bedürfnisse von Entwicklern fördert die schnelle und kosten-günstige Schaffung von interoperablen Lösungen. Soweit die Theorie. Die Praxis findet natürlich unendliche Möglichkeiten, dies zu unterwandern. So wurde zum Beispiel durch die lizenzrechtlichen Beschränkungen, die für die SNOMED-Terminologie gelten, verhindert, dass die internationale Ontologie fest im FHIR-Standard verankert werden konnte und damit für internationale semantische Interoperabilität hätte sorgen können.

Ähnliche Probleme hat man derzeit bei der Spezifikation von Medikationsworkflows in Deutschland, wo keine frei verfügbaren Medikamentenkataloge zur Verfügung stehen. Ebenso schränken datenschutzrechtliche Vorgaben die Wiederverwendbarkeit der Res-sourcen oft erheblich ein (Abschn. 6.2).

Da FHIR in seiner Baukastenstruktur (Abschn. 2.1) eher als „Basistechnologie" denn als „Standard" bezeichnet werden müsste, findet die eigentliche Standardisierung (im Sinne einer Festlegung verbindlicher Vorgaben für die Implementierung) erst in den Use-Case-spezifischen Implementierungsleitfäden statt. Darüber, *wer* für die Erstellung, Ab-stimmung und Pflege von Implementierungsleitfäden in einer konkreten Jurisdiktion ein Mandat hat, macht HL7 International selbstverständlich keine Aussagen. Es obliegt den jeweiligen Organen eines Landes, die entsprechenden Zuständigkeiten zu regeln.

Der in Abschn. 5.1 beschriebene Fall USA zeigt auf, wie der Weg von der Festlegung gesetzlicher Rahmenbedingungen durch den Kongress über die Ausgestaltung der Um-setzung durch den ONC bis zur Umsetzung durch die Industrie in einer konkreten Juris-diktion manifestieren kann.

In Deutschland stellt sich die existierende Sektorentrennung des Gesundheitswesens als besonderes Hindernis heraus, die zusammen mit föderalistischen Strukturen ein erheb-liches Gefahrenpotenzial für die Entstehung nicht-kompatibler, nicht abgestimmter und redundanter Spezifikationen bildet.

Während beim Blick auf die internationalen Entwicklungen von FHIR meist eine zen-trale Koordinierungsstelle als zuständige Instanz für die Interoperabilitätsfestlegungen im jeweiligen Land genannt wird (USA: ONC, NL: NICTIZ, UK: NHS, CL: CENS …), müsste für Deutschland hier eine lange Liste von Organisationen mit unterschiedlichen Zuständigkeiten genannt werden.

Zwar ist im „Referentenentwurf einer Gesundheits-Informationstechnologie-Interoperabilitäts-Governance-Verordnung (GIGV) (Bundesministerium für Gesundheit, 2021b)" die Einrichtung einer „Koordinierungsstelle für Interoperabilität im Gesundheits-wesen" vorgesehen, die noch im November 2021 mit der Erfüllung ihres Auftrags, die Interoperabilität schneller, transparenter und verbindlicher voranzutreiben, beginnen soll.

Im Hinblick auf die zahlreichen bereits existierenden FHIR-Spezifikationen kommt diese Entwicklung jedoch erheblich zu spät.

Ein wichtiger Schritt in die richtige Richtung wurde aber von den Organisationen, die aktuell FHIR-Spezifikationen erarbeiten, bereits getan: Sowohl KBV als auch gematik ermöglichen es Anwendern und Implementierern, die erstellten Spezifikationen zu kommentieren und zu testen, bevor diese final publiziert werden, ähnlich wie dies bei der Entwicklung der FHIR-Spezifikation (Abschn. 2.3) der Fall ist.

Im Gegensatz zur Publikation proprietärer Spezifikationen, die hinter geschlossenen Türen erdacht und beschlossen wurden, hat FHIR also auch hier zu einer erheblichen Verbesserung der Situation beigetragen.

Die Gefahr besteht jedoch darin, dass diverse Hersteller, Organisationen und Initiativen die Menge der konkurrierenden FHIR-Spezifikationen in den kommenden Jahren exponentiell erhöhen.

An dieser Stelle sei noch mal mit Nachdruck auf die Bedeutung der Community und die Notwendigkeit zur Abstimmung untereinander hingewiesen.

FHIR ist keine Garantie für Interoperabilität, es ist der Minimalkonsens zur Nutzung einer gemeinsamen technologischen Basis. Damit bietet FHIR eine nachhaltige Grundlage für Digitalstrategien, die jedoch weiterer Ausgestaltung bedarf
FHIR bietet erstmals die Möglichkeit, die vielfältigen Interoperabilitätsanforderungen im Gesundheitswesen mit Hilfe einer einheitlichen Technologie abzubilden. Die dadurch entstehenden Synergie-Effekte durch die Wiederverwendbarkeit von Code, Fokussierung der Entwickler-Expertise und community-basierte Lösungsansätze, leisten einen erheblichen Beitrag zur Beschleunigung der Digitalisierung, zur Entlastung von Herstellern und Implementierern, und damit zur Kostensenkung.

Jedoch erst durch die gemeinsame Erarbeitung und Abstimmung gut durchdachter Implementierungsleitfäden und eine verbindliche nationale Governance für die Festlegung von Interoperabilitätsrichtlinien, kann FHIR dieses Potenzial voll entfalten.

8 Weiterführende Informationen

- HL7 International: *FHIR Spezifikation Version 4.0.1.* http://hl7.org/fhir.
- HL7 International. (2019). *FHIR Spezifikation Version 4.0.1.:Terminology Module.* http://hl7.org/fhir/terminology-module.html. Zugegriffen am 08.09.2021.
- HL7 Deutschland e.V.: *Über HL7.* https://hl7.de/.
- HL7 Deutschland e.V.: *FHIR Implementierungsleitfäden.* https://ig.fhir.de/basis-profile-de/index.php.

- FHIR Community Chatplattform: http://chat.fhir.org.
- Firely B.V.: *FHIR Developer Days*. https://www.devdays.com/.
- Kassenärztliche Bundesvereinigung: *Medizinische Informationsobjekte.* https://mio. kbv.de/site/mio.
- Gematik GmbH: *FHIR-Projekte.* https://simplifier.net/organization/gematik/~projects.
- IHE ITI Technical Comittee: *Mobile access to Health Documents.* https://profiles.ihe. net/ITI/MHD/index.html.
- Center for Disease Control and Prevention. *Meaningful Use of Electronic Health Records.* https://www.cdc.gov/cancer/npcr/meaningful_use.htm.

Literatur

114th Congress. (2016). *21st century cures act.* https://www.govinfo.gov/content/pkg/PLAW-114publ255/pdf/PLAW-114publ255.pdf. Zugegriffen am 08.09.2021.

Bundesinstitut für Arzneimittel und Medizinprodukte. (2021). *SNOMED CT.* https://www.bfarm.de/DE/Kodiersysteme/Terminologien/SNOMED-CT/_node.html. Zugegriffen am 08.09.2021.

Bundesministerium für Gesundheit. (2021a). *Die elektronische Patientenakte (ePA).* https://www.bundesgesundheitsministerium.de/elektronische-patientenakte.html. Zugegriffen am 08.09.2021.

Bundesministerium für Gesundheit. (2021b). *Referentenentwurf Gesundheits-IT-Interoperabilitäts-Governance-Verordnung.* https://www.bundesgesundheitsministerium.de/fileadmin/Dateien/3_Downloads/Gesetze_und_Verordnungen/GuV/G/GIGV_RefE_BMG-RVO_Governance.pdf. Zugegriffen am 08.09.2021.

CSIRO. (2021). *Selected by NHS Digital and Nictiz & Ontoserver underpins Australia's National Clinical Terminology Service.* https://ontoserver.csiro.au/. Zugegriffen am 08.09.2021.

Gematik. (2021). *Informationstechnische Systeme im Krankenhaus.* https://simplifier.net/isik. Zugegriffen am 08.09.2021.

Heckmann, S., Ludmann, D., Heitmann, H., & Thun, S. (2018). HL7-FHIR-Standard als Basis von nationalen eHealth-Strategien. *eHealthComm Ausgabe 4/2018.* https://e-health-com.de/fileadmin/user_upload/dateien/ePaper/EHC_4_2018_ePaper_.pdf. Zugegriffen am 08.09.2021.

HL7 Deutschland e.V. (2021). *Implementierungsleitfaden Deutsche Basisprofile.* https://ig.fhir.de/basisprofile-de/. Zugegriffen am 08.09.2021.

HL7 International. (2020). *CDS Hooks.* https://cds-hooks.hl7.org/. Zugegriffen am 08.09.2021.

HL7 International. (2021). *About.* http://www.hl7.org/about/index.cfm?ref=nav. Zugegriffen am 08.09.2021.

Hoger, T., Dew, C., Pauls, F., & Wilson, J. (2016). *ndJSON-Spezifikation.* http://ndjson.org/. Zugegriffen am 08.09.2021.

IHE ITI Technical Committee. (2018). *IT infrastructure technical framework supplement – Mobile access to Health Documents (MHD) with XDS on FHIR.* https://www.ihe.net/uploadedFiles/Documents/ITI/IHE_ITI_Suppl_MHD_Rev.2.4_TI_2018-07-24.pdf. Zugegriffen am 08.09.2021.

IHE-Wiki. (2021). *Category: FHIR.* https://wiki.ihe.net/index.php/Category:FHIR. Zugegriffen am 08.09.2021.

JASON Report Task Force. (2014). *Final report.* http://www.healthit.gov/facas/sites/faca/files/Joint_HIT_JTF%20Final%20Report%20v2_2014-10-15.pdf. Zugegriffen am 08.09.2021.

Kassenärztliche Bundesvereinigung. (2021). *MIO Impfpass V1.0.0.* https://simplifier.net/im1x0. Zugegriffen am 08.09.2021.

Kubick, W. (2021). *Another type of moonshot: Project Gemini*. http://blog.hl7.org/another_type_of_ moonshotproject_gemini. Zugegriffen am 08.09.2021.

Medizininformatik-Initiative. (2021). https://www.medizininformatik-initiative.de. Zugegriffen am 08.09.2021.

MedMij. (2021). *Personal health environment*. https://www.medmij.nl/en/. Zugegriffen am 08.09.2021.

NHS Digital. (2021a) *API catalogue*. https://digital.nhs.uk/developer/api-catalogue. Zugegriffen am 08.09.2021.

NHS Digital. (2021b). *Female Genital Mutilation – Information Sharing – FHIR API*. https://digital. nhs.uk/developer/api-catalogue/female-genital-mutilation-information-sharing-fhir. Zugegriffen am 08.09.2021.

ONC. (2021). *Cures act final rule*. https://www.healthit.gov/curesrule/. Zugegriffen am 08.09.2021.

Posnack, S., & Barker, W. (2021). *The heat is on: US caught FHIR in 2019*. https://www.healthit. gov/buzz-blog/health-it/the-heat-is-on-us-caught-fhir-in-2019. Zugegriffen am 08.09.2021.

SMART. (2021). *About Smart*. https://smarthealthit.org/. Zugegriffen am 08.09.2021.

Spronk, R. (2014). *The early history of Health Level 7*. http://www.ringholm.com/docs/the_early_ history_of_health_level_7_HL7.htm. Zugegriffen am 08.09.2021.

Die Klinische Dokumentenklassen-Liste (KDL) als Werkzeug für die semantische Interoperabilität

Annett Müller

Inhaltsverzeichnis

Zusammenfassung

Die medizinische Dokumentation steht im Zentrum für verschiedenste Anwendungsfälle. Neben der gesetzlich verpflichtenden revisionssicheren Aufbewahrung zur Beweissicherung dient sie auch zur Qualitätssicherung, zur leistungsgerechten Abrechnung und für die klinische Forschung. Um eine qualitative Patientenversorgung zu gewährleisten, müssen die enthaltenen Informationen u. a. zeitnah und vollständig für weitere Behandler zur Verfügung gestellt werden. Bei den Leistungserbringern wird die

A. Müller (✉)
DVMD e.V., Hirschberg, Deutschland
E-Mail: mueller@dvmd.de

© Der/die Autor(en), exklusiv lizenziert durch Springer Fachmedien Wiesbaden
GmbH, ein Teil von Springer Nature 2022
V. Henke et al. (Hrsg.), *Digitalstrategie im Krankenhaus*,
https://doi.org/10.1007/978-3-658-36226-3_22

Behandlungsdokumentation jedoch in einer heterogenen Dokumentenlandschaft gespeichert. Um diese elektronisch zu kommunizieren, sind entsprechende Ordnungssysteme notwendig. Die Klassifikation KDL ist speziell für die Klassierung medizinischer Dokumentation entwickelt worden und ein wichtiges Werkzeug für semantische Interoperabilität. Durch bestehende Mappingkonzepte zu den Value Sets DocumentEntry. classCode und DocumentEntry.typeCode des IHE-Profils XDS wird auch die organisatorische Interoperabilität unterstützt.

1   Entwicklung von der einfachen Liste zur Klassifikation

Ordnungssysteme sind eine wichtige Basis, um Informationen zu strukturieren und wieder verfügbar zu machen. Für die verschiedensten Sachverhalte wurden und werden durch Arbeitsgruppen oder Institutionen Ordnungssysteme entwickelt. Die in Deutschland bekanntesten sind die Internationale statistische Klassifikation der Krankheiten und verwandter Gesundheitsprobleme – 10. Revision (DIMDI, 2021a), der Operationen- und Prozedurenschlüssel (DIMDI, 2021b) oder zwischenzeitlich auch SNOMED CT für die inhaltliche Erschließung von narrativen Texten (BfArM, 2021). Allen Ordnungssystemen liegt ein Ordnungsprinzip zugrunde. Diese reichen von Klassifikationen, über Register, Begriffskombinationen, bis hin zur Freitextsuche (Gaus, 2005, S. 68–141).

1.1   Ordnungssysteme für medizinische
Behandlungsdokumentation

Für den Sachverhalt „Medizinische Behandlungsdokumentation" gab es bis 2014 keinen Ansatz für ein geeignetes Ordnungssystem. Dennoch standen im Rahmen der digitalen Transformation im Gesundheitswesen verschiedenste Fragestellungen – wie automatisierte Vollzähligkeitsprüfung, deskriptive Analysen oder elektronische Kommunikation – bereits im Fokus. Der Archivierungsdienstleister DMI GmbH & Co. KG Münster hat sich diesen Fragestellungen gestellt und im Bereich Forschung & Entwicklung im Rahmen von Akten- und Dokumentenanalysen den „Kern" medizinischer Behandlungsdokumentation erschlossen. Dieser „Kern" wurde in einer einfachen Liste zusammengefasst und umfasste 705 Dokumenten- und Dokumententypbezeichnungen. Dabei wurde neben digitalisierter papierbasierter Dokumentation auch in Anwendungssystemen entstandene elektronische Dokumentation berücksichtigt (DVMD, 2021a, Kap. 1.6).

In Zusammenarbeit mit Vertretern aus Kliniken verschiedener Versorgungsstufen sowie Verbands- und Industrievertretern wurde die KDL im Rahmen des Projektes „Inhaltliche Vollständigkeit und Nachweisfähigkeit digitaler Patientenakten" diskutiert und weiterentwickelt. Das Projekt fand im Entscheider-Zyklus 2015 der Entscheiderfabrik

(Entscheiderfabrik, 2021) statt. Im Ergebnis entwickelte sich die KDL von der einfachen Liste zu einem Ordnungssystem auf Basis einer monohierarchischen Klassifikation.

1.2 Ordnungsprinzip Klassifikation für medizinische Behandlungsdokumentation

Die Entwicklung der KDL von einer einfachen Liste zu einer Klassifikation war wichtig, um sicherzustellen, dass jede Informationssammlung in einem Dokument mit einem KDL-Kode klassierbar ist. Ebenso ist gewährleistet, dass die KDL inhaltlich erweiterbar und auch in den verschiedenen Versorgungsformen – wie ambulant, stationär oder pflegerisch – verwendet wird.

Die KDL besteht aus Klassen, Unterklassen und Dokumententypen (Abb. 1). Für die Klassierung medizinischer Behandlungsdokumentation sind ausschließlich die Dokumententypen zu verwenden.

Jeder Dokumententyp der KDL ist mit einer eindeutigen Notation versehen. Diese Notation ist alphanumerisch aufgebaut und immer achtstellig (Abb. 2).

Durch den Einsatz von Resteklassen in jeder Unterklasse wird sichergestellt, dass die Behandlungsdokumentation zu 100 % mit der KDL klassiert wird. Mit diesen Resteklassen werden Dokumente klassiert, bei denen keine Zuordnung zu einem spezifischeren KDL-Dokumententyp dieser Unterklasse möglich ist. Die letzten beiden Stellen der Notation für Resteklassen enden immer mit „99".

Notation	Bezeichnung - Klassen
AU	Aufnahme
AD	Arztdokumentation
DG	Diagnostik
LB	Labor
PT	Pathologie
OP	Operation
…	

n = 13*

Notation	Bezeichnung - Unterklassen
AU0101	Aufnahmedokumente
AU1901	Rettungsstelle
AD0101	Arztberichte
AD0201	Bescheinigung
AD0202	Befunderhebung
…	

n = 57*

Notation	Bezeichnung - Dokumententypen
AU010101	Anamnesebogen
AU010102	Anmeldung Aufnahme
AD010103	Entlassungsbericht intern
AD010105	Reha-Bericht
…	

n = 381*

*KDL-2021

Abb. 1 Aufbau der KDL

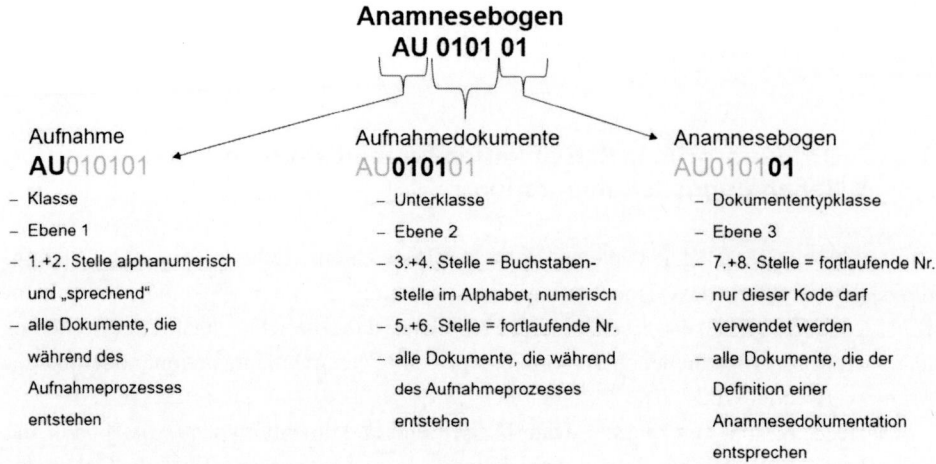

Abb. 2 Aufbau KDL-Notation (eigene Darstellung)

2 Einordnung und Abgrenzung der KDL im Kontext Dokumente, Dokumententypen und Aktenstrukturen

Die Behandlungsdokumentation entsteht in verschiedenen Anwendungssystemen der Klinik. Neben dem Patientenverwaltungssystem, dem Klinischen Arbeitsplatz und der papierbasierten Behandlungsakte sind in den meisten Kliniken auch ein rechnerbasiertes Laborinformationssystem, Radiologieinformationssystem und Patientendatenmanagementsystem im Einsatz. Viele medizinische Informationen werden hier bereits strukturiert gespeichert und häufig nach Ende der Behandlung in Form von Dokumenten zusammengefasst. Diese Dokumente sind als Arztbrief, Verlegungsbericht, Epikrise, Operationsbericht, OP-Bericht, Laborbericht, Laborbefund, Kumulativbefund, u. v. m. bekannt. In vielen Kliniken werden sie auch zusätzlich ausgedruckt und in der papierbasierten Behandlungsdokumentation mit handschriftlicher Unterschrift oder Notizen abgelegt. Das bedeutet, dass sowohl papierbasierte und elektronische Behandlungsdokumentation für die semantische Interoperabilität berücksichtigt werden muss. Genau diese Brücke schafft die KDL.

2.1 Dokumente und Dokumententypen

Gerade der Umgang mit gedruckten Dokumenten erfordert einen intelligenten Ansatz, um diese Dokumente im Rahmen der Digitalisierung dennoch mit weiteren geforderten Attributen wie KDL-Kode, DocumentEntry.classCode und DocumentEntry.typeCode anzureichern. Um hier die heterogenen Dokumentenbezeichnungen – klinikintern und klinikübergreifend – zu verwalten, werden diese zu Dokumententypen zusammengefasst (Abb. 3). Dabei ist es möglich, dass die KDL-Dokumententypen direkt eingesetzt werden oder auch

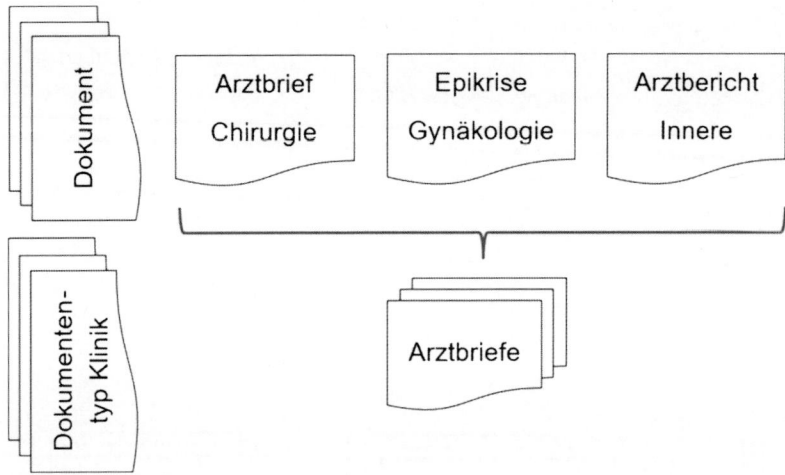

Abb. 3 Zusammenhang Dokumente und Dokumententypen

die klinikindividuellen Dokumententypen erhalten bleiben. Das bedeutet, dass die Klassierung mit der KDL entweder auf Basis der Klinik-Dokumente oder Klinik-Dokumententypen erfolgt.

Ein Dokumententyp – bspw. Entlassungsbericht – hat daher im Normalfall mehrere Ausprägungen, die als Dokumente bezeichnet werden. Die KDL-Dokumententypen ermöglichen dabei eine klinikübergreifende Standardisierung und semantische Interoperabilität, verdrängen jedoch nicht klinikindividuelle Dokumententypen (Abb. 4).

2.2 Klinische Dokumentenklassen-Liste und Aktenstrukturen

Die Klassen und Unterklassen der KDL stellen – entgegen einiger Annahmen – keinen Aktenplan dar. Die Entwicklung als Klassifikation hat sich aus nachfolgenden Fragestellungen ergeben (DVMD, 2021b):

1. Wo entsteht Dokumentation?
2. In welcher Behandlungsphase entsteht Dokumentation?
3. Welche Dokumententypen entstehen sehr häufig bei mehreren Leistungserbringern?

Die Antworten dieser Fragestellungen berücksichtigen beteiligte Berufsgruppen, Behandlungsprozesse und Spezialdokumentationen. Eingeflossen sind aber auch verschiedene Dokumentationsarten – wie Arztdokumentation, Pflegedokumentation, Befunddokumentation, etc. Mit diesen – in der Arbeitsgruppe gesammelten Erkenntnissen – wurden die ersten zwei Ebenen der KDL, die Klassen und Unterklassen, gebildet. Den Unterklassen sind die fachlich passenden KDL-Dokumententypen zugeordnet. Der aktuelle Aufbau innerhalb der KDL stellt die systematische Ordnung dar.

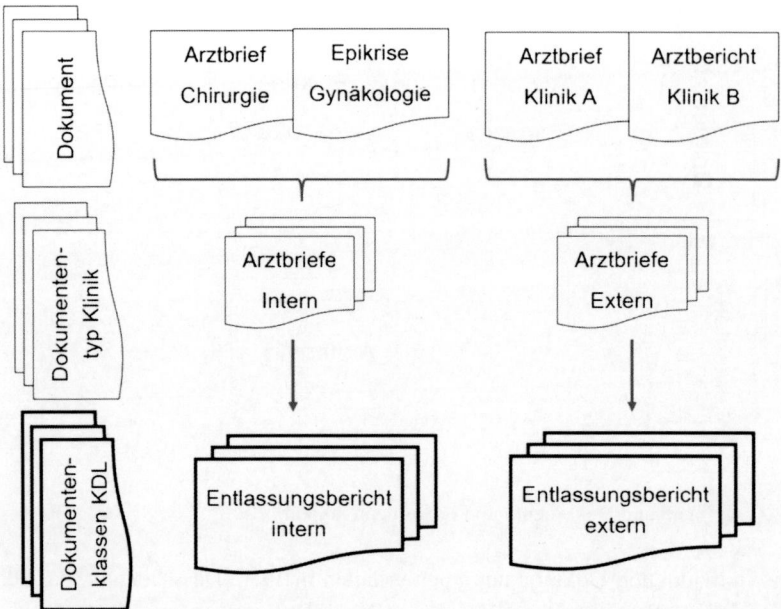

Abb. 4 Zusammenhang Dokumente, Dokumententypen Klinik und KDL

Die Kliniken selbst nutzen – auch bei Einsatz einer digitalen Patientenakte – eine individuelle Aktenstruktur, die häufig als Aktenplan bezeichnet wird. Ziel ist, die Behandlungsdokumentation strukturiert in Registern und Unterregistern im Dokumentenmanagementsystem abzulegen bzw. darzustellen. Dies erleichtert die inhaltliche Recherche, aber auch Orientierung in der digitalen Patientenakte. Da im Rahmen der elektronischen Kommunikation medizinische Dokumente ausgetauscht werden, ist es nicht sinnvoll, semantische Standards – wie die gesamte Klassifikation KDL oder die Value Sets DocumentEntry. classCode und DocumentEntry.typeCode des IHE-Profils XDS als Aktenplan zu verwenden. Dies führt möglicherweise zur fehlenden Akzeptanz bei den Nutzern der digitalen Patientenakte, da diese für den Behandlungsalltag nicht als Aktenstrukturen geeignet sind.

Die Nutzung der KDL und der bestehenden Mappingkonzepte ermöglicht es den Herstellern von Dokumentenmanagementsystemen, die gesetzlichen Anforderungen für die elektronische Kommunikation zwischen den Leistungserbringern zu erfüllen.

3   Mappingkonzepte auf Basis KDL

Mappingkonzepte ermöglichen u. a. die Verbindung zwischen verschiedenen Ordnungssystemen. Auch die KDL nutzt Mappingkonzepte, um die Kommunikationsfähigkeit – bspw. im Rahmen der organisatorischen Interoperabilität mittels IHE-Profilen – zu unterstützen. Der Einsatz von Mappingkonzepten wird durch die Anwender*innen von Softwareprodukten nicht bemerkt und ist ein rein technologischer Ansatz.

3.1   Mappingkonzepte zu DocumentEntry.classCode und DocumentEntry.typeCode

Die Versionierung der KDL erfolgt im jährlichen Turnus. In diesem Intervall werden die beiden Mappingkonzepte zu den Value Sets DocumentEntry.classCode und DocumentEntry.typeCode des IHE-Profils XDS (Cross-Enterprise Document Sharing) überarbeitet. Die Abstimmung erfolgt mit Vertretern der Arbeitsgruppen Weiterentwicklung KDL und XDS Value Set Deutschland.

Die Nutzung der Mappingkonzepte ist frei verfügbar und im KDL Implementierungsleitfaden unter Simplifier.net als „ConceptMap" veröffentlicht (DVMD, 2021c).

Die KDL ermöglicht damit im Rahmen der elektronischen Kommunikation über IHE-Profile eine granularere Semantik gegenüber der alleinigen Nutzung von DocumentEntry.classCode und DocumentEntry.typeCode (Abb. 5). Durch die Aufnahme der KDL in das Value Set DocumentEntry.eventCodeList in die Version 3 der XDS Value Sets ist die Verbindung von KDL und IHE-XDS auch auf organisatorischer Ebene abgeschlossen.

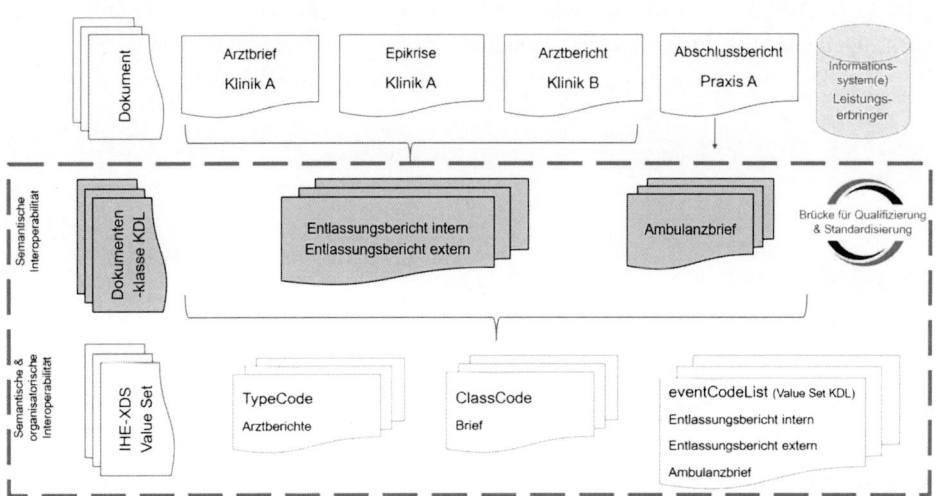

Abb. 5 Zusammenhang KDL und IHE-XDS

3.2 Mappingkonzepte zu weiteren Ordnungssystemen

Der elektronische Austausch medizinischer Behandlungsdokumentation ist nicht nur in die elektronische Patientenakte (ePA) gefordert (KBV, 2021), sondern auch im Rahmen von Einzelfallprüfungen der Abrechnung durch den Medizinischen Dienst.

Die Kommunikation in die ePA erfolgt organisatorisch und semantisch auf Basis des Profils IHE-XDS. Die Kommunikation von abrechnungsrelevanten Unterlagen für den Medizinischen Dienst erfolgt seit 1. Januar 2021 in das Leistungserbringer-Portal (LE-Portal) über eine optional verwendbare bundesweite 4er-Nomenklatur. Diese enthält nachfolgend aufgeführte Kategorien:

- KHB (Krankenhaus-Berichte)
- KPA (Kurve-Pflege-Arzt-Doku)
- TLB (Technische-/Laborbefunde)
- ZUS (Zusätzliche Informationen)

Ab 1. Juli 2022 ist laut Elektronische-Vorgangsübermittlungs-Vereinbarung (eVV) vom 9. Juni 2021 die Klassierung der abrechnungsrelevanten Unterlagen bzw. Dokumente in eine dieser vier Kategorien verpflichtend. (GKV, 2021) Optional ist es ab 1. Juli 2022 auch möglich, bereits die Unterlagen klassiert nach DocumentEntry.classCode, DocumentEntry.typeCode und KDL-Kode zu übergeben. Spätestens jedoch zum 1. Januar 2024 ist die Kommunikation ausschließlich anhand dieser semantischen Ordnungssysteme vorgeschrieben. Für die Konvergenzphase bis 1. Januar 2024 steht auch ein Mappingkonzept zwischen KDL & der bundesweiten 4er-Nomenklatur optional zur Verfügung. In der nachfolgenden Abbildung (Abb. 6) ist anhand verschiedener Ordnungssysteme von Medizinischen Diensten gut nachvollziehbar, wie das Mapping zur KDL unterstützt.

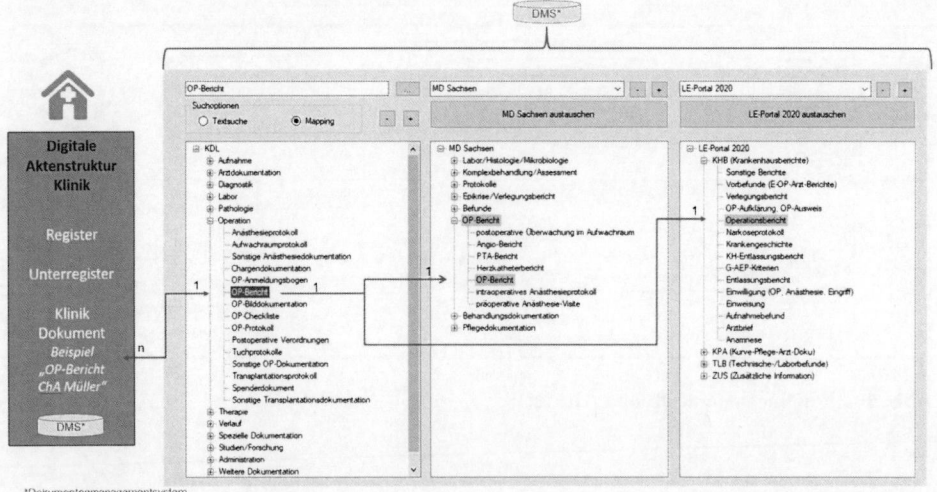

Abb. 6 Mappingkonzepte KDL und Medizinischer Dienst

4   DVMD-Arbeitsgruppe: Weiterentwicklung KDL

Die Arbeitsgruppe Weiterentwicklung KDL hat sich aus dem Entscheider-Zyklus 2015 heraus gegründet und organisiert sich seit 2018 im DVMD e.V. (Der Fachverband für Dokumentation und Informationsmanagement in der Medizin). Das Kernteam setzt sich aus Personen nachfolgender Tätigkeitsfelder zusammen:

- Informations-, Kommunikations- und Medizintechnik im Gesundheitswesen
- digitale revisionssichere Langzeitarchivierung im Gesundheitswesen
- privatärztliche Liquidation
- Medizininformatik
- Informationslogistik und Informationsmanagement im Gesundheitswesen

Die KDL entwickelt sich insbesondere durch deskriptive Auswertungen der Resteklassen und aufgrund gesetzlicher Anforderungen weiter. Anwender der KDL haben aber auch die Möglichkeit bis November eines Jahres Änderungs- und Ergänzungswünsche einzureichen. Die DVMD-AG prüft und bewertet geplante Änderungen oder Ergänzungen und stimmt die neue Version im März eines Jahres gemeinsam ab. Durch die jährliche Versionierung und das aktuelle Vorgehen hat die KDL eine Gültigkeit vom 1. April – 31. März.

Die aktuelle Version, einschließlich der offiziellen Mappingkonzepte, wird unter Simplifier veröffentlicht. Weitere Informationen zur KDL sind unter www.dvmd.de zu finden.

5   Schlussbetrachtung

Die KDL ist seit 2018 fester Bestandteil bei verschiedenen Dienstleistern und Anbietern von Informationssystemen. Sie ist ein wichtiges Werkzeug, um die Ebene der semantischen Interoperabilität für die Behandlungsdokumentation zu gewährleisten. Die KDL ist aber auch Brücke zur Ebene der organisatorischen Interoperabilität und weiterer Ordnungssystemen, die für die Klassierung von Behandlungsdokumentation verwendet werden.

Die KDL-Anwendergruppe umfasst derzeit über 140 Nutzer (DVMD, 2021d), die entweder die KDL bereits im Einsatz haben oder sich mit der Implementierung beschäftigen. 50 % der Nutzer sind Leistungserbringer in der stationären Versorgung in Deutschland und der Schweiz. 35 % sind Softwarehersteller, Dienstleister oder Beratungsunternehmen. Die restlichen Nutzer sind in Wissenschaft, Verbänden oder Institutionen – wie Deutsche Krankenhausgesellschaft, Medizinischer Dienst oder gematik – tätig.

Durch die offizielle Aufnahme der KDL als CodeSystem in die Version 3 des Implementierungsleitfaden des IHE-XDS Value Sets DocumentEntry.eventCodeList ist ein weiterer Meilenstein für die semantische Interoperabilität erreicht worden. Dies wird auch in der Elektronische-Vorgangsübermittlungs-Vereinbarung (eVV) des GKV-Spitzenverbandes deutlich. Hier wird ab 1. Januar 2024 der Einsatz der Ordnungssysteme DocumentEntry. classCode, DocumentEntry.typeCode und KDL-Kode für den Austausch medizinischer Unterlagen zwischen Klinik und Medizinischen Dienst verpflichtend.

Welche Rolle die KDL in der Zukunft spielen wird und wie sie sich weiterentwickelt, werden die nächsten Monate zeigen. Interessant ist, dass sich die DVMD AG aktuell auch mit dem Gedanken beschäftigt, die KDL in ein Ontologiesystem zu transformieren.

Literatur

BfArM. (2021). *SNOMED CT in Deutschland.* https://www.bfarm.de/DE/Kodiersysteme/Terminologien/SNOMED-CT/_node.html. Zugegriffen am 27.07.2021.

DIMDI. (2021a). *ICD-10-GM.* https://www.dimdi.de/dynamic/de/klassifikationen/icd/icd-10-gm/. Zugegriffen am 27.07.2021.

DIMDI. (2021b). *OPS.* https://www.dimdi.de/dynamic/de/klassifikationen/ops/. Zugegriffen am 27.07.2021.

DVMD. (2021a). *DVMD-Schriftenreihe: Richtlinien der Klinischen Dokumentenklassen-Liste (KDL).* BoD GmbH.

DVMD. (2021b). *Klinische Dokumentenklassen-Liste.* https://dvmd.de/publikationen/klinische-dokumentenklassen-liste/. Zugegriffen am 28.07.2021.

DVMD. (2021c). *KDL Implementierungsleitfaden.* https://simplifier.net/guide/kdl/hauptseite. Zugegriffen am 28.07.2021.

DVMD. (2021d). *KDL-Empfänger und Nutzer.* Zugegriffen am 30.07.2021.

Entscheiderfabrik. (2021). *Unternehmenserfolg durch Nutzen stiftende Digitalisierungsprojekte.* https://entscheiderfabrik.com/. Zugegriffen am 27.07.2021.

Gaus, W. (2005). *Dokumentations- und Ordnungslehre* (5. Aufl.). Springer.

GKV Spitzenverband. (2021). *elektronische-Vorgangsübermittlungs-Vereinbarung.* https://www.gkv-spitzenverband.de/media/dokumente/krankenversicherung_1/krankenhaeuser/abrechnung/abrechnungspruefung/2021_06_09_DTA_MD-KH_eVV_final.pdf. Zugegriffen am 28.07.2021.

KBV. (2021). *Anwendungen der TI. Elektronische Patientenakte (ePA).* https://www.kbv.de/html/epa.php. Zugegriffen am 28.07.2021.

MD Kommunikation: Aktuelle Entwicklungen und Empfehlungen

Nikolai von Schroeders

Inhaltsverzeichnis

Zusammenfassung

Die Zusammenarbeit zwischen Krankenhäusern und den Medizinischen Diensten ist seit jeher geprägt von Differenzen um die Qualität und Vollständigkeit der für Prüfungen zugrunde zu legenden Dokumente. Aus dem MDK-Reformgesetz resultieren erheblich gestiegene Anforderungen an einen gut funktionierenden Informationsaustausch: Zum einen ist der Schaden aus einer verlorenen Einzelfallprüfung erheblich größer als bisher, da sowohl Strafzahlungen geleistet werden müssen als auch höhere Prüfquoten aus Verlustfällen resultieren. Zum anderen ist für die neu definierten Strukturprüfungen eine Prüfung allein auf Basis übermittelter Dokumente vorgesehen. Auch hierfür bedarf es klar definierter Daten- und Übermittlungsformate, die bisher nur

N. von Schroeders (✉)
DLMC, Sprockhövel, Deutschland
E-Mail: nvs@dlmc.de

© Der/die Autor(en), exklusiv lizenziert durch Springer Fachmedien Wiesbaden GmbH, ein Teil von Springer Nature 2022
V. Henke et al. (Hrsg.), *Digitalstrategie im Krankenhaus*,
https://doi.org/10.1007/978-3-658-36226-3_23

in wenigen Kliniken etabliert sind. Eine gut strukturierte digitale Datenhaltung und ein digitaler Datenaustausch liegen als Lösung nahe und sind sogar Gesetzesvorgabe. Kliniken und MDen werden dadurch vor neue Herausforderungen gestellt, die schnell nach systematischer Optimierung von Prozessen und IT-Strukturen verlangen.

1   MD Prüfungen im Krankenhaus

1.1   Grundsätzliche Problematik

Die Abrechnungsprüfung im Krankenhaus sollte im Sinne einer guten Gesundheitsversorgung der Bevölkerung mit korrespondierend fairer Vergütung das Ziel haben, sowohl Krankenhäusern als auch Krankenkassen Anreize für eine korrekte Abrechnung zu schaffen. In ihrer jetzigen und vermutlich in den nächsten Jahren weiter bestehenden Struktur ist jedoch das Gegenteil der Fall. Für Krankenkassen ist allein die absolute Höhe der Rückbuchungen aus reduzierten Krankenhausabrechnungen relevant, ob dahinter vor oder nach Abrechnungsprüfung eine korrekte Abrechnung stand oder steht, ist irrelevant. Die Retaxierungsvolumina aus Einzelfallprüfungen sind bedeutender Wettbewerbsfaktor der Krankenkassen – eine korrekte Abrechnung der Kliniken ist daher gar nicht Ziel der Prüfungsaktivität einer Krankenkasse. Umgekehrt sehen Krankenhäuser in der Abrechnungsprüfung eine oftmals ungerechtfertigte Aktivität der Kassen – und sich dadurch im Recht, mit möglichst hohen Abrechnungen zumindest in der Aufstellung des Spiels eine für sie gute Ausgangsposition zu erreichen. Hier entsteht der Anreiz für maximal hohe Abrechnungen mit Flexibilität der Interpretation in Grauzonen.

Der Medizinische Dienst (MD) als Institution ist trotz seiner durch das MDK-Reformgesetz veränderten Rechtsform – nun als Körperschaft des öffentlichen Rechts – durch die strukturell vorgegebene Arbeitsweise einer intensiven Zusammenarbeit mit den ihn beauftragenden Krankenkassen weder unabhängig noch neutral. In der politisch beabsichtigten Situation von Krankenhäusern und Krankenkassen als Gegenspieler um Abrechnungen von Krankenhausleistungen erhält der MD Einzelaufträge zur kritischen Prüfung von Rechnungen, bei denen seitens der Kassen Kürzungspotenzial gesehen wird. Auch wenn seitens der MDen bestritten wird, dass hohe Retaxierungsquoten Ziel der Prüfungen sind und mit den Kassen diesbezüglich keine Abstimmungen stattfinden würden, ist doch unbestritten, dass diese Retaxierungsquoten für Krankenkassen ein hochrelevanter Aspekt sind – und der MD im Auftrag der Kassen eine zielgerichtete Prüfung durchführt. Vor diesem Hintergrund wird deutlich, dass seitens der MDen im Zweifel eher eine überkritische denn eine großzügige Betrachtung von klinischen Sachverhalten vorgenommen wird. Krankenhäuser stehen dadurch täglich vor der zeit- und kostenintensiven Herausforderung, erbrachte Leistungen so exakt zu dokumentieren, dass auch kleinste Details, die im Sinne einer Abrechenbarkeit zu Zweifeln führen könnten, hinreichend belegt sind.

1.2 Einzelfallprüfungen

Die Einzelfallprüfungen im Krankenhaus basieren auf § 275 SGB V und § 17c KHG. Zudem enthält das MDK-Reformgesetz wesentliche Vorgaben, welche den kompletten Prüflauf der Einzelfallprüfung und ihrer Auswirkungen neu geregelt haben. Die konkrete Ausgestaltung der Prüfungsdurchführung wird innerhalb der Selbstverwaltung durch die Prüfverfahrensvereinbarung (PrüfvV) geregelt, welche zwischen dem GKV-Spitzenverband und der Deutschen Krankenhausgesellschaft (DKG) erarbeitet wird. Da es hierbei immer wieder zu nicht auflösbaren Konflikten kommt, ist die ab 2022 gültige Version der Prüfverfahrensvereinbarung im Schlichtungsverfahren entstanden. Strittig war hier unter anderem die Frage, inwieweit das im MDK-Reformgesetz definierte Verbot der nachträglichen Rechnungskorrektur ebenso wie das hier definierte Aufrechnungsverbot der Krankenkassen im gegenseitigen Einvernehmen ausgesetzt wird. Gleichermaßen unvereinbar waren die Positionen zum vorgerichtlichen Erörterungsverfahren. Hierbei war in erster Linie strittig, inwieweit seitens der Krankenhäuser Unterlagen im Erörterungsverfahren nachgereicht werden dürfen, welche dem MD bei der jeweiligen Einzelfallprüfung nicht zur Verfügung gestellt wurden.

Für die Krankenhäuser ergeben sich durch die geänderten Anforderungen und Rahmenbedingungen erhebliche neue Herausforderungen. So rückt der Zeitpunkt immer näher, zu dem die gesetzlich vorgesehene ausschließlich digitale Übermittlung von Unterlagen an den MD tatsächlich umgesetzt wird. Schon jetzt besteht diese Anforderung vielerorts faktisch, wenn der MD die Prüfung nicht vor Ort durchführt. Nur in seltenen Fällen kommt es noch vor, dass Krankenhäuser Patientenakten tatsächlich als Papierkopien zur Prüfung zur Verfügung stellen. Noch ist das Format und der Übermittlungsweg zwischen dem MD des jeweiligen Landes und dem jeweiligen Krankenhaus individuell zu definieren. Entsprechend gibt es eine große Bandbreite der Übermittlungswege, die auf beiden Seiten erhebliche Friktionen und Risiken bei der Beurteilbarkeit von medizinischen Leistungen erzeugt. Mit der Vereinbarung zur elektronischen Vorgangsübermittlung (eVV) sind die Rahmenbedingungen im Juni 2021 definiert worden. Spätestens am 01.07.2022 soll die Plattform zur Datenübermittlung verfügbar sein, verpflichtend müssen alle Krankenhäuser ab dem 01.01.2024 ihre Daten auf dem hier definierten elektronischen Wege übermitteln.

1.3 Strukturprüfungen

Mit dem MDK-Reformgesetz hat der Gesetzgeber die bis dato uneinheitlichen und in ihrer Zulässigkeit umstrittenen Prüfungen von grundsätzlich in Kliniken als Leistungsvoraussetzung bestehenden Strukturen als neues Element der Abrechnungsprüfung festgeschrieben. Erstmals werden dadurch Kliniken Auftraggeber der Medizinischen Dienste. Sie müssen sich – ähnlich einer Zertifizierung – nach einheitlichen Kriterien ihre strukturelle Befähigung der Leistungserbringung von Behandlungen, die mit sogenannten Komplexcodes abgerechnet werden, bestätigen lassen. Wesentlich beeinflusst durch die pandemiebedingte Kontaktreduktion ist die Möglichkeit einer komplett papierbasierten Prüfung ohne Begehung in der Klinik möglich und stellt die Kliniken vor erhebliche neue Herausforderungen bei der Bereitstellung der strukturbeweisenden Unterlagen. Da das „Bestehen" der Strukturprüfungen für Krankenhäuser ab 2022 Abrechnungsvoraussetzung ist, stellten sich im Jahr 2021 auch in diesem Thema neue Herausforderungen in der Kommunikation mit den Medizinischen Diensten.

1.4   Veränderungen durch das MDK-Reformgesetz

Neben der Einführung von Strukturprüfungen resultieren aus dem MDK-Reformgesetz für die Kliniken Veränderungen, die tief greifende Anpassungen der Prozesse und Strukturen erfordern. Im primären Abrechnungsprozess ist für Kliniken besonders das Verbot der nachträglichen Rechnungskorrektur Anlass für schnelle und tief greifende Veränderungen von Prozessen. Die in der Vergangenheit übliche Vorgehensweise, bereits erstellte Abrechnungen blockweise (über ein ganzes Jahr oder quartalsweise) nachträglich einer Überprüfung – in Kombination aus digitaler Potenzialanalyse und konkreter Einzelfallbetrachtung von auffälligen Fällen – zu unterziehen, ist durch das MDK-Reformgesetz verboten worden. Krankenhäuser müssen nun sicherstellen, dass vor dem Versand einer Abrechnung für stationäre Krankenhausbehandlung des Einzelfalles diese schnell, systematisch und mit einem hohen Maß an Sachverstand in der Fallbetrachtung überprüft werden. Dauert dieser Prozess zu lange, drohen erhebliche Liquiditätseinbußen, findet er nicht oder nicht ausreichend qualifiziert statt, besteht das Risiko zu niedriger Abrechnungen. Die in der Vergangenheit mögliche Herangehensweise, im Zweifelsfall hoch oder auch zu hoch abzurechnen, ist ebenfalls nicht mehr möglich, weil Rechnungskürzungen, die im Folgenden beschriebenen negativen Konsequenzen haben.

So sind auf vorgenommene Kürzungen zusätzlich Strafzahlungen durch die Klinik zu leisten, deren Höhe von der jeweils für die Klinik quartalsbezogen geltenden Prüfquotengruppe abhängt. Die Zuordnung zur jeweiligen Gruppe erfolgt auf Basis der seitens der MDen vorgenommenen Beanstandungen im Vor-Vorquartal. Entsprechend ist die Anzahl der Beanstandungsfälle für Kliniken nun von erheblicher Relevanz. Erschwerend kommt hinzu, dass bei diesen Beanstandungen nicht zwischen Korrekturen der Kodierung und Korrekturen durch Verweildauerkürzungen unterschieden wird. Hieraus entsteht für Kliniken eine doppelte Problematik: Zum einen müssen prozessstrukturelle Probleme, die zu Verweildauerverkürzungen (insbesondere im Bereich der unteren Grenzverweildauer und bei Fällen mit ambulantem Potenzial) führen, schnellstens angegangen werden. Dies ist insofern schwierig, als diese mit erheblichen Eingriffen in Entscheidungen leitender Ärzte verbunden sind, deren Anreizstrukturen oft außerhalb von Medizin und Abrechnungsthemen liegen. Zum anderen müssen sowohl in der primärmedizinischen Dokumentation zum Beweis medizinischer Behandlungsnotwendigkeiten für jeden einzelnen Behandlungstag als auch in der Leistungsdokumentation als Basis für Kodierung von Diagnosen und Prozeduren Schwachstellen schnellstens identifiziert und beseitigt werden. An all diesen Prozessen sind regelmäßig viele Berufsgruppen mit sehr unterschiedlichen Zielmotivationen beteiligt, was Prozessprojekte dieser Art aufwendig und kommunikationsintensiv macht.

Erhebliche strukturelle und prozessuale Anpassungen sind in Krankenhäusern zu leisten, um die Forderung nach einer vollständig digitalen Übermittlung von Unterlagen für die MD Prüfungen zu realisieren. Dies ist ein grundsätzlich langfristig anzulegendes Projekt, welches in den allermeisten Kliniken bereits begonnen wurde. Nun muss aber erheblich an Geschwindigkeit gewonnen werden, um nicht nur die gesetzlichen Forderungen zu erfüllen, sondern auch um sicherzustellen, dass eine gute Qualität der übermittelten Dokumente regelmäßig zu im Sinne der Kliniken positiven Prüfergebnissen führen kann.

2 Kommunikation auf Basis bereitzustellender Unterlagen

2.1 Einzelfallprüfung

Einzelfallprüfungen basierten und basieren grundsätzlich auf einer dem MD(K) komplett zur Verfügung zu stellenden Gesamtakte, die zu Teilen aus (gescanntem) Papier und zu Teilen aus digital erzeugten Dokumenten besteht. Auf dieser Grundlage kann der ärztliche Gutachter die im Sinne der Fragestellung des Auftraggebers (Krankenkasse) nach vorzunehmenden Kürzungen der Abrechnungen prüfen und dabei alle Details und Einflussfaktoren auf den Behandlungsaufwand des konkreten Patienten und Falles berücksichtigen. Sowohl seitens der geprüften Klinik als auch seitens des beauftragten Gutachters können aber Bestrebungen bestehen, nur Teile der Patientenakte zur Verfügung zu stellen bzw. anzufordern. Seitens einzelner MD Gutachter wird in solchen Fällen aufgefordert, dezidiert benannte Aktenbestandteile (wie z. B. ein OP-Bericht) sowie „alle weiteren zur Beurteilung der Fragestellung notwendigen Unterlagen" zu übermitteln. Begründet wird dies teilweise mit Datenschutzaspekten. Faktisch verlagert es jedoch den Aufwand der Detailrecherche nach Belegen auf die Klinik, was grundsätzlich nicht Ansatz einer Prüfung durch einen neutralen externen Dritten ist. Klinikseitig sollte das auch vor dem Hintergrund des Erörterungsverfahrens nur in Betracht gezogen werden, wenn notwendige Belege für die Prüffrage(n) absolut eindeutig mit den zur Verfügung gestellten Aktenbestandteilen erbracht werden können.

Ziel aller Bereitstellungen von Datenmaterial für die Einzelfallprüfungen und für Strukturprüfungen sind vollständig digitale und einheitlich strukturierte Patientenakten, beziehungsweise im Falle von Strukturprüfungen strukturbelegenden Unterlagen. Nur wenige Kliniken können diese Bereitstellung bisher in einer sehr guten Qualität – also innerhalb einheitlicher Strukturen und übersichtlich navigierbar – realisieren. Fast alle Kliniken sind aber bereits auf dem Weg von der ursprünglich handschriftlich geführten Papierakte und Kurve hin zu einer digitalen Patientenakte. Zwingender Bestandteil der Datenerfassung und Strukturierung ist ein digitales Archiv, welches eine einheitliche Ablage, Verwaltung, Ansicht und den Export von Patientenunterlagen komfortabel ermöglicht. Ein solches Archiv ermöglicht auch die schrittweise Transition von der Papierakte hin zur digitalen Akte, ohne eine Überforderung der Mitarbeiter zu riskieren. Im Folgenden sind die verschiedenen Schritte auf dem Weg zur digitalen Akte beschrieben, wobei jeweils kurz dargestellt wird, inwiefern der Evolutionsstand geeignet ist oder besondere Risiken bei der Verwendung von Akten für die Bereitstellung an den MD bestehen.

2.1.1 Rein papierbasiertes Original bei Prüfung vor Ort

Die papierbasierte Patientenakte zeichnet sich in der Regel dadurch aus, dass sie nach Berufsgruppen unterschiedene Anteile von „Akte" und „Kurve" enthält und in der klinikspezifisch definierten Struktur sortiert und abgelegt wird. Klassisch ist sie bei Begehungen des Medizinischen Dienstes zum Zwecke der Einzelfallprüfung komplett vorzulegen. Der ärztliche Gutachter des Medizinischen Dienstes sollte dann auf Basis der handschriftlichen oder ausgedruckten und strukturiert abgelegten Aufzeichnungen nachvollziehen können, inwieweit die Prüffragestellungen nach Kürzungspotenzialen zu widerlegen sind. Schwachstellen in dieser Art der Dokumentationsverwaltung entstehen häufig, wenn Behandlungsdokumente erst im Nachgang der Patientenbehandlung erstellt und/oder freigegeben werden (OP-Berichte, Arztbriefe, histologische Befunde …) und dann ihren Weg in die Papierakte nicht finden. Ein weiterer oft kritischer Faktor ist die Unleserlichkeit von Aufzeichnungen bei handschriftlicher Dokumentation.

2.1.2 Kopierte Papierakte für eine externe Prüfung/unstrukturiert gescannte Papierakte für eine externe Prüfung

Die Praxis der Anfertigung von großen Anzahlen von Kopien kompletter Patientenakten entstand, als aufgrund von sehr hohen (teilweise jahrelangen) Rückständen und drohenden Verfristungen der Medizinischen Dienste bei der Fallbearbeitung plötzlich große Volumina an Akten bei Krankenhäusern abgefordert wurden, um die mit zusätzlich geschaffenen oder bei externen Gutachtern beauftragten Kapazitäten abzuarbeiten. Hierfür war es notwendig, Fallprüfungen außerhalb der Kliniken durchzuführen, um das Material besser zwischen den Gutachtern verteilen zu können. Da die Kliniken von dieser Situation oft überrascht waren, konnten keine systematischen Prozesse des strukturierten Datenaustausches auf dem Papierwege zwischen Krankenhäusern und MDen vereinbart werden. Die im Rahmen sehr enger Fristen seitens der Kliniken zur Verfügung zu stellenden Akten wurden also sehr schnell und ohne eine vorher mögliche systematische Strukturierung kopiert und zur Verfügung gestellt und enthielten somit unter Umständen nicht alle relevanten oder aber auch für den konkreten Prüfauftrag irrelevante Dokumente. In der Regel waren die dann kopiert vorhandenen Dokumente nur teilweise sortiert. Auch vorhandene Sortierungen waren dann oft unterschiedlich, zwischen Krankenhaus und MD unabgestimmt und für die einzelnen Prüfer nur schwer zu erkennen. Diese Art der Materialübermittlung ist von allen hier diskutierten die für beide Seiten inhaltlich schlechteste und für die Kliniken aufwändigste. Sie ist darum nur als absolute Ausnahmelösung zu betrachten, wenn andere Wege aus technischen Gründen gar nicht in Frage kommen.

Logisch identisch sind unstrukturierte Scans kompletter Patientenakten. Im Unterschied zur Papierkopie wird hier zwar ein digitales Dokument (in der Regel im PDF-Format) erstellt. Da diesem aber jegliche Systematik und Navigierbarkeit fehlt, ist die Übersichtlichkeit und Bearbeitbarkeit hierbei noch schlechter als bei reinen Papierkopien, die der Gutachter sich zumindest noch physisch sortieren und aufteilen kann. Als Digitalisierung darf diese Art der Dokumentenübermittlung also eigentlich nicht bezeichnet werden.

2.1.3 Zugriff auf KIS und Archivsystem bei Prüfung intern (ggf. in Kombination mit Papier-Restakte)

Im Umstellungsprozess von Papierakten zu digitalen Krankenakten hat sich bei Begehungen in den Kliniken vor Ort bewährt, den MD(K) Prüfern neben der vorhandenen Papier-Restakte auch Zugang zu den patientenbezogenen, digital im Krankenhausinformationssystem vorliegenden Informationen zur Verfügung zu stellen. Für die Prüfer entsteht in dieser Situation die Herausforderung, sich täglich auf neue Datenstrukturen der krankenhausindividuellen Informationssysteme mit ihren unzähligen und sehr unterschiedlichen Subsystemen einzustellen. Entsprechend sind diese Wege der teildigitalen Bereitstellung von Patienteninformationen bei vielen MD(K) Prüfern nicht beliebt. Häufig fordern die MD(K) Prüfer für derartige Vorgehensweisen dann die Unterstützung bei der Datenbetrachtung durch Klinikmitarbeiter. Teilweise geht dies so weit, dass MD(K) Prüfer sich weigern, die IT-System der Klinik überhaupt selbst zu bedienen und nur mündlich die jeweiligen Mitarbeiter auffordern, ihnen jeweils gewünschte Dokumente aufzurufen und zu zeigen. Diese Situation ist für Kliniken doppelt kritisch: Zum einen muss Personal auf Kosten der Klinik zur Verfügung gestellt werden, welches die Prüfung dann bei der Begehung unterstützt. Zum anderen ist nicht auszuschließen, dass auch Klinikmitarbeiter vom MD gewünschte Informationen in der jeweiligen Patientenakte nicht sofort finden und der MD(K) fälschlicherweise zu einem negativen Ergebnis für die Klinik kommt. Gegenüber dem vorbeschriebenen Vorgehen rein kopierter oder unstrukturiert gescannte Unterlagen ist die Qualität und Struktur der zur Verfügung gestellten Unterlagen hier jedoch wesentlich besser. Als eine Übergangssituation ist das Verfahren daher tauglich. Es sollte jedoch möglichst schnell so umgestellt werden, dass die Prüfung durch den MD(K) Prüfer ohne Hinzuziehung von Klinikmitarbeitern realisiert werden kann.

2.1.4 Strukturiertes PDF für externe/interne Prüfung auf Basis eines integrierenden Archivsystems

Optimal lässt sich die Datenübermittlung an den Medizinischen Dienst realisieren, wenn eine Klinik in der Lage ist, alle Informationen eines einzelnen Patientenaufenthaltes unabhängig von der Entstehungsart einheitlich strukturiert abzulegen. Dies bedeutet, dass handschriftlich entstandene Dokumente, wie zum Beispiel tägliche Eintragungen in der Kurve, die ärztliche Dokumentation oder handschriftlich vorliegende Konsilberichte in einem dokumentenerkennenden Scanprozess umgehend so verarbeitet werden, dass sie automatisiert mit den entsprechenden Informationen zur Dokumentenart abgelegt werden können. Voraussetzung für eine strukturierte Ablage, die sowohl innerhalb einer Klinik als auch beim Austausch von verschiedenen Kliniken mit den Medizinischen Diensten einheitlich ist, ist die Verwendung einer konsentierten Klassifikation der Dokumentenstruktur. Bewährt hat sich hierfür die sogenannte Klinische Dokumentenklassen-Liste (KDL, siehe auch Beitrag Müller, „Die Klinische Dokumentenklassen-Liste (KDL) als Werkzeug für die semantische Interoperabilität"). Hiermit wird es möglich, Dokumente auf verschiedenen Strukturierungsebenen zusammenzufassen. Einheitlichkeit in Deutschland sollte dabei mindestens auf der obersten Ebene des „Dokumententyps" (z. B. „Arztbrief") erreicht werden. Inwieweit eine weitere Differenzierung in einheitlichen Bezeichnungen nützlich oder für die einzelnen Kliniken einschränkend ist, wird in Fachkreisen unterschiedlich bewertet. Kritiker einer einheitlichen Benennung auch auf tieferer Ebene (z. B. „Arztbrief Gynäkologie") sehen darin eine Einschränkung der Freiheit von Kliniken in ihrer individuellen Ablagestruktur und hohen Projektaufwand bei der Anpassung bestehender anderer Systematiken an eine einheitliche Systematik. Aus Sicht des Autors überwiegen die aus einer einheitlichen Matrix (die ggf. nur bis zu einer gewissen Tiefe verbindlich anzuwenden ist) entstehenden Vorteile erheblich: Nicht nur in der Kommunikation zwischen Klinik und MD werden Prozesse dadurch erheblich vereinfacht. Auch der Informationsaustausch zwischen Krankenhäusern und anderen Leistungserbringern würde dadurch im Sinne einer verbesserten Informationsverfügbarkeit für den einzelnen Patienten erheblich verbessert.

2.2   Strukturprüfung

Die Bereitstellung von Prüfunterlagen für die in 2021 erstmals bundeseinheitlich durchzuführenden Strukturprüfungen ist mit hohem Aufwand verbunden. Zwar gibt es seitens des MD bereitgestellte Checklisten, in denen dargestellt wird, zu welchen Themen und Fragestellungen jeweils Belege zu erbringen sind. Eine Einheitlichkeit der dafür zu übermittelnden und vom MD akzeptierten Unterlagen gibt es bisher jedoch nicht. Auch sehen die bisherigen Datenverarbeitungsstrukturen der Krankenhäuser gar nicht vor, systematisch Material für Strukturprüfungen aus verschiedensten Quellen zu verwalten und bereitzustellen. An dieser Stelle sind die Kliniken gefordert, sich eine eigene Struktur für die Unterlagenverwaltung und Bereitstellung zu überlegen. Sinnvoll scheint aus der Sicht des Autors an dieser Stelle eine Systematik, die dem Qualitätsmanagement angelehnt ist und die bereitzustellen Unterlagen den jeweiligen zu prüfenden Codes, den verschiedenen Themenbereichen und den erzeugenden Abteilungen (medizinisch und administrativ) zuordnet. Wichtig ist in diesem Zusammenhang, dass verantwortliche Personen für die regelmäßige Pflege, Zeitpunkte für die Aktualisierung der Dokumente sowie Verantwortlichkeiten für die Überprüfung der Eignung für den Strukturnachweis eindeutig definiert und kommuniziert werden. Im Idealfall gelingt es so, pro Komplexcode eine einheitliche Struktur an benötigten Unterlagen definiert zu haben, welche regelmäßig vor Durchführung der jeweiligen Strukturprüfungen auf Aktualität und Gültigkeit überprüft wird, um dem MD in Form eines gut strukturierten PDF-Dokuments übermittelt werden zu können.

3 Der Blick in die Zukunft

Die Übermittlung von Informationen in strukturierter Form, jedoch innerhalb von PDF-Dokumenten, die auf eine möglichst gute Lesbarkeit durch einen menschlichen Betrachter ausgerichtet sind, wird nur vorübergehend das optimale Format des Datenaustauschs sein. Langfristig ist davon auszugehen, dass Daten von Patientenbehandlungen zunehmend granular in Datenbanken gespeichert werden. Dadurch werden multidimensionale Auswertungen möglich, die eine komplett andere Struktur der Datenverwendung wahrscheinlich machen. Datenpunkte wie z. B. ein Blutdruckwert würden dann nicht mehr als ein farbiger Punkt auf einem Blatt Papier markiert und als Bild einem Menschen zur Interpretation zur Verfügung gestellt, sondern als konkreter Wert und mit Zeitstempel sowie der Signatur des Erhebenden gespeichert. Viele Krankenhausinformationssysteme führen eine solche Datenerfassung bereits partiell durch. Von besonders großem Nutzen ist dies immer dann, wenn große Datenmengen in einer relativ einheitlichen Strukturierungsart entstehen oder erfasst werden müssen. Dies ist zum Beispiel auf Intensivstationen der Fall. Eine große Herausforderung bei dieser Form von Datenerfassung und Verarbeitung besteht aktuell noch in der Aufbereitung zur komfortablen Leseansicht außerhalb des erfassenden Systems. Hier zeigen die aktuell verfügbaren Systeme noch Schwächen. Die für MD Prüfungen notwendigen Exporte sind oft wesentlich schlechter zu lesen und zu interpretieren als es das Bild eines handschriftlichen Dokuments in der Vergangenheit war. Aus Sicht der Abrechnungsprüfung stellt sich die Frage, ob bei einer nahezu 100 %ig strukturierten Erfassung von granularen Patientendaten das System von Kodierung und DRG-Abrechnung überhaupt noch relevant ist. Die entstehenden Möglichkeiten der Datenanalyse würden Vergütungslogiken ermöglichen, die in der Anwendung viel einfacher und wesentlich stabiler gegenüber Manipulation und Fehlinterpretationen sind. Ob Politik und Selbstverwaltung diesen Weg einschlagen wollen, bleibt aber abzuwarten.

Elektronische Kommunikation der Krankenhäuser mit dem Medizinischen Dienst und die elektronische-Vorgangsübermittlungs-Vereinbarung – eVV

Datenaustausch über Portale der MD-IT GmbH

Avni Troni, Markus Hamann, Falco Winschel
und Martina Kienzler

Inhaltsverzeichnis

A. Troni · M. Hamann (✉) · M. Kienzler
MD-IT GmbH, Berlin, Deutschland
E-Mail: avni.troni@mdk-it.gmbh; markus.hamann@mdk-it.gmbh;
martina.kienzler@mdk-it.gmbh

F. Winschel
SYSTHEMIS AG, Würzburg, Deutschland
E-Mail: fwinschel@systhemis.de

V. Henke et al. (Hrsg.), *Digitalstrategie im Krankenhaus*,
https://doi.org/10.1007/978-3-658-36226-3_24

Zusammenfassung

Die MD-IT GmbH (vormals MDK-IT GmbH) ist ein Gemeinschaftsunternehmen der insgesamt 15 Medizinischen Dienste und des Medizinischen Dienstes Bund. Sie hat den Auftrag, eine gemeinsame und zukunftssichere Branchensoftware auf Basis konsentierter Geschäftsprozesse zu entwickeln und zu implementieren: Mit der Branchensoftware MDconnect lösen die Medizinischen Dienste ihre bisherigen sechs individuellen Systeme ab und nutzen einen einheitlichen Standard für ihre Begutachtungsprozesse. Die MD-IT GmbH vernetzt die Welt der Medizinischen Dienste nicht nur nach innen, sondern auch nach außen. Hierzu betreibt sie elektronische Portale zum Austausch von Daten zwischen Medizinischen Diensten und weiteren Akteuren des Gesundheitswesens. Das Leistungserbringer-Portal ist hierbei die Plattform für den Datenaustausch zwischen Medizinischen Diensten und Krankenhäusern.

1   Die Portale der MD-IT

Mit dem Leistungserbringer-Portal (LE-Portal) betreibt MD-IT eine Plattform für den medienbruchfreien Daten- und Dokumentenaustausch zwischen den Medizinischen Diensten und den Leistungserbringern im Gesundheitssystem. Das LE-Portal löst damit papier- und postwegbasierte Prozesse der Unterlagenbereitstellung ab. So erlaubt die Lösung zugleich eine vollständige Prozessintegration zwischen Medizinischen Diensten und Leistungserbringern.

Das QPR-Portal befindet sich (zum Redaktionsschluss dieses Artikels) im Aufbau und wird in Zukunft für die Übermittlung von Prüfberichtsdokumenten an Pflegeeinrichtungen, Pflegekassen, Landesverbände, Heimaufsichten, den Medizinischen Dienst Bund sowie Sozialhilfeträger zum Einsatz kommen.

2   Bedeutung der Kommunikationsfähigkeit für Krankenhäuser

Der Gesetzgeber hat in den vergangenen Jahren mit dem Digitale-Versorgungs- und Pflege-Modernisierungs-Gesetz (DVPMG), dem Krankenhausfinanzierungsgesetz (KHG) und weiteren Gesetzen den Rahmen für eine bessere und transparente Kommunikationsfähigkeit der Akteure im Gesundheitswesen geschaffen. Hierdurch sollen viele Vorteile der Digitalisierung genutzt werden können. Dabei sind nicht nur die Weichen für die Zukunft gestellt, sondern in konkreten Fällen auch explizite Vorgaben dahingehend vorgenommen worden, wie der Austausch und damit auch die Kommunikation zwischen den beteiligten Parteien auszugestalten sind.

3   Grundlegendes zum Datenaustausch

Daten werden nicht nur krankenhausintern verwendet, sondern insbesondere auch im Austausch mit anderen Organisationen. Durch die Digitalisierung lassen sich Daten wesentlich effizienter nutzen als in Papierform. Gespeichert werden dürfen Daten grundsätzlich nur mit Zweckbindung. Beispiel: Der Gesetzgeber gibt vor, dass im Zuge der Krankenhausabrechnungsprüfung die Kommunikation und der Informationsaustausch zwischen den Krankenhäusern und Kliniken mit dem Medizinischen Dienst seit dem 1. Januar 2021 ausschließlich in elektronischer Form zu erfolgen haben.

Der Zweck und die Notwendigkeit des Datenaustauschs ergeben sich also aus dem gesetzlichen Auftrag. Hierbei dürfen nur diejenigen Daten ausgetauscht werden, die tatsächlich benutzt werden, also nur die Daten, die für einen speziellen Prüfauftrag erforderlich sind. Die Medizinischen Dienste entscheiden, u. a. anhand der Fragestellung der gesetzlichen Krankenkassen (i. d. R. die Auftraggeber), welche Unterlagen genau für einen Prüfauftrag bei den Leistungserbringern angefordert werden müssen. Die Anfragen an den Leistungserbringer müssen dabei konkret und fallbezogen erfolgen. Die Leistungserbringer sind angehalten, die Daten derart bereitzuhalten, dass die Anfragen gezielt bedient werden können (Digitalkompetenz und Compliance).

4   Kernziele der Vereinbarung gemäß § 17c Absatz 2 Satz 2 Nummer 2 KHG

Die Kernziele lauten: Festlegung des Anwendungsbereichs, nämlich Krankenhausabrechnungsprüfung, Festlegung des Gültigkeitszeitraums und Datensicherheit. Im Einzelnen:

Geltungsbereich
Macht Vorgaben zur Umsetzung der Inhalte aus der Prüfungsverfahrensvereinbarung (PrüfvV) und ist verbindlich für die Medizinischen Dienste, den Sozialmedizinischen Dienst der Deutschen Rentenversicherung Knappschaft-Bahn-See und die Krankenhäuser/Klinken.

Die Nutzer
Als Krankenhäuser im Sinne dieser Vereinbarung gelten alle nach § 108 SGB V zugelassenen Krankenhäuser als berechtigte Nutzer der Plattform.

Umfang
Inhaltliche Vorgabe der abzubildenden Geschäftsvorfälle:

- Versand der Prüfanzeige [VDP]
- Anforderung von Unterlagen MD [AFU]
- Versand von Unterlagen KH [VVU]

- Vereinbarung Begehungstermin MD [VBT]
- Antwort Begehungstermin KH [ANB]
- Übertragung Begehungsliste [UBL]
- Ergebnismitteilung [EMIT]
- Erweiterung des Prüfgegenstandes durch den Gutachter [EPG]

Inhaltliche Vorgabe der Dokumentenklassifikation

- documentType
- classCode
- typeCode
- eventCodeList nach KDL (Klinische Dokumentenklassen-Liste)

Gültigkeit und Inkrafttreten

Der Termin zur Umsetzung bzw. Anwendung der vorgeschriebenen Geschäftsvorfälle für die Medizinischen Dienste, Sozialmedizinischen Dienst und Krankenhäuser ist der 01.07.2022. Der Termin für die Umsetzung der vorgegebenen Dateistruktur nach IHE ist der 1. Juli 2022 bzw. 1. Januar 2024.

Datensicherheit

Es gelten die gesetzlichen Vorgaben.

5 Termine für die Umsetzung der eVV

Die elektronische-Vorgangsübermittlungs-Vereinbarung (eVV) von Deutscher Krankenhausgesellschaft (DKG) und GKV-Spitzenverband (GKV-SV) regelt den Datenaustausch zwischen Krankenhäusern und den Medizinischen Diensten. Der Termin für das Inkrafttreten ist der 1. Januar 2022. Hiermit beginnt die offizielle Registrierungsmöglichkeit für die Leistungserbringer. Ab diesem Datum müssen die Medizinischen Dienste die Möglichkeit für Leistungserbringer schaffen, sich am LE-Portal zu registrieren.

Für die Medizinischen Dienste gelten im Zuge der eVV zu folgenden Inhalten die entsprechenden verpflichtenden Termine: Praktizierung bzw. Abbildung der Geschäftsvorfälle, Anforderung von Unterlagen mit Dokumentenklassifizierung nach IHE ab 1. Juli 2022.

Für die Krankenhäuser gelten im Zuge der eVV zu folgenden Inhalten folgende verpflichtende Termine: Praktizierung bzw. Abbildung der Geschäftsvorfälle ab 1. Juli 2022. Dokumentenklassifizierung nach IHE: frühestmöglicher Start ab 1. Juli 2022, verpflichtend ab 1. Januar 2024. Für die Kategorie „documentType": verpflichtend ab 1. Juli 2022. Die anderen drei Kategorien (s. o.) sind zunächst freiwillig zu nutzen.

6   Ablauf der Bearbeitung und Übermittlung

Für den Datenaustausch und die Bearbeitung der Vorgänge steht ein Webportal als webba-siertes User-Interface zur Verfügung. Darüber hinaus stellt die LE-Plattform eine Schnitt-stelle auf Basis von REST-APIs zur Anbindung der Krankenhausinformationssysteme (KIS) bereit, die alle geschäftsvorfallrelevanten Funktionen umsetzt.

Die LE-Plattform arbeitet vorgangsbasiert. Ein Vorgang beinhaltet je nach Geschäfts-vorfall die Übermittlung des entsprechenden Datensatzes im JSON-Format und ggf. die Übermittlung von Dokumenten. Für jeden Vorgang vergibt das System eine systeminterne, eindeutige Vorgangs-ID. Vorgänge werden im Regelfall vom Medizinischen Dienst ange-legt. Die Dateinamen angelieferter Dateien werden von der LE-Plattform nach einem Zu-fallsmuster anonymisiert, um einen unrechtmäßigen Zugriff auf eventuell doch im Datei-namen enthaltene Patientendaten im Rechenzentrum zu unterbinden. Der ursprüngliche Dateiname wird in den Metadaten des Vorgangs weitergeführt. Die Protokollierung des Datenaustauschs erfolgt systemseitig und kann im PDF-Format heruntergeladen werden. Die von den Krankenhäusern hochgeladenen Dokumente werden nicht dauerhaft auf der Plattform gespeichert. Mit Abruf der Dokumente zu einem Vorgang durch den Medizini-schen Dienst werden diese Dateien vom Filesystem der Plattform gelöscht. Im System ist eine technische Referenz auf die Dokumente zu einem Vorgang verfügbar, so dass eine Rekonstruktion möglich ist.

Die LE-Plattform arbeitet mandantenbezogen. Dabei entspricht ein Medizinischer Dienst bzw. ein Leistungserbringer jeweils einem eigenen Mandanten, basierend auf einer IK-Nummer. Die Abbildung von Organisationsstrukturen und die Vergabe von Berechti-gungen innerhalb eines Mandanten sind möglich.

7   Vorgaben und Spezifikationen aus der eVV

Vorgaben regeln die Grundsätze des Datenaustauschs – etwa, dass der Datenaustausch vorgangsbasiert erfolgt, sowie dass es die Möglichkeit des Datenaustauschs über Web-Browser geben muss und gleichzeitig eine Systemintegration über Schnittstellen mit REST-APIs gewährleistet ist. Vorgaben betreffen auch Inhalte – also welche Arten von Geschäftsvorfällen abgebildet werden (Anwendungsfälle, Use-Cases).

Spezifikationen regeln die technische Ausprägung der Vorgaben detailliert auf Feld-ebene, ebenso die Frist, über die Daten vorgehalten werden müssen (Vorgaben sind zum Teil in der eVV, Spezifikationen in technischen Anlagen der eVV enthalten).

7.1   Standards im Einsatz

Die Kategorisierung der Dokumente erfolgt nach IHE, ferner finden Industriestandards im Datenaustausch allgemein Verwendung hinsichtlich der Sicherheit, zum Beispiel https (Protokolle) und REST-API (Schnittstellen).

7.2   Die Rolle der KDL

Die Klinische Dokumentenklassen-Liste (KDL siehe auch Beitrag von Annett Müller, „Die Klinische Dokumentenklassen-Liste (KDL) als Werkzeug für die semantische Interoperabilität") spielt insbesondere bei der Dokumentenklassifizierung nach IHE bei der Kategorie „eventCodeList" eine aktive Rolle, da die Werte/Inhalte für diese Kategorie von der KDL übernommen wurden.

7.3   Voraussetzungen bei den Krankenhäusern

Die Krankenhäuser haben die Papier-Patientenakten zu digitalisieren. Diese digitalisierten Unterlagen sind nach den IHE-Vorgaben zu kategorisieren. Die Archiv- bzw. Krankenhausinformationssysteme können an die API-REST-Schnittstelle angebunden werden. Vorgegebene Dateiformate sind ebenso zu berücksichtigen wie Dateigrößen: maximal 500 MB/Datei (keine Begrenzung der Anzahl Dateien je Vorgang); je nach Medizinischem Dienst kann es Einschränkungen der Dateigröße geben, zum Beispiel auf 300 MB/Datei.

7.4   Anforderungen an Software-Hersteller und Dienstleister

Die Schnittstelle muss gemäß Vorgaben implementiert und aktualisiert werden. MD-IT stellt Schnittstellen-Spezifikationen für SW-Hersteller bzw. Dienstleister bereit.

8   Perspektiven

Die Anbindung des LE-Portals an die Telematik-Infrastruktur ist in Arbeit, um bestehende Standards im Datenaustausch für Anwendungen im Gesundheitswesen zu nutzen (z. B. Identifikation, Authentifizierung). Ergänzend zur Schnittstellen-Spezifikation bietet MD-IT GmbH ein Testsystem für die Softwarehersteller mit anonymisierten Daten an.

Krankenhaussicht: Digitale Informationsübermittlung zwischen Krankenhäusern und Medizinischen Diensten

Frank Nüßler

Inhaltsverzeichnis

Zusammenfassung

Zweistellige Prozentzahlen der Krankenhausrechnungen werden vom Medizinischen Dienst der Krankenversicherung (MD, vor 01.01.2020 MDK) im Auftrag der gesetzlichen Krankenkassen geprüft. Medien- und Kommunikationsbrüche führen bei der Bearbeitung der Prüffälle zu einem immensen Aufwand. Die Vorreiter in Sachsen beschlossen, diese Herausforderung besser zu meistern. Es sollte Schluss sein mit den fast täglichen Transporten von Kisten voller Patientenakten von Chemnitz nach Dresden: Wie kann ein Maximalversorger mit fast 70.000 stationären Fällen jährlich bei steigenden Prüfquoten seine argumentationsstützenden Akten dem MD mit weniger Aufwand bereitstellen? Das Klinikum Chemnitz hat eine Lösung gefunden – gemeinsam mit dem MD Sachsen, und strategischen Partnern aus der Industrie.

F. Nüßler (✉)
Klinikum Chemnitz gGmbH, Chemnitz, Deutschland
E-Mail: f.nuessler@skc.de

© Der/die Autor(en), exklusiv lizenziert durch Springer Fachmedien Wiesbaden
GmbH, ein Teil von Springer Nature 2022
V. Henke et al. (Hrsg.), *Digitalstrategie im Krankenhaus*,
https://doi.org/10.1007/978-3-658-36226-3_25

1   Ausgangssituation und Herausforderungen

So verlief der Prozess früher: Die Prüfanzeige kam per Post – vom MD händisch vorbereitet und abgeschickt. Im Krankenhaus geschah die Bearbeitung ebenfalls in manuellen Prozessen, die auch kostbare Zeit innerhalb der laufenden Lieferfrist für die argumentationsstützenden Patientenunterlagen erforderten. Noch im Jahr 2015 kopierten Mitarbeitende im Klinikum bei Bedarf die Papierakten der Prüffälle – nicht selten mehrere hundert Seiten umfassend – und schickten sie per Post an den MD.

Die Einführung der Scandienstleistung mit einem strategischen Dienstleister und Partner vereinfachte den Ablauf ein Stück weit: Die digitalisierten Akten wurden ausgedruckt, sämtliche Seiten wurden manuell paginiert, dann ging die Papierakte in den Versand. Letztlich war dieser verbesserte Ablauf ein Zwischenschritt und noch nicht das eigentlich angestrebte Ergebnis, zumal sich aus ökologischer Sicht damit gar nichts geändert hatte.

Schlankere, sichere Prozesse für beide Seiten: Krankenhäuser wie auch MD sollen durch Reduktion ihres Ressourcenaufwandes davon profitieren, dass argumentationsstützende Unterlagen digital angefordert und bereitgestellt werden – so lautete die Zielsetzung für die neue Herangehensweise. Beide Seiten wünschten sich die Reduktion des signifikanten Handling-Aufwands in analoger Form. Schon Ende 2016 hatten Verantwortliche des Klinikums an einem Termin der Krankenhausgesellschaft Sachsen in Leipzig teilgenommen. Dort hatten MD-Vertreter ein Pilotprojekt im Kontext der Prüffallbearbeitung mit zwei kleineren Krankenhäusern vorgestellt. Die präsentierte Vorgehensweise erschien den Klinikumverantwortlichen jedoch nicht ganz plausibel: Es ging um das händische Scannen von Teilen der Papierakten und um das manuelle Einfügen in vorbereiteten digitalen Verzeichnissen des MD. Somit hatten die Krankenhäuser einen manuellen Zusatzaufwand, und der MD profitierte von den Vorteilen der digitalen Bereitstellung. Bei der riesigen Anzahl an Fällen war dies für das Klinikum Chemnitz nicht darstellbar.

Das daraufhin konzipierte Pilotprojekt wurde möglich dank der engagierten Partner DMI für das intelligente Scannen mit der Klinischen Dokumentenklassen-Liste (KDL) sowie Cerner/CGM für die Archivsoftware.

---

2   Umsetzungskonzept

Schlank und sicher: lückenlos digital

In der Folge sollten die Prozesse bei MD-Prüffällen auf beiden Seiten automatisiert rein elektronisch verlaufen, so der Ansatz. Diese digitale Herangehensweise bringt beide Seiten Vorteile. Dies zeigt sich bereits bei Beginn des Gesamtprozesses: Auf der Seite des Krankenhauses lassen sich die digital eintreffenden Prüfanzeigen direkt in Prozesse des Klinikums einbinden, etwa durch einen automatisierten Import in das SAP-interne Reklamationstool (RKT- von Cerner). Als Archivsoftware kommt in Chemnitz Clinical Archive (CLA) von CGM (früher Soarian Health Archive von Cerner) zum Einsatz.

Mitte März 2017 gab es dann das erste Gespräch der Chemnitzer beim MD Sachsen: Vertreter der Patientenverwaltung und die beiden Autoren dieses Beitrags trafen beim MD den Projektchef und Mitglieder seines Teams.

Der Einstieg in die Neuaufstellung

Vom Treffen Ende 2016 in Leipzig hatten die Klinikumsvertreter als wichtigen Aspekt mitgenommen, dass das Haus bereits durch digitale Prüfanzeigen Ressourcen- und Prozessvorteile bekommen würde. Mitte März war daher dieses Einstiegsszenario ein Element der Verhandlungen mit dem MD. Es lieferte eine gute Grundlage für das angedachte Gesamtprojekt: von der Reduktion des Aufwandes und Schaffung von Akzeptanz bei den Mitarbeitern bis hin zur notwendigen Bereitstellung des Kommunikationskanals mit gegenseitiger Authentifizierung für die Datenlieferung. Mit diesem Prozessaspekt startete somit die Neuaufstellung. In der Anfangsphase nutzte das Klinikum den konventionellen Weg parallel zur digitalen Methode, um eine Kontrollmöglichkeit zu haben.

Herantasten an die Datenaustausch-Gesamtlösung

Über die folgenden zwei Jahre „tastete man sich" in Chemnitz an die Lösung heran – mit den kompetenten engagierten Industriepartnern und gesprächsbereiten Mitarbeitern auf MD-Seite. Im Frühjahr 2018 übermittelte der MD Sachsen seine Vorstellungen hinsichtlich der Dokumenttypen, Formate und Prozesse. Es folgten die Abstimmung mit dem Partner, Tests, Anpassungen – die übliche Entwicklungsarbeit. Signifikant zum Erfolg des Pilotprojekts trugen die strategischen Partner bei. Die automatische Belegindexierung ermöglicht die Zuordnung aller gescannten Aktenbestandteile zu Dokumenttypen für die registerbasierte, digitale Akte. Über die KDL lassen sich die Strukturvorgaben des MD mit denen des Klinikums in Übereinstimmung bringen; die KDL spielt dabei eine zentrale Rolle.

Seitens des Archivsoftwareanbieters war zu lösen, dass auf Basis der digitalisierten Akte vom Scandienstleister je MD-Fall automatisiert eine Exportdatei im vom MD geforderten Ausgabeformat erstellt wurde. Diese zip-Datei sollte nur Dateien der vorgegebenen MD-Struktur enthalten und einer Namenskonvention folgen. Grundsätzlich sollten die Forderungen des MD keinen Einfluss auf die Sicht der Mediziner im Klinikum Chemnitz auf die digitale Akte haben. Zusätzlich schaffte man in Chemnitz den eDPaaS-Connector an, um über das Akquirieren der originär elektronischen Dokumente die Vollzähligkeit in den digitalen Patientenakten und die Gesamtsicht über das Archiv zu erreichen. Auch das Einspeisen originär elektronischer Dokumente erfolgt mit KDL-Funktionalität.

Heute liefert der strategische Dienstleister alle gescannten Akten mit Indexangaben zur MD-Struktur. Somit lassen sich in CLA Patientenakten mit einer speziellen MD-Sicht anzeigen und als zip-Datei exportieren. Über einen sicheren Kanal kommuniziert, werden sie beim MD in ein Übergabe-Verzeichnis eingespeist, worauf eine elektronische Quittierung erfolgt.

Von Tests hin zum Routinebetrieb

Finale Tests für diese Herangehensweise ab 1. März 2019 lieferten gute Ergebnisse, und so lief der Testbetrieb – mit der Bereitstellung von Patienteninformationen an den MD noch parallel digital und analog – im April 2019 an. Alle Beteiligten hielten ihr Engagement aufrecht. Der Routinebetrieb ohne paralleles Ausdrucken setzt eine gesicherte Qualität voraus. Der Produktivbetrieb begann mit finaler Freigabe durch den MD Sachsen am 1. September 2019.

> **Fakten zum Routinebetrieb: erfolgreicher Datenaustausch zwischen Klinikum und MD**
> - MD-Prozess ist voll digitalisiert.
> - Elektronische Prüfanzeige geht vom Medizinischen Dienst Sachsen an das Klinikum Chemnitz.
> - Vorbereitung der MD-Prüffallbearbeitung dort über MDManagementtool
> - Vorbereitung der elektronisch zu versendenden Akten im DMS
> - Wechsel der Aktensicht auf die vorgeschriebene MD-Struktur
> - Selektion der abrechnungsrelevanten Dokumente
> - Automatisch elektronischer Versand durch Upload der selektierten abrechnungsrelevanten Dokumente in die klinikindividuelle Server-Umgebung beim MD Sachsen
> - Ausschließlich in der vorgegebenen MD-Struktur
> - Elektronische Eingangsbestätigung durch den MD (Quittierungsverfahren)
> - Elektronische Übermittlung des Gutachtens
> - Erster erfolgreicher Testversand am 8. März 2019
> - Produktivstart am 2. September 2019
> - Versendung von ca. 4500 Akten digital an den MD Sachsen zwischen 1. September 2019 und 15. Januar 2020

3 Überblick: So verläuft der Gesamtprozess

Als Voraussetzung werden im DMI Dienstleistungszentrum Leisnig nach Fallabrechnung die Akten gescannt und gemäß KDL automatisch indexiert; somit sind sie bei Eintreffen der Prüfanzeige typischerweise digital verfügbar. Die Prüfanzeige gelangt vom MD digital ans Krankenhaus – mit Quittierung für den MD. Die Daten werden automatisiert ins KIS (SAP, RKT) übernommen. Im KIS wird die qualitative Bewertung realisiert. Fragen sind hier – geht es um Diagnosen oder andere Belange bei der Prüfung? Wer hat im Folgeprozess welche Aufgabe – etwa Ärzte, Mitarbeiter im Rechnungswesen? Welche Unterlagen sind zu liefern, welche Termine gelten? Der Start der Folgebearbeitung erfolgt durch den Eingang der Prüfanzeige im KIS. Aus diesem Tool heraus erfolgt auch die Prüfung des Vorliegens der digitalisierten Akte. Die Lieferung argumentationsstützender Unterlagen laut vom MD gewünschter Dokumenttypen, digital mit Quittierung des MD für das Krankenhaus, schließt sich an.

Für die Sicht der Mediziner im Krankenhaus gilt unter anderem bei Bearbeitung von Prüffällen weiter das intern etablierte 10er- Register. Der MD-Prüfer hat wiederum für seine Prozesse und Aufgaben andere Strukturen nötig. Eine Kernleistung der neuen Lösung ist, dass die Sichten im CLA per Mausklick an die jeweiligen Bedürfnisse angepasst werden.

4   Beschreibung der Abläufe

Rahmenbedingungen
Analog:

Für die konventionelle Abarbeitung von Prüfaufträgen verfügte das Krankenhaus über eine digitale Fallakte sowie ein Reklamationstool zur Prozesssteuerung. Prüfanzeigen wurden papiergebunden an das Krankenhaus gesandt, was einen aufwendigen Posteingangsablauf erforderte. Prüfanzeigen wurden manuell ins Reklamationstool importiert und Zuarbeiten (Dokumente) an das MD wurden papiergebunden jährlich 800.000 Blatt übergeben.

Digital:

Zwischen dem MD und dem Krankenhaus existiert eine VPN-Verbindung, auf deren Basis die IN- sowie die OUT-Verzeichnisse des MD erreicht werden können. Sowohl für Prüfanzeigen als auch für die Empfangsbestätigung (.QUIT) existiert ein eigenes OUT-Verzeichnis. Dokumente (etwa Befunde) für den MD werden im IN-Verzeichnis abgelegt. Die Übertragung aller Dokumente erfolgt per SFTP automatisch. Papiergebundene Abläufe mit dem MD (siehe analog) wurden eliminiert. Sowohl für Prüfanzeigen als auch für die Befundübermittlung gibt es eigene Abläufe. Die Empfangsbestätigung von Befunden (Akten) basiert auf dem speziell vorgegebenen Quittierungsverfahren des MD Sachsen.

Übermittlung von Prüfanzeigen
Allgemeines:

Der MDK – Sachsen stellt die Prüfanzeigen als PDF-Dateien mit dieser Namenskonvention zur Verfügung: IK_Fallnummer_Zeitstempel.pdf. Prüfanzeigen werden im Stundentakt beim MD abgeholt und im MD-Ordner (OUT) gelöscht. Allgemein: Die Empfangsbestätigung seitens des MD erfolgt mittels eine .QUIT-Datei, die über ein OUT-Verzeichnis durch das Krankenhaus erreichbar ist. Eine Übersicht über die prozessualen Abläufe zeigt Abb. 1.

Ein wichtiger Punkt war das Thema Nachhaltigkeit: Bei der Nachhaltigkeitsprüfung ist es zunächst sehr naheliegend, das nicht verbrauchte Material heranzuziehen. Allerdings sollte die Betrachtung darüber hinaus gehen. So wird Material, welches nicht mehr verbraucht wird, auch nicht mehr transportiert. Die Berechnung dieses Effekts erscheint schwierig.

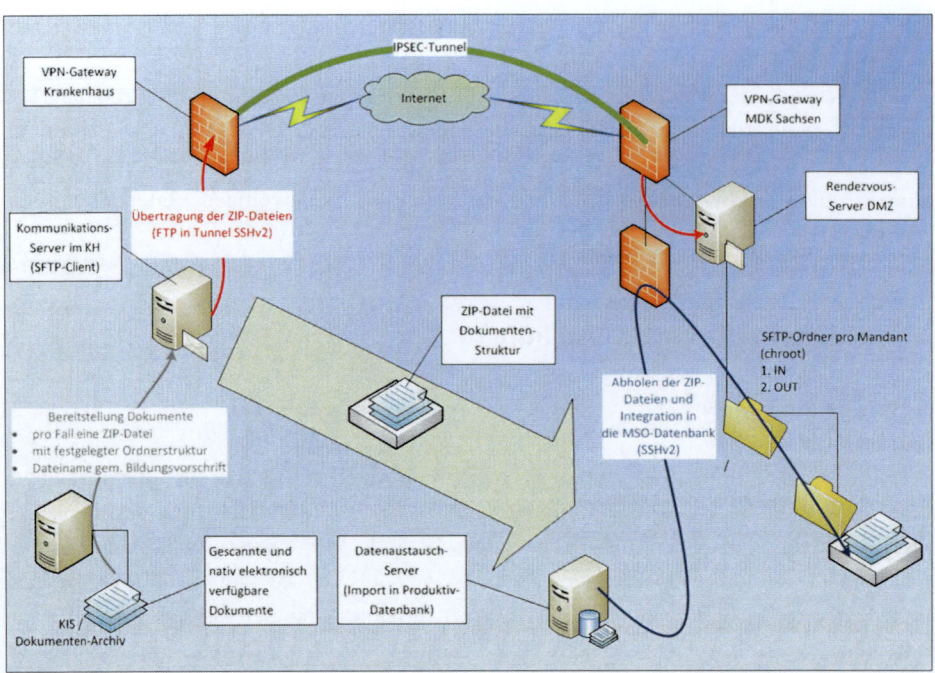

Abb. 1 Austausch mit dem MD-Sachsen. (Mit freundlicher Genehmigung von © MD Sachsen 2021. Alle Rechte vorbehalten)

Feedback des Medizincontrollings im Klinikum
• Darstellung der digitalen konsolidierten Patientenakten im Archivsystem CLA auf drei Ebenen (Register, Unterregister, Dokumententypen): „die beste Erfindung seit langem …".
• Deutlich spürbare Entlastung und zeitliche Einsparung für sächsische MD-Anfragen.
• Der Prozess läuft stabil und ist belastbar.
• Druck- bzw. Kopierarbeiten entfallen und setzen Ressourcen für weitere Tätigkeiten frei.
• Mit Umstellung des Prozesses wurde für das Klinikum eine große Transparenz geschaffen.

5   Ein Erfolgsfaktor: Engagierte kompetente Projektpartner

Vier Partner an einen Tisch zu bringen und dort zu halten – das birgt natürlich Herausforderungen. Involviert waren bei diesem umfangreichen Projekt Netzwerker auf beiden

Seiten – beim Klinikum und MD sowie auf Krankenhausseite Anwendungsbetreuer, Administratoren, SAP-Experten, Patientenverwaltung/Abrechnung/Kodierer – über mehrere Konzerntöchter hinweg. Die Industriepartner haben auch signifikant Ressourcen eingesetzt: So lässt sich der Aufwand für das Projekt skizzieren.

Wo liegen messbare Vorteile? Das Klinikum hat vorab keine Analysen im Kontext der Einsparerwartungen durchgeführt – gerade die Einsparungen an Papier- und Transportkosten sind jedoch enorm. Auch ist das Vermeiden der mehrfachen Medienbrüche ökologisch äußerst sinnvoll und nachhaltig – für den „grünen Fußabdruck". Die Akzeptanz im Klinikum ist äußerst hoch: Verantwortliche und Beteiligte zeigen sich von diesem Projekt überzeugt. Die umfangreiche Überzeugungsarbeit lohnt sich, auf vielen Ebenen ergeben sich spürbare Vorteile – bei Zeiteinsatz, Material und Transporten.

Krankenhäuser sind inzwischen über die eVV zu einem Vorgehen gezwungen, das entweder das LE-Portal oder eine Lösung wie in Sachsen einbezieht. Das Vorgehen, mit dem MD Sachsen auf Augenhöhe und zum beiderseitigen Nutzen zu verhandeln, ist nach wie vor als strategisch positiv zu beurteilen – mit dem bequemen und vorteilhaften Start über die digitale Prüfanzeige als Einstieg zur schweren Folgekonzeption für die kompletten Patientenfallakten.

6   Das Klinikum Chemnitz als Referenzhaus

Das Klinikum Chemnitz ist gern bereit, als Referenzhaus dieses Vorreiterprojekts zu dienen. Auch dieser Austausch mit Branchenkollegen unterstützt die Weiterentwicklung im eigenen Haus. Der enorme Schatz für alle Leistungserbringer sind die Patientenakten – im Kontext der Digitalisierung: Hier lassen sich Mehrwerte erzielen, auch für die Wissensgenerierung etwa im Zusammenhang mit künstlicher Intelligenz. Syntaktische (technische) und semantische (inhaltliche) Interoperabilität der Patientenakten und -daten schaffen hierfür die Basis.

Schlüsselaspekte der Lösung
- Rund 70.000 stationäre Fälle jährlich am Klinikum Chemnitz
- Prüfung von Abrechnungen durch MD Sachsen
- Enorme Effizienzpotenziale für Klinikum und MD durch digital gestützte Abläufe
- Voraussetzungen sind 1. digitalisierte Akten und 2. die Zuordnung vom MD angeforderter Dokumente zu den Dokumenttypbezeichnungen des Klinikums.
- Klinische Dokumentenklassifikation dank „KDL" durch DMI ermöglicht dank Metadaten Sichten auf die Akten in der Archivsoftware CLA für 1. die Krankenhausmitarbeiter und 2. für den MD sowie den Export für die sichere digitale Übertragung und Einspeisung im Zielsystem.
- Testbetrieb ab Frühjahr 2019

MD-Sicht: Digitale Informationsübermittlung zwischen Krankenhäusern und Medizinischen Diensten

Thomas Petzold und Benjamin Böhland

Inhaltsverzeichnis

Zusammenfassung

Die zielgerichtete digitale Kommunikation zwischen unterschiedlichen Akteuren des Gesundheitswesens sowie die Bereitstellung elektronischer Gesundheitsinformationen von Versicherten stellen zentrale Aspekte einer bürokratiearmen und patientenorientierten Gesundheitsversorgung dar. Mit dem Gesetz für bessere und unabhängigere Prüfungen (MDK-Reformgesetz) wird zwischen Krankenhäusern und Medizinischen Diensten der digitale, zweckgebundene Informationsaustausch gesetzlich verankert. Eine sichere, pragmatische und nachhaltige Möglichkeit des Informationsaustausches ist erforderlich, um ressourcenschonend und zweckgebunden die Anforderungen des Informationsaustausches zu realisieren. Dazu bedarf es jedoch der Festlegung

T. Petzold (✉)
Medizinischer Dienst Sachsen K.d.ö.R, Dresden, Deutschland
E-Mail: thomas.petzold@md-sachsen.de

B. Böhland
Krankenhausgesellschaft Sachsen e. V., Leipzig, Deutschland
E-Mail: boehland@khg-sachsen.de

© Der/die Autor(en), exklusiv lizenziert durch Springer Fachmedien Wiesbaden
GmbH, ein Teil von Springer Nature 2022
V. Henke et al. (Hrsg.), *Digitalstrategie im Krankenhaus*,
https://doi.org/10.1007/978-3-658-36226-3_26

bestimmter Eckpunkte. Krankenhäuser und Medizinische Dienste werden auch zukünftig die Potenziale eines digitalen Informationsaustausches nutzen und die Inhalte
weiter ausbauen, um die zunehmend wachsende Bürokratie zu reduzieren.

1   Digitale Informationsübermittlung zwischen Krankenhäusern und Medizinischen Diensten

Die zielgerichtete digitale Kommunikation zwischen unterschiedlichen Akteuren des
Gesundheitswesens sowie die Bereitstellung elektronischer Gesundheitsinformationen
von Versicherten stellen zentrale Aspekte einer bürokratiearmen und patientenorientierten
Gesundheitsversorgung dar. Mit Inkrafttreten des Gesetzes für sichere digitale Kommunikation und Anwendungen im Gesundheitswesen (E-Health-Gesetz) zum 01. Januar 2016
zielte der Gesetzgeber darauf ab, moderne Informations- und Kommunikationstechnologien im deutschen Gesundheitswesen zu verankern. Mit Hilfe dieser Technologien sollen Sozialdaten sicher gespeichert, übertragen und nutzbar gemacht werden können, so
dass relevante Informationen den Beteiligten im Gesundheitswesen zweckgebunden zur
Verfügung stehen. Dieser Prämisse folgen bereits Initiativen (Mansky et al., 2012, S. 1082;
Swart et al., 2010, S. 107–111, 2014, S. 28–38), um Strukturen und Prozesse der Gesundheitsversorgung zu analysieren und Szenarien für deren Weiterentwicklung ausgestalten
zu können.

Mit dem Gesetz für bessere und unabhängigere Prüfungen (MDK-Reformgesetz)
wurde für den Bereich der Krankenhausabrechnungsprüfung der digitale, zweckgebundene
Informationsaustausch zwischen Akteuren des Gesundheitswesens gesetzlich in § 17c Absatz 2 KHG verankert. Auch folgt diese Regelung dem Ziel des Onlinezugangsgesetzes
(OZG), (Verwaltungs-)Leistungen von Bund, Ländern und Kommunen über Portale digital anzubieten. So wurden Krankenhäuser und Medizinische Dienste ab 01. Januar 2021
dem Grunde nach verpflichtet, Unterlagen der im Rahmen der Krankenhausabrechnungsprüfung ablaufenden Vorgänge sowie deren für eine sachgerechte Prüfung der Medizinischen Dienste erforderlichen Formate und Inhalte auf elektronischem Weg auszutauschen
(Beerheide, 2019, S. A-919). Insbesondere gehören hierzu Prüfanzeigen, Anforderungs-
nachrichten, Behandlungsunterlagen und Quittierungsvorgänge der Einzelfallprüfung.
Der Gesetzgeber versprach sich mit der Umstellung der Krankenhausinformationssysteme
und andererseits auch umzusetzenden Branchenlösung der Medizinischen Dienste eine
nicht näher quantifizierbare Reduzierung der Aufwände für die Beteiligten (Bundesrat
Drucksache, (2019), S. 60). Das dazu gehörige Vertragswerk war – auch zum Erstaunen
der Autoren – zwischen dem Spitzenverband Bund der Krankenkassen (GKV-SV) und der
Deutschen Krankenhausgesellschaft (DKG) zu vereinbaren. Weshalb der Gesetzgeber den
GKV-SV und nicht den MD Bund – nun in neuer Qualität durch den bundesweit einheitlichen Auftritt als Körperschaft des Öffentlichen Rechts – als Vertragspartner der DKG
wählte, ist unklar. Immerhin ist der MD Bund bei den Vertragsverhandlungen über die

elektronische Übermittlung von Unterlagen zu beteiligen; wenn auch ohne konkretes Veto-Recht. In Ermangelung einer technisch finalisierten Schnittstelle zwischen Krankenhäusern und Medizinischen Diensten war das Startdatum einer bundeseinheitlichen Lösung zum 01. Januar 2021 nicht realisierbar. Der gesetzgeberischen Verpflichtung nach § 17c Absatz 2 Satz 4 KHG, eine entsprechende Vereinbarung bis zum Ablauf des 31. Dezember 2020 abzuschließen, kamen der GKV-SV und die DKG nicht nach. Auch durch die Corona-Pandemie wurden seitens der Selbstverwaltung Prioritäten auf andere Schwerpunkte gelegt. Eine Intervention des Gesetzgebers erfolgte nicht. Das Konkrete zur elektronischen Übermittlung sollte im Rahmen der Einzelfallfallprüfung nach § 275c SGB V, letztlich über die Vereinbarung zum Näheren zum Prüfverfahren nach § 275 Absatz 1c SGB V gemäß § 17c Absatz 2 KHG (PrüfvV) konkretisiert werden. Die Vereinbarungspartner auf der Bundesebene haben jedoch für den elektronischen Datenaustausch entsprechend § 12 der PrüfvV vom 22. Juni 2021 ein eigenes Vertragswerk vorgesehen (Bundesrat Drucksache (2019), S. 60). Die zuvor vom 1. Januar 2017 bis zum 31. Dezember 2021 gültige PrüfvV enthält bislang eine Soll-Vorschrift, dass „der Versand der Unterlagen in geeigneter elektronischer Form" (GKV-Spitzenverband, 2019, S. 6) zwischen Krankenhäusern und Medizinischen Dienst zu organisieren sei sowie „ein elektronisches Nachweisverfahren der fristgerechten Eingänge" (GKV-Spitzenverband, 2019, S. 6) existierten solle. Mit dem MDK-Reformgesetz griff der Gesetzgeber den elektronischen Datenaustausch zwischen Krankenhäusern und den Medizinischen Diensten erneut auf. Mit dem 01. Januar 2022 fordert nun die PrüfvV, dass eine elektronische Übermittlung erfolgt und bis „zur ausschließlichen elektronischen Übermittlung von Unterlagen gemäß der Vereinbarung nach § 17c Absatz 2 Satz 2 Nr. 2 KHG […] das Krankenhaus mit dem Medizinischen Dienst den Versand der Unterlagen in geeigneter elektronischer Form organisieren und vereinbaren" (Deutsche Krankenhausgesellschaft, 2021, S. 9) kann. Auch im Bereich der durch das MDK-Reformgesetz verankerten Strukturprüfungen nach § 275d SGB V wird an die elektronische Übertragung angeknüpft. Für Krankenhäuser und den Medizinischen Dienst den Aufwand minimierend, ermöglicht der Gesetzgeber den digitalen Austausch notwendiger Unterlagen, Belege und Bescheinigungen.

Die Berücksichtigung des vergleichsweise kleinen Themas der Unterlagenbereitstellung für die Begutachtung durch die Medizinischen Dienste verdeutlicht dessen Relevanz und die damit derzeit bestehenden Aufwände für Krankenhäuser und Medizinische Dienste selbst. Eine sichere, pragmatische und nachhaltige Möglichkeit des Informationsaustausches zwischen beiden Akteuren ist hilfreich, um ressourcenschonend und zweckgebunden die Anforderungen der Unterlagenbereitstellung zu realisieren. Dazu bedarf es jedoch der Festlegung bestimmter Eckpunkte. Für Krankenhäuser begründet eine ordnungsgemäße Übersendung der Unterlagen im Streitfall den Nachweis der gestellten Rechnung gegenüber der Krankenkasse. Die ordnungsgemäße Übersendung untergliedert sich in Lesbarkeit, Vollständigkeit und Rechtzeitigkeit. Alle drei Faktoren haben für die Krankenhäuer größte Relevanz. Da die PrüfvV seit 2017 eine mittlerweile auch durch das Bundessozialgericht bestätigte Ausschlussfrist (BSG, Urteile vom 18. Mai 2021, Az. B 1 KR 34/20 R, B 1 KR 37/20 R und B 1 KR 39/20 R) enthält, steht und fällt die Abrechnung mit den Unterlagen. Unlesbar kopiert oder gescannt, nicht oder zu spät übersendet: All das kann Krankenhäuser obgleich erbrachter Leistung von einem Vergütungsanspruch ausschließen, soweit der Medizinische Dienst den Fall anhand der übersendeten Unterlagen nicht nachvollziehen kann (und sich mit dieser Entscheidung im Recht befindet). Die Durchführung der Begutachtung ist somit eng mit dem Auswahlverfahren der Unterlagen des Krankenhauses assoziiert. Diese Auswahl ist für das Krankenhaus nicht immer leicht zu realisieren. Zwischen Krankenhäusern und Medizinischen Diensten besteht bei der Unterlagenbereitstellung stets der Spagat einerseits so wenig wie möglich, andererseits so viele Unterlagen wie nötig bereitzustellen. Der lediglich zwischen zulässiger und unzulässiger Verarbeitung trennende Datenschutz regelt keine Graubereiche und reguliert dabei über Verantwortlichkeiten. Die stets im Verantwortungsbereich liegende Auswahlentscheidung des Krankenhauses wird immer schwieriger, je mehr das Krankenhaus gesetzlich zum Nachweis bestimmter Merkmale aufgefordert wird. Die Masse an vorhandenen Materialien wirft zwischen den Beteiligten jedoch Fragen nach dem Umfang der Verarbeitung von Unterlagen auf. Müssen Arbeitsverträge zum Nachweis der Beschäftigung eines ärztlichen Personals vorgelegt werden oder genügt die Vorlage des Dienstplans, aus dem das eingeplante ärztliche Personal klar hervorgeht? Nicht Aufgabe eines allgemeinen Gesetzes kann es jedenfalls sein, jede Unterlage einzeln zu benennen und zu legitimieren. Der Gesetzgeber hat dieses Spannungsfeld erkannt und reagiert: Die sich nun auch im SGB V vermehrt befindlichen gesetzlichen Legitimationen bilden zwar die datenschutzrechtliche Basis zur Verarbeitung der sensiblen Gesundheits- oder Mitarbeitendendaten. § 17c Absatz 2b Satz 4 KHG legitimiert die Krankenhäuser zu einer umfassenden Datenverarbeitung im Rahmen der Einzelfallprüfung nach § 275c SGB V. Zudem sind gesetzliche Verarbeitungstatbestände für Strukturprüfungen mit § 275d Absatz 1 Satz 3 SGB V sowie für weitere Kontrollen des Medizinischen Dienstes über § 276 SGB V verankert. All diese Normen bilden die nach Art. 6 DS-GVO geforderte Grundlage, auf der eine Verarbeitung zulässig ist. Zur Umsetzung des gesetzgeberischen Leitbildes und vor allem für einen sinnvollen Beitrag zur Reduzierung von übermäßiger Verwaltungsbelastung bei allen Beteiligten kann die gesetzliche Legitimierung eines zweckgebundenen und sicheren Datenaustauschverfahrens in Teilen des Gesundheitswesens der richtige Anhaltspunkt sein (Waschinski, 2019, S. 2).

Im Freistaat Sachsen besteht zwischen der Krankenhausgesellschaft Sachsen e. V. und dem Medizinischen Dienst Sachsen eine Zusammenarbeit für den elektronischen Informationsaustausch. Die Unterstützung dieses Informationsportals für sächsische Krankenhäuser wird seit Mitte 2016 gemeinschaftlich betrieben. Aktuell (Stand: September 2021) werden darüber 80 % aller Informationen der Begutachtung zwischen sächsischen Krankenhäusern und dem Medizinischen Dienst Sachsen ausgetauscht.

Der Aufbau und die Implementierung des Informationsportals erfolgten auf Wunsch der sächsischen Krankenhäuser. Die Intention der Kliniken bestand in einer Reduzierung der personellen und finanziellen Aufwände für die Unterlagenbereitstellung sowie einer Verkürzung der Übermittlungsdauer. 2016 war für den Medizinischen Dienst das primäre Ziel eine Verbesserung der Qualität der Begutachtungsunterlagen. Es wurde ein pragmatisches und sicheres Verfahren entwickelt, das ohne proprietäre Software oder Schnittstellen funktioniert und allen Krankenhäusern als Partnern zur Verfügung steht. Dabei wurde auf Standards zurückgegriffen, die sowohl Krankenhaus als auch Medizinischen Dienst gleichermaßen zur Verfügung stehen und somit beiden Akteuren die Möglichkeiten der digitalen Verarbeitung von Informationen erlaubt. Anhand des Institutionskennzeichens des Krankenhauses und der Fallnummer ist eine eineindeutige Zuordnung aller Informationen bei beiden Akteuren möglich. Im Rahmen des Informationsportals existiert ein einheitliches Schema von Dokumentenbezeichnungen, das von den Krankenhäusern befüllt wird. Dieses Schema wurde mit den ersten beteiligten Krankenhäusern gemeinsam entwickelt und lehnt sich an die Dokumentenstrukturen der Krankenhausinformationssysteme an.

Über den elektronischen Datenaustausch in Sachsen erhalten die teilnehmenden Krankenhäuser automatisiert Prüfanzeigen einschließlich deren Stornierungsmitteilungen, vollständige Fallgutachten und haben die Möglichkeit, die aus ihrer Sicht relevanten Unterlagen für die Begutachtung bereitzustellen. Insbesondere auch die Bereitstellung des vollständigen Fallgutachtens war für die Krankenhäuser ein großer Gewinn, da die Gutachten vorher nur sehr vereinzelt durch die Kostenträger zur Verfügung gestellt wurden. Datenschutzrechtliche Bedenken gegen die Übermittlung des Gutachtens des Medizinischen Dienstes an den Leistungserbringer tragen nicht, so der Gesetzgeber selbst die Möglichkeit zur Übermittlung zugelassen hat und im gegenseitigen Interesse der in der Fallprüfung Beteiligten das Gutachten die Grundlage für eine transparente Lösung des bestehenden Dissens bietet. Zudem enthält das Gutachten keine schützenswerten (Patienten-)Daten, die dem Krankenhaus nicht auf Grund der Behandlung ohnehin bereits bekannt waren. Die seitens der Medizinischen Dienste im Gutachten ausgeführten Gründe, welche sich die Kostenträger regelmäßig für ihre leistungsrechtliche Entscheidung zu eigen machen, bietet wenig Anlass für eine datenschutzrechtliche Relevanz. Auch für Krankenhausbegehungen, die regelmäßigen Begutachtungen zur Einhaltung von Strukturmerkmalen von OPS-Kodes nach § 275d SGB V sowie die Inhalte der Richtlinie des Gemeinsamen Bundesausschusses nach § 137 Absatz 3 SGB V zu Kontrollen des Medizinischen Dienstes nach § 275a SGB V (MD-Qualitätskontroll-Richtlinie, MD-QK-RL) werden alle Informationen in Sachsen über diesen Weg elektronisch ausgetauscht. Dafür existiert ein Nachweissicherungsverfahren, das sowohl sächsischen Krankenhäusern als auch dem Medizinischen Dienst die faktische und zeitliche Komponente des Informationseingangs und deren Verarbeitung quittiert.

Das sächsische Informationsportal basiert auf etablierten, robusten und insbesondere sicheren Technologien. Da es sich bei den im Austausch befindlichen Informationen um Sozialdaten handelt, erfolgt die Verwendung von zwei verschlüsselten Tunneln mit unterschiedlichen Technologien sowie die ergänzende Absicherung des Servers. Damit folgt das Informationsportal in Sachsen einer Anforderung der Informationstechnischen Servicestelle der Gesetzlichen Krankenversicherungen GmbH (ITSG) über den „Datenaustausch im Gesundheits- und Sozialwesen im Internet und per Direktwahlleitung. Spezifikation der Schnittstellen für die Übermittlung von Dateien mittels File-Transfer-Protocol

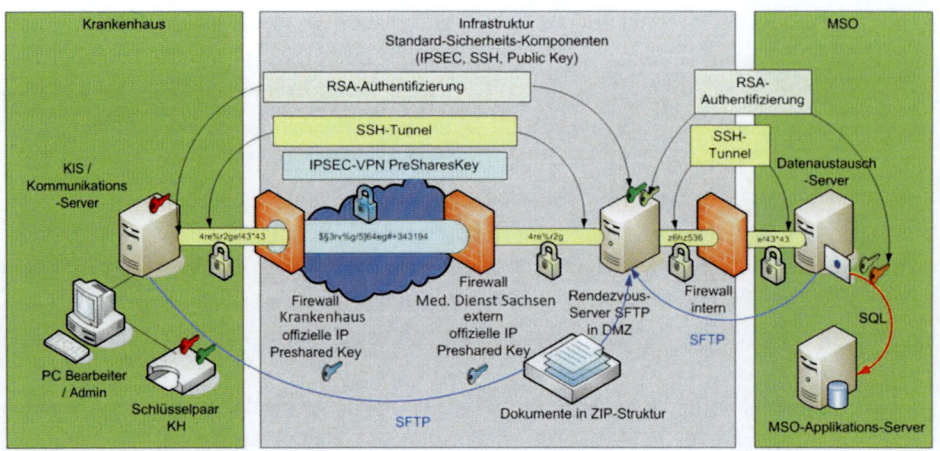

Abb. 1 Technische Umsetzung der elektronischen Informationsübermittlung in Sachsen

(FTP)" (Informationstechnische Servicestelle der Gesetzlichen Krankenversicherungen GmbH (ITSG), 2015) (Abb. 1).

Die Zusammenarbeit zwischen Krankenhausgesellschaft und Medizinischen Dienst ermöglichte die Implementierung eines Informationsportals, von dem Krankenhäuser als auch der Medizinische Dienst beidseitig profitieren. Um potenziellen Problemen des elektronischen Datenaustausches – wie beispielsweise dem Umgang mit Fristen bei technischen Störungen – frühzeitig aktiv zu begegnen und sächsische Krankenhäuser in der Umsetzung weiter zu unterstützen, verhandelten die Krankenhausgesellschaft Sachsen und der Medizinische Dienst Sachsen eine entsprechende Rahmenvereinbarung. Eine ähnliche Vereinbarung wurde bspw. auch in Baden-Württemberg verhandelt, dem Bundesland, das mit seiner Lösung die Blaupause für die spätere Bundeslösung stellen wird. Im Zuge der Vertragsverhandlung im Freistaat Sachsen stieß man in den Feinheiten der Regelungen bereits auf jene Probleme, mit denen sich auch die Bundesebene hat später auseinandersetzen müssen. Sind von der elektronischen Datenübertragung auch Entbindungsfälle oder das Ambulante Operieren erfasst? Wer haftet bei technischen Problemen im Portal, auf Grund derer – für die Krankenhäuser im Ergebnis sehr kostspielige – Verfristungen bei der Unterlagenübersendung eintreten können? Welche Verfügbarkeit wird garantiert und vieles mehr. Über die Gruppierung, Sortierung und Benennung von Unterlagen bestand Dissens, so seitens der Krankenhäuser insbesondere der Reduzierung von Aufwand sowie Druck-Erzeugnissen und zudem einem abgesichertem Übertragungsweg wesentliche Bedeutung zukam. Seitens der Medizinischen Dienste galt es die Umsetzung eines einheitlichen Verfahrens für alle Gutachter mit deskriptiven Unterlagen zu berücksichtigen, sodass sich der Vorteil der digitalen Verarbeitung auch in der besseren Orientierung in den vom Krankenhaus zur Verfügung gestellten Materialien widerspiegelte. Es ist nicht effektiv, dass gutachterliches Personal eine große Anzahl unbenannter PDF-Dateien sichtet, soweit diese aus Gründen der Scanqualität oder der Software zudem nicht durchsuchbar sind. Beschreibende Dateien, Ordner und Archive sollen den Gutachtern das Finden der Unterlageninhalte erleichtern. Dienlich ist dabei, an perspektivische Strukturen anzuknüpfen. Die Krankenhausinformationssysteme werden sich über kurz oder lang mit der standardisierten Zuordnung von medizinischen Dokumenten zur elektronischen Patientenakte nach § 341 SGB V auseinanderzusetzen haben. Die Anwendung dieser, jedenfalls teilweise feststehenden Struktur kann im Interesse aller sein. Ein Kompromiss zwischen allen Interessen wurde auf der Ebene des Freistaates gefunden, wo zielorientiert verhandelt und ein guter Mittelweg zwischen Reduzierung des Aufwandes und der Beibehaltung einer Übersichtlichkeit gefunden werden konnte.

Die Kosten für die Implementierung, den Betrieb und die Weiterentwicklung des Informationsportals in Sachen trägt allein der Medizinische Dienst. Die Implementierung des Verfahrens seitens der Krankenhäuser bedeutet zwar Aufwand, bindet aber für den primären Informationsaustausch keine Einmal- und laufenden Kosten. Um die Verarbeitung weiter zu automatisieren existieren bereits durch sächsische Krankenhäuser mit Partnern entwickelte Softwarelösungen, die auf das in Sachsen etablierte Verfahren aufbauen, die Schnittstellen nutzen und dessen Inhalte in ihr System einzubinden. Durch ein softwaregestütztes Mapping soll so die Unterlagenbereitstellung noch weiter vereinfacht werden. Eigens dafür programmierte Lösungen können Dokumente innerhalb des Krankenhausinformationssystems zu definierten Strukturen automatisiert zuordnen. Die im Freistaat Sachsen dahingehend entstandenen Lösungen hängen eng mit dem elektronischen Datenaustausch mit dem Medizinischen Dienst Sachsen zusammen und wurden eigeninitiativ durch teilnehmende Krankenhäuser und Softwareanbieter entwickelt. Die mit dem MDK-Reformgesetz verpflichtende elektronische Informationsübermittlung für die Begutachtung von Krankenhäusern festigt letztlich die in Sachsen gewachsene Struktur und lässt eine gute Grundlage für die Umsetzung einer bundeseinheitlichen Lösung erhoffen.

2   Implementierung mit dem Klinikum Chemnitz gGmbH

Die schrittweise Implementierung des elektronischen Übermittlungsverfahrens erfolgt im Projektcharakter zwischen Krankenhaus und Medizinischen Dienst. Gemeinsam mit dem Klinikum Chemnitz wurde zu Beginn des Jahres 2019 ein Projektplan abgestimmt, der die schrittweise Umsetzung aller Funktionalitäten der elektronischen Informationsübermittlung in sechs Monaten realisieren sollte.

Im Rahmen des Projektes wurden Meilensteine abgestimmt, die

a. den Aufbau des Austauschweges,
b. den Versand von Prüfanzeigen und Stornierungsmitteilungen,
c. den Unterlagenversand,
d. die gegenseitige Quittierung von Informationen als Nachweissicherung,

e. den Versand von Begehungslisten sowie

f. den Unterlagenerhalt auf Seiten des Klinikums Chemnitz

beinhalteten. Zur Erreichung der Meilensteine wurde stets auf einen kontinuierlichen Austausch auf technischer und fachlicher Ebene fokussiert sowie Treffen unter allen Beteiligten geplant. Dieses Vorgehen ermöglichte es beiden Seiten die Inhalte strukturiert umzusetzen und bei auftretenden Fragen direkt den Ansprechpartner des Kooperationspartners zu kontaktieren.

Die Realisierung des Prüfanzeigen- und Unterlagenversandes stellte die größten Arbeitspakete dar. Der Versand von Prüfanzeigen ist der Ausgangspunkt, um auf fachlicher Ebene sicherzustellen, dass alle Inhalte auch den Empfänger, das Klinikum Chemnitz, erreichen. Dazu war es erforderlich, dass über einen zweiwöchigen Zeitraum die Prüfanzeigen sowohl postalisch als auch elektronisch versandt wurden und die Mitarbeiterinnen und Mitarbeiter des Klinikums Chemnitz die Vollständigkeit der eingegangenen Informationen überprüfen.

Für Krankenhäuser stellt der Unterlagenversand den wichtigsten Bestandteil der elektronischen Informationsübermittlung dar. Aus technischer Perspektive bestehen im Unterlagenversand kritische Faktoren, die die Zusammenstellung unterschiedlicher Dokumente in die abgestimmte Dokumentenstruktur und den teilweise hohen Speicherplatz umfassen. Inhaltlich ist die Übermittlung der Unterlagen für die Krankenhäuser von höchstem Interesse, da die Begutachtung anhand der vorhandenen Unterlagen erfolgt. Daher führt der Medizinische Dienst Sachsen in der Projektphase immer eine Überprüfung erhaltener Unterlagen durch. Dazu wurden, wie bei der Prüfanzeige, die Unterlagen durch das Krankenhaus postalisch und elektronisch übermittelt. Mitarbeiterinnen und Mitarbeiter des Medizinischen Dienstes Sachsen prüften anschließend die Vollständigkeit der elektronischen Lieferung, die Notwendigkeit der erhaltenen Dokumente sowie die Zuordnung von Dokument zu Dokumentenklasse. Das Klinikum Chemnitz erhielt zu jedem übermittelten Unterlagenpaket eine Rückmeldung zu den drei Kriterien und hatte so die Möglichkeit, den Unterlagenversand auf die notwendigen Inhalte hin anzupassen.

Die Implementierung der elektronischen Informationsübermittlung konnte im geplanten Zeitraum realisiert werden. Der Austausch auf technischer und fachlicher Ebene findet weiterhin statt, da die Inhalte der elektronischen Informationsübermittlung um die neuen Verfahren in der stationären Begutachtung ergänzt werden und die Bereitstellung notwendiger Unterlagen einen kontinuierlichen Prozess darstellt. Durch die Einführung neuer Verfahren, angepasster Dokumentationsstandards oder neuer Softwarelösungen im Krankenhaus resultieren neue Unterlagen. Hier geht das Klinikum Chemnitz aktiv auf den Medizinischen Dienst Sachsen zu, um frühzeitig über geplante Anpassungen in der Dokumentenstruktur zu informieren. Diese partnerschaftliche Zusammenarbeit ermöglicht es, den Begutachtungsablauf sicherzustellen.

3   Ausblick

Das Projekt im Freistaat Sachsen stellt den ersten Schritt einer notwendigen Lösung dar, um sicher und aufwandsarm Informationen bereitzustellen. Die Potenziale dieses elektronischen Informationsaustausches werden aktuell genutzt und die Inhalte auf die fachlichen Anforderungen hin angepasst, um der zunehmend wachsenden Bürokratie entgegenzutreten. Obgleich es für einige Krankenhäuser ein Prozess der Umgewöhnung war, wird von einer nennenswerten Reduzierung des Arbeitsaufwandes berichtet.

Die Rahmenvertragsparteien der PrüfvV, der Spitzenverband Bund der Krankenkassen (GKV-SV) und die Deutsche Krankenhausgesellschaft (DKG) verständigten sich in 2020 auf die Implementierung eines eigenen, bundeseinheitlichen MD-Portals. Vorbild für dieses Portal waren unter anderem Bemühungen des Medizinischen Dienstes Baden-Württemberg mit den dort ansässigen Krankenhäusern. Über dieses Portal sollen zukünftig alle Krankenhäuser und Medizinischen Dienste im Bundesgebiet Informationen der stationären Begutachtung im Wege der Einzelfallprüfung austauschen. Der Anwendungsbereich des Portals wird sich über die nächsten Jahre nicht auf die Einzelfallprüfung nach § 275c SGB V beschränken, sondern sollte jegliche Kommunikation und Information zwischen den Krankenhäusern und dem Medizinischen Dienst ermöglichen. Die Akteure der Patientenversorgung werden so mithilfe eines einheitlichen Informationsflusses in die Lage versetzt, Daten zentral und in den zu schaffenden Grenzen von den an der Behandlung beteiligten Leistungserbringern gemeinsam zu nutzen. Es ist nicht alternativlos, Behandlungsdokumentation physisch auszutauschen, wo die technischen Möglichkeiten Aufwand sparen und bisher bestehende Probleme (bspw. der Nachweisbarkeit von übersandten Unterlagen) beseitigen können. Dabei stellt der Datenschutz einen evidenten Teil der informatorischen Selbstbestimmung dar, der Leistungserbringern und Medizinischen Diensten den Rahmen bietet und keine zusätzlichen Hürden errichtet.

Die technische Ausgestaltung der elektronischen Informationsübermittlung stellt dabei nur das Gefäß dar, mit dessen Hilfe die fachlich notwendigen Inhalte ausgetauscht werden. Der Gesetzgeber zielte mit der Schaffung einer bundesweit einheitlichen technischen Regelung auch darauf ab, das Ausmaß der als „nicht relevant und inadäquat bereitgestellten" (Bundesministerium für Gesundheit – MDK-Reformgesetz, 2019, S. 40) Informationen für die Begutachtung durch die Medizinischen Dienste zu verringern. Dazu werden die Akteure des Gesundheitswesens auch weiterhin auf bilaterale Vereinbarungen angewiesen sein und von den Beteiligten unter Beachtung der geltenden Datenschutzregelungen nachhaltig realisiert werden.

Am Thema der gegenseitigen Informationsübermittlung zur stationären Begutachtung hat sich gezeigt, wie konstruktiv und partnerschaftlich sich die Arbeit der Krankenhäuser mit dem Medizinischen Dienst gestalten kann, wenn ein gemeinsames Ziel erreicht werden soll. Es sollte als Vorbild dienen, die Aufgaben im Gesundheitswesen als gemeinschaftliche Herausforderung zu begreifen und nicht dem gegenseitigen Wettkampf zu verfallen. Etablierte, praxistaugliche Lösungen der Informationsübermittlung unterstützen diese Zusammenarbeit auch auf regionaler Ebene und erlauben es, fachliche Fragestellungen auf Augenhöhe zu diskutieren.

4   Exkurs

Mit der Vereinbarung gemäß § 17c Absatz 2 Satz 2 Nummer 2 KHG über bundeseinheitliche Regelungen zur elektronischen Übermittlung von Unterlagen der gesamten zwischen Krankenhäusern und Medizinischen Diensten im Rahmen der Krankenhausabrechnungsprüfung ablaufenden Vorgänge

(elektronische-Vorgangsübermittlungs-Vereinbarung – eVV) wurde zwischen dem GKV-Spitzenverband und der Deutschen Krankenausgesellschaft die Grundlage für die fachlich inhaltliche Ausrichtung der auszutauschenden Informationen geschaffen. Die eVV beinhaltet Regelungen die den Weg, die Form, die Inhalte sowie die Formate auszutauschender Informationen betreffen (GKV-Spitzenverband, 2021, S. 1–9). Mit dieser geschaffenen Standardisierung wurde auch die Dokumentenklassifizierung thematisiert. Es existieren eine Reihe unterschiedlich lautender Dokumentenklassen, die meist den gleichen Inhalt aufweisen. Das führt im Informationsaustausch zwischen Krankenhäusern und Medizinischen Diensten stets zu Irritationen, die im ersten Schritt das Schaffen eines gemeinsamen Verständnisses von Dokumentenklasse und deren Inhalten umfassen. Der im eVV herangezogene IHE Standard (Integrating the Healthcare Enterprises Deutschland, 2021) wird auch von der gematik im Rahmen der elektronischen Patientenakte eingesetzt. Darauf aufbauend werden die Inhalte der Klinischen Dokumentenklassen-Liste (KDL) eingesetzt (DVMD – Der Fachverband für Dokumentation und Informationsmanagement in der Medizin, 2021), um den Austausch medizinischer Unterlagen zwischen Krankenhäusern und Medizinischen Diensten zu erleichtern. Die KDL bündelt die langjährigen Erfahrungen der Dokumentenklassifizierung aus Krankenhäusern unterschiedlicher Versorgungsstufen und erlaubt so einen aufwandsarmen Unterlagenaustausch. Mit dem standardisierten Austausch entsprechend der eVV wird ab 01.07.2021 begonnen. Die Krankenhäuser haben sich als Leistungserbringer auf der zugehörigen Internetseite zu registrieren. Der Regelbetrieb der Datenplattform soll ab dem 01.07.2022 erfolgen. Die Unterlagen müssen zu diesem Zeitpunkt mindestens in die Kategorien „Krankenhausberichte", „Kurve, Pflege- oder Arzt-Doku", „Technische/Labor-Befunde" und „Zusätzliche Unterlagen" geordnet werden. Krankenhäuser, die ihre Dokumentation bereits mittels IHE-XDS classCode/typeCode und KDL klassifizieren, sind davon ausgenommen und übertragen die Unterlagen bereits in dieser Form in das LE-Portal. Ab dem 01.01.2024 wird die Nutzung der standardisierten Dokumentenkodierung gemäß eVV verpflichtend, die in der Anlage zum Vertrag geregelt ist. Die Konkretisierung in der Anlage definiert dabei die Anforderungen an die Unterlagen, die über Schnittstellen der LE-Plattform zwischen Leistungserbringern und den Medizinischen Diensten ausgetauscht werden. Dabei wird sowohl das Austauschformat als auch der Wertebereich der Metadaten festgelegt. Der Vorteil, der durch die Nutzung einheitlicher Kategorien im operativen (Prüf-)Geschäft entsteht, führt auf der anderen Seite zur Notwendigkeit der Anpassung in der Anlage, Verwaltung und elektronischen Dokumentation der Fälle. „Form follows function" ist dabei nicht mit Blick auf den Behandlungspfad, sondern die geeigneten Dokumentationsklassen und IT-Realisierung zu verstehen. Im Binnenbereich des Krankenhauses – allein im IT-gestützten Austausch von Informationen über Fachabteilungen und Kliniken hinaus – wird eine Harmonisierung stattfinden müssen. Sowohl dokumentierende und die Akte verwaltende Mitarbeitende als auch das Verwaltungssystem an sich bedürfen einer Revision, ob die zukünftigen Anforderungen eingehalten werden. Je früher der Umstellungs- und Übungsprozess beginnt, desto weniger Folgeprobleme werden sich in der Ablage und dem Finden von Dokumenten spiegeln. Insbesondere bedarf es auch der KIS-Anbieter, die ihre Systeme auf eine einheitliche Datei- und Ablagestruktur umstellen. Ziel muss die universell lesbare Akte sein, welche über Softwaregrenzen hinaus standardisiert verarbeitet werden kann. Avisierte Lösungen zum Mapping – also der Neuzuordnung von Unterlagen aus einem bestehenden System in eine andere Zuordnungsmatrix – werden auf lange Sicht keine Lösung darstellen, da dieser Zwischenschritt der Verarbeitung nicht dazu führt, bestehende Archive der neuen Ordnung zuzuführen. Insbesondere im System der gesetzlichen Krankenversicherung müssen einheitlichen Standards und dem unkomplizierten Austausch von vorhandenen Informationen höchste Priorität eingeräumt werden. Nur so können vermeidbare (Doppel-)Aufwände, unnötige Wartezeiten und ein ineffizienter Einsatz knapper personeller und technischer Ressourcen vermieden werden.

Literatur

Beerheide, R. (2019). Medizinischer Dienst der Krankenkassen: Pläne für einen radikalen Umbau. *Dtsch Arztebl, 116*(19), A-919/B-759/C-747.

Bundesministerium für Gesundheit. (2019). *Entwurf eines Gesetzes für bessere und unabhängigere Prüfungen – MDK-Reformgesetz* (S. 40). https://www.bundesgesundheitsministerium.de/fileadmin/Dateien/3_Downloads/Gesetze_und_Verordnungen/GuV/M/MDK-Reform_Kabinett.pdf. Zugegriffen am 18.07.2019.

Bundesrat Drucksache. (2019). BR-Drs. 359/19, S. 60. https://dserver.bundestag.de/brd/2019/0359-19.pdf. Zugegriffen am 10.08.2021.

Der Fachverband für Dokumentation und Informationsmanagement in der Medizin. (2021). *KDL Implementierungsleitfaden.* https://simplifier.net/guide/KDL/CodeSystem-duplicate-3. Zugegriffen am 23.08.2021.

Deutsche Krankenhausgesellschaft. (2021). Vereinbarung über das Nähere zum Prüfverfahren nach § 275c Absatz 1 SGB V (Prüfverfahrensvereinbarung – PrüfvV) gemäß § 17c Absatz 2 KHG und über das einzelfallbezogene Erörterungsverfahren nach § 17c Absatz 2b Satz 1 KHG vom 22.06.2021 zwischen dem GKV-Spitzenverband, Berlin und der Deutschen Krankenhausgesellschaft e. V. Berlin (S. 9). https://www.dkgev.de/fileadmin/default/Mediapool/2_Themen/2.2_Finanzierung_und_Leistungskataloge/2.2.7._MDK-Pruefungen/Neue_PruefvV.pdf. Zugegriffen am 31.08.2021.

Informationstechnische Servicestelle der Gesetzlichen Krankenversicherungen GmbH. (2015). Datenaustausch im Gesundheits- und Sozialwesen im Internet und per Direktwahlleitung. Spezifikation der Schnittstellen für die Übermittlung von Dateien mittels File-Transfer-Protocol (FTP). Stand: 23.06.2015. https://www.gkv-datenaustausch.de/media/dokumente/standards_und_normen/archiv_2/TA_FTP_V15.pdf. Zugegriffen am 05.06.2019.

Integrating the Healthcare Enterprises Deutschland. (2021). *XDS Value Sets für Deutschland*. https://www.ihe-d.de/projekte/xds-value-sets-fuer-deutschland/. Zugegriffen am 24.08.2021.

Mansky, T., Robra, B. P., & Schubert, I. (2012). Qualitätssicherung: Vorhandene Daten besser nutzen. *Dtsch Arztebl, 109*(21), A-1082/B-928/C-920.

Spitzenverband Bund der Krankenkassen (GKV-Spitzenverband). (2019). Vereinbarung über das Nähere zum Prüfverfahren nach § 275 Absatz 1c SGB V (Prüfverfahrensvereinbarung – PrüfvV) gemäß § 17c Absatz 2 KHG vom 03.03.2016 zwischen dem GKV-Spitzenverband, Berlin und der Deutschen Krankenhausgesellschaft e.V., Berlin (S. 6). https://www.gkv-spitzenverband.de/media/dokumente/krankenversicherung_1/krankenhaeuser/abrechnung/abrechnungspruefung/KH_PruefvV_2016_02_03.pdf. Zugegriffen am 05.06.2019.

Spitzenverband Bund der Krankenkassen (GKV-Spitzenverband). (2021). Vereinbarung gemäß § 17c Absatz 2 Satz 2 Nummer 2 KHG über bundeseinheitliche Regelungen zur elektronischen Übermittlung von Unterlagen der gesamten zwischen Krankenhäusern und Medizinischen Diensten im Rahmen der Krankenhausabrechnungsprüfung ablaufenden Vorgänge (elektronische-Vorgangsübermittlungs-Vereinbarung – eVV) zwischen dem GKV-Spitzenverband KdöR, Berlin und der Deutschen Krankenhausgesellschaft e. V., Berlin (S. 1–9). https://www.gkv-spitzenverband.de/media/dokumente/krankenversicherung_1/krankenhaeuser/abrechnung/abrechnungspruefung/2021_06_09_DTA_MD-KH_eVV_final.pdf. Zugegriffen am 25.08.2021.

Swart, E., Schubert, I., Ihle, P., & Robra, B. P. (2010). Notwendigkeit des Datenzugangs und der Datentransparenz für ärztliche Körperschaften. Köln, Magdeburg (S. 107–111). https://www.bundesaerztekammer.de/fileadmin/user_upload/downloads/Datenzugang-1.pdf. Zugegriffen am 12.05.2021.

Swart, E., Ihle, P., Gothe, H., & Matusiewicz, D. (2014). *Routinedaten im Gesundheitswesen. Handbuch Sekundärdatenanalyse: Grundlagen, Methoden und Perspektiven* (Bd. 201, S. 28–38). Verlag Hans Huber.

Waschinski, G. (2019). *Digitalisierung im Gesundheitswesen – Gesundheitsminister Spahn plant eigenes Datenschutzgesetz*. https://www.handelsblatt.com/politik/deutschland/digitalisierung-im-gesundheitswesen-gesundheitsminister-spahn-plant-eigenes-datenschutzgesetz. Zugegriffen am 18.07.2019.

Digitaler Aufbruch im Kontext Privatliquidation

Stephan Buttgereit

Inhaltsverzeichnis

Zusammenfassung

Die klinischen Prozesse rund um die Privatliquidation befinden sich im Umbruch. Von 1927 bis 2015 erfolgte die stationäre Abrechnung durch externe Abrechnungsdienstleister im Wesentlichen auf Basis von Papierdokumentationen. Im Zuge der Anpassung der Prüfverfahrensverordnung gerieten die Kliniken zunehmend unter Druck, die Kommunikation mit dem Medizinischen Dienst digital durchzuführen. Die damit angetriebene umfängliche Digitalisierung der medizinischen Dokumentation wirkt sich zunehmend auch auf die Prozesse in der Privatliquidation aus. Über notwendige Provisorien entwickelten sich im Zusammenspiel von Akteuren der Gesundheitswirtschaft Best-Practices zum Aktenhandling. Auf dieser Grundlage ergeben sich für Kliniken ideale technische Grundlagen für Lösungen, die eine leistungsgerechte Privatliquidation datengetrieben unterstützen.

S. Buttgereit (✉)
PVS holding GmbH, Mülheim an der Ruhr, Deutschland
E-Mail: sbuttgereit@ihre-pvs.de

© Der/die Autor(en), exklusiv lizenziert durch Springer Fachmedien Wiesbaden GmbH, ein Teil von Springer Nature 2022
V. Henke et al. (Hrsg.), *Digitalstrategie im Krankenhaus*,
https://doi.org/10.1007/978-3-658-36226-3_27

1   Privatliquidationsprozesse im Umbruch

Das Outsourcing der stationären Privatabrechnung ist keine Erfindung der Neuzeit. Bereits in der Antike übernahmen Buchhalter den administrativen Teil der Abrechnung in römischen Lazaretten. Im Deutschland der Neuzeit institutionalisierte sich die externe Privatabrechnung zu Beginn des 20. Jahrhunderts. Aufgrund der immer mehr verstärkten Verwaltungsarbeiten, der Unübersichtlichkeit der geforderten Unterlagen und der zusätzlichen Pflichten und Aufgaben der Preußischen Gebührenordnung (PREUGO), die Vorgängerin der Gebührenordnung für Ärzte (GOÄ), stieg der Wunsch der Ärzte, diese Arbeit auszulagern und sich auf das eigentliche Arztsein zu konzentrieren. Jedoch gab es keinen kompetenten Anbieter im Bereich der Privatliquidation, welcher diese Aufgaben übernahm. Eine Zeit lang schlossen sich aus diesem Grunde in vielen Teilen Deutschlands Gruppen von Ärzten zusammen, die diesen wirtschaftlichen Bereich übernahmen. Aufgaben waren auch damals schon die Rechnungserstellung und der Honorareinzug. Die erste Ärztliche Verrechnungsstelle wurde 1922 in Gauting bei München gegründet (Graf, 1923).

Kurz darauf bildeten sich zeitweise über 100 ärztlich geführte Verrechnungsstellen, von denen heute noch 15 als selbstständige Einrichtungen bestehen. Neben diesen, heute in PVS holding und im Verband der privatärztlichen Verrechnungsstellen organisierten Institutionen, sind gegenwärtig auch weitere gewinnorientierte Unternehmen am Markt tätig. Die Kernaufgaben der Verrechnungsstellen haben sich bis heute nicht geändert.

Mit der Einführung der DRGs in Deutschland im Jahr 2004 wird der Zwang zur Ökonomisierung stark getrieben. Aus dieser Ausgangssituation führten die Deutsche Krankenhausgesellschaft (DKG) und der GKV-Spitzenverband (GKV-SV) 2014 ein verändertes Prüfverfahren nach § 275 Abs. 1c SGB V ein, welches die Digitalisierung der medizinischen Dokumentation rasant beschleunigte.

Bis 2015 gab es im Zuge der stationären Privatliquidation einen Standardprozess. Mitarbeiter des Krankenhauses, in der Regel die Chefarztsekretariate, packten Kisten mit den abzurechnenden Papierakten. Der Fahrdienst einer lokalen Verrechnungsstelle fuhr die Kliniken ab, um die Original-Papierakten abzuholen und diese nach Bearbeitung wieder zurückzubringen.

Seit dem Jahr 2015 wuchs jedoch der Bedarf und die Notwendigkeit digitale Dokumentationen auszuwerten, da analoge Dokumente zum Liquidationszeitpunkt nicht mehr vorlagen.

Umgehungsprozesse mussten kurzfristig installiert werden. Effiziente Workflows und effektive Werkzeuge tragen zur leistungsgerechten und wirtschaftlichen Erlössicherung bei. Diese galt es zu finden und gilt es weiterhin zu verbessern.

Aktuell werden bei der PVS holding noch 75 % der Akten in Papierform eingereicht, obwohl diese die Digitalisierung aktiv vorantreibt (siehe Abb. 1). Nicht alle Archivsysteme bieten unterstützende Lösungen für den direkten Datentransfer und in vielen Häusern sind die Daten noch nicht ausreichend konsolidiert.

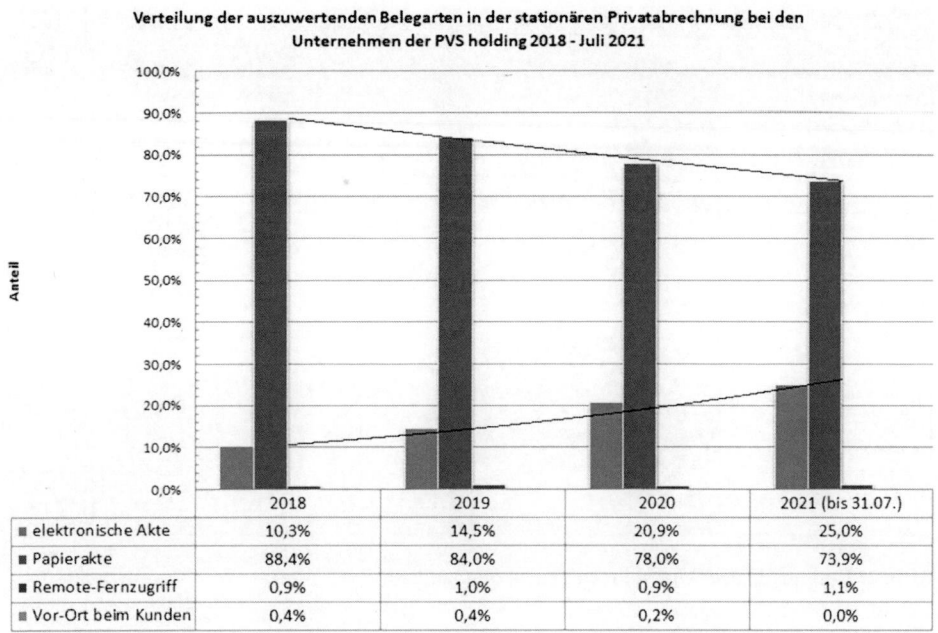

Abb. 1 Belegarten in der stationären Privatabrechnung

2 Übersicht und Best-Practices in der kommunikativen Aktenlogistik

Wenn die Dokumentation nicht mehr oder nicht mehr vollständig papierbasiert geführt wird oder die Aktenläufe den Digitalisierungsprozess vor der Privatabrechnung vorsehen, kann die Aktenübergabe und die GOÄ-Codierung nicht wie gewohnt auf Grundlage der Papierakte erfolgen. Neben diversen Umgehungsprozessen haben sich Lösungen etabliert, welche die Privatabrechnung effizienter, sicherer und leistungsgerechter machen können (Abb. 2).

Als 2015 die Digitalisierung von Fallakten Fahrt aufgenommen hat und erste digitale Akten bereitgestellt wurden, konnten die Abrechnungsaufwände gegenüber der Papierakte zunächst nicht gehalten werden. Der indikative Preis für die Abrechnung des gleichen Falls lag zunächst deutlich über dem der Papierakte. Mittlerweile wurden bei einigen Verrechnungsstellen spezielle Viewer mit entsprechendem technischem Unterbau für die explizite Auswertung digitaler Fallakten entwickelt. Je nach angelieferter Aktenqualität können Daten wie Namen, Adressen, Diagnosen oder Fallnummern ohne menschliche Fehler übernommen werden, um im weiteren informatorischen Verlauf exakt auf die Metadaten in den Leistungserbringersystemen zu passen. Durch weitere Metadaten und Texterkennung können bereits technische Vorinterpretationen vorgenommen werden, die liquidationsbezogene Hinweise geben. Auch können die, für die Privatliquidation relevanten, Akteninhalte gezielt für die Rechnungslegung herausgelöst werden, insbesondere sofern die

Entscheidungsfaktoren	Analogi-sierung	Fernzugriff	Vor-Ort	SFTP	Upload	Private-Cloud	HL7-Relay	REST-API
Manueller Aufwand Bereitstellung Dokumentation	hoch	gering	gering	mittel	mittel	gering	gering	gering
Synchronität / zeitnahe Abrechnung	gering	gering	gering	mittel	mittel	hoch	hoch	hoch
Initiale Klinik-IT-Aufwände	keine	mittel	keine	mittel	keine	mittel	mittel	keine
Laufende Klinik-IT-Aufwände	keine	mittel	keine	mittel	keine	keine	keine	keine
Indikative Kosten der Auswertung	mittel	hoch	hoch	gering	gering	gering	gering	gering
Technische Auswertungs-unterstützung	keine	keine	keine	hoch	hoch	hoch	hoch	hoch
Lokale Bindung an Dienstleister	mittel	keine	hoch	keine	keine	keine	keine	keine

Abb. 2 Entscheidungsfaktoren in der Datenkommunikation

Klinik ihre Aktenbestandteile nach gängigen Standards, z. B. IHE-XDS oder die, auf den deutschen Gesundheitsmarkt zugeschnittene und mit IHE-XDS verbindende, Klinische Dokumentenklassen-Liste (KDL) (Müller-Mielitz, 2017), klassifizieren lässt und entsprechend ausgeben kann. Die KDL muss dabei nicht zwingend die individuellen Register, Unterregister und Dokumententypen in den Oberflächen der klinischen Systeme verdrängen, sondern kann auch als zusätzliches Merkmal am Dokument geführt werden.

Für die Konsolidierung der originär elektronischen und der papiergeführten Dokumentationen muss der Papieranteil gescannt werden. Hier machen die Auswertungskräfte die Erfahrung, dass die Qualität hinsichtlich des Scans, der automatischen Belegerkennung und der Vollzähligkeitsprüfung der Akte deutlich besser ist, wenn dieses durch einen professionellen, im medizinischen Bereich etablierten Archivierungsdienstleister durchgeführt wird.

Viele Hoffnungen ruhen auf der elektronischen Patientenakte (ePA). Dieses Bild zeichnet sich aus Privatliquidationssicht aktuell noch nicht. Die Verrechnungsstellen gehören zunächst nicht zum gesetzlich geregelten Kreis der berechtigten Personen, die auf die ePA zugreifen dürfen. Die ePA ist weiterhin auch aufgrund ihrer aktuell grundlegend patientenorientierten Voreinstellungen mit entsprechenden Steuerungsmöglichkeiten (Debatin & Dirks, 2020) keine Lösung, da für eine leistungsgerechte Abrechnung grundsätzlich die vollständige medizinische Dokumentation aller behandelten Privat- oder Wahlleistungspatienten relevant ist.

2.1   Umgehungsprozesse

Umgehungsprozesse wurden notwendig, da der Markt seitens der Softwarehersteller, aber auch seitens der Verrechnungsstellen, nicht ausreichend auf digitale Abrechnungsworkflows im Aktenkontext vorbereitet war. Die dringend benötigte Liquidität musste jedoch durch fortlaufende Rechnungsausgänge gesichert bleiben. Die in diesem Kapitel skizzierten Lösungen machten die Abrechnung möglich, durch Digitalisierung aber nicht besser.

Analogisierung

Um den Status quo der Aktenbereitstellung weiter aufrechtzuerhalten, können digitale Informationen in die Papierform überführt werden. Dieses Vorgehen erzeugt erhebliche manuelle Aufwände, in der Regel in den Chefarztsekretariaten. Neben den hohen manuellen Prozesskosten im Klinikum steht den Mitarbeitern der Abrechnungsdienstleister keine technische Unterstützung zur Verfügung und somit den Krankenhäusern als Dienstleistung lediglich die reine Sachbearbeiterleistung.

Fernzugriff auf klinische Arbeitsplatzsysteme

Fernzugriffe sind trotz der Verpflichtung der Mitarbeiter der Verrechnungsstellen zur Verschwiegenheit, resultierend aus § 203 StGB, zu vermeiden, da die Trennung der relevanten personenbezogenen Daten, insbesondere in weniger intraoperabel ausgerichteten Häusern, kaum valide gewährleistet werden kann.

Ohne weitere Maßnahmen sind Aspekte wie ärztliche Schweigepflicht nach § 9 MBO-Ä, ärztliches Berufsgeheimnis nach § 203 StGB und datenschutzrechtliche Vorgaben nach Art. 6,9 DSGVO problematisch. Wird der Zugriff nicht auf die erforderlichen Inhalte eingeschränkt, besteht potenziell die Gefahr, dass nicht ausreichend legitimiert auf besonders sensible personenbezogene Daten zugegriffen wird.

In der Krankenhaus-IT entstehen regelmäßig Aufwände, um benutzerbezogene Zugänge für den Fernzugriff einzurichten. Die Benutzerbezogenheit erschwert eine agile Reaktion auf Belastungsspitzen oder Ausfälle von Kodierkräften.

Der resultierende Rechnungsinhalt ergibt sich lediglich aus der reinen Sachbearbeiterleistung.

Vor-Ort-Auswertung

Bei der Vor-Ort-Auswertung arbeiten die Mitarbeiter der Verrechnungsstellen direkt im Klinikum an den hauseigenen klinischen Arbeitsplatzsystemen. Die rechtlichen Problematiken sind analog der Fernzugriffe, da in der Praxis zwar in der Regel Falllisten abgearbeitet werden, die auswertenden Mitarbeiter jedoch, aufgrund mangelnder Konfigurationsmöglichkeiten, häufig Vollzugriffe auf das KIS oder Archivsystem und die, für die Abrechnung relevanten Subsysteme erhalten.

Auch hier kann die Abrechnungsqualität technisch nicht unterstützt werden. Hinzu kommt der Kostenfaktor Zeit, der für Anreise, Arbeitsplatzeinrichtung und Fremdsystemnutzung stark belastet wird und die Kosten der Abrechnung in die Höhe treibt.

Dieses Modell zwingt das Krankenhaus seinen Abrechnungsdienstleister in erster Linie nach der lokalen Verfügbarkeit auszuwählen. Eine qualitativ-orientierte Auswahl des Dienstleisters ist nicht möglich.

SFTP-Server Abholung

Kliniken können ihre Abrechnungsdokumentationen erzeugen und auf einem SFTP-Server ablegen. Der Abrechnungsdienstleister greift auf die Verzeichnisse zu und übernimmt die Akten zur Abrechnung in sein eigenes System. Im klinischen Alltag werden die Akten in der Regel manuell per Export aus dem Quellsystem erzeugt und abgelegt. Um die Akten den relevanten Leistungserbringern zuzuordnen, müssen dauerhaft Ordnerstrukturen pro Leistungserbringer vorgehalten werden. Neben den initialen Aufwänden bei der Abstimmung und Einrichtung zwischen Krankenhaus und Abrechnungsdienstleister, bedarf es, bei strukturellen oder personellen Änderungen im Klinikum, wiederkehrender Anpassung durch die Klinik-IT.

Hinsichtlich der Auswertungsaufwände, der inhaltlichen Auswertbarkeit und der lokalen Bindung können bei diesem Verfahren optimale Ergebnisse erzielt werden.

2.2   Best Practices im aktuellen Marktumfeld

Für die interoperable Vernetzung mit Abrechnungsdienstleistern und leistungsgerechte Erlöse ist die Intraoperabilität, also die interne Vernetzung der hauseigenen Systemlandschaft, eine der grundlegenden Voraussetzungen, sofern die Dokumentation nicht vollständig auf Papier geführt wird und diese der Archivierung zugeführt wird (Cordes, 2017, S. 212).

Best Practices setzen voraus, dass die gesamte Dokumentation digital vorliegt und von einer zentralen Software-Komponente bereitgestellt werden kann. Die Zusammenführung digitalisierter Papier-Patientenakten mit originär elektronischen Dokumenten und Daten sowie der medizinischen Bilddokumentation erfolgt in der Regel im Archiv- bzw. Dokumentenmanagement-System. Die Erfahrung zeigt, dass der digitalisierte Papieranteil erheblich besser hinsichtlich Dokumentenklassifizierung und Scanqualität ist, wenn ein professioneller Archivierungsdienstleister mit Referenzen im Gesundheitswesen eingebunden ist.

International ist Deutschland hinsichtlich der Nutzung originär digitaler Dokumentationen im klinischen Umfeld grundsätzlich rückständig (Stephani et al., 2019, S. 17–32). Selbst Klinken mit einem hohen digitalen Reifegrad, deren Einstufung im Electronic Medical Records Adoption Model (EMRAM) damit hoch ist (Mangiapane & Bender, 2020, S 33–39), sind nicht immer in der Lage, hinsichtlich der Privatliquidationsbedarfe vollständige Dokumentationen zu generieren.

Ein grundsätzlicher Vorteil digitaler Bereitstellungslösungen liegt darin, dass die medizinische Dokumentation während der Auswertung das Haus nicht verlassen muss und im Bedarfsfall unmittelbar zur Verfügung steht.

Upload-Portale

Das aktuell noch gängigste Verfahren, um den Dienstleistern Daten bereitzustellen ist das lokale Erzeugen von PDF- oder ZIP-Akten mit anschließendem Upload. In diesem Modell ersetzt die digitale Akte die Papierakte und das Portal der Verrechnungsstelle den Fahrdienst. Durch die Digitalisierung des analogen Prozesses ist das Einsparpotenzial für menschliche Ressourcen begrenzt.

Je nach Aktenqualität hinsichtlich Metadaten, Scanqualität und Dokumentenklassifizierung kommen in diesem Verfahren jedoch schon technische Vorteile im Rahmen der Auswertung zum Tragen. Upload-Portale können ohne Vorlaufzeiten genutzt werden, sofern die Dokumentation vollständig digital vorliegt und exportierbar ist.

Private-Cloud

Eine praktizierte Möglichkeit, die manuellen Aufwände auf ein Minimum zu reduzieren und den Verrechnungsstellen qualitativ hochwertige Akten zu übergeben, ist die Nutzung einer Archiv- bzw. Private-Cloud, die zwischen Krankenhaus, Archivsystemanbieter und Verrechnungsstelle über einen zentralen Server des Archivsystemanbieters hergestellt wird (DMI, 2020).

Weniger technisch orientierte Dienstleister können direkt in der Cloud des Archivsystemanbieters die Akten durchsehen, stärker technologieorientierte Verrechnungsstellen haben die Möglichkeit, die Akten technisch abzuholen und mit Metadaten in die eigenen Abrechnungssysteme zu überführen, um so auch im letzten, und finanziell entscheidenden, Verarbeitungsschritt eine optimale IT-Unterstützung zu ermöglichen.

In beiden Varianten ist durch die explizite Freigabe der Akten für den Abrechnungsdienstleister der Datenschutz gewährleistet. In der Konstellation des Abholens der Akten durch die Verrechnungsstelle wird, neben der Einschränkung auf die relevanten Fälle und die reduzierten manuellen Prozesskosten, auch der Aspekt der technischen, inhaltlichen Vorbereitung für eine optimale Auswertungsqualität berücksichtigt.

Somit kann die Private-Cloud als eine der aktuellen Ideallösungen gesehen werden.

HL7-Kommunikation

Über ein von der Verrechnungsstelle entwickeltes HL7-Relay kann der Dienstleister wie eine interne Ressource eingebunden werden und so im Rahmen der Binnenkommunikation an das Archivsystem oder den Kommunikationsserver angeschlossen werden. Der Transport der Dokumentation zum Abrechnungsdienstleister erfolgt durch das Relay (Targan, 2020).

HL7 ist als Intranet-Anwendung konzipiert, eine Verschlüsselung oder Authentifikation findet nicht statt. Der HL7-Selektor führt Zertifikat-gesteuert mittels HTTPS die Authentifikation des PVS-Servers durch und authentifiziert umgekehrt ebenfalls den Kommunikationsserver der Klinik mittels Zugangsdaten für die Einreichung auf die PVS-Konten der Klinik.

Der HL7-Selektor fungiert als Relay. Der HL7-Selektor nimmt Fallakten als HL7 MDM-Nachrichten entgegen, authentifiziert den PVS dialog Server und bei diesem sich selber mit Zugangsdaten und überträgt die Nachricht über die verschlüsselte Verbindung. Über die Nachricht werden auch die maßgeblichen Metadaten übertragen.

Der HL7-Selektor führt für die Übertragung von Fallakten keine gesonderte Datenhaltung durch. Die HL7-Nachrichten werden synchron an die PVS übermittelt. Der HL7-Selektor schreibt ein Protokoll. Protokolliert wird das Empfangen und Senden, jedoch ohne Wiederholung der vollständigen Inhalte, sondern nur den technischen und inhaltlichen Identifikationen. Das Protokoll ist also pseudonymisiert und der Treuhänder ist das Krankenhaus. Die PVS hat keinen direkten Zugriff auf das Protokoll. Der HL7-Selektor wird von der PVS an den Kunden ausgeliefert und in die dortige Infrastruktur integriert. Somit steht der Selektor komplett unter der Verantwortung und dem Zugriff des einsetzenden Krankenhauses. Die PVS hat keinen Zugriff auf den Selektor und die dort gespeicherten Daten.

Die Übertragung wird durch eine einfache Freigabe im Archivsystem des Kunden durchgeführt. Alle weiteren Prozessschritte erfolgen als technischer Prozess im Hintergrund.

Die HL7-Lösung erfüllt alle Voraussetzungen, um als eine der Ideallösungen gesehen zu werden.

REST-Schnittstelle
Der direkteste Weg der Anbindung der externen Abrechnungsexperten ist durch die Nutzung einer REST-Schnittstelle möglich. Dabei ist die Schnittstelle direkt im Quellsystem implementiert und führt die Übertragung unmittelbar durch. Der Service wird über HTTPS mit der Methode POST angesprochen.

Die LE-Plattform des Medizinischen Dienstes der Krankenkassen stellt ebenfalls eine Schnittstelle auf Basis von REST zur Anbindung der Krankenhausinformationssysteme zur Verfügung (GKV Spitzenverband, 2021).

Hinsichtlich einer Umsetzung im Rahmen der Privatliquidation können die klinischen Softwarehersteller auf Erfahrungen zurückgreifen. Aktuelle Anbindungsprojekte mit klinischen Systemen werden in diesem Umfeld realisiert.

Für die Krankenhaus-IT ergibt sich der Vorteil, dass die einsetzenden Systeme bereits alles mitbringen, um die Übertragung zu bewerkstelligen, ohne dass zusätzliche Komponenten installiert, modifiziert oder gewartet werden müssen. Es gibt keine zwischengeschalteten Systeme, die Daten halten oder durchleiten. Der komplette Aktenlauf kann sehr zeitnah und vollständig im System der Abrechnungsdienstleister abgebildet werden.

Die Nutzung einer REST-Schnittstelle ist eine der Ideallösungen für die Anbindung von Abrechnungsdienstleistern.

3 Fallgesamtheit – Datengetriebene Erlössicherung in der Privatliquidation

Der Leistungsbegriff in der GOÄ-Welt unterscheidet sich erheblich vom DRG-Leistungsbegriff, da durch DRG-Definitionen die Gesamtbehandlung eines Patienten in einer stationären Behandlung inklusive aller erbrachten konservativen, interventionellen und operativen Leistungen ohne weitere Differenzierung in Personal- und Sachleistungen abgebildet wird.

Im Rahmen der Erlössicherung von Privat-/Wahlleistungspatienten ist vielen deutschen Klinken heutzutage nicht einmal bewusst, dass berechtigte GOÄ-Erlöse im Rahmen der Privatliquidation in großem Umfang erst gar nicht realisiert werden.

Durch die Einführung einer Fallgesamtheitsprüfung durch einige Verrechnungsstellen wurde ein Dilemma zutage getragen, welches sich nun praktisch in fast allen Klinken abzeichnet. Trotz aller bereits durchgeführter Digitalisierungsanstrengungen können Behandlungsverläufe nach wie vor nicht valide in Daten abgebildet werden.

Mit einer Fallgesamtheitsprüfung wird grundlegend kontrolliert, ob zu allen relevanten Behandlungen aller Fachbereiche die Abrechnungsgrundlagen (Akten/Daten) zur Abrechnung geliefert und dazu Rechnungen geschrieben wurden. Dazu stellt die Klinik der Verrechnungsstelle Fallmetadaten zur Verfügung, welche anhand der Fallnummer und weiterer Daten gegen eingereichte elektronische Akten und gestellte Rechnungen auf noch vorliegenden Abrechnungsbedarf geprüft werden.

Zentrale Einheiten wie das Patientenmanagement oder Controlling erhalten übergreifend zu allen Fachbereichen einen Überblick über entlassene und noch nicht abgerechnete Wahlleistungs-Fälle. Auf den eigenen Verantwortungsbereich eingeschränkt, unterstützt die Fallgesamtheit als Steuerungsinstrument für das Chefarzt-Sekretariat und das Patientenmanagement. Ideal funktioniert dieses Werkzeug insbesondere dann, wenn auch die Akten digital übergeben werden, da das Matching gegen die Falldaten so in Echtzeit bereits zum Zeitpunkt der Übertragung stattfindet und auf allen Ebenen, vom Chefarztsekretariat über das Patientenmanagement bis zum Controlling, transparent visualisiert werden kann.

Die Ausleitung der Daten für die aufnehmende und die entlassende, bettenführende Abteilung stellt dabei für die meisten Klinken kein größeres Problem dar, da diese Daten in der Regel durch bereits vorhandene Reports aus den KIS- oder BI-Systemen erzeugt werden können. Liegt jedoch ein komplexerer Behandlungsverlauf mit mehreren Stationswechseln, der Einbeziehung nicht bettenführender Abteilungen bzw. konsiliarischer Mitbehandlung vor, ergibt sich häufig die erschreckende Erkenntnis, dass dieses im Haussystem nicht vollständig oder technisch nicht verknüpft vorliegt. In den meisten Kliniken lag der Schwerpunkt der letzten Jahre ganz klar auf der korrekten Abrechnung von DRGs, welche eben nicht die Einzelleistung der liquidationsberechtigten Ärzte fokussiert. Somit ist die Validität der Daten zu allen an der Behandlung beteiligten Leistungserbringern im Gegensatz zur GOÄ-Abrechnung nur von untergeordneter Bedeutung und damit in der Vergangenheit offensichtlich selten fokussiert worden.

Stellt sich das Haus bei der formalen Datenerhebung auch auf die Privatliquidation ein, können viele Tausend Euro pro Jahr realisiert werden, die aktuell nur eine werthaltige Leistung in Form von chefärztlicher Behandlung ohne berechtigte monetäre Gegenleistung haben.

4   Perspektive und Lessons learned

Die anhaltenden Hindernisse hinsichtlich der digitalen Interoperabilität liegen zum einen sicherlich an der nach wie vor grundlegend protektionistischen Haltung vieler Teilnehmer in der Gesundheitswirtschaft und der grundlegenden Struktur des deutschen Gesundheitswesens (Caumanns, 2019, S. 22–29), welche nun jedoch sukzessive durch gezieltes Eingreifen der Politik an entscheidenden Stellen durchbrochen zu werden scheint, zum anderen aber auch weiterhin an der fehlenden Change-Kultur und Mitarbeiterunterstützung bei vielen Akteuren im Gesundheitswesen (Haring, 2019, S. 129).

Einige Kooperationen zwischen Abrechnungsdienstleistern und Archivsystemherstellern zeugen insgesamt von einer langsam aber stetig wachsenden Auseinandersetzung mit den Effizienzpotenzialen durch digitale Workflows im Rahmen der externen Privatliquidation. Liquidationslücken müssen im Sinne einer nachhaltigen Krankenhausfinanzierung zwingend geschlossen werden.

Für Krankenhäuser bedeutet die Realisierung von vollständig digitalen Prozessen im Zusammenhang mit der Privatabrechnung grundsätzlich, dass die lokale Bindung an einen ansässigen Abrechnungsdienstleister nicht mehr relevant ist und die Entscheidung für den richtigen Anbieter letztlich auf Grundlage von Qualitätsansprüchen und Fähigkeiten der jeweiligen Partner getroffen werden kann. Die Sachbearbeitung selber ist nicht mehr zwingend an klassische Arbeitsplätze gebunden, sondern kann zugriffsgesichert auch remote erfolgen. Der immer stärker geforderten Flexibilität und fachlichen Bandbreite für große Versorgungsstrukturen kann durch nicht-ortsgebundene Zugriffsmöglichkeiten deutlich besser Rechnung getragen werden.

Durch die Bereitstellung digitaler Dokumentationen können durch die Dienstleister erlösorientierte, informationsextrahierende technologische Lösungen, über die reine Sachbearbeiter-Leistung hinaus, angewendet werden.

Aktivieren heute in der Regel Mitarbeiter des Klinikums die Abrechnung, ist perspektivisch auch die Übergabe über automatisierte Trigger absehbar. Voraussetzung ist ein klar definierter und konsequent eingehaltener Dokumentationsprozess.

Kurz und knapp:

- Übergeben Sie Ihre Dokumentation möglichst kurzfristig nach der Entlassung, um Ihre individuelle Patient-Journey auch im Aspekt der zeitnahen Rechnungslegung zu unterstützen.

- Versuchen Sie, den kompletten Behandlungsverlauf, insbesondere hinsichtlich erbrachter Konsilleistungen, auf Datenebene vorzuhalten, um leistungsgerechte Erlöse zu erzielen.
- Falls Sie einen relevanten Papieraktenanteil haben, nutzen Sie einen professionellen Archivierungsdienstleister mit Referenzen im Gesundheitswesen.
- Vermeiden Sie, sobald Ihre Gemengelage es zulässt, Zugriffe externer Dienstleister auf Ihre Haussysteme.
- Wählen Sie eine Verrechnungsstelle, die Ihre Akten annimmt, um neben der rein manuellen Sachbearbeitung auch von der technischen Unterstützung zu profitieren.
- Liegt Ihre Dokumentation vollständig digital vor, wählen Sie Ihre Dienstleister nicht nach lokaler Präsenz, sondern nach Leistung aus.

Literatur

Caumanns, J. (2019). Stand der Digitalisierung im deutschen Gesundheitswesen. *Zeitschrift für Evidenz, Fortbildung und Qualität im Gesundheitswesen, 143*, 22–29.

Cordes, H. (2017). Dienstleistung und Medizintechnik. In D. Matusiewicz, C. Pittelkau & A. Elmer (Hrsg.), *Die Digitale Transformation im Gesundheitswesen* (S. 212). MWV Medizinisch Wissenschaftliche Verlagsgesellschaft.

Debatin, J. F., & Dirks, C. (2020). Die digitale Transformation der Medizin. *Forum, 35*, 300–303.

DMI. (25. Mai 2020). https://www.dmi.de/dmi-4-0/aktuelles/2020/privatabrechnung.html. Zugegriffen am 29.08.2021.

GKV Spitzenverband. (21. Mai 2021). https://www.gkv-spitzenverband.de/media/dokumente/krankenversicherung_1/krankenhaeuser/abrechnung/abrechnungspruefung/2021_05_31_DTA_MD-KH_eVV_Anlage_1_barrierefrei.pdf. Zugegriffen am 30.08.2021.

Graf. (04. Mai 1923). Standesangelegenheiten. Verrechnungsstellen für die Privatpraxis. *Deutsche Medizinische Wochenschrift 1923, 49*(18), 587–588.

Haring, R. (2019). *Gesundheit digital*. Springer.

Mangiapane, M., & Bender, M. (2020). *Patientenorientierte Digitalisierung im Krankenhaus – IT-Architekturmanagement am Behandlungspfad*. Springer Vieweg.

Müller-Mielitz, S. (2017). Digitalisierung der Gesundheitswirtschaft. In S. Müller-Mielitz & T. Lux (Hrsg.), *E-Health-Ökonomie* (S. 194–195). Springer Fachmedien.

Stephani, V., Busse, R., & Geissler, A. (2019). Benchmarking der Krankenhaus-IT: Deutschland im internationalen Vergleich. In *Krankenhaus Report 2019* (S. 17–32). Springer.

Targan, R. (2020). *PVS einblick*. https://www.pvs-einblick.de/gesundheit/meilenstein-in-der-transformation-zum-smart-hospital. Zugegriffen am 29.08.2021.

Kommunikationsfähigkeit und Prozesseffizienz aus Sicht eines Universitätsklinikums

Freddy Bergmann, Walid Sbaih und Felix Grüneisen

Inhaltsverzeichnis

Zusammenfassung

In der Universitätsmedizin Mannheim (UMM) verstehen wir unter digitaler Transformation keineswegs die Abbildung von IST-Prozessen. Sie ist kein Selbstzweck, sondern dient dem jeweiligen Use Case. Eine zentrale und einheitliche Dateninfrastruktur ist die Voraussetzung, Daten interoperabel nutzen zu können. Die Herausforderung bestand darin, zunächst die diversen Subsysteme, dezentralen Laufwerke, Altdaten und Importprozesse in unserem neuen Archivsystem zu zentralisieren; sie dort

F. Bergmann · F. Grüneisen (✉)
Universitätsklinikum Mannheim, Mannheim, Deutschland
E-Mail: Felix.Grueneisen@umm.de

W. Sbaih
Universitätsklinikum Mannheim und IT-Gesellschaften (Innovation und Technologie Rhein Neckar MA GmbH und Innovation und Technologie Rhein Neckar LU GmbH), Mannheim, Deutschland

V. Henke et al. (Hrsg.), *Digitalstrategie im Krankenhaus*,
https://doi.org/10.1007/978-3-658-36226-3_28

medienübergreifend zu konsolidieren. Erst mit dieser Datenkompetenz i. V. m. den neuen digitalen Prozess-Modulbausteinen konnten wir die MD-Kommunikation bzw. die Privatliquidation optimieren. Auf diesem Weg haben wir nicht weniger als einen System- und Paradigmenwechseln vollzogen. Dabei hatten wir zudem andere Externalitäten wie das Krankenhauszukunftsgesetz (KHZG), die Telematikinfrastruktur (TI) oder das MDK-Reformgesetz im Hinterkopf.

Das Universitätsklinikum Mannheim (UMM) behandelt jährlich ca. 49.000 stationäre und ca. 180.000 ambulante Patienten. Sie werden von über 4000 Mitarbeitern in 30 Kliniken und Instituten versorgt. Zählt man die medizinische Fakultät und die anderen Töchter hinzu, so sind es rund 6100 Kollegen.

Vor Projektbeginn hatten wir mit der Digitalisierung aller stationären Papierakten ab dem Behandlungsjahrgang 2018 (z. T. bereits 2017) die ersten beiden Grundsteine gelegt. Neben der zentralen Verfügbarkeit der Patientenakten war daher bereits die Applikation vorhanden, die später um die Prozess-Modulbausteine erweitert werden konnte. Es gab zwei primäre Archive: eines für große Teile der non-DICOM-Daten, daneben das PACS für die DICOM-Daten. Unserem non-DICOM-Archiv waren nur wenige der dutzenden Subsysteme/Importprozesse angeschlossen. Unsere gewachsenen Anforderungen konnten nicht mehr bedient werden (z. B. eine effiziente Prozessunterstützung). Es folgte im Januar 2019 der Rollout der Digitalisierung der ambulanten Papierakten. Ab Mitte 2019 begannen die Vorbereitungen für unser Projekt. Im Februar 2020 haben wir uns auf das Digitalisierungsthema beworben (s.u.) und sind mit einem ambitionierten Zeitplan an den Start gegangen: den Projektabschluss zum 31.12.2020.

Der Buchtitel enthält den Begriff der sog. Datenkompetenz, die Kapitelüberschrift stellt u. a. die Kommunikationsfähigkeit in den Mittelpunkt. Es stellen sich zwangsläufig zwei Fragen: Welche Daten und in welcher Ausprägung?

- Digitalisierte Papierakten (Einzelseiten & Akten(-teile)),
- eDokumente (PDFs aus Subsystemen, Bilder, Papierscans, Fotos z. B. der Stoma-Bild-Dokumentation, usw.),
- Strukturierte Daten (z. B. Vitalparameter im PDMS),
- und/oder DICOM-Daten (Bildgebung)?

Mit der Frage nach dem Umfang der zentral verfügbaren Daten gelingt die Überleitung zur zweiten Frage: welche Kommunikationsfähigkeit und in welcher Ausprägung? Eine interoperable technische Infrastruktur sollte auf Grundlage der in unserer Archiv-Akte gewachsenen Datenkompetenz interne und externe Stakeholder bedienen.

Das Projekt haben wir im Februar 2020 beim Entscheider-Event der Entscheiderfabrik des Verbands der Krankenhausdirektoren Deutschlands (VKD) vorgestellt und durch den ersten Platz viel Zuspruch erfahren. Wir wollten die vielfach erlösrelevanten Prozesse zukünftig mit zentral verfügbaren Informationen intelligent unterstützen (medienübergreifend und aus verteilten Subsystemen). Für die Zukunft sind wir daher gut aufgestellt und werden dem MD unsere konsolidierte Archiv-Akte gem. den Vorgaben der elektronischen Vorgangsübermittlungsvereinbarung (eVV) bereitstellen (GKV-Spitzenverband, 2021).

Zwei Beispiele verdeutlichen unsere Herausforderungen: Gemeinsam mit Rettungsdiensten führt die UMM ein neues System ein, das die Daten zu Schlaganfall-Patienten unterwegs aus dem Rettungswagen digital an unser Integriertes Notfallzentrum (INZ) überträgt. Zweites Beispiel: Unser ERAS®-Konzept verzahnt ärztliche und pflegerische Teams aus/von Chirurgen, Anästhesisten, den Stationen, Physiotherapie, Ernährungs- sowie Stoma-Beratung bis hin zur Patientenlogistik (ERAS steht für Enhanced Recovery After Surgery).

An diesen beiden Beispielen zeigt sich, dass die Prozesseffizienz durch intersektorale und interprofessionelle Kommunikation erheblich gesteigert werden kann. Im Projekt waren zudem andere Bestandteile unserer Digitalisierungsstrategie wie z. B. standardisierte Kommunikationsmöglichkeiten oder die umfangreiche Verfügbarkeit der für die Patientenversorgung notwendigen Informationen abgebildet.

Die beiden primären Projektziele waren daher leicht definiert:

- Das erste Ziel war die Einführung von digitalen Prozess-Modulbausteinen, welche die Prozesseffizienz, insbesondere für die Kommunikation mit dem MD und zur Privatliquidation, steigern. Es erfolgt eine Anbindung an das LE-Portal sowie eine Cloud-Lösung (Privatliquidation). Der Zugriff auf die Archiv-Akte wird im KIS integriert. Ein Direkt-Absprung ins PACS wird ebenso möglich sein wie diverse Funktionalitäten (Exporte, Drehen/Zoomen/Suchen), nicht zuletzt mit einer hohen Usability.
- Das zweite Ziel galt erstens der umfassenden Integration der in Subsystemen verteilten medizinischen Dokumentation in die Archiv-Akte. Zweitens erfolgt die Ablösung des non-DICOM-Altarchivs inkl. der sukzessiven Anbindung weiterer Subsysteme. Projektziel waren vier Subsysteme sowie die Migration von zwei Altarchiven. Dies soll revisionssicher archiviert werden. Die Kommunikation erfolgt ausschließlich über interoperable Schnittstellen (z. B. HL7), nur behelfsweise und temporär werden Übergabelaufwerke akzeptiert.

Zu Beginn 2020 galt es zunächst, diese Projektziele mit den dahinterliegenden Fragen, Details und Wechselwirkungen multiprofessionell zu strukturieren, zu visualisieren und damit greifbar zu machen. Sowohl die Projektgruppe wie auch andere Unterstützer hatten Einzelbilder vor Augen, die wir zu einem Ganzen zusammengefügt haben; denn die einzige Breitbandverbindung ins Gehirn sind die Augen (Kriesel, 2016). Mit dieser aggregierten Metaperspektive vor Augen begann der Weg zu einer konsolidierten Akte. Eine konsolidierte Akte umfasst digitalisierte Papierdokumente wie auch eDokumente, seien sie aus Subsystemen übertragen oder dezentral importiert. Mit einem Klick sind somit alle Bestandteile der medizinischen Dokumentation in einem Viewer bzw. einer Ansichtsmaske verfügbar.

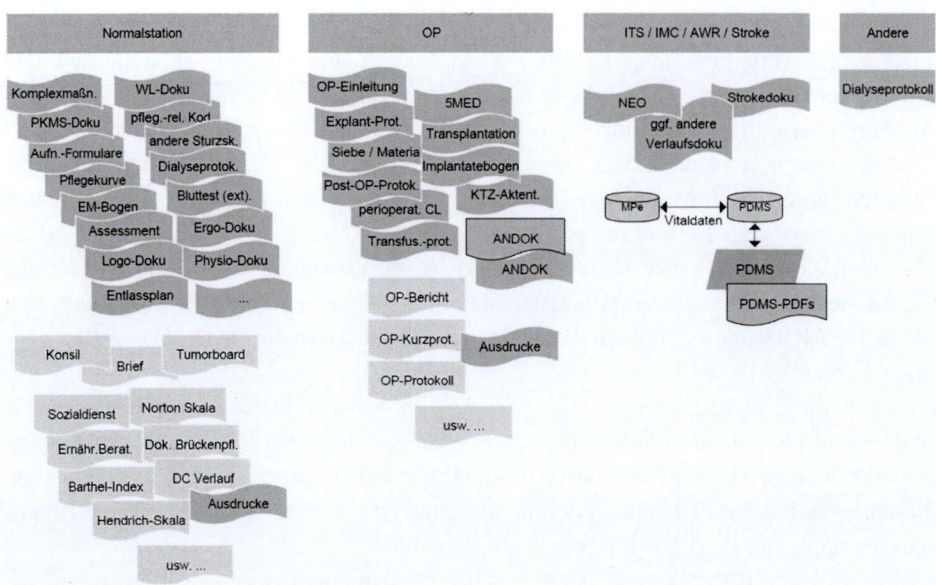

Abb. 1 Klinische Dokumentation – Medium und Subsystem (Ausschnitt)

Das Resultat der Visualisierung war unsere sog. Meta-Prozess-Übersicht (siehe Abb. 1), die wir disziplinübergreifend validiert haben. Wir haben einen online-Prozessdesigner verwendet und die Dateien auf dem Projektlaufwerk abgelegt, u. a. aufgrund der Lizenzkosten der einschlägigen Office-Lösung. Wir haben einen Use Case nach dem anderen bewertet und uns gefragt, zu welchem Zeitpunkt, wo, was von wem (Berufsgruppe) auf welchem Medium dokumentiert wird? Wichtig waren zudem Wechselwirkungen (z. B. abrechnungsrelevante Dokumentation und deren just-in-time-Verfügbarkeit). Zuletzt: Welche internen und externen (Compliance-)Anforderungen müssen Berücksichtigung finden?

Der elektronische Unterlagenversand an den Medizinischen Dienst (MD) war eine technische und organisatorische Herausforderung. Diesen Schritt haben wir gemeinsam mit allen Partnern gemeistert. Seither werden die Prüfakten mit einer KDL-konformen Aktenstruktur an das LE-Portal übertragen (KDL: Klinische Dokumentenklassen-Liste). Die technische Umsetzung war die Pflicht, das Befüllen der konsolidierten Archiv-Akte mit hoher (Daten-)Qualität und -Quantität die Kür.

Es mussten daher Schnittstellen angepasst bzw. erweitert werden oder Subsysteme mit Metadaten aus dem KIS angereichert werden, um manuelle Eingaben überflüssig zu machen. Auch Medienbrüche standen im Fokus: Abb. 1 bildet strukturierte Daten, Papier- und elektronische Dokumentation aus vier Subsystemen ab und kann Medienbrüche bzw. etwaige Compliance-Risiken offenlegen (z. B. die Sicherstellung einer lückenlosen Statushistorie bei eDokumenten im KIS).

Auch an einer forschungskompatiblen Dateninfrastruktur (Bundesministerium für Gesundheit, 2020) besteht ein großer Bedarf,

- z. B. für die Grundlagen-, Präventions-, Versorgungs- oder präklinische Forschung (Verband der Universitätsklinika, o. J.),
- in lokalen medizinischen Fakultäten,
- oder aber unter dem Dach der Medizin-Informatik-Initiative (Konsortium MIRA-CUM, o. J.).

Zentrale (medizinische Daten-)Plattformen werden für eine kollaborative Versorgung oder für den Entscheider Patient mehr und mehr essenziell (Verein PRAEVENIRE, 2020). Dabei ist „ein verantwortungsvoller Umgang mit Daten nach europäischen Datenschutzrichtlinien technisch möglich und dringend notwendig" (Verein PRAEVENIRE, 2020, S. 43), z. B. für die Abfrage von Einschluss- und Ausschlusskriterien für Studienteilnehmer (Deutsche Krankenhausgesellschaft e.V., 2020). Die digitale Versorgung und Kommunikation wird für Patienten mehr und mehr Normalität und Alltagshelfer (Bundesministerium für Gesundheit, 2020).

Ohne interoperable Schnittstellen – auch klinikintern – könnte diese Akzeptanz und Neugier der Patienten gebremst werden. Man denke an Stammdaten, die innerhalb von Krankenhäusern nicht in Subsysteme übertragen werden oder an mehrfache Abfragen und Einwilligungen, weil diese z. T. nicht zentral verfügbar sind. Bei einem kürzlich zurückliegenden Gespräch mit Intensivmedizinern ging es um Patientenverfügungen und Allergiepässe. Zwar findet man im KIS ein Kennzeichen, wenn eine Verfügung vorliegt. Der unmittelbare Zugriff allerdings ist nur dann niedrigschwellig, sofern sie gescannt und mit wenigen Klicks verfügbar ist. Prozessfragen, die entscheidend sein können. Als Leistungserbringer müssen wir diese Schnittstellen(-standards), den Patienten im Blick, vollumfänglich bedienen können (Eilrich & Krause, 2021).

War die sog. Verkehrsfähigkeit der Daten gegeben? Auch interoperabel? In Teilen ja; dem Delta galt unsere Aufmerksamkeit. Durch das Digitale Versorgung Gesetz (DVG) rücken diese Schnittstellenstandards für die Telematikinfrastruktur (TI), die elektronische Patientenakte (ePa), LE-Portale und Cloud-Lösungen zunehmend in den Fokus. Auch nationale Register, wie sie in der COVID-19-Pandemie aufgebaut wurden, erfordern eine zentrale Konnektivität nach außen, damit eine ganze Reihe von Themen adressiert werden können, ohne im Einzelfall teils herausfordernde Schnittstellenabstimmungen mit den Lieferanten der Primärsysteme führen zu müssen (Deutsche Krankenhausgesellschaft e.V., 2020).

Wir haben nicht weniger als eine wichtige Säule unserer Digitalisierungsstrategie umgesetzt. Das bezieht sich zum einen auf die unterbrechungsfreie Verfügbarkeit von sowohl Alt- wie auch aktuellen Daten (siehe Abb. 2). Zudem nehmen Daten- und IT-Sicherheit (Krüger-Brand, 2018), sichere Kommunikationsmöglichkeiten mit Kooperationspartnern und die digitale Abbildung/Unterstützung der Versorgungsprozesse einen ebenso prominenten Platz ein. Nicht zuletzt sind die Verfügbarkeit von Standardschnittstellen (IHE, HL7, FHIR) und zertifizierte/erprobte Konzepte etwa zur Langzeitarchivierung/Wiederherstellung der Daten bei einem Systemausfall wichtige Bausteine unserer Digitalisierungsstrategie.

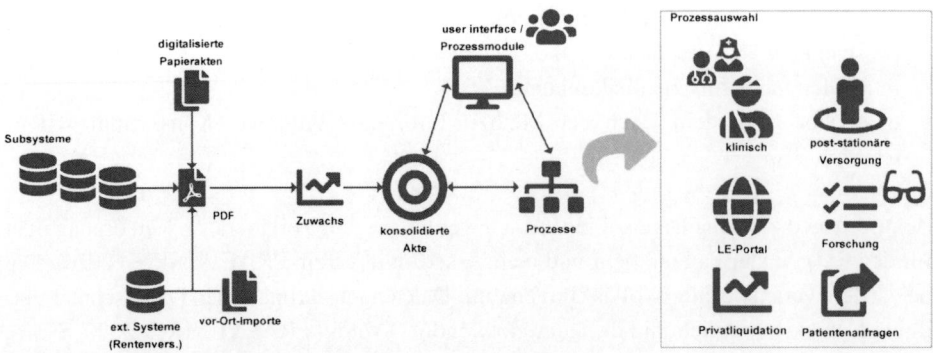

Abb. 2 Wechselwirkungen und Synergien für Prozesse (UMM)

1 MD-Kommunikation

1.1 IST-Prozess(e)

Handzettel auf Schreibtischen, Excel-Tabellen an Schränken und eine Kollegin aus dem Medizincontrolling, die ihre Energie einzig in die Suche der Papierakten und deren Vervollständigung investiert. Vor Beginn des Projekts musste das Medizincontrolling solche und andere Themen kompensieren.

Nicht nur vor diesem Hintergrund haben wir dem etwas verstaubten Begriff Archiv eine neue Bedeutung verliehen und verstehen ihn vielmehr als moderne, leistungsfähige und zentrale Datendrehscheibe. Ergänzt mit Funktionen wie z. B. Farb-Labels bzw. dem integrierten Workflowmanagement können mündliche, schriftliche und vor-Ort-Verfahren inzwischen effizient vorbereitet werden.

1.2 Transformation

Anhand unserer Meta-Prozess-Übersicht (siehe Abb. 1) haben wir bedeutsame Wechselwirkungen analysiert. Derentwegen haben wir z. B. einen Behandlungstag im Herzkatheter-Labor begleitet und mit unseren Kodier-Fachkräften das Büro geteilt. Auch in der chemotherapeutischen Patientenversorgung haben wir hospitiert und konnten im Detail erfassen, wie und zu welchem Zeitpunkt der Zugriff auf z. B. die Dokumentation der Gabe von Zytostatika möglich ist bzw. werden kann/muss.

Auch hier sind wir erneut detaillierten Fragen nachgegangen, z. B., welche Dokumentationsbestandteile wir elektronisch ausleiten können, sodass wir nicht mehr auf Ausdrucke angewiesen wären. Dort, wo Papier verwendet wird (aktuell noch werden muss), ging es darum, die klinischen und administrativen Kollegen mit einer passgenauen Lösung zu unterstützen. Eine Option waren ausdruckbare QR-Code-Etiketten (enthalten Fallnummer und Dokumententyp). Wir nutzen sie u. a. bei Schmerzprotokollen, bariatrischen Dokumenten, medikamentösen Anordnungsbögen oder Transfusionsdokumenten. Ein anderes Anwendungsszenario kann hingegen einen Importclient erfordern, bei dem aus mehr als 20 Dokumententypen ausgewählt werden kann.

Beginnend bei z. B.

- der Dokumentation im INZ-Subsystem,
- der ausgeleiteten Dokumentation einer Intensivstation,
- über Briefe/OP-Berichte/Konsile,
- zur Dokumentation zum Entlassmanagement
- bis hin zu Direktimporten von digital vorliegenden Dateien (z. B. Bilddokumentation von Wunden)

wird unsere Archiv-Akte sukzessive erweitert. Der digitale MD-Prozess-Modulbaustein sowie die Anbindung an das LE-Portal brächten ohne diese entlang der Behandlungskette fortwährend befüllte konsolidierte Archiv-Akte nur ein geringes Potenzial für Prozessoptimierungen mit sich.

Im Workflowmanagement werden Arbeitslisten nun automatisch generiert und den Mitarbeitern zugewiesen. Bei Fall- oder Videokonferenzen mit dem MD oder den Privatkassen nutzen wir zur Fallbesprechung auch Hilfsdokumente, die hinzugefügt werden können (z. B. Erläuterungen zur Prüfakte, Aufstellung Blutprodukte, IMKB). Die MD-Akten werden als Gesamt-PDF bereitgestellt, inkl. automatisch erstelltem Inhaltsverzeichnis und Sprungmarken. Auch der bei der Übermittlung der Daten automatisch erzeugte sog. Fingerprint ist in den Metadaten hinterlegt (Anforderung aus der eVV).

Mehr als 40 Kollegen arbeiten mit dem MD-Prozess-Modulbaustein, standardisiert und transparent. Für das Zusammenstellen der Prüfakte und die Vorbereitung der Verfahren nutzen sie vielfältige Funktionen, seien es Kommentare, Farb-Labels oder Markierungen. Auch vermeintliche Kleinigkeiten wie die komfortable Usability erwiesen sich als großer Mehrwert. Durch die Prozessunterstützung konnten wir bei gesunkener Mitarbeiterzahl die gleiche Anzahl von Fällen abschließen.

Alle Aktionen sind versioniert (siehe Abb. 3), das gilt im besonderen Maße auch für die Exporte (u. a. Datenherausgabe an Patienten). Die o. g. Markierungen werden als zusätzlicher Layer aufgenommen und können so konfiguriert werden, dass sie im Export nicht enthalten sind, allerdings bei den Fall- oder Videokonferenzen für uns sichtbar bleiben. Die Kommunikation zum MD ist bidirektional und direkt an unser Archivsystem angebunden; alle Schriftwechsel, Gutachten, Stellungnahmen, Stornierungen oder die Falleinschätzung werden in unsere spezielle MD-Sicht integriert. Es gibt lediglich ein Ziel und eine Quelle (DICOM-Daten ausgenommen); alles ist in unserem Archivsystem konzentriert und konsolidiert.

Beim Customizing haben wir Farb-Labels für Dokumententypen definiert, nach denen später gefiltert werden kann. Sie können Einzelseiten oder ganzen Dokumenten zugeordnet werden. Rot steht für Blutprodukte, Blau für Diagnosenbeweise, Braun für Verweil-

Abb. 3 div. MD-
Dokumente (UMM)

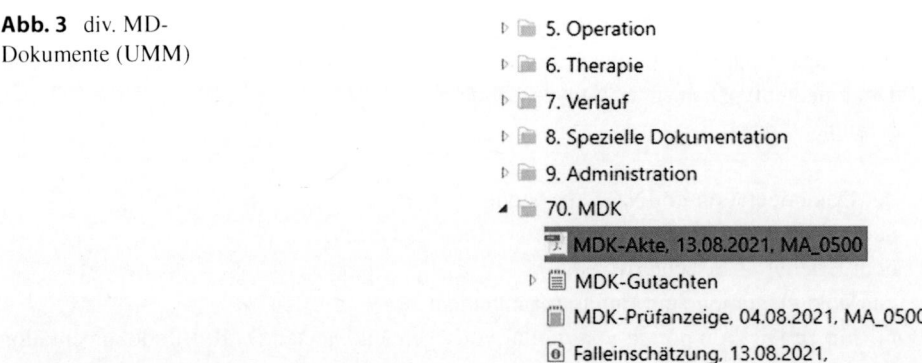

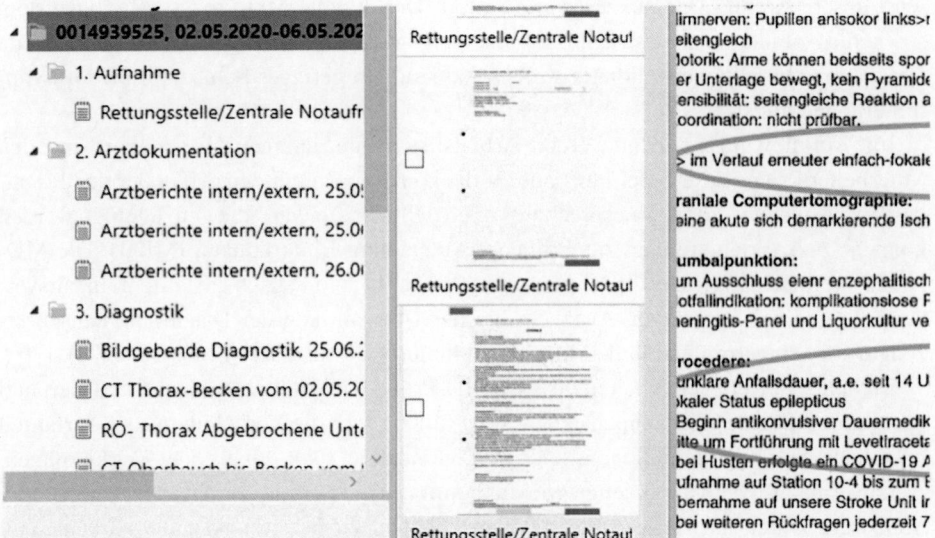

Abb. 4 Funktionalitäten in der Aktenvorbereitung

dauer, Dunkelblau für die Hauptdiagnose oder Hellblau für Nebendiagnose, insgesamt sind es 18 Kategorien (siehe Abb. 4, über/unter den Miniaturseiten).

Da die digitalisierten Papierbelege ebenso wie die eDokumente automatisch unserer Registerstruktur zugeordnet werden, entfällt langes Suchen und anschließendes Kopieren. Arztbriefe lassen sich ebenso schnell finden wie die pflegerische Verlaufsdokumentation, Dokumente zur medikamentösen Therapie, Transfusionsdokumente, die Dokumentation von Wunden oder Komplexbehandlungen und nicht zuletzt die Tätigkeiten im Rahmen des Entlassmanagements durch den Sozialdienst.

▶ Bei Komplexbehandlungen ist es wichtig, dass die Protokolle von allen beteiligten Berufsgruppen unterschrieben sind. Auch diese Protokolle müssen zentral verfügbar sein.

Das Hin- und Hertragen von Aktenteilen bzw. Einzelbelegen, das Kopieren oder der Faxversand sind einem effizienten Standardprozess gewichen. Es entbehrt nicht einer gewissen Ironie, dass wir zum Kapitelende den Bogen zu einer besonderen Briefmarke spannen werden.

Bereits im August 2020, vier Monate vor dem Projektende, haben wir eine Zwischenbilanz gezogen.

• Unsere 24-seitige Fragen- und Wissenssammlung aus der Vorbereitung war an vielen Stellen zu detailliert, ohne Frage aber eine wichtige Basis.
• Gemeinsame Arbeitstreffen waren sehr produktiv; keine große Agenda, sondern ein Thema, an dem wir mehrere Stunden gemeinsam gearbeitet haben, virtuell oder vor Ort. Die einen haben die Schnittstelle angepasst, die anderen die Tests durchgeführt.
• Auch mussten wir mitten im Projekt ein (Kompetenz-)Vakuum füllen, da ein Kollege das Haus verlassen hat, welcher die vor-Ort-Betreuung des Subsystems buchstäblich gelebt hat. Mit viel Kommunikation ist es gelungen.

2   Kommunikation im Kontext Privatliquidation

Nicht nur allein die Verfügbarkeit von Dokumentationsbestandteilen war Teil der prozessualen Optimierungen. Durch die digitale Gesamt-Prozesstransformation konnten der Aufwand der Aktenvorbereitung und die Bearbeitung von externen Nachfragen reduziert werden. Dies hatte im Faktura-Prozess maßgeblichen Einfluss auf die Reduktion der Forderungsreichweite bzw. auf die Kapitalbindung (Working-Capital-Management).

2.1   IST-Prozess(e)

Unsere Akten wurden in der Klinik mehrfach transportiert, anschließend waren (ggf. mehrfach) Schritte wie Kopieren, Faxen, E-Mails schreiben und Anrufe nötig. Nach der externen Abholung folgten erneut händische Prüfungen, Nachfragen und ggf. Anforderungen von weiteren Unterlagen (wiederum via Fax, E-Mail, Telefon). Auch wurden die Prozessschritte bisher z. T. auf Papier oder in Excel-Tabellen dokumentiert. Die Privatabrechnung erfolgte bis einschließlich Quartal 3/2019 anhand der Papierakten (Beachte: Laufzeiten).

2.2   Transformation

Die Implementierung einer integrierten digitalen Infrastruktur- und Softwarelösung leistet bei Anfragen der Kostenträger einen wesentlichen Beitrag hinsichtlich Abrechnungsqualität, Senkung der Pre-DSO (DSO: Days Sales Outstandig, Tage zwischen Entlassung und Abrechnung) und DSO (Tage zwischen Rechnungsstellung und Zahlungseingang Krankenkassen). Durch Qualität und Quantität der neuen Prozessschritte wird die Dauer der Privatliquidation maßgeblich reduziert (s.o. Working-Capital-Management).

Wir haben uns mit Blick auf die Frage, wie sich Verwaltungsdokumente wie z. B. Einweisungen, Abrechnungsbögen, die (administrative) Verlaufsdokumentation oder Rechnungen in den Prozess einfügen, erneut detailliert eingearbeitet. Welche Prozessschritte waren bereits vollständig digital? In welchen Abteilungen verbleiben relevante Dokumente in Ordnern? Welche Unterlagen werden bereits vor dem Klinikaufenthalt ausgefüllt? Auf welchen Einwilligungsformularen erfolgt die Einwilligung (es gab unterschiedliche interne und externe Einwilligungsformulare)? Werden die Kennzeichen zum Status der Einwilligung im KIS genutzt (erteilt bzw. nicht erteilt), z. B. für die Datenweitergabe an die externe Abrechnungsstelle?

▶   Durch ein Parallelprojekt gab es Synergieeffekte (z. B. der Self-Check-in für die Aufnahme). Nun ist der Status aller administrativen Einwilligungen über Standardschnittstellen abrufbar.

Die Einführung einer Prozess-Software schien vermeintlich unproblematisch. Zwar war dies keineswegs ein Selbstläufer. Allerdings waren Beantwortung und Umsetzung der o. g. prozess-entscheidenden Fragen die eigentlichen Herausforderungen.

▶   Dem neuen Standardprozess (s. u.) folgend haben wir den Rollout innerhalb von zehn Wochen abschließen können. Das war möglich, weil wir zuvor alle heterogenen Prozesse als Prozessdarstellungen erfasst haben.

Dem voraus gingen vor-Ort-Gespräche mit z. B. den Chefarztsekretariaten. Den Standardprozess haben wir u. a. auf Grundlage der Möglichkeiten im neuen digitalen Prozess-Modulbaustein, ergänzt um Best-Practice-Ansätze einzelner Kliniken sowie der Erfahrungen der Dienstleister, definiert und im Anschluss mit den Anwendern validiert. Die Veränderungen und deren Benefit sollten verstanden und akzeptiert werden (Stabenow, 2018).

Seit dem Quartal 4/2019 wird die Privatabrechnung für stationäre Patienten in 19 Fachabteilungen mit der konsolidierten Archiv-Akte digital abgebildet. Die vormals klinikspezifischen/heterogenen Abrechnungsprozesse folgen nun einem klinikübergreifenden Standardprozess (vgl. o. g. Herausforderungen). Die Papierakten werden in den Chefarztsekretariaten geprüft, ggf. ergänzt und dann im Statussystem gebucht. Sie werden zur Digitalisierung abgeholt und stehen drei Tage später digitalisiert zur Verfügung. Die gesamte Kommunikation, auch der Verwaltungsdokumente (s. o.), erfolgt elektronisch. Über unsere Cloud-Lösung ist der externe Zugriff auf Akten beschränkt, bei denen eine entsprechende Behandlungskategorie hinterlegt ist. Sichere Kommunikationsmöglichkeiten und -angebote für alle Kooperationspartner oder Dienstleister sind Teil unserer Vision (siehe Abb. 2), z. B. die Rentenversicherung (DRV Bund) oder Patientenportale.

Wegbereiter für die breite Akzeptanz war zudem die Summe aus einem niedrigschwelligen Zugang aus den alltäglichen Arbeitssystemen (Integration in diverse SAP-Sichten), einer intuitiven Bedienbarkeit, der Durchsuchbarkeit auch der digitalisierten Papierdokumente (OCR-Erkennung ist ein Leistungsbestandteil), der wachsenden Vollständigkeit sowie der Systemstabilität. Es ist entscheidend, wie schnell die maßgeblichen Inhalte gefunden werden, intern wie auch extern beim Dienstleister. Eine Patientenakte mit Aufenthalt auf einer Intensivstation mit oft mehr als 100 Seiten muss granular zugänglich sein. In den zehn Hauptregistern (z. B. Diagnostik oder Spezielle Dokumentation) und 45 Unterregistern (z. B. Transfusions- oder onkologische Dokumente) können Inhalte wie z. B. Therapiepläne für Zytostatika oder medikamentöse Verordnungsbögen schnell gefunden werden; gleiches gilt für alle eDokumente.

Neben anderen Prozessoptimierungen konnten wir die Kommunikation mit unserem Abrechnungspartner verbessern; Nachfragen können schneller geklärt werden. Die Verfügbarkeit von erlösrelevanten Dokumenten, z. B. vom Schmerzdienst, haben wir verbessern können, da wir vor Ort den passenden Importclient etabliert haben. Den Faxversand haben wir nun endgültig ad acta gelegt, die Aktentransporter sehen wir immer seltener und die Stempel sind endlich von den Schreibtischen verschwunden.

▶ Rückblickend waren regelmäßige Telefonkonferenzen und vor-Ort-Besuche sehr wichtig, allerdings hätten wir die Anwender noch öfter einbinden sollen. Die Einzelschulungen waren zwar aufwendig, haben aber die Akzeptanz gesteigert. Bei kleinteiliger Fehlersuche hätten alle Parteien am virtuellen Tisch sitzen sollen, da im Ticketsystem z. T. zu viel Zeit verloren geht.

3   Ausblick

Die Deutsche Post hat Anfang Februar 2021 ein sog. Sonderpostwertzeichen (Briefmarke) im Nennwert von 80 Eurocent zum Thema Digitaler Wandel herausgebracht (Wikipedia, o. J.). Nun wollen wir in Zukunft keinesfalls unseren Briefversand ausweiten. Auf dieser Briefmarke erscheint aber erstmals ein sog. Matrixcode, ein Baustein für ein Mehr an Prozesstransparenz. Diese Transparenz haben wir nicht erst seit dem Erscheinen dieser Briefmarke fest im Blick (Matrixcode: Ermöglicht eine Sendungsverfolgung von Briefen oder Postkarten (Deutsche Post, 2021)).

In Anlehnung an das Design der Briefmarke sind wir Schritt um Schritt dabei, unser eigenes Bild der digitalen Transformation zu zeichnen; das drückt sich nicht nur in unserer Adaption der Briefmarke aus, sondern viel mehr durch die weiteren Schritte, die wir seit dem 01.01.2021 bereits umgesetzt und darüber hinaus geplant haben. Unsere (Nach) Zeichnung diese Briefmarke hing einige Zeit im Projektbüro, gewissermaßen als eine ungewöhnliche Art der Imagination von Prozesstransparenz. Der Weg ist der richtige, das belegt auch die Tatsache, dass wir regelmäßig als Referenzhaus angesprochen werden.

Eingangs wurde die Datenkompetenz thematisiert und im Verlauf wiederholt aufgegriffen. Die Grundlagen für unsere verbesserte Prozesseffizienz sind mehrere angeschlossene Subsysteme, ca. 800.000 übertragene eDokumente und ca. 9000 dezentrale Scans allein durch das Medizincontrolling. Diese Basis wächst stetig. Die Akzeptanz zeigt sich deutlich: Waren es im gesamten Dezember 2020 noch ca. 700 Zugriffe, so waren es in den Monaten Januar bis April 2021 rund 13.000. Täglich greifen allein aus dem KIS etwa 340 Kollegen auf unsere Archiv-Akte zu; andere Direktzugriffe, insbes. vom Medizincontrolling, nicht eingerechnet (Stand: Juli 2021).

Stück um Stück leiten wir nun die SAP-Dokumentation aus (OP-Berichte, Konsile, Tumorboards, TEE usw.). Fehlt ein Statuswechsel auf Freigegeben, so fehlt das eDokument. Die Konfiguration eines solchen Triggers (Statuswechsel) ist leicht konfiguriert, die Harmonisierung der klinikspezifischen (Freigabe)Prozesse erfordert allerdings einen längeren Atem.

Wir bereiten aktuell automatische Vollständigkeitsprüfungen vor. Ein fiktives Beispiel: Wir definieren eine Akte, in der Pflegekurve, Entlassplan, OP-Bericht und Aufnahmevertrag enthalten sind, als vollständig. Die Vollständigkeit wird automatisch geprüft (s. u. OCR-Erkennung) und durch eine Ampel gekennzeichnet.

Die Neustrukturierung und eine weitere Angleichung der Dokumentenansichten im SAP an die KDL ist ebenso auf unserer Agenda wie die Implementierung einer fallübergreifenden Stichwortsuche, ein vielversprechender Use Case z. B. im Medizincontrolling oder für Forschungszwecke. Durch die OCR-Erkennung konnten wir in einem Test mit einem Suchbegriff 50.000 Treffer erzielen, bei einer Suchzeit von 0,13 Sekunden. Die Performance stimmt. Nicht zuletzt liegt die Abstimmung für unsere Clearingstelle in den finalen Zügen (relevant z. B. bei Berichtigungen).

Im Jahresverlauf 2021 haben wir inzwischen fünf weitere Systeme zentral angebunden, der Import eines weiteren Altarchivs läuft, während diese Zeilen getippt werden. Durch den intensiven Austausch mit unseren Klinikern konnten wir weitere Teile der Dokumentation digital abbilden; es sind z. T. kleine, aber wichtige Schritte zur sukzessiven Digitalisierung des Behandlungsprozesses. Diese und andere Aktivitäten fügen sich, auf dem Weg zu einem wachsenden digitalen Reifegrad, in unsere ganzheitliche Digitalstrategie ein.

Literatur

Bundesministerium für Gesundheit. (2020). *Digitale Gesundheit 2025*. https://www.bundesgesundheitsministerium.de/fileadmin/Dateien/5_Publikationen/Gesundheit/Broschueren/BMG_Digitale_Gesundheit_2025_Broschuere_barr.pdf. Zugegriffen am 04.08.2021.

Deutsche Krankenhausgesellschaft e.V. (2020). *Hinweise der Deutschen Krankenhausgesellschaft für die Ausgestaltung der Förderung von Digitalisierung im Krankenhaus nach dem Krankenhaus-Zukunfts-Gesetz (KHZG).* https://www.dkgev.de/fileadmin/default/DKG-Umsetzungshinweise_Foerderung_nach_dem_KHZG_v1.0.pdf. Zugegriffen am 15.07.2021.

Deutsche Post. (2021). *Briefmarke Digitaler Wandel.* https://shop.deutschepost.de/digitaler-wandel-briefmarke-zu-0-80-eur-10er-bogen. Zugegriffen am 30.06.2021.

Eilrich, J., & Krause, S. (2021). *Die Gesetzgebung der 19. Legislaturperiode zur Gesundheitspolitik.* Das Krankenhaus (2021). Ausgabe 7.2021, S. 577.

GKV-Spitzenverband. (2021). *Elektronische-Vorgangsübermittlungs-Vereinbarung* (eVV). https://www.gkv-spitzenverband.de/media/dokumente/krankenversicherung_1/krankenhaeuser/abrechnung/abrechnungspruefung/2021_06_09_DTA_MD-KH_eVV_final.pdf.   Zugegriffen   am 01.09.2021.

Konsortium MIRACUM. (o. J.). *Medizininformatik in Forschung und Versorgung in der Universitätsmedizin.* https://www.medizininformatik-initiative.de/de/konsortien/miracum. Zugegriffen am 02.09.2021.

Kriesel, D. (2016). *SpiegelMining.* https://www.dkriesel.com/spiegelmining. Zugegriffen am 06.06.2021.

Krüger-Brand, H. (2018). *Digitalisierung im Krankenhaus: Es geht um die Prozesse.* Deutsches Ärzteblatt I Jg. 115 I Heft 13 I 30. März 2018, S. 565.

Stabenow, M. (2018). *Widerstände im Change-Prozess erfolgreich überwinden.* https://www.psy.lmu.de/evidenzbasiertesmanagement/dokumente/ebm_dossiers/ebm_23_change_widerstaende.pdf. Zugegriffen am 28.06.2021.

Verband der Universitätsklinika Deutschlands e.V. (o. J.). *Forschung für den medizinischen Fortschritt.* https://www.uniklinika.de/forschung-fuer-menschen/. Zugegriffen am 27.08.2021.

Verein PRAEVENIRE. (2020). *Weißbuch Version 2020, PRAEVENIRE Initiative Gesundheit 2030. ZUKUNFT DER GESUNDHEITSVERSORGUNG Handlungsempfehlungen für die Politik.* https://praevenire.at/praevenire-weissbuch-zukunft-der-gesundheitsversorgung-jetzt-digital-verfuegbar/. Zugegriffen am 17.06.2021.

Wikipedia. (o. J.). *Digitale Transformation.* https://de.wikipedia.org/wiki/Digitale_Transformation#Philatelistisches. Zugegriffen am 30.06.2021.

Reorganisation der administrativen Prozesse durch Digitalisierungsmaßnahmen im ambulanten Bereich eines Krankenhauses

Liliia Pohl, Winfried Zapp und Stephanie Wewelkamp

Inhaltsverzeichnis

Zusammenfassung

Externe Rahmenbedingungen, steigende Leistungsnachfrage und Rationalisierungs-druck erfordern eine strategische Neuausrichtung sowie Reorganisation der ambulan-ten Versorgungsstrukturen in Krankenhäusern. Die Grundlage für die Reorganisation bildet ein aufgestelltes mehrdimensionales Vorgehensmodell, das nicht nur aus Phasen der Ist-Analyse und Ist-Prozessmodellierung besteht, sondern auch Ziele und Rahmen-bedingungen umfasst und darüber hinaus die Soll-Konzeption und Soll-Prozess-modellierung sowie die Umsetzung und das Change-Management. Der Schwer-punkt liegt dabei auf der Prozessoptimierung durch Digitalisierungsmaßnahmen im

L. Pohl (✉) · S. Wewelkamp
Universitätsklinikum Münster, Münster, Deutschland
E-Mail: Liliia.Pohl@ukmuenster.de; Stephanie.Wewelkamp@ukmuenster.de

W. Zapp
Hochschule Osnabrück, Osnabrück, Deutschland
E-Mail: w.zapp@hs-osnabrueck.de

© Der/die Autor(en), exklusiv lizenziert durch Springer Fachmedien Wiesbaden
GmbH, ein Teil von Springer Nature 2022
V. Henke et al. (Hrsg.), *Digitalstrategie im Krankenhaus*,
https://doi.org/10.1007/978-3-658-36226-3_29

administrativen Bereich in Hinblick auf Wirtschaftlichkeit, Zeit, Qualität sowie Mitar-
beiter- und Patientenzufriedenheit. Neben der BPMN-Prozessmodellierung steht das
Thema Change-Management im Fokus, da dies eine entscheidende Rolle bei der erfolgreichen und nachhaltigen Umsetzung der innovativen Reorganisationsmaßnahmen
einnimmt.

1   Einleitung

Die Krankenhäuser stehen aktuell aufgrund der externen Rahmenbedingungen und Wett-
bewerbssituation vor der Herausforderung, das Angebot an ambulanten Leistungen zu ra-
tionalisieren und Erlöse durch effiziente Prozessgestaltung zu optimieren. Typische Reorganisationsmaßnahmen fokussieren sich in den meisten industriellen Zweigen in der
ersten Linie auf Kernprozesse, da die Geschäftsprozesse höhere strategische Relevanz
aufweisen. Im ambulanten Bereich eines Krankenhauses sind die Kernprozesse wie Behandlung und Therapie sehr patientenindividuell. Deswegen lassen sich nur einige Teilprozesse bis zu einem gewissen Grad standardisieren und somit digitalisieren, wie z. B. die
Leistungsdokumentation in der elektronischen Patientenakte (ePA) oder die elektronische
Arztbrieferstellung. Im Gegensatz zu ambulanten Kernprozessen bietet eine Reorganisation der Unterstützungsprozesse mit vielen digitalen Lösungsansätzen ein schnelles und
hohes Innovations- und Produktivitätspotenzial. Im administrativen Bereich der Kranken-
hausambulanzen können dadurch nicht nur Ressourcen effizienter genutzt werden, sondern auch die Patientenversorgung und -sicherheit nachhaltig garantiert werden durch eine
sofortige Datenverfügbarkeit. Zudem entsteht ein verbesserter Kommunikations- und Informationsfluss zwischen den Berufsgruppen (Oswald & Goedereis, 2019, S. 49–50).

Für einen erfolgreichen Umstieg auf digitale Prozesse reicht es jedoch nicht aus, lediglich die technische Infrastruktur aufzubauen oder zu erweitern. Tatsächlich ist essenziell,
die dafür erforderlichen strukturellen Rahmenbedingungen zu entwickeln. Nur dann können die Vorteile der prozessorientierten Reorganisation erzielt werden (Zapp, 2017,
S. 315). Konkret bedeutet dies eine intensive Analyse und Neugestaltung der Aufbau- und
Ablauforganisationen mit dem Fokus auf Patienten- und Mitarbeiterorientierung, um eine
Basis für die Umsetzung von Digitalisierungsmaßnahmen zu schaffen (Meister et al.,
2020, S. 4). Es ist ein globaler Eingriff in die bestehende Organisation des ambulanten
Krankenhausbereichs. Im Weiteren erfordert es eine systematische Vorgehensweise mit
einem umfangreichen Change-Management-Konzept. Daher wird in den nächsten Kapiteln ein Reorganisationsmodell vorgestellt, das in einem Modellkrankenhaus für die Entwicklung von neuen Strukturen mit der parallelen Reorganisation initiiert worden ist.

2 Prozessreorganisation der ambulanten Versorgungsstrukturen an Krankenhäusern

▶ **Reorganisation** bedeutet eine bewusste, nachhaltige und umfassende Erneuerung und Optimierung der bestehenden Aufbau- und Ablauforganisation aufgrund von externen und/oder internen Einflussfaktoren zum effizienteren Erreichen von Unternehmenszielen.

Die gesamte Vorgehensweise lässt sich in vier Phasen unterteilen (Abb. 1).

Phase 1 Ist-Analyse und Ist-Prozessmodellierung:
Eine Ist-Analyse bildet einen Ausgangspunkt der Reorganisation. Sie liefert Informationen über wettbewerbliche Rahmenbedingungen, identifiziert Schwachstellen in der Aufbauorganisation, ermöglicht eine Transparenz über den Ist-Zustand und relevante Zusammenhänge. Im Rahmen der Ist-Prozessanalyse werden überflüssige Abläufe sowie

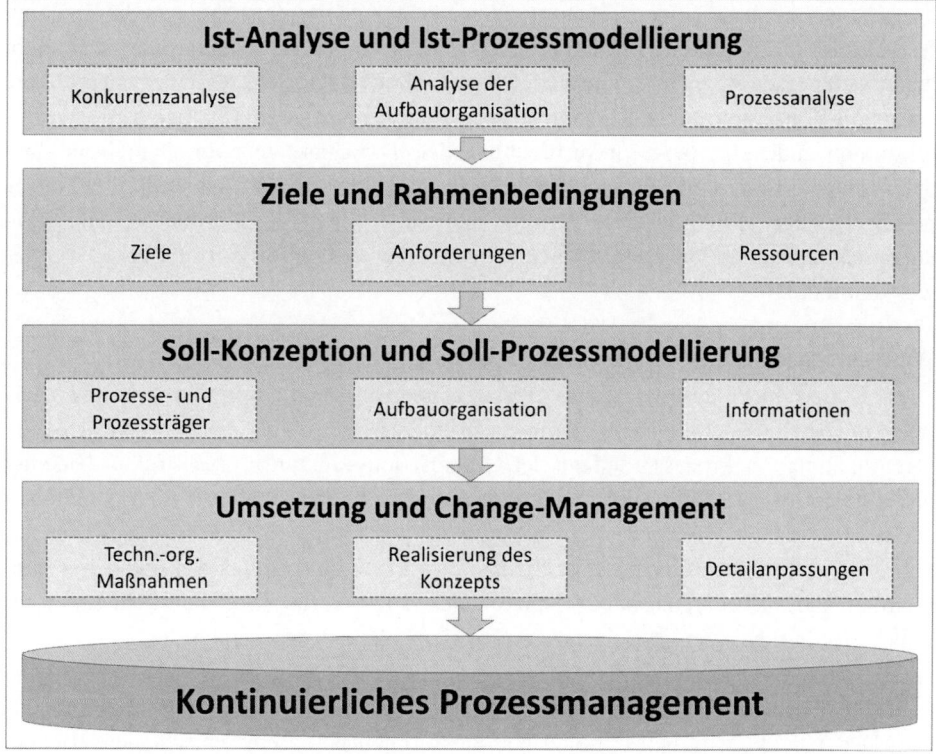

Abb. 1 Vorgehensmodell einer Reorganisation. (Eigene Darstellung in Anlehnung an Weth, 1997, S. 54; Korff, 2012, S. 63; Becker et al., 2012, S. 22)

strukturell unterschiedliche Prozesse identifiziert und Innovationspotenziale erkannt (Schwegmann & Laske, 2012, S. 165, 184–185). Die Durchführung der Ist-Analyse ist zeit- und kostenintensiv. Deswegen ist eine fundierte Vorbereitung notwendig. Dabei soll festgelegt werden, in welchem Detaillierungsgrad und mit welchen Instrumenten die Ist-Analyse durchgeführt wird. Demzufolge sollen die zu analysierenden Bereiche bestimmt werden. Des Weiteren ist die Identifikation von Informationen und deren Informationsquellen wichtig, die für die Durchführung der Ist-Analyse benötigt werden (Schwegmann & Laske, 2012, S. 167).

Phase 2 Ziele und Rahmenbedingungen der Reorganisation:
Im nächsten Schritt sollen Ziele und Anforderungen der Reorganisation formuliert sowie Ressourcen festgelegt werden. Die avisierten Ziele beschreiben dabei, welche Parameter mit der Reorganisation in Hinblick auf Leistungsqualität, Patienten- und Mitarbeiterzufriedenheit sowie Wirtschaftlichkeit erreicht werden sollen. Dagegen definieren die Anforderungen, inwiefern und in welchem Umfang die Reorganisation umgesetzt werden muss, um die definierten Ziele erreichen zu können (Heini, 2021, o. S.). Dabei ist es enorm wichtig, dass die Anforderungen klar und deutlich formuliert werden, um Fehlinterpretationen zu vermeiden. Definierte Anforderungen lenken die Reorganisation in die Richtung festgelegter Ziele. Unklare Formulierungen erschweren diese Lenkung und verhindern den reibungslosen Reorganisationsablauf. Als abschließenden Schritt vor der Entwicklung einer Soll-Konzeption sollen Ressourcen analysiert werden, die im Rahmen der Reorganisation notwendig sind bzw. zur Verfügung stehen. Die Umsetzung von Digitalisierungsmaßnahmen erfordert eine entsprechende IT-Infrastruktur. Dies stellt allerdings bei knappen finanziellen Mitteln eine Herausforderung dar. Schließlich führt die Reorganisation unter anderem zur optimalen Ressourcennutzung und verschafft somit auch einen Wettbewerbsvorteil.

Phase 3 Soll-Konzeption und Soll-Prozessmodellierung:
Diese Phase bildet die Entwicklung der Maßnahmen ab, um die festgesetzten Ziele zu erreichen. Dabei erfolgt die Neugestaltung von Prozessen in zwei Schritten, -zunächst die Neugestaltung der Prozess-, sodann der Organisationsstruktur. Prozessstruktur bedeutet die Festlegung einer zeitlichen Abfolge aller Prozessaktivitäten auf Basis der Erkenntnisse aus der Ist-Analyse (Gaitanides, 2012, S. 57; Zapp & Otten, 2010, S. 104). Als nächster Schritt folgt die Abstimmung von reorganisierten Prozessen aufeinander und deren Integration in die Aufbauorganisation (Zapp & Otten, 2010, S. 104). Somit entsteht auf dieser Ebene eine Verknüpfung zwischen der Aufbau- und Ablauforganisation.

Unter dem Begriff Prozessträger werden Mitarbeiter[1] sowie Betriebsmittel verstanden. Der Aspekt „Mitarbeiter" spielt bei der Reorganisation eine entscheidende Rolle.

---

[1] Die weibliche Form ist der männlichen Form gleichgestellt; lediglich aus Gründen der Lesbarkeit wurde die männliche Form gewählt.

Eine tief greifende Reorganisation lässt sich nur durchführen, wenn die Mitarbeiter möglichst früh in die Veränderungsprozesse miteinbezogen werden und die Möglichkeit bekommen, an der Reorganisation mitzuwirken bzw. diese mitzugestalten. Des Weiteren erfordern einige Reorganisationsmaßnahmen zusätzliche bzw. andere Betriebsmittel, wie z. B. Räumlichkeiten, Geräte, Einrichtungsgegenstände oder bestimmte Qualifikationen der Mitarbeiter. Darüber hinaus ist es bei der Entwicklung einer Soll-Konzeption enorm wichtig, den Informationsfluss bei den neu modellierten Prozessen und veränderten Strukturen durch eine Neugestaltung der Informationspolitik zu regeln. Während und nach der Reorganisation besteht die Aufgabe darin, dass Informationen im notwendigen Umfang, rechtzeitig sowie adressatengerecht den Mitarbeitenden zur Verfügung stehen (Weth, 1997, S. 52).

Phase 4 Umsetzung und Change-Management:
Im Rahmen dieser Phase werden technische Erneuerungen, die Umsetzung der Soll-Konzeption und deren Prozessanpassungen vorgenommen. Dabei spielt das Change-Management eine wichtige unterstützende Rolle, da die größte Herausforderung bei der Umsetzung im Abbau des Widerstands, in der Sensibilisierung und Initiierung der Mitarbeiter liegt (Weth, 1997, S. 87). Deswegen sind die Kommunikation und Transparenz während der Implementierung essenziell. Die richtig eingesetzten Kommunikationsinstrumente halten die Unternehmung zusammen und können Bedenken und Ängste der Mitarbeiter abbauen. Der Informationsfluss kann im Vorfeld der Umsetzung geplant werden. Der Grundsatz bei formeller Kommunikation lautet: „Wann soll wer durch wen mit welchem Medium was erfahren." Aber auch informelle Gespräche mit Mitarbeitern dienen als eine Art Feedback während der Umsetzungsphase und können zahlreiche weitere Impulse für die Steuerung des Reorganisationsprozesses liefern (Schuh, 2006, S. 87–88).

Das Schwierigste während der Umsetzung ist der Lernprozess, der häufig mit Demotivation und Widerständen verbunden ist. Die neuen Prozesse bedeuten für die Mitarbeiter sowohl eine qualitative als auch quantitative Aufgabenveränderung (Weth, 1997, S. 41; Krüger, 2014, S. 26). Deswegen kann gerade am Anfang der Umsetzungsphase das schnelle Gefühl der Überforderung und Frustration entstehen. Um diesen Aspekten entgegenwirken zu können, sind neben der durchdachten Kommunikation auch die Transparenz über den Umsetzungsgrad und erste messbare Erfolge notwendig (Schuh, 2006, S. 87–88). Während der Umsetzungsphase wird die Soll-Konzeption überprüft und bei Bedarf punktuell optimiert (sog. Detailanpassungen) (Weth, 1997, S. 85–86).

Kontinuierliches Prozessmanagement nach der Reorganisation:
Die Durchführung einer Reorganisation bedeutet eine tiefgründige Veränderung in der Aufbau- und Ablauforganisation. Das heißt aber nicht, dass das Unternehmen in dem erreichten Soll-Zustand auf lange Sicht verbleibt. Deswegen ist ein permanentes Prozessmanagement zur durchgehenden Optimierung der Prozesse als Reaktion auf veränderte Rahmenbedingungen notwendig. Im Gegensatz zu Detailanpassungen, die sich auf das

entwickelte Reorganisationskonzept beziehen und unmittelbar nach dessen Implementierung vorgenommen werden, handelt es sich beim kontinuierlichen Prozessmanagement um eine durchgehende Prozessverbesserung und -modernisierung (Neumann et al., 2012, S. 304). Gleichwohl ist die Entwicklung von bestimmten Indikatoren notwendig, um Leistungsparameter zu erfassen (Scholz & Vrohlings, 1994a, S. 25). Durch verschiedene Instrumente kann der Intensitätsgrad des Prozessmanagements ausgestaltet werden: z. B. Prozesscontrolling, Workflowmanagement oder Steuerung und Kontrolle durch Balanced Score Card (Neumann et al., 2012, S. 304).

3   Reorganisation der administrativen Prozesse im Modellkrankenhaus

3.1   Praktische Durchführung

Um optimale Rahmenbedingungen für eine Prozessreorganisation zu schaffen, wurden die Ambulanzen des Fachbereichs eines Modellkrankenhauses sowohl organisatorisch als auch räumlich zusammengelegt. Dies ermöglicht nicht nur, personelle und räumliche Ressourcen effizient einzusetzen, sondern bietet auch eine Basis, die Unterstützungsprozesse anzugleichen, zu standardisieren und einige davon zu digitalisieren. Somit wurden im Rahmen der Ist-Analyse insgesamt 22 administrative Ist-Prozesse identifiziert, grafisch mit der Software Signavio dargestellt und anschließend analysiert.

Praktische Durchführung: Im ersten Schritt wurde für die Durchführung der Ist-Analyse in den verschiedenen Ambulanzen ein Projektplan erstellt. Die Erfassung des Ist-Zustands begann mit der Prozessbeobachtung anhand eines Prozesserhebungsbogens (Abb. 2).

Im Rahmen einer mehrtägigen Hospitation in jeder Ambulanz wurden Abläufe beobachtet und im Prozesserhebungsbogen stichpunktartig notiert. Parallel dazu erfolgte eine Organisations- und Aufgabenanalyse: Zum einen während der Hospitation, zum anderen anhand der Daten wie Arbeitsplatzbeschreibung, Schichtplan und klinikinterne Arbeitsanweisungen. In Abb. 3 sind die im Fokus stehenden Fragestellungen aufgeführt.

Im nächsten Schritt wurde zu jedem erfassten Prozess eine Checkliste erstellt (Abb. 4), um die bereits erfassten Informationen zu strukturieren und ggf. fehlende Angaben zu ergänzen (Schwegmann & Laske, 2012, S. 172–173).

Für die anschließende Darstellung der Prozesse wurde die Modelliersprache BPMN 2.0 (Business Process Model and Notation) ausgewählt. Sie ermöglicht eine hohe Transparenz durch präzise grafische Visualisierungen, eine Erhöhung der Effizienz durch Aufdeckung der doppelten Tätigkeiten sowie eine Verbesserung der Zusammenarbeit im Team und zwischen den Berufsgruppen durch anschaulich dargestellte, aber vor allem standardisierte Abläufe und Verantwortlichkeiten (Göpfert & Lindenbach, 2013, S. 3; Freund & Rücker, 2017, S. 248). Bei der grafischen Prozessmodellierung besteht die Herausforderung darin, einerseits eine vollständige Abbildung aller relevanten Informationen zu erreichen und andererseits die adressatengerechte grafische Wiedergabe zu gewährleisten, so

Prozesserhebungsbogen

Ambulanz _____

Prozess	Prozessbeschreibung	Unterlagen	Dauer in Min.

Notizen/ Anmerkungen:

_____

_____

Abb. 2 Prozesserhebungsbogen. (Eigene Darstellung)

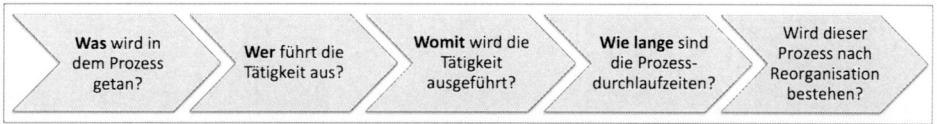

Abb. 3 Prozessanalyse. (Eigene Darstellung in Anlehnung an Scholz & Vrohlings, 1994b, S. 42–43)

dass der Prozessablauf für die Beteiligten übersichtlich und nachvollziehbar ist (Weth, 1997, S. 60–61). Dabei ist ein hoher Detailierungsgrad erforderlich, um Optimierungspotenziale sowie Redundanzen zu erkennen (Gaitanides, 2012, S. 57). Deswegen ist es hier notwendig, nicht nur einen angemessenen, sondern auch einen identischen Detailierungsgrad bei allen visualisierten Prozessen beizubehalten. Anderenfalls wird die gewünschte Transparenz über alle Aktivitäten nicht erreicht (Scholz & Vrohlings, 1994b, S. 39–42; Zapp & Otten, 2010, S. 93).

Zusätzlich wurden leitfadengestützte Einzel- und Gruppeninterviews durchgeführt. Bei der Abbildung des Ist-Zustandes ist die Einbeziehung qualifizierter Experten von besonderer Bedeutung, da sie über fundierte Kenntnisse zu organisatorischen Strukturen und Abläufen verfügen (Schwegmann & Laske, 2012, S. 167). Die Einzelinterviews wurden mit den Führungskräften der beiden Ambulanzen, das Gruppeninterview mit den Mitarbeitern durchgeführt, die für die administrativen Prozesse in der Ambulanz verantwortlich sind. Das Ziel bestand in der Identifizierung von Schwachstellen in den Ist-Prozessen und in der Gesamtorganisation in Hinblick auf die Aufgabenverteilung in der Ambulanz. Ebenfalls wurde beabsichtigt, Optimierungspotenziale zusammen mit den Mitarbeitern zu erarbeiten, um einerseits die Soll-Prozesse mitarbeiterorientierter gestalten zu können und

---

Checkliste Ist-Prozesse

☐ Name des Prozesses _____
☐ Zweck des Prozesses _____
☐ Information, ob der Prozess nach der Integration der Ambulanzen
   beibehalten wird _____
☐ Angaben über einen ggf. vorhandenen Prozessverantwortlichen _____
☐ Angaben über eingebundene Anwendungssysteme _____
☐ Angaben über die Durchlaufhäufigkeit des Prozesses_____
☐ Einschätzung der Prozessbeteiligten, ob und ggf. welcher
   Optimierungsbedarf besteht _____
☐ Fragen und Ergänzungen zu den einzelnen Prozessschritten und dem gesamten
   Prozessablauf:
   1. _____
   2. _____
   3. _____

Abb. 4 Checkliste Ist-Prozesse. (Eigene Darstellung in Anlehnung an Schwegmann & Laske, 2012, S. 172–173)

Leitfaden Gruppeninterview

1. Damit bin ich jetzt zufrieden:

   • …
   • …
   • …

2. Was mich momentan beim Erledigen meiner Aufgaben stört:

   • …
   • …
   • …

3. Was ich mir für die Zukunft wünsche:

   • …
   • …
   • …

Abb. 5 Leitfaden Gruppeninterview. (Eigene Darstellung)

andererseits, um die Mitarbeiter in die Prozessgestaltung aktiv miteinzubeziehen. Der erstellte Leitfaden (Abb. 5) wurde einige Tage vor dem geplanten Interviewtermin an die Mitarbeiter verteilt, damit sie sich im Vorfeld mit den Fragestellungen auseinandersetzen und Ideen entwickeln konnten.

Weitere Methoden, die für die Prozessmodellierung erforderlich sind, beziehen sich auf die Datenerhebung und statistische Datenanalyse. Die Datenerhebung umfasste z. B. die Wartezeit im Wartebereich, die Verteilung der Termine im Kalender, die Zusammenstellung der Informationen aus Qualitätsberichten der Nachbarkrankenhäuser oder Benchmarking-Reports für die Konkurrenzanalyse. Im Abschluss der Prozess-Ist-Analyse wurden die visualisierten Prozesse sowohl quantitativ als auch qualitativ bewertet. Dabei wurden aufgedeckte Probleme und deren Ursachen diskutiert. Im Weiteren wurden auch Stärken und Schwächen in den einzelnen Prozessen, der Ressourceneinsatz, die erreichte Qualität, die Durchlaufzeit, die Schnittstellen sowie die Patienten- und Mitarbeiterzufriedenheit und mögliche Verbesserungsvorschläge mit den Prozessbeteiligten besprochen (Zapp & Otten, 2010, S. 100–101).

Im nächsten Schritt erfolgte die Festlegung von Zielen, Anforderungen und Ressourcen. Die Formulierung von Zielen und Anforderungen basiert auf der Analyse von Ist-Prozessen und auf Erkenntnissen aus den Interviews sowie auf strategischen Vorgaben auf der Leitungsebene.

Bei der Soll-Konzeption lag der Schwerpunkt auf der Modellierung von Soll-Prozessen im Hinblick auf Aspekte wie Wirtschaftlichkeit, Durchlaufzeiten, Qualität sowie Mitarbeiter- und Patientenzufriedenheit. Die Reorganisation der Aufbau- und Ablaufstrukturen führte dazu, dass aus insgesamt 22 Ist-Prozessen nur zwölf Soll-Prozesse entstanden sind, von denen einige im nächsten Kapitel vorgestellt werden. Bei der grafischen Prozessneu-modellierung wurde stets auf den Grundsatz der Richtigkeit und der Klarheit geachtet. Um sicherzustellen, dass die Soll-Prozesse vollständig und übersichtlich dargestellt sind, erfolgte vor der Umsetzungsphase eine Prozesssimulation und Prozesserprobung in wöchentlichen Workshops, worin ein bis zwei Prozesse simuliert und geprüft wurden. Dies ermöglichte den MitarbeiterInnen nicht nur die Prozesse zu testen und gemeinsam Anpassungen zu erarbeiten, sondern darüber hinaus das zukünftige Aufgabenspektrum kennen zu lernen.

Umsetzung und Change-Management: Um die Umsetzungsphase kurz und die Mitarbeitermotivation hoch zu halten, erfolgte eine zeitgleiche Implementierung von neuen Aufbau- und Ablauforganisationen. Somit konnten die zuvor geübten Soll-Prozesse nach dem Umzug der beiden Ambulanzen in die neuen Räumlichkeiten sofort in den Arbeitsalltag integriert werden.

Das Thema „Change-Management" spielt eine entscheidende Rolle bei der Umsetzung der Reorganisationsmaßnahmen und bedeutet eine relativ dauerhafte Einsetzung von verschiedenen Instrumenten, um Ängste vor globalen Veränderungen in verschiedenen Teams zu minimieren, Widerstände abzubauen und das Engagement sowie die Motivation zu halten bzw. zu steigern. Kommunikation und Mitarbeiterorientierung sollen dabei im Vordergrund stehen. Die Mitarbeiterorientierung bedeutet im Change-Management in erster Linie einen wertschätzenden Umgang und einen mitarbeiterorientierten Führungsstil, basierend auf Kooperation und Vertrauen (Köper et al., 2012, S. 247). Ein Leitfaden soll dabei als ein hilfreiches Kommunikationsinstrument in dieser Phase dienen. Dieser umfasste eine Aufgabenbeschreibung und notwendige Informationen zu jedem Prozess, grafische Prozessdarstellung sowie Checklisten und Arbeitsplatzbeschreibungen. Dazu wurde ein Excel-Tool zur internen Personaleinsatz- und Abwesenheitsplanung entwickelt. Sowohl der Leitfaden als auch der Dienstplan wurden auf einer Plattform abgelegt, sodass jeder Mitarbeiter von jedem Arbeitsplatz auf stets aktuelle Informationen zugreifen kann.

Ergänzend erfolgte parallel ein Aufbau eines internen Berichtswesens, um bestimmte Steuerungsinformationen in regelmäßigen Abständen den Mitarbeitern zur Verfügung zu stellen.

3.2 Beispiele der Prozessreorganisation durch Digitalisierungsmaßnahmen

Die umfassende und vielseitige Ist-Analyse deutete auf einen Verbesserungsbedarf von einigen Prozessen hin, nämlich auf die Optimierung der Aufnahmeprozesse, die Verbesserung der telefonischen Erreichbarkeit, die Einführung innovativer Kommunikationskanäle mit den Patienten oder die Vermeidung der doppelten Dokumentation. All dies sind Beispiele des Handlungsspektrums im Rahmen der Reorganisation von Abläufen.

Soll-Prozess „Terminvergabe":
Die Ist-Analyse zeigte, dass die telefonische Terminvergabe im Durchschnitt zehn Minuten dauert. Dies liegt daran, dass am Telefon umfangreiche Informationen zum Termin mitgeteilt werden. Aufgrund der langen Gespräche sind die Telefonleitungen oft besetzt, weshalb die Patienten über die schlechte telefonische Erreichbarkeit klagen. Aus diesem Grund wurde eine Checkliste entworfen, die direkt nach dem Telefonat per Mail an den Patienten versendet wird. Durch diese Maßnahme wurde nicht nur die Prozesszeit gesenkt, sondern auch die Patientenzufriedenheit gesteigert, da der Patient sich besser auf den Termin vorbereiten kann.

Des Weiteren rufen Patienten an, um ihren Termin abzusagen oder den Termin zur Erstvorstellung zu bestätigen. Für diese Anliegen wurde ein Web-Formular entwickelt, um Termine auf der Klinikhomepage bestätigen oder stornieren zu können. Die Mitarbeiter bekommen die Information in Form einer Mail.

Soll-Prozess „Ausstellung von Rezepten":
Da ein Teil der Anrufe die Rezeptanfragen umfasst, wurde der Prozess ebenfalls durch die Entwicklung von einem Web-Formular zum Teil digitalisiert. Dadurch können Patienten ihre Rezepte auch außerhalb der Öffnungszeiten über die Klinikhomepage bestellen. Der Einsatz dieses Tools ermöglicht eine verbesserte telefonische Erreichbarkeit für andere Patientenanliegen. Aus der Mitarbeiterperspektive wird dadurch eine bessere Planbarkeit der Tätigkeit erreicht, da die ausgefüllten Web-Formulare in Form von E-Mail-Nachrichten vorliegen und gebündelt erledigt werden können.

Soll-Prozess „Digitalisierung von Unterlagen":
In vielen Krankenhausbereichen ist zu beobachten, dass trotz der ePA-Implementierung noch einige Dokumentationen in Papierform vorliegen. Zum Teil handelt es sich hier um eine doppelte Dokumentation und somit um unnötige und vor allem historisch etablierte

Abläufe. Zum Teil liegen Unterlagen nur in Papierform vor (z. B. mitgebrachte Befunde) und werden zum späteren Zeitpunkt digitalisiert. Es entstehen nicht nur Prozessbrüche, sondern auch Informationsverluste, da die Unterlagen nicht sofort allen Beteiligten zur Verfügung stehen.

Mit dem neumodellierten Prozess der Patientenaufnahme werden alle Unterlagen bereits während der Aufnahme digitalisiert. Die Arbeit mit der ePA erfordert eine sorgfältige Dokumentationsführung bei der Digitalisierung. Dies bedeutet, dass das Dokument an der richtigen Stelle im KIS (Krankenhausinformationssystem) abgelegt und entsprechend benannt werden muss, damit es nicht zu einem zusätzlichen Aufwand bei der Suche nach der Datei kommt. Deshalb wird eine Liste mit den Unterlagen angelegt, die gescannt und unter einem vordefinierten Bezeichnungsschlüssel im KIS gespeichert werden müssen. Damit der Aufnahmeprozess zu Ende durchgeführt werden kann, bevor ein anderer Patient ins Aufnahmezimmer kommt, wurde ein modernes Patientenaufrufsystem installiert.

Soll-Prozess „Messung von Vitalwerten":
Im Ist-Zustand erfolgte die Dokumentation der gemessenen Werte auf einem Papierbogen, der anschließend zu einem späteren Zeitpunkt eingescannt und im KIS abgespeichert wurde. Im Rahmen der Soll-Prozessmodellierung wurde mit der IT-Abteilung ein neues KIS-Formular für die Dokumentation der Werte entwickelt. Die Ergebnisse können direkt nach der Messung in die ePA eingetragen werden. Es bietet somit nicht nur eine sofortige Datenverfügbarkeit, sondern verkürzt deutlich den Gesamtprozess (Abb. 6).

4   Zusammenfassung und Ausblick

Das Ziel der Reorganisation lag darin, den Ist-Zustand in den beiden Ambulanzen zu erfassen und darauf basierend ein Soll-Konzept mit dem Schwerpunkt „Prozessneugestaltung" zu erarbeiten. Dafür wurde ein Vier-Phasen-Vorgehensmodell entwickelt:

- Ist-Analyse und Ist-Prozessmodellierung,
- Ziele und Rahmenbedingungen,
- Soll-Konzeption und Soll-Prozessmodellierung sowie
- Umsetzung und Change-Management.

Bei der Modellierung von Soll-Prozessen lag die Fokussierung auf einigen differenzierten Aspekten wie Zeit, Kosten, Qualität, Risiko, Patienten- und Mitarbeiterorientierung. Die umfangreichen qualitativen und quantitativen Datengrundlagen ermöglichten die Berücksichtigung aller der oben genannten Faktoren. Der Einsatz von innovativen und digitalen Tools ermöglichte es, die Prozesse effizienter zu gestalten, eine sofortige Datenverfügbarkeit zu gewährleisten, die Patientenzufriedenheit zu steigern sowie administrative Tätigkeiten zu strukturieren. Dazu wurde im Rahmen der Soll-Konzeption nicht nur eine hohe

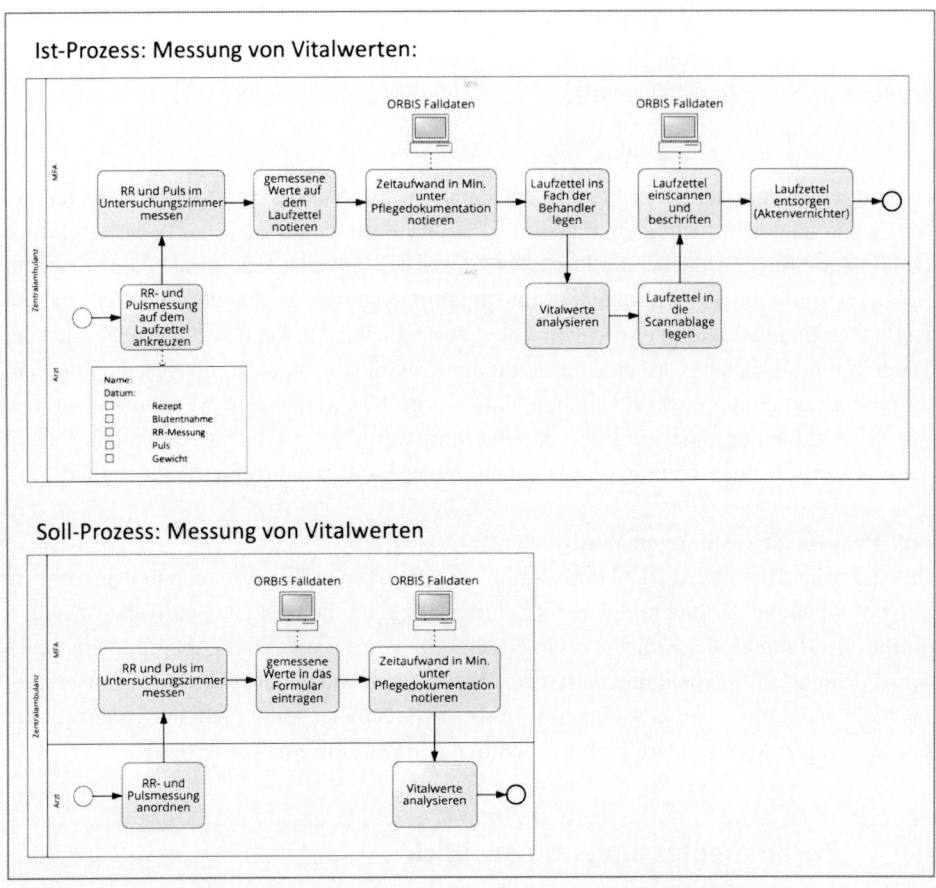

Abb. 6 Beispiel eines modellierten Ist- und Soll-Prozesses. (Eigene Darstellung)

Prozesstransparenz erreicht, es wurden auch Doppelarbeiten und unlogische Prozess-schritte liquidiert.

Dennoch bedeutet die Umsetzung der Reorganisationsmaßnahmen nicht, dass die Am-bulanz in dem erreichten Soll-Zustand langfristig verbleibt. Sowohl externe als auch in-terne Einflussfaktoren erfordern ein permanentes Prozessmanagement bzw. die Anpas-sung einiger Prozesse oder Teilprozesse an die Unternehmensanforderungen und -strategie. Die Aufgabe des kontinuierlichen Prozessmanagements umfasst nicht nur die Optimierung von bestehenden Prozessen, sondern auch die Implementierung von weiteren Abläufen in die reorganisierten Strukturen und die Abstimmung der Unterstützungsprozesse mit dem Kernprozess der Patientenbehandlung (Fuchs, 2017, S. 3). Durch den Einsatz von komple-xen und aufwendigen Methoden zur Erhebung des Ist-Zustands sowie durch die durchge-führte Reorganisation verfügt das Modellkrankenhaus über umfangreiche Daten und Informationen zu den Prozessen im administrativen Bereich. Die umfassende Daten-verfügbarkeit sowie die erreichte Prozesstransparenz durch die BPMN-Modellierung können als ausführliche Grundlage für weitere Prozessoptimierungsmaßnahmen durch innovative Lösungen dienen. Schließlich führen durch die Umsetzung von verschiedenen Digitalisierungsmaßnahmen im administrativen Bereich gut gesteuerte und effiziente Unterstützungsprozesse zu einer nachhaltig hohen Qualität der Kernprozesse. Tatsächlich erzielt der optimale Ressourceneinsatz infolge der Reorganisation von Aufbau- und Ablauforganisationen eine Verbesserung der Erlössituation. Der gelegte Fokus auf die Patientenperspektive bewirkt zahlreiche Wettbewerbsvorteile, die einhergehend mit nachhaltigen Rationalisierungsmaßnahmen zu einer stärkeren Positionierung am Markt führen werden.

Literatur

Becker, J., Kugeler, M., & Rosemann, M. (2012). *Prozessmanagement. Ein Leitfaden zur prozessorientierten Organisationsgestaltung*. Springer Gabler.

Freund, J., & Rücker, B. (2017). *Praxishandbuch BPMN. Mit Einführung in CMMN und DMN*. Hanser.

Fuchs, C. (2017). Gestaltung von Kernkompetenzen. In W. Zapp & J. Ahrens (Hrsg.), *Von der Prozess-Analyse zum Prozess-Controlling. Analyse – Verfahren – Praxisbeispiele* (S. 1–20). Springer Gabler.

Gaitanides, M. (2012). *Prozessorganisation. Entwicklung, Ansätze und Programme des Managements von Geschäftsprozessen*. Vahlen.

Göpfert, J., & Lindenbach, H. (2013). *Geschäftsprozessmodellierung mit BPMN 2.0. Business Process Model and Notation*. Oldenbourg.

Heini, R. (2021). *Glossar. Ziele und Anforderungen*. http://www.anforderungsmanagement.ch/in_depth_vertiefung/ziele_und_anforderungen/index.html. Zugegriffen am 12.06.2021.

Köper, B., Seiler, K., & Beerheide, E. (2012). Restrukturierung und Gesundheit – Was sagt die Forschung und welche Praxisempfehlungen leiten sich daraus ab? *ARB.WISS, 4*(66), 243–251.

Korff U. (2012). Patient Krankenhaus. Wie Kliniken der Spagat zwischen Ökonomie und medizinischer Spitzenleistung gelingt. Wiesbaden. Springer Gabler.

Krüger, W. (2014). Das 3W-Modell: Bezugsrahmen für das 1 Wandlungsmanagement. In W. Krüger & N. Bach (Hrsg.), *Excellence in Change-: Wege zur strategischen Erneuerung* (S. 1–33). Springer Gabler.

Meister, S., Burmann, A., & Deiters, W. (2020). *Digitalisierung im Krankenhaus. Bausteine für eine erfolgreiche Umsetzung des Krankenhauszukunftsgesetzes*. Fraunhofer-Institut für Software- und Systemtechnik ISST.

Neumann, S., Probst, C., & Wernsmann, C. (2012). Kontinuierliches Prozessmanagement. In J. Becker, M. Kugeler & M. Rosemann (Hrsg.), *Prozessmanagement. Ein Leitfaden zur prozessorientierten Organisationsgestaltung* (S. 303–329). Springer Gabler.

Oswald, J., & Goedereis, K. (2019). Voraussetzungen und Potenziale des digitalen Krankenhauses. In J. Klauber, M. Geraedts, J. Friedrich & J. Wasem (Hrsg.), *Krankenhaus- Report 2019* (Das digitale Krankenhaus, S. 49–66). Springer.

Scholz, R., & Vrohlings, A. (1994a). Realisierung von Prozessmanagement. In M. Gaitanides, R. Scholz, A. Vrohlings & M. Raster (Hrsg.), *Prozeßmanagement. Konzepte, Umsetzungen und Erfahrungen des Reengineerings* (S. 21–36). Hanser.

Scholz, R., & Vrohlings, A. (1994b). Prozess-Struktur-Transparenz. In M. Gaitanides, R. Scholz, A. Vrohlings & M. Raster (Hrsg.), *Prozeßmanagement. Konzepte, Umsetzungen und Erfahrungen des Reengineerings* (S. 37–56). Hanser.

Schuh, G. (2006). *Change-Management: Prozesse strategiekonform gestalten.* Springer.

Schwegmann, A., & Laske, M. (2012). Istmodellierung und Istanalyse. In J. Becker, M. Kugeler & M. Rosemann (Hrsg.), *Prozessmanagement. Ein Leitfaden zur prozessorientierten Organisationsgestaltung* (S. 165–194). Springer Gabler.

Weth, M. (1997). *Reorganisation zur Prozessorientierung.* P. Lang.

Zapp, W. (2017). Prozessorganisation. In J. Oswald, B. Schmidt-Rettig & S. Eichhorn (Hrsg.), *Krankenhaus-Managementlehre. Theorie und Praxis eines integrierten Konzepts* (S. 315–343). Kohlhammer.

Zapp, W., & Otten, S. (2010). Vorgehensweise und Ablauf der Gestaltung von Prozessen. In W. Zapp (Hrsg.), *Prozessgestaltung in Gesundheitseinrichtungen. Von der Analyse zum Controlling* (2. Aufl., S. 87–117). Economica-Verlag.

Rentable Prozesse auf dem Stand der Technik

Meik Eusterholz, Andreas Landgraf und Gisbert Multhaupt

Inhaltsverzeichnis

M. Eusterholz (✉)
UNITY AG, Paderborn, Deutschland
E-Mail: meik.eusterholz@unity.de

A. Landgraf
Philips GmbH, Hamburg, Deutschland
E-Mail: andreas.landgraf@philips.com

G. Multhaupt
Medizinisches Zentrum für Gesundheit Bad Lippspringe GmbH, Bad Lippspringe, Deutschland
E-Mail: g.multhaupt@medizinisches-zentrum.de

© Der/die Autor(en), exklusiv lizenziert durch Springer Fachmedien Wiesbaden
GmbH, ein Teil von Springer Nature 2022
V. Henke et al. (Hrsg.), *Digitalstrategie im Krankenhaus*,
https://doi.org/10.1007/978-3-658-36226-3_30

Zusammenfassung

80 % aller IT-Projekte scheitern, da sie ausschließlich aus der Sicht der Technik ange-
gangen werden. Zwei weitere Perspektiven werden unterschätzt: Die Prozesse und die
Mitarbeiter geben den Takt der IT-Einführung vor und bilden zentrale Erfolgsfaktoren.
Die Technologiepartner haben insbesondere in Zeiten der Vollauslastung das Ziel, ihren
Produkt- oder Modulstandard durchzusetzen. Dabei gehen die Prozesssicht und die
Berücksichtigung des Reifegrades der Organisation verloren. Zusätzlich bieten insbe-
sondere die Anbieter im oligopolistischen Markt nicht mehr den Stand der Technik. Die
Softwarearchitekturen und auch die Ergonomie (Usability) entsprechen nicht den heu-
tigen Möglichkeiten. Im Artikel wird dargestellt, wie sich die Kernprozesse des Krankenhauses mit dem Einsatz moderner Technologien verändern und wie der optimale
IT-Einführungsprozess gesteuert wird. Das Hauptziel dabei ist, rentable Prozesse in
einem Krankenhaus zu etablieren.

1   Prozesslandkarte der Zukunft

Ziel von IT-Projekten sind immer effizientere Prozesse. Wie sieht es eigentlich aus, wenn
bisherige Strukturen wegfallen und ein reibungsloser Prozess – von der Aufnahme bis zur
Entlassung – geplant wird?

Die Prozesslandkarte der Zukunft (siehe Abb. 1) beschreibt die zukünftigen Soll-
Kernprozesse des Krankenhauses. Dabei fällt auf, dass der bisher übliche Fokus auf Ab-
teilungen, Disziplinen und Hierarchien bei den dargestellten Prozessen entfällt. Auch die
Möglichkeit, bestimmte Prozessschritte online abzubilden, wird in der Prozesslandkarte
der Zukunft dargestellt. Durch telemedizinische Anwendungen können Abläufe vor der
Therapie dezentral stattfinden, wodurch die Kliniken entlastet werden. Verschiedene moderne Systeme unterstützen Diagnose, Therapieentscheidungen und Behandlung (Unity
AG, 2021). Dabei berücksichtigt sind mögliche Technologien der Fördertatbestände
(FTBs) des Krankenhauszukunftsgesetzes (KHZG). Der Prozess wird in fünf Phasen geteilt: Aufenthalt planen, Patient aufnehmen, Patient diagnostizieren, Patient therapieren
und Patient verlegen/entlassen.

1.1   Aufenthalt planen/Patient aufnehmen

Wird von einem *geplanten Aufenthalt* ausgegangen, startet der Patient mit der Terminie-
rung seines Aufenthaltes durch einen vorgelagerten Leistungserbringer (z. B. Haus- oder
Facharzt) und über das Patientenportal. Die administrative Aufnahme, Identifizierung und
Authentifizierung des Patienten finden über ein digitales Verfahren statt. Telemedizinische
Sprechstunden, eine digital gestützte Eigenanamnese, Informationen zur Behandlung und

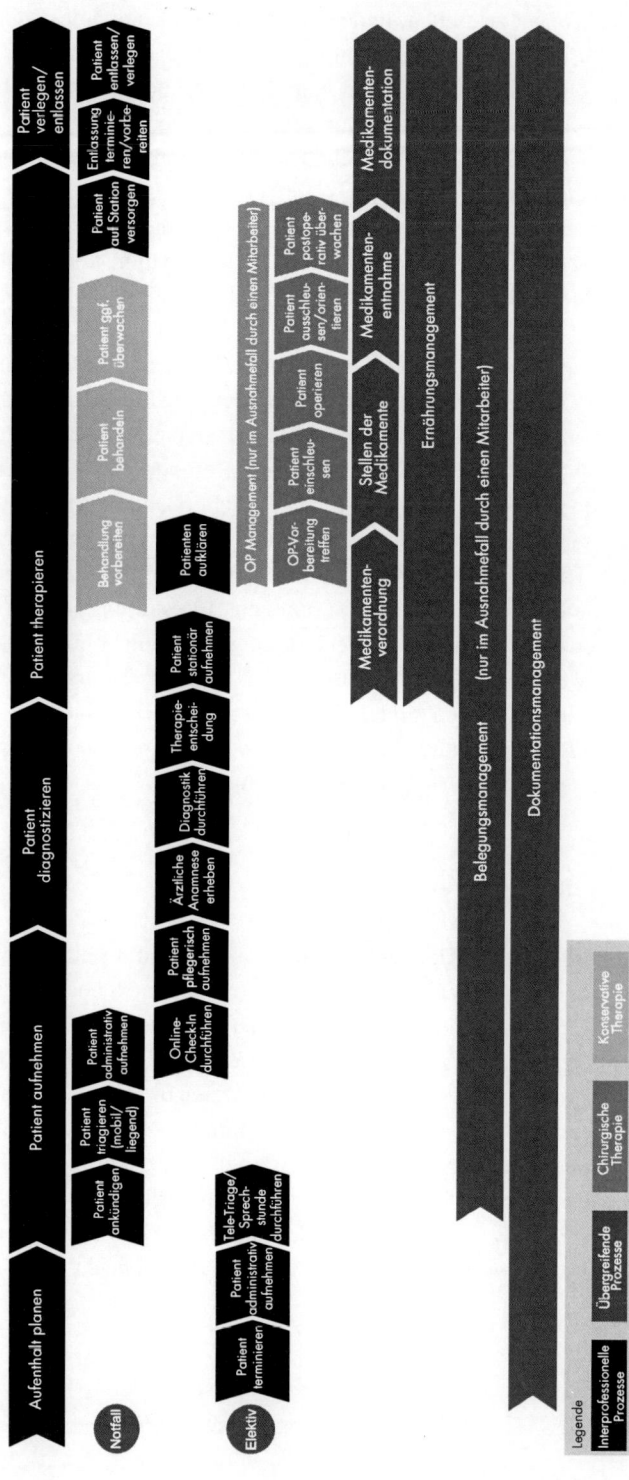

Abb. 1 KHZG Kernprozesse des Krankenhauses der Zukunft 2025

die Möglichkeit, Rückfragen zu stellen, finden noch vor dem Beginn des Aufenthaltes in der Klinik statt. Die Terminierung der planbaren Aufenthalte erfolgt entsprechend der Diagnose, der medizinischen Dringlichkeit und dem Anspruch des Patienten. Terminänderungen werden an alle beteiligten Personen weitergeleitet. Der Patient kann am Tag der stationären Aufnahme an einem Check-In Schalter aufgenommen werden. Dieser ähnelt einem Flughafen Check-In und ermöglicht es, mit unterschiedlichen Medien einzuchecken (digital, per App, papierbasiert, persönlich). Eine App unterstützt die Navigation im Krankenhaus. Während der anschließenden pflegerischen Aufnahme können alle Pflegeinformationen und die Medikation digital und lückenlos in die einrichtungsinterne und institutionelle Patientenakte übernommen werden.

Die Ankündigung eines *Notfallpatienten* erfolgt digital über ein Notfallsystem des Rettungsdienstes, welches an das Krankenhaus angebunden ist. Freie Kapazitäten werden eingesehen und vor der Ankunft des Patienten wird ein Untersuchungsraum auf der zugewiesenen Station geblockt. Klinische Daten und erste Befunde können bereits während des Transports von den Ärzten eingesehen werden. Anschließend ermittelt ein computergestütztes Triage-System einen vorläufigen Diagnosevorschlag und die Dringlichkeit des ersten Arztkontaktes. Über einen Remote Support unterstützen die Ärzte schon während des Einsatzes und können so auch über Entfernungen Hilfestellung leisten und Fragen beantworten. Bei einer lebensgefährlichen Veränderung der Vitalparameter des Patienten gibt es einen Warnhinweis über das System. Bei Bedarf wird das Trauma-Team alarmiert.

Die Notfallinformationen werden direkt in die institutionelle Patientenakte übertragen. Der telemedizinische Austausch und die Übermittlung relevanter medizinischer Daten während des Aufnahmeprozesses erfolgen unterbrechungsfrei.

1.2   Patient diagnostizieren

Die ärztliche Anamnese kann im Krankenhaus oder auch dezentral stattfinden. Zusätzlich kann der Arzt vom klinischen Arbeitsplatz aus vorab vom Patienten übermittelte Informationen einsehen (z. B. Eigenanamnese). Nach der Anamnese wird die Diagnose mithilfe eines CDS (Clinical Decision System) durchgeführt. Alle relevanten Informationen werden elektronisch übermittelt und Befunde können von Ärzten digital ausgetauscht werden. Die Diagnostik (Bildgebung, Laborparameter etc.), Empfehlungen und Hinweise von Entscheidungsunterstützungssystemen sowie der Austausch zwischen den Ärzten sind die Grundlage für den Therapieplan. Die stationäre Aufnahme erfolgt dann persönlich oder mittels eines AR/VR-Systems (Augmented Reality/Virtual Reality System) im Zimmer. Zusätzliche Services können vom Patienten gesichtet und dazugebucht werden.

1.3 Patient therapieren

Vor der Behandlung wird der Patient mit der Unterstützung eines dialogbasierten Assistenzsystems aufgeklärt. Fragen werden mithilfe einer Wissensdatenbank und von Aufklärungsvideos beantwortet. Es gibt direkte Kontaktoptionen zum Arzt und die Dokumentation und Aufzeichnung erfolgt automatisch.

Die Vorbereitung des Patienten bei der *konservativen Therapie* erfolgt mit der Unterstützung von robotischen Assistenzsystemen. Die Systeme sind interoperabel zu den OP-Management-IT-Systemen und den medizintechnischen Geräten. Die Ärzte haben auch die Möglichkeit, alle bereits angeforderten Leistungen einzusehen. Durch geeignete Warnhinweise werden Doppelanforderungen vermieden. Die anschließende Behandlung erfolgt dann über teil- oder voll automatisierte klinische Entscheidungsunterstützungssysteme. Das System nimmt klinische Patientendaten auf, kann sie visuell darstellen und ist mit weiteren Daten und Wissensdatenbanken verknüpft. Durch das System werden Empfehlungen, Hinweise und Warnsignale zur Behandlung gegeben. So werden Medikamentenfehlgaben und Patientenverwechslungen vermieden. Die Überwachung der Vitalparameter des Patienten erfolgt mit Sensorik- und Monitoringverfahren (z. B. Blutdruck-, Atemfrequenzmessung und -darstellung) in Echtzeit. Telemedizinische Anwendungen ermöglichen den Einsatz von erfahrenen Fachärzten rund um die Uhr.

Während der Operationsvorbereitung erhält das Pflegepersonal digitale Anweisungen, wann welcher Patient wie vorzubereiten ist. Nach der Durchführung werden diese auf einem Device des Patienten bestätigt und dokumentiert. Der OP-Saal wird mithilfe von IoT automatisch konfiguriert. Beim Einschleusen des Patienten wird dieser automatisch identifiziert und mit dem OP-Plan abgeglichen. Der Plan ist immer in Echtzeit zu verfolgen und das OP-Geschehen wird über einen digitalen Zwilling stetig optimiert. Dieser stellt ein Abbild der realen Situation dar, an welcher dann Veränderungen und Weiterentwicklungen der Therapie erprobt werden können. Best Case Benchmarking und Guidelines werden für die OP vorbereitet. Durch AR-Brillen wird die Vorbereitung des Patienten unterstützt und kann bspw. aufzeigen, welches Material benötigt wird und wie die Lagerung erfolgen soll. Die erzeugten OP-Daten werden in einer „Blackbox" gesichert. Die gesamte Dokumentation (Daten, Bilder, Videos) wird durch Sprach- und Gestensteuerung erleichtert und erfolgt digital und automatisch. Die postoperative Überwachung des Patienten findet mittels Sensorik (z. B. Wearables) an jedem Ort in der Klinik statt. Bedrohliche Gesundheitszustände des Patienten werden kommuniziert, bevor sie lebenskritisch werden. Der OP-Befund steht webbasiert zur Verfügung. Aus- und Einchecken des Patienten erfolgt mittels RFID (Radio-Frequenzy Identification).

1.4 Patient verlegen/entlassen

Bei der Verlegung/Entlassung des Patienten werden alle Dokumente (z. B. Medikamenteneinnahmen, Hinweise zur Ernährung, Einschränkungen der körperlichen Belastbarkeit etc.) und die Entlassdokumentation vollständig bereitgestellt. Die Anschlussheilbehandlung (AHB) Planung erfolgt digital über eine Plattform (digitales Entlassmanagement). Über diese Plattform wird ebenfalls die Angabe über den Versorgungsbedarf sowie die Rückmeldung über freie Kapazitäten der nachfolgenden Leistungserbringer koordiniert.

Prozessübergreifend finden das *Dokumentationsmanagement, das Belegungsmanagement, die Speisenversorgung und der Medikationsprozess* statt.

Durch das *Dokumentationsmanagement* werden alle relevanten medizinischen Daten ohne Medienbrüche und interoperabel sicher übermittelt. Alle Unterlagen, Informationen und Daten des Patienten (z. B. Wunddokumentation, Fieberkurven) werden ortsunabhängig eingesehen und erfasst/dokumentiert. Intelligente Spracherkennungssoftware, Checklisten und Erinnerungshilfen unterstützen die Dokumentation und verhindern fehlerhafte und unvollständige Eingaben. Die digitale Behandlungsdokumentation erkennt frühzeitig Risiken (z. B. Fehlernährung, Schmerz, MRSA Risiken, andere Auffälligkeiten) auf Basis der Patientendaten.

Das *Belegungsmanagement* erzeugt automatisch einen Vorschlag auf Basis hinterlegter Belegungsstandards und Kapazitäten. Nicht hinterlegte Sonderwünsche werden manuell durch Service- oder Pflegekräfte erfasst und in dem aktuellen Vorschlag berücksichtigt. Es erfolgt ein transparentes Terminmanagement für alle Beteiligten.

Der *Medikationsprozess* ist in vier einzelne Bestandteile gegliedert: Medikamentenverordnung, Stellen der Medikamente, Medikamentenentnahme und Medikamentendokumentation.

Während der Medikamentenverordnung findet eine systemische Überprüfung von Wechselwirkungen, Kontraindikationen, Fehlmedikationen und Arzneimittelallergien statt. Es werden entsprechende Warnungen ausgegeben.

Das Stellen der Medikamente wird durch einen Unit-Dose-Automaten unterstützt. Alle Arzneimittel werden durch das System patientenindividuell zusammengestellt, verpackt und individuell etikettiert. Anschließend erfolgt die Direktbelieferung der Klinikapotheke. Die Medikamentenentnahme kann nur über einen patientenspezifischen Bar-/QR-Code erfolgen. Die wesentlichen Schritte des Medikationsprozesses (Verordnen, Stellen, Gabe) werden durch das Scannen des Bar-/QR-Codes festgehalten. So werden Medikationsfehler vermieden. Das gesamte Medikationsmanagement ist ein Closed-Loop System und verbessert die Arzneimitteltherapiesicherheit.

2   Konsequenzen/Größte Veränderungen zur Ausgangssituation

Im Hinblick auf die Digitalisierung im Gesundheitswesen ist Deutschland, im Vergleich zu vielen anderen Ländern, weit abgeschlagen (Eusterholz et al., 2019, S. 10). Vor allem durch das Krankenhauszukunftsgesetz (KHZG) von 2020 wurden nun große Veränderungen angestoßen. Der IT-Bereich eines Krankenhauses ist wettbewerbsentscheidend und sichert somit die Zukunft einer Klinik. Daher ist es von enormer Bedeutung, die

Digitalisierung in die deutschen Kliniken zu bringen, um dem Krankenhaussterben entgegenzuwirken und die Therapiequalität im internationalen Vergleich halten zu können. Das Ziel ist eine bessere und finanzierbare Versorgung. Um das zu erreichen, sind Umdenken, Veränderung und Weiterentwicklung notwendig (Elmer, 2016, S. 8). Die größten Veränderungen für die Krankenhäuser, die die Digitalisierung mit sich bringt, können durch unterschiedliche Blickwinkel – personell und prozessual – betrachtet werden. Hinzu kommen die Veränderungen für Patienten und Angehörige (siehe Abb. 2).

Um die Digitalisierung in einem Krankenhaus voranzutreiben, gilt es, die bestehenden Prozesse neu gestalten/anzupassen und so zu organisieren, dass neueste Technologien und Systeme eingeführt werden können (Eusterholz, 2019, S. 325–326). Die Prozessorientierung ermöglicht zudem, die Mitarbeiter auf dem Weg der Digitalisierung mitzunehmen, was ein wichtiger Faktor für den Erfolg ist. Der Status Quo in den Krankenhäusern zeigt viele Insellösungen, die nicht flächendeckend einsetzbar sind. Im Gegensatz hierzu sollen interoperable und schnittstellenübergreifende technische Lösungen in den Krankenhäusern etabliert werden. Um ein Krankenhaus effizienter und interoperabel zu gestalten, ist es teilweise notwendig, hochkomplexe IT-Systeme einzusetzen. Durch den zunehmenden Einsatz verschiedener Technologien in einem Krankenhaus steigt auch das Ausfallrisiko und die Angriffsfläche für Cyberattacken wird größer. Es ist also ein Muss, in Cybersicherheitsmaßnahmen zu investieren. Ein gutes Information Security Management System (ISMS) und ein flächendeckendes WLAN sind unerlässlich für ein zukunftsfähig aufgestelltes Krankenhaus (Bundesamt für soziale Sicherung (BAS), (2021), S. 35–36). Durch die Digitalisierung werden Daten in sehr großen Mengen generiert. Daher sollte der Datenschutz auch in Krankenhäusern immer weiter in den Vordergrund rücken (Bitkom,

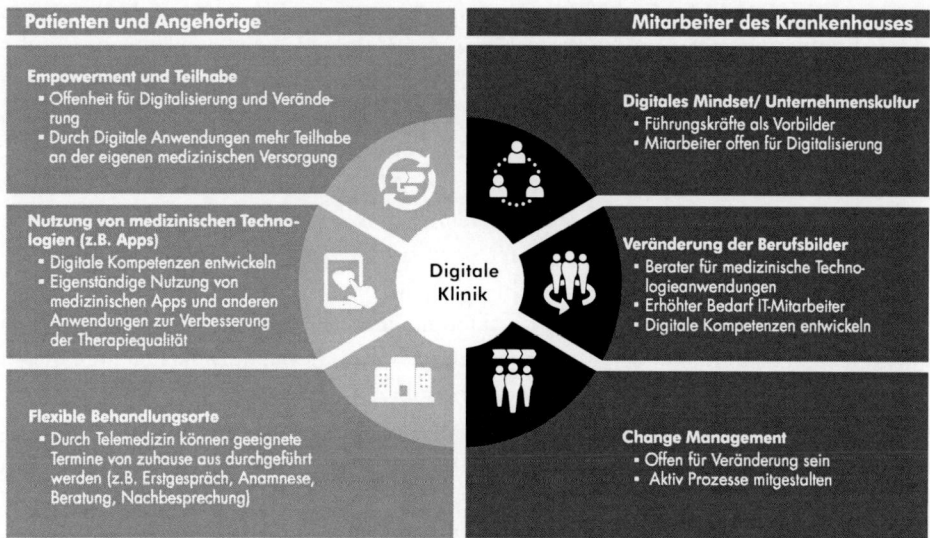

Abb. 2 Veränderung durch die Digitale Klinik für Patienten/Angehörige und Mitarbeiter des Krankenhauses

2019). Die IT-Mitarbeiter stellen die Technologien bereit und stehen in einer beratenden Funktion zur Verfügung, sind jedoch nicht für die Prozessoptimierung mithilfe der Technologien verantwortlich. Um die Abläufe in einem Krankenhaus mithilfe der Digitalisierung effizienter gestalten zu können und veraltete (papierbasierte) Prozesse abzuschaffen, muss beim Personal eine Affinität für Change Management vorhanden und die Unternehmenskultur offen gegenüber der Digitalisierung sein. Oftmals sind die Mitarbeiter den Umgang mit digitalen Technologien im Privaten längst gewohnt. Die Anforderung an das Krankenhaus ist es, neue Technologien auch im Arbeitsbereich zu finanzieren und zur Verfügung zu stellen. Unter diesem Aspekt wird an die Führungskräfte und das Krankenhausmanagement ein besonderer Anspruch gestellt. Diese müssen den Wandel der Digitalisierung aktiv vorleben, transparent gestalten und während der Veränderungsprozesse Orientierung bieten (Mangiapane & Bender, 2020, S. 17). Außerdem muss das Management den Angestellten Zeit und Kapazitäten für die Einführung der Systeme geben. Die Mitarbeiter der Krankenhäuser sind die Anwender der neuen IT-Systeme. Alle Stakeholder und Key User sollten ein digitales Mindset haben, ansonsten können alte Strukturen nicht aufgebrochen werden und bleiben parallel zu den neu eingeführten Strukturen bestehen. Die Vorbereitung der Key User und Mitarbeiter erfolgt im besten Fall bereits vor den Änderungsprozessen. Auch für die Patienten ist es wichtig, die richtige Nutzung von Technologien vorgelebt und erklärt zu bekommen. Einige Anwendungen (Apps, Wearables etc.) werden sowohl von den Mitarbeitern als auch von den Patienten genutzt. So wird Empowerment und Teilhabe in der medizinischen Versorgung gestärkt.

Ziel der Digitalisierungsstrategien in Krankenhäusern ist, eine verbesserte Therapiequalität und damit eine verbesserte Lebensqualität für Patienten nach der Behandlung zu erreichen. Das medizinische Personal soll, besonders im Hinblick auf die Bürokratie, entlastet werden. Durch die Optimierung und Veränderung der Prozesse und Strukturen in einem Krankenhaus werden sich Berufsbilder verändern und auch komplett neue Berufsbilder geschaffen (Eusterholz, 2019, S. 326–328). Durch die wachsenden Anforderungen an die technischen Anwendungen und die steigende Komplexität in den IT-Architekturen besteht ein erhöhter Bedarf an IT-Mitarbeitern. Für die Kliniken ist es wichtig, sich hier auf personeller Ebene gut aufzustellen und ggf. Maßnahmen zu entwickeln, um neue IT-Mitarbeiter zu akquirieren. Durch das telemedizinische Angebot ändern sich auch die Anforderungen an die Ärzte. Diese agieren dann zu einem Teil auch als Berater für medizinische Technologieanwendungen (z. B. Apps, Wearables). Für die Patienten bedeuten die telemedizinischen Angebote eine Erweiterung ihrer Therapiemöglichkeiten und auch eine örtliche Flexibilität in der Versorgung. Dezentrale Terminmöglichkeiten minimieren auch die Ansteckungsgefahr (z. B. durch überfüllte Wartebereiche), was besonders für Risikopatienten relevant ist. Bestimmte Prozessschritte (z. B. Erstgespräch, Anamnese, Nachbesprechungen) können beispielsweise von Zuhause aus durchgeführt werden. Andere Berufsgruppen im Krankenhaus (z. B. Pfleger) werden durch die veränderten Abläufe entlastet und können sich vermehrt auf ihre wesentlichen Aufgaben konzentrieren (Elmar, 2016, S. 8). Sie müssen aber, zusätzlich zu ihren bisherigen Kompetenzen, auch digitale Kompetenzen entwickeln. Die Digitalisierung ist kein Projekt einzelner Mitarbeiter oder einzelner Abteilungen, sondern eine fortlaufende Veränderung, die sich durch die gesamte Organisation zieht (Mangiapane & Bender, 2020, S. 20–21).

3   IT-Einführung

Das Hauptziel einer IT-Einführung ist die Effizienzsteigerung der Prozesse. Die Einführung bringt viele Herausforderungen mit sich, insbesondere in Kliniken, da hier der Digitalisierungsgrad häufig niedrig ist. Umso wichtiger ist eine gut strukturierte, auf die Mitarbeiter abgestimmte und prozessorientierte IT-Einführung. Die Abläufe in einer Klinik sollten bereits vor der IT-Einführung optimiert werden, denn so gestaltet sich die Implementierung verschiedener Technologien einfacher. Bestehende Prozesse einfach zu digitalisieren, ist ineffizient und verfehlt das eigentliche Ziel der Nutzung von IT-Systemen (Mangiapane & Bender, 2020, S. 87). Zusätzlich muss sichergestellt werden, dass die nötigen Ressourcen für die Etablierung der Prozesse vorhanden sind.

Es ist anspruchsvoll, sich für das richtige IT-System zu entscheiden. Um alle Anforderungen des Unternehmens abzudecken, kann auf modularisierte IT-Architekturen zurückgegriffen werden (Böhmann & Krcmar, 2004). Dabei werden unterschiedliche Systeme kombiniert, um eine passende Softwareunterstützung zu bieten. Hier gilt es, auf Interoperabilität zu achten. Insbesondere der Datenstandard und der interoperable Austausch von Informationen zwischen den Systemen müssen gewährleistet sein.

Häufig gibt es einen Mangel an qualifiziertem IT-Personal. Das kann einerseits an knappen Personalressourcen liegen und andererseits auch an einer zu geringen Qualifizierung der Mitarbeiter. Das Hinzuziehen externer Berater kann daher sinnvoll und hilfreich sein. Wesentliche Vorteile sind Expertise, Erfahrung und ein objektiver Blick auf das Projekt. Gerade in Kliniken mangelt es an erfahrenem Personal im Hinblick auf die Digitalisierung. Für eine nachhaltige IT-Einführung sind zwei Aspekte besonders wichtig: das *Business IT Alignment* und das *Projektmanagement*.

Das Business IT Alignment beschreibt den Prozess, die IT an die Geschäftsaktivitäten und -ziele anzupassen. Die IT stimmt sich fortlaufend mit anderen Geschäftsbereichen ab und richtet sich danach aus. So kann das Geschäftsergebnis positiv beeinflusst werden. Das Business IT Alignment ist ein kontinuierlicher Prozess und muss auch durch die Unternehmenskultur unterstützt werden.

Das Projektmanagement ist der zweite wichtige Punkt. Mit einem neuen IT-System gehen auch neue Abläufe im operativen Geschäft einher. Wichtig ist eine hohe Integration und Teilhabe der späteren Anwender während des gesamten Einführungsprozesses. Es gilt, eine Bindung zwischen dem operativen Geschäft und der IT-Organisation zu schaffen. Das Projektmanagement kann in vier Phasen/Meilensteine gegliedert werden: 1. Aufgaben- und Anforderungsanalyse, 2. Systemauswahl, 3. Systemeinführung, 4. Roll-out (siehe Abb. 3; Gausemeier & Plass, 2014, S. 413–414).

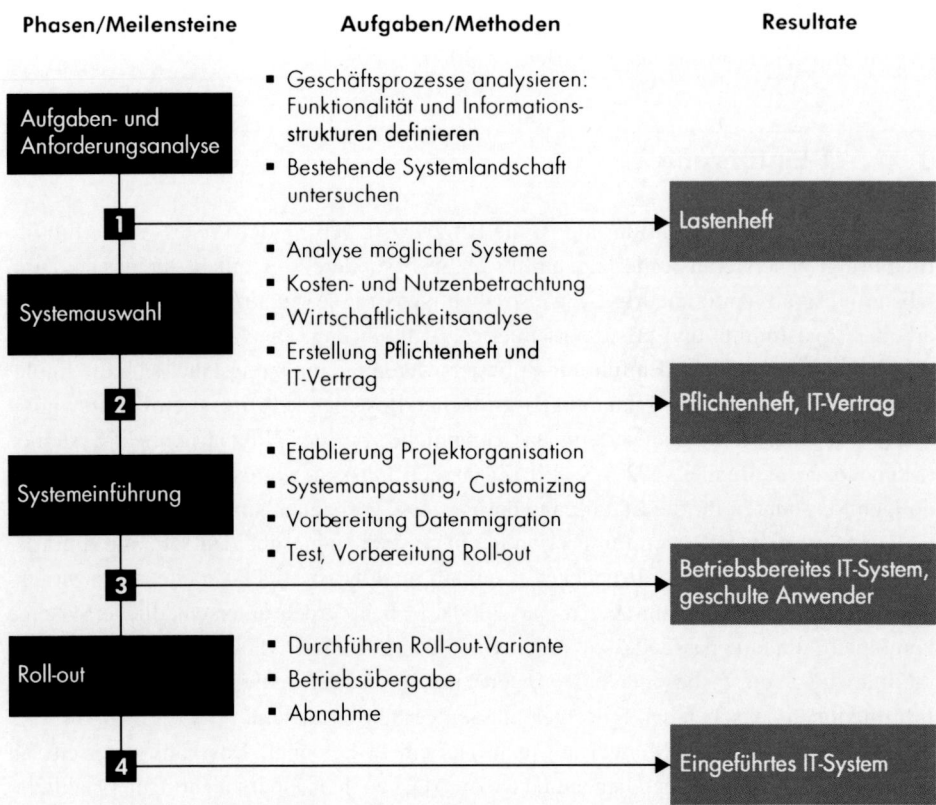

Abb. 3 Vorgehen bei der IT-Einführung. (Gausemeier & Plass, 2014, S. 414)

3.1 Aufgaben- und Anforderungsanalyse

Ziel der Aufgaben- und Anforderungsanalyse ist es, ein Lastenheft zu erstellen. In diesem sind die Anforderungen definiert und die Aufgaben aufgeführt, die das neue System erfüllen soll. Um solch ein Lastenheft erstellen zu können, müssen die folgenden drei Voraussetzungen erfüllt werden.

Für das Projekt werden *Soll-Geschäftsprozesse* definiert. Die Formulierung dieser Prozesse erfolgt bestenfalls gemeinsam mit den Anwendern der zukünftigen Systeme. Die aktuellen Geschäftsprozesse werden zunächst analysiert. Daraus wird abgeleitet, welche Anforderungen an das System gestellt werden und welche Funktionen es haben muss. Daraus ergeben sich die Soll-Geschäftsprozesse. *Transparente Informationsstrukturen* müssen definiert und dokumentiert werden. Diese sind wichtig für die Auswahl des neuen IT-Systems und des Implementierungspartners. Eine *Systemintegration* ist notwendig, da das neue System in eine bestehende IT-Landschaft eingebettet werden soll. Es muss daher bestimmte Anforderungen erfüllen. Unter anderem wird bestimmt, ob die schon vorhandenen Systeme über eine passende Schnittstellenanbindung verfügen, oder ob hier Systeme mit einer anderen IT-Architektur eingesetzt werden müssen.

Aus diesen drei Elementen entsteht das Lastenheft. Diesem kommt – als Grundlage für eine Investitionsentscheidung – eine bedeutende Rolle zu. Nach der Systemauswahl ist es wichtig, im Lastenheft festzuhalten, welche Anforderungen das Standardsystem abdeckt und welche gegebenenfalls durch eine individuelle Erweiterung oder Anpassung abgedeckt werden müssen.

Die Ausführlichkeit des Lastenhefts variiert je nach Projektvorhaben.

3.2   Systemauswahl

Die Systemauswahl kann sehr komplex sein und es ist sinnvoll, sich den Prozess in einzelne Aufgaben aufzuteilen. Mögliche Systeme sollten zunächst analysiert werden. Das Lastenheft und andere Anforderungsprofile kommen hier zum Tragen. Das Ziel der Analyse sollte eine kleine Auswahl infrage kommender Anbieter sein. Daraufhin können Systempräsentationen stattfinden. Ein festgelegter Rahmen für die Präsentation ist sinnvoll, um im Anschluss besser vergleichen zu können. Hilfreich bei dem Auswahlverfahren kann auch eine Nutzwertanalyse sein. Dabei stehen unterschiedlich gewichtete Auswahlkriterien zur Verfügung. So können auch sehr unterschiedliche Systeme gut miteinander verglichen und der Nutzen für das Unternehmen bewertet werden.

Eine Wirtschaftlichkeitsanalyse kann dabei helfen, herauszufinden, ob die Einführung und der Einsatz des IT-Systems für das Unternehmen wirtschaftlich sind. Dabei werden die Ist-Prozesse aufgenommen und daraus Verbesserungsmöglichkeiten (Potenziale) abgeleitet. Aus diesen Potenzialen können konkrete Maßnahmen (z. B. Sofortmaßnahmen, kostenwirksame Maßnahmen, IT-unabhängige Maßnahmen etc.) abgeleitet werden. Der quantitative Nutzen eines Potenzials lässt sich durch eine Erlössteigerung oder/und durch eine Aufwandssenkung festhalten. Die Kosten für das neu einzugliedernde IT-System werden entweder den Investitionskosten oder den Betriebskosten zugeordnet. Bezogen auf die Jahre des Einsatzes können so Kosten und Nutzen ermittelt werden.

Abschließend kann ein Pflichtenheft auf der Grundlage des Lastenheftes erstellt werden, welches die zu erbringende Leistung schriftlich und detailliert festhält. Zusätzlich wird ein IT-Vertrag erstellt. Dabei ist es sinnvoll, sich an den aktuellen EVB-IT Vertragstypen (Beauftragter der Bundesregierung für Informationstechnik, (o. J.)) zu orientieren und einen Juristen mit dem Schwerpunkt IT hinzuzuziehen.

3.3   Systemeinführung

Während der Systemeinführung werden systematisch die Anforderungen aus dem Pflichtenheft und dem IT-Vertrag abgearbeitet. Es ist wichtig, für diese Phase eine Projektorganisation zu etablieren und diese dann konsequent einzuhalten. Ein schrittweises Vorgehen sowie die Einbindung des Lenkungsausschusses, des Kernteams und der Key-User sind für die Einführung von IT-Systemen unerlässlich.

Jede Implementierung eines IT-Systems hat unterschiedliche Zielsetzungen, Inhalte und damit verbunden sind unterschiedliche Vorgehensweisen. Zusätzlich zu dem Pflichtenheft werden deshalb noch Implementierungsspezifikationen definiert. Diese werden verbindlich in den IT-Vertrag aufgenommen. Nach der Systemanpassung und dem Customizing wird das System geprüft und anschließend bestenfalls freigegeben. Durch die Tests erfolgt auch die wesentliche Vorbereitung für den Roll-out. Das Ziel dieser Tests ist, festzustellen, inwiefern das Pflichtenheft und das realisierte IT-System tatsächlich übereinstimmen.

3.4   Roll-out

Beim Roll-out handelt es sich um die flächendeckende Einführung des neuen IT-Systems im Unternehmen. Dafür wird entschieden, in welchem örtlichen Umfang das System eingeführt werden soll, wie umfangreich die Prozessoptimierung stattfinden soll und welche Funktionen des neuen Systems in welchem Ausmaß an den unterschiedlichen Standorten eingesetzt werden.

Dabei richten sich die Entscheidungen nach den Anwendern, den personellen Ressourcen und den zeitlichen Kapazitäten für die Projekteinführung (Gausemeier & Plass, 2014, S. 414–431).

Um den dargestellten IT-Einführungsprozess umsetzen zu können, braucht es eine entsprechende Vorbereitung der Mitarbeiter, ein digitales Mindset in der Organisation und eine gute technische Grundlage (WLAN, Software, IT-Sicherheit).

4   Ausblick: Was kommt danach?

Nach einer erfolgreichen Digitalisierung und Prozessoptimierung in einer Klinik gibt es eine enorme Menge neuer Daten, das Krankenhaus nutzt verschiedene IT-Systeme für eine verbesserte Therapiequalität und alle Abteilungen der Klinik sind durch einheitliche Systeme interoperabel miteinander vernetzt. Nun stellt sich die Frage: Wie kann an diese Veränderungen angeschlossen werden, um eine fortlaufende Verbesserung des medizinischen Versorgungssystems zu erreichen?

Nach der erfolgreichen IT-Einführung in einem Krankenhaus kann die Implementierung der Systeme auch in anderen Sektoren stattfinden. Denn durch unterschiedliche IT-Systeme zwischen den jeweiligen Versorgungseinrichtungen gibt es Kommunikationsschwierigkeiten und die übergreifenden Prozesse sind verlangsamt. Ein lückenloser und flächendeckender Datenaustausch und eine intelligente Vernetzung zwischen den verschiedenen Sektoren im Gesundheitswesen ist ein anschließendes Ziel. So können die verschiedenen Leistungserbringer schnittstellenübergreifend zusammenarbeiten. Dem Patienten soll ein nahtloser

Verlauf durch das Gesundheitssystem ermöglicht werden. Durch den professionellen Datenaustausch von Gesundheitsdaten der Patienten werden Parallelstrukturen zwischen den Leistungserbringern vermieden (Digitale Heimat PB, 2019).

Durch die neuen IT-Systeme erhöht sich die Datenmenge rasant (Elmar, 2016, S. 10). Diese kann auch in anderen Bereichen (außerhalb der Dienstleister im Gesundheitswesen) Nutzen stiften. So sind viele Städte bereits als Digitalstadt aufgestellt; ihre Konzepte beinhalten oftmals auch Gesundheitsthemen. Beispielsweise verfügt die Stadt Paderborn über Konzepte zur digitalen Übertragung von Arztbriefen und Bilddaten, eMedikationsplänen und zur digitalen Zuweisung zwischen den Gesundheitseinrichtungen (Digitale Heimat PB, 2019).

Außerdem werden besonders in urbanen Räumen beispielsweise bestimmte Stressoren (Lärm, Luftverschmutzung, Stress etc.) betrachtet und durch Projekte und Konzepte der Städte versucht auszugleichen oder zu vermeiden. Dadurch kann sich die Stimmung und auch die Anfälligkeit für Krankheiten bei den Bewohnern verändern (Vogel et al., 2018, S. 44). Das Ziel der Städte ist es, den Bürgern die Alltagsabläufe zu erleichtern und einen attraktiven Lebensraum zu schaffen. Die Bürger einer Stadt sind auch die Patienten der Krankenhäuser in diesen Städten, somit haben beide Organisationen dieselbe Zielgruppe. Zukünftig kann auch organisationsübergreifend gedacht werden. Hier kann der Präventionsgedanke aufgefasst werden. Die Daten aus dem Krankenhaus können dafür genutzt werden, herauszufinden, welche Gruppe von Patienten (Alter, Geschlecht, Krankheit) schon in ihrer Rolle als Bürger durch Präventionsangebote der Stadt unterstützt werden könnte. So fängt die „Versorgung" der Patienten nicht erst in medizinischen Einrichtungen an, sondern begleitet die Bürger auch in ihrem Alltag an ihrem Wohnort. Die Gesundheit der Menschen zu stärken, könnte ein gemeinsames Ziel der Städte und ihrer medizinischen Versorgungseinrichtungen sein.

Exkurs: Regionale Vernetzung am Beispiel der Digitalen Gesundheitsplattform Ostwestfalen-Lippe (OWL)

Für die regionale Gesundheitsversorgung ist eine hochwertige Versorgung unter gleichzeitiger Berücksichtigung von Wirtschaftlichkeit und Patientenzufriedenheit eine der größten Herausforderungen. Dieser Aufgabe stellt sich ein Vernetzungsprojekt der Region Paderborn. An dem Projekt nehmen fünf Akutkrankenhäuser sowie ca. 130 niedergelassene Ärzte teil. Ziel ist es, unter Einsatz von internationalen Standards und unter Berücksichtigung vorhandener Strukturen einen sektorenübergreifenden Datenaustausch zu etablieren und dadurch die Patientenversorgung zu optimieren.

Regionale Gesundheitsversorgung am Scheideweg

Ärzte- und Pflegekräftemangel führen zur Lastenverteilung auf wenige Schultern und verstärken den Mangel dadurch weiter. Patienten schätzen eine wohnortnahe Behandlung auf hohem Niveau und wollen zunehmend nicht nur Objekt eines medizinischen Vorgangs sein. Und zu guter Letzt ist ökonomische Effizienz in historisch gewachsenen föderalen Versorgungsstrukturen immer schwieriger zu gewährleisten.

Veränderungsprozesse und neue Technologien begünstigen den Umbruch der bestehenden Versorgungslandschaft zusätzlich, indem neue Behandlungsmethoden nicht nur bessere Behandlungsergebnisse ermöglichen, sondern häufig auch tieferes Fachwissen und verstärkte Kollaboration erfordern. Unter bestimmten Voraussetzungen kann richtig angewendete Technologie die Quadratur des Kreises ermöglichen und alle genannten Spannungsfelder verbessern. Um dies zu unterstützen, orientiert Philips sich an den vier Dimensionen des Quadruple Aim. Demnach erzielt man einen Mehrwert in der Versorgung, wenn man es schafft, die Ergebnisqualität zu erhöhen und die Kosteneffizienz zu steigern. Ebenso wichtig ist es, die Perspektive von Patienten und Mitarbeitern einzunehmen. Die deutschen Begriffe Patientenzufriedenheit und Mitarbeiterzufriedenheit greifen hier etwas zu kurz. Es gilt, Patienten aktiv einzubeziehen, ihr subjektives Erleben möglichst positiv zu gestalten und die wahrgenommene Qualität zu erhöhen. Für Mitarbeiter müssen Krankenhäuser ein attraktiver Arbeitsplatz sein. Ein motiviertes Team braucht schlanke Prozesse und bestmögliche Unterstützung, um auch bei hoher Arbeitsbelastung Spitzenleistungen zu erbringen.

Die Digitale Gesundheitsplattform OWL

Die Region Ostwestfalen-Lippe (OWL) hat sich entschlossen, Vorreiter in der regionalen Vernetzung zu werden und wird dabei durch Fördermittel des Landes Nordrhein-Westfalen unterstützt (Abb. 4). Erklärtes Ziel ist ein nahtloser Datenaustausch, der die

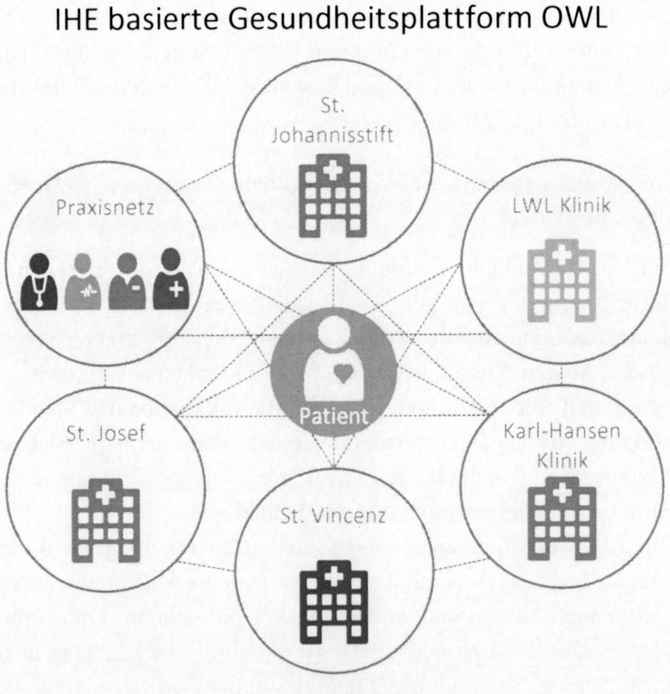

IHE basierte Gesundheitsplattform OWL

Abb. 4 Schematische Darstellung Gesundheitsplattform OWL

Versorgung des Patienten in den Mittelpunkt stellt und den Quadruple Aim avisiert. Durch eine umfassendere Datengrundlage können passgenaue Behandlungsentscheidungen getroffen werden. Durch die Vermeidung von Doppeluntersuchungen oder Medienbrüchen kann die Effizienz der Versorgung gesteigert werden. Gleichzeitig ermöglicht die strukturierte Datengrundlage auch eine stärkere Einbeziehung von Patienten. Zu guter Letzt führt der strukturierte Datenaustausch zu Zeitgewinn und weniger Unsicherheit insbesondere im klinischen Alltag einer zufriedeneren Belegschaft.

Datei: Schematische Darstellung OWL update.pdf

Die technologische Grundlage bildet eine modulare und skalierbare Infrastruktur, welche IHE-basiert (Integrating the Healthcare Enterprise) den sicheren und reibungslosen Datenaustausch ermöglicht. Durch ein fundiertes Rollen- und Rechtekonzept sowie durch das Prinzip der Datensparsamkeit ermöglicht der offene internationale IHE-Standard einen sicheren und datenschutzkonformen Datenaustausch nach Patienteneinwilligung. Das bewusste Bekenntnis zu internationalen Standards ermöglicht darüber hinaus auch die einfache Erweiterung des Netzwerks um weitere Akteure in der Zukunft.

Um auch den Patienten stärker als in der Vergangenheit einzubinden, wurde zusätzlich ein Patientenportal integriert.

Zum Launch der Plattform stehen vier Anwendungsfälle im Fokus:

- Digitale Überweisungen zwischen Versorgern
- Austausch und Anzeige von Bilddaten
- Digitale Übertragung von Arztbriefen
- Einheitliche Medikationsübersicht

Der Start der Plattform ist für das erste Halbjahr 2022 geplant, doch bereits die Umsetzung zeigt vielschichtige strategische, interessenspolitische und technische Herausforderungen, die bei der Vernetzung einer heterogenen Versorgungslandschaft unvermeidbar sind. Dennoch, und gerade deshalb, sind Leuchtturmprojekte wie dieses so wichtig, um die Machbarkeit darzulegen und Akteure im Gesundheitswesen zu motivieren, Vernetzung auch gegen Widerstände zu forcieren und dadurch nicht nur die Gesundheitsversorgung zu verbessern, sondern auch die gesellschaftlichen Gesundheitsausgaben unter Kontrolle zu halten. ◄

Literatur

Beauftragter der Bundesregierung für Informationstechnik. (o. J.). *EVB-IT und BVB.* https://www. cio.bund.de/Web/DE/IT-Beschaffung/EVB-IT-und-BVB/Aktuelle_EVB-IT/aktuelle_evb_it_ node.html#Start. Zugegriffen am 06.08.2021.

Bitkom. (2019). *E-Health sichert die medizinische Versorgung der Zukunft.* https://www.bitkom.org/ Presse/Presseinformation/E-Health-sichert-die-medizinische-Versorgung-der-Zukunft. Zugegriffen am 02.08.2021.

Böhmann, T., & Krcmar, H. (2004). *Grundlagen und Entwicklungstrends im IT-Servicemanagement. HMD – Praxis der Wirtschaftsinformatik.* https://www.researchgate.net/profile/Tilo-Boehmann/ publication/220515307_Grundlagen_und_Entwicklungstrends_im_IT-Servicemanagement/ links/0deec529785ccb331f000000/Grundlagen-und-Entwicklungstrends-im-IT-Servicemanagement.pdf. Zugegriffen am 10.08.2021.

Bundesamt für Soziale Sicherung. (2021). *Richtlinie zur Förderung von Vorhaben zur Digitalisierung der Prozesse und Strukturen im Verlauf eines Krankenhausaufenthaltes von Patientinnen und Patienten nach § 21 Absatz 2 KHSFV.* https://www.bundesamtsozialesicherung.de/fileadmin/ redaktion/Krankenhauszukunftsfonds/20210503Foerderrichtlinie_V03.pdf. Zugegriffen am 02.08.2021.

Digitale Heimat Paderborn. (2019). *Digitale Gesundheitsplattform OWL.* https://digitale-heimat-pb. de/projekte/digitale-gesundheitsplattform-owl/. Zugegriffen am 10.08.2021.

Elmer, A. (2016). e*Health in Deutschland – Probleme, Projekte, Perspektiven. GGW.* https://www. wido.de/fileadmin/Dateien/Dokumente/Publikationen_Produkte/GGW/wido_ggw_0316_elmer. pdf. Zugegriffen am 02.08.2021.

Eusterholz, M. (2019). Smart Hospital – Das Krankenhaus der Zukunft. In W. Hellmann, J. Schaefer, G. Ohm, K. Rippmann & U. Rohrschneider (Hrsg.), *SOS Krankenhaus* (S. 324–339). Kohlhammer.

Eusterholz, M., Katterbach, M. A., & Sander, C. (2019). *The Future Patient Room.* XPomet. http:// www.mwv-berlin.de/buecher-bestellen-2016/images/product_images/leseproben_ images/9783954664368_Leseprobe.pdf. Zugegriffen am 02.08.2021.

Gausemeier, J., & Plass, C. (2014). *Zukunftsorientierte Unternehmensgestaltung – Strategien, Geschäftsprozesse und IT-Systeme für die Produktion von morgen.* Carl Hanser.

Mangiapane, M., & Bender, M. (2020). *Patientenorientierte Digitalisierung im Krankenhaus – IT-Architekturmanagement am Behandlungspfad.* Springer.

Unity AG. (o. J.). *Prozesslandkarte.* https://www.unity.de/de/branchen/healthcare/prozessland-karte/. Zugegriffen am 10.08.2021.

Vogel, H.-J., Weißer, K., & Hartmann, W. D. (2018). *Smart City: Digitalisierung in Stadt und Land – Herausforderungen und Handlungsfelder.* Springer Gabler.

Nutzung von Metadaten zur Erfassung des prozessualen Dokumentations-Reifegrads

Viola Henke, Jürgen Bosk, Annett Müller und Susanne Köttker

Inhaltsverzeichnis

Zusammenfassung

Ein Bereich, der maßgeblich bei Digitalisierungsaktivitäten beachtet werden sollte, umfasst die vorhandenen Dokumentationsprozesse im Krankenhaus. Auch wenn hier die Digitalisierungsaktivitäten und damit die Vermeidung von Papier zugenommen haben, zeigt die Praxis, dass derzeit noch Papierdokumentation in den Behandlungsprozessen vorhanden ist. Die strategische Vermeidung dieser Papierdokumentation bedingt in erster Linie Transparenz über deren Entstehungsform und Entstehungsort, um zielgerichtet Prioritäten zu setzen, welche papierbasierten Dokumentationstypen in welchen Subsystemen und in welchen Abteilungen zuerst vermieden werden sollten und

V. Henke (✉) · J. Bosk · A. Müller · S. Köttker
DMI GmbH & Co. KG, Münster, Deutschland
E-Mail: viola.henke@dmi.de; juergen.bosk@dmi.de; annett.mueller@dmi.de;
susanne.koettker@dmi.de

© Der/die Autor(en), exklusiv lizenziert durch Springer Fachmedien Wiesbaden GmbH, ein Teil von Springer Nature 2022
V. Henke et al. (Hrsg.), *Digitalstrategie im Krankenhaus*,
https://doi.org/10.1007/978-3-658-36226-3_31

welche Prozessreorganisationsmaßnahmen dafür durchzuführen sind. In diesem Beitrag wird ein Ansatz vorgestellt, wie mithilfe von Metadaten abstrahierte, dokumentationsgenerierende Prozesse und deren beteiligten Dokumente mit Kennzeichnung ihres Ursprungs identifiziert und über verschiedene Zeiträume gemessen werden und damit klassische Ansätze der Prozessanalyse und Prozessmodellierung ergänzen können.

1   Einleitung

Ein Bereich, der maßgeblich bei Digitalisierungsaktivitäten beachtet werden sollte, umfasst die vorhandenen Dokumentationsprozesse im Krankenhaus. Auch wenn hier die Digitalisierungsaktivitäten zugenommen und die papierbasierte Dokumentation zurückgegangen ist, zeigt die Praxis, dass papierbasierte Patientenakten und damit papierbasierte Dokumentation noch Teil des Krankenhausalltags sind.

Die strategische Vermeidung dieser Papierdokumentation bedingt in erster Linie Transparenz über deren Entstehungsprozess, die Entstehungsform und den Entstehungsort des dokumentationsgenerierenden Systems. Nur dann können konkrete Ziele und Maßnahmen durchgeführt werden, um beispielsweise Prozesse zu reorganisieren, Systeme anzubinden und lieb gewonnene Dokumentationsgewohnheiten zu verändern.

Im Krankenhausalltag zeigt sich jedoch, dass eine Transparenz über die umzustellenden Dokumentationsprozesse oftmals nicht gegeben ist: Gerade in der Transitionsphase zwischen digital unterstützten Prozessen und „klassisch" organisierten Prozessen (Fachabteilungs- und nicht Behandlungsprozess-orientiert) mit papierbasierten Dokumentationsformen fehlt es an notwendigen Informationen und Ansätzen, um bestehende Dokumentationsprozesse zu erfassen und unter Zuhilfenahme von Best-Practice-Beispielen zu reorganisieren. Dabei existieren bereits bewährte und passende Ansätze, die auch im Krankenhaus das Prozessmanagement, die Prozesserhebung und Prozesstransparenz unterstützen können (Albers, 2019, S. 99–103; Greiling, 2021) und bei der Umsetzung digitalstrategischer Maßnahmen helfen. Gleichzeitig beschäftigen sich viele Krankenhäuser bereits mit der Frage, wie mit den zunehmenden Daten- und Informationsmengen (unabhängig von der ursprünglichen Entstehungsform) durch den steigenden Einsatz von digitalen Technologien umgegangen werden soll (oder bereits wird) und welche Nutzeneffekte auch für das Thema Dokumentation zu erwarten sind. Dabei verfügen viele Krankenhäuser mit ihrem vertrauenswürdigen, digitalen Langzeitarchiv bereits über eine solide Grundlage mit integren Daten, Dokumenten und Metadaten, um daraus Mehrwerte für Prozessoptimierungen abzuleiten. Der folgende Beitrag zeigt auf, welche Auswertungsmöglichkeiten zu welchen Prozess-bezogenen Mehrwerten führen und damit klassische Ansätze der Prozessanalyse und Prozessmodellierung ergänzen.

Exkurs Metadaten

Metadaten umfassen Daten bzw. Informationen, die andere Daten(objekte) beschreiben. Die in den Metadaten enthaltenen Informationen liegen dabei regelhaft in strukturierter Form vor. Aufgrund der strukturierten Erfassung und Darstellung der in den Metadaten enthaltenen Daten bzw. Informationen, sind diese einfacher zu kategorisieren und inhaltlich auszuwerten als das Datenobjekt selbst (Haase, 2004, S. 204). Damit werden beispielsweise Suchvorgänge oder Machine Learning Anwendungen möglich (Wolan, 2020).

Bei den im Krankenhaus vorhandenen Dokumentationsprozessen und im Zuge der revisionssicheren Archivierung werden strukturierte Metadaten generiert und ebenfalls zu den eigentlichen Archivobjekten revisionssicher gespeichert. Die eindeutige Verbindung von Datenobjekten und Metadaten ermöglicht verschiedene Funktionen wie z. B. eine Indexierung, einen integren Quellnachweis, gezielten Austausch von Datenobjekten unter Beachtung von Standards (z. B. KDL, IHE-XDS) oder gezielte Recherchen auch über große Datenbestände.

2 Identifikation von Prozessen im Krankenhausalltag: Überblick über bestehende Instrumente und Ansätze, Herausforderungen bei der Informationsbeschaffung und des Datenmonitorings

Effizient aufgestellte, gut strukturierte und für alle Beteiligten transparent aufgestellte Prozesse und deren Dokumentation bilden die Grundlage für eine funktionierende Krankenhausorganisation. Diese sollten sich bestenfalls anhand des klinischen Behandlungspfades des Patienten (Küttner & Roeder, 2007, S. 21–27) orientieren und fachübergreifend gestaltet werden (Greiling, 2004, S. 19–21). Grundlagen für eine optimale Prozessgestaltung bieten unterschiedliche Instrumente und Methoden des Prozessmanagements, wobei besonders die Prozessabbildung und Schnittstellenanalyse oftmals den Ausgangspunkt für die Erfassung der Ist-Prozesse und Definition der Soll-Prozesse bilden (Zapp, 2014).

Hier unterstützende Modellierungsinstrumente sind beispielsweise die Ereignisgesteuerte Prozesskette (EPK) oder die Business Process Modeling Notation (BPMN) (Ammenwerth et al., 2015, S. 160–167). Eine Herausforderung bei der Anwendung von prozessmodellierenden Werkzeugen ist die Generierung der notwendigen Informationen zur Darstellung der Prozesse. Prozessrelevante Informationen müssen in der Regel in Form von Erhebungen vor Ort, beispielsweise durch Prozessbeobachtungen oder im Austausch mit den Prozessbeteiligten, erfasst werden und erfordern oftmals einen erhöhten Ressourceneinsatz. Ein weiterer Nachteil ist der zeitliche Verzug zwischen Erhebung und (meist manueller) Erfassung. Die strukturierte Auswertung von Metadaten der medizinischen Behandlungsdokumentation, wie sie in einem vertrauenswürdigen, digitalen Langzeitarchiv vorhanden sind, behebt diese Nachteile und ergänzt klassische, prozessuale Erhebungsansätze. Darauf aufbauend bieten Process Mining und Data Mining das Potenzial, weitere Auswertungsmehrwerte zu generieren.

Exkurs: Process Mining und Data Mining als (erweiteter) Lösungsansatz

Die im Krankenhaus durch Nutzung digitaler Technologien zunehmende Menge an Daten und Informationen führt zu der Frage, welche Mehrwerte und welches Zusatzwissen daraus generiert werden können, um beispielsweise relevante informationsbasierte Prozesse zu identifizieren bzw. bestehende Prozesse zu erfassen, zu bewerten und auf dieser Grundlage im Sinne des Unternehmensziels zu reorganisieren.

Im Zusammenhang mit großen Datenmengen, fallen dabei häufig auch die Begriffe Big Data, künstliche Intelligenz (KI), Maschine Learning, Data Mining, Process Mining und Business Intelligence. Big Data ist der Oberbegriff für enorme und in der Regel unstrukturierte Datenmengen, die aufgrund der Menge spezielle Systeme, Speicherungsansätze und Analysemethoden benötigen, gleichzeitig aber auch Auswertungen und Vorhersagen ermöglichen, die mit klassisch strukturierten Daten nicht möglich wären. Zur Beschreibung von Big Data werden mindestens die „3Vs" genannt. Diese umfassen im Einzelnen die Eigenschaften Volume (Datenmenge), Variety (Daten- und Quellenvielfalt), Geschwindigkeit (Velocity). Erweitert werden diese oftmals durch die Merkmale Value (Wert) und Veracity (Wahrhaftigkeit) (Wamba et al., 2015, S. 4). Big Data kann dabei strukturierte, semistrukturierte oder unstrukturierte Daten umfassen und bildet – nach entsprechender Datenvorbereitung – die Grundlage für weitere Anwendungen wie beispielsweise Data Mining und Maschine Learning.

Data Mining umfasst u. a. statistische Methoden und Algorithmen, mit deren Hilfe beispielsweise vorher unbekannte Cluster und Beziehungen in Daten identifiziert werden können (Fayyad et al., 1996). Maschine Learning – oftmals auch als eine Teildisziplin der Künstlichen Intelligenz gesehen – beschreibt den Einsatz von selbstlernenden Algorithmen, die sich aufgrund von Erfahrung selbst verbessern (Carbonell et al., 1983; Mitchell, 1997).

Process Mining setzt auf Datenquellen aus Informationssystemen auf und wertet die darin generierten Ereignisprotokolle bzw. „event logs" (van der Aalst et al., 2003; Rojas et al., 2016) aus. Diese Informationen umfassen bereits eine Prozessbezogene Informationskomponente und ermöglichen dadurch, tatsächliche Prozessabläufe darzustellen.

Das Vorhandensein von integren und interoperablen Daten und deren Metadaten unterstützt diese Anwendungen. Eine mögliche Quelle bietet hier das vertrauenswürdige, digitale Langzeitarchiv.

3   Darstellung von Nutzenpotenzialen durch die Analyse von generierten Metadaten der medizinischen Dokumentationsprozesse

Basierend auf den im Krankenhausarchiv vorhandenen digitalen, integren, interoperablen Daten, Dokumenten und deren Metadaten können Mehrwerte für die Prozesstransparenz generiert werden. Dafür müssen folgende Voraussetzungen geschaffen werden:

Identifikation und Abstraktion der relevanten medizinischen Dokumentationsprozesse

Vor Beginn der Datenauswertung ist es notwendig, einen standardisierten Prozessrahmen festzulegen, der die wesentlichen dokumentationsgenerierenden Prozessbereiche im Krankenhaus umfasst. Diese prozessorientierte Clusterbildung ermöglicht in einem späteren Auswertungsschritt eine möglichst eindeutige Identifikation der zu optimierenden Prozessbereiche.

Empfehlenswert ist es, hier den Behandlungsweg des Patienten mit seinen Dokumentationsschwerpunkten in abstrahierter Form darzustellen und zu clustern. Gemäß diesem Ansatz ergibt sich ein Prozessrahmen mit insgesamt sechs Unterprozessen (s. Beitrag Bosk, „Handlungsrahmen für die Praxis: Digitalstrategie, Datenkompetenz und Compliance"). Diese repräsentieren die folgenden Schwerpunkte:

1. Aufnahme
2. Diagnose
3. Therapie
4. Pflege
5. Entlassung
6. Abrechnung

Innerhalb eines Krankenhauses kann es natürlich vorkommen, dass die einzelnen Prozessbereiche nicht in jeder Fachklinik vorkommen, beispielsweise wenn Abteilungen keine eigene Aufnahme unterhalten, sondern über die zentrale Patientenaufnahme unterstützt werden. In Abhängigkeit von den individuellen Schwerpunkten der Klinik können hier Unterprozesse bzw. Cluster ergänzt werden.

Analyse und Nutzung vorhandener Daten und Metadaten aus dem revisionssicheren Archiv

Grundlage für prozessbezogene Auswertungen bildet die strukturierte Erfassung und Auswertung aller im Krankenhaus bzw. in den einzelnen Prozessbereichen entstandenen und dem digitalen, revisionssicheren Langzeitarchiv zur Verfügung gestellten Daten und Dokumente. Diese können dabei originär papierbasiert oder originär elektronisch entstanden sein. Im ersten Fall ist eine qualifizierte Transformation von analog zu digital notwendig, um notwendige Informationen für Folgeauswertungen zu erhalten. Wichtig für die Qualität der späteren Auswertungen ist es, dass das Krankenhaus möglichst die gesamte Patientendokumentation für qualifizierende Maßnahmen in die revisionssichere Archivierung überträgt.

Auf dieser integren und interoperablen Datengrundlage können dann weitere Auswertungen erfolgen, wie beispielsweise die Analyse der Metainformationen der entsprechend qualifizierten medizinischen Behandlungsdokumentation. Neben der klinikindividuellen Dokumententypbeschreibung, der Zuordnung zu dem KDL-Wert zur Gewährleistung der semantischen Interoperabilität (s. Beitrag Müller, „Die Klinische Dokumentenklassen-Liste (KDL) als Werkzeug für die semantische Interoperabilität") sind auch Informationen zum Entstehungsort und der Entstehungsart (papierbasierte vs. elektronische Entstehungsform) enthalten.

Diese Metadaten ermöglichen eine clusterbasierte Zuordnung zu den einzelnen, abstrahierten Prozessbereichen. Ein Fokus sei hier auf die Auswertung und Kombination der Informationen „Entstehungsart" und „Entstehungsort" gelegt. Diese ermöglicht es, den prozessbezogenen Digitalisierungsgrad auch auf Fachabteilungsebene zu erheben. Dadurch kann beispielsweise die Frage beantwortet werden, welcher dokumentationsbasierter Reifegrad in den einzelnen, abstrahierten Prozessschritten der jeweiligen Fachabteilungen vorliegt. Auf dieser Grundlage können weitere Digitalisierungsmaßnahmen priorisiert und deren Umsetzungserfolg automatisiert erfasst werden. Ein Auswertungsbeispiel ist in Abb. 1 dargestellt.

In diesem Beispiel wird der dokumentenbasierte Digitalisierungsgrad in der Abteilung der Chirurgie und der HNO dargestellt. Bei der Chirurgie zeigt sich, dass die Dokumentationen im Bereich der Diagnose überwiegend elektronisch erfolgen. Im Bereich der Pflege und Entlassung findet sich überwiegend eine papierbasierte Dokumentation. Die abstrahierten Prozessbereiche Aufnahme, Therapie und Abrechnung befinden sich in einer Transitionsphase, das bedeutet, dass mindestens 50 % der vorhandenen Dokumentationen bereits in originär elektronischer Form vorliegen, ein Teil jedoch weiterhin auf Papier erfolgt. Die HNO-Abteilung verfügt in diesem Beispiel über keine eigene Patientenaufnahme, daher ist dieser Prozessbereich nicht ausgefüllt. Ebenso finden sich keine Dokumententypen, die typischerweise im Entlassungsprozess entstehen (z. B. Medikationsplan), da die HNO in diesem Beispiel die Patienten intern verlegt.

Die erfolgte Auswertung der dokumententypspezifischen Metadaten erlaubt es auch, weitere prozessrelevante Detailinformationen zu erfassen, um die prozessbeteiligten Dokumententypen darzustellen (siehe Abb. 2). So wird in diesem Beispiel beim abstrahierten Prozessbereich „Aufnahme" der Chirurgie deutlich, dass die Wahlleistungsverträge, Behandlungsverträge und Aufklärungsbögen bereits in elektronischer Form generiert werden, vom Patienten mitgebrachte Dokumente jedoch in papierbasierter Form. Als Ergebnis ergibt sich für diesen Prozessschritt ein Digitalisierungsgrad im mittleren Bereich. Würde man hier zudem nach intern entstandener und extern entstandener Dokumentation

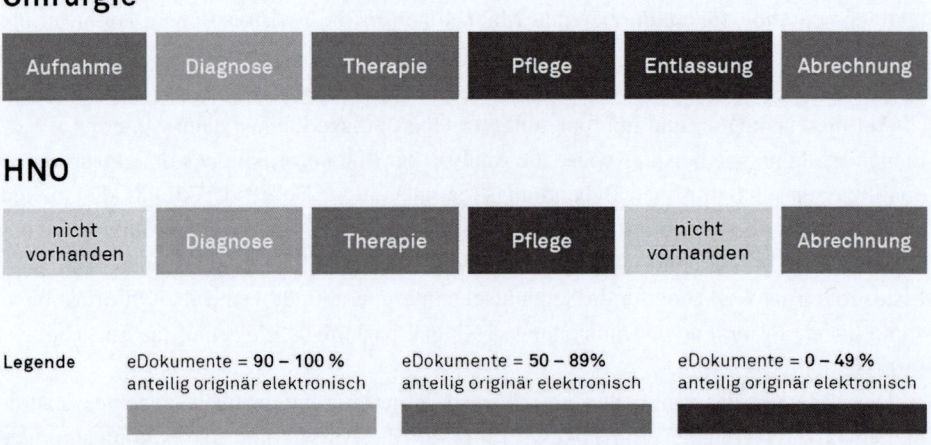

Abb. 1 Auswertungsbeispiel prozessualer Dokumentations-Reifegrad auf Fachabteilungsebene

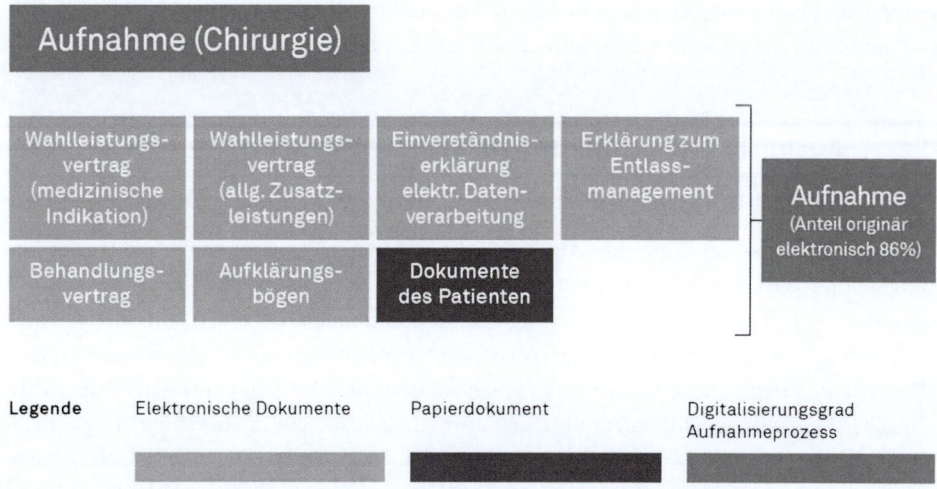

Abb. 2 Auswertungsbeispiel prozessualer Dokumentations-Reifegrad: Abstrahierter Prozessbereich

unterscheiden, würde sich im Bereich der internen Dokumentation ein nahezu vollständig elektronischer Dokumentationsbereich zeigen.

Basierend auf dieser Detailinformation kann im Rahmen von prozessualen Reorganisationsmaßnahmen überlegt werden, ob am aktuellen Status Quo Änderungen vorzunehmen sind, oder ob andere Prozessbereiche bei Reorganisationsmaßnamen prioritär zu behandeln sind.

Ein weiterer Vorteil der prozessualen, clusterbasierten Auswertung vorhandener Metadaten ist die Möglichkeit einer fachabteilungsübergreifenden Darstellung des prozessbezogenen Digitalisierungsgrades in Form einer Übersicht.

Mit Hilfe dieser Übersicht wird der dokumentationsbezogene Digitalisierungsstatus über die gesamten Fachabteilungen eines Krankenhauses transparent. Diejenigen Prozessbereiche, die prioritär reorganisiert und Digitalisierungsmaßnahmen zu integrieren haben, werden zeitsparend identifiziert, da die dafür notwendigen Metadaten vorliegen und automatisiert ausgewertet werden können. Zusätzlich kann der dokumentationsbezogene Digitalisierungsgrad auch im Zeitverlauf erfasst und hinsichtlich der Entwicklung bewertet werden. Dieses ermöglicht ein zügiges Eingreifen, wenn Prozessreorganisationen nicht die geplanten Effekte aufweisen.

Durch den Einsatz eines allgemeingültigen, abstrahierten Prozessrahmens ist auch ein Benchmarking beispielsweise zwischen verschiedenen Krankenhäusern einer Krankenhauskette möglich. Dadurch können mögliche Effekte aufgrund von Reorganisations- und Digitalisierungsmaßnahmen automatisiert bewertet werden. In einem Folgeschritt ist eine Verknüpfung mit Best-In-Class Prozessen für die einzelnen Bereiche denkbar. Dieser Ansatz hätte den Vorteil, dass Soll-Prozesse nicht Fachabteilungs- bzw. Krankenhausindividuell erstellt werden, sondern sich an bewährten Abläufen orientieren. Ähnlich, wie es bereits im medizinischen Umfeld in Form von Leitlinien praktiziert wird.

4 Ausblick: Process Mining und Data Mining zur automatisierten Prozesserfassung

Aufbauend auf der strukturierten Auswertung von Metainformationen der medizinischen Behandlungsdokumentation ist auch der Umgang und die strukturierte Nutzung von „Datenspuren" wie LogInDaten interessant, die in den führenden Systemen und Subsystemen im Krankenhaus entstehen und mit Hilfe von Process Mining ausgewertet werden können (Rojas et al., 2016). Diese Datenspuren ergänzen perspektivisch den „Datalake" der medizinischen Behandlungsdokumentation und ermöglichen so neue Auswertungsmöglichkeiten und Erkenntnisse. Denkbar und nach Einschätzung der Autoren realistisch, ist beispielsweise eine automatisierte Auswertung und Darstellung der Prozessverläufe inklusive der dokumentationsgenerierenden Systeme und der Dokumente selbst. Die manuelle Erfassung von Prozessen mit Hilfe von BPMN und anderen Dokumentationstools werden dann in den Hintergrund treten und so perspektivisch mehr Zeit für die Umsetzung von Reorganisationsmaßnahmen sowie das Gegensteuern bei nicht optimalen Prozessen ermöglichen.

Die Erweiterung des Datalakes um weitere Informationen aus der Qualifizierung der medizinischen Behandlungsdokumentation – zum Beispiel aus semantischen Analysen (siehe Beitrag Müller und Sander, „Semantische Analyse: Möglichkeiten, Auswertungsbeispiele und Perspektiven") – ermöglicht auch den Einsatz von Data Mining zur Identifikation von Clustern zum Beispiel im Bereich der Patientenrekrutierung anhand der Ein- und Ausschlusskriterien für Klinische Studien.

5 Fazit

Die systematische Auswertung von Metadaten aus der medizinischen Behandlungsdokumentation zum Beispiel im Rahmen eines Health Data Offices (s. Beitrag Bosk, „Handlungsrahmen für die Praxis: Digitalstrategie, Datenkompetenz und Compliance" und Beitrag Brinkmann et al. „Beschleunigung Wissenszuwachs und organisatorische Entlastung: Health Data Management und Health Data Office") eröffnet vielseitige Auswertungsmöglichkeiten. Gerade bei der Entwicklung einer Digitalstrategie stellt sich oftmals im Rahmen der IST-Erhebung die Frage, in welchen Bereichen bzw. Prozessen digitalstrategische Maßnahmen den best- und/oder schnellstmöglichen Effekt bringen. Die Auswertung des dokumentationsbezogenen Digitalisierungsgrades und die Verknüpfung dieser Informationen mit abstrahierten Prozessschritten liefert hierfür die notwendige Transparenz. Durch die Visualisierung der abstrahierten Prozesse und deren beteiligten Dokumente mit Kennzeichnung ihres Ursprungs (elektronisch bzw. Papier) wird nicht nur eine zeitliche Aussage über die Entwicklung des Reifegrads der medizinischen Dokumentationsprozesse ermöglicht, sondern auch ein Benchmarking auf Klinik- und Krankenhausebene. Die weitere Anreicherung des vertrauenswürdigen, digitalen Langzeitarchivs um weitere Datenelemente bietet das Potenzial, zukünftig Prozesse automatisiert zu erfassen und die Reorganisationsmaßnahmen systematisch zu beobachten.

Literatur

Aalst, W. van der, Van Dongen, B. F., Herbst, J., Marusterm, L., Schimm, G., & Weijters, A. J. M. M. (2003). Workflow mining: A survey of issues and approaches. *Data & Knowledge Engineering, 47*(2), 237–267. https://doi.org/10.1016/S0169-023X(03)00066-1.

Albers, K. (2019). Prozessanalyse und Service Blueprinting für ein Prozesscontrolling. In W. Zapp (Hrsg.), *Controlling im Krankenhaus: Das Zusammenspiel von Werten, Prozessen und Innovationen* (S. 95–119). SpringerGabler.

Ammenwerth, E., Haux, R., Knaup-Gregori, P., & Winter, A. (Hrsg.). (2015). *IT-Projektmanagement im Gesundheitswesen: Lehrbuch und Projektleitfaden* (2. Aufl.). Schattauer.

Carbonell, J., Michalski, R., & Mitchell, T. (1983). Machine learning: A historical and methodological analysis. *AI Magazine, 4*(3), 69–79. https://doi.org/10.1609/aimag.v4i3.406.

Fayyad, U., Piatetsky-Shapiro, G., & Smyth, P. (1996). From data mining to knowledge discovery in databases. *AI Magazine, 17*(3), 37–54. https://doi.org/10.1609/aimag.v17i3.1230.

Greiling, M. (2004). Einführung in das Klinische Prozessmanagement. In M. Greiling (Hrsg.), *Pfade durch das Klinische Prozessmanagement: Methodik und aktuelle Diskussionen* (S. 15–26). W. Kohlhammer.

Greiling, M. (2021). *Workflow management Exzellenz modell* (1. Aufl.). Mediengruppe Oberfranken.

Haase, K. (2004). Context for semantic metadata. In ACM Multimedia (Hrsg.), *Proceedings of the 12th ACM International Conference on Multimedia; October 10–16, 2004, Acm Multimedia, 2004* (S. 204–211). Assoc. for Computing Machinery.

Küttner, T., & Roeder, N. (2007). Definition Klinischer Behandlungspfade. In N. Roeder & T. Küttner (Hrsg.), *Klinische Behandlungspfade: Mit Standards erfolgreicher arbeiten* (S. 17–27). Deutscher Ärzte-Verlag GmbH.

Mitchell, T. (1997). Does machine learning really work? *AI Magazine, 18*(3), 11–20.

Rojas, E., Munoz-Gama, J., Sepúlveda, M., & Capurro, D. (2016). Process mining in healthcare: A literature review. *Journal of Biomedical Informatics, 61*, 224–236. https://doi.org/10.1016/j.jbi.2016.04.007.

Wamba, S., Shahriar, A., Edwards, A., Chopin, G., & Gnanzou, D. (2015). How ‚big data' can make big impact: Findings from a systematic review and a longitudinal case study. *International Journal of Production Economics, 165*, 234–246. https://doi.org/10.1016/j.ijpe.2014.12.031.

Wolan, M. (2020). *Next generation digital transformation*. Springer Fachmedien Wiesbaden. https://doi.org/10.1007/978-3-658-24935-9.

Zapp, W. (2014). Strukturorientierte Grundlagen als Beziehungsgefüge. In W. Zapp, J. Oswald, U. Bettig & C. Fuchs (Hrsg.), *Betriebswirtschaftliche Grundlagen im Krankenhaus*. W. Kohlhammer.

Teil V

Wissensgenerierung

Big Data und Künstliche Intelligenz: Chancen und Anforderungen für einen erfolgreichen und nachhaltigen Einsatz im Gesundheitswesen

Julian Varghese

Inhaltsverzeichnis

Zusammenfassung

Große Datenschätze in der Medizin sowie innovative Auswertungsmethoden, um diese Schätze zu heben, nehmen in der medizinischen Forschung stetig zu. Der effektive Einsatz von Maschinellen Lernmethoden oder Künstlicher Intelligenz in der Klinik erfordert jedoch neben wissenschaftlich technischen Aspekten, auch organisatorische Maßnahmen, damit Systeme in der Klinik eine effektive aber auch breite Anwendung finden. Regulatorische Anforderungen, Interoperabilität und Interpretierbarkeit, Strukturiertheit der Daten oder kurz RISE-Kriterien sind bekannte Schlüsselherausforderungen um Big Data und Methoden der Künstlichen Intelligenz im Gesundheitswesen zu integrieren und sollten mit Maßnahmen für eine hohe Benutzerakzeptanz sowie ethisch-rechtlichen Aspekten gepaart werden. Das vorliegende Kapitel geht insbesondere auf wissenschaftlich-technischen Aspekte dieser RISE-Kriterien ein, um bekannte

J. Varghese (✉)
Institut für Medizinische Informatik der Universität Münster, Münster, Deutschland
E-Mail: julian.varghese@uni-muenster.de

© Der/die Autor(en), exklusiv lizenziert durch Springer Fachmedien Wiesbaden
GmbH, ein Teil von Springer Nature 2022
V. Henke et al. (Hrsg.), *Digitalstrategie im Krankenhaus*,
https://doi.org/10.1007/978-3-658-36226-3_32

447

und wiederkehrende Probleme bei der Integration von KI-Systemen zu vermeiden, frühzeitig Vorbereitungen zu treffen, um nachhaltig den medizinischen Nutzen zu fördern und die Patientensicherheit zu gewährleisten.

1   Einordnung und Relevanz von Big Data und KI

Die digitale Transformation unserer Gesellschaft hat längst auch die Gesundheitsversorgung erreicht. Big Data ist ein Begriff für besonders große bzw. stark wachsende und komplexe Datensätze, die unter Nutzung von Methoden der Künstlichen Intelligenz (KI) einen wichtigen Datenschatz für Unternehmensprozesse oder bahnbrechende Innovationen darstellen können. Bei der Anwendung von KI lohnt ein Blick auf die Geschichte, um sich die wachsenden hohen Erwartungen aber auch Enttäuschungen von KI bewusst zu machen. Der Begriff Künstliche Intelligenz lässt sich zurückführen auf den Programmierer und Turing Award Gewinner John McCarthy (Cukier, 2019). Erste Forschungsansätze existierten bereits kurz nach Entwicklung der ersten Computer in den 1940ern mit der Erwartung, dass Computer und KI jegliche menschliche Denkprozesse nachahmen könnten (Cukier, 2019). Die Erwartungen konnten natürlich nicht erfüllt werden und die Abfolge von zwei prägnanten „KI-Winter" war demnach nur eine Frage der Zeit und sie erfolgten in den 1970er und 1980er (Crevier, 1993) und später in den 1990ern (McCorduck & Cfe, 2004). In letzten 20 Jahren ist durch die Generierung von großen Datensätzen aber auch durch steigende Rechner-Ressourcen, Entwicklung von modernsten Graphical Processing Units (GPUs) zum effizienten Training von komplexeren KI-Modellen wie Deep Learning (Hollis et al., 2019), das Interesse erneut gestiegen und man kann von einem dritten „KI-Sommer" sprechen.

Im Zuge der aktuellen KI-Entwicklungen in der Medizin wird KI zunehmend erfolgreich eingesetzt mit dem Ziel, diagnostische Genauigkeit oder andere relevante klinische Prozesse zu erhöhen. Hierbei gibt es eine schier unüberblickbare Zahl an reinen Forschungsansätzen, die sich aber noch hinsichtlich klinischer Reife bewähren müssen. So gibt es vielversprechende Forschungsarbeiten zur automatisierten Klassifikation von Hauttumoren (Esteva et al., 2017) oder Arrhythmien (Hannun et al., 2019) auf Facharzt-Niveau. Gerade hier können Anforderungen bei der Planung und Implementation noch unreifer aber hoch-innovativer Forschungsansätze im Gesundheitswesen vom Nutzen sein. Neben Forschungsansätzen steigt auch die Anzahl etablierter, kommerzieller KI-Systeme mit regulatorischer Zulassung: In der Augenheilkunde ist das IDx-DR System eigenständig in der Lage diabetische Retinopathien anhand von Fundus Aufnahmen zu erkennen und hat dafür eine Zulassung als Medizinprodukt von der FDA in den USA erhalten (Abràmoff et al., 2016). Weitere AI-Softwaresysteme als Medizinprodukt sind z. B. das Clewicu System von Clew Medical Ltd. zur Patientenstratifizierung in der Intensivmedizin, Genius AI Detection von Hologic entdeckt abnormale Strukturen zur Früherkennung von Brustkrebs basierend auf Bildaufnahmen der Tomosynthese (The Medical Futurist, 2021).

Für eine Einführung im europäischen Raum müssten hierzu jedoch Zulassungsschritte national oder auf EU-Ebene beantragt und unter Umständen mit höheren regulatorischen EU-Anforderungen gerechnet werden.

Dieses Kapitel führt in grundlegende Anforderungen für einen nachhaltigen und standortübergreifenden Einsatz in der Krankenhausroutine ein. Dies gilt insbesondere für Anwendungsgebiete, wo sich noch keine kommerziellen Systeme mit Zulassung etabliert, aber innovative Forschungsansätze bereits vielversprechende Ergebnisse publiziert haben. Hierauf basierend kann durch eine langfristige Planung eine Implementation in die Krankenhausroutine und eine medizintechnische Pionierarbeit ermöglicht werden. Diesen Anforderungen liegen im Wesentlichen Literaturrecherchen in der medizinischen Literaturdatenbank PubMed mit den Schlagworten Clinical Decision Support und Artificial Intelligence, Erfahrung aus einer systematischen Übersichtarbeit zur klinischen Entscheidungsunterstützung für verbessere Patientenversorgung sowie eigene Forschungsentwicklungen (Varghese et al., 2019, 2021) zugrunde. Um diese Anforderungen noch einprägsamer zu machen, sind sie durch das Akronym RISE (engl. Aufstieg, Erhöhung) beschrieben, um den Aufstieg von Big Data und KI zu unterstreichen: Regulatorische Anforderungen, Interpretierbarkeit und Interoperabilität, Strukturierte Daten und Datenqualität, sowie Evidenz. Während diese Anforderungen einen Schwerpunkt auf klinisch-technologische Aspekte haben, sollten noch weitere Anforderungen, u. a. Nutzerakzeptanz, technische Infrastrukturen, Datenschutz, IT-Sicherheit sowie ethisch-rechtliche Aspekte nicht unerwähnt bleiben und stellen weitere wichtige Anforderungen für KI-Anwendungen in unserer Gesellschaft dar, in denen der Mensch im Zentrum von Design, Entwicklung und Einsatz von KI steht. Hierzu ist insbesondere auf das Flagship-Projekt von KI.NRW „zertifizierte KI" (Zertifizierte KI, 2021) hinzuweisen.

2   Anforderungen an KI-Anwendungen und beispielhafte Ansätze

2.1   Regulatorische Anforderungen und Evidenz

Medizinische Informationssysteme haben einen erheblichen Einfluss auf die Versorgungsqualität. Der Einsatz eines Systems, das nicht nur zur Dokumentation und Verwaltung von Informationen entwickelt wurde, sondern einen unmittelbaren Einfluss auf klinische Prozesse wie Diagnose oder Behandlung hat, muss hohen Qualitätsanforderungen genügen. Hierbei ist es ein weitverbreiteter Irrglaube, dass Softwaresysteme, die lediglich nur Entscheidungen vorschlagen oder assistieren diese hohen Anforderungen nicht erfüllen müssen, mit der Begründung, dass am Ende der klinische Experte „das letzte Wort hat". Jegliche, medizinische Software, deren Zweckbestimmung es ist, einen Einfluss auf klinische Entscheidungsprozesse zu haben, ist ein Medizinprodukt und muss daher für einen Routineeinsatz in der Klinik zugelassen sein (Becker et al., 2019; Yaeger et al., 2019). Eine Reihe von Normen und Gesetzen müssen hierzu bereits bei der Planung, Entwicklung und

Einsatz berücksichtigt werden, welche in der neuen europäischen Medical Device Regulation beschrieben werden (European MDR, 2021) und u. a. durch die ISO 13485 für Qualitätsmanagementsysteme oder ISO 14971 für das Risikomanagement von Medizinprodukten weiter ausgeführt werden. Bei einem einzuführenden System in die Krankenhausroutine oder auch vorher im Rahmen einer Medizinprodukte-Zulassungsstudie sollte der Hersteller der KI-Anwendung diese Normen erfüllen.

Bereits bei der Planung von KI-Anwendungen ist der potenzielle Mehrwert des Systems für eine spätere Zulassung von enormer Bedeutung und sollte daher durch Literaturrecherchen über das klinisch relevante Problem, oder bereits vorhandene Systeme mit ähnlichen Lösungsansätzen, möglichst früh studiert werden.

Die interne Performanz Evaluation eines KI-Systems geschieht mit bereits erhobenen Daten, wobei mit Hilfe der Kreuzvalidierung ein System systematisch trainiert und getestet wird. Beim Testen wird die Generalisierbarkeit des Modells bewertet. Das sog. Overfitting bezeichnet ein Phänomen bei KI-Modellen, die zwar auf Trainingsdaten eine hohe Performanz aufweisen (z. B. hohe Diagnosegenauigkeit, hohe Vorhersagekraft), allerdings auf den – idealerweise externen – Testdaten deutlich schlechter abschneiden. Modelle mit Overfitting haben durch einseitige Trainingsdaten oder eine unnötig komplexe Modellkonfiguration oder zu viele Modellparameter irrelevante Muster in den Daten bzw. vermeintliche Muster im Signalrauschen erkannt. Methoden zur Reduktion der Overfitting-Problematik sind beispielsweise Verbesserungen der Datenqualität (s. u.), Ansätze aus dem Bereich Dimensionsreduktion der Inputdaten, Regularisierung der KI-Modelle zur Vermeidung unnötig komplexer Modelle oder auch die robuste Optimierung von sog. Modell-Hyperparametern – welche die Lernregeln oder die Architektur eines KI-Models bestimmen – durch Verwendung der geschachtelten Kreuzvalidierung (engl. nested cross-validation) (Wainer & Cawley, 2018).

Die externe Performanz wird in einem prospektiven Ansatz hinsichtlich eines definierten Endpunktes (z. B. Prozessleistung wie Diagnosegenauigkeit, Leitlinienadhärenz oder noch besser Patienten-Outcomes wie Mortalität, Reduktion von schwerwiegenden Ereignissen) und eines sicheren Umgangs in einer konkreten Anwendung ausgewertet. Hierbei sind insbesondere qualitativ hochwertigen Studien – z. B. durch randomisiert kontrollierte Studien mit Testung an mehreren Standorten mit großer repräsentativer Fallzahl – besonders aussagekräftig. Es gilt der gleiche Grundsatz wie bei Medikamentenstudien, dass bei höherer Evidenzlage auch eine Zulassung erleichtert wird. Gerade die Evidenzlage ist bei KI-Systemen nicht eindeutig und stark abhängig vom konkreten medizinischen Einsatzgebiet (Varghese et al., 2018) und die Zahl qualitativ hochwertiger klinischer Studien ist noch überschaubar. Dieser Umstand lässt sich schnell selbst überprüfen (siehe Abb. 1): Eine einfache Suche nach KI-Systemen oder Klinischer Entscheidungsunterstützung in der medizinischen Literaturdatenbank PubMed zeigt eine gewisse Diskrepanz zwischen vielen publizierten KI-Arbeiten und nur wenigen KI-Arbeiten, die tatsächlich in randomisiert kontrollierten klinischen Studien getestet wurden. Die extreme Zunahme an wissenschaftlichen KI-Artikeln spiegelt hierbei Hoffnungen und mögliche Lösungen wider. Hierbei ist zu berücksichtigen, dass nur ein kleiner erfolgsversprechender Teil an Anwen-

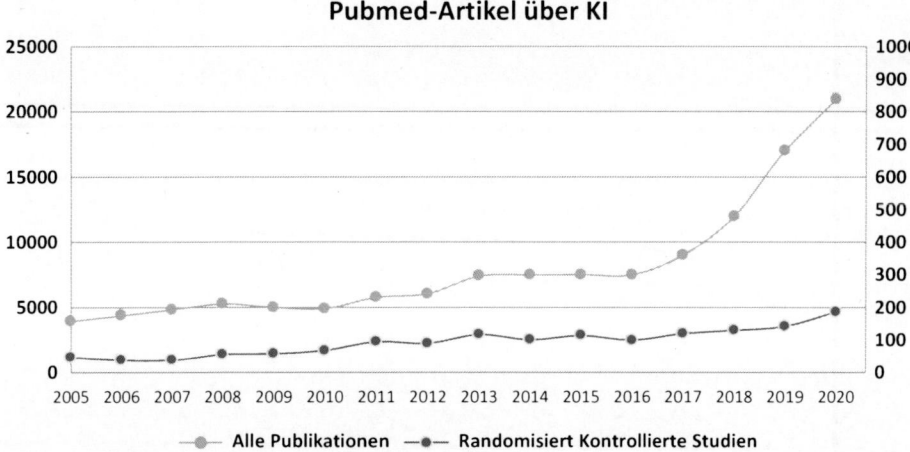

Abb. 1 Anzahl der KI Publikationen allgemein und Anzahl dieser Publikationen, die speziell über randomisierte kontrollierte Studien berichten

dungen den Prozess der kostenintensiven klinischen Prüfung durchlaufen kann. Man erkennt allerdings, dass seit 2016 klinische Studien im Bereich KI zunehmen, sodass in Zukunft von einer Zunahme an zugelassenen KI-Anwendungen ausgegangen werden kann.

Zusammenfassend ist für die Einführung von KI als klinische Entscheidungsunterstützung die Evidenz und die Zulassung entscheidend. Auch wenn keine Zulassung aber ein hohes Einsatzpotenzial durch Studien vorliegt ist die Planung und Implementierung von regulatorischen Anforderungen im Kontext der europäischen Medical Device Regulations ein entscheidender Schritt Richtung Zulassung und damit verbunden zur breiten klinischen Anwendung.

2.2   Interpretierbarkeit und Interoperabilität

Der Begriff Interpretierbarkeit wird in diesem Kapitel vereinfacht als Synonym zu Erklärbarkeit von KI-Systemen benutzt. KI-Systeme sollten gerade in der medizinischen Anwendung interpretierbar sein, sodass Anwender (z. B. Ärzt*innen und Patient*innen) gewisse Einsichten in die Entscheidungsfindung der KI erhalten und die Ausgabe der KI möglichst nachvollziehbar ist und somit von Anwendern eine informierte Einwilligung oder ein informierter Widerspruch erfolgen kann. In der Praxis sind jedoch nicht alle KI-Verfahren, die eine Aufgabe am effektivsten lösen, interpretierbar und umgekehrt sind die Verfahren, die nativ eine hohe Interpretierbarkeit mit sich bringen, nicht immer effektiv. Die KI-Interpretierbarkeit auf der einen Seite und die Effektivität oder Performanz auf der anderen Seite sind daher ein abzuwägender Trade-off und sind in der Abb. 2 vereinfacht dargestellt. Hierbei wird verdeutlicht, dass komplexere Modellverfahren aus dem Bereich Deep Learning zwar eine höhere Performanz – insbesondere bei Bildverarbei-

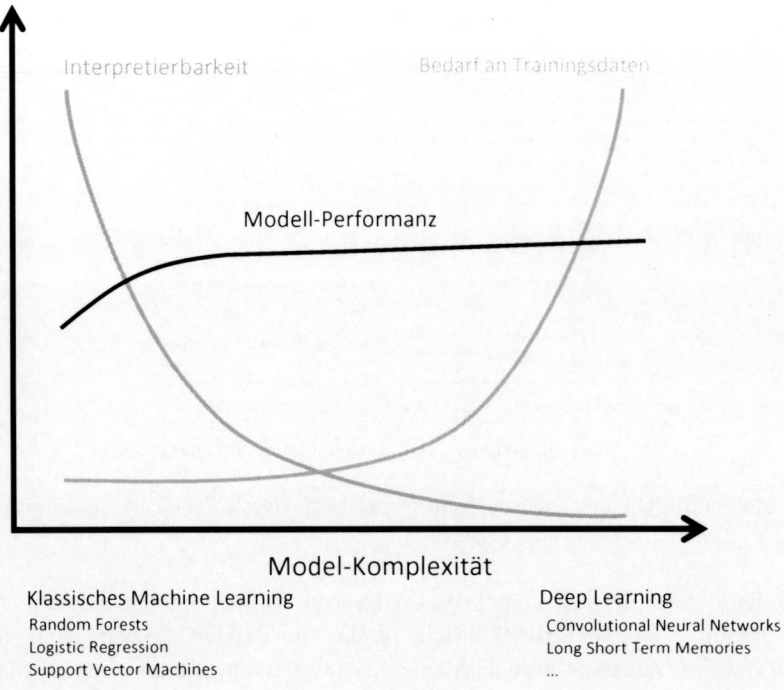

Abb. 2 Trade-Off zwischen Modell-Performanz und Interpretierbarkeit. (In Anlehnung an Varghese, 2020)

tungsaufgaben und großen Datenbeständen – ermöglichen, dafür aber an Interpretierbarkeit einbüßen. So können maschinelle Lernverfahren mit hoher nativer Interpretierbarkeit wie z. B. gradientenbasierte Entscheidungsbäume oder klassisch statistische Ansätze wie logistische Regressionen anhand expertenbasierter Feature gerade bei kleineren Datenbeständen eine deutlich bessere Alternative zu klassischen Black-block Verfahren wie Deep Learning darstellen.

Damit KI-Systeme auch in anderen als in ihren zuvor erprobten Krankenhausumgebungen erfolgreich eingebettet werden können ist der Zugriff auf relevante Inputdaten essenziell. Leider ist ein Großteil medizinischer Variablen in unterschiedlichen Informationssystemen nicht standardisiert erfasst bzw. sie unterscheiden sich bzgl. Darstellungsformaten oder auch Bedeutung. Falls also das KI-System die Inputdaten nicht selbst generiert und auf Routinedaten externer Systeme angewiesen ist, müssen zunächst zuverlässige Datenschnittstellen etabliert werden. Besonders effektiv arbeiten KI-Systeme in Krankenhäusern, wenn sie mit bereits bestehenden Informationssystemen wie Klinische Arbeitsplatzsysteme oder Laborinformationssysteme direkt unter Nutzung von Interoperabilitätsstandards kommunizieren können.

Interoperabilität von Softwaresystemen beschreibt die Fähigkeit, wie gut diese Systeme Informationen untereinander austauschen können und zwar unter Beibehaltung von

Struktur und Bedeutung von Informationen. Die Norm ISO-13606 unterscheidet zwischen syntaktischer Interoperabilität – also der Fähigkeit Daten in standardisierten Datenformaten auszutauschen – und semantischer Interoperabilität, welche die Standardisierung von Bedeutung der ausgetauschten Informationen erfordert. Beispielsweise liegt syntaktische Interoperabilität zwischen medizinischen Anwendungen vor, wenn die zu übertragende Information in einem festgelegten Nachrichtenstandard ausgetauscht wird (z. B. in Krankenhäusern HL7 V2). So könnte der aktuelle Blutzuckerwert eines Patienten anhand einer standardisierten Abfolge von Zeichen übermittelt werden. Damit jedoch auch semantische Interoperabilität gewährleistet ist, sollte auch die Bedeutung der Nachricht kodiert werden: Das heißt, es handelt sich um einen Laborbefund, und zwar um den Serum-Blutzuckerwert, der durch einen Terminologie-Code eine möglichst eindeutige Bedeutung erhält. Internationale Terminologien wie SNOMED-CT für klinische Befunde und LOINC speziell für Laborbefunde und UCUM für die standardisierte Angabe von Maßeinheiten können die medizinische Bedeutung der übermittelten Informationen standardisieren und sind aktuell noch in der Routine von medizinischen Softwaresystemen kaum etabliert (Bodenreider et al., 2018).

Das Interoperabilitätsproblem kann bereits in der Planung adressiert werden, wenn insbesondere die semantischen Standards integriert werden und die Medizininformatik-Initiative in Deutschland hat hierzu bereits wichtige Vorarbeiten durch die Definition von Kerndatensätzen und Nutzung von den o. g. Terminologien geleistet (Semler et al., 2018).

2.3 Strukturierte Daten und Datenqualität

Für ein zuverlässiges Training von KI-Systemen sind große Datenmengen in hoher Datenqualität notwendig, idealerweise strukturierte Daten, da diese sich algorithmisch eindeutiger auswerten. Im Gegensatz dazu stellen unstrukturierte Freitexte dazu auch bei anspruchsvollen Natural Language Processing (NLP) Verfahren problematische semantische Uneindeutigkeiten dar. Das Beispiel von IBM-Watson (Strickland, 2019) dient hier als Paradebeispiel, wie KI-Verfahren gerade bei medizinischen Freitexten für die klinische Anwendung bei komplexeren Fragestellungen scheitern. Während diese KI-Anwendungen bei Texten im Spiel Jeopardy eine hohe dem menschlichen Experten überlegene Performanz aufwiesen, scheiterte IBM-Watson beim Einsatz anhand von Patientenakten – welche dafür bekannt sind einen hohen Anteil an unstrukturierten Texten zu beinhalten – korrekte und geeignete onkologische Behandlungsempfehlungen zu generieren. Auch eine Anwendung von diagnostischen Systemen, um anhand von größeren Freitexten zuverlässige diagnostische Aussagen zu machen, wartet noch bis heute auf einen kommerziellen Erfolg bzw. breite klinische Implementation. Falls also eine KI-Anwendung Freitexte einschließt, wäre als Trainingsbasis ein sehr großer annotierter Textkorpus – durch Integration der o. g. medizinischen Terminologien – notwendig um semantische Uneindeutigkeiten zu reduzieren. Idealerweise sollte als Ergänzung eine strukturierte Datenmenge, die für die Problemstellung relevant ist, ebenfalls für das Training einbezogen werden, z. B. durch strukturierte Aufnahmeformulare oder Bilddaten. Gerade die in der Einführung erwähnten zugelassenen KI-Systeme fallen durch strukturierte Inputdaten auf, welche durch hoch technologisierte Intensivsysteme oder Bilddaten bereitgestellt werden. Bilddaten haben im Vergleich zu strukturierten Formulardaten den zusätzlichen Vorteil, auch räumliche Beziehungen zu speichern, welche besonders gut durch künstliche neuronale Netze mit Konvolutionsfiltern (engl. Convolutional Neural Networks) verarbeitet werden können (LeCun et al., 2015; Lu et al., 2017; Poggio et al., 2017).

Essenziell für die Aussagekraft jeder Datenanalyse, also auch jedes KI-Systems ist die Datenqualität der Input-Daten. Hierzu zählen Datenqualitätsindikatoren wie z. B. Datenvollständigkeit (Sind alle relevanten Datenfelder zu möglichst allen relevanten Patienten verfügbar?), Korrektheit (Weisen die Datenfelder korrekte Werte aus der Realität auf?) und Plausibilität (Gibt es regelwidrige Werte, z. B. männliches Geschlecht mit Schwangerschaftsstatus = ja?) (Arts et al., 2002; Weiskopf & Weng, 2013). Insbesondere sollten Trainings- und Testdaten für die KI genau das Patientenkollektiv repräsentieren, welches auch als Ziel-Kollektiv in der Anwendung gilt, da sonst ein verzerrtes KI-Lernen bzw. nicht repräsentative Ergebnisse bei der KI-Auswertung entstehen (Le Berre et al., 2020). Auch Datenquantität, d. h. die Menge an Trainingsdaten, für die Performanz des KI-Systems ist entscheidend, insbesondere bei vielen Inputvariablen und komplexeren Deep-Learning Modellen (siehe Abb. 2). Gerade bei Anwendungen, wo keine ausreichend große Menge an Trainingsdaten vorhanden ist – z. B. es gibt insgesamt zu wenige Patienten oder eine bestimmte Klasse von Patienten ist unterrepräsentiert – sind kostengünstige Datengewinnungsmethoden gefragt. Geeignete Methoden sind z. B. Datenaugmentationsverfahren (Perez & Wang, 2017), indem leichtveränderte Kopien von bestehenden Trainingsdaten generiert werden oder Transferlernmethoden, um anhand von externen ähnlichen Daten, wie sie in öffentlichen Repositories angeboten werden, Basismerkmale zu extrahieren (Dai et al., 2007; Torrey & Shavlik, 2010). Die Idee beim Transferlernen ist, dass für das Erkennen von Zielmerkmalen – z. B. „Befindet sich eine tumoröse Lungenstruktur im CT-Bild?" – ein externer Datensatz, der nicht für die eigene Problemlösung generiert wurde – z. B. ein Datensatz über Lungen-CTs mit Entzündungen oder anderen Veränderungen – bereits Basismerkmale wie z. B. wie „Was ist ein Lungenlappen?", „Gibt es bestimmte Verdichtungen in der Lunge" das Training des eigentlichen Ziel-KI Systems deutlich unterstützen kann.

3   Zusammenfassung und Ausblick

Die RISE Kriterien beinhalten Aspekte bzgl. Regulatorik, Interpretierbarkeit, Interoperabilität, Strukturiertheit der Daten und Evidenz und stellen essenzielle Herausforderungen für eine erfolgreiche Planung und einen breiten Einsatz in der Krankenhausroutine dar. Abb. 3 fasst die Kriterien im Sinne eines translationalen Wandels von der Idee zur klinischen Anwendung zusammen.

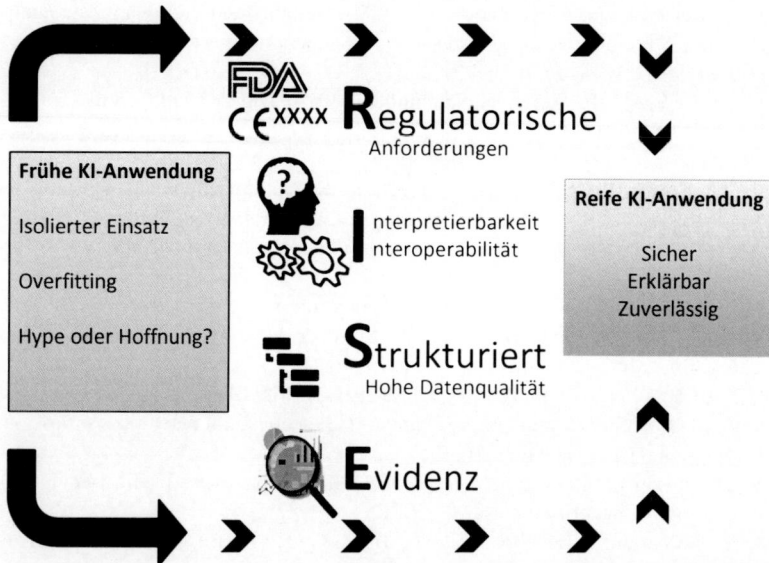

Abb. 3 Translation von der Idee zur reifen KI-Entwicklung. (In Anlehnung an Varghese, 2020)

Der Einsatz von KI zur Optimierung von klinischen Prozessen, Ressourcenmanagement oder auch der direkten Patientenversorgung wirkt durch eine Zunahme an positiven wissenschaftlichen Publikationen vielversprechend. Auch wenn aktuell die Anzahl qualitativ hochwertiger Studien über eine tatsächliche Verbesserung noch begrenzt ist, ist von einer zunehmenden Integration von KI in die Klinik auszugehen, wobei aktuell eine Selektionsphase von tatsächlich erfolgreichen Use Cases stattfindet. Zur Ermittlung von erfolgreichen Use Cases empfiehlt sich daher der intensive Austausch mit klinischen Anwendern und Anwenderinnen und, sofern keine Zulassung vorliegt, die Planung einer geeigneten prospektiven Beobachtungsstudie im Sinne einer Machbarkeitsstudie, oder im reiferen Falle eine Zulassungsstudie zum Medizinprodukt. Hierbei sind insbesondere Experten aus dem Bereich Regulatorik zu involvieren. Lokale Ansprechpartner sind hier z. B. ein Zentrum für Klinische Studien oder medizininformatische Institute am eigenen Standort, und gerade bei Zulassungsstudien das Bundesinstitut für Arzneimittel und Medizinprodukte (BfArM). Bei beiden Studienformen ist ein positives Ethikvotum vor der entsprechenden Studiendurchführung notwendig.

Literatur

Abràmoff, M. D., Lou, Y., Erginay, A., Clarida, W., Amelon, R., Folk, J. C., & Niemeijer, M. (2016). Improved automated detection of diabetic retinopathy on a publicly available dataset through integration of deep learning. *Investigative Ophthalmology & Visual Science, 57*(13), 5200–5206. https://doi.org/10.1167/iovs.16-19964.

Arts, D. G., De Keizer, N. F., & Scheffer, G.-J. (2002). Defining and improving data quality in medical registries: A literature review, case study, and generic framework. *Journal of the American Medical Informatics Association, 9*(6), 600–611.

Becker, K., Lipprandt, M., Röhrig, R., & Neumuth, T. (2019). Digital health – Software as a medical device in focus of the medical device regulation (MDR). *It – Information Technology, 61*(5–6), 211–218. https://doi.org/10.1515/itit-2019-0026.

Bodenreider, O., Cornet, R., & Vreeman, D. J. (2018). Recent developments in clinical terminologies – SNOMED CT, LOINC, and RxNorm. *Yearbook of Medical Informatics, 27*(01), 129–139.

Crevier, D. (1993). *AI: The tumultuous history of the search for artificial intelligence.* Basic Books, Inc.

Cukier, K. (2019). Ready for robots: How to think about the future of AI. *Foreign Affairs, 98*, 192.

Dai, W., Yang, Q., Xue, G.-R., & Yu, Y. (2007). *Boosting for transfer learning* (Z. Ghahramani, Hrsg.). ACM Press. https://doi.org/10.1145/1273496.1273521.

Esteva, A., Kuprel, B., Novoa, R. A., Ko, J., Swetter, S. M., Blau, H. M., & Thrun, S. (2017). Dermatologist-level classification of skin cancer with deep neural networks. *Nature, 542*(7639), 115. https://doi.org/10.1038/nature21056.

European MDR. (26. July 2021). *Medical device regulation.* https://www.medical-device-regulation.eu/download-mdr/. Zugegriffen am 21.07.2021.

Hannun, A. Y., Rajpurkar, P., Haghpanahi, M., Tison, G. H., Bourn, C., Turakhia, M. P., & Ng, A. Y. (2019). Cardiologist-level arrhythmia detection and classification in ambulatory electrocardiograms using a deep neural network. *Nature medicine, 25*(1):65.

Hollis, K. F., Soualmia, L. F., & Séroussi, B. (2019). Artificial intelligence in health informatics: Hype or reality? *Yearbook of Medical Informatics, 28*(1), 3–4. https://doi.org/10.1055/s-0039-1677951.

Le Berre, C., Sandborn, W. J., Aridhi, S., Devignes, M.-D., Fournier, L., Smaïl-Tabbone, M., Danese, S., & Peyrin-Biroulet, L. (2020). Application of artificial intelligence to gastroenterology and hepatology. *Gastroenterology, 158*(1), 76–94.e2. https://doi.org/10.1053/j.gastro.2019.08.058.

LeCun, Y., Bengio, Y., & Hinton, G. (2015). Deep learning. *Nature, 521*(7553), 436–444. https://doi.org/10.1038/nature14539.

Lu, L., Zheng, Y., Carneiro, G., & Yang, L. (2017). Deep learning and convolutional neural networks for medical image computing. *Advances in Computer Vision and Pattern Recognition.* https://link.springer.com/book/10.1007/978-3-319-42999-1.

McCorduck, P., & Cfe, C. (2004). *Machines who think: A personal inquiry into the history and prospects of artificial intelligence.* CRC Press.

Perez, L., & Wang, J. (2017). The effectiveness of data augmentation in image classification using Deep Learning. 2017 Dec 13;arXiv preprint(arXiv:1712.04621).

Poggio, T., Mhaskar, H., Rosasco, L., Miranda, B., & Liao, Q. (2017). Why and when can deep-but not shallow-networks avoid the curse of dimensionality: A review. *International Journal of Automation and Computing, 14*(5), 503–519.

Semler, S. C., Wissing, F., & Heyder, R. (2018). German medical informatics initiative. *Methods of Information in Medicine, 57*(S 1), e50–e56. https://doi.org/10.3414/ME18-03-0003.

Strickland, E. (2019). IBM Watson, heal thyself: How IBM overpromised and underdelivered on AI health care. *IEEE Spectrum, 56*(4), 24–31.

The Medical Futurist. (7. January 2021). *The Medical Futurist.* https://medicalfuturist.com/fda-approved-ai-based-algorithms. Zugegriffen am 07.02.2022.

Torrey, L., & Shavlik, J. (2010). Transfer learning. In *Handbook of research on machine learning applications and trends: Algorithms, methods, and techniques* (S. 242–264). IGI Global.

Varghese, J. (2020). Artificial intelligence in medicine: Chances and challenges for wide clinical adoption. *Visceral Medicine*, 1–7. https://doi.org/10.1159/000511930.

Varghese, J., Kleine, M., Gessner, S. I., Sandmann, S., & Dugas, M. (2018). Effects of computerized decision support system implementations on patient outcomes in inpatient care: A systematic review. *Journal of the American Medical Informatics Association, 25*(5), 593–602. https://doi.org/10.1093/jamia/ocx100.

Varghese, J., Niewöhner, S., Soto-Rey, I., Schipmann-Miletić, S., Warneke, N., Warnecke, T., & Dugas, M. (2019). A smart device system to identify new phenotypical characteristics in movement disorders. *Frontiers in Neurology, 10*, 48. https://doi.org/10.3389/fneur.2019.00048.

Varghese, J., van Alen, C. M., Fujarski, M., Schlake, G. S., Sucker, J., Warnecke, T., & Thomas, C. (2021). Sensor validation and diagnostic potential of smartwatches in movement disorders. *Sensors, 21*(9), 3139. https://doi.org/10.3390/s21093139.

Wainer, J., & Cawley, G. (2018). Nested cross-validation when selecting classifiers is overzealous for most practical applications. *ArXiv:1809.09446 [Cs, Stat]*. http://arxiv.org/abs/1809.09446. Zugegriffen am 07.02.2022.

Weiskopf, N. G., & Weng, C. (2013). Methods and dimensions of electronic health record data quality assessment: Enabling reuse for clinical research. *Journal of the American Medical Informatics Association, 20*(1), 144–151. https://doi.org/10.1136/amiajnl-2011-000681.

Yaeger, K. A., Martini, M., Yaniv, G., Oermann, E. K., & Costa, A. B. (2019). United States regulatory approval of medical devices and software applications enhanced by artificial intelligence. *Health Policy and Technology, 8*(2), 192–197. https://doi.org/10.1016/j.hlpt.2019.05.006.

Zertifizierte KI. (22. July 2021). *Zertifizierte KI*. https://www.zertifizierte-ki.de/. Zugegriffen am 21.07.2021.

Wissensgenerierung durch die Zusammenführung von Daten aus einer Vielzahl von rechnerunterstützten Anwendungssystemen und medizinischen Geräten

Paul Schmücker

Inhaltsverzeichnis

Zusammenfassung

Patienten- und Forschungsdaten sind über verschiedene rechnerunterstützte Anwendungssysteme verteilt und werden mit diversen medizinischen Geräten generiert. Teilweise liegen die Daten, Bilder und Signale aber auch noch papier- oder filmbasiert vor. Um das Wissen dieser Systeme nutzen zu können, ist eine Zusammenführung und Harmonisierung der Daten notwendig. Nachfolgend wird gezeigt, wie Daten klinischer Informationssysteme in das Forschungsdatenmanagement integriert und in Pandemie-Zeiten durch IT unterstützt werden können. Beide Anwendungsfälle sind Beispiele für künftige Wissensgenerierungen u. a. zur Weiterentwicklung von Diagnostik, Prävention und Behandlung von Krankheiten.

P. Schmücker (✉)
Hochschule Mannheim, MIRACUM Konsortium, Mannheim, Deutschland
E-Mail: p.schmuecker@hs-mannheim.de

1   Integration des Forschungsdatenmanagements in klinische Informationssysteme

Klinische patientenorientierte Informationssysteme unterstützen die Forschung bisher nur sehr geringfügig, sie sind in erster Linie für die Patientenversorgung konzipiert und entwickelt. Für Forschungszwecke werden aber Daten aus der Patientenversorgung benötigt. Ein Großteil dieser Daten wie Diagnosen, Therapien, Labordaten etc. kann von verschiedenen klinischen Anwendungssystemen und medizinischen Geräten, in Zukunft sogar von Wearables bereitgestellt und um Daten aus der Forschung ergänzt werden. Dazu müssen diese Daten zusammengeführt und für Auswertungszwecke aufbereitet werden.

Die derzeitige Situation soll durch die Medizininformatik-Initiative (MI-I), die zunächst bis Ende 2022 durch das Bundesministerium für Bildung und Forschung (BMBF) gefördert wird, verbessert werden, indem innovative IT-Infrastrukturen und -Lösungen aufgebaut werden und den Austausch und die Nutzung von Forschungs- und Versorgungsdaten institutionsübergreifend ermöglichen. Ziel der Medizininformatik-Initiative ist es, die Chancen der Digitalisierung in der Medizin zu nutzen, um die medizinische Forschung zu stärken, die medizinische Behandlung zu verbessern sowie den Wirtschafts- und Wissenschaftsstandort Deutschland zu stärken. Beteiligt sind die vier Konsortien DIFUTURE, HiGHmed, MIRACUM und SMITH mit 35 Universitätsklinika und 22 anderen im Gesundheitswesen tätigen Einrichtungen (Firmen, Forschungszentren, Universitäten und Hochschulen) sowie Krankenkassen und Patientenvertreter. Die konsortien-übergreifende Zusammenarbeit wird von der Koordinationsstelle der MI-I, bestehend aus Vertretern des Medizinischen Fakultätentags (MFT), der Technologie- und Methodenplattform für die vernetzte medizinische Forschung e. V. (TMF) und des Verbands der Universitätsklinika Deutschlands e. V. (VUD), organisiert. Die Konsortial- und Vernetzungspartner der MI-I können der Abb. 1 entnommen werden.

Herzstücke der MI-I sind die Datenintegrationszentren (DIZen), die derzeit an den deutschen Universitätsklinika aufgebaut und vernetzt werden, um die medizinischen Daten aus Versorgung und Forschung zu erschließen und lokal in pseudonymisierter Form vorzuhalten sowie für eine standortübergreifende Nutzung verfügbar zu machen (Prokosch et al., 2018). Dazu werden die technischen und organisatorischen Voraussetzungen für die Vernetzung von Forschungs- und Versorgungsdaten geschaffen und die notwendigen rechtlichen und organisatorischen Rahmenbedingungen erarbeitet. In den DIZen werden klinische Daten, Bilder und Signale, aber auch Daten von molekularen und genomischen Untersuchungen aus verschiedenen Anwendungssystemen und von verschiedenen Geräten strukturiert übernommen und zusammengeführt. Dabei sollen elektronische Gesundheitsdaten sowohl aus der Krankenversorgung als auch aus der patienten-zentrierten Forschung genutzt werden.

Aufsetzend auf diesen Infrastrukturen werden über ein Dutzend klinischer Anwendungsfälle (Use Cases) wie Parkinson-Krankheit, Multiple Sklerose, Infektionskontrolle, Patientenrekrutierung, Prädiktionsmodelle, Molekulare Tumorboards, Seltene Erkrankungen (CORD), Polypharmazie (POLAR), Register für Rezidivierende Steinerkrankungen

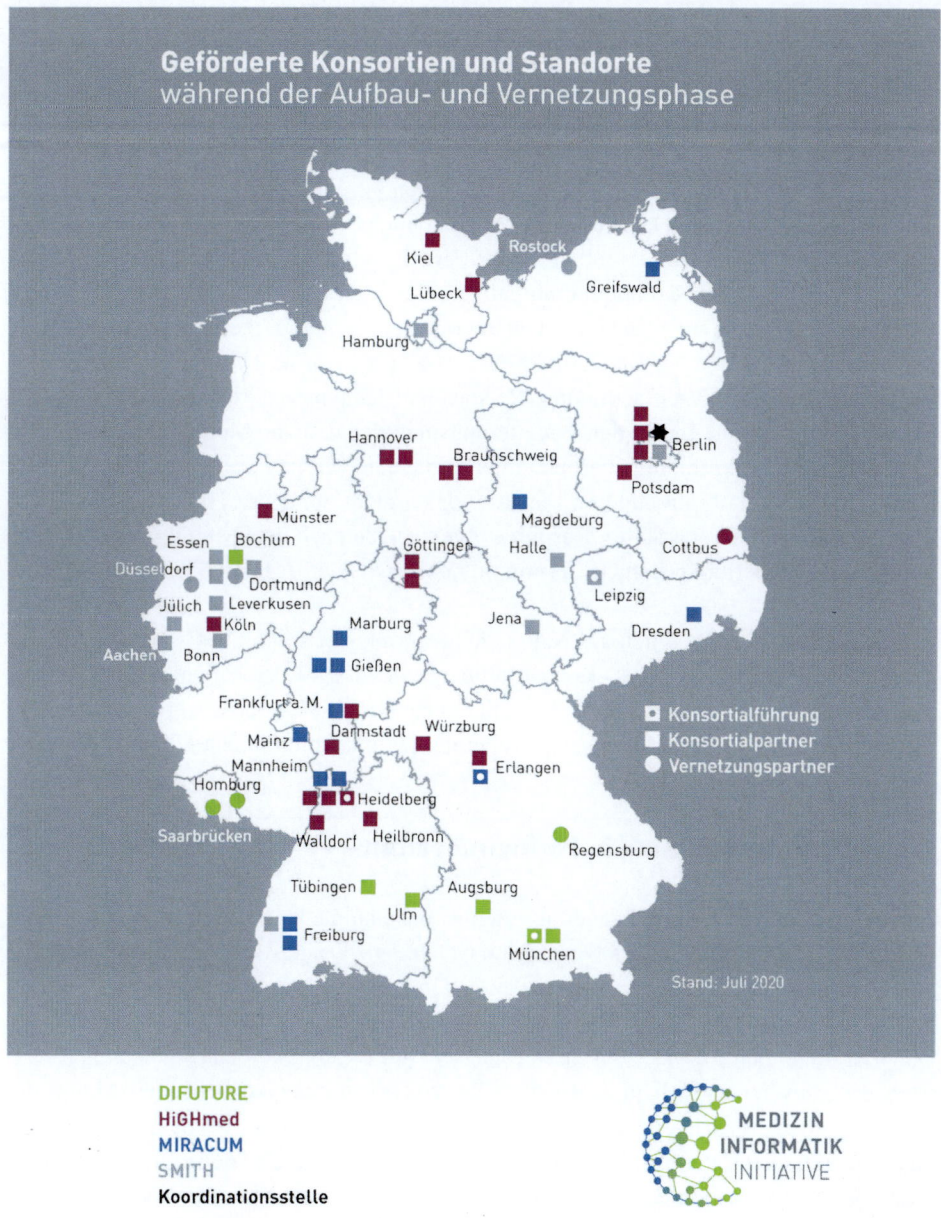

Abb. 1. Geförderte Konsortien und Standorte (Mit freundlicher Genehmigung der © Koordinationsstelle der Medizininformatik-Initiative 2020. Alle Rechte vorbehalten)

(RECUR) u. a. realisiert. An diesen wird die Funktionsfähigkeit der Datenintegrationszentren nachgewiesen und demonstriert. Die Daten werden in der Regel dezentral in den einzelnen Datenintegrationszentren zusammengeführt, für Auswertungen werden Algorithmen zu den Daten gebracht und dort ausgeführt. Die Auswerteergebnisse werden anschließend zentral zusammengeführt. Die Durchführung von Auswertungen kann von Interessenten bei einem Use and Access Committee (UAC) beantragt werden. Bei der Speicherung und Verwertung der Daten haben Datenschutz und Datensicherheit die höchste Priorität.

Um an allen Standorten mit digital verfügbaren, strukturierten Daten beginnen und schrittweise auch weitere Daten erschließen zu können, wurde in der MI-I ein Kerndatensatz entwickelt, der ständig weiterentwickelt wird und dessen Nutzung für alle DIZen verpflichtend ist. Dieser ist modular aufgebaut und besteht aus Basis- und Erweiterungsmodulen. Die Basismodule sind inhaltlich übergreifend definiert, die Erweiterungsmodule werden aufgrund benötigter Daten für konkrete Use Cases entwickelt. Zu den Basismodulen gehören die Kerndatensatzmodule Person, Fall, Diagnose, Prozedur, Laborbefunde und Medikationsdaten und zu den Erweiterungsmodulen u. a. die Module Onkologie, Pathologiebefund, Mikrobiologiebefund, Intensivmedizin, Omics-Daten und Biomaterial. Für die technische Repräsentation des Kerndatensatzes wird der HL7-Standard FHIR (Fast Healthcare Interoperability Resources) genutzt. Je nach dem Modul werden für die semantische Kodierung geeignete Terminologien verwendet, z. B. LOINC für das Modul Laborbefunde.

Alle Arbeiten werden durch das Nationale Steuerungsgremium (NSG) koordiniert, unterstützt und fachlich begleitet. Konsortialübergreifend wird der nationale Überbau geplant und dessen Umsetzung unterstützt. Hierzu hat das NSG Arbeitsgruppen zu den Themen Patient Consent, Data Sharing, Interoperabilität und Kommunikation eingerichtet.

2   IT-Unterstützung in Pandemiezeiten

Ziel der IT-Unterstützung in Pandemiezeiten ist das Sammeln, das Verwalten, das Aufbewahren, das Auswerten und das Nutzen von COVID-19-Daten sowie die organisatorische Unterstützung der Maßnahmen gegen die Pandemie. Dafür wurde neben dem existierenden Kerndatensatz der Medizininformatik-Initiative (MI-I) der bundesweit einheitliche Datensatz „German Corona Consensus Data Set" (GECCO) (Nationales Forschungsnetzwerk der Universitätsmedizin zu COVID-19, 2021a) in einer konzertierten Aktion der Wissenschaft für die COVID-19-Forschung entwickelt, damit Forschende in Deutschland wissenschaftliche Daten zu COVID-19 und Informationen zur Behandlung von COVID-19-Patienten standardisiert und systematisch erheben und analysieren können.

Im GECCO-Datensatz werden primär folgende Daten erhoben: Anamnese, Risikofaktoren, demografische und epidemiologische Daten, Symptome, Diagnosen, Komplikationen, Vitalparameter, Laborwerte, bildgebende Daten, Therapie incl. Medikation, Gesundheitszustand bei der Aufnahme und Entlassung sowie weitere Daten. Alle Daten werden der COVID-19-Forschung über die Forschungsdatenplattform CODEX gemäß Nutzungsordnung zur Verfügung gestellt (siehe auch Beitrag E5 „GECCO-Datensatz").

Um die Aktivitäten zur Bewältigung der aktuellen Pandemie zu bündeln und stärken, fördert das Bundesministerium für Bildung und Forschung (BMBF) den Aufbau eines Nationalen Forschungsnetzwerks der Universitätsmedizin (NUM) zu COVID-19 (Nationales Forschungsnetzwerk der Universitätsmedizin zu COVID-19, 2021b). Das Netzwerk, das am 1. Oktober 2020 offiziell vom BMBF vorgestellt wurde und an dem alle 36 Universitätsklinika in Deutschland beteiligt sind, hat zum Ziel, Daten behandelter COVID-19-Patienten sowie Diagnostik- und Behandlungsstrategien aller deutschen Universitätsklinika und ggfs. weiterer Akteure im Sinne einer Pandemievorsorge systematisch und zeitnah zu erfassen, zusammenzuführen, auszuwerten und zu nutzen. Das Netzwerk ist mit insgesamt 13 Verbundprojekten gestartet. Nachfolgend werden stellvertretend die Projekte CODEX, NAPKON, RACOON, COMPASS und B-FAST kurz beschrieben.

Die Forschungsdatenplattform **CODEX** (COVID-19 Data Exchange Platform) (Netzwerk Universitätsmedizin, 2021a) umfasst eine bundesweit einheitliche, datenschutzkonforme Infrastruktur zur Speicherung, Bereitstellung und Auswertung von COVID-19-Forschungsdatensätzen. Zu diesem Zweck wird eine Datenbasis mit klinischen Daten, aber auch mit Bilddaten und Daten von Bioproben aus unterschiedlichen Datenquellen aufgebaut. Dabei basiert die CODEX-Plattform auf den Datenintegrationszentren der Medizininformatik-Initiative, mit denen klinische Daten, Bilder und Signale, aber auch Daten von molekularen und genomischen Untersuchungen aus verschiedenen Anwendungssystemen und von verschiedenen Geräten aus der Versorgung und Forschung klinikübergreifend und datenschutzgerecht für die Forschung nutzbar gemacht werden. Die Datenintegrationszentren haben frühzeitig begonnen, auch COVID-19-spezifische Daten strukturiert und in hoher Qualität für die Forschung zu sammeln und bereitzustellen. Diese Daten stehen auch der Open Source Forschungsdatenplattform CODEX zur Verfügung.

Erste standortübergreifende Analysen zu COVID-19 wurden bereits auf Basis der gesammelten Daten durchgeführt. Es konnte gezeigt werden, wie Patientendaten der verschiedenen Standorte der Universitätsklinika mit Hilfe der DIZ-Infrastruktur der MI-I auf Basis verteilter Auswertungskonzepte analysiert werden können (Schüttler et al., 2021). Dabei wurden Krankenhausaufenthalte von 1318 COVID-19-Patienten aus 14 deutschen Universitätsklinika für den Zeitraum von Januar bis September 2020 untersucht. Die Analyse zeigt einen Rückgang der durchschnittlichen Sterberate bei COVID-19-Patienten von anfangs 20,7 Prozent (Januar bis April) auf 12,7 Prozent (Mai bis September). Aus diesem Ergebnis kann abgeleitet werden, dass die COVID-19-Behandlungen kontinuierlich durch bessere Therapien und zunehmende Erfahrungen der Behandlungsteams verbessert werden.

In dem Nationalen Pandemie Kohorten Netz (**NAPKON**) (Netzwerk Universitätsmedizin, 2021b) sollen rund 8000 Corona-Infizierte und -Erkrankte über den gesamten Krankheitsverlauf intensiv beobachtet werden. Etwa 2000 Merkmale werden vom Studienpersonal bei den teilnehmenden Patienten während mehrerer Visiten erhoben und später ausgewertet.

Im Projekt **RACOON** (Radiological Cooperative Network zur COVID-19-Pandemie) (Netzwerk Universitätsmedizin, 2021c) werden landesweit radiologische Daten von

COVID-19-Fällen erfasst, insbesondere die in Echtzeit befundeten und analysierten Daten COVID-19-verdächtiger Pneumoniefälle. Die radiologische Bildgebung kann nämlich pandemische Lungeninfektionen erkennen, bewerten, messen, nachverfolgen und zugrunde liegende Risikofaktoren benennen. Dabei können hochstrukturierte Daten auch zur Unterstützung von KI-Anwendungen bereitgestellt werden.

Im COMPASS-Verbundprojekt (Netzwerk Universitätsmedizin, 2021d) wird eine Plattform aufgebaut, die konkrete Methoden und Werkzeuge als Open Source Komponenten für die Entwicklung und den effektiven Einsatz von Pandemie-Apps bereitstellt. Ziel des bundesweiten Forschungsnetzes „Angewandte Surveillance und Testung" (B-FAST) (Netzwerk Universitätsmedizin, 2021e) ist es, Informationen und Erkenntnisse zum Pandemiegeschehen strukturiert zu sammeln und für Zwecke der Planung, Durchführung und Bewertung von Maßnahmen zur Pandemiebewältigung zu nutzen. Dafür werden Test- und Überwachungsstrategien für verschiedene Bevölkerungsgruppen und Anwendungsbereiche (z. B. Krankenhäuser, Seniorenheime, Schulen, Kindergärten sowie Kultur- und Sportstätten) entwickelt und unter Routinebedingungen angewandt.

Zusätzlich hat die Deutsche Interdisziplinäre Vereinigung für Intensiv- und Notfallmedizin (DIVI) ein Register (Netzwerk Universitätsmedizin, 2021f) aufgebaut, in dem tagesaktuell für Deutschland Fallzahlen zu intensivmedizinisch behandelten COVID-19-Patienten sowie die freien und belegten Behandlungskapazitäten in der Intensivmedizin erfasst werden. Ziel des Registers ist es, in Echtzeit Engpässe in der intensivmedizinischen Versorgung im regionalen Vergleich zu erkennen. Das betrifft insbesondere die Verfügbarkeiten von Beatmungsbetten und erweiterten Therapiemaßnahmen bei akutem Lungenversagen. Eine Übersicht aller teilnehmenden Kliniken und eine Ampeldarstellung ihrer Bettenverfügbarkeit sollen Ärzten bei der Suche nach freien Kapazitäten helfen. Weiterhin soll auch eine Umkreissuche mit Belegungsanzeige umgebender Kliniken für Ärzte angeboten werden, die auf der Suche nach Intensivbetten zur Verlegung eigener Patienten sind.

Ferner gibt es weitere Entwicklungen im Rahmen der COVID-19-Pandemie. So wurden u. a. eine Plattform für die transsektorale Kommunikation im regionalen Pandemiemanagement sowie standortübergreifende Corona-Dashboards zur Visualisierung von Auswerteergebnissen entwickelt. Beispiele sind das DIVI-Dashboard und das COVID-19-Dashboard des Universitätsklinikums Bonn. Weitere nützliche Lösungsansätze sind u. a. die Corona- und Luca-App. Die Luca-App ermöglicht z. B. eine schnelle verschlüsselte, anonymisierte und datenschutzkonforme Kontaktnachverfolgung sowie eine schnelle und lückenlose Nachverfolgung von Infektionsketten ohne die bislang praktizierte Zettelwirtschaft.

Wie aufgezeigt, wurde eine Vielzahl nützlicher Methoden, Techniken und Werkzeuge für die Bewältigung der COVID-19 Pandemie entwickelt. Diese Aufbau- und Vernetzungsarbeiten sind noch lange nicht abgeschlossen, sie müssen dringend fortgesetzt werden. Diesbezüglich sind u. a. die Medizininformatik-Initiative (MI-I) und das Nationale Netzwerk der Universitätsmedizin (NUM) weiterhin gefordert.

3   Nichtfunktionale Herausforderungen des Datenmanagements in Forschung und Patientenversorgung

Zum effizienten Datenaustausch innerhalb der Standorte und zwischen den Standorten sind offene, standardbasierte und interoperable Lösungen erforderlich. Wichtig dabei ist die Nutzung von Standards und die Sicherstellung der Interoperabilität. Der viel zu geringe Standardisierungsgrad der Primärdokumentation in der Patientenversorgung erschwert die harmonisierte Datennutzung und erfordert umfangreiche Standardisierungsarbeiten. Diese basieren mittlerweile auf international etablierten Standards und werden durch Standardisierungsorganisationen wie HL7 Deutschland e. V. und IHE Deutschland e. V. unterstützt. Es werden IHE-Profile für die Zusammenführung der und den Zugriff auf Daten sowie die Datensicherheit genutzt, ferner HL7 CDA für die standardisierte Strukturierung klinischer Dokumente und HL7 FHIR (Fast Healthcare Interoperability Resources) für medizinische Einzeldaten, wobei FHIR als Standard für den Datenaustauch zwischen Softwaresystemen im Gesundheitswesen genutzt wird. Für den Bereich der Medikation wird die Anatomisch-Therapeutisch-Chemische Klassifikation (ATC) eingesetzt.

Die semantische Interoperabilität wird u. a. durch die Klassifikationen ICD-10-GM und OPS sowie die Terminologien LOINC und SNOMED CT sichergestellt. Dabei ist SNOMED CT eine ausgezeichnete Referenzterminologie für grenzüberschreitende, nationale und regionale E-Health-Anwendungen. Ohne Strukturierung und Standardisierung können medizinische Daten nur schwer verarbeitet werden. Dies gilt insbesondere auch für die Verarbeitung von Daten mit selbstlernenden Algorithmen in der Patientenbehandlung.

Im Rahmen der IT-Unterstützung müssen unbedingt auch rechtliche Rahmenbedingungen Berücksichtigung finden. Bei der Speicherung und Verwertung der Daten haben Datenschutz und Datensicherheit die höchste Priorität. Neben der Einführung medizinischer Datenstandards wie des Kerndatensatzes der MI-I und des GECCO-Datensatzes ist auch die bundesweit einheitliche Patienteneinwilligung zur Nutzung der Daten und Biomaterialien für medizinische Forschungszwecke von zentraler Bedeutung. Daten können nur dann erfasst werden, wenn die Betroffenen ausführlich informiert worden sind und eingewilligt haben. Außerdem müssen Interessenten die Umsetzung von Forschungsanfragen bei einem Use and Access Committee (UAC) beantragen. Neben den Anforderungen der Datenschutzgrundverordnungen müssen die MI-I- und COVID-19-Anwendungen der Forschungsethik und den sogenannten FAIR-Prinzipien gerecht werden. FAIR steht für Findable (auffindbar), Accessible (zugänglich), Interoperable (kompatibel) und Reusable (wiederverwendbar). Eine weitere wichtige Aufgabe der Datenintegrationszentren ist auch die Sicherstellung der Datenqualität.

4   Nutzen für Forschung und Patientenversorgung

Die Medizininformatik-Initiative (MI-I) hat wertvolle Pionierarbeit geleistet. Mit der MI-I
wurde eine bundesweite Infrastruktur geschaffen, um Routinedaten des Gesundheitswesens standortübergreifend für die Gesundheitsversorgung und -forschung nutzen zu können. Mit den Datenintegrationszentren, den offenen standardisierten Datenaustauschfor-
maten und internationalen Terminologien sind Möglichkeiten geschaffen worden, über
gemeinsame Datenformate weitere Datenquellen zu erschließen und zur Wissensgenerierung zu nutzen. Es wurde gezeigt, dass die Daten zugänglich, wiederauffindbar, austauschbar, wiederverwendbar und vor allem interoperabel bereitgestellt werden können. Anhand
von konkreten Anwendungsbeispielen konnte der Mehrwert für die Patientenversorgung
und Forschung gezeigt werden. Künftige Fördervorhaben können die geschaffenen Infrastrukturen sowie die rechtlichen und ethischen Rahmenbedingungen (z. B. Patienteneinwilligung, Anonymisierung, Nutzungsordnungen, Use and Access Regelungen) der
Medizininformatik-Initiative nutzen, es müssen keine Parallelstrukturen aufgebaut werden. Auch kann der ständig wachsende Datenpool für anonymisierte wissenschaftliche
Auswertungen und Anfragen genutzt werden.

Die Mehrwerte der Infrastrukturen der MI-I sind bereits heute sehr vielfältig. Am Universitätsklinikum Freiburg wurde zum Beispiel ein Verfahren zur Aufbereitung und Visualisierung von genetischen Sequenzierungsdaten entwickelt, um Patientinnen und Patienten
mit seltenen Tumorerkrankungen zu identifizieren und ihnen zielgerichtete Therapien anzubieten. Außerdem wird u. a. auch die Forschung im Rahmen der Multiplen Sklerose, der
Parkinson-Krankheit, Infektionskontrolle, Molekularer Tumorerkrankungen, Polypharmazie etc. unterstützt. Im Rahmen von Klinischen Studien können problemlos passende
Patient*innen auf Basis von vorgegebenen Auswahlkriterien (z. B. Diagnosen, Therapien,
Alter oder Geschlecht) aus dem vorhandenen Datenmaterial rekrutiert werden.

Mit Patientendaten soll neues Wissen generiert werden, mit dem die Ärzt*innen die
Erkrankung früher diagnostizieren und individueller behandeln können. Bei Seltenen Erkrankungen kann auf das Wissen anderer Behandlungsorte zugegriffen werden. Der Behandler kann ähnliche Fälle lokalisieren und somit auch Hinweise auf Diagnose und Therapie dieser Fälle erhalten. Bei medizinischen Diagnosen, die in Deutschland nur selten
vorkommen, kann die digitale Vernetzung somit sehr hilfreich sein.

Weiterhin wird die Personalsituation im IT-Bereich des Gesundheitswesens durch vielfältige Maßnahmen verbessert. Neben der Einrichtung von ca. 50 neuen Professuren werden auch neue Studiengänge in der Medizinischen Informatik und ihrem Umfeld eingerichtet, online basierte Lernmodule entwickelt sowie die Ärztliche Fortbildung in
Medizinischer Informatik und PhD-Programme „Medical Data Science" gefördert. Die
Aus-, Weiter- und Fortbildung sind ein wesentlicher Baustein der Förderung. Diese Qualifizierungsmaßnahmen sind eine Grundvoraussetzung für einen erkennbaren Ausbau der
Digitalisierung in der Medizin, aber auch für eine Optimierung der Strukturen und Prozesse im Gesundheitswesen.

5 Ausblick

Aktuell haben sechs Digitale FortschrittsHubs Gesundheit (Digitale FortschrittsHubs Gesundheit, 2021) ihre Arbeit aufgenommen. Ziel ist die Ausweitung der digitalen Lösungen von den Universitätsklinika bis in den niedergelassenen Sektor. Durch die sektorenübergreifende Datennutzung sollen in Zukunft auch regionale Versorgungsdaten unter der Beachtung des Datenschutzes der Forschung helfen, Versorgungskonzepte und Therapien gezielt zu verbessern.

Die an den Universitätsklinika entwickelten Standards und Innovationen sollen sektorenübergreifend eingesetzt werden und die Gesundheitsversorgung vom Notfall über die ambulante und stationäre Behandlung bis hin zur Rehabilitation, Nachsorge und Pflege unterstützen. Die freiwillige und informierte Einwilligung der Patienten und Patientinnen ist die Voraussetzung für die Nutzung ihrer Daten und Biomaterialien in der Gesundheitsversorgung und -forschung. Regionale Krankenhäuser und niedergelassene Ärzte und Ärztinnen haben bereits die Bereitschaft bekundet, sich an der sektorübergreifenden Versorgung und ihrer IT-Unterstützung zu beteiligen.

Einen entscheidenden Beitrag zur sektorübergreifenden Forschung kann die Vernetzung der Medizininformatik-Initiative mit der forschungskompatiblen elektronischen Patientenakte (ePA) leisten. Ab 2023 sollen Versicherte die dort abgelegten Daten freiwillig und pseudonymisiert für die medizinische Forschung bereitstellen können. Die Nutzung der ePA ist ein wichtiger Schritt für eine verbesserte sektorübergreifende Verzahnung von medizinischer Forschung und Patientenversorgung.

Auch im Rahmen der Behandlung von COVID-19-Patienten kann die nationale elektronische Patientenakte (ePA) als eine nützliche Anwendung eingesetzt werden, insbesondere da die Krankenversicherungen die ePA den 73 Millionen in Deutschland gesetzlich Versicherten ab 1. Januar 2021 anbieten und ab 1. Juli 2021 alle Arztpraxen und Krankenhäuser an das ePA-System angeschlossen sein sollen.

Eine wesentliche Rolle wird in Zukunft auch die Anbindung von Smartphones und Wearables zur Einbindung der Patienten und Patientinnen spielen. Diese möchten mit ihrer Ärztin oder ihrem Arzt kommunizieren. Sie möchten ihnen aktuelle Gesundheitsinformationen zusenden, so dass diese das Fortschreiten der Therapie und die Entwicklung des Gesundheitszustandes verfolgen können.

6 Fazit

Mit der Medizininformatik-Initiative hat das Bundesministerium für Bildung und Forschung Mittel zur Verfügung gestellt, um die Medizinische Informatik und insbesondere Medical Data Science zu fördern und diese verstärkt in der Medizin einzusetzen. Diese Maßnahme wurde dringend erforderlich, da viele Professuren für Medizinische Informatik vor vielen Jahren nicht wiederbesetzt wurden, was gravierende Fehlentscheidungen der

Medizinischen Fakultäten an den deutschen Universitätsklinika waren. Dadurch wurden die informatorischen Entwicklungen in der Diagnostik, Therapie und Pflege stark vernachlässigt.

Durch die Medizininformatik-Initiative wurde das Fundament für die medizinische Forschung mit Daten aus der Patientenversorgung geschaffen. Durch den Aufbau und die Vernetzung nachhaltiger Dateninfrastrukturen werden nicht nur der Gesundheitsversorgung, sondern auch der Gesundheitsforschung einrichtungsübergreifend standardisierte Daten mit hoher Qualität zur Verfügung gestellt. Erste Anwendungen zeigen, dass die Patientenversorgung, insbesondere die Diagnostik, Therapie, Vor- und Nachsorge unterstützt werden können. Diesen Nutzen der MI-I haben auch erste Connectathons bestätigt.

Große Potenziale bieten die Daten auch für den Einsatz und die Anwendung von Methoden, Techniken und Werkzeugen der Künstlichen Intelligenz. Sie können z. B. Anwendungen der Künstlichen Intelligenz beim Aufbau lernender Gesundheitssysteme unterstützen. Ohne die Infrastruktur und das Know-how der Medizininformatik-Initiative wäre der Aufbau der CODEX-Datenbank mit den Daten der COVID-19-Patient*innen nicht in so kurzer Zeit möglich gewesen. Die COVID-19-Verbundprojekte liefern wertvolle Daten für das Pandemiemanagement, die Behandlung von COVID-19-Patient*innen, die Verbesserung der Diagnostik- und Behandlungsstrategien sowie die Entwicklung von Impfstoffen.

Schon die Zwischenberichte der Konsortien der MI-I zeigen, dass das Förderprogramm des BMBF die medizinische Informationsverarbeitung entscheidend voranbringt. Im Kontext der MI-I entstehen auch eine Vielzahl an neuen Arbeitsplätzen, die zu einem großen Teil nach Ablauf des Förderprogramms weiter bestehen bleiben und die Digitalisierung der Diagnostik, Therapie, Pflege, Vor- und Nachsorge im Gesundheitswesen fördern werden.

Die digitalen Gesundheitsdaten der Gesundheitsversorgung ermöglichen vielfältige neue Potenziale bei der Patientenbehandlung und sind eine wesentliche Grundlage für Innovationen in der Gesundheit. Es konnten bereits die Diagnostik, Prävention, Therapie und Pflege bei Krankheiten verbessert und auf einzelne Individuen ausgerichtet werden. Der Aufbau umfangreicher Datenbasen ist die Grundlage für eine erfolgversprechende Wissensgenerierung.

Literatur[1]

Digitale FortschrittsHubs Gesundheit. (2021). https://www.gesundheitsforschung-bmbf.de/de/Digitale-FortschrittsHubs-Gesundheit.php. Zugegriffen am 21.09.2021.

Nationales Forschungsnetzwerk der Universitätsmedizin zu COVID-19. (2021a). *GECCO DATA SET.* https://www.netzwerk-universitaetsmedizin.de/gecco-data-set. Zugegriffen am 21.09.2021.

---

[1] Sehr detaillierte Informationen zu diesem Fachbeitrag finden Sie in den MIRACUM-Journalen (Steering Board des MIRACUM Konsortiums (2018, 2019, 2020, 2021)).

Nationales Forschungsnetzwerk der Universitätsmedizin zu COVID-19. (2021b). *Aufgaben und Ziele*. https://www.netzwerk-universitätsmedizin.de/aufgaben-und-ziele. Zugegriffen am 21.09.2021.

Netzwerk Universitätsmedizin. (2021a). *CODEX │ COVID-19 Data Exchange Platform*. https://www.netzwerk-universitaetsmedizin.de/projekte/napkon. Zugegriffen am 30.09.2021.

Netzwerk Universitätsmedizin. (2021b). *NAPKON │ Nationales Pandemie Kohorten Netz*. https://www.netzwerk-universitaetsmedizin.de/projekte/napkon. Zugegriffen am 22.09.2021; https://napkon.de/. Zugegriffen am 28.09.2021.

Netzwerk Universitätsmedizin. (2021c). *RACOON │ Radiological Cooperative Network zur CO-VID-19 Pandemie*. https://www.netzwerk-universitaetsmedizin.de/projekte/racoon. Zugegriffen am 22.09.2021.

Netzwerk Universitätsmedizin. (2021d). *COMPASS │ Coordination on mobile pandemic apps best practice and solution sharing*. https://www.netzwerk-universitaetsmedizin.de/projekte/compass. Zugegriffen am 22.09.2021.

Netzwerk Universitätsmedizin. (2021e). *BFAST │ Bundesweites Forschungsnetz Angewandte Surveillance und Testung*. https://www.netzwerk-universitaetsmedizin.de/projekte/b-fast. Zugegriffen am 29.09.2021.

Netzwerk Universitätsmedizin. (2021f). *AKTIN-EZV │ Echtzeit-Versorgungsforschung mit dem AKTIN-Notaufnahmeregister*. https://www.netzwerk-universitaetsmedizin.de/projekte/aktin-ezv. Zugegriffen am 22.09.2021.

Prokosch, H. U., Acker, T., Bernarding, J., Binder, H., Boeker, M., Boerries, M., Daumke, P., Ganslandt, T., Hesser, J., Höning, G., Neumaier, M., Marquardt, K., Renz, H., Rothkötter, H. J., Schade-Brittinger, C., Schmücker, P., Schüttler, J., Sedlmayr, M., Serve, H., et al. (2018). MIRA-CUM: Medical informatics in research and care in University Medicine – A large data sharing network to enhance translational research and care. *Methods of Information in Medicine, 57*(Open 1), e82–e91.

Schüttler, J., Mang, J. M., Kapsner, L. A., Seuchter, S. A., Binder, H., Zöller, D., Kohlbacher, O., Boeker, M., Zacharowski, K., Rohde, G., Balig, J., Kampf, M. O., Röhrig, R., & Prokosch, H. U. (2021). Letalität von Patienten mit COVID-19: Untersuchungen zu Ursachen und Dynamik an deutschen Universitätsklinika. *Anästhesiologie & Intensivmedizin, 62*, 244–257.

Steering Board des MIRACUM Konsortiums. (2018). QUO VADIS? Big Data in Krankenversorgung und Forschung. *MIRACUM Journal* #1. https://www.miracum.org/wp-content/uploads/2018/03/miracum_klein.pdf. Zugegriffen am 21.09.2021.

Steering Board des MIRACUM Konsortiums. (2019). IM MITTELPUNKT: DER PATIENT. Versorgung und Forschung Hand in Hand. *MIRACUM Journal* #2. https://www.miracum.org/wp-content/uploads/2019/03/miracum_journal-02.pdf. Zugegriffen am 21.09.2021.

Steering Board des MIRACUM Konsortiums. (2020). MEDIZININFORMATIK-INITIATIVE. An der Schwelle zur Anwendung in Patientenversorgung und Forschung. *MIRACUM Journal* #3. https://www.miracum.org/wp-content/uploads/2020/04/MIRACUM_N3_BUCH_09_FINAL.pdf. Zugegriffen am 21.09.2021.

Steering Board des MIRACUM Konsortiums. (2021). FORSCHUNG MIT PRAKTISCHEM AN-SPRUCH: COVID-19 als Booster für die Digitalisierung. *MIRACUM Journal* #4. https://www.miracum.org/wp-content/uploads/2021/07/MIRACUM_Journal_N4.pdf. Zugegriffen am 21.09.2021.

Health Data Management, Wissensgenerierung und Datenkompetenzpotenziale

Andreas Beß, Christian Friedhoff, Wilhelm Brinkmann,
Paul Schmücker, Björn Schreiweis, Ingo Matzerath,
Katrin Berger, Katrin Weinhold und Michael Reiter

Inhaltsverzeichnis

A. Beß (✉)
promedtheus AG, Mönchengladbach, Deutschland
E-Mail: bess@promedtheus.de

C. Friedhoff
Augusta Bochum, Bochum, Deutschland
E-Mail: c.friedhoff@augusta-bochum.de

W. Brinkmann
St. Vincenz-Krankenhaus Paderborn, Paderborn, Deutschland
E-Mail: w.brinkmann@vincenz.de

P. Schmücker
MIRACUM, Mannheim, Deutschland
E-Mail: p.schmuecker@hs-mannheim.de

B. Schreiweis
Institut für Medizinische Informatik und Statistik, Christian-Albrechts-Universität zu Kiel und
Universitätsklinikum Schleswig-Holstein, Kiel, Deutschland
E-Mail: bjoern.schreiweis@uksh.de

I. Matzerath · K. Berger · K. Weinhold
AMEOS Spitalgesellschaft mbH, Halle, Deutschland
E-Mail: ingo.matzerath@ameos.de

M. Reiter
Fachjournalist für Innovation in der Gesundheitsversorgung, Zwingenberg, Deutschland
E-Mail: Michael-reiter-pr@gmx.de

© Der/die Autor(en), exklusiv lizenziert durch Springer Fachmedien Wiesbaden
GmbH, ein Teil von Springer Nature 2022
V. Henke et al. (Hrsg.), *Digitalstrategie im Krankenhaus*,
https://doi.org/10.1007/978-3-658-36226-3_34

Zusammenfassung

Die Frage nach einer Datenkompetenz und der Generierung von Wissen beschäftigt Krankenhäuser schon so lange, wie eine verschriftlichte Dokumentation erfolgt. Im Rahmen der Best Practices zur Thematik Wissensgenerierung und Datenkompetenzpotenziale wurden deswegen Krankenhäuser und Konsortien der bundesgeförderten Medizininformatik-Initiative zur Darstellung der aktuellen Aktivitäten und Ergebnisse zu diesem Themenkomplex systematisch auf Basis von 10 Fragestellungen befragt. Der Aufbau eines Daten- und Wissensmanagements erscheint für ein Anwendungsfeld, das im Wesentlichen auf wissenschaftlichen Erkenntnissen und deren empirischer Nutzung beruht, für die Krankenhäuser immer noch ein neuer Schritt zu sein. Quintessenz ist dabei, dass ohne eine Strukturierung der Information weder eine generelle Vernetzung von Behandlungsprozess und medizinischer Entscheidungsfindung möglich ist noch die mögliche Zeitnähe erreicht werden kann. Die über die gesamte deutsche Krankenhauslandschaft breit gefächerten Darstellungen zeigen deutlich, dass mit einem Wissensmanagement ein Nutzwert entstehen kann, dessen Mehrwert durch ein professionelles Management und die Unterstützung qualifizierter Dritter aber erst entstehen wird.

1   Ausgangssituation

Die Frage nach einer Datenkompetenz und der Generierung von Wissen auf Basis der vielen Informationen und Daten, die im medizinischen Alltag erhoben, benötigt und ausgewertet werden, beschäftigt Krankenhäuser schon so lange, wie eine verschriftlichte Dokumentation erfolgt. Durch die zunehmende Digitalisierung des Datenerfassungsprozesses aber auch die Abbildung der Behandlungsprozesse und der zugehörigen Begleit- sowie Hilfsprozesse durch digitale Werkzeuge wächst das Interesse mit diesen Daten einen Mehrwert zu generieren. Dabei erlauben moderne Technologien auch aus dem Bereich der Künstlichen Intelligenz es, bestehende analoge Dokumentationsstrukturen nachträglich für eine strukturierte Nutzung zu erschließen.

Im Rahmen der Best Practices zur Thematik Wissensgenerierung und Datenkompetenzpotenziale wurden deswegen nicht nur Krankenhäuser ausgewählt, die sich nach der Krankenhausgröße, medizinischen Ausrichtung, räumlichen Verortung und Trägerschaft unterscheiden, sondern auch die wissenschaftlichen Aspekte durch die Beteiligung zweier Konsortien der bundesgeförderten Medizininformatik-Initiative hinzugezogen. Um hier aber trotzdem eine allgemeine Vergleichbarkeit zu schaffen, folgen die Co-Autoren dieses Beitrags einer vorgegebenen Fragenstruktur.

Diese zehn Fragen, umfassen dabei ausgehend von der Motivation über die angewandte Methodik bis zu den darauf basierenden „lessons learned" die folgenden Aspekte:

1. Welchen Bedarf sehen Sie für die Generierung von Wissen und welchen Stellenwert hat das Thema für Ihr Haus?
2. Was sind die konkreten Potenziale (administrativ und klinisch)?
3. Mit welchen Aktivitäten und Werkzeugen nähern Sie sich dieser Thematik?
4. Welche Grundlagen sehen Sie als Voraussetzung (digitale konsolidierte Patientenakte, Datenformate, Datenarchitektur, (semantische) Datenstrukturen, Qualifikation)?
5. Welche Bedeutung hat die Anreicherung des eigenen Wissens um externe Wissensquellen (z. B. Nutzung von Benchmarking-Daten, evidenz-basiertes, medizinisches Wissen u. a.)?
6. Spielt das Krankenhauszukunftsgesetz (KHZG) für die weitere Entwicklung des Bereichs eine Rolle?
7. Sehen Sie eine Perspektive für eine Refinanzierung in diesem Bereich?
8. Wollen Sie sich dem Thema mit Hilfe von Dienstleistern nähern oder Inhouse-Ressourcen nutzen? Welche Kriterien müssten die Dienstleister erfüllen?

Diese Fragestellungen haben insgesamt sieben Co-Autoren aus den in Tab. 1 aufgeführten Einrichtungen beantwortet und bewertet.

Im Weiteren folgen nun die Textbeiträge aus der jeweiligen Autorenperspektive pro Fragestellung. Dabei erfolgt die Darstellung entsprechend der oben aufgeführten Reihenfolge. Ergänzt wird dies um einen Ausblick und Fazit.

Tab. 1 Betrachtete Einrichtungen und Co-Autoren

Nr.	Einrichtung	Co-Autoren
1	Augusta Bochum	Hr. Christian Friedhoff
2	St. Vincenz-Krankenhaus Paderborn	Hr. Willi Brinkmann
3	Konsortium MIRACUM: Medizininformatik in Forschung und Versorgung in der UniversitätsmedizinKonsortialpartner: Medizinische Fakultät Mannheim der Ruprecht-Karls-Universität Heidelberg & Universitätsklinikum Mannheim & Hochschule Mannheim	Prof. Dr. Paul Schmücker
4	Konsortium HiGHmedKonsortialpartner: Universitätsklinikum Schleswig-Holstein, Campus Kiel	Prof. Dr. Björn Schreiweis
5	AMEOS Gruppe	Dr. Ingo Matzerath, Fr. Katrin Berger, Fr. Katrin Weinhold

2 Welchen Bedarf sehen Sie für die Generierung von Wissen und welchen Stellenwert hat das Thema für Ihr Haus? (Frage 1)

2.1 Augusta Bochum

Im Fokus des klinischen Alltags steht, neben dem Patienten, der Arzt bei dem seine fachlichen Fähigkeiten und sein vorhandenes Wissen entscheidend sind für den Behandlungsverlauf und Behandlungserfolg. Dies ist vor allem relevant vor dem Hintergrund, dass sich das medizinische Wissen ca. alle 73 Tage verdoppelt.

In der heutigen Medizin wird es für die Ärzte immer schwieriger, Therapien und Diagnosen schnell, individuell und passgenau zu erstellen, zu klassifizieren und für unterschiedliche Anwendungsszenarien aufzubereiten. Informationen werden oft zeitaufwändig per Hand recherchiert und uneinheitlich abgelegt. Die neuen wissenschaftlichen Erkenntnisse haben nur dann einen klinischen Wert, wenn sie auch zu dem anwendenden Arzt gelangen können, um hier ihren Wert und Nutzen zu entfalten.

Vorhandene klinische Informationssysteme bieten nur limitierte Suchfunktionen und liefern Ergebnisse, die unzureichend auf den Behandlungskontext zugeschnitten sind. Empfehlungen für die Behandlung des Patienten sind oft ungenügend personalisiert und sinnvolle Zusatz-Informationen fehlen ganz. Auch angebundene verfügbare Wissensdatenbanken wie AMBOSS, Up2Date etc. liefern keine in einem direkten Patientenkontext stehenden Unterstützungsleistungen.

Von daher ist die Generierung von „neuem kontextbasierten" Wissen sehr wichtig für die personalisierte Behandlung von Patienten. Das führt aber dazu, dass der „data lake" sich weiter füllt und spezielles benötigtes Wissen nicht so schnell zur Verfügung steht. An dieser Stelle müssen neue Technologien und neue Qualifikationen die Behandelnden unterstützen.

2.2 St. Vincenz-Krankenhaus Paderborn

Wissensmanagement im Krankenhaus bedeutet, Wissensbeziehungen zwischen Daten bzw. Fakten und anschließendem Handeln so auszurichten, dass aktuelle Fragestellungen und Situationen im aktuellen und strategischen Betrieb zielorientiert betrachtet werden können. Die Generierung von Wissen bildet dazu die Grundlage und hat einen hohen Stellenwert im Hause. Ausgehend von den derzeitigen Möglichkeiten sehe ich zudem einen zunehmenden Bedarf für die weitere Generierung von Wissen, um die Basis für die anstehenden aktuellen und strategischen Fragestellungen zu festigen und auszubauen.

2.3   Konsortium MIRACUM

Im Gesundheitswesen gibt es riesige Mengen an Informationen in Krankenakten, Studienprotokollen, Forschungsberichten, wissenschaftlichen Arbeiten etc. Leider verteilen sich
diese über eine Vielzahl an Anwendungssystemen. Diese Informationsbestände müssen
zusammengeführt und harmonisiert sowie ggfs. sogar einrichtungsübergreifend ausgewertet werden.

2.4   Konsortium HIGHmed

Grundsätzlich besteht ein sehr großer Bedarf für die Generierung von Wissen, da es sich
um ein Universitätsklinikum handelt. Hieraus resultiert für eine Forschungseinrichtung
auch ein hoher Stellenwert dieses Themas. Wissen wird an den unterschiedlichsten Stellen
generiert: Grundlagenforschung, patientennahe Forschung, klinische Forschung, Versorgungsforschung, epidemiologische Forschung usw. In all diesen Bereichen wird sowohl neues Wissen generiert als auch bestehendes Wissen verwendet. Daher wird ein
Wissensmanagementsystem aufgebaut, dass einerseits die (medizinischen) Informationen
und Daten des Hauses verwaltet und andererseits den Zugriff und die Integration von
Weltwissen (Literatur, Open Data, OMICS-Datenbanken, Leitlinien) ermöglicht. Damit
sind auch die Vermittlung von Kenntnissen und Fähigkeiten der Daten, Informations- und
Wissensverarbeitung (Erhebung, Speicherung, Interpretation) für alle Professionen von
entscheidender Bedeutung.

2.5   AMEOS Gruppe

Die AMEOS hat große Potenziale, schon allein aufgrund ihrer Größe, der Vielzahl der
Daten und des umfassenden Leistungsportfolios von der ambulanten Einzelpraxis über die
Akutbehandlungen bis hin zur Reha- und Pflegeeinrichtung. Hinderlich ist jedoch die
enorme Heterogenität der Datenquellen. Deswegen stehen die Vereinheitlichung und Stan-
dardisierung derzeit im Vordergrund. Wissensgenerierung ist dabei zunächst zweitrangig,
sie wird als wichtiges strategisches Ziel mitbetrachtet. Basis soll hier die einheitliche
Datenplattform sein, auf der dann die Wissensgenerierung, z. B. mit einer semantischen
Suche, aufsetzen kann.

3   Was sind die konkreten Potenziale? (Frage 2)

3.1   Augusta Bochum

Die primären Potenziale liegen in einer besseren und individuelleren Behandlungs-
möglichkeit von Patienten. Begründet ist dies darin, dass die Anwender Zugriff auf

evidenzbasiertes Wissen haben und dies aus externen und internen Quellen. Von daher muss auch der interne Wissensaustausch betrachtet werden. In diesem Kontext ist der schnelle unkomplizierte jederzeitige Austausch mit den Kollegen vor Ort, der ebenfalls kontextbasiertes Wissen beiträgt, zu etablieren. Dazu ist es aber erforderlich entsprechende technologische Lösungen wie z. B. klinische Messenger Dienste zu implementieren. Darüber hinaus bietet die Digitalisierung im Allgemeinen viele Lösungen und Initiativen für den kollegialen schnellen Austausch, auch einrichtungsübergreifend. Als Fazit kann hier angeführt werden, dass die Potenziale in einer höheren und schnelleren Verfügbarkeit von neuen wissenschaftlichen Erkenntnissen liegen.

Weitere Potenziale liegen im administrativen Bereich der Abrechnung. Die hier skizzierten Maßnahmen führen zu einer verbesserten und präziseren Abrechnung von Behandlungsleistung. Dies wiederum führt zu einer besseren Argumentation bezgl. der Notwendigkeit einer Behandlungsleistung gegenüber dem medizinischen Dienst bei strittigen Fällen.

3.2 St. Vincenz-Krankenhaus Paderborn

Die konkreten Potenziale sind in den Business Cases der jeweiligen Themengebiete enthalten. Die Abb. 1 im Sinne einer MindMap zeigt einen beispielhaften Aufbau bzw. die entsprechenden Möglichkeiten.

3.3 Konsortium MIRACUM

Aus Sicht des MIRACUM-Konsortiums sind dies die Zusammenführung und Auswertung von Informationen aus Patientenversorgung, Forschung und Wissensbeständen ein-

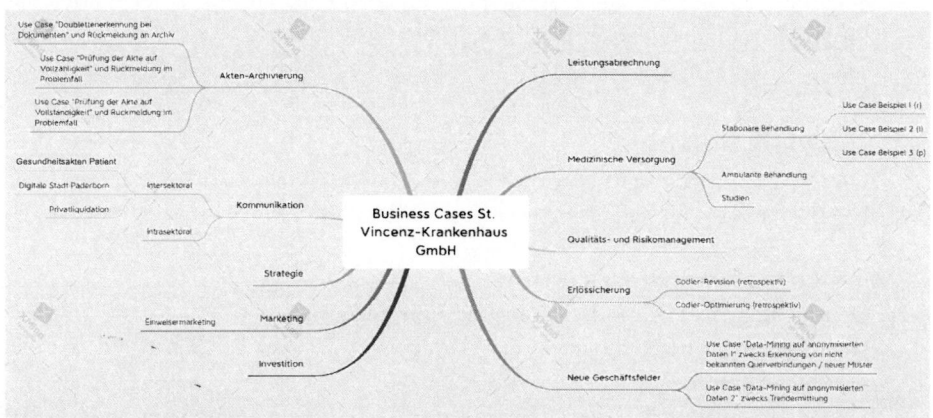

Abb. 1 MindMap St. Vinzenz-Krankenhaus

richtungsintern und einrichtungsübergreifend wie in der Medizininformatik-Initiative (MI-I). Beispiele hierfür sind:

- Patientenrekrutierung für Klinische Studien
- Behandlung Seltener Erkrankungen
- verbesserte Behandlungsabläufe
- verbesserte Behandlungsmöglichkeiten und -abläufe bei Diagnose, Therapie, Vor- und Nachsorge
- Abbau des Personalmangels
- Einsparung von Kosten

3.4 Konsortium HIGHmed

Aus Sicht eines Konsortialmitgliedes des HIGHmed-Konsortiums stehen folgende Potenziale im Vordergrund:

- Administrative Perspektive
  - Optimierung von Prozessen (Beschaffung, Verteilung von medizinischen Utensilien, Personalplanung/-schlüssel usw.)
- Klinische Perspektive
  - Optimierung der Krankenversorgung durch schnellere Rückkoppelung zwischen Versorgung und Forschung (in beide Richtungen)
  - Adaptierung von Leitlinien anhand neuester Erkenntnisse
  - Umsetzung leitlinienkonformer Versorgung
  - Einschluss in Studien für Sicherstellung bestmöglicher Therapie (vor allem austherapierte Patient*innen in der Onkologie)
  - Schaffung einer und Zugriff auf eine Evidenzbasis für evidenzbasierte Medizin
  - Schaffung und Zugriff auf ähnliche Fälle innerhalb und außerhalb der Einrichtung für möglichst individualisierte/personalisierte Versorgung

3.5 AMEOS Gruppe

Aus Sicht der AMEOS Gruppe lassen sich die nachfolgenden Potenziale fokussieren:

- Administrative Perspektive
  - Optimierungen, z. B. von Belegung und Verweildauer
  - Unterstützung wirtschaftlicher Entscheidungen, z. B. bei der Schaffung von Behandlungszentren
  - Sicherstellung vollständiger Dokumentation, z. B. für die Abrechnung und den MD

- Klinische Perspektive
  - Umsetzung klinischer Pfade
  - Entscheidungsunterstützung

4 Mit welchen Aktivitäten und Werkzeugen nähern Sie sich dieser Thematik? (Frage 3)

4.1 Augusta Bochum

Um diese zuvor beschriebenen Potenziale und Technologien in Zukunft nutzen zu können, müssen heute die Grundlagen dafür geschaffen werden. Die wenigsten Krankenhäuser sind in der Digitalisierung schon so weit vorangeschritten, dass sie schon heute solch komplexe Systeme einsetzen können. Grundlage dafür ist eine sichere, hochverfügbare und moderne Netzwerkinfrastruktur. Dann müssen die Stationsabläufe vollkommen digitalisiert sein und Mobile Devices sind umfassend im Einsatz. Im Weiteren ist eine IHE Infrastruktur zu implementieren die als Grundlage für die benötigte Interoperabilität dient. Die Einführung semantischer Standards gehört ebenfalls zu einer „Basis-Digitalisierung". Neben dem KIS kann es weitere klinische Systeme geben, die dann zu „Prozessführenden Systemen" werden und das vorhandene KIS in den Hintergrund bringen. Dies führt zu einer besseren User Experience.

Der wichtigste Punkt bei den vorbereitenden Themen für die „Basis-Digitalisierung" ist aber kein technologisches Thema. Das Fundament hierfür ist ein digitales Mindset bei allen Mitarbeitern im Krankenhaus. Ist die Bereitschaft zu einer disruptiven Veränderung nicht vorhanden und der Wille zu einer digitalen Transformation nicht spürbar, dann werden auch die ganze Technologie und die damit in Verbindung stehenden finanziellen Mittel nicht ihre volle Wirkung entfalten. Das Thema des digitalen Mindsets ist ein Führungsthema und muss von allen Leitungsfunktionen vorgelebt und damit in die Organisation vollständig implementiert werden.

Für die Beschaffung und Implementierung der vorgenannten Basisinfrastruktur kann das KHZG eine sehr gute Unterstützung sein.

4.2 St. Vincenz-Krankenhaus Paderborn

Wissen im Krankenhaus liegt bei allen Wissenslieferanten in unterschiedlichsten Basistechnologien vor, analog – digital – mental. Die Herausforderung in unserem Hause besteht darin, dieses Wissen zu sichten, digital zu strukturieren, inhaltlich zu erkennen und zielorientiert auszuwerten. Ein erster Schritt ist, analog und digital vorliegendes Wissen aus der Patientenbehandlung zu strukturieren und digital für eine semantische Analyse zur Verfügung zu stellen. Dazu sichten und digitalisieren wir die bisher in Papierform vorliegende Patientendokumentation und stellen sie, parallel mit den digitalen vorliegenden

Dokumenten der Patientendokumentation, als Basis für Analyseprozesse zur Verfügung. Dieses Vorgehen ist eingebettet in das Projekt „Archivar 4.0" auf Basis des HDO (Health Data Office) von DMI.

4.3   Konsortium MIRACUM

Grundlage eines Wissensmanagements ist der Ausbau des Informationssystems durch eine bessere digitale Infrastruktur (Hardware und Netz), neue Funktionalitäten (z. B. Ausstattung der Notaufnahme, Ausbau der Anamnesedokumentation, verbesserte Terminierung sowohl im Haus als auch von außen, Ausbau der Pflege- und Behandlungsdokumentation, Aufbau digitaler Patientenportale und digitales Medikationsmanagement), die Entwicklung von standardisierten Schnittstellen zur Sicherstellung der Interoperabilität und Verbesserung der digitalen Behandlungsprozesse. Es ist notwendig, die Digitalisierung und den Reifegrad des Krankenhausinformationssystems durch den Ausbau der elektronischen Patientenaktensysteme (einrichtungsintern und einrichtungsübergreifend) und der Patientenarchive voranzutreiben, um eine Einführung von Entscheidungsunterstützungssystemen (Künstliche Intelligenz), eine Verbesserung der regionalen Versorgungsstrukturen, den Ausbau der Patientensicherheit und der IT-Sicherheit etc. zu ermöglichen. Damit sollten aber auch Kostenoptimierungspotenziale durch die Nutzung von Cloudsystemen berücksichtigt werden.

4.4   Konsortium HIGHmed

Das HIGHmed Konsortium bzw. seine Konsortialpartner verfolgen eine Reihe von Aktivitäten und auch Werkzeugentwicklungen. Aus dem Bereich der Aktivitäten sind dies u. a. die Medizininformatik Initiative selbst, das Netzwerk Universitätsmedizin sowie KI-Spaces im Gesundheitswesen. Daneben erfolgt der Aufbau einer Wissensmanagementplattform zur Integration allen medizinischen Wissens des Klinikums. Dies beinhaltet die medizinischen Daten der Krankenversorgung sowie von Forschungsprojekten, die Daten aufbereiten und teilen möchten. Sowohl strukturierte Parameter als auch semi- und unstrukturierte Daten werden verarbeitet.

Im Bereich der Werkzeug(entwicklung) können folgende interessante Ansätze benannt werden:

- Anforderungsanalyse: Mindmap, strukturierte Anforderungsdokumentation in Excel
- Softwareentwicklung von ETL-Strecken: Talend Open Studio for Big Data
- IT-Systeme der Wissensmanagementplattform (Änderungen möglich): Better Platform (openEHR-basierte EHR Plattformlösung), ICW eHealth Suite (IHE-konforme Datenintegration inkl. Consent), Apache Nifi (Plattform zur Datenintegration und Ausführung der ETL-Jobs, sowie Grundlage für einen Data Lake)

4.5   AMEOS Gruppe

Die AMEOS Gruppe verfolgt hier die folgenden Aktivitäten und Werkzeuge:

- Definition von Standardsystemen
- Definition von Datenströmen
- Aufbau IHE/MPI Plattform
- Anbindung aller relevanten Systeme an diese Datenplattform

5   Welche Grundlagen sehen Sie als Voraussetzung? (Frage 4)

5.1   Augusta Bochum

Grundlage dafür ist ein Clinical Data Repository, eingebunden in eine IHE Infrastruktur oder sogar in OpenEHR, sowie die Nutzung von semantischen und syntaktischen Standards (ICD, OPS-301, TNM, ICD-O, ATC, OID, SNOMED, LOINC, ORPHA/Alpha-ID etc.). Damit einher geht der Aufbau einer einheitlichen zentralen ePA und die Integration in die Telematikinfrastruktur.

Ärzte müssen in der Nutzung dieser Wissensdatenbanken geschult werden. Sie sollten Wissen haben über die Anwendung selbst, aber auch über die Systematik, auf der diese KI-gestützten Systeme basieren. Hilfreich wären sicherlich auch rechtliche und ethische Aspekte bei der Anwendung von KI. Für die Aufbereitung der Daten über Dashboards sollten ebenfalls Kenntnisse vermittelt werden. Grundsätzlich sollten Ärzte einen guten „digitalen" Ausbildungsstand vorweisen können.

5.2   St. Vincenz-Krankenhaus Paderborn

Wünschenswert wäre eine digitale konsolidierte Patientenakte, jedoch sieht die faktische Realität derzeit oft anders aus. Daher würde ich die Voraussetzungen in den digitalen Zweig und den analogen Zweig teilen. Für jeden Zweig sind die möglichen, standardisierten Datenformate und -architekturen zu verwenden. Vorhandene Optimierungspotenziale hinsichtlich semantischer Datenstrukturen sollten ausgeschöpft werden.

5.3   Konsortium MIRACUM

Es muss der Datenschutz gewährleistet und die Einwilligung der Patienten bezüglich der Datenspeicherung eingeholt werden. Es müssen standardisierte Schnittstellen entwickelt werden, die semantische Standards wie SNOMED, LOINC etc. nutzen. Das Medizinprodukterecht muss bei der Entwicklung und dem Betrieb von Software und medizinischen Geräten beachtet werden.

Ergänzt wird dies mit der Qualifizierung und Sensibilisierung des EDV-Personals und der Ärzte, Pflegekräfte, technischen Personal, für die Digitalisierung auch durch den Aufbau neuer Studienangebote im Bereich Medizinischer Informatik sowie Qualifizierungsmaßnahmen für Ärzte, Pflegekräfte, technisches Personal im Rahmen der Digitalisierung. Nicht außer Acht zu lassen ist aber weiterhin die Entwicklung von benutzerfreundlicher Software und medizinischer Geräte sowie benutzerfreundlicher Prozesse, die die Behandlungsabläufe nicht behindern.

5.4   Konsortium HIGHmed

Es müssen strukturierte medizinische Daten mit Kontextinformationen und Metadaten mit Verwendung internationaler/einheitlicher Codesysteme und ValueSets (z. B. openEHR, HL7 FHIR jeweils in Verbindung mit SNOMED CT, LOINC, usw.) vorhanden sein. Beim gesamten medizinischen Personal sollten Grundkenntnisse über den Zusammenhang von Daten, Informationen und Wissen sowie deren Bedeutung in der Krankenversorgung und Forschung bestehen. Die Nutzung offener Datenmodelle und IT-Systeme, die eine Verarbeitung der Daten erst ermöglichen, als Voraussetzung für eine funktionierende digitale konsolidierte Patientenakte.

5.5   AMEOS Gruppe

Die nachfolgenden Faktoren sind hierbei relevant:

- Verarbeitung aller verfügbaren originär elektronischen Dokumente sofort bei ihrer Entstehung
- Nutzung von Schnittstellenstandards und gängigen Terminologien
- Nutzung von Applikationen, die sofort an neue Spezifikationen wie MIO angepasst werden können und damit diese Datensätze sicher zur Weiterverarbeitung liefern
- Validierung der Datenströme über Kommunikationsserver zur Standardisierung
- Eineindeutige Patientenidentifikation durch gruppenweiten MPI

6   Welche Bedeutung hat die Anreicherung des eigenen Wissens um externe Wissensquellen? (Frage 5)

6.1   Augusta Bochum

Die Anreicherung des eigenen Wissens um externe Wissensquellen ist zukünftig essenziell. Darauf kann nicht mehr verzichtet werden. Verschiedene Gründe dafür wurden auch bereits in diesem Beitrag genannt. Wichtig in diesem Zusammenhang ist die Interoperabilität der Daten, die eingebunden werden sollen. Dazu hat man sich bei der Medizininformatik-

Initiative (MII) auf einen Kerndatensatz festgelegt, der auf internationalen IT- und Terminologie-Standards beruht und zentrale Voraussetzung für die gemeinsame Nutzung von Daten ist. Dabei soll eine beurteilbare Datenqualität entstehen die auswertbar ist und für unterschiedliche medizinische Forschungsfragestellungen erschließbar ist (Medizininformatik-Initiative, 2021a). Auf dieser Basis wären dann auch Benchmarks möglich, die am Ende dem Patienten bei seiner Behandlung dienen. Als Beispiel kann hier die Initiative des Konsortiums SMITH (www.smith.care) angeführt werden. Durch die Bündelung von medizininformatischen, klinischen, systemmedizinischen, computerlinguistischen und epidemiologischen Kompetenzen ermöglicht diese Architektur eine interoperable Nutzung von Daten aus der Krankenversorgung und der patientenorientierten Forschung über Standortgrenzen hinweg. Ermöglicht wird dies durch den Aufbau von Datenintegrationszentren (DIZ). Ziel der generischen Infrastruktur ist es, Daten aus der Routineversorgung für die medizinische Forschung nutzbar zu machen (Medizininformatik-Initiative, 2021b).

Neben der gerade aufgezeigten Initiative, die sich mit der Generierung von Mehrwerten aus Gesundheitsdaten für die Forschung und die angewendete Medizin beschäftigt, existieren bereits weitere Initiativen. Es ist zu erwarten, dass zukünftig noch andere Plattformen mit weiteren Handlungsfeldern hinzukommen, sodass sich zukünftig ein ganzes Ökosystem an Wissensmanagementplattformen etablieren wird.

Dieses Ökosystem wird in die täglichen Prozesse des klinischen Alltags und den dann zur Verfügung stehenden Krankenhausinformationssystemen (KIS) und Klinischen Abteilungssysteme (KAS) integriert werden müssen, damit eine selbstverständliche und zielführende Nutzung der Plattformen gewährleistet ist. Insgesamt werden diese Wissensmanagementplattformen zu einer höheren Wirtschaftlichkeit und Qualität führen. Gründe hierfür werden u. a. sein:

- Die klinische Dokumentation wird verbessert, was wiederum zu einer verbesserten Abrechnung führen wird und zu weniger Überprüfungen durch den Medizinischen Dienst.
- Die Erhöhung der Patientensicherheit und daraus folgend eine Verminderung der nicht angebrachten Therapien.
- Die Erhöhung der zeitlichen Effizienz bei den Ärzten. Mehr verfügbares zielgerichtetes Wissen, weniger unstrukturierte Nachforschung.
- Höhere Patientenzufriedenheit durch einen besseren Outcome.

Hervorzuheben ist an dieser Stelle noch einmal der sehr hohe Stellenwert in diesem Kontext für die Patienten. Denn am Ende kann nur so sichergestellt werden, dass der Patient: innen eine verlässliche, sichere und personalisierte Behandlung erfährt.

6.2   St. Vincenz-Krankenhaus Paderborn

Die Ergänzung des eigenen Wissens durch externe Wissensquellen stellt eine Bereicherung dar. Dadurch wird die krankenhaus- und unternehmensindividuelle Wissensbasis durch weiteres, in anderen Krankenhäusern/Unternehmen/Forschung/Lehre etc. erworbenes

Wissen ergänzt und evtl. inhaltlich optimiert. Somit verfestigt sich die Basis für die aktuellen und strategischen Fragestellungen.

6.3   Konsortium MIRACUM

Wissen kann zu einer besseren Patientenbehandlung führen, indem die Methoden und Techniken der Diagnostik, Therapie, Vorsorge und Nachsorge verbessert werden. Dies wird durch die Auswertung der großen Datenbestände und den Zugriff auf Wissen aus Studien, Veröffentlichungen etc. unterstützt.

6.4   Konsortium HIGHmed

Dies ist von enormer Bedeutung. Auch ein Universitätsklinikum kann aus den eigenen Daten kein umfassendes Wissen ableiten. Daher sind gerade für Universitätskliniken die Anbindung und Nutzung externen Wissens sowohl in der Krankenversorgung (z. B. Leitlinien, evidenzbasiertes medizinisches Wissen, aktuelle Studien) als auch in der Forschung (z. B. Literaturdatenbanken, OMICS-Datenbanken) notwendig.

6.5   AMEOS Gruppe

Das eigene Wissen wurde erworben und ist damit vorhanden. Es beruht gerade bei der Bewertung von Behandlungsverläufen auf oft langjährigen Erfahrungen und spiegelt damit die Ergebnisse des Tagesgeschäfts wider. Das bedeutet aber nicht, dass damit auch neueste Forschungsergebnisse, Wirkungen und Dosierungen neuester Medikamente etc. einfließen. Daher ist eine Anreicherung des eigenen Wissens mit externen Daten sehr wertvoll, sollte aber eng mit Fachbereichen, also den Medizinern, abgestimmt werden.

7   Spielt das Krankenhauszukunftsgesetz (KHZG) für die weitere Entwicklung des Bereichs eine Rolle? (Frage 6)

7.1   Augusta Bochum

Indirekt ja. Die einzelnen Fördertatbestände (im Fokus ist hier der FTB 4) können dazu genutzt werden, die notwendige Basisinfrastruktur (in Form von Netzwerken, IT-Security und klinischen Applikationen etc.), die notwendig ist für den späteren Betrieb der durchaus komplexen Wissensmanagementplattformen, aufzubauen. Es wird in Deutschland

kaum Krankenhäuser, mit Ausnahme der Universitätsklinika, geben, die solche Plattformen bereits heute betreiben bzw. implementieren können. Hier fehlt es allenthalben an
der notwendigen Basisinfrastruktur und auch an dem notwendigen Personal für den Betrieb der Plattformen.

7.2   St. Vincenz-Krankenhaus Paderborn

Das KHZG spielt definitiv eine wichtige Rolle, da es Investitionen in Digitalisierung und
in eine moderne technische Ausstattung der Krankenhäuser fördern soll. Investitionen in
eine bessere digitale Infrastruktur der Krankenhäuser in den Bereichen der internen sowie
sektorenübergreifenden Versorgung, der Ablauforganisation, der Kommunikation, der
Telemedizin, der Robotik, der Hightech Medizin und der Dokumentation unterstützen
technologisch die digitalen Wissenslieferanten und erleichtern den Wissensaufbau.

7.3   Konsortium MIRACUM

Aufgrund des funktionalen, technischen und organisatorischen Ausbaus von rechnerunterstützten Anwendungssystemen spielt das KHZG eine bedeutende Rolle.

7.4   Konsortium HIGHmed

Das KHZG ermöglicht einen Ausbau der Digitalisierung für die Krankenversorgung. Allerdings muss hierbei das Wissensmanagement direkt mitgedacht werden, um eine Integration zu ermöglichen. Dafür sind insbesondere die entsprechenden APIs, Schnittstellen,
aber vor allem die Verwendung von Codesystemen, Terminologien und ValueSets notwendig. Ein hierfür notwendiger Terminologieserver sowie ein Metadatenrepository sollten unbedingt bei der Implementierung neuer Systeme direkt integriert werden.

7.5   AMEOS Gruppe

Die Einführung und Weiterentwicklung des Health Data Offices (HDO) ist für die AMEOS
Gruppe unabhängig vom KHZG auf den Weg gebracht worden und wird auch unabhängig
davon weiterbearbeitet. Sollte es aber Möglichkeiten geben, gerade die Anreicherung von
externem Wissen mit Fördertatbeständen aus dem KHZG (Fördertatbestand 4) zu ergänzen und somit auch entsprechende Mittel damit zu beschaffen, so trägt das sicher zur
Priorisierung der Tätigkeiten bei.

8 Sehen Sie eine Perspektive für eine Refinanzierung in diesem Bereich? (Frage 7)

8.1 Augusta Bochum

Ja, unbedingt. Wie bereits erwähnt führen die hier besprochenen Wissensmanagementplattformen zu einer höheren Wirtschaftlichkeit durch die Optimierung der Behandlung und des klinischen Betriebs und dadurch zu einer Refinanzierung der Systeme. Im Einzelnen und in Ergänzung zu dem bereits Vorangestellten wird

- der Outcome der Patienten:innen verbessert bei weniger Aufwand bei der Behandlung
- die Medikamentierung insgesamt sicherer bei weniger Arzneimittelumstellungen und Arzneimittelgaben unter Einbezug der Arzneimitteltherapiesicherheit
- der Einsatz von medizinischen Großgeräten effektiver und zielgerichteter gestaltet werden.

8.2 St. Vincenz Krankenhaus-Paderborn

Wissensgenerierung und die damit verbundene Nutzung im Rahmen der Gestaltung und Optimierung von Geschäftsprozessen lässt eine zumindest teilweise Refinanzierung erwarten. Wird die Gestaltung der Geschäftsprozesse mit dem Gedanken des „Lean Managements" verbunden, so ist eine Refinanzierung gewiss.

8.3 Konsortium MIRACUM

Es besteht eine eindeutige Perspektive für eine Refinanzierung durch:

- Eine Reduzierung der Behandlungszeiten.
- Die Verbesserung der Behandlungsmethoden und damit eine Einsparung von Kosten.
- Die Optimierung der organisatorischen Abläufe möglichst auch über die Grenzen von Einrichtungen.
- Die Übernahme von Aufgaben der Ärzte, Pflegekräfte und Verwaltung, dadurch Reduzierung des aktuellen gravierenden Personalmangels und Vereinfachung der Arbeitsprozesse.
- Die Erhöhung der Patientensicherheit.

8.4   Konsortium HIGHmed

Forschungsvorhaben, die Daten aus anderen Einrichtungen oder auch der eigenen zusammenführen und auswerten möchten, müssen hierfür ein Budget vorsehen und diese Aufwände finanzieren. Damit ist die Refinanzierung einerseits im Rahmen der Forschungsförderung möglich. Andererseits bedarf es einer Anpassung der Finanzierung der Krankenhäuser, um die Verwaltung von Wissen über eine Grundfinanzierung zu sichern. Dies ist über die aktuellen Finanzierungskonstrukte des Gesundheitswesens nicht möglich.

8.5   AMEOS Gruppe

Eine Refinanzierung wird sicher nicht kurzfristig spürbar sein. Denkbar ist es, mithilfe von Studienteilnahmen eine Refinanzierung zu erreichen. Aber dazu ist ebenfalls eine aktive Mitarbeit der medizinischen Fachbereiche erforderlich

9   Wollen Sie sich dem Thema mit Hilfe von Dienstleistern nähern oder Inhouse-Ressourcen nutzen? Welche Kriterien müssten die Dienstleister erfüllen? (Frage 8)

9.1   Augusta Bochum

Für Kliniken unserer Größe empfiehlt sich der Einstieg in das Thema über einen Dienstleister. Der Dienstleister muss über nachgewiesene Kompetenzen im Bereich von KI und Wissensmanagement im klinischen Umfeld verfügen. Dazu muss explizites klinisches Fachwissen ebenfalls vorhanden sein. Der Dienstleister muss uns in die Lage versetzen, das Thema langfristig selbst betreiben zu können und mit uns dazu ein Konzept erstellen. Teil des Konzeptes sind die technologischen und personellen Anforderungen auf Seiten des Krankenhauses sowie Strategien für die Umsetzung im klinischen Alltag und die Kommunikationsstrategie in Richtung der Patienten. Das führt uns dann zum nächsten Thema.

Wir müssen in diesem Themenzusammenhang auch über das Thema Datenspende sprechen. Damit wir eine möglichst umfassende Datenbasis erhalten, wäre eine Opt-out Datenspende sehr zielführend. Natürlich müssen hier alle Datenschutzregelungen und Gesetze befolgt und erfüllt werden. Zudem muss sichergestellt sein, dass es keine kommerzielle Nutzung der Daten geben wird. Vertrauen und Transparenz ist hier die Grundlage zur Datenspende.

9.2   St. Vincenz-Krankenhaus Paderborn

Das Thema ist eng mit der Gestaltung von Geschäftsprozessen (Business Cases) verbunden. Daher sollten zunächst Inhouse-Ressourcen genutzt sowie Dienstleister punktuell und anlassbezogen einsetzt werden. Bei den Dienstleistern liegt ein hoher Wert auf Prozess- und Kommunikationskompetenz.

9.3   Konsortium MIRACUM

Dienstleister sind erforderlich, da eigenes Personal nicht ausreichend verfügbar ist, das Know-how nicht aufwendig für spezielle Aufgaben aufgebaut werden muss und Kosten aufgrund des Teilens von Hard-, Software und Dienstleistungen reduziert werden können.

9.4   Konsortium HIGHmed

Grundsätzlich erfolgt eine Nutzung von Inhouse-Ressourcen mit punktueller Unterstützung von Dienstleistern überwiegend zur Aus- und Weiterbildung der Inhouse-Ressourcen, da für eine Anpassung, Erweiterung und Beforschung Inhouse-Kompetenzen benötigt und ausgebaut werden müssen. Dienstleister müssen für die jeweiligen Prozesse und Komponenten eine ausgewiesene Expertise aufweisen. Diese sind ggf. durch Zertifikate zu belegen. Dabei wird kein Dienstleister in der Lage sein, das gesamte Spektrum abzudecken. Dies ist auch nicht gefordert.

9.5   AMEOS Gruppe

Eine gesunde Mischung sollte das Ziel der Arbeit sein. Dienstleister bringen Erfahrungen und Wissen mit, wie eine semantische Analyse zielführend aufgesetzt werden sollte. Inhouse bringt die Erfahrungen der eigenen Einrichtungen mit. Die AMEOS Gruppe verfügt über eine eigene Fachabteilung Medizinentwicklung. Diese ist sicher der optimale Partner dafür.

10   Ausblick und Fazit

Der Aufbau eines Daten- und Wissensmanagements erscheint für ein Anwendungsfeld, das im Wesentlichen auf wissenschaftlichen Erkenntnissen und deren empirischer Nutzung beruht, für die Krankenhäuser doch immer noch ein neuer Schritt zu sein. Dies beruht aber u. a. darauf, dass es nicht mehr nur darum geht, medizinisches Wissen organisiert zu nutzen, sondern auch Prozessinformationen zeitnah im direkten und erweiterten Bereich um den Behandlungsprozess herum in dieses Datenmanagement zu integrieren. Quintessenz ist dabei, dass ohne eine Strukturierung der Information weder eine generelle Vernetzung von Behandlungsprozess und medizinischer Entscheidungsfindung möglich ist noch die mögliche Zeitnähe erreicht werden kann. Mit der Forderung nach strukturierter Dokumentation und damit verbunden auch die Aggregationsmöglichkeit vom Datum über die Information zum Wissen, geht die Notwendigkeit von Dokumentations- und Datenstandards, aber auch semantischen Standards einher. Hier zeigen gerade die Beiträge aus dem Bereich der Medizininformatik-Initiative Wege auf, die aber auch jetzt schon in den Konzeptionen der Krankenhäuser Einzug finden. Dabei werden durch ein Wissensmanagement aber auch mittel- und langfristig ökonomische Aspekte gesehen, die aus heutiger Sicht vielleicht nicht direkt messbar sind, aber Optimierungspotenziale in allen Bereichen der Patientenbehandlung, und des Krankenhausbetriebes vermuten lassen und identifizierbar machen.

Das dies alles ohne eine Vernetzung zwischen allen an der Behandlung Beteiligten, und damit auch zwischen den Sektorengrenzen und Leistungserbringern, nicht möglich sein wird, erscheint selbsterklärend, um die Brüche in der Dokumentationskette und die damit verbundenen Mehraufwendungen für eine Neuerfassung zu vermeiden. Darüber hinaus ist auch nur so die Nutzung von externen Wissensquellen für die direkte Patientenbehandlung, aber auch für eine mögliche Partizipation im Rahmen der Forschung und Wissenschaften möglich.

Die über die gesamte deutsche Krankenhauslandschaft breit gefächerten Darstellungen zeigen deutlich, dass mit einem Wissensmanagement ein Nutzwert entstehen kann, dessen Mehrwert durch ein professionelles Management und die Unterstützung qualifizierter Dritter aber erst entstehen wird.

Literatur

Medizininformatik-Initiative. (2021a). *Der Kerndatensatz der Medizininformatik-Initiative.* https://www.medizininformatik-initiative.de/de/der-kerndatensatz-der-medizininformatik-initiative. Zugegriffen am 11.10.2021.
Medizininformatik-Initiative. (2021b). *Konsortium SMITH: Smart Medical Information Technology for Healthcare.* https://www.medizininformatik-initiative.de/de/konsortien/smith. Zugegriffen am 11.10.2021.

Semantische Analyse: Möglichkeiten, Auswertungsbeispiele und Perspektiven

Annett Müller und André Sander

Inhaltsverzeichnis

Zusammenfassung

Im Gesundheitswesen entstehen intersektoral zahlreiche Daten, aus denen Informationen abgeleitet und Wissen generiert wird. Dabei müssen alle Informationsquellen identifiziert und für eine semantische Analyse bereitgestellt werden. Eine wichtige

A. Müller (✉)
DMI GmbH & Co. KG, Münster, Deutschland
E-Mail: annett.mueller@dmi.de

A. Sander
ID GmbH & Co. KGaA, Berlin, Deutschland
E-Mail: a.sander@id-berlin.de

© Der/die Autor(en), exklusiv lizenziert durch Springer Fachmedien Wiesbaden
GmbH, ein Teil von Springer Nature 2022
V. Henke et al. (Hrsg.), *Digitalstrategie im Krankenhaus*,
https://doi.org/10.1007/978-3-658-36226-3_35

Erkenntnis ist, dass die alleinige Nutzung von Klassifikationssystemen – wie ICD-10 oder OPS – nicht ausreichen, um die Informationen für die Recherche über enthaltenes Wissen erfolgreich durchzuführen. Fakten sind die Wissensgrundlage für alle Entscheidungen in der Medizin – diese werden allerdings nach wie vor größtenteils „manuell" extrahiert. Eine automatisierte Wissensgenerierung als Unterstützung für eine effektive und hochqualitative Behandlung ist der Motivator für die Digitalisierung im Gesundheitssystem. Aktuell existierende Ansätze kommen vor allem aus dem Bereich des Machine Learning und basieren auf strukturierten Daten. Allerdings steckt enorm viel Wissen in der unstrukturierten, freitextlichen Dokumentation, die auch heute noch die Medizin dominiert. Dieses Wissen kann mit regelbasierten KI-Algorithmen auf Basis von Terminologien und Ontologien erschlossen werden. Wir zeigen, wie das in der Praxis umgesetzt werden kann, welche Anwendungsbeispiele es gibt und wo das Potenzial für die Zukunft liegt.

1   Beziehung zwischen Daten, Informationen und Wissen

Im Gesundheitswesen entstehen Daten und Informationen während der Patientenbehandlung im Rahmen der ambulanten ärztlichen Versorgung, der Krankenhausversorgung, der ambulanten und stationären Pflege sowie der Arzneimittelversorgung. Alle Versorgungsformen beschäftigen sich mit der Erhaltung und Wiederherstellung von Gesundheit, dem Erkennen, Heilen und Lindern von Krankheiten (Simon, 2005, S. 9). Der Verlauf und die Erkenntnisse werden überwiegend in der einrichtungszentrierten Behandlungsdokumentation gespeichert. Die patientenzentrierte Behandlungsdokumentation wird aktuell in Deutschland in Form der elektronischen Patientenakte (ePA) eingeführt. Mit der ePA sollen behandlungsrelevante Patienteninformationen zentral gespeichert und für die Leistungserbringer, aber auch die Patienten*innen verfügbar sein (Leiner et al., 2006, S. 28–29).

1.1   Daten und Informationen

Daten entstehen vorwiegend im Rahmen von rechnerbasierten Prozessen. Sie sind Gebilde aus Zeichen oder Funktionen und sind das Ergebnis eines Dokumentationsprozesses oder bilden dessen Grundlage. Leiner et al. (2006, S. 19) schreiben, dass es sich bei der Kenntnis über bestimmte Sachverhalte oder Vorgänge um Informationen handelt. Betrachtet man den Begriff konkreter im Kontext „Patient*in", handelt es sich nicht nur bei der Kenntnis über einen Sachverhalt, sondern auch bei der Feststellung von Patientenmerkmalen, wie beispielsweise Geschlecht, Alter, Größe, um Informationen (Ammenwerth et al., 2015, S. 6). Erfasste Daten – unabhängig, ob elektronisch oder händisch – stellen letztendlich Informationen dar. In Form von Nachrichten werden Daten zwischen

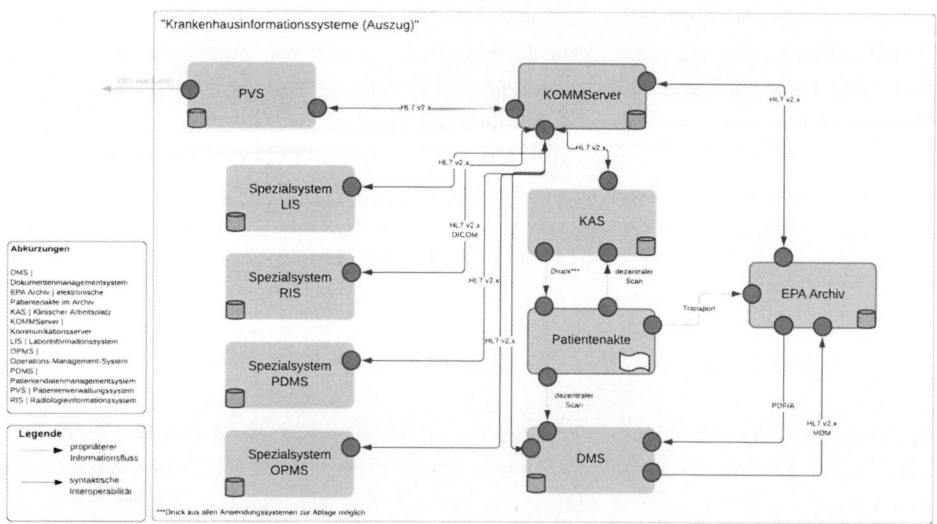

Abb. 1 Informationsfluss im Krankenhaus

den Informationssystemen bereits seit Jahrzehnten über syntaktische Standards – wie HL7 v2.x, LDT, DICOM, usw. – elektronisch ausgetauscht (Jehle et al., 2015, S. 401–411, S. 414–416). In Abb. 1 wird das Zusammenspiel von Daten und Informationen sowie deren Nachrichtenaustausch exemplarisch an ausgewählten Krankenhausinformationssystemen in einer fiktiven Klinik dargestellt.

1.2 Informationen und Wissen

Werden Informationen zu gegebener Zeit in einen Kontext gestellt, um bspw. eine Entscheidung zu treffen, wird dafür vorhandenes Wissen über einen Sachverhalt verwendet (Ammenwerth et al., 2015, S. 6). Wissen bezieht sich daher nicht nur auf einzelne Patienten, sondern beispielsweise auf die Diagnostik und Therapie der vorliegenden Erkrankung. Die Erkrankung selbst stellt eine Information dar. Die bisherigen Erkenntnisse und Feststellungen zu dieser Erkrankung basieren auf dem dazu gesammelten Wissen und Erfahrungen. Im weitesten Sinn stellt Wissen auch Information dar, basiert jedoch auf der gesamten Menge an Informationen zu einem Sachverhalt (Leiner et al., 2006, S. 19). Wird dieser Sachverhalt zusätzlich mit Terminologiesystemen erschlossen und beschrieben, ist es möglich, dieses Wissen auch international zu teilen, narrative Informationen zu strukturieren und semantisch interoperabel zu machen.

In der ambulant ärztlichen und stationären Versorgung nutzen Anwendungssysteme zum Beispiel die Patienteninformation Geschlecht im Kontext mit einer Erkrankung, um Plausibilitätsprüfungen bei der Kodierung mit der ICD-10-GM automatisiert einzusetzen. Die Klassifikationen ICD-10-GM (BfArM, 2021a) und OPS (BfArM, 2021b) sind die bekanntesten Terminologiesysteme, um Informationen zu Erkrankung und Behandlung standardisiert zu erschließen und für verschiedenste Anwendungsfälle verfügbar zu machen. Die Informationen zu diagnostizierten Erkrankungen und durchgeführten Maßnahmen werden nicht nur für die Abrechnung mit der ICD-10-GM und dem OPS kodiert, sondern dienen bspw. auch für den strukturierten Qualitätsbericht und den Risikostrukturausgleich. In diesem weiteren Zusammenhang wird somit Wissen generiert, um u. a. die Patientenversorgung zu verbessern. Beide Klassifikationssysteme reichen jedoch nicht aus, um vollständiges Wissen zu extrahieren und wieder bereitzustellen.

2   Informationsquellen für die Wissensgenerierung

Medizinisches Wissen ist die Grundlage für ärztliche, pflegerische und therapeutische Entscheidungen. Mit der Weiterentwicklung von Medizintechnik, Medizinprodukten oder Behandlungsverfahren steigt die Informations- und Wissenssammlung. Neben der Fachliteratur und Studienergebnissen sind auch alle Informationssysteme der Leistungserbringer Quelle für medizinisches Wissen. Dazu zählen nicht nur rechnerbasierte, sondern auch immer noch vorhandene papierbasierte Informationssysteme. Im weiteren Verlauf betrachten wir Informationen als Behandlungsdokumentation im Rahmen der stationären Versorgung.

In der stationären Versorgung dient die Behandlungsdokumentation nicht nur zur Sicherstellung der Patientenversorgung und leistungsgerechten Abrechnung sowie Beweissicherung (Leiner et al., 2006, S. 4–5). Sie birgt ebenso ein großes Potenzial, um

- patientenübergreifende klinische oder epidemiologische Forschung zu betreiben,
- Krankheitsverläufe nachträglich kritisch zu reflektieren und zu beobachten,
- Behandlungsmaßnahmen weiterzuentwickeln und
- angehenden Medizinern, Pflegekräften oder Therapeuten bei der eigenen Aus-, Fort- und Weiterbildung als Informationsquelle zu dienen.

Informationen aus mikrobiologischen und labortechnischen Befunden, verordneten Medikamenten oder der klinischen Verlaufsdokumentation enthalten – abhängig von der jeweiligen Fragestellung – wertvolles Wissen. Um dieses Wissen zu heben, ist es notwendig geeignete Technologien für die semantische Analyse einzusetzen. Die Herausforderung dabei ist, alle Informationen für semantische Analysen verfügbar zu machen.

2.1   Papierbasierte Behandlungsdokumentation für semantische Analysen

Besonders in der stationären Versorgung geht die digitale Transformation von Dokumentationsprozessen nur langsam voran. Die papierbasierte Behandlungsdokumentation enthält daher auch wertvolles Wissen und darf nicht unberücksichtigt bleiben. Um hier die semantische Analyse einzusetzen, muss die papierbasierte Dokumentation maschinenlesbar digitalisiert werden. Dies geschieht beispielsweise im Rahmen des Digitalisierungsprozesses und der zusätzlichen Erzeugung eines Optical Character Recognition (OCR).

Maschinenlesbare Informationen in papierbasierten Dokumenten werden jedoch nur aus „nicht-handschriftlicher" Dokumentation erzeugt. Reine handschriftliche Behandlungsdokumentation ist daher für die semantische Analyse nicht geeignet. Jetzt werden Optimisten sagen, dass die Behandlungsdokumentation einfach nicht mehr ausgedruckt werden muss. Diese Maßnahme reicht nicht, sondern ist erst umsetzbar, wenn der Behandlungsprozess generell anwender- und patientenfreundlich digital transformiert wurde.

Auch wenn es schon eine umfangreiche Auswahl von komplett digitalen Anwendungssystemen gibt, werden dort letztendlich immer noch unstrukturierte bzw. nicht-standardisierte Informationen im Freitext gespeichert. Prominente Beispiele sind OP-Berichte, Verlaufsdokumentation oder Befunde. Diese werden von den Anwendungssystemen wieder in Dokumente zusammengefasst und für die Unterschrift ausgedruckt. Um dies abzuschaffen, müssen die internen Prozesse reorganisiert werden. Ob hier wirklich der Zwang zur standardisierten und damit strukturierten Behandlungsdokumentation die Lösung ist, gilt es zu diskutieren. Wird dadurch der Informationsgehalt nicht sogar eingeschränkt oder gar anders interpretiert? Allein diese Perspektive auf die digitale Transformation von Prozessen, zeigt, dass papierbasierte, maschinenlesbare Behandlungsdokumentation unbedingt für semantische Analysen berücksichtigt werden muss, um ein vollständiges Ergebnis zu erhalten.

Durch den Einsatz von innovativen Technologien, die digitalisierte Dokumente inhaltlich erschließen und den Dokumententyp erkennen, ist eine Selektion der zu analysierenden Dokumente möglich. Die Klassierung der Dokumente mit der Klinischen Dokumentenklassen-Liste (DVMD, 2021) unterstützt zusätzlich diese Selektion und ermöglicht eine performante semantische Analyse von zahlreichen Dokumenten. Hierbei handelt es sich nicht mehr nur um eine Vision, sondern dieses Verfahren ist bereits erfolgreich im Einsatz. Exemplarisch sei hier ein Krankenhaus der Regelversorgung zu nennen. Hier wurden in den ersten drei Quartalen 2021 über 956 Tsd. Seiten von über 14.540 Patientenfällen digitalisiert. Jede Seite ist erfolgreich automatisiert mit einem Dokumententyp und zusätzlich mit 157 verschiedenen KDL-Kodes klassiert worden. Dieses Haus wünscht die selektive semantische Analyse von drei KDL-Dokumentenklassen – Entlassungsberichte, OP-Berichte und Histologiebefunde. Allein in den ersten drei Quartalen 2021 wurden durch diese Selektion 9 % der digitalisierten Seiten der papierbasierten Behandlungsdokumentation semantisch analysiert. Die Ergebnisse nutzt die Klinik für den internen Prozess der Primärkodierung, aber auch für die interne Prüfung der Kodierqualität.

2.2   Rechnerbasierte Behandlungsdokumentation für semantische Analysen

Die rechnerbasierte Dokumentation hat u. a. einen positiven Einfluss auf die Dokumentations-qualität. Abhängig von vorhandenen Schnittstellen zwischen den eingesetzten An-wendungssystemen, werden dadurch Doppeldokumentationen vermieden. Damit wird das Risiko von Datendiskrepanzen minimiert. Die Zuführung rechnerbasierter Dokumentation für die semantische Analyse ist technisch einfacher und erfordert nicht den Zwischenschritt der Digitalisierung. Der Einsatz der KDL ermöglicht auch hier wieder eine selektive semantische Analyse der Dokumentation. Dennoch ist es notwendig, Hürden wie

- verschiedene Versionen von erzeugten Dokumenten,
- proprietäre Schnittstellen,
- nicht-standardisierte Dokumentation,
- eigenständig ins Anwendungssystem gescannte Dokumentation

zu beherrschen und geeignete Lösungen zu finden.

2.3   Rolle der syntaktischen und semantischen Interoperabilität

Die syntaktischen HL7-Standards FHIR® und CDA (HL7, 2021) berücksichtigen bereits die Abbildung semantischer Standards in den jeweiligen Implementierungsleitfäden. Das erleichtert die digitale Kommunikation zwischen den Anwendungssystemen und es wird sichergestellt, dass die Informationen zur Behandlung nicht nur erfolgreich ausgetauscht, sondern auch von beiden Anwendungssystemen richtig verstanden werden.

Inzwischen bezieht sich semantische Interoperabilität nicht mehr nur auf die inhaltliche Erschließung der Behandlungsdokumentation, sondern mittlerweile auch auf die Doku-mente in denen diese zusammengefasst werden. Basis für das Erreichen der semantischen Interoperabilität sind anerkannte Terminologiesysteme. Nachfolgend sollen exemplarisch einzelne Terminologiesysteme aufgeführt werden.

Semantische Standards für die Klassierung von Dokumenten des Gesundheitswesens:

- Klinische Dokumentenklassen-Liste
- DocumentEntry.classCode (IHE-D, 2021a)
- DocumentEntry.typeCode (IHE-D, 2021b)

Auszug semantischer Standards für die Klassierung medizinischer Sachverhalte:

- Internationale statistische Klassifikation der Krankheiten, German Modification (BfArM, 2021a)
- Operationen- und Prozedurenschlüssel (BfArM, 2021b)

- Logical Observation Identifiers Names and Codes (LOINC, 2021)
- Medical Dictionary for Regulatory Activities (MedDRA, 2021)
- Systematized Nomenclature of Medicine Clinical Terms (SNOMED-CT, 2021)

Besonders für die Wissensgenerierung sind Terminologiesysteme unerlässlich – sowohl für die Selektion relevanter Behandlungsdokumentation als auch für deren inhaltliche Erschließung. Um hier wirklich das bestmöglichste Ergebnis zu erzielen und dem Anwender verfügbar zu machen, müssen Systeme für semantische Analysen im Idealfall alle verwendeten, anerkannten semantischen Standards für die inhaltliche Erschließung verwenden.

2.4 Wissensgenerierung mittels semantischer Analysen

Eine zentrale Rolle bei der Wissensgenerierung spielt die Interpretation von Informationen. Hierbei ist vor allem die semantische, also inhaltliche, Interpretation gemeint. Der Vorgang der Interpretation bedient sich dabei vor allem zweier Mechanismen: die taxonomische und partitive Klassifizierung und die Auswertung von kontextuellen Informationen.

Zur Illustration soll die folgende Aussage interpretiert werden:

> „Der Patient klagt über deutlich weniger Migräneattacken, seit seine Hypertonie mit Metoprolol behandelt wird."

Zunächst werden die domänenspezifischen Konzepte extrahiert: „Migräneattacken", „Hypertonie" und „Metoprolol". Domänenspezifisch heißt in diesem Fall „auf die Medizin bezogen". In anderen Situationen könnte beispielsweise auch das Verb „klagen" interessant sein. Dann wird eine Klassifizierung durchgeführt: Migräneattacken sind eine Form der Migräne, die wiederum einen Kopfschmerz darstellt, der in Form einer Schmerzsymptomatik ein Symptom oder eine Diagnose ist. Damit haben wir eine taxonomische Struktur erzeugt, die letztlich eine Klassifizierung darstellt. Ebenso wird mit den anderen Konzepten verfahren: Metoprolol ist ein Betablocker, welcher ein Wirkstoff ist und Hypertonie ist eine Herzkreislauferkrankung und kann auch unter dem Oberbegriff Diagnose subsumiert werden.

Im nächsten Schritt stellen wir kontextuelle Verbindungen her. Wir wissen, dass Wirkstoffe Krankheiten behandeln, in diesem Fall wissen wir auch, dass mit Betablockern Hypertonien behandelt werden. Somit können wir zwischen Betablocker und Hypertonie den Zusammenhang „behandelt" herstellen. Aus der semantischen Analyse ergibt sich nun die Fragestellung: Kann Metoprolol auch eine Migräneattacke behandeln? Aber wir können auch weitere Fragen stellen: Behandeln alle Betablocker Hypertonie und Migräne? Da Migräne ein Kopfschmerz ist, stellt sich die Frage: Welche anderen Formen des Kopfschmerzes können mit Metoprolol oder allgemein mit Betablocker behandelt werden? Wir greifen bei der kontextuellen Analyse aber auch auf viel gespeichertes Wissen zurück, um den Kontext zu erweitern: Was sind die Nebenwirkungen von Metoprolol? Wovon ist die Migräne eine Folge? Bzw. wofür ein Symptom? In welchem Zusammenhang stehen Hypertonie und Migräne? Durch die Beantwortung solcher Fragen und den Abgleich mit dem vorhandenen Wissen lassen sich zwei zentrale Themen implementieren: die Plausibilisierung und die Extraktion neuen Wissens. Für Letzteres schließt sich an die initiale Analyse die Extraktion der semantischen Rolle (hier: „behandeln") an: Eine Aufgabe die Computerlinguisten recht gut im Griff haben.

Das hier skizzierte, stark simplifizierte Beispiel, lässt sich heutzutage problemlos digitalisieren. Der Vorgang der semantischen Analyse wird dabei durch eine regelbasierte Künstliche Intelligenz (KI) abgebildet, in der das anwendbare Wissen üblicherweise in Form von Terminologien/Ontologien und spezifischen Wissensmodulen abgebildet wird. Es hat sich als praktikabel herauskristallisiert, dass „immanentes" Wissen in Terminologien und Ontologien (siehe auch Abschn. 3) abgebildet wird, während eher schnell veränderliches und vor allem kontextabhängiges Wissen in eigenen domänenspezifischen Sprachen verregelt wird (Arden-Syntax, Drools). Ein Beispiel dafür sind z. B. Höchstdosen von Wirkstoffen, die regional unterschiedlich definiert sind, die sich im Laufe der Zeit erheblich ändern können und die weitere Abhängigkeiten (z. B. Laborwerte) haben.

3   Terminologiesysteme – Chancen und Herausforderungen

Ontologien wurden vor etwa 500 Jahren von Philosophen entwickelt, die sich mit der Formalisierung eines „Weltmodells" beschäftigt haben. Hier stand vor allem die Frage im Vordergrund: Wie hängt alles zusammen und welche Erkenntnisse können aus diesen Zusammenhängen gewonnen werden? Das ist auch heute noch eine zentrale Anwendung von Ontologien. Diese wurden allerdings im Zuge der Digitalisierung zunächst auf formalen Terminologien aufgebaut und werden heutzutage mittels sogenannter deskriptiver Logiken modelliert. Einen hervorragenden Einblick in die Thematik gibt Baader in seinem 2007 erschienen Buch (Baader et al., 2007). Dort ist unter anderem ein eigenes Kapitel, welches sich mit der Anwendung von Terminologien in der Medizin beschäftigt. Als motivierende Kernthesen werden

- Informationsrepräsentation,
- Intelligente Benutzeroberflächen,
- Clinical Decision Support System (CDSS),
- Natural Language Processing (NLP),
- Semantische Interoperabilität im Sinne der Wiederverwendung von Daten

genannt. Interessanterweise kann die Güte von NLP Verfahren nicht nur mittels Terminologien verbessert werden, es braucht auch NLP Verfahren um Terminologien überhaupt anwenden zu können. Die Abb. 2 zeigt wie verschiedene Terminologien zusammenspielen, wenn sie für die inhaltliche Erschließung von Fachtexten verwendet werden.

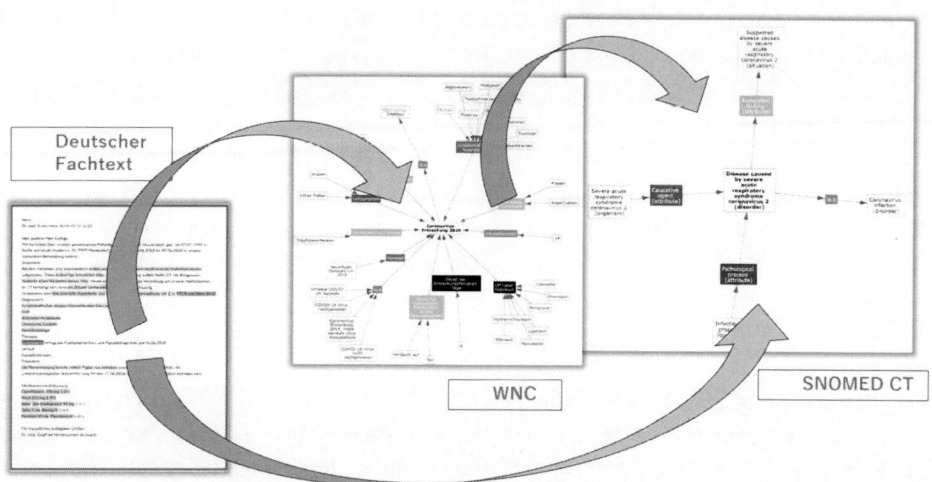

Abb. 2 Inhaltliche Erschließung von Freitexten mittels Terminologien

Die Schwierigkeiten, die bei der Anwendung von Terminologien und Ontologien entstehen und zu lösen sind, sind mannigfaltig. Für eine detaillierte Darstellung sei auf Sander verwiesen (Sander, 2020). An dieser Stelle sollen nur exemplarisch die wichtigsten dargestellt werden.

a) Sprache/NLP
Gerade die deutsche Sprache enthält einige Besonderheiten, die eine Anwendung von Terminologien deutlich erschweren. Neben der äußerst hohen Diversität, Negationen und Unsicherheiten auszudrücken, sind es vor allem die Komposita, die immer wieder algorithmische Probleme bereiten. Hervorzuheben sind dabei zwei Kernherausforderungen: das sogenannte „Stemming" also das Aufsplitten der zusammengesetzten Substantive in die Einzelwörter und die postkoordinierte Abbildung wie z. B. bei dem Wort „Herzinfarktverdacht".

b) Komplexität
Größere Terminologien enthalten oft hunderttausende von Fachbegriffen mit teilweise Millionen von Querverbindungen. Die Datenmengen an sich stellen dabei keine allzu große Herausforderung dar, sondern die Implementierung von effizienten Algorithmen mit akzeptablen Laufzeiten.

c) Granularität
Die Granularität einer Terminologie muss einerseits die zur Verfügung stehenden Informationen abbilden können darf aber andererseits nicht zu detailliert sein, da sonst Ambiguitäten entstehen, die schwer aufzulösen sind. Ein verwandtes Problem betrifft den Fokus einer

Terminologie: Werden zu viele Randbereiche zu detailliert abgebildet, entstehen äußerst schnell enorme Probleme sowohl bei der Abbildung als auch bei der Interpretation.

d) Funktionalität

Viele Terminologien verwenden Logiken, die es erlauben „Ausnahmen" zu modellieren. Solche Ausnahmen sind gerade in der Medizin häufig anzutreffen – sei es das Fehlen von Körperteilen (z. B. eine Rippe, die nicht vorhanden ist) oder die Verwendung von Idiomen, wie die Blinddarmentzündung, die als Synonym für eine Appendizitis verwendet wird.

e) Äquivalenz

Das Problem der Äquivalenz tritt zum einen bei der Zuordnung von Konzepten aus mehreren Terminologien zueinander auf: Hier muss festgelegt oder ermittelt werden, inweit die Konzepte sich semantisch entsprechen, und zum anderen auch bei der Interpretation eines Konzeptes: Versteht der Empfänger konzeptionell dasselbe wie der Sender? Das betrifft insbesondere Konzepte, deren zugrunde liegende Definitionen beim Sender und Empfänger unterschiedlich sind.

Welche Chancen gibt es nun? Sicherlich stehen wir kurz davor, semantisch interoperable Daten aus der klinischen Routine erzeugen zu können. Standards wie FHIR® verbinden zudem syntaktische mit semantischer Interoperabilität und ermöglichen erstmals eine Kommunikation von Inhalten. Leider wird aber viel zu häufig die Anwendung selbst vergessen: Terminologien und Standards verkommen zum reinen Selbstzweck. Die Stärke der Pluralität von Hunderten hoch spezialisierten Terminologien wird zugunsten einer einzelnen, politisch motivierten, Auswahl aufgegeben. Eine einzelne Terminologie kann keine „lingua franca" der Medizin sein, denn sie müsste dazu tatsächlich das gesamte Wissen der Medizin mit all ihren notwendigen Randbereichen abbilden. Tatsächlich ist es viel sinnvoller Terminologien miteinander zu verbinden und die Komplexität und Detaillierung genau da zu erhöhen, wo es notwendig ist. Wir haben jetzt die Gelegenheit eine neue Generation von Terminologieservern zu definieren und etablieren, die nicht nur als Referenz dienen können, sondern Terminologien anwendbar machen und somit zur Routinenutzung bringen.

4   Erfahrungsbericht: Semantische Analyse, Datenextraktion, Datenbereitstellung und Ergebnisdarstellung

Die vorangegangenen Abschnitte haben die einzelnen Bausteine eines semantischen Datawarehouse dargestellt – für sich genommen sind das alles herausfordernde Aufgaben und machen in Summe dieses Konzept einzigartig. Doch welche Fragen können am Ende eigentlich beantwortet werden?

Verbesserung der Dokumentationsqualität

Zunächst können sehr leicht komplexe Plausibilisierungen auf die extrahierten, strukturierten Informationen angewendet werden. Insbesondere Vollständigkeitsprüfungen auf Basis von impliziten Angaben können problemlos implementiert werden. Als Beispiel sei hier die Dokumentation eines „Diabetes Mellitus" angeführt. Dabei soll geprüft werden, ob die Codierung vollständig ist: Das fehlerhafte Muster, das es zu finden gilt, ist also: „Gibt es Patienten, die offenbar Diabetes haben, dieser aber nicht dokumentiert ist?" Da sämtliche Daten auf Referenzontologien, wie SNOMED CT und die Wingert-Nomenklatur, abgebildet werden, können diese dafür benutzt werden. Man definiert also einfach einen Filter, der beispielsweise so aussieht „Folgen eines Diabetes Mellitus Typ II MINUS Diabetes Mellitus Typ II". Dieser Filter identifiziert alle Patienten, bei denen z. B. „eine Retinopathie infolge eines Diabetes" dokumentiert ist, aber eben kein Diabetes selbst. Bei diesen Patienten kann anschließend – auf Grund der notwendigen Behandlung mit Insulin – die entsprechende ICD-10 Dokumentation vervollständigt werden.

Verbesserung der Behandlungsqualität durch Filter

Vor allem die Extraktion von Informationen aus Freitexten ist eine hervorragende Quelle, um die Behandlungsqualität zu verbessern. Als Beispiel seien Stürze und Sturzfrakturen infolge eines postoperativen Delirs zu nennen. Ein Filter, der solche Patienten identifiziert, ist mit dem Konzept „semantisches Datawarehouse" schnell umzusetzen. Sowohl die OP als auch die Fraktur dürften in der Primärcodierung auf Basis des OPS vorhanden sein und den „Rest", also die Erkennung eines Sturzes oder eines Delirs, erledigt die semantische Analyse direkt aus der freitextlichen Dokumentation der Pflege. Das kann in der praktischen Behandlungsdokumentation so aussehen: „Der Patient verhält sich orientierungslos und stürzte beim Versuch aufzustehen." Im Rahmen der semantischen Analyse werden bspw. folgende SNOMED-CT Konzepte extrahiert: 1912002 Fall (event) und 62476001 Disorientated (finding). Diese sind im oben dargestellten Filter anwendbar.

Verbesserung der Behandlungsqualität durch Abfragen

Die Behandlungsqualität lässt sich aber, je nach verwendeter Terminologie, durchaus auch mittels impliziter Abfragen verbessern. So kann mit der Wingert-Nomenklatur beispielsweise nachfolgende Situation abgefragt werden: „Patienten, die Symptome haben, die auf eine Kontraindikation für Furosemid hinweisen". Diese Abfrage ist mit herkömmlichen Werkzeugen nur sehr schwer umzusetzen. Zum einen sind solche Symptome sicherlich vor allem in freitextlichen Informationen zu finden, insbesondere, wenn diese nicht zur Abrechnung gekommen sind, und zum anderen muss hier eine aufwändige Recherche erfolgen: Was sind die Kontraindikationen von Furosemid und welche Symptome haben diese? Das hier vorgestellte Konzept reduziert die Komplexität tatsächlich auf eine Abfrage in der oben dargestellten Form und findet beispielsweise Patienten mit Hinweisen auf eine Anurie. Solche Abfragen können selbstverständlich mit strukturierten Informationen, vor allem Laborwerten, Vitalwerten und demografischen Angaben, kombiniert werden.

5   Schlussbetrachtung

Die „Macht" von Terminologiesystemen und Werkzeugen für semantische Analysen wird häufig nur auf gängige Anwendungsfälle – wie ICD-10-GM bzw. OPS-Kodierung für die Abrechnung – heruntergebrochen. Dieser Ansatz ist jedoch zu kurz gedacht. Mit dem Einsatz eines gut ausgebauten Terminologieservers werden viel mehr Chancen eröffnet, um weitere Prozesse zu unterstützen. Das Verfügbarmachen von Wissen aus der medizinischen Behandlungsdokumentation dient nicht nur bspw. dem Assistenzarzt, der promovieren möchte, sondern auch dem forschenden Arzt, der für eine klinische Studie Patienten rekrutieren möchte. Aber auch unter der Perspektive der Pflege wird Wissen verfügbar gemacht, welches bspw. Rückschlüsse auf die Qualität der Patientenversorgung ermöglicht. Die Klinikleitung selbst nutzt dieses Wissen bspw. für Zeitreihen- oder Trendanalysen, um das Betriebsgeschehen einzuschätzen oder sogar neue Geschäftsfelder zu erschließen. Und all das ermöglichen semantische Analysen, ohne dass der Anwender sich mit neuen oder weiteren Ordnungssystemen beschäftigen muss. Besonders die Chance sämtliche unstrukturierte Informationen der Behandlungsdokumentation semantisch zu erschließen, bietet Möglichkeiten, die weit über das bisher Dagewesene hinausgehen. Doppelerfassungen von Patientendaten werden vermieden und die Akquise von Daten erfolgt direkt aus der Primärdokumentation heraus. Sicher wird es weiterhin die Notwendigkeit von speziellen Studienprotokollen geben, da natürlich nicht alle Daten erfasst werden, aber all die wertvollen Informationen, die bisher algorithmisch nicht erfassbar waren, weil sie nicht zur Abrechnung gebracht werden konnten und damit keine Notwendigkeit einer Strukturierung besteht, können jetzt genutzt werden.

Literatur

Ammenwerth, E., Haux, R., Knaup-Gregori, P., & Winter, A. (2015). *IT-Projektmanagement im Gesundheitswesen* (2. Aufl.). Schattauer.

Baader, F., McGuiness, D. L., Nardi, D., & Patel-Schneider, P. F. (2007). *The description logic handbook: Theory, implementation, and applications* (2. Aufl.). Cambridge University Press.

BfArM. (2021a). *Internationale statistische Klassifikation der Krankheiten und verwandter Gesundheitsprobleme, 10. Revision, German Modification. ICD-10-GM.* https://www.dimdi.de/dynamic/de/klassifikationen/icd/icd-10-gm/. Zugegriffen am 03.08.2021.

BfArM. (2021b). *Operationen- und Prozedurenschlüssel. OPS.* https://www.dimdi.de/dynamic/de/klassifikationen/ops/. Zugegriffen am 03.08.2021.

DVMD e.V. (2021). *Klinische Dokumentenklassen-Liste.* https://dvmd.de/publikationen/klinische-dokumentenklassen-liste/. Zugegriffen am 02.08.2021.

HL7 Deutschland. (2021). *Auswahl der Top-Themen.* https://hl7.de/themen/. Zugegriffen am 16.09.2021.

IHE Deutschland. (2021a). *DocumentEntry.classCode.* https://art-decor.org/art-decor/decor-valuesets%2D%2Dihede-. Zugegriffen am 16.09.2021.

IHE Deutschland. (2021b). *DocumentEntry.typeCode.* https://art-decor.org/art-decor/decor-valuesets%2D%2Dihede-. Zugegriffen am 16.09.2021.

Jehle, R., Czeschik, C., Freund, T., & Wellnhofer, E. (2015). *Medizinische Informatik Kompakt*. de Gruyter.

Leiner, F., Gaus, W., Haux, R., Knaup-Gregori, P., & Pfeiffer, K.-P. (2006). *Medizinische Dokumentation – Grundlagen einer qualitätsgesicherten integrierten Krankenhausversorgung* (5. Aufl.). Schattauer.

LOINC. (2021). *The international standard for identifying health measurements, observations, and documents*. https://loinc.org/. Zugegriffen am 16.09.2021.

MedDRA. (2021). *Medical dictionary regulatory activities*. https://www.meddra.org/. Zugegriffen am 16.09.2021.

Sander, A. (2020). *edition- Fachzeitschrift für Terminologie*, Ausgabe 02/20, 13–21. http://dttev.org/images/edition/ausgaben/edition-2020-2-e-version.pdf. Zugegriffen am 16.09.2021.

Simon, M. (2005). *Das Gesundheitssystem in Deutschland* (1. Aufl.). Verlag Hans Huber.

SNOMED-CT. (2021). *Systematized nomenclature of medicine clinical terms*. https://www.snomed.org/snomed-ct/why-snomed-ct. Zugegriffen am 16.09.2021.

Der GECCO Datensatz für die COVID-19-Forschung

Sylvia Thun, Caroline Stellmach, Julian Saß
und Alexander Bartschke

Inhaltsverzeichnis

Zusammenfassung

Der German Corona Consensus (GECCO) Datensatz wurde aus einer Initiative verschiedener Stakeholder aus Forschung und Versorgung vor dem Hintergrund der COVID-19 Pandemie definiert. Er enthält die Metadatendefinitionen für ein Set von Datenelementen mit zentraler Relevanz für die Forschung. Auf diese Weise erhalten Wissenschaftler*innen ein projektübergreifendes Instrument für die Zusammenführung und gemeinsame Nutzung von Daten, z. B. aus klinischen Studien. Der GECCO Datensatz wird im Forschungsverbund der deutschen Universitätsklinika implementiert und als gemeinsames Datenformat genutzt. Die Anwendung beschränkt sich aber nicht auf

S. Thun (✉) · C. Stellmach · J. Saß · A. Bartschke
Berlin Institute of Health at Charité – Universitätsmedizin Berlin, Berlin, Deutschland
E-Mail: sylvia.thun@bih-charite.de; caroline.stellmach@bih-charite.de;
julian.sass@bih-charite.de; alexander.bartschke@bih-charite.de

© Der/die Autor(en), exklusiv lizenziert durch Springer Fachmedien Wiesbaden GmbH, ein Teil von Springer Nature 2022
V. Henke et al. (Hrsg.), *Digitalstrategie im Krankenhaus*,
https://doi.org/10.1007/978-3-658-36226-3_36

die Universitätsmedizin. Das zugrunde liegende offene Standardformat und der modulare Aufbau des Datensatzes ermöglichen die Umsetzung beispielsweise in mobilen patientenzentrierten Applikationen. So ergeben sich in Zukunft vielfältige Möglichkeiten, über ein gemeinsames Austauschformat neue Datenquellen zu erschließen und zur Wissensgenerierung zu nutzen.

1   Notwendigkeit eines interoperablen COVID-19 Datensatzes

Im Frühjahr 2020 wurden die Gesundheitssysteme in Deutschland und weltweit vor eine unerwartete Herausforderung gestellt, nämlich eine täglich steigende Anzahl an Patienten mit COVID-19 Symptomen zu behandeln. Am 4. Januar 2021 befanden sich 5744 Corona-Patienten in intensivmedizinischer Behandlung in Deutschland (Statista, 2021), was bisher im Verlauf den Höchstwert darstellt. Vor dem Hintergrund der epidemiologischen Bedrohungslage, bestand die dringende Notwendigkeit, möglichst schnell neue wissenschaftliche Erkenntnisse über die Krankheit zu erlangen.

Um dieser Anforderung gerecht zu werden, kam es weltweit zu einem rapiden Anstieg an Forschungsinitiativen. Im Rahmen von epidemiologischen Umfragen und Studien wurde global der Versuch unternommen, medizinische Daten zu erfassen, um die epidemiologischen Charakteristika der Erkrankung, Verbreitung und Langzeitfolgen besser zu verstehen und für Behandlungszwecke und die Entwicklung von Impfstoffen verwenden zu können.

1.1   Gemeinsame „Daten"-Sprache für die Forschung

Um neues Wissen generieren zu können, bedarf es einer umfangreichen Datenbasis, welche von Wissenschaftler*innen systematisch für Analysen genutzt werden kann. Klinische Daten müssen effizient, möglichst ohne Verzögerung und Informationsverlust mit anderen Forschungseinrichtungen austauschbar, wiederverwendbar und vor allem interoperabel sein. Um dies zu realisieren, ist eine koordinierte Initiative notwendig, welche die Inhalte der auszutauschenden Daten festlegt sowie das technische Format bestimmt, das die semantische und syntaktische Interoperabilität der auszutauschenden Daten sicherstellt. Damit wird verhindert, dass Informationen segmentiert und als Folge Forschungsergebnisse verzögert werden.

Im Rahmen verschiedener Projekte und Initiativen hat der Prozess begonnen, einheitliche Datensätze, die Common Data Elements (CDEs) enthalten, für die Erfassung von forschungsrelevanten COVID-19 Informationen zu entwickeln. Bisher wurden sowohl Fragebögen als auch Case Report Forms (CRFs) entwickelt, um auf standardisierte Weise Patienteninformationen zu dokumentieren (Timpson et al., 2021; Center for Disease

Control and Prevention, 2020). Diese Projekte sind bereits wichtige Schritte in Richtung der Entstehung eines gemeinsamen Datensatzes für COVID-19.

Jedoch liegen interoperable Datenelemente, die zwischen IT-Systemen ausgetauscht werden können, nur dann vor, wenn sie in standardisierte Datenstrukturen eingebettet werden und internationale Terminologien verwenden, um klinische Konzepte eindeutig zu definieren (Lehne et al., 2019). Der German Corona Consensus Datensatz (GECCO) ist eine Metadatendefinition, die dazu genutzt werden kann, einen Datensatz zu COVID-19 zu erstellen, indem internationale IT-Gesundheitsstandards und Terminologien verwendet werden. Im Folgenden wird die Metadatendefinition als GECCO Datensatz bezeichnet.

2   Grundlagen für einen Minimaldatensatz zu COVID-19

Um die maximale Akzeptanz und fachliche Genauigkeit zu erreichen, wurden die für die SARS-CoV-2 Forschung relevanten Datenelemente, aus denen sich der GECCO zusammensetzt, in einem transparenten Auswahlprozess unter Beteiligung eines Experten-Boards selektiert. Die Mitglieder des Experten-Boards waren Fachexperten aus Universitätskliniken, Fachgesellschaften, der Medizininformatik-Initiative (MI-I) und weiteren relevanten Forschungsinitiativen (Sass et al., 2020).

Im ersten Schritt wurde basierend auf dem ISARIC-WHO Protokoll, der Pa-COVID-19 Studie der Charité – Universitätsmedizin Berlin und dem LEOSS Patientenregister ein erster Entwurf für einen COVID-19 Forschungs-Datensatz erstellt und den Experten vorgelegt (Abb. 1).

Im Anschluss wurden Vorschläge für weitere Datenelemente durch die Experten eingeholt, welche dann durch eine Koordinierungsgruppe an der Charité geprüft und strukturiert wurden. Die Prüfung beinhaltete die Kodierung der Datenelemente mit Codes internationaler Terminologien, um ungewollte Dopplungen von Datenelementen zu identifizieren und zu entfernen.

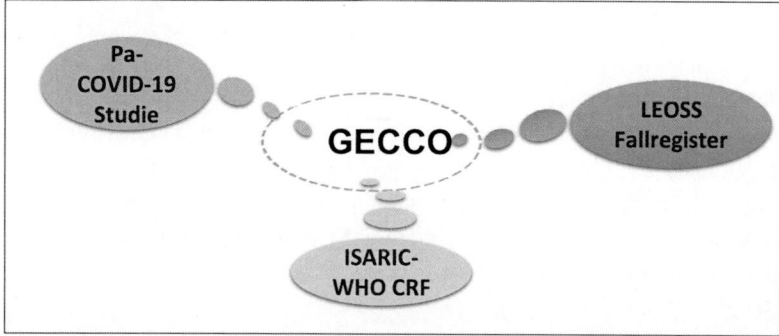

Abb. 1 Nationale und internationale Vorarbeiten, auf die der GECCO inhaltlich aufbaut

Scale	Priorität	NIH Klassifikation	Definition
5	Hochrelevant	Allgemeiner Kernbereich/ Krankheitsspezifischer Kernbereich	Datenelemente mit wesentlichen allgemeinen oder spezifischen COVID-19-relevanten Informationen
4	Sehr relevant	Ergänzend - stark zu empfehlen	Datenelemente, die unter bestimmten Umständen wesentlich sein können oder wichtig für bestimmte Studien sind und daher stark zu empfehlen sind
3	Relevant	Ergänzend	Datenelemente, die oft in klinischen Studien erhoben werden, deren Relevanz jedoch abhängig vom Studiendesign oder der Art der Forschung ist
2	Weniger relevant	Explorativ	Datenelemente, die weiter validiert werden müssen, aber Lücken in existierenden Datenelemente füllen und/oder existierende Datenelemente ersetzen können
1	Nicht relevant	-	Datenelemente, die für den Datensatz als nicht relevant angesehen werden

Abb. 2 Überblick der in Anlehnung an das Common Data Element (CDE) Model der NIH angewandten Kriterien für die Priorisierung der Datenelemente in der Entwicklung des GECCO

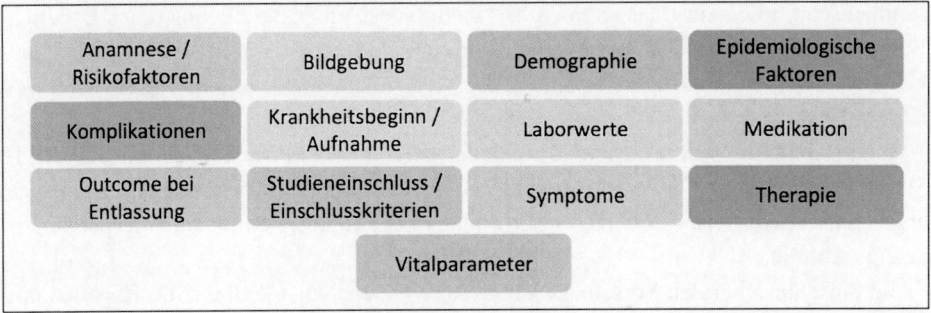

Abb. 3 Übersicht der 13 inhaltlichen Kategorien, in die die Datenelemente des GECCOs gruppiert werden

In Anlehnung an das Model der Common Data Elements (CDE) der National Institutes of Health (NIH) wurden die Datenelemente anhand einer 5-stufigen Skala (Abb. 2) nach ihrer Relevanz durch die Mitglieder des Experten-Boards im Rahmen eines Votums priorisiert. Datenelemente wurden im Bereich von Skalenwert 1, „nicht relevant" bis 5, „hochrelevant" für den vorliegenden Anwendungsfall, der Findung eines COVID-19-fokussierten Minimaldatensatzes, evaluiert.

Aus dem Pool an Elementen mit höchster Priorisierung entstand ein vorläufiger Datensatz bestehend aus ca. 100 Datenelementen. Elemente, die mit niedriger Relevanz und als nicht zwingend erforderlich eingestuft wurden, fanden keine Verwendung im finalen GECCO Datensatz, beziehungsweise wurden in Erweiterungsmodule ausgelagert. Der finale Datensatz umfasst 83 Konzepte, die in dreizehn inhaltliche Kategorien (Abb. 3) gruppiert wurden.

2.1 Nationale und internationale Vorarbeiten zum GECCO

Als Grundlage für die Entwicklung der Inhalte des GECCO Datensatzes dienten die Informationselemente der Pa-COVID-19 Studie, die Datenkonzepte des LEOSS-Registers und das ISARIC Protokoll der World Health Organization (WHO).

Pa-COVID-19 ist eine longitudinale Registerstudie von Patienten*innen, die an der Charité – Universitätsmedizin Berlin aufgrund einer bestätigten SARS-CoV-2 Infektion in Behandlung waren. Die Studie verfolgt das Ziel, anhand einer umfassenden klinischen und molekularen Phänotypisierung von COVID-19-Patienten, klinische Biomarker und therapeutische Ziele für eine bessere Patientenversorgung zu identifizieren. Neben Daten zur Krankengeschichte, klinischen Symptomen, Vitalzeichen, Laborparametern und Blutgaswerten wurden im Rahmen der Studie auch Daten zu durchgeführten bildgebenden Verfahren (z. B. Röntgen), zur klinischen Intervention sowie internationale Skalenwerte, wie dem WHO Clinical Ordinal Scale erhoben (Kurth et al., 2020).

Das ISARIC Konsortium ist ein Zusammenschluss von 52 klinischen Forschungsnetzwerken weltweit, die gemeinsam das Ziel verfolgen, durch Infektionskrankheiten wie COVID-19 verursachte Erkrankungen und Todesfällen zu verhindern (ISARIC, 2020). Das klinische Charakterisierungs-Protokoll (Clinical Characterisation Protocol, CCP) von ISARIC wurde zur Erfassung von Daten zu schwerwiegenden akuten Infektionen entwickelt und ist ein standardisiertes Protokoll, das aus 3 Modulen aufgebaut ist. Die enthaltenen Konzepte umfassen Datenelemente in den Kategorien Erstpräsentation und Aufnahme, der Intensivmedizinischen Behandlung und Probenuntersuchung sowie Ergebnisse (Outcomes) (ISARIC, 2020).

Das Lean European Open Survey on SARS-CoV-2 infected patients (LEOSS) Netzwerk wurde von der ESCMID Emerging Infections Task Force (EITaF), dem Deutschen Zentrum für Infektionsforschung (DZIF) und der Deutschen Gesellschaft für Infektiologie initiiert, um systematisch COVID-19-Patientendaten anhand eines aufzubauenden klinischen Patientenregisters dokumentieren zu können. Der anonymisierte öffentliche LEOSS Datensatz enthält Variablen zum Alter und Geschlecht von Patienten sowie Details zu Outcomes, Symptomen und klinischen Interventionen (LEOSS, 2020).

3 Interoperabilität von COVID-19 Daten

Die Grundlage für das gemeinsame Arbeiten und den Austausch von Gesundheitsdaten zwischen und innerhalb von Versorgungs- und Forschungseinrichtungen ist das Vorhandensein von Interoperabilität der Daten (Thun et al., 2021). Unter Interoperabilität wird im Allgemeinen die Fähigkeit verstanden, Daten zwischen Systemen auszutauschen und diese Daten im empfangenden System verarbeiten und interpretieren zu können (Benson & Grieve, 2016). Weiterhin kann zwischen der syntaktischen und der semantischen Interoperabilität unterschieden werden. Durch eine einheitliche Syntax werden Daten strukturiert, sodass diese von Systemen verarbeitet werden können. Hinzu kommt die Semantik, welche die inhaltliche Bedeutung der Daten festlegt, damit zwischen Sender*in und Empfänger*in ein einheitliches Verständnis über den Inhalt der Daten sichergestellt wird.

Hier setzt der GECCO Datensatz an und etabliert die Metadatendefinitionen in einer festgelegten Syntax und Semantik. Dies geschieht durch die Nutzung des international in der Medizininformatik genutzten IT-Standards Health Level 7 (HL7) Fast Healthcare Interoperability Resources (FHIR). FHIR bietet primär ein Datenmodell und definiert die Syntax der Daten. Zudem ist der FHIR Standard auf das Zusammenwirken syntaktischer und semantischer Standards ausgerichtet. Dies bedeutet, dass semantische Standards in FHIR eingebunden und in Beziehung zum FHIR Datenmodell gesetzt werden können (Braunstein, 2018).

Health Level 7 (HL7) Fast Healthcare Interoperability Resources (FHIR)

Fast Healthcare Interoperability Resources (FHIR®) ist ein Standard für den Datenaustausch zwischen Softwaresystemen im Gesundheitswesen. Informationen werden in FHIR in logisch abgeschlossene Informationseinheiten, sogenannte Ressourcen, organisiert und über eine Schnittstelle mit anderen Systemen ausgetauscht. FHIR gehört zu einer Familie von Standards, die von der Health Level 7 (HL7) Organisation entwickelt werden. Es existiert eine Zweigorganisation, HL7 Deutschland, welche Lokalisierungen des FHIR Standards für das deutsche Gesundheitswesen anbietet. Darüber hinaus ist FHIR in den Digitalisierungsprojekten wie der elektronischen Patientenakte (ePA) von gematik und der Kassenärztlichen Bundesvereinigung (KBV) als verbindlicher Standard für den Austausch von Gesundheitsdaten gesetzt. Somit ist FHIR eine Schlüsseltechnologie in der Digitalstrategie von Unternehmen und Institutionen im Gesundheitswesen.

An dieser Stelle trifft der GECCO Datensatz Festlegungen, wie beispielsweise die Diagnosen eines Patienten mit der Internationalen statistischen Klassifikation der Krankheiten und verwandter Gesundheitsprobleme (ICD-10-GM) in eine FHIR-Datenstruktur eingebettet werden. Neben den Diagnosen werden Labor- und andere Messwerte durch Logical Observation Identifiers Names and Codes (LOINC) und die dazugehörigen Einheiten von Messwerten mit dem Unified Code for Units of Measure (UCUM) System beschrieben. Im Bereich Medikation wird die Anatomisch-Therapeutisch-Chemische (ATC) Klassifikation für aktive Inhaltsstoffe von Arzneimitteln und Medikamenten genutzt. Überdies sind die Datenelemente des GECCO in fast allen Bereichen durch die Gesundheitsterminologie Systematized Nomenclature of Medicine – Clinical Terms (SNOMED CT) gekennzeichnet. SNOMED CT ermöglicht die eindeutige Abbildung von klinischen Inhalten und liefert damit ein Instrument, um die semantische Interoperabilität für den Austausch von Gesundheitsdaten zu gewährleisten.

ICD-10-GM

ICD-10-GM ist die deutsche Modifikation der von der WHO herausgegebenen ICD-10 Klassifikation für Krankheiten und verwandte Gesundheitsprobleme und ist in der ambulanten und stationären Versorgung in Deutschland die amtliche Diagnoseklassifikation für die Dokumentation und

Abrechnung (BfArM, 2021a). Während ICD-10-GM als Klassifikation für die medizinische Dokumentation gesetzlich vorgeschrieben ist, liegt die Anwendung von internationalen Terminologien zur eindeutigen, interoperablen Erfassung von Primärdaten im Rahmen der Patientenbehandlung vielerorts in den Kinderschuhen (Johner & Hass, 2009, S. 139 ff.; Thun et al., 2021, S. 232 ff.).

SNOMED CT

Deutschland ist seit dem 01.01.2021 Mitgliedsland von SNOMED International. Damit können Nutzer kostenfrei eine Affiliate-Lizenz erhalten und den Zugang zu der weltweit umfassendsten Gesundheitsterminologie, Systematized Nomenclature of Medicine – Clinical Terms (SNOMED CT), die in mehreren Sprachen verfügbar ist. Anhand von über 350,000 hierarchisch organisierten Konzepten ermöglicht die Terminologie die eindeutige Abbildung von klinischen Inhalten und liefert damit ein Instrument, um die semantische Interoperabilität für den Austausch von Gesundheitsdaten zu gewährleisten (BfArM, 2021b; SNOMED International, 2021).

3.1 GECCO und Datenkompetenz/Data Literacy

Betrachtet man nun den GECCO Datensatz im Kontext des Frameworks für Datenkompetenz (Data Literacy) nach Schüller et al. (2019), so sind die Definitionen des GECCO ein Werkzeug am Beginn des Prozesses aus Daten Wissen zu generieren. Der GECCO gibt vor, wie Daten aufbereitet und gespeichert werden, um diese später im Prozess für Analysen nutzen zu können. Die Realwelt-Objekte der klinischen Daten eines Patienten – Diagnosen, Prozeduren, Vitalwerte etc. – werden in den FHIR basierten Modellen kodiert, also auf einer Datenebene repräsentiert. Die Verwendung von Standards sorgt dafür, dass die zu speichernden Informationen eine eindeutige Semantik besitzen und somit in Auswertungen fehlerfrei dekodiert werden können, also aus den Daten wieder Rückschlüsse auf die reale Welt gemacht werden können. Der Prozess des Kodierens im Sinne der Data Literacy, also der technischen Repräsentation der Realwelt Objekte in ein Datenmodell erfordert professionelle Expertise von Domänenexpert*innen aus Medizin und Informatik. Bei der Erstellung der Metadatenmodelle des GECCO war dies durch ein interdisziplinäres Team aus Klinik, Forschung und Informatik gegeben, die den Datenelementen sowohl die FHIR Modelle sowie die Terminologie-Konzepte zugeordnet haben. Der GECCO stellt die Modelle open-source zur Verfügung.

Nachfolgend können Anwender*innen den Datensatz bei der Datenerhebung nutzen, um Daten aus den informationsbasierten Prozessen der Kliniken in das von GECCO vorgegebene Format zu transformieren. Für diesen Prozessschritt wird Computational Literacy benötigt, um aus den verschiedenen Datenquellen im Krankenhaus die passenden Daten zu extrahieren und bereitzustellen.

Zuletzt können nun Analysten mit Data Science Experience und Statistical Literacy die einheitliche Datenbasis für Auswertungen nutzen, da das GECCO Format die Vergleichbarkeit und Zusammenführung über Klinikgrenzen hinweg ermöglicht.

4   Anwendung des Datensatzes im krankenhausnahen Umfeld

Mit dem GECCO Datensatz wurde der Wissenschaft eine Auswahl wichtiger standardisierter COVID-19-spezifischer Konzepte für die gemeinsame, interoperable Kommunikation bereitgestellt, die für verschiedene Anwendungsfälle und Projekte genutzt werden kann. Als Maßnahme zur Bekämpfung der Corona-Pandemie und damit eingehender Verbesserung der Patientenversorgung hat das Bundesministerium für Bildung und Forschung (BMBF) das nationale Netzwerk der Universitätsmedizin zu COVID-19 (NUM) ins Leben gerufen, welches es seit 2020 fördert. Ziel ist die standardisierte Erhebung, systematische Erfassung und Zusammenführung von Behandlungsdaten von COVID-19 Patienten*innen als Grundlage für Analysen (BMBF, 2021a).

Der GECCO Datensatz schafft projektübergreifend die Grundlage für zwei durch das BMBF finanzierte NUM-Projekte; das Nationale Pandemie Kohorten Netz (NAKON) und das COVID-19 Data Exchange Plattform-Projekt (CODEX). Die Metadatendefinition wird über geläufige Kollaborations- und Publikationsplattformen öffentlich zur Verwendung bereitgestellt.

4.1   Wissensgenerierung aus Routinedaten

Alle Gesundheitsdienstleister sind verpflichtet, medizinische und administrative Daten zu Gesundheitsdienstleistungen, die zu Lasten der Versicherungen erbracht werden, zu dokumentieren und elektronisch abzulegen (Kuhlen et al., 2011, S. 89).

Das BMBF-geförderte COVID-19 Data Exchange Plattform-Projekt (CODEX) liefert eine Studieninfrastruktur, die neben Daten aus den Datenintegrationszentren (DIZen) die Studiendaten der drei NAPKON-Kohorten über die Forschungsinfrastruktur des DZHK anbinden und verwalten kann. Besonders angesichts der sich abzeichnenden, bisher nicht ausreichend verstandenen Long-COVID Problematik (Alwan, 2021) ist die nachhaltige Generierung und Nutzung der Daten sowie die Anpassung des Datasets an neue Fragestellungen und Forschungsergebnisse von großem wissenschaftlichem und gesellschaftlichem Interesse. Zentrale Komponente von CODEX ist die open source Forschungsdatenplattform. Aus den DIZen der teilnehmenden Universitätskliniken werden Versorgungsdaten aus den klinischen Informationssystemen automatisiert in die zentrale Forschungsdatenplattform zusammengeführt und unter Berücksichtigung der FAIR-Kriterien für Analysen bereitgestellt (Medizininformatik-Initiative, 2021a; Nationales Forschungsnetzwerk der Universitätsmedizin zu Covid-19, 2021a; BMBF, 2021b).

Medizininformatik-Initiative (MII)
Damit Daten aus Krankenversorgung und Forschung besser nutzbar zu gemacht werden können, fördert das Bundesministerium für Bildung und Forschung die Medizininformatik-Initiative. Im Rahmen der MII werden an Universitätskliniken und Partnereinrichtungen Datenintegrationszentren (DIZen) aufgebaut und vernetzt. In diesen Zentren werden die Bedingungen geschaffen, um For-

schungs- und Versorgungsdaten standortübergreifend verknüpfen zu können. Daten aus vielfältigen datenliefernden Systemen werden in den Zentren zusammengeführt und aufbereitet. Zusätzlich gehört zu den Aufgaben der DIZ die Sicherstellung von Datenqualität und Datenschutz. Die aufbereiteten Daten werden vom DIZ zur Nutzung für die medizinische Forschung bereitgestellt (Medizininformatik-Initiative, 2021b). Siehe hierzu auch Beitrag Schmücker, „Wissensgenerierung durch die Zusammenführung von Daten aus einer Vielzahl von rechnerunterstützten Anwendungssystemen und medizinischen Geräten".

Die Routine Versorgungsdaten aus den Krankenhaus-ERP-Systemen (z. B. SAP) und Krankenhausinformationssystemen (KIS) der am Projekt teilnehmen Universitätskrankenhäusern bilden somit die Datengrundlage. Die Integration der Routine-Versorgungsdaten zur Behandlung von COVID-19 Patienten an den 32 teilnehmenden Universitätskrankenhäusern mit inhaltlichem Umfang des GECCO Datensatzes soll die Bereitstellung strukturierter, qualitativ hochwertiger Daten für neuartige Auswertungen zur Beantwortung von Forschungsfragen und der Entwicklung von Entscheidungsunterstützungssystemen ermöglichen (Nationales Forschungsnetzwerk der Universitätsmedizin zu Covid-19, 2021b). Bisher konnten anhand der bereitgestellten Daten zwei Studien veröffentlicht werden (Schüttler et al., 2021).

Technisch werden mittels spezieller elektronischer Formulare, den electronic Case Report Forms (eCRF) (Dugas, 2017, S. 88), die 83 Datenelemente des GECCO-Konsensus-Datensatzes für Patienten, die schriftlich ihr Einverständnis zur Datenweitergabe geleistet haben, inhaltlich bedient.

Die lokale Datenerfassung findet mit Hilfe von für diesen Zweck entworfenen Softwareanwendungen, in Electronic Data Capture (EDC)-Systemen, statt. In CODEX verwenden einige Partner-Universitäten für die Datenerfassung ein in Vorarbeiten entwickeltes Data Integration System (DIS), welches die Verwaltung und Integration von Forschungsdaten und Bioproben ermöglicht. Die Mehrheit der Standorte nutzt jedoch die Web-basierte REDCap Software der Vanderbilt Universität (REDCap, 2021) für die Datenerfassung. Innerhalb von CODEX wurde ein in REDCap importierbarer Datenkatalog, ein sogenannter Data Dictionary, entwickelt, der alle Datenelemente in Form von 83 definierten Fragen und 324 Antwortmöglichkeiten enthält und nach Import direkt zur Erfassung der Patientendaten verwendet werden kann. Beide EDC-Komponenten können in die lokalen Datenintegrationszentren oder KIS integriert werden, um automatisch existierende Daten zu importieren. Damit die in REDCap erfassten GECCO-Daten ohne aufwendige, manuelle Aufbereitung an die zentrale Plattform übertragen werden können, wurde komplementär zum Data Dictionary ein ODM2FHIR-Wandler entwickelt, der basierend auf einem kodierten Skript in der Lage ist, die Daten von ihrem Ausgangs-Datenformat in REDCap, dem CDISC-ODM XML, in FHIR-Ressourcen zu wandeln. Die entstandenen FHIR-Ressourcen werden dann für jeden Patienten gebündelt über eine Schnittstelle an die zentrale Plattform übermittelt.

Der eCRF wurde in englischer Fassung in das von der Europäischen Kommission geförderte ORCHESTRA-Projekt (Orchestra, 2021) eingebracht. GECCO wird innerhalb von CODEX in einen größeren Kontext gestellt. Denn erweiternd zu den GECCO-Daten, die aus den DIZen der teilnehmenden Standorte bereitgestellt werden, ist vorgesehen, dass Daten aus COVID-19-Apps aus dem COMPASS-Projekt über FHIR-Schnittstellen bereitgestellt werden.

4.2   Wissensgenerierung aus klinischer Forschung

Das NUM Projekt Nationales Pandemie Kohorten Netz (NAPKON) verfolgt das Ziel, ein harmonisiertes, erweiterbares und interoperables Netzwerk aufzubauen, um sowohl die Bekämpfung der aktuellen COVID-19-Pandemie und ihrer Folgen als auch zukünftige Pandemien jeden Ursprungs zu unterstützen. Konkret besteht das Netzwerk aus drei Kohortenplattformen. Die drei Plattformen erheben alle Daten zu COVID-19 Patienten*innen mit unterschiedlichem Fokus und Detailgrad. Während die sektorenübergreifende Plattform sich des Netzwerks der Universitätsklinika und assoziierten Verbänden, sowie Krankenhäusern und niedergelassenen Ärzt*innen zur Erfassung der Krankheitsdaten und Phänotypisierung bedient, verfolgt die hochauflösende Plattform eine definierte Fokusgruppe von stationären Patienten*innen mit dem Fokus der engmaschigen Phänotypisierung und umfangreichen Bioprobensammlung. Die Populationsbasierte Plattform erhebt in einem Langzeitprogramm Daten zu COVID-19 Patienten*innen nach Genesung in geografisch definierten Sammelgebieten (Nationales Pandemie Kohorten Netz, 2021). Im Rahmen von klinischen Studien oder auch Kohortenstudien, wie NAPKON, sind eCRFs das zentrale Werkzeug für die Dokumentation der Studiendaten. In der Regel werden eCRFs durch einen Datenmanager in einem EDC System erstellt und während der Studien vom Studienpersonal mit Daten befüllt.

Um den GECCO Datensatz in FHIR aus einem EDC System zu bedienen kann ein Datenexport auf drei verschiedenen Wegen erfolgen:

- Manueller Export der Daten aus dem EDC System in ein textuelles FHIR Format
- Aktiver Export vom EDC System an eine FHIR-Schnittstelle
- Bereitstellung einer FHIR Export-Schnittstelle im EDC System, die von externen Systemen abgefragt werden kann

Bei allen drei Varianten ist es erforderlich, ein Mapping der Datenstruktur des EDC Systems auf die fest definierte GECCO Profile zu implementieren.

Fazit

Der GECCO ist die deutsche Datensatzdefinition, die als Antwort auf die Corona-Pandemie den Forschenden an Universitätskliniken, Industrie und allen weiteren Stakeholdern eine gemeinsame Sprache für die Untersuchung von COVID-19 Fragestellungen im Sinne der Digitalisierung des Gesundheitswesens bereitstellt. Während internationale Vorarbeiten, z. B. durch die Bereitstellung von Fragebögen den Grundstein legten, vereint der GECCO syntaktischen und semantischen Konsens. Dies ist darauf zurückzuführen, dass Datenelemente mit Terminologie-Assoziationen zu internationalen Standard-Terminologien versehen sind. Die Implementierung des GECCO in dem Austauschformat FHIR ermöglicht einen modularen und daher erweiterbaren Aufbau des Datensatzes. Neben standardisierten Schnittstellen ist auch ein semantischer Konsens unerlässlich für eine Datenzusammenführung aus verschiedenen Systemen.

Anhand der Anwendung der Metadatendefinition des GECCO im Rahmen von klinischen Studien und Extraktion der Datenelemente aus Routinedaten kann eine größere Datenmenge für die Beantwortung von Forschungsfragen bereitgestellt werden, welches dann zur Wissensgenerierung beiträgt.

Literatur

Alwan, N. S. (2021). The road to addressing Long Covid. *Science, 373*(6554), 491–493. https://doi.org/10.1126/science.abg7113.

Benson, T., & Grieve, G. (2016). *Principles of health interoperability*. Springer. https://doi.org/10.1007/978-3-319-30370-3.

BfArM. (2021a). *ICD-10-GM*. https://www.dimdi.de/dynamic/de/klassifikationen/icd/icd-10-gm/. Zugegriffen am 16.08.2021.

BfArM. (2021b). *SNOMED CT*. https://www.bfarm.de/DE/Forschung/SNOMED-CT-NRC/_node.html;jsessionid=7881828AC9218DD48BB9038AC3768E9E.1_cid329. Zugegriffen am 17.06.2021.

BMBF. (2021a). *NUM: Starkes Bündnis für die Corona-Forschung*. https://www.gesundheitsforschung-bmbf.de/de/num-starkes-bundnis-fur-die-corona-forschung-13375.php. Zugegriffen am 12.08.2021.

BMBF. (2021b). *CODEX bündelt Daten für die Covid-19-Forschung*. https://www.gesundheitsforschung-bmbf.de/de/codex-bundelt-daten-fur-die-covid-19-forschung-12743.php. Zugegriffen am 12.08.2021.

Braunstein, M. L. (2018). *Health informatics on FHIR: How HL7's new API is transforming healthcare*. Springer. https://doi.org/10.1007/978-3-319-93414-3.

Center for Disease Control and Prevention. (2020). *Human infection with 2019 novel coronavirus person under investigation (PUI) and case report form*. https://www.phenxtoolkit.org/toolkit_content/PDF/CDC_PUI.pdf. Zugegriffen am 20.08.2021.

Dugas, M. (Hrsg.). (2017). *Medizininformatik*. Springer Viewer.

ISARIC. (2020). COVID-19 CRF https://isaric.org/research/covid-19-clinical-research-resources/covid-19-crf/. Zugegriffen am 12.09.2021.

Johner, C., & Hass, P. (2009). *Interoperabilität und Standards, Medizinische Dokumentation und Kommunikation, Integrierte Behandlungspfade*. In C. Johner & P. Haas (Hrsg.), *Praxishandbuch IT im Gesundheitswesen* (S. 139–140). Springer.

Kuhlen, R., Rink, O., & Zacher, J. (Hrsg.). (2011). *Jahrbuch Qualitätsmedizin 2011*. Medizinisch Wissenschaftliche Verlagsgesellschaft.

Kurth, F., Roennefarth, M., Thibeault, C., Corman, V. M., Mueller-Redetzky, H., Mittermaier, M., Ruwwe-Glösenkamp, C., Krannich, A., Schmidt, S., Kretzler, I.., Dang-Heine, C., Rose, M., Hummel, M., Hocke, A., Hübner, R. H., Mall, M. A., Röhmel, J., Landmesser, U., Pieske, B., et al. (2020). Studying the pathophysiology of coronavirus disease 2019 – A protocol for the Berlin prospective COVID-19 patient cohort (Pa-COVID-19). *medRxiv*. https://doi.org/10.1101/2020.05.06.20092833.

Lean European Open Survey on SARS-CoV-2 Infected Patients. (2020). https://leoss.net. Zugegriffen am 10.09.2021.

Lehne, M., Sass, J., Essenwanger, A., Schepers, J., & Thun, S. (2019). Why digital medicine depends on interoperability. *npj Digital Medicine, 2*(79). https://doi.org/10.1038/s41746-019-0158-1.

Medizininformatik-Initiative. (2021a). *CODEX | COVID-19 Data Exchange Platform*. https://www.medizininformatik-initiative.de/de/use-cases/codex-covid-19-data-exchange-platform. Zugegriffen am 12.09.2021.

Medizininformatik-Initiative. (2021b). *Datenintegrationszentren*. https://www.medizininformatik-initiative.de/de/konsortien/datenintegrationszentren. Zugegriffen am 13.09.2021.

National Institutes of Health (NIH). Classifications of Data Elements for a Particular Disease. https://www.commondataelements.ninds.nih.gov/glossary. Zugegriffen am 10.09.2021.

Nationales Forschungsnetzwerk der Universitätsmedizin zu Covid-19. (2021a). *Aufgaben und Ziele*. https://www.netzwerk-universitaetsmedizin.de/aufgaben-und-ziele. Zugegriffen am 12.08.2021.

Nationales Forschungsnetzwerk der Universitätsmedizin zu Covid-19. (2021b). *GECCO DATA SET*. https://www.netzwerk-universitaetsmedizin.de/gecco-data-set. Zugegriffen am 12.08.2021.

Nationales Pandemie Kohorten Netz (NAPKON). (2021a). NAPKON_Kickoff_Folien_DZHK4NUM.pdf. https://cloud.napkon.de/s/Q2GYm5yeXfctE8L. Zugegriffen am 12.08.2021.

Nationales Pandemie Kohorten Netz (NAPKON). (2021b). *Nationales Pandemie Kohorten Netz*. https://napkon.de/. Zugegriffen am 12.08.2021.

Orchestra. (2021). *Project*. https://orchestra-cohort.eu/. Zugegriffen am 09.09.2021.

REDCap. (2021). *About*. https://projectredcap.org/about/. Zugegriffen am 10.09.2021.

Sass, J., Bartschke, A., Lehne, M., Essenwanger, A., Eugenia, R., Rudolph, S., Heitmann, K. U., Vehreschild, J. J., von Kalle, C., & Thun, S. (2020). The German Corona Consensus Dataset (GECCO): A standardized dataset for COVID-19 research in university medicine and beyond. *BMC Medical Informatics and Decision Making, 20*, 341. https://doi.org/10.1186/s12911-020-01374-w.

Schüller, K., Busch, P., & Hindinger, C. (2019). *Future Skills: Ein Framework für Data Literacy – Kompetenzrahmen und Forschungsbericht*. Arbeitspapier Nr. 47. Hochschulforum Digitalisierung., 47.

Schüttler, J., Mang, J. M., Kapsner, L. A., Seuchter, S. A., Binder, H., Zöller, D., Kohlbacher, O., Boeker, M., Zacharowski, K., Rohde, G., Balig, J., Kampf, M. O., Röhrig, R., & Prokosch, H.-U. (2021). Letalität von Patienten mit COVID-19: Untersuchungen zu Ursachen und Dynamik an deutschen Universitätsklinika. *Anästhesiologie & intensivmedizin, 62*, 244–257. https://doi.org/10.19224/ai2021.244.

SNOMED International. (2021). *5-Step briefing*. https://www.snomed.org/snomed-ct/five-step-briefing. Zugegriffen am 17.06.2021.

Statista. (2021). *Anzahl der Corona-Patienten (COVID-19) in intensivmedizinischer Behandlung in Deutschland seit März 2020*. https://de.statista.com/statistik/daten/studie/1181959/umfrage/intensivmedizinische-behandlungen-von-corona-patienten-in-deutschland/#professional. Zugegriffen am 13.08.2021.

Thun, S., Klopfenstein, S. I., & Stellmach, C. (2021). Datenstandards und Interoperabilität. In A. Jorzig & D. Matusiewicz (Hrsg.), *Digitale Gesundheitsanwendungen (DiGA)* (S. 227–243). medhochzwei.

Timpson, N., Haworth, S., Angelantonio, E. D., Herbst, K., Packer, R., Steves, C., Lawlor, D. A., Chambers, J., Toledano, M. (2021). *UK Covid-19 Questionnaire*. 2020. https://www.nlm.nih.gov/dr2/UK_COVID19_Final_Questionnaire_23_April.pdf. Zugegriffen am 20.08.2021.

Teil VI

Entscheidungen zur praxisorientierten
Entwicklung von Datenkompetenz und
Compliance

Beschleunigung Wissenszuwachs und organisatorische Entlastung: Das Health Data Office

Wilhelm Brinkmann, Ingo Matzerath, Felix Grüneisen, Dirk Holthaus und Jürgen Bosk

Inhaltsverzeichnis

W. Brinkmann
St. Vincenz-Krankenhaus GmbH, Paderborn, Deutschland
E-Mail: w.brinkmann@vincenz.de

I. Matzerath
AMEOS Spitalgesellschaft mbH, Halle, Deutschland
E-Mail: ingo.matzerath@ameos.de

F. Grüneisen
Universitätsklinikum Mannheim, Mannheim, Deutschland
E-Mail: Felix.Grueneisen@umm.de

D. Holthaus
Promedtheus AG, Mönchengladbach, Deutschland
E-Mail: holthaus@promedtheus.de

J. Bosk (✉)
DMI GmbH & Co. KG, Münster, Deutschland
E-Mail: juergen.bosk@dmi.de

© Der/die Autor(en), exklusiv lizenziert durch Springer Fachmedien Wiesbaden
GmbH, ein Teil von Springer Nature 2022
V. Henke et al. (Hrsg.), *Digitalstrategie im Krankenhaus*,
https://doi.org/10.1007/978-3-658-36226-3_37

Zusammenfassung

Informationssicherheit, Interoperabilität und Integrität klinischer Dokumentation sind Anforderungen einer nachhaltigen Digitalisierung im Gesundheitswesen. Der Artikel berichtet über die Entwicklung des Health Data Office (HDO) mit Beteiligung klinischer Partner im Rahmen dreier Zyklen der Entscheiderfabrik. Beschrieben wird die Historie von der ersten Vision einer cloudbasierten Archivplattform mit additiven Mehrwertleistungen, bis zur Realisierung einer generischen, modularen und skalierbaren Lösung.

1   Ausgangslage

Das Gesundheitswesen durchläuft zurzeit einen massiven Wandel zur Digitalisierung. Für eine nachhaltige Umsetzung sowohl gesetzlich geforderter als auch die Marktposition sichernder Digitalisierungsaufgaben, anschubfinanziert durch den Krankenhauszukunftsfonds, werden Krankenhäuser (KH) vor enorme Herausforderungen gestellt. Ohne eine ganzheitliche Digitalisierungsstrategie sind die geforderten Ziele nicht zu erreichen. Mit zunehmender Digitalisierung und permanenter Erweiterung der Anforderungen an die klinische Behandlungsdokumentation entstehen immer wieder neue Datenressourcen in den angeschlossenen klinischen IT-Systemen. Die Gesundheitsdienstleister und insbesondere die Krankenhäuser erkennen zunehmend, dass diese Daten für alle bevorstehenden gesetzlichen Anforderungen an Informationssicherheit und Interoperabilität für eine prozesseffiziente Kommunikation zwischen den Stakeholdern im Gesundheitswesen als auch zur Erschließung attraktiver neuer Geschäftsfelder einen großen Wert darstellen werden.

2   Umsetzung in der Praxis

2.1   Das Health Data Office (HDO) – Archivar 4.0 inside „2019 eine Vision"

In den Jahren 2019 bis 2021 wurde in Düsseldorf zum jährlichen Digitalisierungsgipfel der Entscheiderfabrik das Konzept für Datenkompetenz und Compliance „Health Data Office Archivar 4.0 inside" als Lösung zur Unterstützung des Digitalen Wandels durch interoperable Archivierung intelligenter Patientenakten, unter dem Aspekt der oben genannten Ausgangslage, vorgestellt und in den folgenden drei Jahren jeweils zu einem der fünf Digitalisierungsthemen des Jahres gewählt.

Im ersten Zyklus der Trilogie im Jahr 2019 galt es, ein Lasten- und Pflichtenheft für die Anforderungen an ein Health Data Office (HDO) zu erarbeiten. Das Ziel dabei war, ein mehrwertbringendes Leistungsangebot mit den Klinikpartnern zu eruieren.

Abb. 1 Anforderungsbereiche anhand der digitalstrategischen Handlungsfelder (Vortragsfolie Entscheiderevent 2019)

Nach der Wahl zum Digitalisierungsthema haben sich die AMEOS Gruppe und das St. Vincenz-Krankenhaus Paderborn auf das Thema als Projektpartner gewählt.

Im ersten Schritt wurden die Anforderungsbereiche anhand der digitalstrategischen Handlungsfelder der Gesundheits-IT – Informationssicherheit, Kommunikationsfähigkeit, Prozesseffizienz und Wissensgenerierung – definiert und in einer entwickelten Bedarfspyramide visualisiert (s. Abb. 1).

Aus den aktuellen Anforderungen an die Informatik im Gesundheitswesen sowie den medizinischen und medizin-ökonomischen Zielen der Projektteilnehmer wurden gemeinsam die inhaltlichen Arbeitsschwerpunkte bestimmt (s. Abb. 2).

Trotz der Größenunterschiede und unterschiedlichen Organisationsstrukturen der teilnehmenden Krankenhäuser waren die Anforderungsprofile grundsätzlich gleich und es konnten einheitliche Ziele und Anforderungen für den Leistungskatalog definiert werden.

Im Ergebnis identifizierte das Projektteam verschiedene Mehrwerte zur nachhaltigen Unterstützung medizinischer und medizinökonomischer Prozesse und zu einer möglichen Erschließung neuer Geschäftsfelder.

2.2 Digitalisierungsthema Health Data Office 2020 – es geht weiter

Die Projektgruppe wurde im Folgejahr hochkarätig durch das Universitätsklinikum Mannheim (UKM), einen Maximalversorger mit wissenschaftlichem Forschungsbetrieb, erweitert. Der Vertreter der AMEOS Gruppe stellte als Folge aus den Arbeiten des Vorjahres

Abb. 2 Auszug identifizierter Mehrwerte durch Datenkompetenz und – compliance (Definierte Ziele eines Health Data Office/Vortragsfolie Entscheiderevent 2019)

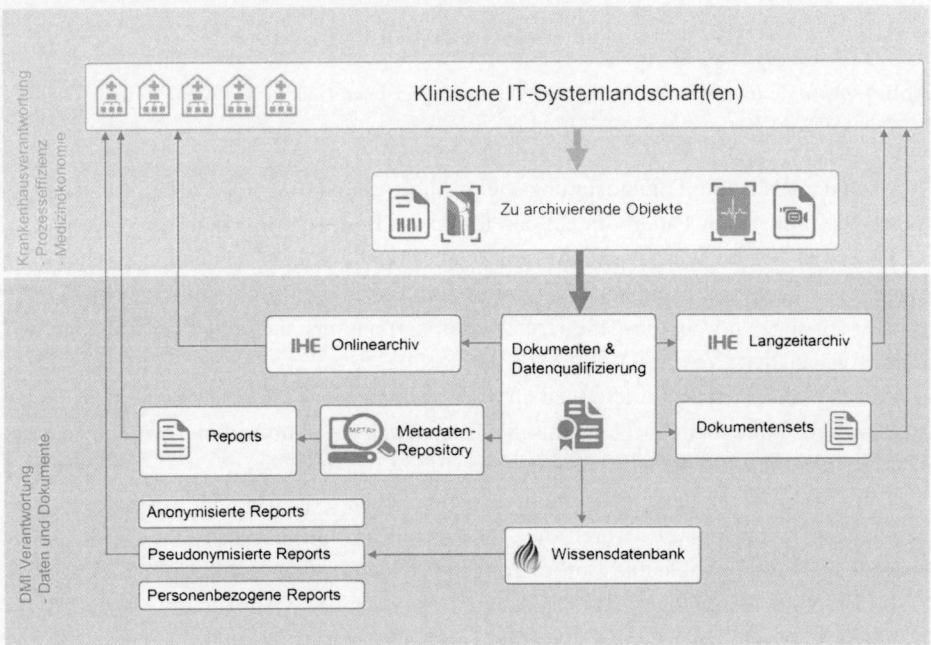

Abb. 3 Prozessschema Health Data Office – Archivar 4.0 inside (Vortragsfolie Entscheiderevent 2020)

einen Proof of Concept für ein Health Data Office als Kernelement einer ganzheitlichen Digitalisierungsstrategie seiner Krankenhausgruppe vor und erläuterte dem Publikum das ganzheitliche Konzept „Health Data Office – Archivar 4.0 inside" (s. Abb. 3).

Für die AMEOS Gruppe lag der Schwerpunkt auf der Realisierung einer externen IHE-konformen Archivierungsplattform mit entsprechend digital verfügbaren, interoperablen Patientenakten als Grundlage für eine souveräne Kommunikationsfähigkeit und Prozesseffizienz.

Das St. Vincenz-Krankenhaus legte den Projektschwerpunkt auf die Generierung einer Wissensdatenbank. Hier werden Informationspotenziale und mehrwertbringende Datenessenzergebnisse für Ansätze zu Prozessoptimierungen, Qualitätssicherung und statistische Aussagen als Unterstützung für Planungs- und Investitionsvorhaben gesehen.

Das Universitätsklinikum Mannheim strebte die Migration aller Daten aus den vorhandenen verteilten Datensilos zu einer konsolidierten, im Behandlungsverlauf zunehmend vervollständigten Patientenakte an. Das Ziel des UKM war es zudem, eine interoperable konsolidierte Akte mit allen originär elektronischen und digitalisierten Dokumenten über ein zentrales System intern wie extern anbieten zu können. Als erster zu realisierender Mehrwertdienst sollte die medienbruchfreie MD-Kommunikation etabliert werden.

Bereits im Laufe des POC sind die Anforderungen des UKM erfolgreich umgesetzt worden. Alle angestrebten Aufgaben sind im Regelbetrieb.

Abschließend wurden mit dem dritten und letzten Teil der Projekttrilogie die Rollout-Projekte für die Einführung in den Regelbetrieb in einer begeisterten Präsentation durch die 3 Projektteilnehmer vorgestellt und dafür mit der erneuten Wahl zu einem der Digitalisierungsthemen des Entscheiderevents 2021 vom Fachpublikum gewählt.

2.3 Health Data Office – 2021 Rollout-Planung

Die Projektpläne mit Meilensteinen und Zeitschienen des dritten EF-Projektes, wurden in gemeinsamen Workshops und lokalen Terminen in den Häusern, unter fachlicher Moderation des Projektberaters der Entscheiderfabrik, erstellt. Grundlage dieser Rollout-Pläne waren die Vorarbeiten aus den vorausgegangenen Entscheiderfabrikprojekten „Lasten & Pflichtenheft" sowie dem „Proof of Concept" aus den Jahren 2019 und 2020.

Neben der Darstellung erfolgreicher Einführungsprojekte wurde der dreijährige Projektzyklus „Health Data Office Archivar 4.0 inside" mit einem allgemeingültigen Leitbild für potenzielle Interessenten abgeschlossen (s. Abb. 4).

3 Fazit: Heath Data Office „Eckpfeiler bei der Unterstützung des Digitalen Wandels"

Bei der Verwendung patientenbezogener Daten und Informationen ist ein Compliance-gerechter Betrieb sicherzustellen und nachzuweisen. Die Organisationseinheit „Health Data Office" bildet die revisionssichere, technisch standardisierte und interoperable Plattform für intelligente verkehrsfähige Patientenakten.

Sie ist der „Möglichmacher" für den systematischen Ausbau von Datenkompetenz und Compliance. Sie ist weiterhin die Basis für eine erfolgreiche Digital- und existenzsichernde Unternehmensstrategie für Krankenhäuser aller Größenordnungen und Versor-

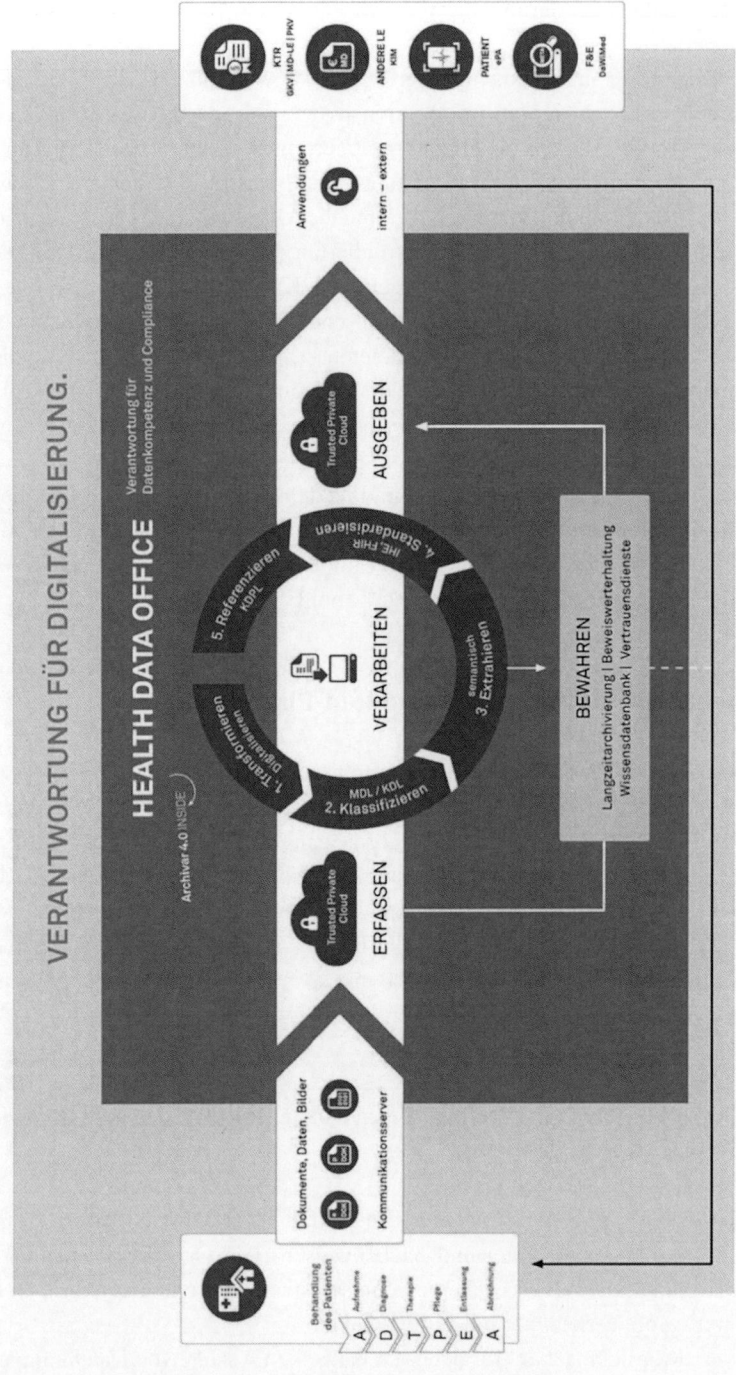

Abb. 4 Leitbild Health Data Office (Vortragsfolie Entscheiderevent 2021)

gungsverpflichtungen. Schlussendlich ist sie ein Eckpfeiler bei der Unterstützung des Digitalen Wandels.

Im Rahmen der Innovationszyklen der Entscheiderevents 2019 bis 2021 wurde diese strategische Bedeutung des Health Data Office durch drei Krankenhäuser als Repräsentanten aller Versorgungsstufen bestätigt.

Umsetzung der Digitalstrategie im Krankenhaus: Make or Buy?

Ingo Matzerath, Jan Haberkorn und Viola Henke

Inhaltsverzeichnis

Zusammenfassung

Die konkrete Umsetzung der Digitalstrategie im Krankenhaus ist ein komplexes und aufwendiges Unterfangen, wenn der bestmögliche Nutzen aus der digitalen Erfassung und Verarbeitung der anfallenden Daten gezogen werden soll. Regelhaft stellt sich dabei die Frage, wie viel eigene Kompetenz vor gehalten werden sollte. Angesichts des teilweise hohen Spezialisierungsgrades stehen die Häuser vor klassischen „Make or Buy"-Entscheidungen, deren Konsequenzen aufgrund der im Vollausbau hohen

I. Matzerath (✉)
AMEOS Spitalgesellschaft mbH, Halle, Deutschland
E-Mail: ingo.matzerath@ameos.de

J. Haberkorn
St. Elisabeth-Krankenhaus in Köln, Köln, Deutschland
E-Mail: jan.haberkorn@hohenlind.de

V. Henke
DMI GmbH & Co.KG, Münster, Deutschland
E-Mail: viola.henke@dmi.de

© Der/die Autor(en), exklusiv lizenziert durch Springer Fachmedien Wiesbaden GmbH, ein Teil von Springer Nature 2022
V. Henke et al. (Hrsg.), *Digitalstrategie im Krankenhaus*,
https://doi.org/10.1007/978-3-658-36226-3_38

IT-Abhängigkeit erheblich sind. Dieser Beitrag soll die Vor- und Nachteile der Umsetzungsmodelle beleuchten und eine Entscheidungshilfe durch die Darstellung entsprechender Entscheidungskriterien bieten.

1   Relevanz des Outsourcings im Krankenhaus

Das **out**side res**sour**ce us**ing** (Schwarze & Müller, 2005, S. 6) bzw. Outsourcing ist im Krankenhaus seit vielen Jahren eine Strategie, um Kosten zu sparen und die Effizienz in den outgesourcten Bereichen zu steigern. Dieser Ansatz ist nicht neu und wurde bereits in vielen patientennahen (Beispiel Radiologie, Herzkatheterlabor) und patientenfernen Bereichen wie Labor, Apotheke und Küche, Reinigung, Wäscherei und Speisenversorgung erfolgreich durchgeführt (Preißler & Schemann, 2000). Auch digitalstrategisch relevante Bereiche wie die revisionssichere Archivierung und die IT-Infrastruktur gehören dazu. Im Bereich Wissen ist der Einsatz von externen Beratern zur konkreten Planung und Umsetzung von Projekten ein klassischer Fall gelebter Outsourcingpraxis.

Spätestens bei der Festlegung einer Roadmap zur Umsetzung digitalstrategischer Maßnahmen kommt in der Praxis die Frage auf, welche Tätigkeiten und Projekte durch das Krankenhaus selbst oder mit Hilfe externer Dienstleister umgesetzt werden sollten, da in der Regel zeitliche sowie fachliche Ressourcen begrenzt sind und das Krankenhaus nicht sämtliche Leistungskomponenten autark kostengünstig und hochwertig erbringen kann.

In der Literatur finden sich diverse Ansätze, die Projektverantwortliche bei dieser Entscheidungsfindung unterstützen sollen. Ein mögliches Kriterium betrifft die Frage, ob es sich bei dem outgesourcten Bereich um einen Kernprozess oder einen unterstützenden Prozess handelt (Deickert et al., 2012). Erstere sind essenziell für die primäre Leistungserbringung und relevant für die Sicherung oder den Ausbau eines Wettbewerbsvorteils; sie sichern die Zukunftsfähigkeit des Unternehmens (Mühlbacher & Pflügel, 2008). Die Unterstützungsprozesse hingegen sind tendenziell weniger strategisch relevant oder im Wettbewerb bedeutsam. Die Outsourcing-Umsetzung ist daher einfacher zu realisieren, dies zeigt sich schon seit Jahren in der Praxis (DKI-Deutsches Krankenhausinstitut e.V., 2013).

Weitere Kriterien umfassen beispielsweise den möglichen Umfang der Kostenersparnis bzw. Kostenvermeidung bei anstehenden Investitionen und der (vertraglichen) Abgrenzbarkeit der betreffenden Leistung. Aufgrund des Spezialisierungsgrades kann diese durch einen externen Lieferanten oft kostengünstiger erbracht werden als durch das Krankenhaus selbst (Deickert et al., 2012). Eine Voraussetzung auf Seiten des Leistungserbringers ist das für die Leistungserbringung erforderliche Wissen, bezogen auf die Krankenhausprozesse. Dieses muss vom Krankenhaus zur Verfügung gestellt werden, was den Abstimmungsaufwand und damit auch die Transaktionskosten (Picot, 1991) zwischen Krankenhaus und Dienstleister erhöhen kann. Zum Transaktionsaufwand gehört es auch, den von Outsourcing betroffenen Leistungsbereich initial zu erfassen und prozessual und vom Leistungsumfang abzugrenzen (=> Erstellung eines Lastenheftes), den richtigen Partner zu identifizieren, die Leistung zu vergeben, die Leistungserbringung zu überwachen und gegebenenfalls an die aktuellen Bedarfe des Krankenhauses anzupassen.

Betrachtet man mögliche Outsourcing-Kriterien vor dem Hintergrund der Frage, welche Relevanz diese Kriterien für eine Make-or-Buy-Entscheidung im Bereich der digitalstrategischen Handlungsfelder haben, ergibt sich folgendes Bild: Einerseits bilden interoperable, verkehrsfähige Daten und deren Metadaten mit der konsolidierten Patientenakte eine zentrale Datenquelle für die Umsetzung von digitalstrategischen Maßnahmen und die Generierung neuer Geschäftsfelder. Damit sind diese dem Kernbereich eines Krankenhauses zuzuordnen. Andererseits ist die Schaffung eines Compliance-konformen Umfelds, in dem Daten transportiert, unter Beachtung gesetzlicher Vorgaben qualifiziert, archiviert und bei Bedarf und unter Beachtung gesetzlicher Vorgaben für weitere Anwendungen zur Verfügung gestellt werden, hochkomplex und ressourcen- und wissensintensiv. Im Folgenden werden wesentliche Kriterien für die Entscheidungsfindung dargestellt und anhand eines konkreten Anwendungsfalls näher beleuchtet.

2 Digitalstrategisch relevante Kriterien zur Unterstützung einer Entscheidungsfindung: Empfehlungen aus der Praxis

Eine zentrale Aufgabe im digitalen Wandel ist die Umstellung bisher analoger, klinischer Prozesse entweder zur digitalen Unterstützung (z. B. Patiententransportdienst) oder um sie vollständig digital zu erbringen (z. B. Pflegedokumentation). Hierbei werden in der Regel mehrere digitalstrategische Handlungsfelder berührt, so dass eine ausreichende digitale Kompetenz und Compliance im Projekt einen entscheidenden Erfolgsfaktor darstellt. Weitere Faktoren sind von Bedeutung: Notwendig ist ein umfassendes Verständnis sowohl des bisherigen Prozesses als auch der zur Verfügung stehenden digitalen Werkzeuge, beispielsweise im KIS oder Subsystem. Die oftmals seit Jahrzehnten bestehenden Abläufe sollten im Rahmen der Umstellung auf ihre Sinnhaftigkeit überprüft und ggf. inhaltlich überarbeitet werden. Oft bestehen informelle Wege, die den originären Verantwortlichkeiten widersprechen (z. B. indem die Pflege Routinediagnostik anfordert, die formal ärztlich zu beauftragen wäre). Veränderungen können daher erhebliche Widerstände hervorrufen und erfordern dadurch beim Projektbeauftragten neben den Fachkenntnissen, Autorität und gute Kommunikationsfähigkeiten. Eine Entscheidung für oder gegen ein Outsourcing ist somit in großen Teilen eine Personalentscheidung: Existiert ein eigener Mitarbeitender, der das erforderliche Profil erfüllt bzw. kann ein solcher entwickelt werden? Ist damit zu rechnen, dass ein externer Dienstleister die Anforderungen erfüllt?

Darüber hinaus spielen quantitative Faktoren eine wesentliche Rolle: Das Ausmaß der Arbeitslast bzw. die Zeitziele des Projekts können zeitweilig oder dauerhaft die vorhandenen Ressourcen übersteigen. Immer ist hierbei der Aufwand des Wissenstransfers zu berücksichtigen: Entweder muss den eigenen Mitarbeitenden technisches Wissen zur gewählten Lösung vermittelt werden, oder der externe Berater/Dienstleister muss in die Lage versetzt werden, den bestehenden und angestrebten Ablauf zu verstehen und zu bearbeiten. Der entstehende Aufwand ist ebenfalls von individuellen Faktoren abhängig, z. B. der Administrationsfreundlichkeit und dem Ausmaß der Individualisierung der angestrebten Lösung. Unbedingt ist dies längerfristig unter Berücksichtigung zukünftiger Anpassungs- und Schulungsaufwände zu betrachten.

Die Analyse mündet in einem Vergleich, der hohe, aber zeitlich begrenzte Beraterkosten (meist > 1200 Euro/Personentag) festen Personalkosten gegenüberstellt.

In der Praxis kommt häufig ein Hybridmodell zum Einsatz: Per externer Dienstleistung wird ein „Pilotbereich" digitalisiert und durch einen internen Mitarbeiter begleitet. Dieser erwirbt auf diesem Wege die technische Qualifikation, um die Funktionalitäten in weiteren Bereichen einzuführen und in der Folge zu betreuen und zu schulen. Die erworbene Qualifikation kann danach auf weitere Vorhaben ausgedehnt werden.

In Tab. 1 sind wesentliche Fragen zusammengefasst, welche die Entscheidung für oder gegen ein Outsourcing beeinflussen.

Tab. 1 Unterstützender Kriterien- und Fragenkatalog zur Entscheidungsfindung

Kriterium/Frage	Tendenz	
	Selbst machen	Outsourcen
Sind ausreichend Kompetenzen bezüglich der einzusetzenden Technik, dem zu digitalisierenden Prozess und der Datenkompetenz vorhanden?	Ja	Nein
Sind in der IT ausreichend personelle Ressourcen für die Umsetzung vorhanden?	Ja	Nein
Sind in der IT die für den Betrieb erforderlichen personellen Ressourcen vorhanden?	Ja	Nein
Sind die technischen Ressourcen vorhanden, z. B. Serverkapazitäten?	Ja	Nein
Besteht eine hohe Komplexität und hohe Anforderungen an Spezialwissen?	Nein	Ja
Umfasst die Lösung hausspezifisches vertrauliches Spezialwissen, z. B. im Bereich der Abrechnung?	Ja	Nein
Ist ein hohes Maß an Individualisierung der Lösung gewünscht?	Ja	Nein
Muss die Lösung ein Alleinstellungsmerkmal für das Unternehmen darstellen, z. B. wegen Wettbewerbsvorteilen?	Ja	Nein
Ist eine geeignete Lösung bereits am Markt verfügbar?	Nein	Ja
Ist ein zuverlässiger, erfahrener Dienstleiter vorhanden, der auch die Ressourcen für die Umsetzung hat?	Nein	Ja
Großes Projektvolumen soll in möglichst kurzer Zeit umgesetzt werden	Nein	Ja
Kann die Umsetzung schrittweise erfolgen, z. B. in Form von sequenziellen Projekten?	Ja	Nein
Erfolgt die Finanzierung über eine Förderung der Projektkosten in einem definierten Zeitraum mit Nachweispflicht?	Nein	Ja
Erfolgt die Eigenfinanzierung mit der Notwendigkeit, Kosten zeitlich zu strecken?	Ja	Nein
Ist ein regelmäßiger Anpassungs-/Erweiterungsbedarf der Prozessabbildung zu erwarten?	Ja	Nein

Um ein nutzbares Ergebnis zu erzielen, sind die Antworten unbedingt gemäß den individuellen Gegebenheiten zu gewichten. Sie können auch als Grundlage dazu dienen, bei einem hybriden Projekt im Dialog mit einem externen Dienstleister ein gemeinsames Verständnis der Ausgangssituation und der Verlaufsziele zu erreichen und das Ausmaß einer Fremdbeteiligung festzulegen.

3 Outsourcing-Rahmen im Kontext der Digitalstrategie: Praxisbeispiel AMEOS Gruppe

Im Folgenden wird die konkrete Outsourcing Entscheidung anhand des Beispiels für die Umsetzung einer zentralen IHE-basierten Datenplattform als zentrale Komponente der Digitalstrategie beschrieben:

Ausgangssituation
Im Jahr 2017 musste in der AMEOS Gruppe der Austausch von acht KIS-Systemen erfolgen. Dabei konnten in keinem Fall die Altdaten in das neue System übernommen werden. Die Altsysteme mussten (bis heute) als Auskunftssysteme weiter betrieben werden. Eine Ausleitung der Daten war in der Regel nur als PDF-Dokument ohne oder nur mit wenigen Metadaten möglich.

Bei AMEOS ist aufgrund des schnellen Wachstums eine hohe Heterogenität der Systemlandschaft gegeben. Daraus entstand 2018 die Idee, die Daten grundsätzlich systemunabhängig und standardisiert abzulegen, um nicht auf den Weiterbetrieb der Altsysteme angewiesen zu sein. Hierbei wurde schnell eine IHE- und FHIR-basierte Plattform ins Auge gefasst, mit der eine zukünftige Abhängigkeit von einzelnen Anbietern (Vendor-Lock-In Effekt) vermieden werden sollte.
Die Datenplattform sollte folgende Kriterien erfüllen:

- Schaffung einer Hersteller-unabhängigen Datenbasis und Vermeidung eines Vendor-Lock-In Effekts
- Integration der vorhandenen digitalen Archivlösung
- Aufnahme aller relevanten Patientendaten aus den Primärsystemen (fallbezogen)
- Ermöglichung der patientenzentrierten Sicht auf die Daten
- Basis für den intrasektoralen (unternehmensinternen) Austausch der Daten
- Basis für den intersektoralen (z. B. Einweiser, Nachversorger) Austausch der Daten
- Einheitliche Kommunikationsplattform für alle Kommunikationsaufgaben (u. a. MD nach eVV, cPA und KIM)
- Zentrale Verfügbarmachung aller medizinischen Daten für Wissensgenerierung

Es zeigte sich schnell, dass die am Markt verfügbaren Lösungen als Framework zu verstehen sind und einen erheblichen Aufwand zur Anpassung an die jeweiligen Bedürfnisse erfordern. Zudem ist ein erhebliches Spezialwissen für die Implementierung und den Betrieb erforderlich.

Bereits bei der klassischen digitalen Archivierung hatte sich gezeigt, dass der Aufbau einer eigenen Lösung On-Premise für die AMEOS IT eine erhebliche Herausforderung darstellt – Grund war die Vielzahl der Projekte und der zu betreuenden Anwendungen.

Nach Abwägung der Entscheidungskriterien wurde ein SaaS-Ansatz gewählt, bei dem AMEOS seitig deutlich weniger Implementierungsaufwand erforderlich ist und gleichzeitig ein ausreichender Individualisierungsgrad bei hoher Betriebssicherheit erzielt werden konnte.

Im Einzelnen waren die folgenden Kriterien entscheidungsbestimmend:

- Vorhandensein des erforderlichen fachlichen Wissens → nur begrenzt verfügbar
- Verfügbarkeit der erforderlichen fachlichen Ressourcen → nur begrenzt verfügbar
- Komplexität der Aufgabe → hohe fachliche Komplexität, die Wissen in im Unternehmen nicht vorhandenen Bereichen erfordert
- Ressourcenbedarf für die Umsetzung → hoher Bedarf bei der Schaffung einer individuell an die Bedürfnisse angepassten Lösung
- Muss die Lösung ein Alleinstellungsmerkmal mit Wettbewerbsvorteilen darstellen → nicht der Fall
- Verfügbarkeit geeigneter Lösungen am Markt (Make-or-Buy-Entscheidung) → Eine geeignete Lösung war bei einem bereits im Einsatz befindlichen Dienstleiter im Aufbau, mit der Möglichkeit die Entwicklung mitzugestalten.

4   Fazit

Outsourcing stellt ein bewährtes Mittel dar, um den Herausforderungen bei der Umsetzung der Digitalstrategie im Krankenhaus zu begegnen. Es ist aber nicht selbstverständlich, dass sich darüber eine Kostensenkung oder Verbesserung der Unternehmensprozesse realisieren lassen. Insbesondere im Kernbereich – wozu im Krankenhaus auch die Erfassung und Verarbeitung patientenbezogener Daten zu rechnen ist – kann eine (relative) Unabhängigkeit von externen Dienstleistern einen Wettbewerbsvorteil begründen, indem die Digitalisierung der Prozesse individueller, flexibler und näher an der klinischen Realität erfolgt. Andererseits kann der Aufwand einer Eigenleistung die Leistungsfähigkeit des administrativ-technischen Bereiches überfordern, insbesondere dann, wenn keine Mitarbeitenden verfügbar/entwickelbar sind, die gleichzeitig über ein technisches Know-how, gute Datenkompetenz und klinisches Prozessverständnis verfügen. Auch die Gewährleistung eines Compliance-konformen Umfelds bei der Umsetzung der digitalstrategischen Handlungsfelder ist hochkomplex sowie ressourcen- und wissensintensiv und erfordert – wie beispielsweise bei Aufbau und Betrieb einer Standard-basierten Datenplattform im Rahmen einer Digitalstrategie aufgezeigt – partnerschaftliche Lösungen.

Literatur

Deickert, F., Maier, B., & Schwab, S. (Hrsg.). (2012). *Erfolgsfaktor Strategisches Management, Controlling und Personal: Zukunft des Gesundheitswesens.* Centaurus Verlag & Media. https://doi.org/10.1007/978-3-86226-855-9.

DKI-Deutsches Krankenhausinstitut e.V. (2013). *Krankenhaus Barometer 2013.* DKI.

Mühlbacher, A., & Pflügel, R. (2008). *Strategien des Outsourcing: das (digitale) Krankenhaus zwischen Integration und Fokussierung.* (ZiGprint, 2008-01). Berlin: Zentrum für innovative Gesundheitstechnologie an der Technischen Universität Berlin. https://nbnresolving.org/urn:nbn:de:0168-ssoar-379426

Picot, A. (1991). Ein neuer Ansatz zur Gestaltung der Leistungstiefe. *zfbf – Schmalenbachs Zeitschrift für betriebswirtschaftliche Forschung, 43.* Jahrgang, 336–357.

Preißler, R., & Schemann, M. (2000). Outsourcing medizinischer Leistungsbereiche *f&w – führen und wirtschaften im Krankenhaus,* 17(2), 168–170.

Schwarze, L., & Müller, P. P. (2005). IT-Outsourcing – Erfahrungen, Status und zukünftige Herausforderungen. *HMD Prax. Wirtsch., 245,* 6–17.

Epilog

Bernd Christoph Meisheit

Der Patient im Fokus: Daten ermöglichen den größten Nutzen – heute und morgen
Die Pandemie hat deutlich gemacht, wie wichtig eine moderne und funktionsfähige Gesundheitsversorgung ist. Digital-Health-Anwendungen spielen hier eine zunehmend wichtige Rolle: Sie optimieren herkömmliche Behandlungswege, ermöglichen neuartige Diagnosetechniken und Therapieformen und leisten so einen entscheidenden Beitrag zu einer besseren Versorgung. Voraussetzungen sind Interoperabilität, eine sichere und leistungsfähige Telematikinfrastruktur und die Weiterentwicklung der gesetzlichen Rahmenbedingungen. Nach dem Anschub für die Digitalisierung in der 19. Legislaturperiode gibt es weiterhin dringenden Handlungsbedarf.

Ubiquitäre Daten sind die Grundlage für die Versorgung der Zukunft
Den Grundstein für die Versorgung von morgen bilden Patientendaten auch aus neuen Quellen. Neben den Patienteninformationen, die sämtliche Partner in der Gesundheitsversorgung generieren – wie Akut- und Reha-Einrichtungen, stationär und ambulant, Telemedizin – geht es hierbei auch um Daten zur Medikation, zu Chronikern und rezidiv Erkrankten, Sensor- und Homecare-Daten. Diese Daten sollten in einem hoch sicheren Data Lake gesammelt und verfügbar gemacht werden. Ein besonders hohes Schutzniveau für sensible Gesundheitsdaten im Digital Health-Bereich ist die Grundvoraussetzung. Die Verarbeitung und Speicherung von Gesundheitsdaten muss dabei stets den höchsten Sicherheitsstandards genügen, um den Risiken der Cyberkriminalität zu begegnen.

B. C. Meisheit
Stellvertretender Vorsitzender Bundesfachkommission Digital Health des Wirtschaftsrates Deutschland und Geschäftsführer Sana IT Services GmbH, Ismaning, Deutschland

An der richtigen Stelle zur richtigen Zeit die richtigen Daten im Zugriff
An jeder Stelle, zu jedem Zeitpunkt verfügbar, lassen sich künftig die Patientendaten für die regionale Versorgung intersektoral nutzen. Neben dem Versorgungsalltag sind sie auch für die Forschung einsetzbar. Dabei dürfen die Systeme die Behandler nicht überfordern: Algorithmenbasiert hat eine Selektion für den jeweiligen konkreten Bedarf zu erfolgen. Unterstützung durch künstliche Intelligenz wird die Zukunft prägen. Verstärkt gefragt sind bei der interoperablen Verfügbarmachung strukturierte Daten. Zu den Nutzungszielen zählt das prädiktive Arbeiten mit den Daten.

Modellierung spielt dabei eine herausragende Rolle. Schon heute setzt man sich bei Sana mit Datenmodellen der Zukunft auseinander. Aus dem patientenorientierten Nutzenziel heraus werden diese Modelle abgeleitet. Auf Grundlage von Vorhersagen lassen sich so künftig bei kardiologischen Patienten die Hospitalisierung vermeiden und die Betreuung autonom zuhause organisieren. Wie kann ein Tumorpatient in Urlaub fahren, ohne eine stationäre oder ambulante Versorgung in der Nähe zu haben? Welche Sensordaten brauchen wir dafür? Interoperabilität ist heutzutage durch IHE und FHIR sowie MIOs herstellbar. Diese Standards und Prozessprofile fokussieren jedoch nur Syntax und Semantik, Datenaufbau und Protokoll; künftig ist mehr nötig, etwa bei der Datenerhebung. Sensorik und Genomik erzeugen noch viel mehr Daten und ermöglichen leistungsstarke, präzise Vorhersagen.

Heute die Grundlagen für die Zukunft schaffen
Die Potenziale dieser Daten bilden auch die Basis für neuartige Datenmodellierungen. Krankheiten besser verstehen, Daten fortschreiben – so verändert sich disruptiv die Versorgung zum Vorteil der Patienten.

Wir sollten also bestrebt sein, aus den Daten von heute für die Zukunft zu lernen. Hierzu ist es essenziell, Akzeptanz für die Datennutzung zu schaffen, indem die Vorteile vermittelt werden. Auch der Ethik muss Einfluss gewährt werden. Wer profitiert? Die Patienten und die Gemeinschaft. Daten, Datenmanagement und Forschung sind die Säulen für eine bessere Versorgung von morgen.

Diese Ansätze finden sich u. a. auch in den Forderungen der Bundesfachkommission Digital Health des Wirtschaftsrates Deutschland für die 20. Legislaturperiode wieder. Sie stellen die starken Aussagen in dem vorliegenden Buch in den Zusammenhang der digital gestützten Versorgung von morgen.

Die Bundesfachkommission Digital Health des Wirtschaftsrates Deutschland fordert für die 20. Legislaturperiode:

- Langfristige Strategie für die Digitalisierung des Gesundheitswesens entwickeln – damit der Nutzen bei den Versicherten ankommt
- Rahmenbedingungen für eine erfolgreiche Digitalisierung schaffen – eine zentrale Aufgabe der Politik
- Datenschutz und Datensicherheit als Grundvoraussetzung gewährleisten – mit höchsten Sicherheitsstandards und Souveränität des Individuums
- Offenen Umgang mit der Nutzung von Gesundheitsdaten pflegen – in Abstimmung zwischen Versorgern, Forschern, Industrie und Datenschützern
- Digitale Anwendungen: Akzeptanz steigern – für die Nutzung durch die Mehrheit der Versicherten

IN MEMORIAM: Dr. Carl Dujat

Mit diesem Buch gedenken wir als Herausgeber auch des Wirkens eines großen Vordenkers und Machers: Dr. Carl Dujat starb 2020 im Alter von 56 Jahren. Als eine der großen Persönlichkeiten der Medizininformatik und der Gesundheits-IT in Deutschland prägte er über 20 Jahre die Branche mit – als Vertreter der Berufsgruppe der Medizininformatiker in der Wissenschaft und in Fachorganisationen sowie als geschäftsführender Vorstand der promedtheus AG. Er verstand es, die Anforderungen der Medizininformatik und die Potenziale der Industrie in Einklang zu bringen.

Auch an der Seite seines Studienmentors und langjährigen Weggefährten Prof. Dr. Paul Schmücker sorgte er beispielsweise mit dafür, dass die Arbeitsgruppe „Archivierung von Krankenunterlagen (AKU)" der Deutschen Gesellschaft für Medizinische Informatik, Biometrie und Epidemiologie (GMDS) e.V. technische und organisatorische Schlüsseltrends im Kontext von Patientenakten vermittelte. Die Ausgestaltung des Kongresses der größten Branchenveranstaltung der Gesundheits-IT, die heute DMEA heißt, beruht ebenfalls mit auf seinem Engagement. Ferner wirkte er maßgebend in dem Eco System Entscheiderfabrik mit.

Mit Dr. Carl Dujat verlor die Branche einen herausragenden Impulsgeber.

V. Henke et al. (Hrsg.), *Digitalstrategie im Krankenhaus*, https://doi.org/10.1007/978-3-658-36226-3

Stichwortverzeichnis

© Der/die Herausgeber bzw. der/die Autor(en), exklusiv lizenziert durch Springer
Fachmedien Wiesbaden GmbH, ein Teil von Springer Nature 2022
V. Henke et al. (Hrsg.), *Digitalstrategie im Krankenhaus*,
https://doi.org/10.1007/978-3-658-36226-3

MIX
Papier aus verantwortungsvollen Quellen
Paper from responsible sources
FSC® C105338

FSC
www.fsc.org

Printed by Books on Demand, Germany